河北师范大学音乐学院建院九十周年纪念文集(上)

薪火相承燕赵情

韩启超 / 主编

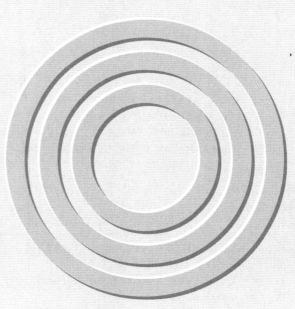

苏州大学出版社
Soochow University Press

图书在版编目(CIP)数据

薪火相承燕赵情:河北师范大学音乐学院建院九十周年纪念文集. 上／韩启超主编. —苏州:苏州大学出版社,2022.12
ISBN 978-7-5672-3977-7

Ⅰ.①薪… Ⅱ.①韩… Ⅲ.①河北师范大学—纪念文集 Ⅳ.①G649.282.21-53

中国版本图书馆CIP数据核字(2022)第218152号

书　　名:	薪火相承燕赵情——河北师范大学音乐学院建院九十周年纪念文集(上) XINHUO-XIANGCHENG YANZHAO QING——HEBEI SHIFAN DAXUE YINYUE XUEYUAN JIANYUAN JIUSHI ZHOUNIAN JINIAN WENJI(SHANG)
主　　编:	韩启超
责任编辑:	孙腊梅
助理编辑:	陈昕言
装帧设计:	吴　钰
出版发行:	苏州大学出版社(Soochow University Press)
社　　址:	苏州市十梓街1号　邮编:215006
印　　装:	苏州工业园区美柯乐制版印务有限责任公司
网　　址:	www.sudapress.com
邮　　箱:	sdcbs@suda.edu.cn
邮购热线:	0512-67480030
销售热线:	0512-67481020
开　　本:	889 mm×1 194 mm　1/16　印张:26(共2册)　字数:570千字
版　　次:	2022年12月第1版
印　　次:	2022年12月第1次印刷
书　　号:	ISBN 978-7-5672-3977-7
定　　价:	108.00元

凡购本社图书发现印装错误,请与本社联系调换。服务热线:0512-67481020

目 录

序一 ··· 项 阳（1）
序二 ·· 韩启超（15）

燕赵音乐文化研究

从几则已知史料寻绎燕赵音乐史的市井音乐文化特点 ················ 郭树群（3）
一个乐会的两次"学缘"
　　——定县子位村吹歌会研究 ··· 胡小满（10）
论河北民间音乐色彩区的划分 ·· 齐　易（24）
河北保定易县十番会中的乐器与乐队组合 ················· 李建林、崔晓娜（30）
"河北笙"对我国笙音位排列模式的传承与发展 ······················ 张跃进（40）
雄县韩庄音乐会调查报告 ·· 荣英涛（49）
论康保二人台艺术的音乐特征
　　——关于非物质文化遗产的挖掘探索 ································ 尤志国（64）
大运河文化带建设中音乐非遗的活态传承路径
　　——以沧州音乐表演类非物质文化遗产为例 ····················· 郭玉华（81）
在战火中成长　在硝烟中前进
　　——河北抗日根据地音乐概览 ··· 石一冰（89）
河北十番乐的宫调研究 ··· 崔晓娜（99）
从演出场地变迁看东路二人台的发展轨迹
　　——兼谈东路二人台的民俗文化功能 ······························· 李占秀（118）

民间年节仪式与河北秧歌关系分析 ………………………… 田丽萍（125）

明清吉礼小祀"三皇、先医"仪式用乐考述 ………………… 常江涛（130）

容城西牛村吵子会音乐探析 ………………………………… 杨　青（151）

乐亭影戏的地域性特征与保护传承路径 …………………… 苏　娜（159）

传统的延续与音景重构

　　——冀东鼓吹乐传承人的音乐叙事 ……………… 韦建斌、王志辉（164）

第二届燕赵音乐文化学术研讨会述评 ……………………… 张　磊（173）

千年运河谣唱　今朝燕赵乐情

　　——第三届燕赵音乐文化研讨会述评 ………………… 单建鑫（181）

序 一

燕赵传统音乐文化的区域与整体、历时与共时认知

项 阳

在两周被定型的燕赵文化，在中国传统社会中具有举足轻重的历史地位。因为其以燕赵为名，所以常被限定于现在河北省行政区划的范围之内。而历史上山西省北部归于赵，内蒙古自治区和辽宁省的相当部分在燕的鼎盛期归于燕，甚至山东省的一些区域也在燕的范围之内。燕赵实力凸显于战国时期，所谓"战国七雄"，燕、赵均在其列。宗周和非宗周国度甚众，能傲视群雄实属实力非凡。燕赵当下已成为文化符号和象征。

新石器时代早期文化遗址——磁山文化遗址依托于太行山，距今约10 000年，有陶器和粟作农业，这都是农耕文明的显现。华夏动态变化，商从亳迁至陎，再到殷。盘庚迁殷的270年时段内，当下冀南一带属于商文化的核心区域。赵国首任国君造父经历了近20代的繁衍在周崛起；公元前11世纪，周武王将其弟姬奭封为燕召公，采邑于召（今陕西省岐山县西南一带），封蓟地（今北京），为燕国其后做出发展定位，属宗周嫡系。

与中国传统音乐文化密切相关，燕下都现陶制编钟；燕太子丹的门客荆轲刺秦王"图穷匕见"；荆轲的挚友高渐离为了完成荆轲的遗愿，高唱"风萧萧兮易水寒，壮士一去兮不复还"以明志出行，燕赵义士十分凛然。西汉河北省景县大儒董仲舒（前179—前104年）提出废黜百家、独尊儒术，因而华夏在宗周的理念下以儒学为宗；西汉河间献王刘德（？—前130年）修学好古，举六艺，立《毛氏诗》《左氏春秋》博

士，修《礼乐》。① 三国两晋南北朝时期，燕赵故地一度是魏国的中心，北齐国曾定都于此，可见其在华夏文明中具有重要的地位。虽然华夏"专业、贱民、官属乐人"②的乐籍制度载于《魏书》，但是明确记述乐户由来的是在北齐时期。这种国家用乐制度影响了后世一千又数百年。

隋唐五代时期紧随文化主流。在宋代，燕赵区域靠近京师，具有国家领先意义的乐文化都在这里得以显现。据徐梦莘《三朝北盟会编》载，金人破汴京，将宋之国家礼乐和创制承载群体及俗乐承载团队，涵盖礼器、乐器等掠至金之南京，为金文化的快速提升奠定了基础，京师乐人的新创也使得燕赵这片区域的音声技艺形式得到持续性的发展。

金南京转为元大都，虽然明初经历了短暂游移，但是随着都城的回归其可被视为后世近千载华夏政治、经济和文化的中心。燕赵故地屹立于国家文明的源头，国家法典律条在此制定、颁发，国家礼乐文明规范定制也在此确立实施。在京师，国家礼乐和俗乐得到了极大的发展，由南北曲而成的多种体裁形式更加丰富，这在《青楼集》等著述中得到了充分的显现。元代俗乐类的多种体裁形式在这里创造、汇聚，雅化后以更成熟的面貌反哺全国，从而促进这些体裁形式在全国发展。

从北朝时期到唐宋时期，乐籍体制下的国家用乐均由持贱民身份的官属乐人承载。我通过《庙学典礼（外二种）》③来感知乐人群体身份与乐户的差异，张咏春在《中国礼乐户研究》中敏锐地把握到金代"太常礼乐人"在元代变更为"礼乐户"的现象④，这是针对国家礼乐核心的雅乐而设。"礼乐户"在明清两代改制为"乐舞生"，这个群体不仅在宫廷，而且与雅乐分支——文庙释奠礼乐共同颁至全国县治以上并形成了用乐网络。金代"礼乐人"、元代"礼乐户"、明清两代"乐舞生"⑤均为独立体系并为全国所用，因此，由乐籍群体承载所有国家礼俗用乐改为由非贱民群体承载国家雅乐，自此国家用乐由这一群体和乐籍群体共同承载，这种制度也是在这个区域定型下来的。河北省正定县存有元代《真定路乐户记》碑，对"礼乐户"群体进行了忠实记录。"礼乐户"并未取代乐户–乐籍制度，并对"华夏正声"和国家雅乐体现出尊重。虽然其由北方民族政权入主产生，但是体现出华夏礼乐文明在追寻"元典"意义上的重新定位。地方官府承载国家雅乐文庙的实施，并由国家规定群体承载。国家雅乐有特定的乐制类型、特定的服务对象，在官方的组织下由专门群体实施，且歌舞乐三位一体。当待以实施的社会基础被破坏，只能黯然面对逐步的消解。好在这些年来，京师孔庙及正定文庙逐渐恢复了祀孔礼乐，将其置于"封闭空间"，学子少有参与，这显示出中国传统社会

---

① 班固. 汉书：下册[M]. 长沙：岳麓书社，1993：1055.
② 项阳. 以乐观礼[M]. 北京：北京时代华文书局，2015：371.
③ 王颋. 庙学典礼：外二种[M]. 杭州：浙江古籍出版社，1992.
④ 张咏春. 中国礼乐户研究[M]. 上海：上海音乐出版社，2019：5.
⑤ 张咏春. 中国礼乐户研究[M]. 上海：上海音乐出版社，2019：5.

对文化尊崇的缺失。在清代,亦有专门面向全国各级庙学的雅乐创制与实施,但其后形成了空档期。世纪之交,当非物质文化遗产的理念渐入中土,多地文化部门尝试"复原"文庙释奠礼乐,可恢复文庙释奠礼乐区域的学校及学子未必理解展演的深层内涵。国家相关部门倡导"全面复兴传统文化",却未从制度上给予承载群体实质性的支持。但正定文庙雅乐恢复者从"正宗"着手,从曲阜请来专家、学者助力,在"复原"意义上给社会以严谨印象。

中国传统音乐文化显现出国家礼乐观念的动态发展,既有理念在不断夯实与拓展,又有理念在引导下进行创承和实践。理念由人产生,创承、实践由人实施。乐有稍纵即逝的时空特性,作为歌舞乐三位一体的存在之一,国家必有相应的机构进行创承、实施。雅乐如此,非雅乐乃至俗乐也是如此。乐籍体系下京师和京畿在意义上有着更为繁荣昌盛的景象,更何况南曲和北曲在京师汇聚,养成了"北曲为尚"的理念。北曲的礼俗兼用对南曲有着至关重要的影响,谓之"方壶圆盖"说,即南方人士崇尚北曲,对其进行改造并用于南曲,成为南曲的有机构成部分,相关文献均明确论证了这种现象的存在。

我们应看到,遍布全国非雅乐所用、曲牌作为礼乐形态而存在者,从国家意义上被定位为曲牌礼俗兼用,从而形成多种北曲流派,诸如京师、南京、汴梁和云中,显现出主导形态在全国发展过程中的支柱作用。作为礼乐,诸如《朝天子》在戏曲、说唱体裁中展现了天子在场的内容,《将军令》《得胜令》等在武戏中具有象征意义。有些曲牌为南曲专创,有些则是北曲曲牌融入其中合以为用,这是明代南方四大声腔通过乐籍体系创承的意义所在。当融合北曲的一些戏曲形态经过南方地区的涵化,被世人追捧,继而风靡全国,实现南北交融后会再次北归。昆曲就是如此,其风格和创制有定式,无论传播到哪里都会传承南北交融的特质。曲牌联曲体的戏曲形态在京师和京畿有较大的发展,当下甚至有些乡镇,如河北省霸州市胜芳镇都有昆曲剧社的存在。

想要审视当下北方昆曲的活态,我们不仅要从专业团体的角度出发,而且还要从地县级非遗代表作中去把握、辨析。实地考察会有更多的收获,这是天子脚下南北曲和多种声腔汇聚的意义所在,在国家用乐体系中,由乐人创承后积淀于民间,在传承中生生不息。

天子脚下,国家用乐生发汇聚,声腔丰富,如燕南芝庵创制的《唱论》。虽然燕南芝庵生平不可考,但其《唱论》最早为元代至正刊本,燕南属燕之南、赵之北,学界认为其是燕赵人氏。这篇只有1 800余字的著作《唱论》,分27条论述唱曲要旨,内容涉及声音、唱字和艺术表现、宫调状况,并对乐曲特色、审美要求等方面有所论述,且有独到见解。所谓"词山曲海,千生万熟。三千小令,四十大曲"是对乐籍中人的规范性要求①,与明代乐籍中人传承至今的《迎神赛社礼节传簿四十曲宫调》中的"男记

---

① 转引自白宁. 燕南芝庵《唱论》研究[M]. 北京:人民音乐出版社,2014:272.

四十大曲,女记小令三千"① 交相映照,是熟谙官属乐人专业规范者所撰。通过夏庭芝《青楼集》中对京师乐籍中人承载音声技艺的叙述,可见大都之丰富性。

世俗社会对音声技艺有强烈的诉求,明清时期具有引领意义的官属乐人将多种音声技艺形态发展到极致,高级别官府所在地的官属乐人相互之间具有流动性。山西省吕梁市《隰州志》对晋之乐户有"夫邯郸挟瑟,河间数钱"②的记载,隰州乐户能够冲州撞府,并到邯郸与河间参与多种音声技艺的展演,可见邯郸与河间两府在当时拥有的强大吸引力,因此使得隰州乐籍中人从吕梁穿越太行来此交流。我曾在"广平府"③举办第一届中国吹歌节时来到此地感知曾经的繁盛,发现燕赵故地大量的传统音乐文化现象值得我们去深入挖掘。

元代的国家用乐由专业乐人主导承载,我们既要看"礼乐户"在宫廷和各地方官府专事雅乐类型的展演,亦要认知他种礼制仪式类型的全国性意义,更要把握散乐与词话等俗乐类型是由"正色乐人"担纲这一点。元代的国家法律文献《元典章》和《通制条格》中有相似的表述:"本司看详:除系籍正色乐人外,其余农民、市户、良家子弟,若不务正业,习学《散乐》,般唱《词话》,并行禁约。"④国家律法禁止在籍正色乐人之外的各色人以散乐、词话为业,相信社会上不会有人冒天下之大不韪。我们关注乐人与社会各阶层人士之间的互动、创制,但乐之整体承载必由职业乐人所为。

明代国家用乐之内独有的卫所,以及全国各地王府的用乐值得我们辨析。据《明史·职官志》记载,其时河北省属北平布政使司。京师有37个卫和8个千户所拱卫。河间府直隶京师,是真定府、顺德府、永平府、延庆府、保安州和万全都指挥使司所辖区域,府州和都指挥使司并在。卫所是军事管制下的地方建制,既往学界在对中国传统音乐文化进行研究时,缺少对明代这种独特机构设置的认知。明代的卫、千户所和百户所的总数不仅比府州县总数还要多,而且官品比府州县还要高。军事管制下的地方建制,意味着其拥有国家相应的地方管理机构,涵盖了国家礼俗用乐。卫所及地方官府所不具备的国家中祀旗纛之祭,官属乐人的存在是必须的。我们应对此进行深入辨析,特别是京师周边及河间府所辖天津的多个卫,直隶京师、以保定为中心的卫和万全都指挥使司所辖卫所等,都值得我们去深入辨析其国家用乐。结合明代中都凤阳府7个卫的拱卫所成的"卫调",燕赵故地传统音乐文化不应对此有所缺失。此外,北京在明代迁都之前原本就是燕王的封地,承德也曾经是宁王的封地,研究王府用乐时应辨析这一点。

从历时性视角出发,对制度下普遍性存在和引领意义进行一并考量,对因历史机缘传统音乐文化(或称国家用乐)积淀于民间的存在进行通盘考量时,我们不能仅以民间存在论作为判断,也不用考量历史演化,以及制度这只"隐形的手"。既往学界实地

---

① 转引自项阳. 山西乐户研究 [M]. 上海:上海音乐出版社,2019:123.
② 山西省隰县县志编纂委员会. 隰州志 [M]. 临汾:山西省隰县县志编纂委员会,1982:90.
③ 广平府属中国明清时期行政区划,治所在今河北省邯郸市永年区广府镇。
④ 转引自杨荫浏. 中国古代音乐史稿:下 [M]. 北京:人民音乐出版社,2004:500.

考察、就事论事的考辨方式严重阻碍了学术整体认知。夯实这种理念须有意认知、日积月累，从而把握上下贯通的意义。民族音乐学界已较为清醒地面对了研究理念上的缺失，并借助历史人类学的方法形成了"历史的民族音乐学"学科理念①。当然，调整知识结构、拓展知识面可以使学术方法论落到实处，明确历史上传统主流的音乐形态积淀于民间这一点。这里既有大传统的活态积淀，亦有真正在民间产生的部分。将所有传统音乐的形态归于民间，这是对中国传统音乐文化的蔑视。

从燕赵故地、历时性演化、礼俗两脉、京师与京畿、传统当下存在这些视角出发去研究燕赵传统音乐文化，大有文章可做。这里是国家大祀独有之存在，毕竟国家太常所辖大祀从制度意义上来说只能由宫廷相关人员创制和承载。遍布全国的中祀和小祀在燕赵这里一应俱全。他种礼仪类型用乐在这里亦是不可或缺。作为近千年的国家中心，燕赵区域文化拥有相通性和深层次的延续性，可以说在不断积淀的意义上承继、发展，从而显现出多功用意义，形成了以京师文化为主导的深刻内涵。从燕赵故地视角出发，不能仅看当下的行政区划，还须考虑到当下京津冀一体化这一理念。

清代雍正皇帝禁除实施一千又数百年的乐籍制度，曾经的官属乐人回归民籍，全国各地府州县的官属乐人就地解决，我们已从陕西省、山西省与山东省一些乐户后人的追溯中进行探讨。京畿周边除籍后的乐人数量多于其他地方，礼乐和俗乐俱在。清代乾隆时期宫中教坊司被认定其名称不雅，因而改为和声署。教坊司乐人未被一次性遣散，而是先面向社会招募平民进入和声署，由曾经的在籍官属乐人对其进行培训，待完成置换后再将这一群体放归。这个群体是回原籍还是就近安置？这值得我们深入辨析。如明代大学士郑纪"教坊司亦礼乐之属"②的论述，可见明代教坊主导俗乐对礼乐有更多的担当，《太常续考》中也明确了多种国家小祀"乐用教坊司"③。国家小祀所用教坊乐属于哪种乐制类型呢？宋代鼓吹署转隶教坊，其后教坊回归太常，但是鼓吹署隶教坊显现了国家用乐理念上教坊礼俗兼用的特征。教坊不可承载雅乐，却承载了礼乐中非雅乐类型。我们应知道，国家礼乐非雅乐类型对应的礼制仪式是国家大祀之外在样态，如此，明代吉礼小祀乐用教坊司合乎礼制，更何况嘉、军、宾、凶、吉诸礼仪式及卤簿为用。鼓吹乐是汉魏以来的华夏第一大乐种。因此，我们应对明清国家小祀对象进行对应性梳理，继而通过方志所载的承祀对象去认知国家小祀，从而考量传统国家礼乐转化为民间祀典后的用途。多种文献记载了府县教坊、府州散乐、衙前乐，方志中记载了州和县衙的乐户数量，以及我们实地考察中对乐户后人的访谈，可见其庞大的制度下网络化用乐的具体构成，从而形成了传统国家礼乐的整体意义。至于教坊乐系，州以上的高级别官府乃至卫、千户所及乐营属于标志性的存在，它们形成了俗乐从宫廷、京师、军镇到地

---

① 项阳. 当传统遭遇现代 [M]. 上海：上海音乐学院出版社，2004：52 - 65.
② 转引自项阳. 以乐观礼 [M]. 北京：北京时代华文书局，2015：87 - 88.
③ 项阳. 小祀乐用教坊，明代吉礼用乐新类型：下 [J]. 南京艺术学院学报（音乐与表演版），2010（04）：55 - 60，76.

方官府的丰富性。教坊乐系主导国家俗乐并在全国范围内传播，亦因教坊乐是全国性存在，各地勾栏瓦舍、茶楼酒肆、青楼妓馆与文人和社会各界的互动将新创制融入了体系之中，为教坊乐的传承和传播增添了新动力，也将承载的礼乐在全国传播。

当这种格局被打破，国家在意义层面上依旧拥有礼制仪式用乐，也拥有为宫廷和社会所用的俗乐，京师和京畿的辐射区域更显现出多种音声技艺形式的丰富性和所积淀的深厚程度。传统需要承继和发展，而发展必有所本，这正是传统音乐文化的魅力所在。

燕赵故地作为传统文化的有机构成部分，其中儒释道一样不缺，且有丰富的活态。儒学自不待言，国家主导了这一范畴。佛教有严格的戒律，所用音声形态以"声明"作为工具从而服务于寺院，诸如梵呗、赞、偈、祝延、回向、咒等。此外尚有世俗社会到寺院奉献伎乐的音声供养，这是佛教在西域所形成的传统，显现出僧尼音声供养和世俗伎乐供养两个部分。潭柘寺始建于西晋，是燕赵故地一座较早的佛教寺院。正定寺院中有较为丰富的由伎乐供养的雕刻图像。佛教戒律谓僧尼"不得动乐"，僧尼将音声作为工具。关于寺院中存在的伎乐供养，僧尼在戒律约束下不得参与，甚至不得"驻往观听"。僧尼做出改变是戒律松弛的表现。然而，明永乐皇帝集合僧人、文人和乐人，并择取社会上的南北曲曲牌，运用既有词格和旋律去置换佛教的相关内容，御制了《诸佛世尊如来菩萨尊者名称歌曲》，这体现了皇帝对佛教文化的重视。明永乐皇帝命令僧尼将其用于京师和全国寺院，派专人送到五台山，最远到达了交趾[①]，这为佛教使用世俗音声发放了通行证[②]，可见佛教寺院为国家用乐的特殊存在。2009年，我们在北京房山区佛子庄乡北窖村见到了明代天启丁卯年抄本（光绪二十三年重抄），会社会首王大力和会众皆称这是在明代由北京护国寺僧人宽容师傅传授的。经过寺院涵化的曲目及相关仪式、仪轨向各地扩散，这也是多地的音乐会社认定曲目源自寺院的原因。通过厘清相关逻辑关系，我们可明确，原本乐籍承载国家用乐中的曲目换上佛教内容后改由僧尼传承，之后由民间承继，其间还有器乐化转型的声乐曲给国家用乐寺院使用，从而积淀于民间，这是国家用乐转为各地寺院，面向社会民间信仰，更多使用笙管乐组合一种类型。佛教仪式诸如放焰口、做法事、水陆道场中尚保留着其演唱形态，声乐曲与器乐化并置。在放焰口等佛教仪式中，出自京师、传承中会产生相应的派别，北派焰口在其盛时尚未形成这种概念，恰恰由于传入南方寺院从而形成了其独特的风格，反播北方并成为当下各佛学院的主导教程，北方区域的一些寺院和由居士传承团队奏唱的曲目以非物质文化遗产进行了定位，认定其属于当年的"正宗"焰口，可见燕赵故地佛教音声仍有整理与挖掘的活态空间。京津及其周边诸如廊坊等地有多支北派焰口的活态传承会社。

京师佛教寺院有汉传与藏传两种类型。永乐钦赐曲目两类寺院都有存在，这一点亦

---

① 交趾，中国古代地名，位于今越南北部红河流域。
② 项阳. 永乐钦赐寺庙歌曲的划时代意义[J]. 中国音乐，2009（01）：16-24，32.

可从全国多地寺院得到印证。我们应知晓，明永乐皇帝将国家用乐赐予佛教的同时亦赐予道教，如《大明御制玄教乐章》。由于曲牌音乐会用于道教，所以我们应考量北曲与南曲的情状。明初，国家礼乐核心之雅乐曾由道士承载（重要学术点），其后由"乐舞生"群体担纲，因此道教退出了国家用乐核心的承载范围。我们还应知晓，国家小祀中北极佑圣真君——真武与道教密切相关，东岳庙与道教之间的关系千丝万缕，关于道教丛林应把握到国家用乐的整体相通一致性，以及其在斋醮科仪中所形成的风格差异性。

我们想要把握南北朝以来的乐籍制度对中国传统音乐文化的具体影响，应当对雍正禁除乐户、丐户、堕民、伴当、疍民、瘦马等贱籍并让他们回归民籍、与齐民同列的举措进行重点辨析。乐籍存续期和解体后的生存方式及其变化，以及承载多种音声技艺的前后异同同样值得我们探究。我们还应对社会变化所形成的节点进行辨析，以认知传统国家用乐如何延续发展，以及其被民间接衍后的实际存在。

南宋时期为教坊头牌、风光无两的戏曲的发展也十分值得关注。在乐籍存续期内，国家会包养职业乐人，官方也会设置勾栏及国酒官卖的酒肆茶楼、青楼妓馆，这些场所既面向官府也面向社会。乐籍禁除后，这个群体被官府雇佣以服务于社会并由官民共养。由文人和职业乐人引领的潮流戏曲，体现出精雅和雅致的特征。由于受众及恩主的变化，此时戏曲更多地面向社会各阶层，毕竟是职业艺人的生存饭碗，要选择适应"口味"，天平从雅方向花部（俗方）倾斜。雅部戏曲渐衰，花部戏曲渐盛，这一点不仅体现在戏曲脚本上，而且也显现于声腔中。戏曲本以曲牌联曲体为主导，在发展的过程中，板腔体渐盛，终与曲牌联曲体分庭抗礼，继而有超越之势。为了给乾隆祝寿，多个戏班进京，以板腔体主导的戏曲最终发展形成京剧。

京剧虽有曲牌参与其中，却是以成熟的板腔体思维架构出来的。所谓板腔体思维，不是指在曲牌体声腔设计中加垛、过门等可以显现出板式变化的元素，而是随着板式变化元素的逐渐丰富形成富有板腔体思维的创腔理念。这种创制重在占据主导地位的上下句、相对规整的旋律音调，围绕该音调结构进行发展变化，运用板式变化、旋宫、添减字、变形等一系列手段，从而让欣赏者在感知到特色旋律音调为主导的同时体味到无穷的变化。当这种创腔思维和结构形态被定型，这种创制原则会成为一种新的创腔体制。相较于曲牌体结构，这种新的创腔体制更具有张力，无论是创腔设计者还是演唱者、演奏者、欣赏者，都会认知和感受到它的魅力，更有利于结构庞大、多视角、多维度、多角色、多行当地去表达人群的丰富性情感，不用一定限于某一曲牌自身的情感定位。曲牌连缀显现变化，一段唱腔用多个曲牌，鉴于曲牌在创制之初已拥有自身的结构思维，发展囿于本原结构。虽然创腔者会根据剧情需要或人物的情感变化去选择相应的曲牌以丰富唱腔并使之具有动力感，但毕竟不是初始曲牌的整体架构的延续，而是多个曲牌连接和不断重构。在这种意义上，创腔者在相当长的历史阶段内依靠宫调和板式变化元素不断丰富、左冲右突，最终显现出张力和动力感。即便相同曲牌在板式和调式的丰富性上有所拓展，但受到既有曲牌结构和思维的制约难以跳出来，抑或是戏曲创制者感到被限制，当板式变化元素趋于丰富时才会由此升华。升华后以板式变化为基础进行的创制意味着脱胎换骨、破茧成蝶，这与曲牌思维理念下的板式变化元素逐渐丰富这一点有着极大的不同。这是一种蜕变，或称感知曲牌连缀局限时的催生，可见新体制与既往板式元素的意义有质的不同。

学界认定明末清初时生发出的板式变化整体思维所成体制下的戏曲模式即所谓"西梆"，由西秦腔发展为梆子腔并推向全国，最终成为与曲牌连缀体并列的体制。在形成板式变化体制的思维前亦有诸种板式变化元素，但能与曲牌连缀并置，还应从整体体制思维去认知。这种体制思维在乐籍体系下进行传播，并影响了多地的戏曲创作及多种音声技艺形态，这就是引领和主导的意义。清乾隆时期徽班进京导致了京剧的产生，因此不得不说在京师所形成的戏曲品类的新创意义。

2006年，我通过对榆林小曲的考察和相关文献的梳理来解读"男唱女声"的现象①，之后经过进一步考辨发现，雍正禁乐籍、乾隆禁女伶，改由职业乐人承载，这一点不仅是戏曲，而且多种音声技艺体裁均是如此，由此形成了"男唱女声"男扮女装、性别倒错的现象，而这样竟然被认定为是"传统"，并且一直延续到了20世纪。既然是国家意义，则不会仅是一时、一地。2014年，在泉州南音国际学术研讨会上，郑国权先生以泉州地区的相关文献资料确认，20世纪40年代以前，这里多种传统的专业音声技艺形态中的女性角色均由男性承载。因此，我们有理由相信，乾隆之后在京师所形成的多种科班依然遵循这种规制，这是科班和团体乃至多种音声技艺体裁类型男性主导的道理所在。

如果不从历史节点乃至国家制度的层面去考辨，仅从戏曲乃至非物质文化遗产代表作个案的当下形态，以及方言、地理环境等方面去把握则其多为差异性，只有将音声技艺形态本体和多种社会因素对音声形态所形成的约束整体考量，方可明确传统国家用乐的相通性内涵。学界的历史和活态研究各自为政，缺失了对传统国家用乐的整体认知，难以认知其来龙去脉，应该将活态积淀与历史音乐文化的大传统相对接，以显现"接通的意义"。由于音声为主导技艺形态的时空特性，从国家制度、礼乐观念、相关文献、文物、图像及有曲谱后的相关遗存的角度出发，一并进行考量，把握国家用乐的区域民间转化，现有行政区划河北省将京津围绕其间，京师乐舞形态集聚与创造最先恩泽之地定是燕赵故地。

改革开放以来，国家对传统文化的重视程度与日俱增，几大集成志书的编纂、非物质文化遗产代表作的认定，这些事项极大地提升了人们对于传统文化的认知与认同，某些区域又渐渐回归传统文化的轨道，只不过受到经济大潮等因素的影响，一些传统音乐文化的项目难以为继。整体来讲，正是由于人们热爱传统音乐文化、尊崇民间礼俗，传

---

① 项阳. 男唱女声：乐籍制度解体之后的特殊现象：由榆林小曲引发的相关思考 [J]. 戏曲研究, 2006 (03): 110-124.

统文化观念厚重,并且对传统文化怀有敬畏之心,所以在有会社传统的村社中,传统音乐与民间礼俗依附共生,这是恢复传统的道理所在。

20世纪中叶,各地的传统相继延续,"文革"破坏了传统,许多民间礼俗被打入了"冷宫"。当浩劫过去,各地民众一并恢复了与民间礼俗依附共生的乐。如河北省霸州市胜芳镇,"文革"前各色花会有70多个,"文革"后恢复几近半数,与乐相关者如南音乐会、北音乐会、石沟音乐会、崔庄子音乐会、观音堂、大头会、挎鼓会、太上门、高跷会、武术会等,它们都参与了古镇正月十五元宵花会、六月二十三祭火神(传统国家小祀)、七月十五中元节等活动,此外各个会社亦有自己的活动,这些都构成了古镇丰富的传统文化承载链条,很多地方都有这样的存在。我们从20世纪90年代初对北京、天津和冀中各区县不下百次的实地考察所见,无论是礼俗用乐,还是审美、欣赏意义层面上的世俗用乐,其体裁的形式与内容都丰富多彩。以中国传统音乐文化的整体视角来看,从礼乐和俗乐两条主导脉络去把握,除了文庙释奠礼乐之外,其他类型的传统国家礼乐形态在当下都是以礼俗的形态存在,诸多国家小祀仪式用乐和由此拓展的祭祀用乐,以及乡间祭宗祠、庙会和婚丧庆典仪式的用乐都有功能性的传承。在乐籍制度之下,燕赵故地由官属乐人承载的音声是主导技艺形态并且具有丰富性,在性别上显现出了差异,如男性乐人重礼乐承载,女性乐人重俗乐承载。俗乐中并不是不用男性乐人,戏曲中因角色和行当的需求必定会有男性。因乐籍制度解体,乾隆禁除女伶,这导致了戏曲中的女性角色必须由男性扮演,从而产生了"男唱女声"的现象,发声技法由此产生的相应变化也属特例,这是中国音乐史上一个值得研究的课题。即便数百年后回归到既有性别,我们也应对这种现象带来的涵盖音乐审美等领域的问题进行深入探究。我们是否可以意识到这种现象的深层内涵,还是置背后的意义而不顾?其实从中国艺术发展史的整体视角出发,燕赵故地音声作为主导技艺类型,既历史悠久又丰富多彩,这值得我们深入辨析。

燕赵作为制度的发生地及其诸种形态,都具有典型性和丰富性;对其进行系统性的认知和梳理,燕赵位于天子脚下的这一地理优势很明显,河北省的相关院校和研究机构对于自身深厚积淀的深层挖掘自不待言,京津等地的音乐院校和科研单位及其学者或因近便,或因感知到京畿传统音乐文化的厚重而加入其中。自20世纪中叶以来,有关燕赵音乐文化的研究日趋深入。

1952年,杨荫浏、曹安和两位先生在上海万叶书店出版了《定县子位村管乐曲集》,这本书拉开了音乐研究所的学者关注燕赵传统音乐的序幕。杨荫浏、曹安和两位先生选择子位村,是基于子位村吹歌会的"师傅"杨元亨被中央音乐学院聘为管子教师这一点,在其所传曲谱和实际演奏中,我们可以感知到该吹歌会的民间艺人技艺精湛、曲目丰富。吹歌曲目多为历史上官府用乐的积淀,不像音乐会社那样仅限于庙会和白事,而是用于多类礼俗。然而,这样认知要在对音乐会社和班社功能相比较后方能提升理念。以音乐研究所为代表的学术团队对全国多区域的曲种、剧种、歌种、乐种、舞种进行了典型性考察后积累了经验，文化部综合制定了十大集成志书方案，全国文化馆站系统为此共同努力，历经数十年后完成了集成志书的编纂工作，这都为摸清传统文化艺术的家底及厚重的活态文献做出了重要的贡献。改革开放后，学术界受到多种方法论的启蒙和启迪，重视艺术本体和文化整体的融会，既不仅仅满足于记录和分析本体，又消除了两张皮或称"贴膏药"式的表述，从而将学术研究引向深入。

20世纪80年代中期的一天，当时河北省固安县屈家营的老村长林中树先生在北京几经辗转终于找到了中国艺术研究院音乐研究所，约请学者考察他们村的音乐会。因此，薛艺兵和吴犇两位当时新鲜出炉的研究生，先用"传统"的手法对音乐会用乐进行考察和认知，继而用民族音乐学的方法论进行解读，让学界为之眼前一亮，这是民族音乐学的方法论在中国的早期实践。中国艺术研究院音乐研究所与屈家营音乐会因此形成了数十年的学术友谊。在很长一段时间内，中国艺术研究院音乐研究所的研究人员每年都会前往屈家营参加活动。福建省政协原副主席周畅先生来北京参加全国政协会议时，听我们汇报了屈家营音乐会的相关情况，屈家营音乐会所传曲目与北京智化寺京音乐同源，可见其传统的厚重程度。听完演奏之后，周畅先生出于对传统音乐的虔敬之心，邀请音乐界的多位全国政协委员联署提案保护该音乐会，由此进一步提升了屈家营音乐会的社会影响力，为其成为首批国家级非物质文化遗产助力，其音乐堂由此而建，从村口音乐堂连接乡村主干道一段也得以扩展。林中树村长更是因为自己对传统音乐文化的敬畏和执着，为周边县市音乐会社的发展投入了大量的心血，赢得社会尊敬的同时也获得了中国音乐学院所颁发的"太极传统音乐奖"。

鼓吹乐、鼓乐、吹打乐、笙管乐、十番乐、锣鼓乐等乐种究竟是各自独立的，还是汉魏以来鼓吹乐类下不同时段生发的不同表述和种类下的不同组合？或许我们对于鼓吹乐的认知有太多模糊的地方。1995年秋，中国艺术研究院音乐研究所、《中国音乐年鉴》编辑部联合河北省艺术研究所在河北省固安县举办了首届中国民间鼓吹乐学术研讨会，人们关注鼓吹乐的定位及其在演化过程中主奏乐器、形态组合的多样性，曲目的丰富性和功能性，使用过程中儒释道风格的差异性，社会称谓的丰富性，转入民间后除了承担历史传承的重任外还将社会上不同时段的曲目纳入其中的意义，用于仪式场合的演奏方式与用于炫技的演奏方式的不同表现，专业乐人群体存在的意义，等等。会议成功举行并出版了文集①，这对其后的相关研究具有引领意义。

河北省文化厅对于保护传统音乐文化有很多作为，马维彬主编的《河北民间古乐工尺谱集成》（河北美术出版社，2006年）相应出版了25张CD，实际演奏的音响时长引领全国，这是几大集成志书后延续发掘的重要文献。工尺谱的汇聚说明了燕赵这片区域曲谱活态传承、音乐会社和班社承载的音乐有较为完整、严谨的传承链条，曲谱、宫调

---

① 乔建中，薛艺兵. 民间鼓吹乐研究：首届中国民间鼓吹乐学术研讨会论文集［C］. 济南：山东友谊出版社，1999.

与主奏乐器相对应，显示了传统音乐文化的厚重程度。由中国艺术研究院音乐研究所、河北省文物局编著的《中国音乐文物大系》丛书中的河北卷、天津卷和北京卷显现出燕赵故地的整体性内涵，毕竟器物和图像都属于"那个"时代。

以燕赵传统音乐文化为重心的学术研讨会，有中国艺术研究院音乐研究所与河北省艺术研究所联合举办的《中国音乐年鉴》第五届学术研讨会（1994年）、首届中国民间鼓吹乐学术研讨会（1995年）；由中国非物质文化遗产保护中心，河北省文化厅与邯郸市委、市政府共同主办的首届中国吹歌节期间的学术研讨会（2011年，邯郸市永年区）；由河北师范大学音乐学院与中国艺术研究院音乐研究所联合举办的多届燕赵音乐文化学术研讨会（石家庄市、沧州市、廊坊市）；中国音乐学院主办的多届北京传统音乐节，这些都涉及了全方位的传统音乐的艺术形态，组织了丰富的学术研讨。河北省安新县圈头村音乐会应邀在中央音乐学院演出，会首为中央音乐学院的师生传授工尺韵谱，国家级非物质文化遗产代表北京智化寺京音乐向社会展示"道地"京音乐的同时还举办了音乐会，每届北京传统音乐节都会有一批乐社、乐班应邀共同展演，有效承继了传统。京津冀一批钟爱于此的学者主导了燕赵传统音乐文化研究，极大地促进了有关认知的深化。

这些年来，冀中音乐会因外出人员增多而后继乏人，有识之士积极与学校合作，不分性别地招收新学员，如保定市安新县圈头村的音乐会和廊坊市霸州市胜芳古镇的南音乐会等，培养了一批又一批青少年乐手，既为音乐会社增加了新鲜血液，也培养了孩子们对传统文化的认同感，从而使非物质文化遗产得到有效传承。一批河北省、市、县多级文化干部和学者基于自己对传统文化的厚爱，对不同层级的非物质文化遗产代表项目投入了极大的关爱。他们不为名利，为了留住传统文化的根脉倾心奉献，与志愿者一道为非遗项目及其传承人排忧解难，全心全意地投入保护非物质文化遗产的工作当中，廊坊市的王晓燕和王晟是其中的杰出代表，他们有凝聚力和向心力，各地的多类型乐社和非遗传承人视他们为亲人。这一群体的奉献提升了整个社会的传统文化氛围，使得传统文化"健康"前行。

京津冀大、中、小学的师生对传统音乐文化的认知逐渐加深，这无疑与国家制定非物质文化遗产保护法有极大的关系，从而使得传统文化不断深入人心。很多市、县时常组织多种音声技艺形态的会演、交流活动，传统音乐节使得社会民众对于非遗的热情不断提升。多届燕赵音乐文化学术研讨会的主导者——河北师范大学音乐学院，专门设置了燕赵音乐文化研究所，其中多学科教师在保障正常教学秩序的同时，还对传统音乐文化投入了学术热情，他们既走出去，也请进来，从而培养了学生对传统音乐文化的认同，强化了教师对传统音乐文化理念的提升，使他们有意识地投入教学和科研当中。在三届燕赵音乐文化学术研讨会上，河北师范大学音乐学院的教师和研究生参与比例很高，研究论题也足够深入。胡小满教授的《文化视野中的晚清燕赵小曲》① 一书中所做的研究便是强化学术意识、从多视角对燕赵音乐文化传统进行整体思考的典范。秦庆昆教授有意识地辨研传统曲牌后，持之以恒地将其用于创作实践，显现出他对燕赵音乐文化传统的厚爱的同时也具有创承的意义。当下乐种、曲种、剧种、舞种需要有人、有团体进行传承与发展，这对这些全面考察跟进有参照的意义。

检索与京津冀、燕赵传统音乐文化相关的学术研究可以发现，中国艺术研究院音乐研究所杨荫浏先生在对定县子位村管乐进行研究之后，又对北京智化寺京音乐进行了考察，20世纪60年代以油印本的方式对其进行了全方位的记录，从而提升了北京智化寺京音乐的学术地位。中央音乐学院袁静芳教授用数年时间持续跟进，将这一课题引向深入。佛教音乐成为继民族器乐后袁静芳教授对于传统音乐研究的重要方向，《中国佛教京音乐研究》（宗教文化出版社，2012年）出版后，袁静芳教授主持了佛教音乐系列研究，成果迭出。

学者们的相关研究也体现了深度和广度，本体形态和文化内涵方面都有所挖掘。张振涛两篇博士学位论文《传统笙管音位的乐学研究》（中国艺术研究院，1995年）、《冀中乡村礼俗中的鼓吹乐社——音乐会》（香港中文大学，2000年）均涉及燕赵音乐文化的相关研究，视角独到、内涵厚重且深入；吴晓萍的博士学位论文《中国工尺谱研究》（中央音乐学院，2000年）所用的燕赵区域材料对工尺谱研究有重要的意义；景蔚岗《中国传统笙管乐申论》（中央音乐学院，2004年），对冀中、西安乃至全国多地的笙管乐形态的体系化研究显示出深厚的学术功力；李莘《河北霸州胜芳镇民间花会音乐民俗志》（中国艺术研究院，2005年）梳理了一个乡镇音乐民俗的系统，选点准确，彰显了传统积淀的体系化；常江涛《明清国家小祀"三皇先医"祭礼仪式及用乐研究》（中国艺术研究院，2015年），其材料在重视燕赵音乐文化的基础上面向全国，将国家祭祀与民间礼俗接通，显现了深度；姚慧《京西民间佛事音乐及其保护研究——以张广泉乐社为个案》（中国艺术研究院，2011年），重佛教音乐与民间音乐的关系，择京城相关乐社进行深入研究，"是非遗保护研究领域的一部优秀著作"（导师田青语）；崔晓娜的博士学位论文《河北十番乐音乐研究》（中央音乐学院，2018年），虽然重在河北，却将十番乐置于全国，具有整体性意义；孙茂利《从明清小曲探寻曲子的创承机制》（中国艺术研究院，2019年），抓住曲子与曲牌，以及官属乐人与文人的互动，明确了这一时期曲子的创承机制恰恰是以京畿区域为引领者这一点。

外国学者也参与到燕赵音乐文化研究中，来自英国的学者钟思第（Stephen Jones）博士与中国艺术研究院音乐研究所乔建中、薛艺兵、张振涛合作，在大量实地考察基础

---

① 胡小满. 文化视野中的晚清燕赵小曲［M］. 北京：科学出版社，2011.

上写出了《"音乐会"的谱本统计及相关问题——冀京津笙管乐种研究之一》一文①，独立著有"Folk Music of China：Living Instrumental Traditions"（Oxford University Press，1998年），其中对京津冀音乐会社辨析中的视角和思考非常值得国内学者借鉴；来自意大利的林敬和（Enrico Rossetto）在英国伦敦大学取得硕士学位后，到中央音乐学院拜于袁静芳教授门下继续攻读博士学位，他的博士学位论文《河北音乐会的音乐特征及其衍变》（2005年）中厚重的文化底蕴引起了很多学者的青睐。

张伯瑜教授对京津冀传统音乐文化也是情有独钟，著有《河北安新县圈头村"音乐会"考察》（中央音乐学院出版社，2005年）一书，他主持出版了两套音乐类非遗丛书，京津冀乐社在其中占有较大比重，包括由赵复兴、胡庆军主编的《古乐新生：屈家营音乐会璀璨征程》（中央音乐学院出版社，2013年），由项阳、张国振主编的《白洋淀上的一颗民间音乐明珠——圈头村"音乐圣会"》（中央音乐学院出版社，2013年）。张伯瑜教授主编的"来自田野的声音——中国传统音乐乐谱汇编"（中央音乐学院出版社）系列丛书涉及了京津冀中的河北省白洋淀圈头村音乐会、河北省固安县屈家营音乐会、河北十番乐等，这些都是研究燕赵音乐文化传统的重要学术文献和成果。河北大学齐易教授常年致力燕赵传统音乐文化研究，注重历史形态和活态传统的对接。由齐易教授与张振涛教授联合主编，多位学者参与的丛书"京津冀音乐类非物质文化遗产集成"（河北大学出版社）对多种音声技艺体裁类型进行深入普查，现已有高碑店、雄县等多卷问世，为推动学术研究的深入奠定了坚实的基础。在这里，我非常有必要提及多种集成北京卷常务主编陈树林先生的贡献，他历经数十年实地考察和调研，对北京及其周边传统音乐文化的各体裁类型都了如指掌、烂熟于心，他甚至将目光投向了"叫卖调"②的活态传承这一方面。他对【妓女告状】【小白菜】【沂蒙山小调】等曲目的辨研让学界感到耳目一新，为传统内在关联性的学术研究添上了浓重的一笔。

由中国艺术研究院音乐研究所与中国艺术研究院艺术与文献馆合编的10卷本"中国传统音乐考察报告"（文化艺术出版社，2022年），集聚了中国艺术研究院音乐研究所前辈的田野考察实践结晶，涉及燕赵传统音乐文化的有《定县子位村管乐曲集》《智化寺京音乐》《关于响铜乐器的采访汇报》《1956年古琴采访工作报告》《单弦牌子曲资料集》《天津市曲艺调查报告》《第一届全国戏曲观摩演出大会戏曲音乐调查研究队访问报告》等，这些珍贵的资料和考察报告的出版对于深入探讨燕赵传统音乐文化有着重要的学术意义，我们也期待通过这些文献资料的出版将燕赵传统音乐文化的研究推向新高度。

我和我的硕博团队一直有意识地关注着燕赵传统音乐文化，成晓辉《经济与文化之

---

① 乔建中，薛艺兵，钟思第，张振涛．"音乐会"的谱本统计及相关问题：冀京津笙管乐种研究之一［J］．音乐研究，1997（02）：88－100．
② 陈树林．老北京叫卖调［M］．北京：人民音乐出版社，2010．

因果——临清时调与天津时调的兴衰比较》、白莉《河北安新县圈头村"音乐会"与吹打班的比较研究》；刘佳《游走在都市的边缘——音乐的功能性与传统的延续》、周晓爽《房山区北窖村音乐会传谱及其活态传承研究》、孙茂利《音乐本体中一致性的背后意义——河北音乐会与西安鼓乐社的比较研究》、郑娜《器乐"演唱"——"河北吹歌"辨》、王芳芳《当下民间礼俗仪式及用乐对国家礼制的接衍——以河北胜芳和廊坊、京津为例》、刘新艺《乐亭大鼓生发、衍化辨析》，每个学生都有自己的视角和研究深度。经过对燕赵音乐文化的实地考察，我深深感到燕赵传统音乐文化的厚重，从中受到了学术滋养，通过近距离的接触、思考，发现相关论域的文稿还有近20篇，我将会继续关注。

　　此次文集出版，只是燕赵传统音乐文化学术研讨成果中的一小部分。通过此次尚不全面的梳理，学界近期出版了内容如此丰富的著作，相信一定会为相关研究者提供一定的便利，有助于进一步的类分，并且在深入思考的基础上调整学术理念，从而向前推进。我们应从燕赵传统音乐文化中把握历史大传统的引领性、丰富性和区域特性，感知燕赵传统音乐文化的厚重内涵。

　　《礼记·乐记》中言，乐有23个重要论域，因此如何通过回归历史语境来把握传统值得我们反思。原本乐是所有音声为主导技艺形态的统称，乐以功能性彰显出礼乐和俗乐两条主导脉络，并在历史的长河中裂变出多种体裁类型，内在关联密切却自立门户。当下学界对乐的认知类分过细，并且与传统观念渐行渐远，从历时性视角来考察可明确实有归属，因此应将乐舞、说唱、戏曲、器乐等多种形态一并考量。由于乐所具有的时空特性，中华礼乐文明数千载，其主导形态必由职业团队进行承创、发展和演化。某些历史节点导致了在制度规范下具有引领意义的国家用乐形态积淀于民间，因此我们不可以忽略这些曲目、剧目、乐制类型乃至体裁形式与历史大传统中国家用乐的血脉联系。历史与现实不能脱节，我们应该从接通意义上去把握，关注传统用乐形态的类型性和功能性，把握传统音乐文化持续发展的深层内涵。随着燕赵传统音乐文化研究走向深入，由观念而具象，宏观把握、微观研究。无宏观把握仅描述个体对象，难以认知现象背后的意义。我们应将理念与形态相契合，形而上与形而下、道与器相统一，从而推动燕赵传统音乐文化研究的纵深发展。

序 二

百廿回眸——河北师范大学的音乐教育史

韩启超

1996年，原河北师范大学、河北师范学院、河北教育学院、河北师范大学职业技术学院四校合并，组建成坐落于河北省省会石家庄的河北师范大学。追源溯流，河北师范大学存在两条清晰的脉流，即原河北师范学院支脉和原河北师范大学支脉。其中，原河北师范学院一脉肇始于1902年成立的顺天府（中）学堂；原河北师范大学一脉则肇始于1906年创建的北洋女师范学堂。这两支教育文脉在中国近代教育史上熠熠生辉，办学理念引领时代，知名校友灿若星河。自1902年起，河北师范大学至今已经走过了120个春秋，这在中国近代师范院校办学的历史中极为少见。站在新世纪的今天，回顾与总结其在培养师范人才过程中音乐教育的历史，对于当今高等音乐教育的发展显得尤为必要。

一、乐教源起，高等女学堂"随意科"（1906—1931年）

回眸百廿，河北师范大学音乐教育的历史可以追溯至1904年成立的北洋女子公学，时任校长傅增湘，总教习吕碧城。根据1904年10月公布的《北洋女子公学创办章程》，当时学校设置有师范科、本科、预科、小学科，在课程设置上明确规定小学科须修读歌唱，师范科、本科、预科须修读音乐。1911年2月25日，天津《大公报》刊发的北洋女子公学招考信息中，也再次注明学生要修读音乐（歌唱）课，这说明从1904年成立到1911年并入北洋女师范学堂之前，北洋女子公学一直将音乐（歌唱）作为核心课程之一，并聘请日本人丰冈梅作为音乐教员。从中国近代教育史来看，北洋女子公学被认为是"官立公立最早的女学堂"①，因此可以推测，其音乐教育也应该是官立女学堂中最早的。

1905年，北洋高等女学堂②成立，学堂总理为傅增湘，总教习为吕眉生。根据《北洋高等女学堂章程》规定，学生分为预备班、高等本科班、师范班，其中预备班1年，本科班和师范班均为3年；在课程设置上，缝纫、音乐、体操均被列为"随意科"。1909年后，必修课程改为14门，音乐位于其中。

1907年，由顺天中学堂改制而来的顺天高等学堂也开始进行音乐普及教育，尤其是中学班，明确规定要修读12门核心课程，音乐也是其中之一，并强调要学五线谱，这在《顺天高等学堂附设中学即专设中学堂教授科目表》中也有明确标注。一直到1919年，"音乐科的五线谱"才改为"乐歌"课程。③

1906年6月13日创办的北洋女师范学堂，在成立之初也制定了《北洋女师范学堂章程》，其中明确规定了女师音乐教育的内容。这也是中国最早的女子师范学校，最早的女子师范音乐教育体系。该章程规定，简易科修业年限为1年半，完全科修业年限为4年。其中，简易科学科设置分为第一部学科科目（文科学生）和第二部学科科目（理科学生），乐歌为两个学科的"随意科"。其中，文科学生修读的乐歌课的具体课程有"单音唱歌、复音唱歌、乐器用法、教授法"，理科学生修读的乐歌课的具体课程有"单音唱歌、复音唱歌、教授法"。④

实际上，天津《大公报》在1906年4月18号《北洋女子师范招考广告》中已经明确提到，"本学堂现开简易科两班，每班招取女生四十名外，收选课生二十名。课程系修身、教育、国文、家政、历史、地理、算学、理科、图书、音乐、手工、体操诸门，一年六个月毕业。"⑤ 天津《大公报》在1906年8月3号《北洋女师范学堂招考》的续招广告中，将"音乐"课改为"乐歌"课。⑥

显然，北洋女师范学堂办学伊始就强调音乐教育的重要性，无论是文科学生还是理科学生，均要求选修乐歌课程，并为他们设计了相对规范、丰富的课程体系。无论是音乐技能类课程还是音乐教授法课程，都充分考虑到了女师学生的综合艺术素养和未来职业需求，强调了"全人培养"的理念。更重要的是，这种重视乐教思想和实践的理念早于清政府正式颁布的《奏定女子师范学堂章程》。1907年，清政府在其颁布的《奏定女子师范学堂章程》中明确规定，女子师范学校必须开设音乐课，并将音乐课作为女子小学堂的"随意科"，四年制女子师范学堂的"必修科"，其教学内容有合唱歌曲、齐

---

① 李建强. 文化名流名脉：百年河北师范大学［M］. 北京：生活·读书·新知三联书店，2012：341.
② 1913年并入北洋女师范学堂。
③ 王金声. 百年树人：河北师范大学简史［M］. 石家庄：河北教育出版社，2002：196，206.
④ 李建强. 文化名流名脉：百年河北师范大学［M］. 北京：生活·读书·新知三联书店，2012：324－325.
⑤ 戴建兵. 吕碧城文选集［M］. 天津：天津古籍出版社，2012：56.
⑥ 戴建兵. 吕碧城文选集［M］. 天津：天津古籍出版社，2012：63.

唱、乐器演奏法、音乐教学法等，这也是我国第一次由政府颁布并明确把音乐课列入师范课程体系的文件。[①] 因此，孙继南先生强调在这之前，"各校规定开设课程中，均无音乐课"[②]。而针对师范学校预科（1年）及本科（4年）各年级均设乐歌课的明确规定，是在1912年12月教育部颁布的《师范学校规程》中。1913年，教育部又颁布了《高等师范学校规程》及《高等师范学校课程标准》，其中再次规定预科（1年）乐歌为必修科，本科（3年）乐歌为"随意科"。显然，1906年创办的北洋女师范学堂必然是事先知道了政府的要求，并严格遵循政府的规定，率先设置音乐课程，这在当时绝对具有引领和示范的意义。

从相关文献来看，这一时期北洋女师范学堂音乐教育的成效显著，其一是校歌创作知名度高，如天津《大公报》在1908年2月29日发表了两首北洋女师范学堂校歌，并引起轰动；其二是拥有固定的音乐师资，如据天津《大公报》记载，日本人丰冈梅同时任北洋女子公学和北洋女师范学堂的音乐教师。据1909年北洋女师范学堂简况表所载，当时的音乐、手艺教员是河北任丘人畲边申君[③]；其三是学生的演出备受瞩目，如在北洋女师范学堂第一届学生的毕业典礼上安排了重大的仪式活动，其中音乐演出是重要内容，演出形式是合唱，合唱演员是毕业生，奏琴的学生分别是邹筠英（第一部最优生）、吴振炎（第二部最优生）、曹敏（第二部最优生）、廖世勃（第二部最优生）。而参与这种重大演出活动的学生均为简易科学生，他们学习音乐的时间仅仅为1年半，这充分说明了其音乐教学质量之高。

由此可见，20世纪初北洋女师范学堂建构的音乐"随意科"和"必修科"之制，与总教习吕碧城培养"完全之个人"和"完全之国民"的教育思想密不可分。这不仅顺应了社会发展的需求，开天下师范之先，而且创女师综合素养之范，从而奠定了音乐教育在师范人才培养中的基础性地位。

二、独立鳌头，女师学堂音乐专修科（1931—1937年）

北洋女师范学堂在经历了"直隶女子师范学校"（省立）、"河北省立第一女子师范学校"等更名之后，于1929年再次更名为"河北省立女子师范学院"（以下简称"河北女师"），当时院长是著名教育家齐国梁。这是当时全国女子院校中科系设置最多、设备最完善的高等学府。1930年，矗立于天津天纬路的河北女师开始筹办音乐系，并建设了专门的音乐馆。1931年秋，"以造就中等学校音乐教师，并提高国人音乐程度为主旨"，正式设立音乐体育系（音乐为正系，体育为副系），招生对象均为女学生，高级中学新制师范大学预科及同等学校毕业者，学制4年，学生除了修满公共必修课外，还须修满本系音乐必修科、辅修课程（图画、国文、英文）方能毕业，并被授予学士

---

① 朱玉江. 百年中国学校音乐课程变迁的文化哲学研究［M］. 北京：中国文联出版社，2015：24.
② 孙继南. 中国近现代音乐教育史纪年：1840—2000［M］. 济南：山东教育出版社，2004：21.
③ 戴建兵. 吕碧城文选集［M］. 天津：天津古籍出版社，2012：77-78.

学位。生源对象主要面向北京、天津和河北地区，学生报名地点分别在北平和天津两地，入学考试时间为2天。第二年音乐系与体育系分开，各自独立发展。1934年7月13日，教育部训令河北女师"裁系改科"，院长齐国樑经请示后将音乐系改为音乐专修科，同年暑期招收新生亦同步改为专科，学制改为3年。① 这是中国近代以来第一个以专门培养女性音乐教育者为主体的师范专业音乐教育机构，在中国近代音乐教育发展史上具有非常重要的意义。

从目前的资料来看，这一时期河北女师音乐系办学特色鲜明，层次高、规格高、质量优，其不仅是师范院校的佼佼者，而且在某些方面甚至可以比肩当时的上海国立音乐专科学校（以下简称"上海音专"）。其突出的特点可以归纳为以下几点。

第一，从专业培养方向到课程目标设定，科学准确、层级清晰、务实又前瞻。

例如，关于音乐系的办学定位，河北女师强调三个方面，输入音乐学识及训练各类技术，用以启发音乐人才；为中等音乐学校培养师资力量；继续研究音乐的基础发展与途径。所有核心课程都遵循音乐的认知规律，极其凝练地规定了教学内容和目标。如"钢琴"强调训练基本技术，养成独奏能力，从而使技巧与表现得到均匀的发展，并为进行精深研究做好准备，毕业最低限度是必须对于演奏方法与钢琴基本学识有正确的认识及表现能力；"独唱"强调研究歌唱原理及方法，训练独唱技能，如姿势、呼吸、发声、吐字及表情等方面，毕业最低限度是必须对于独唱方法相当熟练并具有表现能力；"合唱"强调4年必修专习二部与三部复音歌曲及训练方法，能以独唱技术表现团体的和弦美感，特别注意音质、音量、音色及节拍等，初学者除了能自己独唱外，还能与他人合作；"音乐教学法"强调研究各种音乐原理及技术训练方法，声音之训练、保护，声部之分配，手之姿势，手指之运用，以及心理管理等方面均属于教学内容，初学者应能适当使用所教授的方法去尝试解决一切困难或问题。其他课程还有视唱、音乐通论、音乐欣赏、音乐史、和声学、和声及格式分析、对位初步、作曲初步、音乐教学实习、提琴、南胡等，都对教学内容和目标进行了明确规定。今天看来，这些教学指南、内容和目标也具有积极的借鉴价值。

第二，人才培养精英化、专业化，强调教学内容融会贯通、因材施教，注重技能训练与音乐实践，从而在中西兼备的基础上弘扬国乐。

例如，音乐系3年来只招生了19名学生，可见其注重精细化培养。在课程设置上，强调学制贯通、中西结合，凸显中国传统音乐教育的主体（如专门增设南胡课程，第一至四学年专业选修课程均为提琴、二胡、琵琶等）；在课程性质上，主修科目和辅修科目差异显著，除了公共必修科目外，还分设器乐、声乐及音乐理论等为专业必修科目，提琴为选修科目，后又增设音乐欣赏课、南胡课等。此外，音乐系十分注重技能教育，并让声乐和钢琴居于核心地位。其中声乐有独唱、合唱、视唱3门课程；器乐有钢琴、

---

① 温鹏翔. 河北省立女子师范学院音乐系史事考［J］. 音乐研究，2022（03）：44-48.

提琴、南胡3门课程；理论有音乐通论、音乐欣赏、音乐史、和声学、和声及格式分析、对位学、作曲初步等课程。在课程安排上，钢琴、独唱、合唱、视唱为第四学年必修（改为3年学制后，第三学年必修），音乐通论、音乐欣赏仅为第一学年必修，音乐史、和声学为第二学年必修，和声学、对位学初步为第三学年必修，和声及格式分析、作曲初步、音乐教学法、音乐教学实习是第四学年必修；在授课方式上，技能科目一律采取个人教授法，并按照学生的水平因材施教，注重基本功练习。例如钢琴，正系两人一组，每周1次，练琴12小时，每学期2学分；附系3人一组，每周1次，练琴6小时，每学期1学分；成绩考核以平时成绩为学期成绩。音乐理论课采用演讲及实习法，成绩考核以平日及临时考试成绩与学期（末）考试成绩的平均分为学期成绩。音乐系还格外强调音乐实践，提出"以演出代课堂"的理念，除了上课和规定练习之外，每两周举行一次练习演奏会，每学期举行一次公开演奏会。为了鼓励学生走向社会，举办各类音乐会，音乐会内容涉及民乐、西洋乐，以及独唱、合唱、独奏、重奏等，还接受社会相关机构的邀请举行音乐会，足迹遍布天津、北京、济南、青岛等地，演出轰动一时，被认为是"当时只有天津女师学院这样搞过"，"颇博听众称道"。频繁的演出也说明了当时教师专业水平之高、学生培养质量之高，导致部分体育、家政等辅修音乐的学生也经常跟随参与演出。

第三，教师的专业水平高、国际化程度高。

音乐系建系之初共有7名教师，其中中国籍4人、苏联籍3人，后陆续扩大规模，先后有李恩科（声乐、钢琴）、冯特甘（1933年辞职）、王长青（1933年辞职）、丁善德（钢琴）、张洪岛（小提琴）、柯鲍金（苏联籍，钢琴）、鲍礼克（苏联籍，声乐）、帕分诺夫（苏联籍）、熊乐忱（音乐理论）、陈德义（作曲）、陈振铎（南胡）、老景贤（声乐）等。可见，音乐系的师资配置始终是以上海音专师生和俄国教师为主，尤其是中国籍教师，大部分是我国近现代赫赫有名的音乐教育家、音乐理论家、演奏家、作曲家等，他们对中国近现代音乐的发展做出了突出的贡献，其专业水平在当时可以说是全国翘楚。

例如，李恩科（1894—1950年），毕业于清华大学，并被学校选送去美国学音乐，1927年上海国立音乐院成立时，李恩科任教授兼事务主任，并与萧友梅一起任"音乐院筹备员"，1931年到河北女师音乐系任教。丁善德（1911—1995年），1935年从上海音专毕业之后，被聘为河北女师音乐系教授，其间常常以钢琴演奏家的身份四处巡演，1937年秋返回上海音专学校任职。张洪岛（1913年—　），就读于北京朝阳大学，1931年未毕业时就被河北女师聘为音乐系兼职讲师，次年毕业后被正式聘为专职教师，讲授小提琴和中西方音乐史3门课程，1940年离开。陈振铎（1904—1999年），1929年从上海国立音乐院转入北平大学艺术学院音乐系，师从刘天华学习二胡，1933年8月至1937年7月，被河北女师聘为音乐系教授，其间创作了二胡独奏曲《雨后春光》《花开满院》等。其他如老景贤、熊乐忱、蒋风之等均来自上海音专。

河北女师音乐系教师的专业水平高也体现在具有浓厚的学术氛围这一点上。据统计，这一时期的教师在学校创办的《朝华》《女师学院期刊》上发表的论文有张洪岛的《儿童的歌喉》《歌剧浮士德》《特里斯坦与伊索尔德》，李恩科的《研究声乐的途径》《钢琴学习指南》，陈振铎的《谈谈国乐与改进国乐》《南胡独奏谱》《洞箫练习》《南胡曲选符号说略》《雨后春光——南胡独奏曲》，熊乐忱的《叙曲》，等等。另外，张洪岛翻译并出版了《小提琴演奏法》《歌唱作曲法》（与张秀山合作）、《实用和声学》等书，编写了《中国音乐史》《西方音乐史》两部教材；陈振铎还出版了《刘天华先生纪念册》《南胡曲选》等书。

专业的音乐教育必然有相应的教学条件作为支撑。1933年音乐系有7架钢琴，分别置于各个练习室内，除了上课外，还可供学生练习时使用。提琴共有5把，除此之外，还有学生自己购买的提琴以供专用。为了提高学生音乐欣赏之能力，音乐系不仅专门购置了一架留声机，而且还购买了近百种中外著名歌曲唱片，以及部分中西文兼备的乐谱、书籍。① 为了进一步提升办学水平，音乐系主任李恩科还专门做了详细的发展规划，呈报学校恳请支持，包括建设音乐厅，购买大量的外文书籍、唱片，增添钢琴，等等。

值得一提的是，这一时期的河北女师整体规模庞大。在齐国樑院长的大力推动下，共有"国文、英文、史地、教育、家政、音乐、体育七系二十三班，合计师范部十三班，中学部六班，小学部十一班，幼稚园部三组：都为五十六班，② 学生一千七百七十九人"③，"俨然为华北女子教育之中心"④。而培养普通师范人才的通识性音乐教育专业在河北女师也备受重视，明确规定家政系和体育系（后增加教育系）的课程标准，并将音乐系作为副系，并严格制定了副系的必修课程和选修课程，副系学生所接受的音乐教育仅次于专业的音乐系学生。如副系必修课程中，钢琴、独唱、合唱、视唱4个学年均为必修，而音乐通论、音乐欣赏是第一学年必修，和声学是第二学年和第三学年必修，音乐教学法、音乐教学实习是第四学年必修。选修课程4个学年里均为提琴、二胡、琵琶。即便在抗日战争爆发时期，学校西迁办学，条件极为困难艰苦的情况下，依然坚持为家政系学生开设音乐唱歌乐理弹琴选修科目。⑤ 如1938年10月15日《西南联大校刊》第3期刊发了家政系课程标准，在选修科目中明确标注："音乐唱歌乐理弹琴，第一二学年，每周四小时，八学分。"⑥

除此之外，在其他河北女师系部，中学、小学也开设了规范的音乐课。如齐国樑校

---

① 杨昱. 河北女子师范学院音乐教育研究［D］. 石家庄：河北师范大学，2010：18.
② 当时的师范班为6年制，即初中3年、高中3年，毕业后分配至河北省或天津市的小学任教。后来根据需要，又增加了3年制的幼师范班和乡村示范班，毕业后分配至幼儿园或农村初级小学工作。
③ 李景文，马小泉. 民国教育史料丛刊：1038：师范教育［M］. 郑州：大象出版社，2015：71.
④ 戴建兵，张志永. 齐国樑文选集［M］. 天津：天津古籍出版社，2012：47.
⑤ 戴建兵，张志永. 齐国樑文选集［M］. 天津：天津古籍出版社，2012：11.
⑥ 戴建兵，张志永. 齐国樑文选集［M］. 天津：天津古籍出版社，2012：206.

长在民国三十三年（1944年）8月5日上呈河北省教育厅的"河北省省立中学关于筹备学生开伙复课的呈文"中附有9份河北省立中学民国三十三年八月一日师范一年级二班的课表，其中音乐课均在第六时，并特别注明"音乐自下午四时十分至五时"。①这充分体现了齐国樑校长倡导的"具有研究之习惯，教学之能力，则将来毕业，服务各校，方能尽其职责，完成师范教育之使命"的办学理念。②河北女师对于音乐教育的全面重视，在齐文颖的回忆中也得到了印证，其云祖父齐国樑在河北女师任职期间，"女师对音乐、美术、体育等小学必备的课程也十分重视。初中音乐课程除注意教授中外名曲及乐理外，还经常让同学欣赏各种器乐演奏与中外唱片，用以提高音乐修养。同时，也很注意民歌、民谣的教唱与欣赏。高中时期，重点是乐器的训练，先是风琴，继而钢琴，还有为数不多的提琴、琵琶等。设有专门的练琴室，供学生练习之用"③。

由此可见，这一时期河北女师的音乐教育在专业性和普及性两个维度全面展开，从附属小学、中学、师范部直到大学的各个系科，不同的专业实行了不同的音乐教育内容、方法，这不仅有效提高了河北女师及其附属中小学的人才培养质量，而且创立了适用于中国的女子师范教育文化理念。④

三、血脉赓续，复建河北女师音乐系（1946—1959年）

1937年7月30日，日本轰炸天津，河北女师的院舍毁于日军炮火。齐国樑校长将师范中学部的部分师范生和中学学生、小学部安置到天津租借地学校后，带领部分师生西迁办学，后经教育部审核、同意，与西迁的北平大学、北平师范大学、天津北洋工学院合并，并于同年9月10日，成立西安临时大学。音乐系师生四散，处于停办状态，除了个别老师西迁，继续承担西迁家政系音乐辅修课程"音乐唱歌乐理弹琴"外，大部分教师辞职后转去其他高校就职，系主任李恩科于1938年春到北京师范大学（北平）女院音乐系任系主任，张洪岛则留守了3年（1937—1939年），继续在师范学校和中学任教。

1946年，河北女师回到天津恢复办学，于次年重建音乐系，至1949年1月天津解放，共招生3届学生45人。1949年8月1日，河北女师更名为河北师范学院，音乐系内增设了戏剧组，更名为音艺系，开始兼收男、女学生。1950年，戏剧组被撤销并不再招生，1951年，音艺系分为音乐系和美术系。1956年，河北师范学院5个系迁居石家庄，更名为石家庄师范学院，留在天津的7个系更名为河北天津师范学院，音乐系是留在天津的7个系之一。1958年，河北天津师范学院解体，音乐系和美术系改建为河北艺术师范学院。1959年，音乐系并入天津音乐学院师范系。⑤至此，河北师范学院音

---

① 戴建兵，张志永. 齐国樑文选集［M］. 天津：天津古籍出版社，2012：114-117.
② 李景文，马小泉. 民国教育史料丛刊：1038：师范教育［M］. 郑州：大象出版社，2015：122.
③ 戴建兵，张志永. 齐国樑文选集［M］. 天津：天津古籍出版社，2012：250.
④ 李建强. 怀天下，求真知：河北师范大学百年文化研究［M］北京：生活·读书·新知三联书店，2013：76.
⑤ 温鹏翔. 河北省立女子师范学院音乐系史事考［J］. 音乐研究，2022（03）：44-48.

乐系的办学历史戛然而止。

在这段时期内，河北师范学院音乐系第一位系主任是王正微，接着很快由李恩科再次出任系主任，后继者有蒋风之、黄廷贵。建系初期只有教师4人，钢琴5架。后教师规模逐年增加，至1949年已有15人。音乐系能在短时间内获得突出的发展，与两任系主任李恩科、蒋风之有关。蒋风之（1908—1986年）与陈振铎、丁善德同年考入上海国立音乐院，1929年转入北平大学艺术学院音乐系学习，师从刘天华，1932年毕业后多次在日本、我国的青岛、北京等地举办独奏音乐会。音乐系复建之后，蒋风之于1948年在音乐系任教授，1950年李恩科去世，他接任系主任，直到1957年11月离开了河北女师，并在北京艺术师范学院音乐系任教，1977年任中国音乐学院副院长。在河北师范学院音乐系工作期间，蒋风之先后出版了《汉宫秋月》《良宵》（新中国第一张二胡唱片）、《空山鸟语》《花欢乐》等二胡唱片，影响极大。

其他教师还有喻宜萱（声乐）、马泽福（也称马克利作夫，苏联人）、黄廷贵（钢琴）、朱凤林（小提琴）、金善贞（笛子）、巩兰亭、王福增、徐环娥、王毓芳（声乐）、鲍尔（苏联人，钢琴）、伍檀生（钢琴）、田智惠、艾树望、李芒地（助教）等。这些教师后来大多成为我国现当代著名的歌唱家、音乐教育家、音乐理论家、作曲家、演奏家等，可谓名师聚集，这不仅再次恢复了20世纪30年代的办学风采，而且开创了河北师范专业音乐教育的新气象。

与此同时，河北师范大学的另一支教育文脉也在积极进行音乐教育活动。根据河北省立北平高级中学校长朱芳春的回忆，他在1946年2月兼任该校校长时，积极践行陶行知先生的"生活即教育""社会即课堂"的教育思想，按编制配齐教职员，将音乐作为公共课之一，增聘张鸿钧为音乐教师，学生经常组织音乐会，成立"民舞社""歌剧团"等，开展相关社团活动。[1]

1948年河北省立天津女子师范学校齐国樑校长在河北省教育会议提案中，列出了河北省立天津女子师范学校选修科目及各学期每周选科教学时数表，其中音乐课属于艺术组，第二学年每学期每周两个教学时。[2] 值得一提的是，在1947年前后，河北女师学生与冀工学院、北洋大学的同学共同组织了"扬子江合唱团"，演唱《黄河大合唱》等进步歌曲，影响较大。[3]

这充分说明，自1946年至1959年，复建的河北女师依然在专业音乐教育和普及音乐教育两个维度上进行赓续，并将专业音乐教育推向了新的高峰。

四、两脉融合，重新启航（1970—1996年）

1956年9月，石家庄师范学院更名为石家庄师范大学。1962年，石家庄师范大学

---

[1] 李建强. 怀天下，求真知：河北师范大学百年文化研究[M]. 北京：生活·读书·新知三联书店，2013：112.

[2] 戴建兵，张志永. 齐国樑文选集[M]. 天津：天津古籍出版社，2012：149.

[3] 曹桂方，张玉钟. 河北师范大学志：1906—1995[M]. 石家庄：河北人民出版社，1996：10.

序二

更名为河北师范大学。① 1970年，河北师范大学设军体文艺系，含体育、音乐、美术3个专业，由蒋佩英、叶拱照负责筹建，后由李戈任音乐专业负责人，音乐专业当年招收第一届工农兵学员12人，1971—1972年没有招生。当年的办学设备较为简陋，只有一些原校文工团的旧乐器，如13架脚踏风琴、2架手风琴等。当时音乐专业没有教材，多为自编讲义，开设的课程有乐理、视唱、二胡、京胡等，教学内容主要是样板戏。学员一般是上午学理论或专业技能，下午排戏，平时经常到学校或农村演出。1973年，军体文艺系拆分为体育系和艺术系，其中艺术系含音乐、美术两个专业，系领导是刘放、李戈、张淑贤等。当年音乐专业招生25人（第二届工农兵学员），学制三年。1977年，河北师范大学面向全省招收四年制本科学生，1983年11月15日，艺术系被撤销，改建音乐系和美术系，刘放任音乐系主任。据统计，自1970年至1995年，音乐专业共招收22届737名毕业生。

与此同时，另一支教育文脉也在进行音乐教育的新建设。1951年，源自顺天府高等学堂的河北北京高级中学发展成为河北师范专科学校。这一时期虽然没有音乐专业，但是学校已经成立了歌咏队、腰鼓队、军乐队等，并开展了系统化的音乐活动。1956年，河北师范专科学校和河北师范学院（天津）合并，在北京重新建校，更名为河北北京师范学院。② 1969年，河北北京师范学院迁入宣化，改名为河北师范学院。1970年10月，河北师范学院（宣化）成立文体系，含音乐、美术、体育3个专业，学制两年，后改为三年制，主要培养中等学校音乐教师，当年音乐专业招生18人。1977年，音乐教育专业学制改为四年本科，1980年11月，文体系被撤销，改建体育系和艺术系，艺术系含音乐、美术2个专业。1981年，河北师范学院（宣化）迁入石家庄市。1986年9月6日，河北师范学院撤销艺术系，正式建立音乐系，设音乐教育专业。据统计，自1970年至1995年一共招收22届602名学生。

1996年5月28日，新的河北师范大学成立，原河北师范大学音乐系和河北师范学院音乐系合并成新的河北师范大学音乐系，2001年更名为河北师范大学音乐学院。

蓦然回首，河北师范大学已经经历了百廿春秋，从天津到西安，从北京到石家庄，重视乐教的办学情怀和规范化、体系化的音乐普及教育理念一直延续不断，并闪现于各个历史阶段、各个专业和各个层级的教学体系中。专业的师范音乐教育从1931年算起，迄今也有91年的历史。半个世纪前两度辉煌的办学历程，承载了燕赵大地的乐教情怀，给中国近现代音乐教育留下了诸多可圈可点的贡献，值得我们铭记与继承！

注：本文所用的部分史料由河北师范大学邱士刚老师提供，特表示感谢！

---

① 中华人民共和国国家教育委员会计划建设司. 中国高等学校大全：第二版［M］. 北京：高等教育出版社，1994：54.

② 彭子光. 河北师范学院志［M］. 北京：教育科学出版社，1994：713.

燕赵音乐文化研究

从几则已知史料寻绎燕赵音乐史的市井音乐文化特点

天津音乐学院 郭树群

近日，笔者承蒙河北省音乐家协会的厚爱，被委以参与河北音乐史的编纂工作。为此，笔者开始翻检相关音乐史料，并思考撰写的相关问题。在这一思考过程中，笔者对已知的几条史料进行了研读，有了如下的两点思考。

一、《史记·货殖列传》中一条史料引发的思考

《史记·货殖列传》中有这样一条为人们所熟知的历史文献：

> 昔唐人都河东，殷人都河内，周人都河南。夫三河在天下之中，若鼎足，王者所更居也，建国各数百千岁，土地小狭，民人众，都国诸侯所聚会，故其俗纤俭习事。杨、平杨陈西贾秦、翟，北贾种、代。种、代，石北也，地边胡，数被寇。人民矜慺忮，好气，任侠为奸，不事农商。然迫近北夷，师旅亟往，中国委输时有奇羡。其民羯羠不均，自全晋之时固已患其僄悍，而武灵王益厉之，其谣俗犹有赵之风也。故杨、平阳陈掾其间，得所欲。温、轵西贾上党，北贾赵、中山。中山地薄人众，犹有沙丘纣淫地余民，民俗懁急，仰机利而食。丈夫相聚游戏，悲歌忼慨，起则相随椎剽，休则掘冢作巧奸冶，多美物，为倡优。女子则鼓鸣瑟，跕屣，游媚贵富，入后宫，遍诸侯。①

在中国古代音乐史研究领域，这是一条引用率极高的史料。引用的主要内容是"丈夫相聚游戏，悲歌忼慨，起则相随椎剽，休则掘冢作巧奸冶，多美物，为倡优。女子则鼓鸣瑟，跕屣，游媚贵富，入后宫，遍诸侯。"意思是说中山国的男子多游手好闲，却又有一定的歌唱技艺。他们或许还干杀人、劫财、盗墓的勾当，以获得美物，还可以"为倡优"。而中山国的女子则多以音乐技艺为生，她们作踮着脚尖行走的媚态，游走在富贵人家或宫廷、官府之间，俨然是乐伎模样。仔细研读这条史料，我们不能不注意到，它出现在反映商贾之士生活的《货殖列传》中，而没有出现在《乐书》《律书》中。这一发现启示我们，应当到反映社会生活各个侧面的历史记载中去寻求燕赵音乐文

---

① 司马迁. 史记纂[M]. 北京：商务印书馆，2013：494.

化的资料，这是其一。

如果再将这段史料仔细研读，我们会发现有关燕赵地域的诸多文化信息。首先它提及了唐尧、殷商及周代的帝都晋阳、殷墟、洛阳所处的"河东""河内""河南"，大体上今黄河以北地区的世俗民风是"土地小狭，民人众"而"其俗纤俭习事"（吝啬、约束、节制行事），而商贾聚集地种（蔚州）、代（代州）、赵（洺州）、中山（定州）等地之民风是"人民矜懻忮"（傲慢、愤激、强悍），特别是中山国更有"民俗懁急，仰机利而食"的急躁、趋利的民风。为了满足这种趋利的生活，男子则为倡优，女子则为歌伎。这种文化特征的渊源使我们不得不注意到，如今河北省邢台市广宗县地界在殷商时代曾出现过"沙丘纣淫地余民"的风俗。据《史记·殷本纪》所载："（纣）好酒淫乐，嬖于妇人。爱妲己，妲己之言是从。于是使师涓作新淫声，北里之舞，靡靡之乐。厚赋税以实鹿台之钱，而盈钜桥之粟。益收狗马奇物，充仞宫室。益广沙丘苑台，多取野兽蜚鸟置其中。慢于鬼神。大冣乐戏于沙丘，以酒为池，县肉为林，使男女倮相逐其间，为长夜之饮。"① 这里的"沙丘"指的是今河北省广宗县西北一带。虽然文献揭示的是商纣王酒池肉林、裸奔淫乐的生活场景，但我们应当看到它对于这一地区追求享乐之风的影响是不容忽视的。这种追求享乐、趋之若鹜的奔倡优、歌伎的社会风尚非常值得注意，它可能就是以市井音乐文化为特征的燕赵音乐文化的特点之一。如果我们循此思路追溯汉以后的燕赵音乐文化的发展，还可以从一些已知史料中获得印证。

《汉书·外戚传》中记载：

> 初，上即位，数遣使者求外家。久远，多似类而非是。既得王媪，令太中大夫任宣与丞相御史属杂考问乡里识知者，皆曰王妪。妪言名妄人，家本涿郡蠡吾平乡。年十四嫁为同乡王更得妻。更得死，嫁为广望王迺始妇，产子男无故、武，女翁须。翁须年八九岁时，寄居广望节侯子刘仲卿宅，仲卿谓迺始曰："予我翁须，自养长之。"媪为翁须作缣单衣，送仲卿家。仲卿教翁须歌舞，往来归取冬夏衣。居四五岁，翁须来言："邯郸贾长儿求歌舞者，仲卿欲以我与之。"媪即与翁须逃走，之平乡。仲卿载迺始共求媪，媪惶急，将翁须归，曰："儿居君家，非受一钱也，奈何欲予它人？"仲卿诈曰："不也。"后数日，翁须乘长儿车马过门，呼曰："我果见行，当之柳宿。"媪与迺始之柳宿，见翁须相对涕泣，谓曰："我欲为汝自言。"翁须曰："母置之，何家不可以居？自言无益也。"媪与迺始还求钱用，随逐至中山卢奴，见翁须与歌舞等比五人同处，媪与翁须共宿。明日，迺始留视翁须，媪还求钱，欲随至邯郸。媪归，橐买未具，迺始来归曰："翁须已去，我无钱用随也。"因绝至今，不闻其问。贾长儿妻贞及从者师遂辞："往二十岁，太子舍人侯明从长安来求歌舞者，请翁须等五人。长儿使遂送至长安，皆入太子家。"及广望

---

① 孙景琛，茅慧. 中国乐舞史料大典：二十五史编［M］. 上海：上海音乐出版社，2015：35.

三老更始、刘仲卿妻其等四十五人辞,皆验。宣奏王媪悼后母明白,上皆召见,赐无故、武爵关内侯,旬月间,赏赐以巨万计。顷之,制诏御史赐外祖母号为博平君,以博平、蠡吾两县户万一千为汤沐邑。①

这里讲述的是汉宣帝(前73年)刘询之母翁须早年被选入宫的故事。翁须8、9岁时寄居在刘仲卿家学习歌舞,父母往来探视如常,至其12、13岁时被邯郸专门经营歌舞伎乐的家常选中买走。翁须父母得知后追寻其后,但终因"棠买未具"而不能解救翁须。翁须20岁时,又被太子舍人侯明买至京城太子家。这一故事提供给我们的信息是,当时私家教授女乐然后转卖或再转卖是一种很平常的社会现象,可见当时河北地方音乐文化的市井化特征已有端倪。

如果循此思维脉络继续寻绎,两汉以后在以邯郸为中心的旧属赵国地域,其音乐文化的市井化特征还有许多痕迹可循。首先可以发现作为美女歌伎代称的"赵女"屡屡进入市井文化的视野。例如:

《史记·货殖列传》中记载:"今夫赵女郑姬,设形容,揳鸣琴,揄长袂,蹑利屣,目挑心招,出不远千里,不择老少者,奔富厚也。"②

《史记·李斯列传》中记载:"所以饰后宫、充下陈、娱心意、说耳目者,必出于秦然后可,则是宛珠之簪,傅玑之珥,阿缟之衣,锦绣之饰不进于前,而随俗雅化佳冶窈窕赵女不立于侧也。"③

这里所谓"随俗雅化,佳冶窈窕赵女"当然是对"赵女"市井化形象的恰切描述。她们在后宫的地位显然不如所谓"秦女",然而越来越多的"赵女"进入了市井文人的笔墨之中。兹略举一二。

唐李白《幽歌行上新平长史兄粲》诗曰:"赵女长歌入彩云,燕姬醉舞娇红烛。"④

清陈维崧《鹧鸪天·苦雨,和蓬庵先生》词曰:"雪登麦积秦筝苦,雨歇丛台赵女娇。"⑤

可见作为美女歌伎代称的"赵女"是我们研究燕赵音乐文化市井化特征的重要材料来源。特别是我们还可以列举出关于"赵女"的经典文学作品。

宋郭茂倩《乐府诗集》引崔豹《古今注》曰:"《陌上桑》者,出秦氏女子。秦氏邯郸人,有女名罗敷,为邑人千乘王仁妻。王仁后为赵王家令。罗敷出采桑于陌上,赵王登台见而悦之,因置酒欲夺焉。罗敷巧弹筝,乃作《陌上桑》之歌以自明,赵王乃止。"⑥

---

① 孙景琛,茅慧. 中国乐舞史料大典:二十五史编 [M]. 上海:上海音乐出版社,2015:92-93.
② 孙景琛,茅慧. 中国乐舞史料大典:二十五史编 [M]. 上海:上海音乐出版社,2015:64.
③ 孙景琛,茅慧. 中国乐舞史料大典:二十五史编 [M]. 上海:上海音乐出版社,2015:57.
④ 李白,杜甫. 李太白集杜工部集 [M]. 长沙:岳麓书社,1989:57.
⑤ 陈维崧等. 清八大名家词集 [M]. 长沙:岳麓书社,1992:63.
⑥ 郭茂倩. 乐府诗集 [M]. 上海:上海古籍出版社,1998:334.

《陌上桑》一解云：

> 日出东南隅，照我秦氏楼。秦氏有好女，自名为罗敷。罗敷喜蚕桑，采桑城南隅。青丝为笼系，桂枝为笼钩。头上倭堕髻，耳中明月珠。缃绮为下裙，紫绮为上襦。行者见罗敷，下担捋髭须。少年见罗敷，脱帽著帩头。耕者忘其犁，锄者忘其锄，来归相怨怒，但坐观罗敷。①

这位"赵女"歌者的故事几千年来口碑相传，成了燕赵市井文化的耀眼之处。

下及南北朝时期，燕赵市井文化的多种表现形式也在中国古代音乐史上有着重要地位。其间典型的史料当为唐代音乐文献所记的有关"歌舞戏"的文字。"歌舞戏"是魏晋南北朝时期形成的一种有故事情节的歌舞表演，唐代人称其为"歌舞戏"。这一体裁形式是戏曲的先声，因此有着重要的燕赵市井文化的特征。

据《旧唐书·音乐志》记载："歌舞戏，有《大面》、《拨头》、《踏摇娘》、《窟礧子》等戏。玄宗以其非正声，置教坊于禁中以处之……《大面》出于北齐。北齐兰陵王长恭，才武而面美，常著假面以对敌。尝击周师金墉城下，勇冠三军，齐人壮之，为此舞以效其指麾击刺之容，谓之《兰陵王入阵曲》。《拨头》出西域。胡人为猛兽所噬，其子求兽杀之，为此舞以像之也。《踏摇娘》，生于隋末。隋末河内有人貌恶而嗜酒，常自号郎中，醉归必殴其妻。其妻美色善歌，为怨苦之辞。河朔演其曲而被之弦管，因写其妻之容。妻悲诉，每摇顿其身，故号《踏摇娘》。"②

《教坊记》中对《踏谣娘》有着更翔实的描述："《踏谣娘》——北齐有人姓苏，鼻皷，实不仕，而自号为郎中，嗜饮酗酒，每醉辄殴其妻。妻衔悲，诉于邻里。时人弄之。丈夫著妇人衣，徐行入场。行歌，每一叠，傍人齐声和之云：'踏谣和来，踏谣娘苦和来！'以其且步且歌，故谓之'踏谣'；以其称冤，故言苦。及其夫至，则作殴斗之状，以为笑乐。今则妇人为之，遂不呼郎中，但云'阿叔子'。调弄又加典库，全失旧旨。或呼为'谈容娘'，又非。"③

从以上两段文字中我们可以窥见，始于燕赵故土的"歌舞戏"蕴涵着后世戏曲的诸多因素。后世戏曲中的脸谱被认为与《兰陵王入阵曲》中的面具相关；而《踏谣娘》中的"丈夫著妇人衣"是后世戏曲中男扮女角的先声；《踏谣娘》表演中的"傍人齐声和之"已是后世戏曲中帮腔伴唱的表演；所谓"及其夫至，则作殴斗之状，以为笑乐"蕴涵着后世戏曲"唱念做打"中"打"的表演因素。可见在北齐时代的燕赵故土上，燕赵市井音乐文化的发展已经展示出后世戏曲繁盛发展的艺术因素。

中国古代音乐史上的宋元时期是从中古伎乐文化形态转型为以世俗音乐文化为主流

---

① 郭茂倩. 乐府诗集［M］. 上海：上海古籍出版社，1998：334.
② 孙景琛，茅慧. 中国乐舞史料大典：二十五史编［M］. 上海：上海音乐出版社，2015：335.
③ 中国戏曲研究院. 中国古典戏曲论著集成：一［M］. 北京：中国戏剧出版社，1959：18.

形态的时期。仅举两则资料以窥其变。作为元代代表性的音乐文化——元曲的北曲发展时期，人们最常见到的是这样一则资料。明沈德符在《万历野获编》中记载："元人小令，行于燕赵，后浸淫日甚。"① 究竟"日甚"到何种程度，我们可以从燕赵故土上的名人关汉卿、王和卿等诸多元曲作家的成就中窥见一斑。这里想要强调的是这样一则史料，即元代官僚文人胡祗遹在《紫山大全集》卷八所载的《黄氏诗卷序》中对女艺人说唱艺术的衡量标准：

（一）姿质浓粹，光彩动人；（二）举止闲雅，无尘俗态；（三）心思聪慧，洞达事物之情状；（四）语言辩利，字真句明；（五）歌喉清和圆转，累累然如贯珠；（六）分付顾盼，使人解悟；（七）一唱一语，轻重疾徐，中节合度，虽记诵娴熟，非如老僧之诵经；（八）发明古人喜怒哀乐，忧悲愉快，言行功业，使观听者如在目前，谛听忘倦，唯恐不得闻；（九）温故知新，关键词藻，时出新奇，使人不能测度为之限量。②

这里作者对说唱女艺人所作评判的 9 项内容依次涉及艺人的气质、仪表、知识修养、说与唱的技艺、与观众的交流、投情和分寸感、关键之处和高潮的处理，即说唱女艺人的艺术标准应该是姿质浓粹、仪表脱俗，知识修养通达，说的技艺要"语言辩利"，唱的技艺要"清和圆转"，与观众的交流要"使人解悟"，投情和分寸感要"中节和度"，并能"发明古人喜怒哀乐"，关键之处和高潮的处理则应该"时出新奇"。

燕赵文人胡祗遹能够从理论上对说唱艺术提出这样全面、细致的评价标准，这也充分反映出燕赵市井音乐文化所达到的水平。寻此理论建树，我们或许能够获得更多戏曲与说唱艺术的相关史料。

笔者通过对以上几则已知史料的勾勒与修正，意在寻绎河北地方音乐史的市井文化特色。

二、燕赵音乐文化的地域分野

历史上将燕赵划分为不同的地理区域大约始于战国。（图1）

---

① 杨荫浏. 中国古代音乐史稿：下册 [M]. 北京：人民音乐出版社，1981：756.
② 《中华文明史》编委会. 中华文明史：第七卷：元代 [M]. 石家庄：河北教育出版社，1994：516.

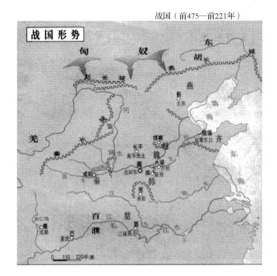

战国（前475—前221年）

图1　战国形势图

在这张战国形势图上，我们可以看到早期燕、赵的地域归属。

燕国，最早为周代诸侯国，又称北燕，姬姓，在今河北省北部和辽宁省西端，建都蓟（今北京城西南隅，后为秦所灭）。今北京以北的张宣、承德、唐山一带大体上在燕的地域范围之内。

由图1可知，以邯郸为中心的今河北南部、东南部地区为昔日赵国疆域所属。燕、赵地域所分，实际上反映的是两种截然不同的地域文化风格。

《史记·货殖列传》中记载："然邯郸亦漳、河之间一都会也。北通燕、涿，南有郑、卫。郑、卫俗与赵相类，然近梁、鲁，微重而矜节。"[①] 这里所言"郑、卫俗与赵相类，然近梁、鲁"清楚地告诉我们，赵国的民风与古代桑间濮上的民间音乐"郑卫之音"一脉传承，而又夹杂了梁、鲁之风（应当是山东一带）的风格。这样，我们就不难理解"赵女"文化的出现了。它是《诗经》时代的"郑卫之音"的历史延续和演进，市井风格油然而生。

《史记·货殖列传》中亦记载："夫燕亦勃、碣之间一都会也。南通齐、赵，东北边胡。上谷至辽东，地踔远，人民希，数被寇，大与赵、代俗相类，而民雕捍少虑，有鱼盐枣栗之饶。北邻乌桓、夫馀，东绾秽貉、朝鲜、真番之利。"[②] 这里所称"燕国"的风俗是"大与赵、代俗相类，而民雕捍少虑"，其所毗邻的少数部族多为匈奴、鲜卑及东邻高丽诸郡族人。受北方少数民族风俗的影响，其"民雕捍少虑"，结合了华夏"赵、代"之风，"燕国"故地的音乐风尚体现为豪放、直白、铿锵的市井风格。

燕赵音乐文化市井化特征的不同，随着所处的地理环境长久蕴化而成，更随着其商业、交通等社会环境的改观而不断成熟。隋代大运河的开通、元代战略扩张等因素大概

---

① 司马迁. 史记汇纂［M］. 北京：商务印书馆，2017：422.
② 司马迁. 史记汇纂［M］. 北京：商务印书馆，2017：423.

都为燕赵地域文化风格的纯化提供了足够的社会基础。从文化地理学的视角出发，我们应注意到马龙文先生在《中国戏曲音乐集成·河北卷：上册》综述中提出的一个论断："河北已大体形成两大戏曲活动中心的地域：一是以大运河为动脉的沿河地区，即南迄大名、广平二府，中经卫、运合流的临清、沧州，北至天津的一条纵长地带。这里商旅频繁，漕运发达，流入河北的弦索俗曲诸腔以及早在明代即已流入北京的弋阳、昆山、海盐诸腔，多由此路而来；一是河北的西北部，以张家口、宣化为中心的张垣地区。该地为山陕客商进京的主要门户，同时又是沟通蒙、汉经济的重要商埠。梆子声腔，主要由此流入。彼时河北戏曲的流布状况，大体以这两个戏曲活动中心为坐标，形成河北南半部多弦索诸腔，北半部多梆子腔，中部则是两类声腔交错的地带，这是入清以来河北戏曲声腔发展的基本状况。"①

  这一论断包含着文化地理学的深刻含义。以水域维系的具有海洋文化色彩的"赵国"故地，其市井化的风格使得这里的说唱音乐、戏曲音乐、民歌、器乐具备了更为流畅、抒情、柔美的风格色彩；而以征戍、迁徙维系的具有黄土高原文化色彩的"燕国"故地，其市井化的风格使得这里的说唱音乐、戏曲音乐、民歌、器乐具备了更为高亢、悲壮、铿锵、豪迈的风格色彩。因此，音乐文化的分野能否有其地域划分的考虑，所谓燕赵多悲歌慷慨之士的笼统音乐风格描述，是否应该有具体的地域音乐风格予以确证等问题，是我们在思考河北音乐史的编纂问题时应当着重考虑的。为此，我以为马龙文先生的论断或许为探究燕赵音乐文化地域风格的分野提供了重要参考。

2014年9月在"燕赵音乐文化研讨会"上宣读
2021年12月修订于津门宅邸

作者简介 郭树群，男，1949年生，北京人，天津音乐学院音乐学系教授。毕业于河北师范学院（今河北师范大学），曾任河北师范大学音乐系副主任。

---

① 《中国戏曲音乐集成》全国编辑委员会，《中国戏曲音乐集成·河北卷》编辑委员会. 中国戏曲音乐集成：河北卷：上册［M］. 北京：中国ISBN中心，1998：9.

一个乐会的两次"学缘"

——定县子位村吹歌会研究

河北师范大学音乐学院 胡小满

人们常说有缘事兴。本文所谓"学缘"是指中国近现代音乐史上民间艺人与学者之间巧遇的交往故事，它对于乐会的发展增益甚多。冀中农村活跃着众多的鼓吹乐会，因乐器配置、功利观念迥异而形成"音乐会"或"吹打班"。大多数情况下乐会生灭由己，能借缘分存史于书契者凤毛麟角。

河北省定县子位村吹歌会是一个普通乐会，因两度机缘——1947年到华北联合大学（以下简称"联大"）演出、1950年在中央音乐学院（以下简称"央院"）表演——而声名鹊起，有张鲁、李元庆、杨荫浏等学者向乐会问曲寻律，尤其是《定县子位村管乐曲集》这部中国乐种研究的"开篇之作"助其声望远播①。回望子位吹歌这株乐坛常青树，70年前的"学缘"乃助其名扬天下的定海神针。如今深化子位吹歌研究，"学缘"堪称节点。然双方因何缔缘，缘之细节与意义，期待梳辨。

一、非同凡响的子位村吹歌会

（一）子位村吹歌会的底色

乐会是一个"民族支系或民族社区内部被某一特定传统音乐实践活动维系在一起的共同协作操纵某类具体音乐品种的、并在组织结构上具有相对稳定性"②的群体。子位村吹歌会是聚合十余种乐器，兼容管子主奏与唢呐主奏的"两下锅"式乐会。据会首王成奎回忆，他家前后已有六代人从事吹歌。③ 其史可上溯至清道光前后。

艺人是乐会的发展动力。在会员王铁锤的记忆中，其曾祖父那一代，老大吹笙、老二敲鼓、老三吹管。④ 换言之，清同光之际，一家四胞兄弟已奠定"两下锅"的基础。其"早期"会员在两次"学缘"年间达40余人，王家为班底，聚合邸、刘、崔诸姓，

---

① 中国艺术研究院音乐研究所. 杨荫浏全集：第6卷 [M]. 南京：江苏文艺出版社，2009：1.
② 伍国栋. 民族音乐学概论 [M]. 北京：人民音乐出版社，1997：53.
③ 中国艺术研究院音乐研究所. 杨荫浏全集：第6卷 [M]. 南京：江苏文艺出版社，2009：5.
④ 王铁锤. 中国民间管乐吹奏曲集 [M]. 北京：蓝天出版社，2009：11.

有王丫头、王春兴、邸新瑞、王成奎、崔甲银、邸进考、王铁锤等人。① 王丫头年龄最长，生于1867年。更多的人生于1908年之后。其中，善奏管子15人，唢呐10人，笙7人，二胡6人，鼓5人，笛4人，云锣3人，打击乐2人；有6人兼具管子、唢呐或其他乐器。王春兴是目前所知最早的会头。②

乐器是吹歌会的物质构成。据1950年调查，子位吹歌所用乐器有大笙、管、海笛（小唢呐）、笛、梆笛（小笛）、口笛、梆胡（板胡）、胡琴、龙头胡琴、云锣、小镲镲、小鼓、大鼓、小钹、大钹、铙、梆子等17种③，主要乐器是低音大管。唢呐品种多；海笛身长20厘米左右，音色尖锐响亮；胡琴用于伴奏，可以模仿戏曲唱腔的"吹戏"。它们形成了三大特色：管子合奏；管子与海笛对奏；管子咔戏。吹歌会曲目丰富，一类用于婚嫁和喜庆，如《八仙庆寿》；一类用于丧葬哀仪，如《上桥祭》；一类婚丧兼用，如《万年欢》。④

音乐发展离不开相应的人文环境。清末，冀中鼓吹乐已"突破了只为祭祀、丧事活动"而演奏的"香会"模式，向着"更多参与民俗活动"⑤的方向发展。据民国初年《沧县志·礼俗篇》载，工乐"以应婚丧之雇用，俗名吹鼓手。其乐器以喇叭、哨呐为主部，杂以手鼓、笙、笛、管、箫。民国之先备事而已。近则进步殊速，秦腔、徽剧、军乐时曲均能仿效"⑥。具体来说，冀中鼓吹乐在乐器品种、数量组合、乐声色彩等方面有了新活力。此时，鼓吹盛行管子主奏的"管吹"、唢呐主奏的"花吹"、唢呐或管子的"咔戏"。行政区域中心对地方社会的发展颇具影响，定县是子位吹歌的局域中心。学者李景汉20世纪30年代在此调查，撰文称当地人婚丧喜庆多请"一班奏细乐的"⑦。民众娱乐除了秧歌与花会，"就要算是唱大戏了"⑧。作为丧仪的鼓吹，"竟是吹唱各种戏曲，如梆子腔、高腔、丝弦等"⑨。可见吹唱支撑了子位吹歌的社会基础。

研究显示，1950年之前子位村吹歌会的发展至少经历了两个阶段：一是植根于乡土文化而生成的"固有"样态；二是经名师指点后的"新模样"。

关于前者，1946年夏季前子位村已风行"管吹""花吹""咔戏"，"咔戏"尤其值得关注。王成奎说，"咔戏"始于1934年，唢呐为器，"由我带头先学，当时咔奏的是

---

① 胡同成，赵丽，等. 守护根脉：国家级非物质文化遗产子位吹歌的传承人们（内部资料）. 定州文化馆，2016：107-111.
② 胡同成，赵丽，等. 守护根脉：国家级非物质文化遗产子位吹歌的传承人们（内部资料）. 定州文化馆，2016：107.
③ 中国艺术研究院音乐研究所. 杨荫浏全集：第6卷[M]. 南京：江苏文艺出版社，2009：7.
④ 王一. 子位吹歌的艺术特色[J]. 中国音乐，1987（04）：50.
⑤ 《中国民族民间乐曲集成》全国编辑委员会，《中国民族民间乐曲集成·河北卷》编辑委员会. 中国民族民间器乐曲集成：河北卷：上册[M]. 北京：中国ISBN中心，1997：53.
⑥ 中国地方志集成：河北府县志辑：42：民国沧县志[M]. 上海：上海书店出版社，2006：439.
⑦ 李景汉. 定县社会概况调查[M]. 上海：上海人民出版社，2005：393.
⑧ 李景汉. 定县社会概况调查[M]. 上海：上海人民出版社，2005：357.
⑨ 李景汉. 定县社会概况调查[M]. 上海：上海人民出版社，2005：374.

河北梆子"[1]。还需指出,此时子位吹歌已摆脱敬神的"庄严弥撒"风格,转型娱人作主基调,且至1946年间"搞得很红火"[2]。

(二)杨元亨的"钦点"

生活充满着传奇性,无巧不成书。子位吹歌曾演绎着与杨元亨遇合的这般"巧书"。

杨元亨(1894—1959年),管子演奏家,河北省安平县南王宋村人。他少时到本县吕祖庙当道士,掌握了管、笙、唢呐等器,尤精管子,"讲究唇、舌、齿、压、喉"之法[3]。他还"创造了咔戏"[4]。在吕祖庙,他向过路的乐工学唱昆剧唱腔后便琢磨"用管子模仿昆曲和京剧,后又模仿河北梆子"[5]。梳理杨元亨技长,在于认识其指点子位吹歌的底蕴。

子位村吹歌会向杨元亨求教,缘于热心人穿针引线。

1. 王家父子"走出去"学

20世纪40年代,子位村吹歌会的"头管"是王礼吉(又称王利吉),其子王铁锤也善品管弄笛,二人曾远足至角邱村向杨元亨学艺。2018年1月29日,王铁锤先生向笔者介绍了此情:"我的大叔认识安平的一个朋友,那人说安平有个道士杨元亨,技艺高超,推荐我们去找杨元亨学艺。1946年8月的一天,我和父亲赶着驴骡车,早晨出发晚上到。我在他家每天晚上学吹管子、曲子。他吹了好多曲子,很难。他吹的老曲子《集贤宾》变化很宽广,就像会作曲似的。老先生能耐大!"[6]

2. 杨元亨"请进来"教

月余之后,王家父子满意而归,向子位村吹歌会汇报了收获。于是,子位村吹歌会决定请杨元亨前来传艺。两村较远。杨元亨教授了"管子、笛子、箫、笙等,并传授醮曲、昆曲及咔戏的演奏方法。"[7] 他很"注重音准、节奏、乐曲的表现等全面训练"[8]。

---

[1] 王杰. 河北民族民间器乐曲综述[M]//《中国民族民间器乐曲集成》全国编辑委员会,《中国民族民间器乐曲集成·河北卷》编辑委员会. 中国民族民间器乐曲集成:河北卷:上册. 北京:中国ISBN中心,1997:9.

[2] 聂希智. 民间音乐家小传:杨元亨[M]//《中国民族民间器乐曲集成》全国编辑委员会,《中国民族民间器乐曲集成·河北卷》编辑委员会. 中国民族民间器乐曲集成:河北卷:下册. 北京:中国ISBN中心,1997:1423.

[3] 王铁锤. 管子盖京南 吹歌誉津京:管子演奏家杨元亨[M]//中国艺术研究院音乐研究所. 中国近现代音乐家传:第一卷. 沈阳:春风文艺出版社,1994:222.

[4] 王杰. 河北民族民间器乐曲综述[M]//《中国民族民间器乐曲集成》全国编辑委员会,《中国民族民间器乐曲集成·河北卷》编辑委员会. 中国民族民间器乐曲集成:河北卷:上册. 北京:中国ISBN中心,1997:9.

[5] 王杰. 河北民族民间器乐曲综述[M]//《中国民族民间器乐曲集成》全国编辑委员会,《中国民族民间器乐曲集成·河北卷》编辑委员会. 中国民族民间器乐曲集成:河北卷:上册. 北京:中国ISBN中心,1997:9.

[6] 笔者2018年1月29日赴北京王铁锤寓所采访。王先生围绕子位吹歌会的沿革、人员、技艺、曲目,向杨元亨学习的过程与收获,子位村吹歌会到联大演出等内容给予介绍,令笔者倍感此中学问别有洞天。

[7] 聂希智. 民间音乐家小传:杨元亨[M]//《中国民族民间器乐曲集成》全国编辑委员会,《中国民族民间器乐曲集成·河北卷》编辑委员会. 中国民族民间器乐曲集成:河北卷:下册. 北京:中国ISBN中心,1997:1423.

[8] 王铁锤. 管子盖京南 吹歌誉津京:管子演奏家杨元亨[M]//中国艺术研究院音乐研究所. 中国近现代音乐家传:第一卷. 沈阳:春风文艺出版社,1994:224.

王铁锤、王小寿、王鸿彬等人接受了严格的训练,获得了更多来自实践的真经。此时杨元亨年届52,技艺经验丰富。得其指教,许多人进步很快。由此揭开了杨元亨"两次长达三年"①的子位吹歌教程。但这次"初训"尤为关键,从每个成员的基本功做起,夯实了基础,提升了整体水平,为即将到来的联大演出做好了准备。

二、与联大的"首缘"

20世纪初,现代学校的建立为传统音乐文化的发展带来了契机。延安鲁迅艺术学院(以下简称"鲁艺")凭借人才及有效的组织体系对民间音乐展开的调研,成为学校"问乐"的典范。

联大是中共在抗战时期创建的一所综合大学,1939年7月在延安成立,9月抵达晋察冀边区办学,抗战胜利后迁至张家口,1946年后旨在由短训班转为新式"正规大学",以培养青年参加新中国的政治、经济及文化建设工作。②联大文艺学院设音乐系,教员有李焕之、张鲁、李元庆等人。是年8月,国民党军队进攻张家口,学校于11月18日移至冀中束鹿贾家庄、小李家庄一带。

1946年末至次年初,联大文艺学院开展春节文娱活动,组织教员、学员到部队、农村去深入生活。③"深入生活"旨在熟悉民情,这些都促成了子位村吹歌会与联大的"学缘"。

(一)张鲁的"慧眼"

1946年1月,张鲁任联大音乐系教员,善拉会唱。他"已有很多音乐作品,却喜欢到处唱歌演戏,在各村吹歌会里乱钻。"④是年岁末,根据安排,张鲁带领刘行等人到定县采风,开展民间音乐调查。

小李家庄到子位村约60公里,属此活动较远之地。据《河北民间歌曲选》标注,张鲁等人在沙河沿岸的子位村、贾村一带搜集了许多民歌、民乐曲调。⑤他们所采录的民乐曲调应是子位村的吹歌曲。

张鲁之于子位村调查,缘其妻孙彦惠乃子位村人士。1942年孙彦惠由晋察冀边区赴延安,与张鲁相识。两人从张家口至束鹿,生活中交流过妻乡乐话。此次"深入生

---

① 马达. 民间音乐家小传:王铁锤[M]//《中国民族民间器乐曲集成》全国编辑委员会,《中国民族民间器乐曲集成·河北卷》编辑委员会. 中国民族民间器乐曲集成:河北卷:下册. 北京:中国ISBN中心,1997:1449.
② 马秋帆. 师表担当:马秋帆纪念文集[M]. 沈阳:辽宁人民出版社,2017:183.
③ 黎白. 华北联合大学文艺学院文学系[M]//王谦. 晋察冀边区教育资料选编:干部教育分册:上. 石家庄:河北教育出版社,1990:205.
④ 徐光耀. 华发多情 神游故校[M]//晋察冀文艺研究会. 文艺战士话当年:九. 晋察冀文艺研究会,1980:284-285.
⑤ 岳慎,孟于,等. 华北联合大学文艺学院大事记:二:1945年11月—1949年10月[M]//晋察冀文艺研究会. 敌后的文艺队伍:二. 北京:文化艺术出版社,1989:116.

活"之前已有"回娘家"的经历:"懂音乐的新姑爷初来乍到,王春兴、王成奎他们满心欢喜,展示了'拿手'技艺,张鲁观后高度赞赏,吹歌会也备受鼓舞。双方颇感满足。"① 因此才有了时隔不久组织上"指定"张鲁到定县下乡的续篇。

张鲁与民间音乐艺缘深厚。1940年他入鲁艺音乐系学习。他曾随"河防将士访问团"去绥德等地慰问;在米脂采访了"乡乐"(唢呐吹奏和民间鼓乐),记录下名吹手常峁儿吹奏的若干曲牌②……鲁艺开设民间音乐课,倡导田野调查。张鲁深受其染,积极践行,积累下丰富的经验。因此他"回娘家"时已属"识货老手"——懂得子位村吹歌会的与众不同。

张鲁一行人在子位村观看了精彩表演,"感到这以管子、唢呐(海笛)主吹的合奏、嘹亮开朗、扎实流畅、穿透有力"。③ 的确,无论是群管竞奏还是管笛和鸣,艺人演绎的传统曲牌和时兴唱段是让人眼前一亮的根本。冀中的秋冬乃歌舞活动旺盛时节,子位村吹歌会频繁操管鼓笙,张鲁所见正逢佳态,故甚为感动,顿生"美言"之意。

(二)历史性的"首演"

1947年初,联大决定在春节期间开展拥政爱民的慰问活动。1月15日,联大文艺学院动员全院深入生活,一部分人去采访收集材料,另一部分人进行乡艺活动。④ 子位吹歌的演出乃内容之一。

得益于张鲁牵线,子位村吹歌会在春节期间赴联大表演,地点在大李家庄,时间是2月15日(正月二十五)上午。

当时,文学系学生徐光耀目睹了演出:先演戏《牛永贵负伤》;快结束时张鲁领来了一群定州的民间音乐家,演奏了一番笛子、管子和笙。其中有两个13、14岁的小孩儿用管子吹二黄和梆子,吹得非常好,使徐光耀羡慕极了。⑤ 这是笔者所见最切近现场的记录。而演奏者王铁锤亦忆:"校方在村南搭了台子,吹歌会演奏近一小时,有河北梆子《大登殿》,柳子调,新兴的曲子。我吹管子独奏,也参加合奏。"⑥ 另外,徐光耀这天日记的标题是"几次刺激",子位村吹歌会在序。新春联欢之际,"全校师生和附近的农民、上千个观众聚在广场上。吹歌会十七个民间艺人,吹了一曲又一曲,这生活

---

① 笔者2018年3月30日在石家庄市采访了孙彦惠女士,她回忆了与张鲁在延安、张家口、束鹿生活的经历。内容涉及张鲁与子位村吹歌会的相识:一,1946年夫妻两人从束鹿小李家庄借乡自行车"回娘家"的经历;二,之后组织安排张鲁到定县"深入生活"的经历。由此可知,在组织"公派"之前,张鲁因亲缘已和子位村吹歌会有了一段深入的艺缘交往。
② 张鲁. 峥嵘岁月的歌:忆"鲁艺"河防将士访问团[J]. 音乐研究, 2001 (02): 3–9.
③ 马琦. 学习民间艺术,文坛盛开新葩[M]//晋察冀文艺研究会. 文艺战士话当年:八. 晋察冀文艺研究会, 1980: 206.
④ 中国人民大学高等教育研究室,中国人民大学校史编写组. 血与火的洗礼:从陕北公学到华北大学回忆录:第二卷[M]. 1997: 104.
⑤ 徐光耀. 徐光耀日记:第一卷[M]. 石家庄:河北教育出版社, 2015: 280–281.
⑥ 内容来自2018年1月29日,王铁锤受访谈话。

气息浓郁，高亢嘹亮的民间吹奏乐演奏受到热烈欢迎。"① 李焕之回忆束鹿往事，"对河北吹歌也是首次领略其风采，文艺学院通过张鲁的关系，从定县子位村请来了一班'吹歌会'，使我们大开眼界"②。李焕之对子位村吹歌会的印象清晰如昨。

（三）接受艺术调查

在联大演出前后，子位村吹歌会还接受了联大文艺学院的调查。沙可夫向王铁锤询问"吹歌会的经济来源、演奏曲目，怎样生活"③；李元庆向王礼吉学吹管子，了解结构、音律等情况。这样的调查"弄了好几天，之后才是联欢会"④。

（四）李元庆的管子研究

管子乃吹歌之魂。人们多崇其肃穆、飘然欲仙的气韵。而子位吹歌却用管子奏出"欢腾、激奋、昂扬"⑤的声韵，使人们感受到"过滤掉古代宫廷的、寺院的沉闷气息，爽爽地畅吐出一口新气。"⑥或许这娱人新气唤起了李元庆极大的兴趣，他以管子为研究对象，写出了论《管子音律》的文章。⑦

基于上述内容，1950年李元庆再撰《管子研究》，论及管子名称和来源、制管材料、指孔数目、管子尺寸、管哨、指法变迁、管子和工尺谱、"凡"字问题、管子性能、演奏风格、管子改造、改良指法、管子乐曲等内容。他认为，"我的研究以定县子位村吹歌会的实际材料为主"⑧，尤其通过考证王礼吉家存"九管"，论证了乐会的传统性。今日管子"在吹歌会中依然是'众器之首'，正是教坊遗制"⑨。吹歌会管子有多支，涉及5种材料。论及管子缠头，通过"丝束管身"现象考证了王光祈的推论。现场看到的这批管子中有"所存旧器"，特征是"六七孔之间所以不缠"⑩。也看到今日管子"头部、尾部改用锡镶"⑪的进步现象。"管哨的发声高低，很有伸缩性。在同一指法下，靠了嘴唇及气息的压力，可以有三度左右的高低差别……第二个特点是十二度超吹"⑫；哨子裂痕不影响发音，发音反而更亮些。⑬注意到管子制作的不精准性与"补救

---

① 马琦. 学习民间艺术，文坛盛开新葩 [M] // 晋察冀文艺研究会. 文艺战士话当年：八. 晋察冀文艺研究会，1980：206.
② 李焕之，龚琪. 李焕之的创作生涯 [M]. 北京：中国青年出版社，1999：77.
③ 内容来自2018年1月29日，王铁锤受访谈话。
④ 内容来自2018年1月29日，王铁锤受访谈话。
⑤ 乔建中. 叹咏百年：乔建中音乐学研究文集 [M]. 济南：山东文艺出版社，2002：286.
⑥ 张振涛. 诸野求录：张振涛音乐学研究文集 [M]. 济南：山东文艺出版社，2002：27.
⑦ 马琦. 学习民间艺术，文坛盛开新葩 [M] // 晋察冀文艺研究会. 文艺战士话当年：八. 晋察冀文艺研究会，1980：206.
⑧ 李元庆. 民族音乐问题的探索 [M]. 北京：人民音乐出版社，1983：18.
⑨ 中国艺术研究院音乐研究所. 李元庆纪念文集 [M]. 北京：文化艺术出版社，2010：78.
⑩ 李元庆. 民族音乐问题的探索 [M]. 北京：人民音乐出版社，1983：22.
⑪ 李元庆. 民族音乐问题的探索 [M]. 北京：人民音乐出版社，1983：23.
⑫ 李元庆. 民族音乐问题的探索 [M]. 北京：人民音乐出版社，1983：27.
⑬ 李元庆. 民族音乐问题的探索 [M]. 北京：人民音乐出版社，1983：27.

办法"——"借嘴唇的控制、气压的控制改变其音高"①，吹歌会常用♭A、♭E 调管子。"所用的工尺谱很简陋，有些问题他们也不清楚，研究起来感到不少困难"②。"因此帮助他们认识简谱，是非常必要的"③。他们使用工尺谱的"六五乙上尺工凡"7个字，不用"合四"。用"塌、平、尖"3个字称呼同字音的八度差异，经探讨"他们才确定了如下的界说：'塌'与'平'的交界处，在于第五孔和第六孔之间"④，所用工尺谱"对于节奏的记录也非常简陋"⑤。"他们吹奏'工'、'六'之间的'凡'字，有时是'下凡'，有时是'凡'，其半音关系不很明确，随曲调或吹奏者的习惯而不同。"⑥ "独奏性质的乐曲也有，如《放驴》，与海笛交错，充分发挥了管子的表现力"⑦；"管子因管哨很硬，须用较大的气力才能吹奏……要吹得'登登'响，愈响愈好。"⑧ 总之，"吹歌会，这民间的管乐队，是中国管乐的保存处，没有吹歌会，中国的大部管乐将失传。"⑨ 这些见解体现了关于管子的缜密考辨。

乔建中称《管子研究》细致入微，是"有关管子这件乐器第一次系统、全面的论述。也为后来的乐器研究提供了范例"⑩。的确，李元庆从音律、乐队编制、乐器构造、演奏方法、乐曲结构等方面做了"深入细致的调查研究工作"⑪，上乞典籍，近接西学，爬梳出吹歌会管子的特点、优点与不足，提升了吹歌的学术含量，为杨荫浏的子位村管乐研究提供了可鉴参数。故杨荫浏称，关于管的起源、制法、指法等问题，较详细的讨论，可参看李元庆著的《管子研究》一书和《管子概述》一文。⑫

（五）联大的厚待

"成校长关心艺人们的生活"⑬。他在师生面前推荐了子位吹歌，多位学者对此进行了学术调查。两位出色的年轻会员王铁锤和王小寿被吸收到联大文艺学院音乐系学习。一批农民在此生活月余是一笔可观的经费支出，足显联大厚待。

随着春耕到来，吹歌会结束了联大特殊"演出季"。一段"学缘"走完程序。联大之行，杨元亨先生没有随行。

---

① 李元庆. 民族音乐问题的探索［M］. 北京：人民音乐出版社，1983：26.
② 李元庆. 民族音乐问题的探索［M］. 北京：人民音乐出版社，1983：34.
③ 李元庆. 民族音乐问题的探索［M］. 北京：人民音乐出版社，1983：38.
④ 李元庆. 民族音乐问题的探索［M］. 北京：人民音乐出版社，1983：36.
⑤ 李元庆. 民族音乐问题的探索［M］. 北京：人民音乐出版社，1983：37.
⑥ 李元庆. 民族音乐问题的探索［M］. 北京：人民音乐出版社，1983：38.
⑦ 李元庆. 民族音乐问题的探索［M］. 北京：人民音乐出版社，1983：52.
⑧ 李元庆. 民族音乐问题的探索［M］. 北京：人民音乐出版社，1983：44.
⑨ 李元庆. 民族音乐问题的探索［M］. 北京：人民音乐出版社，1983：51.
⑩ 乔建中. 叹咏百年：乔建中音乐学研究文集［M］. 济南：山东文艺出版社，2002：45.
⑪ 刘东升. 一片丹心为音研：音乐学家李元庆［M］//中国艺术研究院音乐研究所. 中国近现代音乐家传：第二卷. 沈阳：春风文艺出版社，1994：468.
⑫ 杨荫浏，曹安和. 定县子位村管乐曲集［M］. 上海：万叶书店，1952：12.
⑬ 马琦. 学习民间艺术，文坛盛开新葩［M］//晋察冀文艺研究会. 文艺战士话当年：八. 晋察冀文艺研究会，1980：206.

梳理这段"学缘",我们发现它得益于联大秉持鲁艺"理论联系实际"[①]的教学原则。如成校长说,联大文艺学院由于迁到农村和群众生活在一起,"对于贯彻执行与实际相结合的方针,提供了更为有利的条件"[②]。是年5月,沙可夫在第三届教育工作会议上进行总结,对"音乐系学习'吹歌会'予以肯定"[③]。

有学者崇信"世有伯乐而有千里马,世有杨荫浏而有华彦钧也!"[④] 亦可说世有张鲁而有子位吹歌。正是有了张鲁的"慧眼",音乐家群的"赞赏和推荐"[⑤],才有了吹歌会联大表演,这增添了艺人的自豪感。"学缘"奠定了子位吹歌走向新中国乐坛"金色大厅"的五彩之路。

三、央院"续缘"

1949年,子位村吹歌会在经历了杨元亨"培训"、联大"锤炼"、与张鲁等学者"交往"之后,技艺倍增。央院的建立为子位吹歌的发展再续新缘。

(一)央院的民间音乐情结

央院于1949年10月在天津成立,由南京国立音乐院、华北大学文艺学院音乐系等院系组合而成。建院伊始,央院非常重视民间音乐的教学与研究,于是聘请民间音乐名家、班社讲课或演出。这是"我国专业音乐教育史上具有开创性意义的措施。"[⑥]

子位吹歌到央院演出,相关情节涉及演出时间、领队、院方接待与学术调查等项。

1. 演出时间

《中国艺术研究院音乐研究所大事记(1949—2014)》一文中记载,1950年5月,"河北省定县子位村'吹歌会'应邀到天津中央音乐学院演出并录音。杨荫浏、曹安和等进行采访"[⑦]。杨荫浏在《定县子位村管乐曲集》(以下简称"《管乐曲集》")之"例言"亦讲:"一九五零年五月中央音乐学院请定县子位村吹歌会到天津来演奏。"[⑧] 此乃两则常见的演出时间表。

其实,此次在央院演出的时间为4月24日(星期一),这在《中央音乐学院院史

---

① 王巨才,赵季平,冯希哲,敬晓庆. 延安文艺档案:延安音乐:第十五册:延安音乐组织[M]. 西安:太白文艺出版社,2015:461.
② 马琦. 学习民间艺术,文坛盛开新葩[M]//晋察冀文艺研究会. 文艺战士话当年:八. 晋察冀文艺研究会,1980:205.
③ 马琦. 华北联大文学系史话:1945.11—1948.9[M]//晋察冀文艺研究会. 文艺战士话当年:七. 晋察冀文艺研究会,1980:153.
④ 中国艺术研究院音乐研究所. 杨荫浏全集:第1卷[M]. 南京:江苏文艺出版社,2009:序.
⑤ 刘东升. 一片丹心为音研:音乐学家李元庆[M]//中国艺术研究院音乐研究所. 中国近现代音乐家传:第二卷. 沈阳:春风文艺出版社,1994:469.
⑥ 伍雍谊. 人民音乐家:吕骥传[M]. 北京:中国文联出版社,2005:111.
⑦ 中国艺术研究院音乐研究所. 中国艺术研究院音乐研究所六十年纪念集:1954—2014[M]. 北京:文化艺术出版社,2017:322.
⑧ 杨荫浏,曹安和. 定县子位村管乐曲集[M]. 上海:万叶书店,1952:1.

（一九五○——一九九○）》一书中也有记载。① 这里的"深泽吹歌会"即子位村吹歌会。子位村毗邻深泽县，此时属其辖。子位村历史上久属定县。直至1949年8月，河北省人民政府成立，深泽县属定县专区管辖。② 1954年4月后方改动。杨荫浏调查子位村时称其为"深泽县五区子位村"，在"例言"中又署名"定县子位村"。③ 此"一村两县"正逢一个阶段性政区变动之中。

2. 关于吹歌会领队

王铁锤撰文："1950年定县子位村吹歌会的刘泉水等人应邀到天津中央音乐学院进行演奏"④；《中国民族民间器乐曲集成·河北卷：下册》中则称："王成奎应著名音乐家杨荫浏的邀请，带队去天津"⑤。合理之释是王成奎带队。王成奎此时42岁，任会首多年；《管乐曲集》开篇即讲王成奎是"最重要而处于领导地位的一位会员"⑥，由其领队较合情理，且其几年前已同院方相关人士有交集。而刘泉水此时仅18岁，其阅历、名声远不及王成奎。

3. 央院缘何邀子位吹歌

央院为了"贯彻教学、艺术实践和科学研究相结合"⑦的办学方针，重视对师生进行民族传统文化教育，以便开展民间音乐的教学；吹歌会在联大出色表现；欢庆"并院大团圆""五一劳动节"之需；地缘之便等因所致。牵线者当属李元庆。李元庆此时任临时党组成员，又任央院研究部主任⑧，有一定的话语权。

至于应杨荫浏之邀一说，或因其名气而作此揣测。央院院史表明，随着新校舍的具备，南京国立音乐院师生于1950年4月15日至16日才全部集中于津，18日举行"并院大团圆"联欢会。⑨ 杨荫浏如果随南京师生来津则是4月中旬，而非其"年表"所说的3月份。⑩

4."在校"期间

吹歌会受到热烈欢迎。吹歌会主要从事了两项活动：一是为师生表演。演奏者有王

---

① 中央音乐学院院史编辑部. 中央音乐学院院史：一九五○——一九九○［M］. 北京：中央音乐学院院史编辑部，1989：96.
② 深泽县地方志编纂委员会. 深泽县志［M］. 北京：方志出版社，1997：27.
③ 杨荫浏，曹安和. 定县子位村管乐曲集［M］. 上海：万叶书店，1952：1–6.
④ 王铁锤. 管子盖京南 吹歌誉津京：管子演奏家杨元亨［M］//中国艺术研究院音乐研究所. 中国近现代音乐家传：第一卷. 沈阳：春风文艺出版社，1994：224.
⑤ 姚江. 民间音乐家小传：王成奎［M］//《中国民族民间器乐曲集成》全国编委员会，《中国民族民间器乐曲集成·河北卷》编委员会. 中国民族民间器乐曲集成：河北卷：下册. 北京：中国ISBN中心，1997：1428.
⑥ 杨荫浏，曹安和. 定县子位村管乐曲集［M］. 上海：万叶书店，1952：6.
⑦ 赵沨. 庆祝建院四十五周年回忆片段［J］. 中央音乐学院学报，1995（02）：3–5.
⑧ 中国艺术研究院音乐研究所. 中国艺术研究院音乐研究所六十年纪念集：1954—2014［M］. 北京：文化艺术出版社，2017：166.
⑨ 中央音乐学院院史编辑部. 中央音乐学院院史：一九五○——一九九○［M］. 北京：中央音乐学院院史编辑部，1990：95–96.
⑩ 中国艺术研究院音乐研究所. 杨荫浏全集：第13卷［M］. 南京：江苏文艺出版社，2009：320.

成奎、王礼吉、刘泉水、王振栓等人。① 作品有《大绣鞋》《八仙庆寿》《集贤宾》《大二番》《民歌联奏》《放驴》等。涉及吹歌会"所有传统曲目和大量民歌、创作歌曲"②。二是接受采访。王成奎、王礼吉③介绍了乐会名称、乐会历史与由来、乐会与民众关系、重要成员及乐会变化、乐器与组合形式及来津人员、乐会与杨元亨的关系、乐会的17人编制。管子令研究者印象深刻。

吹歌会收到院方一面赠旗,上书"你们表现了人民,团结了人民,鼓舞了人民,希望你们团结各地吹歌会参加新中国的建设"④。

此次赴津"教头"杨元亨仍未随行,但他的弟子们向院方推介了其过人之技。之后他应邀而来,成为学院的管子教师。

（二）杨荫浏、曹安和的乐种调查

由于吹歌会的到来,它成为央院研究部的首个研究对象。杨荫浏、曹安和等人开展了系统调查,较为完整地记录了演奏曲目及相关内容。

杨荫浏、曹安和的乐种调查分三步:演出录音;深入细访;记写曲谱,编曲辑集。这与《管乐曲集》"例言"中的记载"主要的是那次调查所得"⑤ 相吻合。调查至1951年10月告成。次年,这一调查以"中央音乐学院研究部资料丛刊"《定县子位村管乐曲集》之名,由万叶书店出版发行。

杨荫浏、曹安和的乐种调查向天津人民广播电台借用设备,"根据钢丝录音记谱"⑥。因为央院创建之初的录音设备是"从无"的⑦,所以子位吹歌调查是一项由新设备支持的新事,这标志着中国音乐学调查步入一个新的时代。这在以往调查中未见有叙。的确,在袁静芳《文化背景与音乐功能的演变——〈料峭〉乐目家族研究之一》一文里所集明万历以来的90份《拿天鹅》曲谱中,第一份音响资料即1950年王成奎等演奏的《捕天鹅》⑧。

当然,杨荫浏、曹安和的乐种调查更多是凭借多年田野工作观、听、询的能力,详

---

① 胡同成,赵丽,等. 守护根脉:国家级非物质文化遗产子位吹歌的传承人们（内部资料）. 定州文化馆,2016:107-110.
② 姚江. 民间音乐家小传:王成奎［M］//《中国民族民间器乐曲集成》全国编辑委员会,《中国民族民间器乐曲集成·河北卷》编辑委员会. 中国民族民间器乐曲集成:河北卷:下册. 北京:中国ISBN中心,1997:1428.
③ 王铁锤. 管子盖京南 吹歌誉津京:管子演奏家杨元亨［M］//中国艺术研究院音乐研究所. 中国近现代音乐家传:第一卷. 沈阳:春风文艺出版社,1994:224.
④ 2018年1月25日,笔者到子位村进行采访,承蒙王如海先生的厚爱,见到了这面珍藏已久的央院赠旗。
⑤ 杨荫浏,曹安和. 定县子位村管乐曲集［M］. 上海:万叶书店,1952:1.
⑥ 杨荫浏,曹安和. 定县子位村管乐曲集［M］. 上海:万叶书店,1952:1.
⑦ 中央音乐学院院史编辑部. 中央音乐学院院史:一九五〇——一九九〇［M］. 北京:中央音乐学院院史编辑部,1989:28.
⑧ 香港中文大学中国音乐资料馆,香港民族音乐研究会. 香港:1988:中国音乐国际研讨会论文集［C］. 济南:山东教育出版社,1990:27.

测乐器的器形、尺寸、调式数值，了解功能；各乐器之配合；记录乐曲并予"打谱"考释。他们认为，有的作品"显然是出于民歌。与至今民间还在流行的民歌曲调相比，《二十四糊涂》、《摘棉花》、《算盘子》等，都和河北民歌中间同名的民歌相像……《四贝儿上工》与流行民歌《四贝上工》相似；《花鼓曲》也略与《凤阳花鼓》相似，这些，我们可以确定它们为完全出于民歌；而且，可以说，它们被改用于器乐之后，脱离原来民歌的形式，还不太远。"[1] 再如"调查了他们的乐器、演奏方法、以及有关吹歌会和他们的曲调的一些情形"[2]，吹歌会"是农村的一种不脱离生产的业余团体……解放以前他们较正式的演奏，是在参加人家婚、丧、喜、庆等事情的时候"[3]；吹笙者所要的，"常是一个由数音合成的和音，因此，每吹一音都须同时按没几个按指孔"[4]；"他们所用调名，是指绝对音高而言，而不是指指法而言"[5]。总的来看，吹歌会乐器"较轻小，而便于携带；合奏起来，是比较高亢而响亮。这也许是古人所以选取这类音乐（古代所谓铙歌），作为军乐的一个原因。"[6] 这些见解对于认识吹歌会的细节、特质意义深刻。

同许多事物或存缺陷一样，杨荫浏、曹安和的乐种调查在具体采访地点、时间及采访者与被访者基本信息表述方面略有缺憾。30年后杨荫浏自省："……我对民间音乐的学习和整理，决不愿停顿下来，先后还出版了《阿炳曲集》《管乐曲集》"等；这个材料不全面、不深入，"只不过提了几句非常粗浅的介绍"。[7] 其实，继子位吹歌调查后，杨荫浏又开展了智化寺京音乐调查，田野工作的时间、地点、访者、形态、文化内涵等技术要求赫然在册。

（三）《管乐曲集》之意义

得益于杨荫浏、曹安和的乐种调查，子位吹歌又一次得到学界的呵护，沐浴着制度、文化的阳光雨露，迎来了新的发展机遇。

随着《管乐曲集》刊行，人们对子位吹歌有了新认知。这是新中国音乐文化史上的一件大事。居其宏称，杨荫浏等人对子位村笙管乐的调查对于广泛"整理散存于各地的民间音乐珍贵资料有千秋之功"[8]。诚如其言，这是"我国民族音乐学发展历程中，对民间音乐作专项采集的一个具有开创性意义的范例。"[9] 以此为径，续生了单弦牌子

---

① 杨荫浏，曹安和. 定县子位村管乐曲集 [M]. 上海：万叶书店，1952：30.
② 杨荫浏，曹安和. 定县子位村管乐曲集 [M]. 上海：万叶书店，1952：1.
③ 杨荫浏，曹安和. 定县子位村管乐曲集 [M]. 上海：万叶书店，1952：6.
④ 杨荫浏，曹安和. 定县子位村管乐曲集 [M]. 上海：万叶书店，1952：8.
⑤ 杨荫浏，曹安和. 定县子位村管乐曲集 [M]. 上海：万叶书店，1952：36.
⑥ 杨荫浏，曹安和. 定县子位村管乐曲集 [M]. 上海：万叶书店，1952：29.
⑦ 杨荫浏. 音乐史问题漫谈 [M]//中国艺术研究院音乐研究所. 杨荫浏全集：第4卷. 南京：江苏文艺出版社，2009：389.
⑧ 居其宏. 新中国音乐史：1949—2000 [M]. 长沙：湖南美术出版社，2002：22.
⑨ 华蔚芳，伍雍谊. 民族音乐传统接力赛的健将：音乐史学家杨荫浏 [M]//中国艺术研究院音乐研究所. 中国近现代音乐家传：第一卷. 沈阳：春风文艺出版社，1994：386.

音乐、阿炳二胡琵琶曲、河曲山曲、湖南传统音乐普查等研究成果。当然，子位吹歌借此"在全国产生了影响"①。

随着中国音乐学学科的深入发展，乐种研究成为一项显学。袁静芳在阐述乐种学发展历程时指出，我国对乐种的收集整理和研究工作，20世纪50年代以来有了较大进展，收集整理乐种曲谱近百册，"特别是前辈杨荫浏、曹安和先生对乐种所做的调查范例和研究成果，对乐种的实地考察、录音记谱、理论研究均具有开拓性、启迪性、指导性的楷模意义。如《定县子位村管乐曲集》……"② 这亦肯定了《管乐曲集》的乐种学研究的"开篇意义"。今日之中国音乐学研究，关于乐种的探讨几乎由子位吹歌开叙。此番殊荣，根乃两次"学缘"。

四、吹歌与"学缘"

有学者指出，"真正意义上的文化人类学方法论，应该对某一区域的文化现象进行更为细致的辨析"③。梳理子位吹歌"学缘"，引发对这一区域的文化现象更细密的思辨，借此认知鼓吹乐的"整体意义"。

（一）音乐学的价值

第一，富有鼓吹乐的传统基因。乐种学认为，任何乐种的演奏都离不开乐器这一基础。子位吹歌的物质构成，包括笙、管、海笛、鼓钹诸器。作为乐种色彩、风格、技巧的"直接包容者"，其主奏乐器管子、海笛在乐声、乐曲、乐谱和乐技上都有"较顽固的传承基因"④。主奏乐器与传统礼乐制度及其演进密切相关，承继了传统乐种的工尺谱式记录乐曲及其"阿口"，先润后奏，域风鲜明，且常以合奏形式在民俗婚、丧、喜、庆等场合现身。

第二，彰显与时俱进的现代性。它以管子、海笛"对吹"为技长，展现了两件看似水火不容的主奏乐器的唇齿相依。根据《守护根脉：国家非物质文化遗产子位吹歌的传承人们》展示的31幅演奏照片，16幅为管子与唢呐在多个时空同台合鸣。子位吹歌借吹歌形式将20世纪时兴的戏曲演唱高度器乐化，增强了娱人张力。其表演注重乐器、声音、形体的有机律动。基于婚丧嫁娶和喜庆活动的市场化需求，演奏者时常更新曲目，提高技艺，体现了"以人为本"的理念和勇于开放的时代精神。

第三，拥有传统乐教特质。重视艺德教育，倡导谦虚做事。"不做井中蛙"；"台上做猛虎"，要感人，让观众喜欢；学艺要"一听二看三练习"；音乐要"给人带来欢乐"。诚如子位村的一位老奶奶所说："人要听音乐，不能总听鸡叫猪叫"，"人死了，

---

① 王杰. 河北民族民间器乐曲综述［M］//《中国民族民间器乐曲集成》全国编辑委员会，《中国民族民间器乐曲集成·河北卷》编辑委员会. 中国民族民间器乐曲集成：河北卷：上册. 北京：中国ISBN中心，1997：10.
② 袁静芳. 乐种学［M］. 北京：华乐出版社，1999：1.
③ 项阳. 从整体意义上认知区域音乐文化［J］. 人民音乐，2013（02）：42.
④ 袁静芳. 乐种学［M］. 北京：华乐出版社，1999：13.

让他在棺材中好好听听音乐，有丝弦戏，吹歌会在前面吹，用好听的音乐送到村口。'送行'不是悲悲切切。"王铁锤先生此番梳理道出了吹歌会的乐教理念与实践准则，意味深长。①

（二）"吹歌"之辨

"学缘"使人联想到冀中鼓吹乐及其北乐会、南乐会的两种形式，这两种形式渊源深厚。前者由管子主导，"继承了帝王时代宫廷和寺庙音乐的传统"②，在祭祀活动中显身手，数百年以"不走样"为己任。如乐曲"被人们以顽强的毅力恪守在传统的工尺谱中，严格地世代相传。"③ 后者则是其在20世纪发展的新形式，"有着一套全新的曲目系统与独特的神采风韵"④。为了更多地融入民俗，取其他乐种之长，南乐会特别融合了唢呐，变大管为主奏乐器，丰富了表现力。南乐会体现了音乐"作为一种人文现象，创造它的是人，享用它的也是人"之理念。⑤ 这应和了清末社会之变，民众喜之。20世纪80年代"集成"普查时，"冀中有400多个吹歌会组织，3000余名职业艺人"⑥。南乐会重在娱人，子位吹歌属生动演绎。通过其《放驴》的诙谐乐风，美音荡心可感一番。

人类前行的每个时代各有其质。子位吹歌的意义在于展示了"我们的"时代继承传统、推陈出新的可能性。子位吹歌虽属一个庄户乐会之实践，却是古老的鼓吹乐在清末"礼崩乐坏"环境中的"下移""变异"与"为用"，蕴含了乐种研究"整体的意义"。

（三）音乐学者的作为

回望子位吹歌"学缘"中的学者之为，感念前辈"知识富民"的精神，想到河北鼓吹乐的近百年"学问史"：20世纪30年代刘天华调查安次"吵子会"；世纪中叶两次"学缘"；20世纪80年代以来袁静芳研究"河北吹歌"⑦，张鲁组织"河北省吹歌协会"⑧，乔建中、薛艺兵等呵护"音乐会"，王杰撰写河北"鼓吹乐述略"⑨……几代学

---

① 内容出自2018年1月29日，王铁锤受访谈话。
② 蔡良玉. 交汇的视野：蔡良玉音乐学研究文集［M］. 济南：山东文艺出版社，2002：285.
③ 钟思第，吴凡. 切勿进行置身事外的研究［J］. 中国音乐学，2005（03）：50.
④ 王杰. 鼓吹乐述略［M］//《中国民族民间器乐曲集成》全国编辑委员会，《中国民族民间器乐曲集成·河北卷》编辑委员会. 中国民族民间器乐曲集成：河北卷：上册. 北京：中国ISBN中心，1997：15.
⑤ 郭乃安. 音乐学，请把目光投向人［M］. 济南：山东文艺出版社，1998：1.
⑥ 王杰. 鼓吹乐述略［M］//《中国民族民间器乐曲集成》全国编辑委员会，《中国民族民间器乐曲集成·河北卷》编辑委员会. 中国民族民间器乐曲集成：河北卷：上册. 北京：中国ISBN中心，1997：52.
⑦ 袁静芳. 河北吹歌［M］//中央人民广播电台文艺部音乐组. 民族器乐广播讲座. 北京：人民音乐出版社，1981：62.
⑧ 冯思德，李江，周大明. 燕赵文艺史话：第3分册：音乐卷、舞蹈卷、曲艺卷、杂技卷［M］. 石家庄：花山文艺出版社，2006：136.
⑨ 王杰. 鼓吹乐述略［M］//《中国民族民间器乐曲集成》全国编辑委员会，《中国民族民间器乐曲集成·河北卷》编辑委员会. 中国民族民间器乐曲集成：河北卷：上册. 北京：中国ISBN中心，1997：43.

人赓续不辍，结成河北鼓吹乐研究的一条纽带。如今，这些乐社"与北京专业院校的不断联系，带来了现代化的新出路"[1]。感念，亦赋予吾辈思考在调查中"如何听""怎样记"。毋庸讳言，近年来面对冀中"音乐会""吹歌会"的不同风格，的确有一些认识上孰重孰轻之辩。其实，南乐会、北乐会与京畿历史生态紧密相连，同生一枝、花开两朵，都是百姓选择的结果。学者游走其间，应当秉持文化"相对"与"直笔"为上。

回望子位吹歌"学缘"，"看起来不过是个偶然事件"[2]，但后续影响超乎想象：短短5年，无论是王礼吉与杨元亨的交往，王成奎与张鲁、李元庆的交往，还是王成奎与杨荫浏、曹安和的交往，都演绎了一出民间艺术与现代学术的"将相和"，对于传统音乐特色与乐种学科建设，尤其在"研究方法上为后人树立了典范。"[3] 学者们凭借良好学养为民间音乐添薪续火，写下一段佳话。

子位吹歌因"学缘"而盛。本文凭仅有的材料考释其缘，挂一漏万，谬误难免，敬请方家斧正。

附言 本文研撰得到定州文化馆赵丽女士，子位村王如海先生、王铁锤先生、孙彦惠女士，河北省音乐家协会白朝晖先生的支持，特表谢意！

2018年12月1日三稿

（本文原载《音乐研究》2019年第2期，略有改动）

作者简介 胡小满，男，1958年生，河北省邯郸市人。河北师范大学音乐学院教授。1980年入河北师范大学音乐系学习。

---

[1] 钟思第，吴凡. 切勿进行置身事外的研究[J]. 中国音乐学，2005（03）：54.
[2] 钟思第，吴凡. 切勿进行置身事外的研究[J]. 中国音乐学，2005（03）：54.
[3] 乔建中. 杨荫浏先生与十番锣鼓的一段旧缘[J]. 音乐研究，2004（01）：9.

论河北民间音乐色彩区的划分

河北大学艺术学院　齐　易

今天，按照种族、地理、历史、文化背景或体裁、风格等，把大至全世界小至一个民族聚居区的音乐文化分成若干区域，是人文地理学、民族音乐学等学科研究中普遍采用的方法之一。"河北民间音乐色彩区"的划分，就是将这一研究方法纳入河北民间音乐研究的一种尝试。它对于揭示河北地域民间音乐文化的本质特点，深刻认识这一地域的民间音乐与它所依存的地理、历史、文化背景之间的关系等，都具有重要的理论意义。

一、理论依据

"河北民间音乐色彩区"的划分，首先是受人文地理学的影响。人文地理学认为，"人文现象的分布、变化、扩散以及人类活动的空间结构总要程度不等地受到相关地域、地貌、山川、江河、海洋、气候等地理因素的影响。地理现象的区域性差异制约着文化现象的区域性差异。"[①]

在中国，划分文化区域的做法是有历史渊源的。早在春秋战国时期，有人将中国划分为齐鲁、三晋、燕赵、吴越、荆楚等在地理、风俗、民情、语言等方面各有特点的文化区域；魏晋南北朝时期还有将南北方民歌的风格进行比较的记载，认为南方民歌较细腻，北方民歌较粗犷。

20世纪80年代，由杨匡民提出，苗晶、乔建中在《论汉族民歌近似色彩区的划分》[②]一书中进一步完善了中国"汉族民歌色彩区"的理论。所谓民歌的色彩区，即在音乐风格方面具有某些主要共同性特征的民歌流传区域。根据汉族聚居区民歌风格的差异，并参照语言特点、历史、文化与地域等条件，苗晶、乔建中将汉族民歌的地理分布划分为东北、西北、江淮、江浙、闽台、粤、江汉、湘、赣、西南10个近似色彩区和1个客家特区。

---

① 乔建中. 土地与歌：传统音乐文化及其地理历史背景研究 [M]. 上海：上海音乐学院出版社，2009：262.

② 苗晶，乔建中. 论汉族民歌近似色彩区的划分 [M]. 北京：文化艺术出版社，1987.

民歌色彩区的划分属于人文地理学的范畴。"汉族民歌近似色彩区的区划与其诸背景即地理、文化、语言的区划，基本上是吻合的。两个地形、地貌完全不同的地区，不可能处在同一民歌区内；一个民歌色彩区也不可能包罗两种方言区。这就说明，在我国漫长的封建社会这一特定历史背景下，由于自然条件的影响而形成的分割局面，也即各个相对分散的社会生活区域，对包括民歌在内的各意识形态现象的形成、发展起着决定性的作用。"①

"色彩"是从美术中借用的术语。什么是民歌的地方色彩？简单地说，民歌的地方色彩即某一地区民歌特有的"味道"，是出于地理、历史、文化等背景而形成的某地民歌的风格特点。从民歌旋律的角度看，某地民歌的风格特点往往由其特有的调式、旋法、润腔、色彩性乐汇等因素综合构成。色彩区的划分表面上根据的是民歌的色彩（音乐风格），但民歌色彩形成的深层原因却是这一地域的地理、历史、文化（包括语言）等因素。换句话说，分区的依据不仅仅是色彩，更是文化。

虽然地理、历史、文化等因素形成了各地不同的民歌色彩，但是直接制约民歌曲调旋法的却是文化中的语言因素。中国的歌唱历来讲究"字正腔圆"，但是所谓"字正腔圆"都是建立在当地方言基础上的判断。各地方言语调的不同，直接导致了民歌旋律风格的差异。汉语方言区的划分与民歌色彩区的划分高度一致，有力地说明了这一点。

我们知道，民歌是歌舞、说唱、戏曲、器乐等各种体裁形式的民间音乐的基础，民歌的曲调往往为其他各种类型的民间音乐所吸收，有的民间音乐更是直接在民歌演唱的基础上发展起来的。因此，在漫长的古代社会里，一个地方的民歌色彩势必会直接影响到这一地方所有的民间音乐形式，从而形成该地民间音乐共有的风格特征。

二、河北民间音乐色彩区的划分

具体到河北省，根据地理、历史、文化等因素，以及由此造成的民间音乐风格特点的不同，我们可以把河北省的民间音乐大体分为冀中（保定、石家庄、衡水、沧州、廊坊）、冀南（邯郸、邢台）、冀西北（张家口、承德）、冀东（唐山、秦皇岛）4个地方性色彩区。当然，这种划分仅仅是根据一些基本情况所做的大体划分，每个色彩区内部又因种种因素呈现着各自复杂的差别（也正是因为某个色彩区内部存在的这种差别，苗晶、乔建中在"汉族民歌色彩区"这个词汇里加了"近似"两个字，以求学术上的严谨）。尤其是在各个区域的过渡地带，其音乐色彩处于一种"渐变"的状态，各自特点的对比并不十分鲜明。从"民间音乐色彩区"的角度出发，研究各个不同地域的民间音乐，有利于探讨在相似的地理、风俗、民情、语言等基础上产生的民间音乐的共性特点，这样可以更深刻地认识该地民间音乐与其所依存的文化背景之间的关系。

需要说明的是，将河北省民间音乐划分为以上4个地方性色彩区，并不是笔者的独

---

① 苗晶，乔建中. 论汉族民歌近似色彩区的划分［M］. 北京：文化艺术出版社，1987：200.

创。早在 20 世纪 80—90 年代进行全国性的民间音乐集成编纂时，河北省的张松岩、王杰等音乐学者就提出过这种认识。在《中国民族民间器乐曲集成·河北卷：上册》一书里，该卷主编王杰在其中的《鼓吹乐述略》一文中，将河北省的鼓吹乐分为冀南、冀中、冀东、冀西北 4 个部分进行阐述，只不过除王文对此有所涉及外，当时还没有人就此问题做出明确的文字论述。笔者的贡献在于对前辈已有的认识进行理论上的确认，并借鉴人文地理学及苗晶、乔建中等人的"汉族民歌色彩区"理论和民族音乐学的相关知识，对"河北民间音乐色彩区"进行理论深化，力图进一步运用该理论对河北省的民间音乐进行全面的审视和论述。

"冀中音乐色彩区"包括保定、廊坊、沧州、石家庄与衡水，这一地区的范围比较大，因此情况也较为复杂。从地形地貌上说，冀中地区大部分为平原区，人口稠密，百业兴旺；西侧的涞源、阜平、平山、井陉一带则属于太行山脉的山区，与山西相邻；东侧的东光、临西一带与山东接壤；黄骅一带则紧靠渤海湾，有较发达的渔业。冀中地区的主体是京广、京山（北京到山海关）、天津至德州、石德 4 条铁路所框起来的一个中心地带。这一带在金元明清时期为京畿重地，在文化方面是一个最能体现燕赵风骨，又最受京都文化影响的地区。尤其在元明清三代，北京是全国的政治文化中心，其文化上的凝聚与扩散作用使紧密环抱京城的冀中地区成了全国各类不同特点的音乐文化的荟萃之地，从而极大地改变了燕地文化的原有样貌。在民歌方面，全国各地的时调小曲在向京城汇集的过程中总会在这一带留下痕迹，使这里的小调民歌兼收并蓄、非常丰富，但是也正因此缺乏了鲜明的地方特色。这一地区西侧与山西接壤的太行山区，山歌较多，民歌风格受山西影响较大；在民间器乐方面，保定、廊坊、沧州一带存有数量庞大的音乐会、南乐会、十番会等民间乐社，它们与京畿文化密切相关；在曲艺音乐方面，冀中的高阳、沧州一带是中国北方大鼓类曲种的重要发源地，有木板大鼓、西河大鼓、京东大鼓等众多曲种；在戏曲方面，除了老调、丝弦、哈哈腔等纯本土剧种外，明清时期来自南方的昆曲和高腔、清至以后的河北梆子与京剧都在这里盛行。与山东接壤的东光、海兴、黄骅一带，则受山东地方音乐的影响，吕剧、南词调、黄骅渔鼓戏等由山东传入的戏曲在这里颇有市场。

"冀东音乐色彩区"包括唐山和秦皇岛，严格地讲还应该包括承德东南部的平泉、兴隆和宽城等县。冀东地区大部分为平原区，北部有部分山地丘陵，东南方位的乐亭、昌黎及秦皇岛一带则紧靠渤海湾。冀东一带紧邻东北，东北民歌、大秧歌和二人转都深刻地影响着冀东地区。冀东地区的方言音调婉转，很富有音乐性，因此冀东民歌大多旋律性较强，行腔多加润饰，东北民歌也多在冀东地区有变体形式存在。冀东秧歌的音乐伴奏及冀东鼓乐的演奏，其曲牌与东北秧歌、东北鼓乐多通用，风格上也近似；受东北秧歌和二人转的滋养，冀东地区在 20 世纪初还诞生了本土剧种评剧；在本地民歌"清平歌"的基础上，还衍生出了本地曲艺种类乐亭大鼓，其影响曾遍及东北、华北；秦皇岛的青龙、承德的宽城这两个满族自治县，以及唐山的遵化和滦县满族人口较多，满族的音乐文化有一定的遗存。乐亭、昌黎及秦皇岛一带有大量以捕鱼为生的渔民，渔歌、渔号等与渔民生产劳动相伴的民歌有很多。

"冀西北音乐色彩区"包括张家口及承德的大部分地方，严格地讲还应该包括冀中地区西部靠近山西的涞源、井陉等地方。这一地域的地势由西北向东南呈阶梯状下降，其西北方为坝上高原区（张北、围场高原区），东南为地处华北、东北平原与内蒙古高原过渡带的燕山地区，地形复杂，既有起伏的山峦丘陵，也有承德、宣化等盆地。在历史上，承德曾是清代陪都及民国热河省会，张家口是察哈尔省会。毗邻晋、蒙，环抱北京的地理位置及深厚的历史文化积淀，造就了这一地区特有的音乐文化风貌。在民歌方面，这里多上下句结构的山歌，其咬字和发音受晋、蒙民歌的影响。漫瀚调、爬山调等山西、内蒙特有的歌种，在这一地区很有影响；二人台、晋剧等晋、蒙的戏曲、歌舞音乐在这里也大受欢迎，晋剧在这里还衍生出了其变体"口梆子"；受满族文化的影响，承德地区还存在"萨满神调""乌春"等满族民歌和寸跷等满族民间歌舞。承德清音会则是南方"十番乐"纳入清宫南府产生雅化变异后，又返流于民间的一种器乐形式；由于京城文化的辐射作用，京剧、昆曲在这一地区也曾经较有市场。

"冀南音乐色彩区"包括邯郸和邢台两个地区。这一地区位于河北省南端，西依太行山脉，东接华北平原，与晋、鲁、豫三省接壤。其地势自西向东呈阶梯状下降，以京广铁路为界，西部为中、低山丘陵地貌，东部为华北平原。由于太行山脉的阻隔作用，山西的音乐文化对此地的影响不是很大，只有西部一些山歌略带山西风味；山东音乐文化在临西、馆陶一带有较大的影响，吕剧、南词调等由山东传入的戏曲在这一带曾较有市场；对这一带影响最大的是河南的音乐文化。以梆子腔剧种来说，此地的老百姓不认河北梆子，却对豫剧情有独钟，邯郸、邢台都有专业的豫剧团，还有一些业余剧团和票友组织。除豫剧之外，河南的曲剧、怀梆（怀调）等剧种及河南坠子等说唱音乐形式在这一带也有一定影响；作为一个历史文化底蕴丰厚的地区，这里的本土音乐文化也非常丰富，地方剧种有四股弦、乱弹、赛戏、弦子腔、平调落子等，曲艺音乐有梨花大鼓、拉洋片等，民间歌舞有抬阁、撵花、抬花桌、扇鼓等，民间器乐有广宗黄巾鼓、内邱庆源排鼓、永年吹歌、广宗太平道乐等。

三、从地理、历史、文化的角度看河北音乐的总体特点

就河北音乐的总体特点而言，古人早有总结——"慷慨悲歌"。河北位于黄河以北，背山面海，是全国唯一兼具高原、山地、平原、盆地和海洋的省份，其地势从西北到东南形成高原—群山—平原的有序排列，各种地形地貌俱全。由于燕赵大地的地形地貌高低起伏、复杂多样，故而使得祖祖辈辈生长生活在这里的人们必须长期面对各种险峻的生存环境，更易形成慷慨不平之气和豪迈磊落的胸襟；燕赵之地不仅兼跨中原文化圈和北方文化圈，而且区域内还兼有农耕区和畜牧区，燕赵文化兼有中原文化和高原文化、内地文化和胡地文化、农耕文化和畜牧文化的多重因子，激荡出燕赵之地"慷慨悲

歌、好气任侠"的文化精神品格。据《战国策·燕策三》载："……至易水上。既祖，取道。高渐离击筑，荆轲和而歌，为变徵之声，士皆垂泪涕泣。又前而为歌曰：'风萧萧兮易水寒，壮士一去兮不复还！'复为慷慨羽声，士皆瞋目，发尽上指冠。"① 荆轲刺秦之前，于易水河畔，高渐离击燕筑、荆轲"慷慨悲歌"以壮行，这就是燕赵之地人民"慷慨悲歌、好气任侠"的文化精神品格的真实写照。元代的元曲、今天的河北梆子，也都是对河北地域"慷慨悲歌"音乐风格很好的诠释。

深厚的历史文化积淀使河北省的民间音乐具有文化含量高的特点。如《浪淘沙》《豆叶黄》《柳含烟》等许多在唐宋元明时期流行而如今不见踪影的乐曲，研究者蓦然间发现这些乐曲却在河北省的"音乐会"等民间乐社里大量地活态存在着。清朝灭亡了，但是其宫廷的娱乐音乐"十番乐"却从南府②流向民间，至今仍存于易县、承德的民间乐社。

历史上战乱纷扰、商旅交流、人口迁徙带来的文化交流，使外来的音乐文化不断传入河北省，它们与河北本土的音乐相互影响、渗透、融合，使河北音乐有着"血缘"复杂的特点。辽金以后，河北地域长期处于少数民族统治、战乱纷扰、人民辛苦拼搏的状态。中原文化的南移，再加上外来文化的不断传入，使得燕赵音乐文化"慷慨悲歌"的内涵更加独特。

元明清三代北京及河北的全国政治文化中心地位，以及其文化上的聚集作用使全国各地不同风格、各具特色的音乐都汇集到了这里。元代蒙古人入主中原，把他们的一些表演形式、乐器与乐曲等带了进来；明代是戏曲曲艺大发展的时期，朱棣迁都北京使南方的许多音乐聚向北京；清代满人入关后，也把自己的音乐文化带了进来，并与中原文化融合发展。再如戏曲，南来的昆弋皮黄、西来的梆子乱弹、东来的柳子弦索等；其他如八方小调、江南十番、苏浙弹词等民歌、器乐、曲艺，沿着南北运河、山陕商道源源不断地流向这个中心。甚至我们的语言发音，在满人进关以后也发生了极大改变——那种作为今天普通话基础的老北京方言，是满族人入关学说汉语的结果，而古代北方人的语音，则要从古代北方南迁的客家人那里去找。③ 关于语音与音乐的关系，我们是知道的——语言发音直接影响曲调旋法，语音的变化也直接导致了音乐风格的变异。

历史上河北作为直属中央的京畿腹地，京都文化的包容性、典雅性及它对全国音乐文化的吸纳力，造成了河北地方音乐文化目前的样态。如河北最古老的剧种，却是来自南方的昆剧和高腔，在河北省颇有市场的京剧、晋剧、豫剧等也是引进剧种。高亢激越的河北梆子最能体现燕赵风骨，却是从秦腔和山西梆子脱胎而来。京都文化的影响还促进了河北文化的典雅化，如秦腔、晋剧、豫剧三种梆子均为土腔土调，唯河北梆子京腔

---

① 刘向. 战国策[M]. 南昌：二十一世纪出版社，2015：338.
② 清代宫廷戏曲承应及管理机构，约设于康熙年间，习艺于南花园，隶属于内务府，因称南府。这一机构上承教坊司、掌仪司，下启升平署，自康熙中至道光七年，历时140年。
③ 金启孮. 京旗的满族：续[J]. 满族研究，1989（03）：47-50.

京调,故有"京梆子"之称,这使河北梆子变得更加斯文与典雅。然而向全国性、典雅性的靠拢,也在销蚀着燕赵文化的风骨,"全国性消解着地方性,典雅性消解着古朴性"[①]。与西北、东北及南方诸省份的民间音乐相比,河北民间音乐的地方色彩不强,也正是由这些历史、政治、文化上的因素造成的。原来燕赵音乐文化的慷慨激越之古风已经被大大消解了,文化风格经过多元杂交、互相影响而日趋中性化——自己的特点反而不明显了。

结合"河北民间音乐色彩区"的研究,我们发现河北省的民间音乐文化中越是离京城远的地方,就越有自己的特点:以地秧歌、民歌和评剧为代表的唐山、秦皇岛一带"冀东音乐色彩区",深受东北音乐文化的影响,具有浓郁的"呔儿"味;"冀西北音乐色彩区"的张家口与承德中西部,虽然从直线距离上来看紧邻京城,但是由于燕山山脉的阻隔,京城文化对其影响不大,而深染晋、蒙音乐文化的某些特点,形成自己特有的冀西北高原、山区音乐文化特色;"冀南音乐色彩区"的邯郸、邢台两地,因紧邻河南,受豫地音乐的影响而形成冀南音乐文化的特色;而环抱京城的"冀中音乐色彩区",却因深受京城文化影响、接纳八面来风而过多销蚀掉了自己的本来面貌。河北梆子音调慷慨激昂,在这一地域最有市场,而它却是外来剧种的变异,且风格上京腔京韵。"音乐会"在冀中一带民间广泛存在,却是"大北方笙管乐文化圈"的共生之物,还沾点佛、道及"官家"血统。民歌更是五方杂聚,全国的时调小曲都汇向这里。凡此种种,以至于"冀中音乐色彩区"因多种风格音乐的八方荟萃,在风格上形成了地方色彩不强的中性化特点。

一个地域的音乐事象从来不是孤立地存在的,它总是与该地域的地理、历史、文化等方方面面密切相关,受它们的影响和制约,从而形成该地域音乐文化独有的风格特色。"河北民间音乐色彩区"这一研究视角,有助于我们深刻认识河北民间音乐与它所依存的背景之间的关系,以及这一地域音乐文化风格特色形成的内在原因,这是一个有待于深入探究的新领域。

(本文原载《黄钟》2016年第1期,略有改动)

作者简介 齐易,男,1956年生,河北省蠡县人,河北大学中国曲学研究中心特聘研究员,河北大学艺术学院教授。1979年毕业于河北师范学院(今河北师范大学)。

---

① 崔志远,葛振江. 燕赵风骨考论[J]. 河北师范大学学报(哲学社会科学版),2002(05):106.

河北保定易县十番会中的乐器与乐队组合

河北师范大学音乐学院　李建林
河北师范大学音乐学院　崔晓娜

摘　要　易县十番会存在于保定的十番乐中，是民间的地方乐种之一。易县十番会保留着较古老的乐器和较古老的演奏形式，乐器"笙"保持了传统17管笙的排列法，继承了宋代和笙的律制，宋承唐制，是唐笙的遗制；易县十番会的乐队编制与清宫廷宴乐番部合奏的乐队编制是一脉相承的。

关键词　易县；十番会；乐器与乐队；宫调

河北省保定市易县古称易州，在虞舜时期因有易氏居于一水而得名，是战国时燕国下都之故地。汉代建县；隋代称易州府；至明代易州府，辖涞水县；清代雍正八年（1730年）因建西陵升为直隶州；民国降州为县，属直隶保定道；现属河北省保定市。迄今已有1400多年的历史。

易县地处太行山东麓的北端，即华北平原西北边缘，上至秦汉，下至明清，是历代重要的军事重镇。自清代顺治元年（1644年）清军入关定都北京后，为巩固政权拱卫京师，清政府在易县设兵驻防、镇守驿站；皇家大规模圈占土地和管理皇庄、王庄、官庄，先后派往易州大批八旗兵丁；雍正八年（1730年），在易州城西15公里的永宁山下新建皇陵，即清西陵。修建后，陆续从北京、沈阳、热河和东陵调拨八旗官员和兵丁驻守护陵。易县的满族人非常注重本民族的礼俗，王爷、公爷、贝子、贝勒八旗内府官员们闲暇时常常溜画眉、斗蟋蟀、玩鹌鹑、唱昆曲等。遇到汉人被皇帝赐为满族，满族人还举行隆重的仪式以表示欢迎。直到现在，西陵一带始终还保持着待客重礼仪的传统风气。在节日、庆功、贺喜、宴会中使用的礼乐，是他们生活中不可缺少的组成部分。

十番会就是在这种历史文化背景中生成、发展起来的。十番会，"十"代表使用乐器之多，以十概全；"番"即"翻"，表示在主旋律的基础上多次反复，"番"也指"幡"，代表仪仗队中的多面幡旗。① 十番会包括两个乐种，文场叫"十番会"，属丝竹乐类；武场叫"吵子会"，属吹打乐类。根据现在的实际情况，文、武场均为独立演奏的乐种。学者通过对现存十番会乐社的调查，认为它们在组织形式、音乐风格，以及宗

---

① 《中国民族民间器乐曲集成》全国编辑委员会，《中国民族民间器乐曲集成·河北卷》编辑委员会. 中国民族民间器乐曲集成：河北卷：下册 [M]. 北京：中国ISBN中心，1998：1021.

旨信仰等方面基本上是一致的，乐社中还保留着较古老的乐器和较古老的演奏形式，其音乐风格古朴、典雅，崇尚一种"正统""尚雅"的民俗心理。

一、乐器与宫调

1. 笛

笛，边棱音气鸣乐器。十番会早期使用的笛为传统均孔笛，也称大膜笛。

曲笛是十番乐的主奏乐器，同时也是该乐种的定律乐器。调高为 $^\flat E$。（图1）

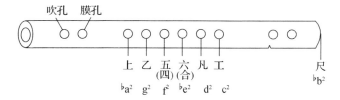

图1 曲笛指法图（正宫调）

十番会曲笛调名、指法与谱字、调高的关系见表1。

表1 十番会曲笛调名、指法与谱字、调高的关系表

调名	曲笛	
	谱字与调高关系	指法
正宫调	上 = 宫 = $^\flat A$	6孔作 do
乙字调	尺 = 宫 = $^\flat B$	筒音作 do
凡字调	五 = 宫 = F	4孔作 do
小宫调	合 = 宫 = $^\flat E$	3孔作 do

2. 笙

笙，簧振动气鸣乐器。易县十番会传统使用的笙为17管13簧。后部村十番会，20世纪80年代新增加了第9管的簧，使用的笙为17管14簧。现在，易县十番会使用两种笙，分别为17管13簧笙和17管14簧笙。

东韩村十番会保留有较古老的笙，为17管13簧，手工制作，笙斗木制。据现在的笙匠刘勤（1934年— ）讲，该笙在当地有100多年的历史。东韩村十番会中的笙从右阙口顺时针排列，第1管、第9管、第16管、第17管无簧。（表2）

表2 东韩村十番会、后部村十番会17管13簧、14簧笙谱字对应表

管序	1	2	3	4	5	6	7	8	9	10	11	12	13	14	15	16	17
东韩村（谱字）		上	乙	四	凡	上	工	四		乙	工	尺	六	合	尺		
后部村（谱字）		上	乙	四	凡	下凡	工	四	上	乙	工	尺	六	合	尺		

从表2两种笙制管序与谱字的对应关系来看，两者几乎一致。不同的地方仍有3项：

（1）第 6 管：谱字音高均不同。东韩村十番会的谱字与第 2 管相同，谱字为"上"与传统 17 簧笙的第 6 管音位排列不同，而与童斐《中乐寻源》（民国十四年版 1925 年）记载的 17 管 13 簧笙谱字相同，音高不同。张振涛认为第 6 管谱字为"上"，原因有二：其一，该管音位原谱字"勾"弃而不存，改名为"上"字；其二，该管音位已经像京畿地区笙管乐种的笙一样，改为"哑凡"。① 又由于笙师有把相合管苗混说在一起的习惯，所以童斐记录成与"哑凡"相合的"上"字。造成谱字为"上"音高不同的原因，有可能是现在的乐师在点笙定音时，按谱字"上"定音高所致。后部村十番会谱字为"下凡"，符合传统的常规 17 管满簧全字笙的排列法。

（2）第 9 管：易县十番会传统 17 管笙，第 9 管多不设簧。后部村十番会增加的第 9 管谱字为"尖上"，与第 2 管八度相应，律配"仲吕"。符合传统的常规 17 管满簧全字笙的排列法。

（3）第 10 管：谱字相同而音高不同。易县十番会两种笙制的第 10 管谱字均为"乙"。音高却比第五管谱字为"凡"高八度。按照 17 簧笙常规音位排列法，第 10 管谱字为"尖凡"，与第 5 管为八度关系，律配"应钟"。易县十番会第 10 管笙的谱字和音高与雁北管乐、冀京津的第 10 管笙基本相同。产生两种名称不同的原因，是两种点簧定音的方法不同。②

17 管 13 簧笙是十番会常用的乐器。根据众多学者的研究，它至少出现在汉末。早期的 17 管 17 簧笙是"满簧全笙"。通过对易县十番会 17 管 13 簧笙和 17 管 14 簧笙的研究，以及与宋 19 簧和笙、智化寺京音乐 17 簧笙、冀京津音乐会 17 簧笙、西安鼓乐官调笙、雁北笙管乐 15 簧笙、洛阳十盘乐社 14 簧笙的比较，易县十番会使用的 17 管 13 簧笙和 17 管 14 簧笙应是"满簧全笙"，它是唐、宋时期"满簧全笙"的遗制与变体。（表 3）

表 3　不同乐种使用笙的音位比位表

		1	2	3	4	5	6	7	8	9	10	11	12	13	14	15	16	17	18	19
宋 19 簧和笙	管序	1	2	3	4	5	6	7	8	9	10	11	12	13	14	15	16	17	18	19
	和笙律名	姑洗	仲吕	姑洗	太簇	夹钟	应钟	蕤宾	南吕	太簇	仲吕	应钟	南吕	夷则	林钟	黄钟	黄钟	林钟	大吕	无射
智化寺京音乐 17 簧笙	管序	1	2	3	4	5	6	7	8	9	10	11	12	13	14	15	16	17		
	17 管笙律名	蕤宾	仲吕	姑洗	太簇	应钟	无射	南吕	太簇	仲吕	应钟	南吕	林钟	黄钟	黄钟	林钟	夹钟	无射		
	谱字	勾	尖上	乙	四	凡	哑凡	工	五	勾	尖凡	尖工	尖尺	六	合	尺	哑乙	尖哑凡		

---

① 张振涛. 笙管音位的乐律学研究［M］. 济南：山东文艺出版社，2002：133.
② 张振涛. 笙管音位的乐律学研究［M］. 济南：山东文艺出版社，2002：106.

（续表）

冀京津音乐会17簧笙	17管笙律名	蕤宾	仲吕	姑洗	太簇	应钟	无射	南吕	太簇	仲吕	应钟	南吕	林钟	黄钟	黄钟	林钟	夹钟	无射
	谱字	凡	上	一	四	凡	背凡	工	五	尖上	尖凡	尖工	尖尺	六	合	尺	哑一	靠凡
雁北笙管乐15簧笙	17管笙律名		仲吕	姑洗	太簇	应钟	蕤宾	南吕	太簇		应钟	南吕	林钟	黄钟	黄钟	林钟	太簇	
	谱字		边上	大一	大四	大凡	大勾	工	四五		清凡	清工	清尺	清六	大合	大尺	背四	
洛阳十盘乐14簧笙	17管笙律名	仲吕	仲吕	姑洗	太簇	应钟	无射	南吕	太簇	仲吕		南吕	林钟	黄钟	黄钟	林钟		
	谱字	上	上	一	四	凡	背凡	工	四五	尖上		尖工	尖尺	六	合	尺		
西安鼓乐官调笙	17管笙律名	姑洗	仲吕	姑洗	太簇	应钟	蕤宾	南吕	太簇		应钟	南吕	林钟	黄钟	黄钟	林钟	大吕	无射
	谱字	上	乙		五	凡	勾	工				工	尺		六	尺		
易县十番会	17管笙律名		仲吕	姑洗	太簇	应钟	无射	南吕	太簇	仲吕	应钟	南吕	林钟	黄钟	黄钟	林钟		
	后部村十番会谱字		上	乙	四	凡	下凡	工	四	尖上	乙	工	尺	六	合	尺		
	17管笙律名		仲吕	姑洗	太簇	应钟	仲吕	南吕	太簇	仲吕	应钟	南吕	林钟	黄钟	黄钟	林钟		
	东韩村十番会谱字		上	乙	四	凡	上	工	四		乙	工	尺	六	合	尺		

从表 3 可以看出，易县十番会 17 管 13 簧笙和 17 管 14 簧笙，与其他乐种管笙一样保持了传统 17 管笙的排列法，传统的 17 管笙继承了宋代和笙的律制，宋承唐制，因此，十番会所使用的笙应看作唐笙的遗制。（图 2、图 3）

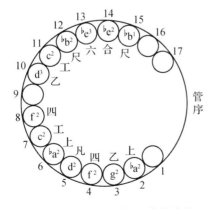
图 2　东韩村 17 管 13 簧笙音位

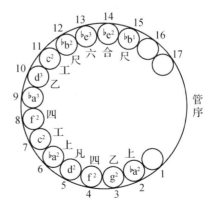
图 3　后部村 17 管 14 簧笙音位

根据十番会笙音位、谱字与调名、音高的对应关系，可知各宫调演奏音阶。（表4）

表4 各宫调演奏音阶

律名	黄钟	大吕	太簇	夹钟	姑洗	仲吕	蕤宾	林钟	夷则	南吕	无射	应钟
谱字	合		四		一	上	(勾)	尺		工	下凡	凡
音位	$^\flat$e		f		g	$^\flat$a		$^\flat$b		c	$^\flat$d	d
正宫调	徵		羽		变	宫		商		角		中
小宫调	宫		商		角	和		徵		羽		变
凡字调	闰		宫		商			(角)	和		徵		羽
乙字调	和		徵		羽	闰		宫		商		角

从表4各宫调能够演奏的音阶来看，正宫调上＝宫＝$^\flat$A演奏古音阶，小宫调合＝宫＝$^\flat$E演奏新音阶，乙字调尺＝宫＝$^\flat$B演奏清商音阶，凡字调四＝宫＝F，由于缺少角音a，不能演奏清商音阶。

3. 箫

箫，边棱音气鸣乐器。管身开有6个音孔（前5后1）。（图4）

4. 管

管，簧振动气鸣乐器。古称筚篥。管身开8孔（前7后1）。（图5）

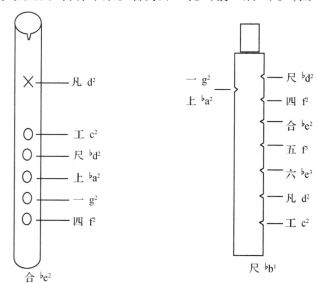

图4 十番会箫音图　　　图5 东韩村十番会小管音位

5. 火不思

火不思，弹奏弦鸣乐器。火不思，古代名"浑不似"，又名"胡拨""色古都"等。1905年，在新疆吐鲁番以西的招哈和屯（原古代高昌地区）发掘的9世纪初的唐代高昌古画有"一儿童抱弹长颈、勺形，四弦轴并列一侧的弹拨乐器"的记载。宋俞琰

《席上腐谈》中亦载:"王昭君琵琶坏,使胡重造,而其形小,昭君笑曰:'浑不似'。"① 陶宗仪《辍耕录》中曰:"达达乐器有浑不似。"② 火不思之名及其形制,始见于元代史籍。《元史·礼乐志》中曰:"火不思制如琵琶,直径无品,圆腹如半瓶榼,以皮为面,四弦皮绷,同一弧柱。"③ 以上文献证实,火不思早在唐、宋时期已在我国西北部流传。

在元代,火不思被列入国乐,是蒙古宫廷、王府宴会音乐的主奏乐器之一。沈宠绥在《度曲须知》中说:"明朝北调伴奏乐器中有秦筝、浑不似……"④ 在清代,火不思是蒙古乐番部合奏乐器之一。直至民国初年,在内蒙古的王府乐队中仍沿用这类形制相同的火不思。

在承德,火不思是承德清音会中的主要乐器之一。康熙(1662—1722年)年间,蒙古《番部合奏》中的火不思乐器,随着宫廷宴用乐器进入离宫(原热河,今承德避暑山庄),开始与满族的其他乐器合奏清宫宴乐和民间乐曲。

易县东韩村十番会的火不思,四轴四弦,音箱蒙蟒皮,有码。背部与弦轴等部位雕刻精美花纹。演奏时斜抱,用右手大指、食指演奏;左手用食指、无名指按弦。五度定弦,四弦定二音,为四—工。目前乐队仍在使用这件古老的乐器。

6. 小扬琴

小扬琴,击奏弦鸣乐器。易县后部村十番会所使用的小扬琴放置在琴槌的小抽屉中,写有"道光二十五年置"的字样。可见其源起,最晚可追溯至道光年间(1821—1850年)。

7. 提琴

提琴,擦奏弦鸣乐器(考察时未见弓子)。

提琴是我国古老的民族乐器,据文献记载,源于元代末期新昆腔的伴奏乐器。提琴的形制古朴,琴头平顶、稍后弯,琴筒呈圆筒状,前口蒙以薄板为面,筒后敞口,琴筒下端安有木制尾柱。面板设有琴码,无千斤。演奏时,两腿夹尾柱,左手持琴,右手执马尾拉奏,发音柔细,音量较小。

提琴除用于昆曲清唱、弦索乐和词曲的伴奏外,也用于地方器乐合奏中。在河北,唯有承德的离宫音乐乐队和易县十番会乐队保留古提琴原貌。

8. 琵琶

琵琶,弹奏弦鸣乐器,是我国重要的民族弹拨弦乐器。在唐代,琵琶在传统直项琵琶和外来曲项琵琶的相互吸收融合下,其形制为半梨形木制音箱、四弦十四柱、竖弹、用手弹奏。宋元明清时期,琵琶形制已逐渐稳定。自唐代以后,琵琶是宫廷宴乐中不可

---

① 赵沨. 中国乐器:《赵沨全集》附卷[M]. 北京:中央音乐学院出版社,2016:308-309.
② 赵沨. 中国乐器:《赵沨全集》附卷[M]. 北京:中央音乐学院出版社,2016:307.
③ 赵沨. 中国乐器:《赵沨全集》附卷[M]. 北京:中央音乐学院出版社,2016:307.
④ 赵沨. 中国乐器:《赵沨全集》附卷[M]. 北京:中央音乐学院出版社,2016:307.

缺少的乐器之一。

20世纪50年代以来，琵琶旧式的四相10品、12品、13品琵琶基本被六相18品、24品和28品取代。

东韩村十番会所遗存的琵琶，其形制为半梨形木制音箱、四相11品、竖弹、用手弹奏。据十番会会员刘勤（1934年—　）讲，该琵琶与本村十番会保存的木斗笙年代相近，至少有100多年的历史。

9. 轧筝

轧筝，擦奏弦鸣乐器，是我国文献记载最早的擦弦乐器之一，也称压琴或亚琴，用弓子擦奏，唐代非常盛行。据《唐书·音乐志》记载："轧筝，以竹片润其端而轧之。"① 宋元以后其被用于宴乐中。目前在民间已不多见。

易县东韩村十番会的轧筝，面板上置22根弦，11个码子。每柱两弦发同音。演奏时，坐姿演奏，琴体斜置，左手持琴后出音洞，横置或竖置左胸前，右手持马尾弓擦弦。

10. 云锣

云锣，击奏体鸣乐器。云锣古名云璈。最早的文献记载见于明宋濂等撰写的《元史·礼乐志》："宴乐之器，……云璈，制以铜，为小锣十三，同一木架，下有长柄，左手持，而右手以小槌击之。"② 云锣除用于宴乐演奏外，也多用于民间合奏乐中。

易县十番会的云锣为十面，演奏时，将云锣的锣架放于桌上，右手持单槌敲击。其音位的排列与北京智化寺京音乐、清代《律吕正义后编》所记载的音位排列相符，是较为古老的排列法。易县十番会的音位排列是宫 = 六 = $^\flat$E。

二、乐队组合

1. 十番会乐队编制

十番会的乐队由吹管乐器、擦弦乐器、弹弦乐器和打击乐器四部分组成。

吹管乐器：曲笛（2—6）、笙（2—4）、箫（1—2）、小管（1—2）；

擦弦乐器：轧筝（1—2）、提琴（1—2）、京二胡（1—2）、二胡（1—2）；

弹弦乐器：小扬琴（1—2）、三弦（1—2）、火不思（1—2）、秦琴（1—2）、月琴（1—2）、琵琶（1—2）；

打击乐器：板（1）、鼓（1）、怀鼓（1）、蒲钹（1）、哑锣（1）、云锣（1—2）、小镲（1）、汤锣（1）。

2. 十番会基本演奏形式

十番会以笛子为主奏乐器，有坐乐和行乐两种演奏形式。

---

① 赵渢. 中国乐器：《赵渢全集》附卷 [M]. 北京：中央音乐学院出版社，2016：284.
② 赵渢. 中国乐器：《赵渢全集》附卷 [M]. 北京：中央音乐学院出版社，2016：105–106.

（1）坐乐。

据文献记载，过去十番会的坐乐演奏是以鼓为中心，弦乐器、小打击乐器各围绕半圈为演奏形式。

现在的坐乐演奏是沿长方形桌对坐演奏，一般打击乐在方桌的右侧。

十番会乐队坐乐演奏图（以东韩村"十番会"2001年实际考察为例）见图6。

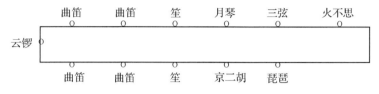

图6 十番会乐队坐乐演奏图

坐乐演奏是十番会的主要表演形式。其音乐典雅、清淡、优美、缓慢，讲究韵味。

（2）行乐。

传统的十番会行乐有各种幡旗领路开道，后随文、武十番。十番会的乐队人数包括文、武场至少要50人，再加上辅助人员至少60人以上。在民国初年（1912年），易县十番会还组织过108人的乐队。

行乐演奏时，队伍非常庞大。在清代，演奏者皆头戴红帽，身穿绛紫色箭袖长袍，腰束博带，足登粉底官靴。目前，行乐演奏已名存实亡。

3. 从易县十番会的乐队组合窥视清代的宫廷宴乐乐队

易县十番会的乐队组合，其乐队编制及用途与清宫宴乐的蒙古乐番部合奏、承德的"清音会"极为相似。

清宫廷宴乐的蒙古乐，又名"绰尔多密什帮"，是清太宗皇太极在关外时期平定漠南蒙古强部察哈尔时获得并列入宴乐的。蒙古乐由笳吹和番部合奏两部分组成，其中番部合奏是清宫廷宴乐中使用乐器最多的一个乐部。蒙古乐在清宫廷宴乐的十个乐部中，地位仅次于清宫廷中的庆隆舞。庆隆舞在清宫廷宴乐中占有重要的地位，被列为宴乐乐舞之首。但在宴请蒙古王公时，则先进蒙古乐，次进庆隆舞，体现了满、蒙之间特殊的关系。除在欢宴蒙古王公时演奏外，蒙古乐还用于木兰围场和承德避暑山庄的宴会上。

在清代，为了使八旗各级官员保持"骑射"的民族传统，增加八旗兵的战斗力，突出满、蒙贵族之间的特殊关系，蒙古王公贵族同清帝一起参加一年一度的"木兰行围"期间，清帝除了举行大规模围猎活动外，还要在木兰围场和避暑山庄设宴款待参加行围的蒙古各部人员。康熙（1662—1722年）年间，蒙古《番部合奏》等宫廷宴用乐进入离宫。承德的离宫音乐是由承德的清音会保存下来的。清音会乐队编制与清宫廷宴乐的番部合奏基本相同，仅增加了打击乐器。

易县十番会①、清宴乐番部合奏与承德清音会②乐队编制见表5。

表5 易县十番会、清宴乐番部合奏、承德清音会乐队编制

乐器名称	易县十番会	清宴乐番部合奏	承德清音会乐队
曲笛	2—6	1	2
笙	2—4	1	2
箫	1—2	1	1
小管	1—2	1	1
四胡	1—2	1	1
轧筝	1—2	1	1
提琴	1—2	1	2
京二胡	1—2		
二胡	1—2		
小扬琴	1—2		
三弦	1—2	1	2
火不思	1—2	1	1
秦琴	1—2		1
月琴	1—2	1	1
琵琶	1—2	1	1
双清	1—2		
匙琴	1—2	1	1
板	1	1	1
鼓	1		1
怀鼓	1		
蒲钹	1		1
哑锣	1		1
云锣	1—2	1	2
小镲	1		1
汤锣	1		1
碰钟	1		1

---

① 孙汉章，马达. 丝竹乐述略［M］//《中国民族民间器乐曲集成》全国编辑委员会，《中国民族民间器乐曲集成·河北卷》编辑委员会. 中国民族民间器乐曲集成：河北卷：下册［M］. 北京：中国ISBN中心，1997：1021－1022.

② 吴菁群，温冰. 承德离宫音乐述略［M］//《中国民族民间器乐曲集成》全国编辑委员会，《中国民族民间器乐曲集成·河北卷》编辑委员会. 中国民族民间器乐曲集成：河北卷：下册［M］. 北京：中国ISBN中心，1997：1209－1210.

从表 5 横向来看，易县十番会、承德清音会乐队与清宴乐番部合奏都是以笛为主奏乐器，其基本乐队配置是丝竹乐器，以乐种的体系来划分同属于胡琴系乐种。

从纵向来看，易县十番会与清宴乐番部合奏的乐队编制相比较，不仅增加了打击乐器，而且还增加了笛、笙的编制，同时加用了小扬琴、京二胡、二胡。由于乐队编制的改变，其乐队的气质与风格特征等方面也随之发生相应的变化。

"乐种在历史传承过程中，其乐队组合的稳定性是相对的，而乐队组合的更新与变化是绝对的。"① 通过以上的资料分析，我们可以发现，十番会的乐队编制与清宫廷宴乐番部合奏的乐队编制是一脉相承的。

结　语

易县十番会保存了较为古老的乐器及传统的乐队编制，乐器在演奏技巧上形成的风格差异与乐队组合之间的配合、协调，对该乐种的风格特征形成具有重要作用。通过对该乐种的乐器和乐队中历史文献的记载及实地考察，我们可以看出十番会的发展和演变情况，并探求出在其历史发展中该乐种所积淀的音乐文化特征，以及乐种的历史遗迹。

（本文原载《中国音乐》2007 年第 2 期，略有改动）

作者简介　李建林，男，河北省邯郸市人。河北师范大学音乐学院教授。1973—1976 年在河北师范大学（原河北师范学院）学习，1980 年至今在河北师范大学工作。

崔晓娜，女，博士。河北师范大学音乐学院教授、硕士生导师。

---

① 袁静芳. 乐种学 [M]. 北京：华乐出版社，1999：52.

"河北笙"对我国笙音位排列模式的传承与发展

河北师范大学音乐学院　张跃进

摘　要　笙，虽经几千年的历史变迁，其外形仍然遗存了古代的外观样式与制作特征。然而，笙的重要组成部分——各管的音高排列位置（以下简称"音位排列"），是否也依然保持着原来的排列模式？至今，笔者还没有见到过这方面的系统成文。笔者通过对所掌握现有文献史料的分析与研究，并结合京津冀民间音乐会实践活动中现存笙的音位排列遗存状况和对具有我国传统笙音位排列"活化石"之称的河北17簧笙音位排列模式的追根寻源，以求解传承。

关键词　"河北笙"；17簧；音位排列；传承；发展

笙，属我国古老的民族吹管乐器，历史悠久。在出土的殷墟（前1401—前1122年）甲骨文中就有经郭沫若先生考证的笙的象形文字"和"出现。"和"即后世的小笙。《尔雅·释乐》记载"大笙谓之巢，小者谓之和"，距今已有3000多年的历史。

我们现在所使用的圆笙，已是经过上千年的变迁与发展形成的形制，这种形制包括外形和各管音位的排列模式。从出土汉唐时期笙的实物到宋至明清的笙来看，与现在相比其外形基本相同，可以说基本上完全继承了古代笙的外形模式。然而古代笙各音管的音位排列模式是否也与现在笙的音位排列模式相同呢？中国艺术研究院的民族音乐学家张振涛先生在对冀京津地区民间音乐会的考察实践中，为我们对这一问题的研究提供了非常重要的研究线索，特别是对流行于河北区域内的民间17簧笙的考察资料，更为我们提供了重要的佐证材料。

其实，我国的笙界也始终认为，河北17簧笙在我国流传使用最广，被其他笙的音位排列改良、借鉴最多，并对我国当代笙的音位排列模式的改良与发展起到了非常重要的铺垫与促进作用。

一、"河北笙"的传播基础与音位排列模式的确立

由古至今，在河北省的地域及周边地区，民间就有着以笙、管、笛、唢呐演奏为主的许多"民间音乐会""吹歌会"艺术班底，特别是在20世纪初至50年代末，河北省的保定、廊坊、邯郸、唐山、沧州、衡水市及区域内的京津两地民间吹打乐一度兴旺繁荣。这些星罗棋布于河北大地并以千百计的自然村落上有着成百上千的民间艺术班社。

例如，保定市雄县的葛各庄音乐会、北沙口乡的北沙口音乐会、安新县赵北口镇南街音乐会、涞水县南高洛村的音乐会，廊坊市霸州市信安镇的"东云锦会"音乐会、固安县的屈家营音乐会，沧州市任丘市的东姜村音乐会，邯郸市的永年吹歌会，邢台市广宗县的大平台音乐会，衡水市深州寺的头村吹歌会，等等。在这些班社中最多的当属具有鼓吹乐性质的"音乐会"与吹歌、吹打班子。在这些以吹打乐为主的班社中，笙是这种形式的重要使用乐器之一，并且在乐队中起着为其他乐器校准音高、和谐音乐的重要作用。由此可见，笙在河北的民间吹打乐中有着重要的地位和广泛的传播基础。

广泛使用于这些班社的笙，基本上全是17管13至17簧圆笙。这种设计形制的笙被我国笙界人士普遍认为是最基础的传统笙，它与存在于国内其他部分地区的圆笙指法、音位排列相较，是指法使用方便、音位设计合理、传播最为广泛的一种笙。时久之后，这种设计形制、音位排列、指序安排的17簧圆笙就被笙界广泛称之为"河北笙"。"河北笙"的名称和固定的音位排列也就自然而然地成了一个模式（图1）①。

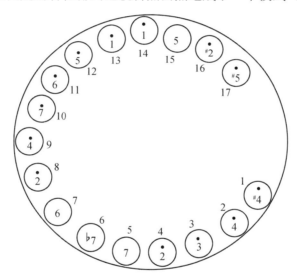

图1　冀京津民间音乐会用 E 宫调 17 簧笙

自20世纪50年代初，民乐界掀起了对笙的改良与发展的新浪潮，并在这一崭新的历史发展阶段中取得了前所未有的辉煌成果。然而，这些辉煌成果的重要基础之一就是对"河北笙"音位排列模式等方面的继承、改良与发展。

二、"河北笙"的音位排列模式溯源

关于"河北笙"的音位与指法，从它的科学性、规律性来看并不是短期内形成的，肯定是经历了不断改进、不断完善、不断发展的漫长历史阶段的。那么，它发展的源头在哪里？它又经历了怎样的一个变迁过程？我们先来追根溯源。

---

① 根据河北廊坊、保定、邯郸民间音乐会笙师所述绘制。

笙的产生时间，至少可以从殷商时期甲骨文上的象形文字"和"的表象记载算起。到汉代，又有湖南马王堆一号汉墓中出土的笙的同门兄弟"竽"（笙的前身）作证，唐宋至今有关笙的史料就更多了。虽经几千年的历史变迁，但其外观形制没有发生非常大的变化，与现在基本相同。但笙的音位排列模式是否也是如此呢？关于这些，在宋代的文献史料中能够找到较为完整的史料记载。《宋史·乐志》中记载："前古以三十六簧为竽，十九簧为巢，十三簧为和。（今）皆用十九数，而以管之长短、声之大小为别。"① 这段话说明从宋代开始，以前三种不同的大小笙制开始统一为19簧巢笙。关于其音位排列和各管音高，杨荫浏先生研究了很多史料后说过，"现存有关十九簧笙音位的最早、最明确、最详尽的记载，首推陈旸《乐书》卷一二三中的注"②。将"注"中叙明的音位排列、音高与19簧笙的管序相对应如图2所示③。

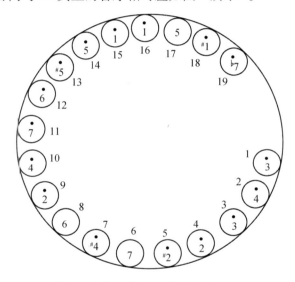

图2　宋代F宫调19簧巢笙音位图

这种音位排列模式就是宋代各种圆笙的音位排列主体，具有代表性。

那么，17簧笙（泛指17管17簧笙，下同）及各管音位排列模式的记载是从何时开始的呢？从文献史料的记载来看，最早提到17簧笙的应为宋陈旸《乐书》中引用的："《唐乐图》所传十七管之笙，通黄钟二均声。清乐用之。"④ 依此可以断定在唐代17簧笙就已经存在了。此外，还有实物为证，如现保存于日本奈良正仓院中的6件笙族乐器，日本学者林谦三在他著的《东亚乐器考》书末的"正仓院所存的乐器资料"一节中记到两件吴竹笙，一件假斑竹笙⑤。这3件实物笙均为17簧笙。

---

① 徐元勇. 中国古代音乐史史料备览：1 [M]. 合肥：安徽文艺出版社，2017：312.
② 杨荫浏. 笙—竽考 [J]. 乐器，1974（03）：26.
③ 张振涛. 笙管音位的乐律学研究 [M]. 济南：山东文艺出版社，2002：26.
④ 应有勤，孙克仁. 中国乐器大词典 [M]. 上海：上海世纪出版集团教育出版社，2015：340.
⑤ 林谦三. 东亚乐器考 [M]. 北京：音乐出版社，1962：504.

(图3)①

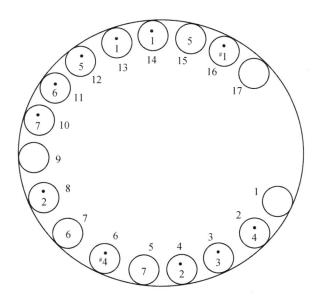

图3 日本正仓院藏中国 E 宫调 17 簧笙音位图

与此同时，在唐代还存在着笙族中的"竽""和"乐器，到宋代初期，"竽""和"已不再使用，基本上只剩下"17 簧笙"（或称巢笙）。再稍晚些，又出现了17 簧"义管"笙。"义管"即在17 管的基础上加上了两根音高不同（通常为两个变化音）的备用管。备用管平时不插在笙上，只是在"旋宫转调"音阶序列不完整时以供使用，从而达到新调音阶序列的完整性。两根义管一般是与16、17 管相替换。17 簧义管笙产生后，又有人提出了为了演奏时的方便不再换管，结果又恢复了原19 簧笙的部分使用。因此，到宋代可以说是以17 簧笙为主，并同时还有19 簧笙。19 簧笙自后继续存在直至元代末年。② 明代关于笙的文献史料甚少，《明史·乐志》中也仅存笙的名称记载；《文庙礼乐全书》（1628 年）中也只记载了17 簧笙，清代的著述也是如此。③ 但北京智化寺存有的17 簧笙，是"由明代一直流传到解放后的智化寺十七簧笙。"（图4④）这是明代部分史料的一点明证，除此之外，其他遗存资料就太少了。由此可见，明清两代关于笙的记载，即使有一些也只是记述了17 簧笙的延续。从这种状况看，到明清时期我国笙的发展实际上走入了一个逐渐衰败的历史阶段，特别是清代末期。印证这种判断的基础，就是在民间音乐实践中所见到的17 簧笙在簧片数量上出现的逐渐减少现象，如17管14 簧、13 簧、10 簧笙等。幸运的是，在漫长的历史发展过程中，17 簧笙的簧数虽然在不断变化，但17 簧笙的音位排列模式主体部分和名称并没有变，只是在17 根管上没

---

① 张振涛. 笙管音位的乐律学研究［M］. 济南：山东文艺出版社，2002：26.
② 杨荫浏. 笙—竽考［J］. 乐器，1974（03）：24.
③ 杨荫浏. 笙—竽考［J］. 乐器，1974（03）：25.
④ 杨荫浏. 笙—竽考［J］. 乐器，1974（03）：29.

有完全装满簧片而已。（图5①）

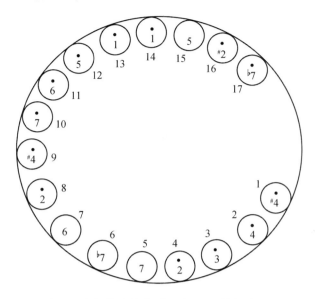

图 4　北京智化寺京音乐 F 宫调 17 簧笙音位图

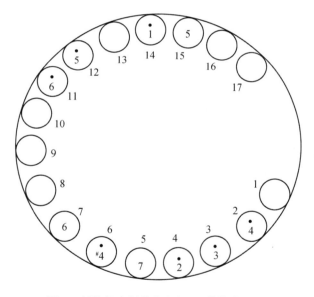

图 5　制笙师李新华存民间 10 簧笙音位图

纵观我国 17 簧笙及音位排列的发展轨迹，我们会惊喜地发现音位的主体排列模式是如此相似与稳定，变化了的几个音也是被大家公认的几个不稳定的变化音。如此看来，清末直至 20 世纪初期的 17 簧笙音位排列模式，基本上是对唐宋时期 17 簧巢笙音位排列模式的继承与变迁。如果我们再将流行于冀京津区域内的民间乐社、"音乐会""吹歌会"及寺庙僧人音乐中所使用的 17 簧笙音位排列图与之相比较，就会清晰地看

---

① 制笙师李新华提供。

到，传统"河北笙"的音位排列模式是对唐宋至明清时期17簧笙音位排列模式的继承与延续。

三、"河北笙"音位排列模式的改良与发展

自20世纪50年代开始，由于笙演奏形式的变化与发展，"河北笙"分为两个发展方向，一是在民间乐社当中，继续以伴奏、合奏形式流行的传统17簧笙、14簧笙等。（图6①）；二是逐渐以独奏的形式走向专业音乐舞台。独奏形式的笙，主要是将17簧笙各管的簧片补齐，添加变化音成为满字笙。前者在20世纪70年代前后在民间的流行区域愈来愈小，发展萎缩较为严重，至20世纪80年代前后，就只剩下文章开始提到的部分地区中的一些区域和村落。现在这些地方的乐社已属于濒临灭绝状态，好在它们现在有些已被列为非物质文化遗产的重点保护对象。后者却为我国当今笙演奏艺术的发展起到了非常重要的推动作用。如阎海登、胡天泉二位笙演奏大师，他们从20世纪50年代初起，用这种17簧满字笙走上了独奏的舞台。对这种满字笙的形成，首先是将清代末期簧数减少到13簧、10簧的17管笙，逐渐增补为17簧，并将原来的同名同度音改为同名八度音和增加几个变化音，这样就略微扩展了音域，又基本补齐了中音区的半音序列，为笙的和音配置和基本的单音演奏提供了保证，也为笙的转调提供了基础（图7②）。自此也就真正拉开了以传统17簧笙为基础的改良、创新发展序幕。到20世纪70年代前后，笙的新音乐独奏作品不断涌现，从而也促使了对笙进行音域上的积极扩展，否则就达不到这些作品的演奏要求。面对这种状况，广大的笙演奏家和笙制作师凭借高超的聪明才智和伟大的探索精神，联手开始了对新笙的创新研制。到20世纪60年代末，大家对多种17簧笙的音位排列模式进行反复实验，认为以传统"河北笙"的音位为基础进行改革更为方便，它与其他音位排列模式的笙相比，指法最为方便，音位排列比较科学，最后形成了在此笙管的内圈再增加4根管，以达到向低音方向扩展"4 3 2 1"4个音的方案，这就将原来只有十几度的音域扩展为两个八度还要多的一个新的音域。至此，在"河北笙"的音位排列模式启发下，以新的音位排列模式形成的21簧笙真正问世（图8、图9③），并且受到了全国广大笙专业演奏者的欢迎，因此，在很短时间内，21簧笙就在全国专业的音乐队伍中普及使用。21簧笙的改革成功，被笙界认为是笙近代发展史上的一次飞跃，它为确立笙在民族乐器当中的地位、彻底走上独奏的舞台起到了至关重要的推动作用。至今21簧笙，无论是在专业的还是群众性的文艺队伍中仍被广泛使用，并已经成为众多学笙人的基础用笙。到20世纪80年代前后，大家又在21簧笙的基础上以增加音位、扩展音域为目的继续向低音方向扩展了"7 6 5"3个

---

① 张振涛. 笙管音位的乐律学研究［M］. 济南：山东文艺出版社，2002：132.
② 阎海登，高金香，肖云翔. 笙的演奏法［M］. 北京：人民音乐出版社，1987：5.
③ 已故河北笙演奏家王占梅用二十一簧笙音位图。制笙师李新华提供北京民族乐器厂存D调二十一簧笙音位图。

音，又将原来的 21 簧增加到了 24 簧笙（图 10①）。20 世纪 90 年代前后 26 簧、28 簧，甚至 30 多簧的笙相继问世。

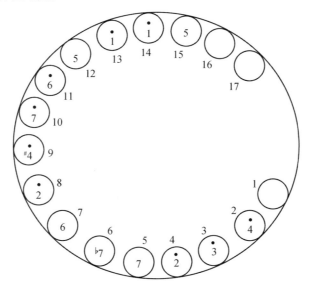

图 6　保定雄县民间音乐会用 D 宫调 14 簧笙（1925 年制）音位图

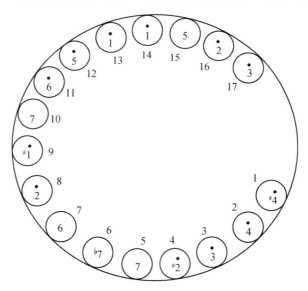

图 7　阎海登用 17 簧笙音位图

---

①　张之良．笙演奏实用教程［M］．北京：中国青年出版社，2000：5．

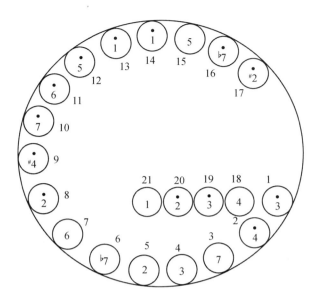

图 8 已故河北笙演奏家王占梅先生用 21 簧笙音位图

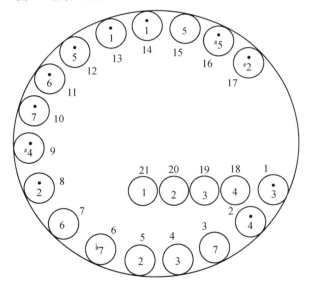

图 9 制笙师李新华提供北京民族乐器厂存 21 簧笙音位图

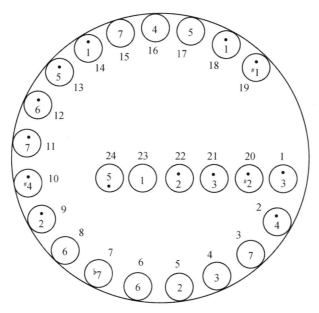

图 10　张之良 20 世纪 80 年代前后用 24 簧加键扩音笙

近 30 年来，笙改革的浪潮一浪高过一浪，因而出现了很多优秀的改良成果。然而，无论怎样改革与变化，它们的基础音位排列模式仍来自"河北笙"。因此，"河北笙"的音位排列模式，不仅基本继承了自唐宋以来形成的 17 簧笙的音位排列模式，而且更为当代民族乐器笙的改革与发展提供了重要的音位排列模式发展基础。

【参考文献】

[1] 杨荫浏. 笙—竽考 [J]. 乐器，1974（03）：20 - 35.
[2] 林谦三. 东亚乐器考 [M]. 北京：音乐出版社，1962.

（本文原载《中国音乐》2008 年第 3 期，略有改动）

作者简介　张跃进，男，河北师范大学音乐学院教授、硕士生导师。

雄县韩庄音乐会调查报告

《人民音乐》杂志社　荣英涛

韩庄位于河北省保定市雄县张岗乡，距县政府东北方17.3公里，有1200多户，村民以务农和外出打工为主。G45大广高速从村西经过。与韩庄接壤的其他音乐会还有东南方的开口村、西北方的赵岗村，以及与韩庄仅有一村之隔的西南侧的里合庄。2015年8月21日，京津冀音乐类非遗联合考察组成员①对韩庄音乐会进行了初步了解；2015年10月24—25日，联合考察组进行了第二次②大规模的录制、拍照和采访。

关于韩庄的村史可以从音乐会的所在地——菩提寺的碑记"庙史简记"中得以窥见：

> 我村大庙始建于明末清初，清乾隆五十二年改建青莲观，大庙成为我村及四周村民祈祷丰收、平安的地方，香火鼎盛，元宵节佳节更是香客不断，四方来朝，又有茶棚会、音乐会、同乐会三会助兴热闹非凡。在五七年至六四年遭破坏，后流入民间，九七年由村民集资买回。二零一零年经村民呼吁决定重修，经多方人士募捐、操办，于庚寅年三月二十三日破土动工，到九月十八日历经六个月施工，耗资二十多万元顺利竣工，定名菩提寺。持此铭记。
>
> 庚寅年九月十八日立

一、韩庄音乐会的音乐文化调查

（一）会史及现状

冀中音乐会的会史往往体现在乐谱的抄写年代上。韩庄音乐会有两部老谱本，分别抄于民国九年（1920年）和民国二十六年（1937年）。其中，民国九年本在扉页上不但注明了抄写年代，而且更为难得的是还抄有历次传承次序：

---

① 2015年8月21日，考察组成员有河北大学艺术学院齐易及笔者。
② 2015年11月28日—29日，考察组成员有河北大学艺术学院教授齐易，音乐系硕士研究生王昕、武卫超、吕文晓及影视系本科生崔玉婷、曹宛彤；雄县文广新局副局长张双利、文化馆馆长杨宝槐、非遗干部李会然；中国艺术研究院音乐研究所硕士研究生郑娜及笔者。

乾隆五十二年妙音王菩萨光辉禅师传

同治十三年正月吉日新城下里合庄王旭　王普来　胡振生　仝辑

民国九年正月吉日新城下里合庄　刘景辉　校

民国九年正月吉日新城下韩家庄　刘芸田　邢樹梅　孙维汗　解福荣　仝辑

　　音乐会乐谱由乾隆五十二年（1787年）妙音王菩萨光辉禅师传出，同治十三年（1874年）里合庄重抄乐谱，民国九年（1920年）韩家庄（即韩庄）从里合庄转抄。因此可以合理推测，韩庄音乐会至少兴起于1920年，并师承于里合庄音乐会。据解秋路（解永祥老会长儿子）、李法通介绍，自1964年"四清"至"文革"结束，韩庄音乐会停止了活动。1980年，时任村书记杨振英召集大家恢复音乐会、纳生教学，在冬季农闲时将音乐会教学与农村生产队"工分"挂钩，当时人们参与的积极性都非常高。1984年，人民公社解体，音乐会的学习也取消了工分制，就是这三四年间的学习培养了现在韩庄音乐会的主力成员。2000年前后，音乐会再次招生，在会家庭共同集资为教学老师和学事学生提供饭食，逐渐扩大了生源。目前音乐会可以演奏大曲《普坛［庵］咒》《泣颜回》《锦堂月》、家伙套《粉蝶儿》《小三套》。（图1、图2）

图1　韩庄音乐会的文场乐队，在韩庄菩提寺演奏（2016年10月24日，齐易/摄）

图2　韩庄音乐会的武场乐队，在韩庄菩提寺演奏（2016年10月24日，齐易/摄）

　　20世纪80年代，韩庄音乐会陆续获得了一系列的社会认同。1984年获得雄县文化会演二等奖。1993年8月3日和8月29日，中国艺术研究院的乔建中、薛艺兵、钟思第、张振涛4位学者两次来韩庄调查音乐会的情况。1995年8月出版的《中国音乐年鉴》（1994年）收录了上述学者合著的《冀中、京、津地区民间"音乐会"普查实录》一文，文中的韩庄音乐会是第一个被介绍的乐会。1995年9月，首届中国民间鼓吹乐学术研讨会在固安县屈家营举行，韩庄音乐会、北沙口音乐会、高桥音乐会和屈家营音乐会因表现优异，获得了由组委会颁发的写有"燕赵乐魂"的锦旗。2016年4月，韩庄音乐会被列入河北省非物质文化遗产保护名录。2016年5月7日，应中央音乐学院邀请，韩庄音乐会参加"继往开来——中国传统音乐理论的继承与创新暨袁静芳教授八十华诞学术研讨会"，并在开幕式上表演，演奏了大曲《泣颜回》、家伙套《小三套》，获得了专家们的高度赞誉。2016年7月18日，台湾成功大学艺术研究所施德玉教授、台南艺术大学施德华教授等学者又对这个乐社进行了考察。

（二）乐人及传承

韩庄音乐会现有会员29人，会长3人，会员信息见附录1。会员年龄分布情况如下：

20世纪40年代：解秋路、李法通；

20世纪50年代：陈兰科、解秋波、刘书田、孙忠来、解春华、解文齐、杜中书、徐继新、邢铁柱、田武生、杜满囤；

20世纪60年代：解秋迎、陈国兴、王秋囤、解俊齐、刘茂休；

20世纪70年代：邢伯涛、董法言、解文生、何海旺、陈立平；

20世纪80年代：陈海平、刘振华、刘东亮、何东升、刘亚平、董国顺。

音乐会成员以20世纪50年代出生者居多，在师承关系上分为两个阶段，第一阶段是20世纪80年代前后，以20世纪40年代至60年代的人居多；第二阶段是2000年之后，除个别人之外以"70后"和"80后"的青年人为主。可见，韩庄音乐会的传承周期大致为20年一次。（图3）

图3 王昕、吕晓薇在登记韩庄乐师信息（2016年10月24日，齐易/摄）

在师承关系中，以前辈传后辈为主，也有个别是同辈间传习，如李法通不仅向上一辈乐师孙汝梅学习，还向比他小5岁的徐继新学习。同时，许多人并不专学一人，而是在多人指导下学习。这种多人教授的方式体现出音乐会技艺的群体性特征，这种属性构成了乐曲传承中稳定性的内在原因之一。学员一旦出错就会遭到其他人的指责。任何人不可能在群体韵唱、演奏中更改任何谱字，一旦更改将无法融入群体演奏中。因此，工尺谱的传承是灵活的，也是稳定的。说其灵活，是因为冀中音乐会同一曲牌的演奏极少有完全相同的版本，除非是有师承关系的乐社除外；说其稳定，是因为一首曲牌在某个乐社一经演奏，将会保持多年的稳定性。因此，除了安新县圈头老会长陈小花师父所说"这是为神奏乐，谁敢更改"这一来自信仰层面的因素外，集体传承的形式也强化了演奏的稳定性。

音乐会会员之间有着密切的血缘与亲缘关系，包括父子、兄弟、叔侄、姻亲及子承父业等亲缘关系，解氏家族因参加人数多曾有"解半会"的称号，这种传统村落社会的血缘关系是音乐会能够常年生存，甚至经历政治运动打压、几起几落后仍能发扬光大的重要原因。韩庄音乐会有3位会长，除解秋路、李法通两位老会长之外，还有出生于1955年的管子师陈国生。这些老会长们希望年轻的会长可以担负起传承、教学、管理的重任，将音乐会发扬光大。

韩庄音乐会较早利用现代的录音、录像手段保存乐社信息，他们将乐曲录制成卡带学习韵唱，制作DVD光盘、上传网络。这些做法展现出强烈的文化根脉意识。

表1 会员擅长乐器一览表

顺序	姓名	出生年	管	笙	笛	云锣	鼓	钹	铙	镲个	铛
1	李法通	1948	●	●							
2	陈兰科	1951	●								
3	解文齐	1959	●						●		
4	陈国兴	1965	●								●
5	邢伯涛	1975	●				●				
6	陈立平	1979	●						●		
7	董国顺	1982	●				●				
8	刘东亮	1986	●			●			●		
9	解秋路	1946		●							●
10	解春华	1950		●							
11	杜中书	1970		●		●	●		●		
12	刘书田	1955		●				●			
13	孙忠来	1959		●							
14	解秋迎	1960		●							
15	刘茂休	1963		●							
16	解文生	1971		●				●			
17	何海旺	1979		●				●			
18	何东升	1981		●							
19	刘亚平	1981		●							
20	陈海平	1982		●				●			
21	刘振华	1984		●						●	
22	解秋波	1951			●						
23	董法言	1971			●						
24	徐继新	1953				●					
25	王秋囤	1963					●		●	●	●

(续表)

顺序	姓名	出生年	管	笙	笛	云锣	鼓	钹	铙	镲个	铛
26	解俊齐	1968					●		●		
27	邢铁柱	1954							●	●	
28	杜满囤	1952								●	
29	田武生	1955								●	

注：王昕、吕文晓制作的会员信息表

从表1可以看出，大部分会员掌握不止一件乐器。"一专多能"是冀中音乐会普遍存在的传习模式。除了作为音乐会主体人员的管、笙、铙、钹有多人演奏外，笛、云锣、鼓、镲个、铛等乐器都至少有两人可以演奏，确保了不会因为一人的缺席而无法合奏的状况，这也是在多年的实践中积攒起来的经验。

二、韩庄音乐会的音乐形态特征

（一）乐器与宫调

1. 乐器

随着20世纪80年代后学习人数的增多，音乐会原先有4攒小嘴的木斗、铜斗笙已不够使用，解秋路等人先后两次到北京前门乐器店购买了不带扩音管的长嘴铜斗笙4攒，之后以每攒300元的价格在霸州、文安小黄庄和北京又购买了7攒带扩音管笙，2006年在北京乐器店购买了10副铙钹。

韩庄音乐会所用乐器属北方笙管系乐种。旋律乐器有管、笙、笛、云锣；节奏乐器有大鼓、铙、钹、铛、镲个。乐队的主奏乐器为九孔小哨管；当单独演奏武场家伙套时，领奏乐器为钹。乐队组合分文场、武场两种。现据2015年10月24—25日考察组所见情况，绘制如下（图4、图5）：

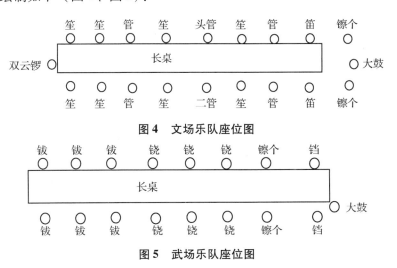

图4 文场乐队座位图

图5 武场乐队座位图

韩庄音乐会文场乐队与高碑店石辛庄弘阳音乐会文场乐队有明显的不同。石辛庄弘阳音乐会文场乐队在鼓的两侧还有铙钹各一件。在演奏由若干曲牌组成的大曲时，韩庄音乐会文场乐队在曲牌间音乐不停顿，旋律乐器一奏到底，鼓与镲个在有的曲牌中甚至不参与演奏；石辛庄弘阳音乐会文场乐队在曲牌间往往以打击乐（鼓、铙、钹、镲个）演奏《长三拍》曲牌与音乐曲牌相交替，形成文场与武场的交替进行。与韩庄音乐会类似的乐队组合还有北京智化寺京音乐、雄县亚古城音乐会等；与石辛庄弘阳音乐会类似的乐队组合有安新圈头音乐会、雄县古庄头音乐会等。这两种文场形式构成了冀中音乐会的两种演奏形式（图6、图7）。

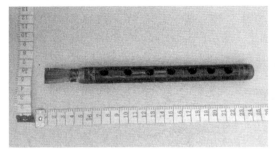 

图6　音乐会主奏乐器管子（荣英涛/摄）　　图7　音乐会武场乐队使用的大钹（荣英涛/摄）

韩庄音乐会的武场乐队异常庞大，由6面钹、6面铙、2对镲个、2个铛和1面鼓组成。除了同是这片土地上的吵子会能有这样的场面，这样庞大的打击乐队在冀中音乐会中还是很少见到的。韩庄音乐会还特别安排了"双数"组合，除上述打击乐组合外，文场乐队还有2支笛、2对镲个、2副云锣，以及若干管、笙。这种刻意的"双数"组合似乎展现了某种仪式要求。

2. 宫调

韩庄音乐会是在小哨正调基础上，以筒音为"四"，第二孔为"上"构成的宫调体系。在李法通会长的曲谱抄本上，附有各孔的宫调位置图，现抄录如下（图8）：

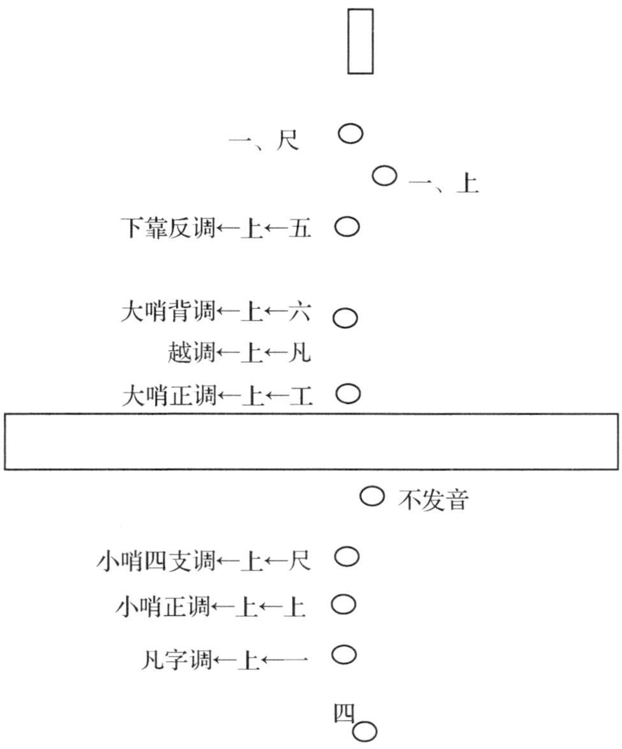

一、尺
一、上
下靠反调←上←五
大哨背调←上←六
越调←上←凡
大哨正调←上←工
不发音
小哨四支调←上←尺
小哨正调←上←上
凡字调←上←一
四

图 8　小哨各孔宫调位置图

四支调是指大小哨合吹时小哨以尺为上，同时大哨以工为上的正调共同演奏，称为小哨四支调。大哨比小哨低大二度，把位却比小哨高一孔，因此可以在大小哨不同、把位不同情况下，演奏出相同高度的音。

（二）乐谱

1. 民国九年本

民国九年本，线装，共 135 页，用毛笔字竖写，保存良好。(图 9) 在扉页的历次抄本顺序后写有“音乐总纲”，包含 11 套大曲、14 首小曲和后坛打击乐曲 7 首，总计 123 首。该抄本所收大曲之多在京津冀地区的音乐会社中是非常罕见的。(表 2)

妙音王菩薩光輝禅師傳
同治十三年正月吉日新城下里合莊
民国九年正月吉日新城下里合莊
劉景輝
校

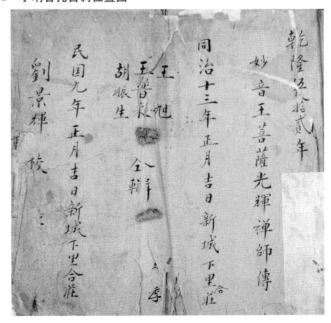

图 9　民国九年乐谱扉页上记录的抄谱顺序（荣英涛/摄）

表 2　民国九年本音乐曲牌

顺序	结构①	（一）西闻经	（二）锦堂月	（三）大走马	（四）昼锦堂	（五）普天乐	（六）挑袍	（七）普坛咒	（八）小华严	（九）泣颜回	（十）骂玉郎	（十一）中排起末
1	拍	前拍	前拍	一只雁	秋江送别	倒提金灯	庆真元	倒提金灯	四上拍	合四拍	雁过南楼	前拍
2	身	西闻经	锦堂月	大走马	昼锦堂	普天乐	挑袍	普坛咒	小华严	泣颜回	骂玉郎	中排起末
3		劝善诚	傍妆台	船拨棹	锦堂月	谨庭乐	急腔	小五圣佛		甘州歌	感皇恩	后拍
4		通法界	昼锦堂	七弟兄	醉翁子	象牙床	报盒子			扑灯蛾	采茶歌	耍孩儿
5			青天歌	牧江南						下山虎	酷美酒	
6			老末歌							琵琶论	迎仙客	
7			十二月							劣马	干草结	
8										小劣马	醉太平	
9										劣马		
10	尾	金字经	金字经	金字经	金字经	金字经	金字经	金字经				
11		五声佛	五声佛	五声佛	五声佛	五声佛	五声佛	大五声佛	五声佛			
12		四季阿郎	四季	四季阿郎	四季	四季	四季阿郎	四季	四季阿郎	四季	四季阿郎	四季阿郎②
13		撼动山	撼动山	撼动山	撼动山	撼动山	撼动山	撼动山	撼动山	撼动山	撼动山	撼动山
14		后拍	后拍	后拍	后拍	后拍	后拍	后拍	后拍	后拍	后拍	后拍

小曲：《柳含烟》《翠竹簾》《三皈赞》《三进礼》《灯赞》《跌落金钱》《陶军令》《将军令》《落末歌》《醉太平》《劣马》《小六六》《列为三台》《珍珠马》。

后坛：《河西钹》《粉蝶儿》《河东钹》《过街仙》《斗鹌鹑》《黄龙摆尾》《急三枪》。

2. 民国二十六年本

民国二十六年本，线装，共121页，用毛笔字竖写。（图10）音乐曲牌110首、家伙套曲牌4首，总计114首，保存良好。封面写有"次岁　丁丑正月吉日"，丁丑年（1920年）与扉页传抄时间（民国二十六年）前后相互印证。

扉页上写有传抄时间及抄写人员文字：

乾隆五十二年妙音王圣宗佛光辉禅师传授
中华民国二十六年新正吉日新城韩家庄
邢樹梅　解福荣　解福恩　孙维汉　孙维钰　董玉琳　仝辑　刘芸田　录

---

① 结构一栏为笔者添加。
② 中排起末的尾部三首曲牌《四季阿郎》《撼动山》《后拍》是根据里合庄乐谱补充。

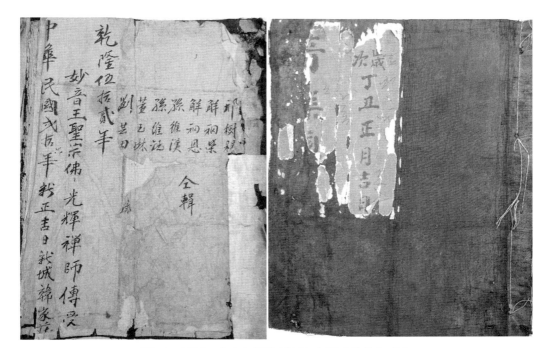

图 10 民国二十六年乐谱封面和扉页（荣英涛/摄）

该本省略了同治年和民国九年传抄自里合庄的信息，同时增加了 3 位传抄人：解福恩、孙维钰、董玉琳。①

曲目顺序如下（画线部分为能够演奏或韵唱的曲牌，第 1 至 11 的序号为笔者标注）：

（1）<u>倒提金灯、普庵咒、小五声佛、金字经、大五声佛、四季、撼动山、后拍</u>

（2）<u>合四拍、泣颜回、甘州歌、扑灯蛾、下山虎、琵琶论、大岁马、小岁马、四季阿郎、撼动山、后拍</u>

（3）一只雁、大走马、船拨棹、七弟兄、牧江南、金字经、五声佛、四季、撼动山

（4）秋江送别、昼锦堂、锦堂月、醉翁子、金字经、五声佛、四季、撼动山、后拍

（5）庆真元、挑袍、<u>报盒子、讨军令、赶子</u>、小沙落

（6）雁过南楼、骂玉郎、感皇恩、采茶歌、酤美酒、迎仙客、<u>干草结、醉太平</u>、四季阿郎、撼动山、后拍

（7）<u>前拍、锦堂月、傍妆台、昼锦堂</u>、青天歌、老末歌、十二月、金字经、五声佛、<u>靠反四季</u>、撼动山、后拍

（8）前拍、西闻经、劝善诚、同法界、金字经、五声佛、撼动山、四季、后拍

（9）四上拍、小花园、四季、撼动山、后拍

（10）倒提金灯、普天乐、谨庭乐、象牙床、金字经、五声佛、四季、撼动山、后拍

（11）前拍、起末、后拍

---

① 民国二十六年本有个别曲牌与民国九年本存在音同字不同的现象，应为抄者笔误。

小曲：《耍孩四季》《翠竹簾》《三皈赞》《三进礼》《灯赞》《跌落金钱》《老木歌》《柳含烟》。

后坛：《河西钹》《粉蝶儿》《河东钹》《过街仙》《斗鹌鹑》《黄龙摆尾》《急三枪》①。

对比民国九年本于民国二十六年本曲谱可以发现大曲的抄录顺序做了较大的改动。（表3）

表3 韩庄民国二十六年本与民国九年本大曲顺序对比表

民国二十六年本（顺序）	1	2	3	4	5	6	7	8	9	10	11
大曲	普坛咒	泣颜回	大走马	昼锦堂	挑袍	骂玉郎	锦堂月	西闻经	小华严	普天乐	中排起末
民国九年本（顺序）	7	9	3	4	6	10	2	1	8	5	11

两本乐谱大部分乐曲相同，不同之处在于"民国二十六年本"缺少"音乐总纲"和目录且大曲顺序前后有调整。由于篇幅长大、符号繁细，抄录通常需要多日。冀中音乐会重抄乐谱一般是由于老谱本常年使用破损严重。张振涛先生认为："一个手抄谱本的正常使用'寿命'，约在50年上下。多则80余年，少则30余年。"②为什么在使用17年后，这么短的时间一定要重新抄写一本，并且大曲顺序做了大幅度调整？"民国九年本"是基于里合庄乐谱顺序抄写的，"民国二十六年本"根据其内容和标记符号，应以"民国九年本"为底本抄写。我们在现场所做的调查和录像显示："民国二十六年本"的第一、第二、第七套大曲全部能够演奏或韵唱；第五、第六套大曲的部分曲牌可以演奏或韵唱，其余大曲已不能演奏或韵唱。冀中音乐会的各乐社掌握的曲目量，从历史上看呈现逐渐减少的趋势。各个乐社依乐谱口传心授传承，若前辈没有教授，则后辈不会韵唱，更不会演奏，以致逐渐失传。如果使用"民国九年本"，则常常需要前后翻动乐谱，这是非常不方便的。因此在使用了17年后，乐师们按照"熟练程度"的原则，重新安排顺序。"民国二十六年本"的破损程度明显大于前本，说明了新本产生后使用更加频繁。

如果上述推论成立，我们可以推断，1920年里合庄传给了韩庄音乐会至少3套或多达7套大曲、若干小曲和武场套曲。解秋路、李法通曾说，如果当年（1980年）学音乐挣工分的时间再长一些，就可以把老师们掌握的乐曲全部学会。这说明还有一些乐曲没有被他们传承下来。

韩庄"民国九年本"是以里合庄"同治十三年本"为底本抄写的。里合庄存有以

---

① 其中《斗鹌鹑》《黄龙摆尾》《急三枪》3首曲牌抄于1920年本，因可以韵唱和演奏一并放于此处。
② 张振涛.冀中乡村礼俗中的鼓吹乐社：音乐会［M］.济南：山东文艺出版社，2002：378.

"同治十三年本"为底本的"民国四年（1915）本"。① 这两个抄本存在一些曲牌的不同。以里合庄"民国四年本"为基础，韩庄"民国九年本"增加的曲牌，有大曲《挑袍》中的尾部乐曲《金字经》《五声佛》《四季阿（鹅）郎》《撼动山》《后拍》，大曲《普庵咒》尾部的《金字经》《大五声佛》，小曲《列为三台》《珍珠马》，以及后坛打击乐《急三枪》；缺少了大曲《中排起末》的尾部乐曲《四季阿（鹅）郎》《撼动山》《后拍》。既然二者都是以同一抄本为底本，可我们会看到抄写顺序除《中排起末》同为最后一曲外，其他顺序都不相同。这一奇怪的现象说明了什么呢？（表4）

表4 里合庄民国四年本与韩庄民间九年本大曲顺序对比表

里合庄民国四年	1	2	3	4	5	6	7	8	9	10	11
大曲	普天乐	挑袍	西闻经	锦堂月	普坛咒	泣颜回	小华严	骂玉郎	大走马	昼锦堂	中排起末
韩庄民国九年	5	6	1	2	7	9	8	10	3	4	11

张振涛先生在《南头村音乐会谱本价值与推荐信》②中记录了南头村音乐会分册记谱的情况，对大曲归类抄写的方式给予了充分肯定。然而这种底本相同、抄写顺序不同的现象，是否说明同治十三年本大曲可能不是集合本，而是单册，每册单独装订，并且没有按顺序编号，这些问题有待进一步论证。

（三）大曲

韩庄音乐会的大曲结构与冀中音乐会及京音乐的中堂曲结构相同，分为拍—身—尾三部结构。大曲名称以身部第一首曲牌为名。

拍部是大曲结构的"序曲"部分，总计11首曲牌，包括《前拍》《一只雁》《秋江送别》《倒提金灯》《庆真元》《四上拍》《合四拍》《雁过南楼》等8首曲牌，部分大曲可以连接相同的拍（表2），拍部的曲牌宫调应与身部曲牌相同。

身部是大曲结构的主体部分，总计43首曲牌。冀中音乐会及京音乐的身部曲牌连缀分两种情况，一是相同曲牌的若干次变体，如高碑店石辛庄弘阳音乐善会大曲《沙骆儿》《兴窦章》的身部由三个变体组成；二是不同曲牌的连缀。韩庄音乐会的大曲身部曲牌皆为后者。对于任何音乐会社来讲，身部曲牌的掌握多寡是大曲传承的重要因素。

尾部是大曲结构的结尾部分，总计46首曲牌，共由5首曲牌组成，分别为《金字经》《五声佛》《四季阿（鹅）郎》《撼动山》《后拍》。其中，《金字经》《五声佛》《撼动山》经常被用在京音乐的中堂曲尾部，被乐僧称为"金五山"。

---

① 乔建中，薛艺兵，钟思第，张振涛．冀中、京、津地区民间"音乐会"普查实录［M］//中国艺术研究院音乐研究所，《中国音乐年鉴》编辑部．中国音乐年鉴：1994．济南：山东友谊出版社，1995：276-341．
② 张振涛《南头村音乐会谱本价值与推荐信》一文写于2015年10月29日。

三、民间信仰与经济供养

　　寺院、道观等宗教场所的存在是认同音乐会神圣身份的重要依据。韩庄大庙——菩提寺，坐北朝南，两进院落。山门为天王殿，主供弥勒佛，两侧为四方天王，东屋供地藏王菩萨，西屋为音乐会活动场所。中间大殿为慈航殿，供奉观世音（中）、普贤（左）、文殊（右）三尊神像，东侧立韦陀菩萨，西侧是关公塑像。后殿分三间神殿，西侧为本村信仰神四位王爷之位，左起为九王爷、五王爷、三王爷、大王爷；中殿供奉后土皇娘、老奶奶像；东殿供奉财神和车神，此外，后院东墙还供有全仙。这样的空间组合包含了村民一生中全部的愿望与诉求，而慈航殿前东侧搭建了专为音乐会演奏用的彩钢棚，充分展现了音乐会在信仰空间中的独特价值。（图11、图12）

图11　乐人在韵唱工尺谱（齐易/摄）　　**图12　乐人在指示乐谱（齐易/摄）**

　　当前，传统音乐会的固定活动场所往往设在寺院、村委会或会员家宅等，同时兼具祝祷、排练、授徒、议事、库房等功能。例如，韩庄音乐会、安新圈头音乐会将会址设于寺院，霸州南头村音乐会、雄县杜庄音乐会会址设在村委会，高碑店石辛庄音乐会、安新端村音乐会和同口音乐会的会址设在会长（员）家中。音乐会的传承来源一般为僧传或道传，这意味着它是专为寺庙、道观仪式服务的，又因为在民间葬礼中不收费用，因此有了"圣会""善会"之名。根据老一辈传下来的规矩，主家若请音乐会出会，不论身份贵贱一律需到音乐会磕头请会，音乐会才出会应事，应事结束后主家要请大家吃饭。作为音乐会的学师，一旦通知出会，即便是春秋农忙时节，也要放下手中的农活参与出会。解秋路会长说，音乐会出会分文不取的行为无论官家、百姓都会高看一眼。这一点与当地的鼓吹手以赚钱为目的的行为截然不同。音乐会和吹鼓手互不接触，老一辈中曾有一位会员参加吹鼓手乐班，被音乐会发现后取消了他的在会资格。这种惩罚制度保证了在会人员的稳定性，保持了音乐会的清誉。有人曾提议音乐会出会将耽误农活，每人每天应该给予100元的补偿，但是音乐会的老人们认为，音乐会从乐器到服装都是村中在会家庭集体供养出来的，不应该收费。

　　"四清"和"文革"时期，许多乡村中的寺院、道观被拆毁，20世纪80年代后有少数音乐会在原址基础上恢复、重建了寺院、道观，而大部分音乐会没有这样的条件，有些原址已被其他建筑占用，而更多的由于财力不足无法恢复。韩庄是幸运的。1997

年村民集资收回了韩庄大庙，2001年在原址基础上耗资20多万元重建菩提寺，这样的巨资一方面依靠村民的集资，另一方面依靠募集大额资金的注入。在功德碑上有附近20个村的善人捐款，少则500元，多至2万元。可见当年的韩庄大庙在地方文化中的巨大影响力，可谓一呼百应！

音乐会成员包括两部分，一是演奏音乐、法器及日常管理事务的成员；二是在会家庭，指每年向音乐会捐款的家庭。韩庄音乐会在会家庭有100多户，占全村家庭数量10%，在会成员每年的捐款成为音乐会学师日常活动经费的主要来源。每年正月十三至十六，音乐会为全村祈福纳祥、焚香举乐、转街驱灾。正月十三下午搭棚、接神，家家挂灯笼，音乐会发疏（黄色长方体纸袋，内装音乐会的新年愿望，外粘红纸，焚烧后可以将发疏人的愿望传递到保护神）；十四"人灯"；十五"神灯"，烧香、转街。在大庙"观烟豆"将煮熟的黄豆分发给村民，寓意大家分食后不闹矛盾；十六"鬼灯"，全村人跟随音乐会一同"走百病"。正月十五前后3天，每到夜晚，音乐会都将转街、点燃灯花，同时家家接灯、放烟花。农历二月十九是观音菩萨生日，也是会员"吃会"的日子，音乐会在菩提寺请全村在会家庭一起吃饭，一为酬谢"恩主"、联络感情，二是募集下一年的费用。

与韩庄音乐会实行相同"在会制"的还有安新圈头音乐会，这两个乐会的传承、发展状况都好于一般乐社，人员齐备、兵强马壮。当在会家庭有"老了人"（老人去世）的情况可以免费享受音乐会的服务。"在会制"虽然是一种可以解决音乐会日常支出、维护会社正常运转的财务制度，但并非在冀中音乐会群体中普遍实行。

传统文化是一个国家、民族的精神家园。传统文化保护的紧迫程度正如冯骥才所讲："今天是我们抓住传统的最后一个机会……再往下，我们的下一代、再下一代，他们对传统的认识、共鸣、集体记忆会更少，那时候再谈传统的继承，更加来不及，它可能只会沦为博物馆里的摆设，或是一纸空谈。"[①]

附录1 韩庄音乐会会员信息

序号	姓名	性别	出生年	入会年	擅长乐器	师承	文化程度	职业	其他
1	李法通	男	1948	1978	管、笙	孙汝梅 徐继新	小学	木工经商	会长；曾祖父、祖父曾在会中管事，现已离世
2	陈兰科	男	1951	1970	管	孙汝洲	小学	务农	
3	陈国兴	男	1965	1980	管	孙汝洲	初中	务农	会长
4	解文齐	男	1959	2005	管、铙	解永祥 解秋路 李法通 徐继新	高中	务农	

---

① 龚丹韵. 今天是抓住传统的最后机会：独家对话著名作家冯骥才[N]. 解放日报，2015-02-06（13）.

（续表）

序号	姓名	性别	出生年	入会年	擅长乐器	师承	文化程度	职业	其他
5	解秋路	男	1946	1970	笙	解永祥（父亲）	初中	打工务农	会长
6	解春华	男	1950	1976	笙、钹	解永祥（伯父）孙汝洲	小学	务农	
7	邢伯涛	男	1975	2005	管、钹	陈国兴 陈兰科 解秋路 李法通 徐继新	小学	经商	
8	解秋迎	男	1960	1979	笙	解永祥（父亲）	高中	务农	
9	刘书田	男	1955	1979	笙、钹	孙汝洲	初中	务农	
10	解秋波	男	1951	1979	笛	解永祥（父亲）	初中	务农	
11	董法言	男	1971	1995	笛	解秋波	小学	务农	
12	孙忠来	男	1959	2005	笙、铙	解秋路	小学	务农	
13	王秋囤	男	1963	1970	鼓、铙、铛、小钹	解永祥	初中	务农	
14	解俊齐	男	1968	2000	铙、鼓	王秋囤 解秋路 陈国兴 李法通	初中	务农	
15	陈海平	男	1982	2000	笙、钹	解秋路 陈国兴	小学	务农	
16	刘振华	男	1984	2005	笙、小钹	解秋路 陈国兴 李法通	初中	厨师	
17	刘茂休	男	1963	1979	笙、铙	孙汝洲	初中	务农	
18	杜中书	男	1953	1970	笙、铙、鼓、云锣	孙汝洲 解永祥	小学	务农	
19	徐继新	男	1953	1977	云锣	徐井茹 解永祥 王敬发 刘 瑞 孙汝洲	小学	木工	
20	刘东亮	男	1986	2005	管、钹、云锣	徐继新 陈兰科	高中	个体	
21	何东升	男	1981	2000	笙、钹	解秋路 陈国兴 李法通	初中	务农	

(续表)

序号	姓名	性别	出生年	入会年	擅长乐器	师承	文化程度	职业	其他
22	邢铁柱	男	1954	2005	铙、小钹	孙汝洲 解永祥	小学	务农	
23	解文生	男	1971	2000	笙、钹	解秋路 陈国兴 李法通	初中	务农	
24	何海旺	男	1979	2000	笙、铙	解秋路 陈国兴 李法通	小学	务农	
25	陈立平	男	1979	2000	管、铙	陈兰科 李法通 刘茂休	小学	务农	
26	田武生	男	1955	2000	小钹	解秋路 陈国兴 李法通	中专	退休教师	财务管理、总务管理
27	杜满囤	男	1952	2000	小钹	解秋路 陈国兴 李法通	小学	务农	财务管理、总务管理
28	刘亚平	男	1981	2000	笙、钹	解秋路 陈国兴 李法通	小学	务农	
29	董国顺	男	1982	2004	管、钹	解秋路	初中	个体	

信息录入：王昕、吕文晓　图像采集：郑娜　采录时间：2015年10月24日

（本文原载美国《音乐中国》（MUSIC IN CHINA）2018年第2辑，略有改动）

作者简介　荣英涛，男，1976年生，河北省石家庄市人。《人民音乐》杂志社编辑。1995—1999年就读于河北师范大学音乐学院。

论康保二人台艺术的音乐特征

——关于非物质文化遗产的挖掘探索

张家口学院音乐学院 尤志国

"文化的传播,是在一定的自然,人文环境中进行的。由于人文传统的不同、自然地理环境的不同和社会生产方式的不同,所产生的文化品貌自然不会相同……"[1] 康保二人台艺术是河北省张家口市康保县的人民喜闻乐见的一个地方剧种,它是清康熙年间（1662—1722年）流入康保,垦荒的山西、山东、河北、陕西等地的移民带来的民歌、坐腔、社火三种民间艺术形式与康保传统文化融合的结晶。勤劳憨厚的康保人民在漫长的历史中,用他们的睿智和汗水创立了独具特色的康保二人台艺术,给康保县这个处于中原文化边缘地区的百姓的文化生活带来了勃兴,使其在时空的延续和变异中连接过去,包蕴未来,传递了一种文化情怀、承接了一种文化根脉。郭沫若先生曾赞誉二人台艺术为"百花丛中一点红"。它那原汁原味的表演方式,生动地折射和表达着人们的情感和对生活的感受,堪称"活的民俗文化"。随着康保二人台成功入围我国第一批国家级非物质文化遗产名录推荐项目名单,从多维视野对康保二人台进行探究、挖掘、整理就显得尤为重要,本文就其音乐特征探微如下。

一、旋律特点

1. 高起低落的舒展性

康保二人台艺术之所以能以独具一格的地方特色穿越历史时空,除了与历史、政治、民族、习俗等因素有着密切的联系外,同时与自然环境也有着重要的关系。例如,陕北地区由于多为崇山峻岭,其民歌多表现为高亢、明亮的色彩,而辽阔的内蒙古草原则到处飘荡着憨直畅爽的音调。康保县的地理位置比较独特,地处燕赵大地的北端,北临内蒙古大草原,西接山西大地,南端为著名的张北高原。由于其具有"远看是山,近看是川,起伏和缓"的地理特点,所以产生了影响康保二人台音乐的山歌、爬山调等声乐表演形式。高起低落的旋律形态,有着一种一落千丈的潜在势能,能使感情抒发得酣畅淋漓。旋律线大幅度起伏,给人以刚毅豪迈的气势,这也展示了北方人刚烈耿直的性

---

[1] 曾田力. 中国音乐传播论坛 [M]. 北京：北京广播学院出版社, 2004：37.

格，音乐中蕴藏了一种原始的生命力。如谱例1《口外是个好地方》。

谱例1 《口外是个好地方》片段

第一句音域由小字三组的 c^3 到小字二组的 c^2，第二句由小字二组的 a^2 到小字一组的 g^2，两句音域的起伏扩展至十一度，因而一开始就给音乐的展开以很大的动势，呈现出高起低落的特点，为音乐的发展提供了足够的内驱力和凝聚力。

2. 层层下落的陈述性

"从中国人欣赏音乐总的习惯看，具有更注重音乐的语气、语态、风格……的特点"[①]，康保二人台音乐实质上就是一种陈述的"过程"或"气氛"，它对由作品流动过程的品位和总体气氛的感受而形成的线性音乐语言十分考究。因此，康保二人台音乐往往从高音起句，一层层逐句下落，层次非常清楚。如谱例2《走西口》。

谱例2 《走西口》片段

这首二人台音乐每个乐句的高低极限音依次为：第一乐句从小字一组 g^1 到小字二组的 e^2；第二乐句从小字一组的 d^1 到小字二组的 e^2。这种旋律序进的层次凸显得非常清晰，即旋律线依次渐进趋下，反映了即将走西口的新婚夫妇悲愤、复杂的心理状态，体现了康保二人台音乐思维特有的逻辑性。而康保二人台音乐旋律营造出的音乐幅度的变化倾向，足以唤起听者听觉上的美感。

---

① 李吉提. 中国音乐结构分析概论[M]. 北京：中央音乐学院出版社，2004：6.

3. 磨砺吸纳的交融性

在中华民族几千年的文明旅程中，一个民族、一个地区内的民间音乐传播实践往往是成功的。因为几千年来的音乐传播实践已形成了该民族、该地区独特的民族民间音乐风格。相同的文化习俗和相似的经济生活条件，使历史上已经开始出现的民族之间、地区之间相互串联并传播音乐，开始突破民族、地域的界域。而不同民族、地区的人们均能接受或部分接受其他民族、地区的音乐元素，有的还融入本民族、本地区的风格系统之中。①

康保二人台音乐不像蒙古民歌那样热烈奔放，洋溢着马头琴旋律特点的羽调式音调，也不像充满舞蹈节奏的新疆民歌，但它却体现了兼收并蓄的交融性。这主要体现在以下两个方面。

（1）康保二人台艺术同民歌的交融。

"文化是一个连续统一体，是一系列事件的流程，它穿越历史，从一个时代纵向地传递到另一个时代，并且横向地从一个种族或地域播化到另一个种族或地域。"② 尽管过去的康保高原是一片荒凉之地，恶劣的自然环境导致人烟稀少，但为了能够谋生活命，包括农民、小贩、小手工业者、民间艺人等在内的族群，不断地在这块土地上离散聚合，从而导致民族民间音乐薪火相传、持续发展。特别是"民歌在传唱的过程中，由于经常得到群众的磨砺加工而不断地演变发展，同一首民歌往往衍生多首大同小异的变化形式……"③ 进而促进了民歌的交流与发展，无论是本土的民歌，还是包括河北、陕西、山西、山东等地在内的异地民歌，在这里均得到传播、扩散、变迁，它们通过相互碰撞、汲取、交融派生形成新的亚种音乐文化，变异出许多新的特点。

第一是同腹地民歌的交融。据有关文献资料，康保地区曾是蒙古族长期聚居的地域。无论是元朝在此设立重镇，还是康熙十四年蒙古游牧八旗大部分游牧于此地，蒙汉两个民族的风俗习惯、文化传统、审美意识等早已相互根植于广大百姓的心中，成为他们生活中难以割舍甚至不可能失去的一部分。因此，康保二人台艺术的勃兴必然受到包括蒙古族在内的周边地区的地域特点、地理环境、音乐风格、生产方式、生活方式及人文环境等方面的影响，使康保二人台艺术同蒙古族音乐文化建立起"血缘"关系。蒙古民歌具有辽阔的草原气息，节奏自由、音调开阔，特别是蒙古族的说唱艺术——胡尔奇中的艺术手法，直接或间接地影响着康保二人台音乐的发展。无论是乌力格尔中表现英雄人物、描写山川草原、叙述战斗过程的音乐，还是对唱或单唱好来宝时的曲调，它们共同的基本特征就是有比较固定的曲调或反复演唱。而康保二人台也经常采取这种技

---

① 曾遂今. 音乐社会学［M］. 上海：上海音乐学院出版社，2004：253.
② L. A. 怀特. 文化的科学：人类与文明研究［M］. 沈原, 黄克克, 黄玲伊, 译. 济南：山东人民出版社，1988：2.
③ 徐荣坤. 浅谈民歌的演变和创新［M］//南京艺术学院音乐理论教研室. 民族音乐学论文集：《中国音乐》增刊：上. 1981：251.

法，作品往往专曲专用或一曲多词。如《烂席片》《半斤莜面》等就属于专曲专用的二人台曲目，而谱例3《劝丈夫》等则是一曲多词的典型作品。

谱例3　《劝丈夫》片段

从它们共同的美学特征中，我们不难看出康保二人台音乐与蒙古族民歌有着千丝万缕的联系。

下面我们再来比较谱例4《大青山乌拉拉山套山》和谱例5《南山坡高来北山坡低》之间的关系。

谱例4　《大青山乌拉拉山套山》片段

谱例5　《南山坡高来北山坡低》片段

这两首作品均是两乐句的结构，其中《大青山乌拉拉山套山》前乐句为4小节，后乐句为5小节；后乐句的第3小节是扩充了的衬腔，句末出现了蒙古长调中典型的长音。它的旋律起伏较大，音程出现了七度、八度的大跳，唱起来高亢嘹亮，奔放而深情。而《南山坡高来北山坡低》也同样出现同度或八度音程。它们在旋律上融入了陕西、山西、内蒙古等地区民歌中高亢嘹亮的音调。可见，"民间的接力传播过程是一个各取所需、各自修改、各自润饰加工的过程。"①

---

① 曾遂今. 音乐社会学概论：当今社会音乐生产体系运行研究［M］. 北京：文化艺术出版社，1997：203.

第二是同异地民歌的交融。我们把康保的《绣花灯》和冀中地区的《青羊传》进行比较。

谱例 6 《绣花灯》片段

谱例 7 《青羊传》片段

谱例6《绣花灯》完全是二人台音乐风格的旋律，它巧妙地使用了谱例7《青羊传》的结构形式，使这首曲子焕然一新，歌词也和冀中一带流行的相同。显然，这是冀中地区和冀西北地区的民歌相互融汇的产物。

再如同样是《孟姜女》，在不同地区流行、变异就会嫁接出不同的"变体"。下面是谱例8《孟姜女》原型与谱例9越剧、谱例10河北南部晋县流行的《孟姜女》变体《孟姜女哭长城》、谱例11内蒙古地区流行的《孟姜女》变体《叹十声》及谱例12康保流行的《孟姜女》变体《叹十声》旋律比较：

谱例 8 《孟姜女调》片段

谱例 9 越剧"女腔"片段

谱例 10 《孟姜女哭长城》片段

谱例 11 内蒙古《叹十声》片段

谱例 12 康保《叹十声》片段

从上例可以看出，康保变化后的《叹十声》经过民间艺人的琢磨和加工，音乐旋律比较曲折，其走向基本呈下行态势，多处节奏压缩，大量运用变奏手法，增加了音乐发展的张力和内驱力，极大地丰富了康保二人台的音乐语言，表现出更加充沛、细腻的情感，使音乐旋律得到新的变化与发展。这和刘正维先生的观点一脉相承，他认为在汉

族地区，至少有四首民歌作为"母项"，覆盖着不同地区（变为"子项"）的观点与报告——这四首歌分别是《小白菜》《绣荷包》、南方的《孟姜女》和鄂中北的民歌《妈也》。①

康保二人台音乐旋律的特殊性是与本地的语言结构有着密切关系的，或者说康保二人台艺术是康保方言和音乐音调"异质同构"的有机结合。"历史上，虽然中国随着自己封建集权的统一，语言文字也是很早得到统一。但由于地域辽阔，不同地方的语音、声调走向不同，用语的习惯、语气也有许多不同，它们这些都直接影响了音乐语言的不同地方风格。"② 刘勰在《文心雕龙》中曾提出，"先设情有宅，置言有位"③。这也是康保二人台艺术的曲词和曲调都具有线性结构的理论依据。中国汉语有四声之别，同一种拼音至少可能产生四种语调，如"ma"即可得出"妈、麻、马、骂"等不同的音高和语调走向。（图1）

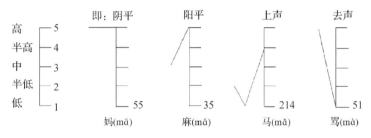

图1 四声音调图

另外，"汉语语言的陈述，也总是伴随着特定的节奏与语气进行。由于歌词的四声和语言节奏都直接影响着音乐的旋律线条走向和节奏处理……"④ 因此，康保地区独特的方言将不可避免地制约着康保二人台的音乐语言。同样是"没有"这个词，不同地区的方言就会表现出很大的差异。如保定地区冀中平原的方言就接近普通话，发音比较平和；"没有"在康保县就说成"没!"，显得有些倔；而在唐山地区则说成"没有哇!"，比普通话语调丰富，更增加了语言的音乐性……这些方言的地区性反映到音乐中就是冀中一带的民歌叙事特点鲜明，其唱如说；冀东唐山一带的民歌优美轻柔；康保二人台粗犷奔放；等等。（谱例13、谱例14、谱例15）

谱例13 康保二人台《打连城》片段

---

① 李吉提. 中国音乐结构分析概论［M］. 北京：中央音乐出版社，2004：8.
② 李吉提. 中国音乐结构分析概论［M］. 北京：中央音乐出版社，2004：8.
③ 刘勰. 文心雕龙［M］. 杭州：浙江古籍出版社，2011：121.
④ 李吉提. 中国音乐结构分析概论［M］. 北京：中央音乐出版社，2004：7.

谱例 14　冀中民歌《探亲家》片段

谱例 15　唐山民歌《梁山泊》片段

关于康保二人台音乐与方言的关系，如图 2 所示。

$$
方言\begin{cases}音韵三要素\begin{cases}声母\\韵母\\字调\end{cases}\begin{matrix}二人台中吐字发声\\二人台曲调形成\end{matrix}\\句读\quad\quad\quad二人台语言节奏\end{cases}为表达内容服务
$$

图 2　康保二人台音乐与方言的关系

普通话中的声母 zh、ch、sh 在康保方言中则被读为 z、c、s，如普通话中的"山"在康保被读为"san"，"水"被读为"sui"。康保方言不仅更换声母，韵母也有变化。如"en"被读成"eng"，"un"被读成"ong"，因此"人"往往读成"reng"，"春"往往读成"chong"，等等。因此，康保方言读音声韵变化的特点必然对康保二人台的音乐风格产生重要的影响。

谱例 16　《方四姐》片段

谱例 16 这首二人台旋律表现了坝上康保特有的语言特色，恰当地表现了当地人民粗犷、憨厚、耿直的性格。

关于方言声调与歌曲的关系，梅兰芳先生曾认为，"创腔不仅要通晓四声法度，还须懂工尺（音乐）规律"①。康保方言中的调类、调值比较特别。

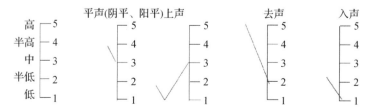

图 3　康保方言中的调类、调值比较

---

① 徐兰沅. 谈梅兰芳的唱腔［J］. 人民音乐，1962（04）：17.

从图 3 不难看出,康保方言中的阴平和阳平合并成一类,并且有大量"入声"字存在,整体语言的字调呈下行趋势,这种字调下降波及语调、语势也是下降的特点。据《现代汉语词典》释意:"普通话没有入声,古入声字分别读成阴平(如'屋、出')、阳平(如'国、直')、上声(如'铁、北')、去声(如'客、绿')。有些方言有入声,入声字一般比较短促,有时还带辅音韵尾。"[①] 现今康保方言当中运用较多的是"入声"字,约达 70%,其最为显著的特点就是发声短促,接近普通话中的"去声"。

康保方言中由于具有上述的语言特点,势必造成该地区二人台音乐旋律的走向多数体现为平直或向下的旋律线,如《打金钱》。(谱例 17)

谱例 17　《打金钱》片段

"提起哥嫂亲来,哥嫂他不亲"这句歌词,如果用普通话来读其音调应该是阳平、上声、阳平、上声、阳平、上声,阳平、上声、阳平、去声、阳平。如果用康保方言朗读,其音调就会全部接近"去声"。正因为康保方言的这个重要特点,所以表现在二人台音乐旋律上必然呈下行的态势,因此谱例 17 中出现的"mi—si"四度强有力下行音程的连续进行,体现坝上康保人民"乐观、憨厚、朴实"的音乐形象,这与康保包括入声字在内特有的音调作用的结果不无关系。

此外,康保方言中的语言节奏、衬字也直接影响着康保二人台音乐语言的结构。如陕北的《半斤莜面推窝窝》和康保的二人台《拉骆驼》,语言的差异导致音乐结构发生了变异。

谱例 18　《半斤莜面推窝窝》片段

谱例 19　《拉骆驼》片段

从谱例 18、谱例 19 的比较中可以看出,虽然康保县和陕北相距甚远,但我们可以合理推测,它们之间应该曾进行过民间音乐的相互交流。鲁迅在《看镜有感》里赞扬汉代人勇于汲取异族文化、将外来动植物毫无顾忌地拿来充当装饰的花纹,认为这是民族自信力的表现。因此,康保二人台艺术的蓬勃发展的历史足以证明,音乐文化共性与

[①] 中国社会科学院语言研究所词典编辑室. 现代汉语词典 [M]. 北京:商务印书馆,1978:965.

个性的联系、冲突、转化、融合是构成康保音乐文化发展的主体。经历这一过程，康保音乐文化在与不同族群音乐文化的相互激荡中相互作用、拓展升华，成为华夏蓬勃发展的民族精神的一股力量，同时也推动着康保音乐文化的发展。因此，"所有的传播都是创造性的。"①

据《张家口文史资料》记载，从1917年—1922年，先后有山西天镇、内蒙古商都等地的多名艺人或二人台戏班来到康保进行文艺交流或传授二人台演技，使康保二人台艺术由原来的"短小精练"逐步发展到较完整的"小戏"，形成了颇具规模和地方特色的艺术门类。② 出现了一批造诣较深的二人台民间艺术家，产生了一些具有较高艺术价值的作品并流传至今，如源自山西民歌《走西口》而产生的《走西口》、源自陕西民歌《揽长工》而产生的《借担杖》、源自河北民歌《茉莉花》而产生的《三起五更》、源自江南民歌《虞美人》而产生的《要女婿》、源自秧歌而产生的《五哥放羊》、源自蒙古民歌而产生的《海莲花》……

（2）康保二人台艺术同地方小戏的交融。

康保县长期在田野地头或街头巷落流行的《爬山调》《烂席片》《信游》等散发着泥土芳香的原生态民歌，是千万户百姓日常生活和精神世界的一部分，它们改变着人们的社会世界与心智特征，形成一个个"发光体"③，折射出一个时代的文化指向和精神渴求。20世纪20年代，康保二人台艺术的表演形式从高跷向打地摊方面演进。进入20世纪30年代，康保二人台在表演方法上步入戏曲化的道路，生、旦、丑行当也逐渐定型，一位艺人可以兼演数种角色。同时，地方小戏——二人台大多以当地流行的民歌为基础发展其唱腔，进而在它们之间相互吸收优长，形成了康保二人台独有特色的牌子曲、套曲、板腔，如《对花》《压糕面》等。为了能够准确刻画人物性格，客观反映社会现实，不少二人台作品始终保持了民歌体和小戏的特点，在音乐上民歌的原貌保持得更多，如《走西口》一直流行到现在等。美国文化人类学家戈登威和林顿认为："在每一个民族的文化中，都有很大的成分是由传播而来的，而这一比例可达90%。这就是说，对于大多数民族或国家的文化而言，独立创造的文化只有10%。"④ 康保二人台具有的融性也可以为这个论点提供佐证。

因此，"历史上文化的传递、文化的接触和文化的传播，常常引起文化的变迁。传统音乐也是如此。两种或两种以上的音乐文化进行接触时产生的音乐冲击和音乐文化冲突，结果往往引起音乐的接受和重新适应，从而导致音乐的纵横传播流变，推动着音乐的进化和发展。"⑤

---

① 转引自邵培仁. 传播学 ［M］. 北京：高等教育出版社，2000：32.
② 张家口市政协文史资料委员会. 张家口文史资料：第30辑：文化艺术卷 ［M］. 1997：391-395.
③ M. H. 艾布拉姆斯. 镜与灯 ［M］. 北京：北京大学出版社，1989：2.
④ 李荣善. 文化学引论 ［M］. 西安：西北大学出版社，1996：331.
⑤ 冯光钰. 20世纪中国音乐思考 ［M］. 北京：中国文联出版社，1999：195.

4. 素材重复的特殊性

谱例 20 《帮扶》片段

从谱例 20 中的二人台旋律不难看出，第二句基本上是第一句材料的重复，这种作曲手法不但没有给人简单、重复、贫乏甚至淡化艺术性的印象，反而极大地丰富了二人台的音乐表现力，使音乐形象更加直观、丰满、生动。谱例 21《高大人领兵》却是由两个素材的多次重复而成。

谱例 21 《高大人领兵》片段

"三连环"就是同一动机的 3 次重复。这种乐句的结构形式是重复素材的重要手段。如谱例 22《表姑娘》和谱例 23《半颗米》。

谱例 22 《表姑娘》片段

谱例 23 《半颗米》片段

在《表姑娘》和《半颗米》中，都使用了这种同一素材多次变化重复的作曲技法，它造成的艺术效果必然会给音乐的发展赋予一种积蓄与等待的力量，蕴藏了一种动势与潜能，成为音乐发展的动力。

5. 旋法技术的独特性

康保二人台音乐旋法技术的独特性一方面表现在旋律的大幅度起伏，另一方面又表现在多级下行运动的态势，而这两个特点的有机统一构成了康保二人台音乐旋律的独特之处。大幅度的起伏使它带有刚烈、豪迈的宏大气魄，反映出康保人民宽广的胸怀，如谱例24《打金钱》。

谱例24　《打金钱》片段

级进的旋律进行又使音乐带有抒情、温柔的特性，如谱例25《栽山桃》。

谱例25　《栽山桃》

这首二人台作品的旋律除了四度、七度等跳音外，还伴随着轻柔的级进，如"so—la""sol—fa"及"si—la—sol"。跳进与级进的辩证结合使旋律律动性强、刚毅有力、活泼优美。

康保二人台音乐对"词章"非常考究。往往要运用大量的方言、顺口溜及夸张、提问等修辞手法去丰富音乐意象。另衬词、叠字也是重要的语言资源。常用的衬词有"哑、嘛、呀、就（作助词用）、呀哈、那个、你那个、哎咳咳"及"亲亲"和"哥的小妹子"等带有助词和呼吸双重性质的衬词。上例《打金钱》和《栽山桃》中就有许多衬词。此外，歌词中多有叠字的用法。叠字（也称对字）是二人台最突出的语言特征，如"花轱辘辘的车来白马马咯拉"。再如《打樱桃》中的唱词："红丹丹的阳婆婆满山山照，手提上竹篮篮抿嘴嘴笑"等。另外，康保二人台音乐中还经常使用"瓜瓜""炕炕""罐罐""碗碗""蛋蛋"等叠字，加上切分手法，给人以亲切之感。

从谱例25、谱例26中不难发现，康保二人台艺术多由"re—si—la—sol"式的音型进行，如由二人台《后继母打孩子》改变而成的《抗战歌》。

谱例 26　《抗战歌》片段

此类音型多用于徵调式作品。下行旋律进行增强了徵调式的大调色彩。

二、节奏特点

1. 灵活多样的板式

康保二人台音乐一般采用以下几种板式。

一是亮板，即第一句唱腔用散板形式来演唱，在原曲调的基础上稍加发展变化，往往要在高音区加以伸展扩充；二是流水板，即该曲的基调，其中又分为慢二流（每分钟演奏 60 拍左右），流水拍（每分钟演奏 80 拍左右），紧流拍（每分钟演奏 104 拍左右），速度的快慢随剧情而定；三是慢板，即在流水板的基础上加以伸展扩充，没有固定的旋律，而是根据演员的嗓音条件好坏而定。一般来说，慢板是在基调的基础上锦上添花创造出许多装饰音，称之为"填满板"；四是捏字板，即为了避免同一曲调多次反复的单调现象，使舞蹈情绪愈加激化，要求节奏逐渐加快，旋律紧缩、简化，形成有板无眼的板式，一般用于结尾。

2. 复杂多变的节奏

由于我国不同地方的语言、声调走向不同，用语的习惯、语气也有许多不同，这些都将影响到音乐语言的结构和变化。康保二人台音乐的节奏与康保特有的语言有着紧密的关系，语言特色非常鲜明，尤其是与康保的语言节奏依附性极强，在叙事性的作品中更为多见。如谱例 27《借冠子》就属于此类。

谱例 27　《借冠子》片段

我们来分析一下歌词的语言节奏：

　　今儿初七那初八，奶奶庙上闹红火；

……
人家姐妹把香插，乐也要去看红火。
……

谱例27中带点的字为节奏重音，由于其是地方方言，特别是入声字，使得每句重音结构都出现了变化。这种语言的特殊性必然要求二人台的旋律与之相适应，它们多有× · ×××× ×这样的二人台化节奏。如果从现代汉语或作曲理论技法的要求上分析似乎"不符合规则"，但在康保二人台特定的语序当中却显得十分得体、鲜活，反而显现出一种协调与平衡，这也是康保二人台生命力之所在。语言中的语势是影响康保二人台音乐旋律发展、走向的又一重要因素。例如，冀东一带的语调中的语势呈现出上跳和下滑的动势，很富有音乐性，因此引起了很多音乐进行上的上跳和下滑。同样，康保地区语言中的语势基本是短促的、下滑的，这样的语势与音调的协调、配合，必然造成康保二人台音乐旋律走向呈现出平行或下滑趋势，进而影响节奏。

康保二人台的节奏也与康保人民的心理节奏有关。康保二人台艺术的诞生是与我国封建社会残酷统治所造成的百姓艰难生存环境和落后的人文环境诸因素分不开的。"自娱自乐、消愁解闷"是其最初的目的。尽管生活穷困、环境恶劣、文化落后，但憨厚朴实的康保人民却用他们的睿智书写着自己和谐、舒悦的生活，建构自己健康的心理世界。这在康保二人台艺术当中留有明显的痕迹。如《走西口》就表现了新婚夫妇因为自然灾害所迫不能团聚，丈夫不得不含着眼泪告别亲人去"走西口"，音乐缠绵抒情，节奏完全是细腻、叙述性的。但生活的艰辛压抑不住康保百姓坚强、宛如"白杨树"一般的性格。因此，康保二人台音乐的节奏大多显得扩展、豪放、奔放。再如谱例28《烂席片》。

谱例28 《烂席片》片段

由于康保二人台音乐具有融合性的特征，因此其节奏就显得比较复杂、灵活。如《光棍哭妻》由四个音组成（re、mi、sol、la），音乐素材的容量较小，它的节奏采用了常见的 ×× · ×× · ×× · ××× · ×× - 民间打击乐的节奏型，这种简单的结构形式多存见于山歌体的民歌中，并常以变化的形式出现。再如《大哥赶车》是在起承转合型的民歌的基础上发展起来的。它有两个主要特征，第一个特征是在第二句之后，为了寻求新的动力和发展手法，楔入了两小节的新材料。这两小节新素材的基本节奏型为 ×× · ×× · ×× · ×× · ×，这种节奏型是民间节日喜庆时锣鼓敲打的最常见节奏。

另外，康保二人台音乐的节奏还与特定的表演、舞步等音乐表现的行为、动作有关。

三、调式特点

康保二人台调式音阶的形成经历了一个由简到繁的演变过程，其中徵调式占绝对优势，如谱例29《盖新房》。

谱例29　《盖新房》片段

对徵调式来说，其主要支撑音为其属音"D"和下属音"C"。再如谱例30《聘闺女》。

谱例30　《聘闺女》片段

《聘闺女》这首二人台音乐的前三个乐句一直落在属音"sol"上，由于它对主音"do"有着很强的向心力，形成了期待主音"do"出现的潜在势能，因而主音的出现立刻达到完满终止，体现出鲜明的大调色彩。

康保二人台音乐也常使用商调式，如《走西口》。角调式、羽调式使用最少，难以形成这个地区的调式特点。而在众多的康保二人台音乐当中，清乐音阶占绝大多数，如《栽山桃》等，但雅乐音阶也是经常运用的。

谱例31《怀胎》是一首徵调式作品。

谱例31　《怀胎》片段

除此之外，六声、七声音阶也经常用到，如谱例32《烂席片》就是一首五声音阶加清角音的六声调式。

谱例32　《烂席片》片段

而音列是音阶和调式形成的基础。也可以说，康保二人台中的五声音阶、六声音阶、七声音阶的决定因素是音列。如谱例33《五哥放羊》片段。

谱例 33 《五哥放羊》片段

谱例 33《五哥放羊》由"do、re、mi、sol、la"组成五音列，对整体音乐起到建构、支撑的作用，是典型的五音列结构。此外康保二人台音乐的音列还有二、三、四、六、七音列结构。

康保二人台一般采用 F、E、D 调较多，演唱时速度较快、跳跃性强。

四、曲式结构

康保二人台音乐的曲式结构大体可以分为以下三类。

1. 单曲体结构

这类二人台作品的曲式一般是以单曲体为主或一曲到底，多数专曲专用。由于康保二人台在萌芽时期（坐腔）是自娱自乐，演唱的曲目绝大多数是民歌，音乐界称其为"打坐腔"阶段，即重歌唱，实属唱民歌，如现今传演的代表性曲目《挂红灯》《拜大年》等均属此类。由于社火中所演唱的也多数为民歌，所以到了成班外出演出卖艺，进入"小曲儿"阶段，其演出的节目差不多都是坐腔和社火中演唱的内容，而这些"曲儿"不论是当地的还是异地传来的，改动不大，只是用自己的方言去唱，基本保留原唱，如《画扇面》《虞美人》《撒白菜》《盼五更》等作品，有的只在曲尾加以重复。因此，多数作品是专曲专用，一曲到底。但一曲到底又不能满足剧情发展的需要，也不允许加入其他节奏曲调，只有在原曲调的基础上作由松渐紧，由慢渐快的节奏变换，构成了表达二人台音乐形象的一种特殊手法。它的基本结构是亮板—慢板—流水板—快板—垛板。

2. 套曲形式结构

所谓套曲形式的结构，就是一部作品要构配多种曲调。例如《卖碗》《探病》等作品，根据剧情的需要突破了原有的框架，按照剧情发展和人物性格的需要来配曲，从而较客观地满足了音乐中矛盾的对立统一，深化和丰富了艺术表现力。

3. 板腔体形式结构

康保二人台艺术由最初的蹦蹦吸收民间的社火、霸王鞭及秧歌中的精华，结合当地和其他地方的民歌，逐渐形成了自己的演唱特色，以描写人物、故事情节等曲目为载体，在各种剧种间相互吸收、成长，成为生、旦、丑等角色搭配准确的地方小戏。在板腔体阶段，它增强了科诨、做表的成分，喜剧色彩增强，表演得到了进一步的美化、舞蹈化，代表性剧目有《拜大年》等。可以说，向板腔体的形式发展是康保二人台艺术的一种发展趋势。板腔体民歌是一种向更高程式发展的结构形式，是戏剧音乐、曲艺音乐的过渡体，当然也不排除戏剧音乐、曲艺音乐对民歌的反影响力。

五、结　语

本文试图从康保二人台艺术中旋律、节奏、调式、曲式这四个角度出发，运用比较音乐学、音乐传播学及音乐社会学的全新视域来俯瞰康保二人台艺术的音乐特征，从而诠释其深邃的内涵。由于水平所限，有不少欠妥之处，吁求各位同仁指教。

（本文原载《四川戏剧》2008年第5期，略有改动）

作者简介　尤志国，男，1965年生，河北省保定市人。张家口学院音乐学院院长，河北大学硕士生导师。1991年毕业于河北师范学院音乐系（今河北师范大学音乐学院）。

大运河文化带建设中音乐非遗的活态传承路径

——以沧州音乐表演类非物质文化遗产为例

沧州师范学院音乐学院 郭玉华

摘 要 沧州城市因运河而兴，其音乐表演类非物质文化遗产丰厚，是讲述中国故事、传承中华优秀传统文化的生动载体。如何保护、利用好这一资源是一个重要课题，其中，建设大运河文化带是保护传承利用的有效举措。目前应该吸纳并实体呈现大运河融通之道，应该政产学研用结合率先打造京津冀一体化大运河文化游学带，利用数字技术把非遗经典曲目呈现出来，打造研学营地让非遗表演场景与个体感悟融起来，逐步形成学习、体验与社会服务相结合的活态传承保护体系，使大运河文化生生不息。

关键词 大运河文化；沧州音乐表演类非物质文化遗产；活态传承

大运河文化对感知、阐释、传承中华文明具有独特价值。沧州因运河而兴，其音乐表演类非物质文化遗产是讲述中国故事、传承中华优秀传统文化的生动载体。京杭大运河在沧州穿境而出，从青县、沧州城区、过泊头、南皮、东光，出吴桥，全长215公里，沧州是京杭大运河流经城市中里程最长的城市。如果说黄河是中华民族母亲河的话，那么大运河就是沧州的母亲河。大运河不仅灌溉了两岸沃野，滋养了沿岸百姓，繁荣了两岸经济，也孕育了多姿多彩的艺术文化。若想让新时代民众听到、听懂大运河文化之声，并向世界展示中国文化形象，创新性地搞好哈哈腔、木板大鼓、南皮落子等音乐表演类非物质文化遗产的活态传承势在必行。

一、大运河文化传承保护利用迎来顺风期

2007年9月，中国大运河联合申遗办公室在扬州揭牌，扬州成为大运河申遗牵头城市，包括沧州在内的运河沿线35座城市结成大运河保护与申遗联盟，共同发布《世界运河城市扬州宣言》，宣誓了保护优先、生态引领治理大运河的决心。2014年6月，中国大运河成功入选联合国教科文组织世界文化遗产名录。

2017年6月，习近平总书记曾就大运河保护、传承和利用专门做出批示：大运河是祖先留给我们的宝贵遗产，是流动的文化，要统筹保护好、传承好、利用好。总书记的批示为大运河文化复兴指明了方向。2019年2月，中共中央办公厅、国务院办公厅印发《大运河文化保护传承利用规划纲要》（以下简称《规划纲要》），强调"深入挖

掘和丰富大运河文化内涵，充分展现大运河遗存承载的文化，活化大运河流淌伴生的文化，弘扬大运河历史凝练的文化"①，从展现、活化、弘扬三个层次对大运河文化保护传承利用提出要求。

与政府支持同步，北京通州成立了"大运河文化研究会"，聊城大学成立了运河学研究院，扬州大学成立了大运河研究中心，有关大运河文化的研究机构陆续成立。沧州则成立了大运河文化发展带建设领导小组。2018年12月，沧州市大运河文化带建设办公室（以下简称"大运河办"）正式成立，沧州成为全国首个设立专职政府工作部门统筹协调推进大运河文化保护传承利用工作的城市。2019年6月，沧州又组建沧州大运河建设发展有限公司，具体负责大运河文化带建设工作，同时挂牌成立沧州大运河规划编制研究中心，专门开展本地大运河文化带文化遗产点勘测、素材收集整理及相关规划编制等工作。

大运河文化的传承保护利用进入了对标高位、放眼世界、系统规划、生态修复的顺风期。

二、伴运河而生的沧州音乐表演类非物质文化遗产项目

柳树柳，槐树槐，槐树底下搭戏台。人家闺女都来啦，咱家闺女还没来。

嘎悠嘎悠车，婆婆来接，接揍（做）嘛去，听戏去。听的嘛戏，哈哈（har）腔，吃的嘛饭，茶茶（gar）汤。

拉大锯、扯大锯，姥姥家门口唱大戏。接姑娘，请女婿，亲家婆子你也去，白天斗干和（hu），夜里听大戏。

这一首首充满快乐童年记忆的民谣记载着沧州戏剧演出的繁荣。20世纪60—70年代，唱哈哈腔的、木板大鼓的、河北梆子的、跑落子的、小风流的、踩高跷的、打鼓的……现在被列入非物质文化遗产名录的各种音乐表演类非物质文化遗产，依然是农村农闲时节、节庆假日的主要娱乐方式。但随着大运河断流断航，电视、互联网、智能手机等媒介迅猛发展，这些传统音乐表演艺术已不具备自然生存发展的健康和谐生态。

伴运河而生的沧州音乐表演艺术也被陆续纳入非物质文化遗产项目保护名录。在2006、2008、2011、2014年国务院公布的四批国家级非物质文化遗产名录中，沧州有18个项目被列入；至2013年，河北省先后公布了五批省级非物质文化遗产名录，沧州共有87个项目列入。我们把隶属沧州各市区县，包含说唱、演奏、舞蹈、戏曲、曲艺等音乐表演艺术元素的项目统称为音乐表演类非物质文化遗产。这些项目涵盖了民间文学、传统音乐、传统舞蹈、传统戏剧（戏曲）、曲艺五类，其中代表性项目有河间歌

---

① 转引自丁煦诗. 大运河"世遗"框架与《纲要》框架涉及城市比较研究［J］. 江南大学学报（人文社会科学版），2020，19（01）：46-52.

诗、辛安庄音乐会、沧州落子、哈哈腔、木板大鼓等。但直接受大运河滋养,与大运河流淌轨迹、自然风景及漕运文化、码头文化、盐业文化、保镖文化等密切相关,伴随大运河而产生繁荣的项目,主要集中在沿河两岸的青县、沧县、南皮、泊头、吴桥,以及食盐产区盐山、海兴、黄骅。因此,我们将这几个县市区的音乐表演类非物质文化遗产纳入伴运河而生的项目。河间西河大鼓的形成与活跃与艺人在天津卫演出活动密切相关,从大运河京津冀一体的视角,也一并统计在内,见表1、表2。①

表1　沧州地域伴大运河文化而生的国家级音乐表演艺术类非物质文化遗产项目

序号	编号	项目名称	评定批次	年份	申报单位	传承人	代表作	所属类别
216	Ⅳ-72	哈哈腔	第一批	2006	河北青县	刘宗发	三拜花堂、双灯记、李香莲卖画等	传统戏剧
241	Ⅴ-5	西河大鼓	第一批	2006	河北河间	张领娣 伍振英	响马传、呼家将、施公案	曲艺
243	Ⅴ-7	木板大鼓	第一批	2006	河北沧县	唐贵峰 刘银河	五大春秋、三将三案	曲艺
108	Ⅲ-5	狮舞(沧县狮舞)	第一批扩展项目	2008	河北沧县	尹少山	水中望月、巧走立绳、荷花怒放	传统舞蹈
640	Ⅲ-43	麒麟舞	第二批	2008	河北黄骅	杨印海	麒麟纳瑞、麒麟出洞、麒麟送子	传统舞蹈
643	Ⅲ-46	沧州落子	第二批	2008	河北南皮	张洪通	茉莉花、放风筝	传统舞蹈
1116	Ⅳ-154	西路梆子	第三批	2011	河北海兴	赵洪昌	大登殿、智收桂英	传统戏剧

表2　沧州地域伴运河而生的省级音乐表演类非物质文化遗产项目

序号编号	项目名称	评定批次	年份	申报单位	传承人	代表作	所属类别
394-4	沧州落子	第一批	2006	沧州南皮	张洪通	茉莉花、放风筝	传统舞蹈
484-13	黄骅麒麟舞	第一批	2006	沧州黄骅	杨印海	麒麟出洞、麒麟送子	传统舞蹈
544-19	沧县狮舞	第一批	2006	沧州沧县	尹少山	水中望月、巧走立绳、荷花怒放	传统舞蹈
615-6	哈哈腔(青县)	第一批	2006	沧州青县	刘宗发	三拜花堂、双灯记、李香莲卖画	戏曲
826-1	木板大鼓	第一批	2006	沧州沧县	刘银河 唐贵峰	五大春秋、三将三案	曲艺
846-3	西河大鼓	第一批	2006	沧州河间	张领娣 伍振英	响马传、呼家将、施公案	曲艺
876-6	黄骅渔鼓	第一批	2006	沧州黄骅	杨宝山	黄骅渔鼓、南游、大蟠桃会	曲艺

---

① 郭玉华,杨广莉.沧州音乐表演艺术类非物质文化遗产教育传承[M].北京:中国文联出版社,2016.

(续表)

序号编号	项目名称	评定批次	年份	申报单位	传承人	代表作	所属类别
886-7	盐山竹板书	第一批	2006	沧州盐山	张玉良	呼家将、小借年、天河配	曲艺
20Ⅲ-6	盐山武术扇	第二批	2007	沧州盐山	刘文侠 马金生	小天台、松梅颂	民间舞蹈
31Ⅳ-4	海兴南锣剧	第二批	2007	沧州海兴	杨双发 冯世昌 郭兰芳	打枣干、顶灯、豆腐王	传统戏剧
36Ⅳ-9	西路梆子	第二批	2007	沧州海兴	杜中华	三贤传、罗衫记	传统戏剧
20Ⅱ-17	东光吹歌	第三批	2009	沧州东光	崔书琴	打枣、大登殿	传统音乐
38Ⅲ-14	泊头小竹马	第三批	2009	沧州泊头	陆忠章	水泡子、桃园令	传统舞蹈
44Ⅳ-3	哈哈腔	第三批	2009	沧州沧县	史崇芳 王德新	杨二舍化缘、红嫂	传统戏剧
51Ⅳ-15	青县青剧	第三批	2009	沧州青县	王洪正 王凤荣	安安送米、傻柱子接媳妇	传统戏剧
60Ⅴ-7	拉洋片	第三批	2009	沧州吴桥	郑顺昌 焦金池 郭东印	武松杀嫂、卢沟桥	曲艺
10Ⅱ-1	桃园同乐会吹歌	第四批	2012	沧州黄骅	刘秀林	十二孝、流河言大赞	传统音乐
32Ⅳ-14	独台戏	第四批	2012	沧州吴桥	张风林 张桂轩	张四姐闹东京、追鱼、火烧龙玉楼	传统戏剧
15	高家口古乐	第五批	2013	沧州黄骅	高玉东 高国洪	天下通、和乐凤、贺灯赞	传统音乐

伴随大运河流淌而繁荣,在沧州落地生根的音乐表演艺术,大多被熔铸进"燕赵多慷慨悲歌之士"的风骨,声腔高亢、风格奔放、节奏铿锵,但同时又有着大运河河道弯弯、微波荡漾、纤绳悠悠的千回百转风韵,唱腔婉转、富于变化,因此表现力极其丰富,充满豪爽阳刚、起伏跌宕的侠骨柔情韵味。最能代表这种沧州大运河音乐表演艺术特色的项目有哈哈腔、木板大鼓、南皮落子等。

哈哈腔是沧州土生土长的剧种,其基本剧目以生龙活虎的三小(小生、小旦、小丑)为主,唱腔悦耳。"忽听说史梦学有了下落,十分的愁肠,去了九分。"(《女中魁》)"背地里说些嘎杂子话,他言说姑娘大了有了外心。"(《杨二舍化缘》)"我王小一阵阵好伤惨,人过了青春无少年……"(《王小赶脚》)题材与百姓生活贴近,戏文通俗易懂,喜剧色彩较浓,深受百姓、特别是农村妇女的欢迎,曾有"哈哈腔,拴老婆的桩"之说。

木板大鼓"声韵顿挫淋漓，足表燕赵慷慨悲歌之声"[①]，也是全国独一无二的艺术曲种，其中的大悲调浑厚粗犷，京东大鼓、西河大鼓、京韵大鼓都无法比拟。许多老艺人的唱腔动人心魄，其中穿插的拉腔和花腔，以及高难度的背宫腔及顿音更是透出浓浓的沧州特色。来自江南的《夜探潇湘》故事在沧州木板大鼓这里也变得唱腔委婉多变起来，演唱者手、眼、身、步配合得体地投入故事情境，产生极强的艺术感染力。《沧县志》载木板大鼓演出盛况："江湖大鼓风行一时矣"（木板大鼓又称沧州木板），"一般负贩农民最为欢迎，下里巴人，今古同慨。"[②]

南皮落子在表演时，扇儿、板儿、鞭、棍、曲儿全活，边扭、边唱、边舞，队形还会有秩序地不断变化，跑上一曲儿就会全身热气腾腾。在南皮、沧县、泊头等地，每逢过年，大闺女小伙子，都要披红挂绿，跑上个把月。那些身怀绝活的领头人，更是把武镖的身手把式与运河水的弯曲流淌融合得天衣无缝，大男人也可以一会儿如同大酸梨般，边跑边舞把身子扭成运河航道那样的"S"弯，一会儿又如"草上飞、云中燕"般，把手中的长鞭舞成把式房的小快刀，鞭法即刀法，充满委婉风流、热烈刚劲之美。走向国际的中国音乐代表曲目《茉莉花》，大家听的较多的是江浙版本，而北方代表性曲调是南皮落子歌舞的《茉莉花》版本。无论是传说中由张之洞江南小妾所教，还是由运河商船带来的，《茉莉花》一经落地沧州，便被风风火火闯九州的武乡文化融合。南皮落子歌舞曲《茉莉花》虽然与江南版本歌词基本相同，曲调也类似，但却添加了一些下滑音、倚音和偏音，使得音域更为宽广，有了一些羽调式色彩，把沧州人那种豪放爽朗、热忱柔情充分地展现出来。

伴随运河而生的这些沧州音乐表演艺术，形象生动地表现着中国百姓的乐观豪爽、忠诚侠骨、真挚柔肠，是传播中华上善若水文化的重要载体。如果想让其在新时代发挥更大作用，让青年一代、让子孙后代听懂大运河文化之声，找到沧州音乐表演类非物质文化遗产的活态传承创新方案刻不容缓。

三、活态传承沧州音乐表演类非物质文化遗产的创新路径

理解大运河文化，最能激活身心体验的方式无外乎三种：荡舟运河水，行走运河堤，过回运河人生活。在大运河文化带建设中，如何传承伴随运河而生的沧州音乐表演类非物质文化遗产？这需要拓展思路、创新路径。

（一）建设大运河文化带宜吸纳并实体呈现大运河融通之道

《规划纲要》明确提出，建设大运河文化带要贯彻落实新时代新发展理念，紧扣新时代社会主要矛盾变化，按照高质量发展要求，坚定文化自信，坚持以文化为引领，坚

[①] 转引自王智. 燕赵传奇：民俗文化：上 [M]. 石家庄：河北教育出版社，2016：235.
[②] 《中国曲艺音乐集成》全国编辑委员会，《中国曲艺音乐集成·河北卷》编辑委员会. 中国曲艺音乐集成：河北卷：下册 [M]. 北京：中国ISBN中心，2005：1519.

持以人民为中心,共抓大保护,不搞大开发,坚持科学规划、突出保护,古为今用、强化传承,优化布局、合理利用的基本原则,打造大运河璀璨文化带、绿色生态带、缤纷旅游带。要按照河为线、城为珠、线串珠、珠带面的思路,重塑大运河实体,构建一条以现有和历史主河道为基础、沿河特色城特色村为基地、主轴带动整体发展、多点联动形成发展合力、凸显文化引领的大运河文化带。于是,漫步在沧州大运河生态修复与环境卫生整治工程展示区,徜徉在泊头运河文化公园,慢跑在大运河畔东光氧生园,游玩在吴桥杂技大世界,会联想到北京通州的大运河公园、向往去苏州乘小船夜游古运河。但开心之余,也让人心生遗憾,就全流域看,大运河文化的内涵与价值被区域地、简单地、人为地、技术性地分割和低估了。

仅着眼于各地城市景观、市民休憩等功能的陆上自然公园建设,缺乏对大运河文化内涵的挖掘与展示,便难以彰显"水""道""通达""融合"等大运河孕育的中华文化理念,参观者也就难以体会那个时代运河人的生活方式、精神风貌、价值追求等,我们期盼的通过游览参观大运河公园,在体验中接受大运河文化熏陶、实现文化传承的目标便难以达成。大运河以水为魂,以河道为体,以运河人水上活计、岸上风情为气质。在大运河文化带建设中,若要实现沧州音乐表演类非物质文化遗产的活态传承,便需汲取大运河跨地域、跨时代融通之道,大胆开辟文化传承保护利用新思路,借势前行、借力赋能、沉浸体验、融会贯通。

(二)政、产、学、研、用结合,打造京津冀一体大运河文化游学带

大运河之运力就在于它沟通了海河、黄河、淮河、长江和钱塘江五大水系,它一度成为中国大地上最繁忙的黄金水道,由水系连通带动地域沟通,实现南北交通、国际贯通,让南方和北方的资源真正互补起来,让南方和北方的人员安全流动起来,从而推动了南北融合、东西交汇乃至中外交流。因此,大运河文化的精髓便在于通连、统一、包容、融和,大运河文化带建设唯有体现出大运河身上孕育的这种通连、统一、包容、融合的中华民族性格和国家发展精神,才能真正焕发大运河文化的生命力,实现大运河文化建设的价值最大化。

大运河文化带是向青少年、向世界展示共生共荣、沟通融合的人类命运共同体发展理念的最佳样本。2016年,教育部下发《关于推进中小学生研学旅行的意见》,提出"开发一批育人效果突出的研学旅行活动课程,建设一批具有良好示范带动作用的研学旅行基地,打造一批具有影响力的研学旅行精品线路"[①],"大运河两千余年的持续发展和演变,其政治、经济、科技与文化教育资源,不仅具有教科书作用,而且具有助力新时期城乡区域均衡发展,促进教育公平、特色乡村学校建设、风情小镇和美丽乡村建设

---

① 中华人民共和国教育部. 教育部等11部门关于推进中小学生研学旅行的意见[EB/OL]. (2016-12-19)[2022-11-04]. http://www.gov.cn/xinwen/2016-12/19/content_5149947.htm.

的新功能"①。政、产、学、研、用相结合,打造全流域一体化大运河文化游学带,是传承保护利用好大运河文化的合理路径。

倘若打造全流域一体化大运河文化游学带难度巨大,那么,京津冀一体化可先行启动。京津冀协同发展是一项重大国家战略,在大运河文化带建设中要打破分城设计、管好自家"一亩三分地"的行政区域工作思维,要加强地区间沟通、城乡结合、行业联合,做好顶层设计,实现优势互补、科学推进。要努力发挥政府的沟通组织协调职能,利用好生产建设企业的资本与技术,吸引民众尤其是青少年走进来、融进来,加强体验学习,支持高校及其他专业机构做好研究开发,为社会和民众提供更加丰富的大运河文化产品,只有政、产、学、研、用合力打造,才能实现大运河文化带建设的高品质、大效益。失去了人们的感知体悟,大运河的文化遗产便难有未来。音乐表演艺术是激发、唤醒人类思想文化体验的最佳方式之一,沧州音乐表演类非物质文化遗产也应纳入这种协同发展的大思维,这样方能实现永续活态传承。

(三)借势推进、借力赋能,把沧州音乐表演类非遗经典曲目演出来

在大运河航行,人们都期待顺流顺风,不然便需拉纤人帮忙,技术革命有了小火轮作动力,才确保了不受水流、风向限制,航船顺利通达目的地。沧州音乐表演类非遗项目要传承、要发展,单靠项目本身的艺术魅力已很难自然前行,需要借鉴大运河文化中这一通达思维,借势前进,借力赋能,把沉睡在剧本中、蛰伏在表演者身心里的经典曲目演出来,让沧州音乐表演类非遗项目不再是一个个单薄的名录,而是一出出精彩的剧目。

可借之势无须赘言,可借之力也有很多。最便捷、最高效的路径便是积极拥抱人工智能,充分利用数字信息技术搭建起来的新平台,把新平台变成新舞台。可利用抖音、快手等融媒体平台,帮助非遗项目传承人开设沧州音乐表演类非遗表演专属账号;可利用"UMU互动"指导非遗项目传承人制作经典曲目示范微课;高校可联合平台开发非遗项目学唱表演评价标准,利用AI技术带动人们自学、自练、自测、自调等,让每一个接触到沧州音乐表演非遗项目的观众能够获得技术支持,使之主动探索、好奇演练、自我赋能。

(四)打造研学营地使人深入体验,让非遗表演场景与个体感悟相融合

沿大运河河堤行走,人们往往会心生疑惑:是谁设计规划了大运河河道?为什么沧州段要以葫芦形河道流淌?依赖大运河生存的百姓有哪些营生、娱乐方式?为何青县、沧县、泊头、吴桥等地会产生各具特色的音乐表演艺术形式?不同朝代从杭州航行到沧州、从沧州到天津、从天津到北京到底需要多长时间?有何因素会影响航程时间的变化?航程时间对航程空间的影响又是怎样连带发生的?等等,因此,沿大运河文化游学

---

① 张少刚. 京津冀先导先行 共建大运河文化教育带 [J]. 天津电大学报,2019,23(03):1-6.

带建设，要结合上述问题，在乡村段要重点做好原生态河堤维护，在音乐等非遗项目传承人所在地要开辟研学营地，让人们在其中沉浸体验不同人生情境、感受不同个体在不同时代发展的现实场景。

乘国家加强大运河文化保护和传承利用之东风，以文化教育为引领，充分利用数字信息技术，依托大运河文化带，构建非遗表演体验场景，打造具有大运河非遗特色的研究基地，打造非遗音乐表演数字平台和研学旅行营地，创建虚拟与现实相结合的大运河文化研学旅行空间，这样就可形成线上线下学习、体验与社会服务相结合的"政产学研用"活态传承保护体系，从而确保大运河文化生生不息、绵延不绝。

（本文原载《沧州师范学院学报》2019年第4期，略有改动）

作者简介 郭玉华，1963年生，河北省泊头市人。沧州师范学院音乐学院院长、教授。1985—1989年就读于河北师范学院音乐系（今河北师范大学音乐学院）。

在战火中成长 在硝烟中前进
——河北抗日根据地音乐概览

中国艺术研究音乐研究所 石一冰

摘 要 本文对全面抗战时期河北抗日根据地的音乐团体、演出、音乐创作及音乐教育进行了概括与梳理,从中总结了各自的特点,并指出根据地抗战音乐对当地的社会改造作用和对新中国音乐发展的影响。

关键词 抗战音乐;河北;音乐团体;音乐创作;音乐教育

全面抗战爆发后不久,河北省境内便形成了交通沿线及其周边地区的沦陷区与冀西、冀北、冀南抗日根据地[1]的对峙。河北境内的沦陷区和根据地(后改称边区)既泾渭分明又如犬牙般交错,根据地军民与日伪在军事、政治、经济、文化各领域开展了针锋相对、艰苦卓绝的斗争。

中共中央相当重视根据地文化运动的发展,要求各抗日根据地的党组织和军队"应对全部宣传事业、教育事业与出版事业作有组织的计划与推行……要把运输文化粮食看到比运输被服弹药还重要。"[2] 在中央相关政策推动下,各抗日根据地也相继制定了较完备的方针、政策,建立了相关组织管理部门,运用行政手段促进文化建设,文化宣传工作随之逐步成为教育群众、组织群众、打击敌人的一种重要手段。根据地音乐工作者与普通民众共同组成休戚与共的命运共同体,改造了根据地的传统音乐(如秧歌、地方小戏等)、创作了新音乐(合唱、民族歌剧等),大大地丰富了根据地普通民众的文化生活。河北抗日根据地音乐活动和其他文艺活动一道,促进了河北乡村的文化生态和社会面貌的巨大改变,对于文化落后的地区(如西部、北部山区)而言,不啻为一场社会改造运动。

由于身处敌后抗日第一线,河北的抗战音乐发展与抗战第一线敌我斗争形势紧密相关,使之有些不同于陕甘宁边区,更不同于国统区大后方。河北根据地抗战音乐演出活

---

[1] 晋察冀根据地涵盖冀西、冀北,晋冀鲁豫根据地涵盖冀南。
[2] 吴祖鲲. 抗日根据地文化建设论 [J]. 东北师范大学学报, 1995 (05): 65 – 69.

动、表演形式与晋察冀边区内的各种政治形势（例如"反扫荡""政治攻势"① 等）如影随形。河北根据地抗战音乐创作鲜有延安那么多鸿篇巨制，艰苦动荡的局面使之形成以歌曲和音乐戏剧为主线的创作道路，其题材广泛、风格灵活，民族化、战斗性突出，内容多简明通俗。河北根据地抗战音乐教育虽然没有陕甘宁边区那么专业化、系统化，但是却自成一体、上下相通、高低衔接、互为补充，适合于抗战最前线的实际。

一、音乐团体众多，音乐表演活动多种多样

根据地音乐活动有自上而下的管理机构和各级文艺团体，它们形成了河北根据地音乐活动的庞大网络。例如，在晋察冀和晋冀鲁豫边区都成立了专门领导机构——边区文救会和边区剧协（主要负责戏剧活动）；具体到各个县，不仅有文救会分支组织，而且县、乡、村各级剧团（非脱产）林立②。这些领导机构与部队系统（军区、军分区）乃至外来的西北战地服务团（以下简称"西战团"）③分工协作，形成了一个覆盖边区各乡村的音乐文化组织网络，能够有组织、有计划地领导、指导根据地音乐文化建设和戏剧活动。这使得根据地音乐生活形成了剧团多、作品多、演出多、观众多的局面，在很大程度上改变了边区的音乐文化生态，使新音乐植根于此，也使传统音乐有新的发展。

1. 各级各类剧团相继建立，形成了上至根据地总部、下到村庄的传播网络

晋察冀、晋冀鲁豫边区成立后，以部队文艺工作者为首，先后成立了不少文艺团体。其中比较著名的部队文艺团体是晋察冀军区政治部抗敌剧社（以下简称"抗敌剧社"），以及下属各军分区设置的剧社④，例如战线剧社（一分区）、七月剧社（二分区）、冲锋剧社（三分区）、火线剧社（四分区）等。冀南和冀热辽军分区还有胜利剧社燕剧社、平原剧社（1945年成立）等；战斗部队中也有一二九师先锋剧团（1937年成立）、一二九师三八六旅野火剧社（后改为太岳军分区宣传队）。此外还有"西战团"（1938年底—1945年5月）这一中共中央派出的文体团体常驻于此。

地方专业团体也有长足发展，华北联大文工团（以下简称"联大文工团"）无疑是其中最重要的，其他比较知名的还有冀中新世纪剧社（1938年2月）、阜平县血花剧社（1938年）、平山县铁血剧社（1938年4月，1943年4月改称群众剧社）、安国县战斗

---

① "政治攻势"是1942年至1943年间，由中共晋察冀分局组织，在敌我两军"扫荡"与"反扫荡"的殊死搏斗中，通过歌唱、舞蹈、戏剧、喊话、送礼品等文艺宣传方式，以及说教和情感诱导的方式，向沦陷区的敌军、伪军和群众进行政治宣传。

② 河北省文化厅文化志编辑办公室. 晋察冀晋冀鲁豫乡村文艺运动史料［M］. 石家庄：河北省文化厅文化志编辑办公室，1991：8.

③ 西北战地服务团，1937年8月19日创建于延安，作家丁玲为主任。1939年1月由副主任周巍峙带队到达晋察冀边区。

④ 晋察冀军区第一、第二、第三、第四军分区在平汉铁路以西山区。第六、第七、第八、第九、第十军分区在原来的冀中军区的管辖范围之内。围绕北平的原挺进军组建了第十一、第十二、第十三军分区，所代表的是平西、平北、冀东的广大抗日根据地。

剧社（1940年）、冀东地委长城影社（1943年末）、北平祖国剧社（1945年）等。

随着根据地文艺运动的推进，不少县、村和学校也相继建立了剧社（团）。据当时的报道称，今年（某）县"有六十三个村庄成立了村剧团或宣传队"；在另三个县"共有二百八十一个村剧团活动"①，根据地乡村剧团发展的兴旺程度由此可见一斑。这些剧社的活动，几乎遍布根据地的每个角落。它们在极为艰苦的条件下，以其自身的优势来宣传共产党的政策，歌颂人民群众的伟大斗争。

除了"西战团"和"抗敌剧社"外，其余的军地演出团体都有自己相对固定的活动范围，并寻机游动演出扩大影响。

2. 音乐演出紧密配合各种政治任务，覆盖面广、种类丰富、形式灵活多样

当时河北根据地的绝大多数农民是文盲，最有效率的政策推广活动并不是报纸、广播的宣传，而是文艺演出。一部秧歌剧、一首歌曲能把党的方针政策快捷、明了地传播到民众之中，那些需要宣传的先进典型、英模人物变成一个个音乐形象并在民众中流传，使他们能够心领神会地跟着学，其对群众的激励、鼓动作用是念文件、读报纸、喊口号等宣传形式所远远不能比拟的。②

在边区，保卫和建设根据地是首要任务。音乐演出无疑是高效的意识形态"武器"，文艺工作者就是使用这些"武器"的"战士"。因此，音乐表演的目的是紧紧围绕为现实斗争服务和不断发展变化的政治军事形势。

一方面，音乐演出已经成为当时激励我军民打击敌人的重要辅助手段。战胜敌人最需要提振八路军的战斗力，给部队表演昂扬有力的军歌就是提振八路军战斗力最行之有效的精神武器；在"反扫荡"时期发动对敌"政治攻势"和反汉奸运动之时，音乐演出犹如"达摩克利斯之剑"，就在敌伪可见可闻之处对敌伪进行精神威慑和感化。另一方面，根据地绝大多数的农民都是文盲、半文盲，而根据地的发展离不开农民的支持，音乐演出就是发动、团结、教育农民参与全面抗战的有力形式。这类音乐演出的主题无外乎颂扬抗日英雄事迹、揭露日伪暴行、宣传中共政策和鼓励军民开展生产运动等。

根据地音乐演出虽然因陋就简，但是覆盖面极广、形式灵活多样。受战争环境和落后的物质条件的影响，根据地音乐演出因地因时制宜，十分灵活。村外的山坡上、田间地头，村里的戏台、打谷场，甚至老乡家的院子都能当作舞台，根据地音乐工作者最大限度地实现了"送戏下乡"，和群众"打成一片"。他们甚至可以把演出搬到敌人岗楼的附近以开展"政治攻势"。亲身参与过"政治攻势"的周巍峙回忆道："有时在日本碉堡附近的隐蔽地……琴声终了，炮楼上的日军不仅热烈鼓掌叫好，并且也吹奏一曲回敬。这不但扩大了在华日人反战同盟的影响，并给厌战的日本兵暗示一条逃往边区躲避

---

① 康濯. 晋察冀边区的乡村文艺 [M] //王长华，崔志远. 河北新文学大系：史料卷. 石家庄：河北教育出版社，2013：331.
② 高洁，陈守兰，高明乡. 号角与火炬：晋察冀文艺回眸 [J]. 党史博采，2002（06）：38-40.

战争的道路。"①

根据地音乐演出的种类很丰富。随着总部、军分区剧团、"西战团"及"联大文工团"不断培训基层文艺骨干，原来在农村地区（特别是冀西、冀北山区）很少出现的合唱、独唱、歌剧等形式开始大规模地登上当地的舞台；文艺工作者又在改革传统艺术的基础上发展出秧歌剧、田间剧、歌剧，以群众熟悉的艺术形式向最广大的民众宣传抗战的形势、根据地的政策，展现根据地的新貌。

正是通过观看一次次的演出，根据地群众的民族意识、国家意识、文明意识逐渐提高，在某种程度上进行了"思想的启蒙"。音乐演出确实变成了"教育群众、打击敌人"的武器。

二、音乐创作的繁荣

在河北抗日根据地开展的抗日文艺运动中，诗歌、戏剧、歌咏都是支援抗战的有力"武器"，它们在一定程度上代表着我们民族的吼声，对于鼓动军民、团结抗日确实起到了不可替代的作用。

1. 歌曲创作

除了反攻阶段外，河北根据地始终处于日伪的军事政治压力之下，"反扫荡""反蚕食"是其工作"主轴"；在根据地内部建设方面，发展民主政治、推动经济发展，培育具备民族意识、民主意识和一定文化水平的民众是"两翼"。根据地的歌曲创作就是对"一轴两翼"的"素描"，按照内容题材大致可划分为军政题材、根据地各项建设和社会改造题材。

军事、政治题材歌曲可以细化分为军歌和宣传抗战的歌曲；配合"政治攻势"、反汉奸的歌曲；颂歌与纪念歌、揭露敌人残暴的歌曲。

军歌的创作是部队音乐工作者"为兵服务"的体现。军歌是直接鼓舞士气的音乐作品，往往一经创作便在部队迅速流传，例如王莘的《永远热爱八路军》、卢肃的《子弟兵战歌》、罗浪的《子弟兵进行曲》、周巍峙的《子弟兵进行曲》、李劫夫的《我们的子弟兵》、张非的《向胜利挺进》和曹火星的《上战场》等。

宣传抗战的歌曲饱含作曲者内心的激情，对民众也极具教育意义，有时候歌颂同一个事迹、同一个英雄就有多首作品。例如，为了歌颂阜平县民兵李勇在1943年春季"反扫荡"中的突出战绩，周巍峙创作了《李勇已变成千百万》，李劫夫创作了易学易唱的《李勇对口唱》，徐曙创作了《李勇变成千百万》。李劫夫创作的一系列作品比较著名，有《狼牙山五壮士歌》、故事歌《王禾小唱》《悼念四八烈士》等。

歌声不仅能够激励斗志，同样也能打击敌人。正如毛泽东对"西战团"所说的：

---

① 魏海生，高永中. 口述抗战：第3册［M］. 北京：中共党史出版社，2020：1142-1143.

"你们要用你们的笔、你们的口与日本打仗"①。根据地音乐工作者正是用歌声作为武器来打击敌人。这一类的歌曲主要配合"政治攻势"进行创作，打击的对象主要是日伪顽固分子。例如王莘的《过来吧》《打击顽固分子》，陈淼的《不替鬼子当兵》和上午的《不管它几次"强化治安"》，等等。不要小看歌曲的力量，它不仅可以瓦解敌伪士气，而且也教育了敌占区的民众。它使得伪军官兵"感到威胁，反战情绪激增，怀疑'赫赫战果'，深信我方宣传，想与我们暗通关系"②，甚至"曾使一些伪军反正投诚，使那些俘虏眼泪横流，泣不成声"③。

根据地各项建设和社会改造的目的主要在于构建政治秩序（"三三制"、选举制等）、经济秩序（"减租减息"、生产建设）和文化秩序（文化和社会习俗改造方面的男女平等、拥军等），使根据地政治文明、物质文明和精神文明大大提高。反映构建政治秩序的歌曲有王莘的《选村长》、李劫夫的《选举歌》、罗品的《拥护共产党》等；反映构建经济秩序的歌曲有徐曙的《王老三减租小唱》、曹火星的《统一累进税真正好》和李劫夫的《把晋察冀炼成钢》等。此外，音乐家们并没有忘记勇敢、机智的根据地儿童，相继创作了不少传唱至今的儿童歌曲，例如李劫夫的《歌唱二小放牛郎》、吕骥的《边区儿童团歌》和徐曙的《晋察冀小姑娘》等。

河北根据地歌曲的音乐语言、风格上的民族化和地方特色比较突出。虽有不少歌曲的旋律采用了西方音乐的展开方法（如进行曲风格），但更多的作品还是生长在民族音乐的基础之上，采用民族调式和旋法，尤其具有北方（河北）民歌朴实的特点。

河北根据地歌曲创作的体裁也有其特点。其创作体裁多种多样，独唱歌曲是中心，合唱歌曲居于次要地位。既有普通的独唱、合唱，也有叙事性的故事歌、说唱歌曲，而后者恰恰是河北根据地歌曲的特色所在。由于"叙事诗和叙事歌曲又是一对不可分离的有着血缘关系的孪生姊妹"④，叙事诗内容与结构的复杂性赋予了音乐很大的可塑性，根据地音乐工作者将叙事和歌曲完美化合成了家喻户晓的故事歌。

2. 秧歌剧和歌剧

在边区火热的戏剧运动中，音乐工作者从对小型秧歌剧的改造起步，不断地将现实题材、传统艺术形式与西洋歌剧形式相融合，逐渐走向大型化并趋向成熟，从而实现了艺术的创新和民族风格的发扬。

河北根据地的歌剧创作起步于对秧歌剧的改造，这个时间甚至早于陕甘宁边区。早在1940年，"联大文工团"的丁里运用秧歌形式创作了有说有唱、载歌载舞的新秧歌剧《春耕快板剧》，早于延安的新秧歌剧《兄妹开荒》（1943年）两年多。在河北根据地的戏剧运动中，一大批反映现实题材的秧歌剧得到高效的传播，例如"西战团"创作

---

① 萧少秋. 延安时期毛泽东著述提要：1935—1948 [M]. 西安：陕西人民教育出版社，1993：124.
② 刘庆云. 跬步记：李建庆文集 [M]. 北京：新华出版社，2008：346.
③ 魏海生，高永中. 口述抗战：第3册 [M]. 北京：中央党史出版社，2020：1126.
④ 王剑清，冯健男. 晋察冀文艺史 [M]. 北京：中国文联出版公司，1989：493.

的秧歌剧《打倒日本升平舞》、邢野的秧歌剧《两个英雄》等。在此基础上，根据地音乐工作者并不满足于"短小精悍"的秧歌剧，还尝试了更大型的、时效性更强的戏剧形式——活报剧，并通过加强其中音乐的作用提高戏剧性，此类作品有《反"扫荡"活报》《人间地狱》《抗日救国十大纲领》和大型歌活报剧《参加八路军》等。有些活报剧的规模相当大，可以达到上万人参加演出的效果。例如，刘佳的万人大活报剧《跟着聂司令前进》就是如此。该剧演出场地位于野外，完全不受舞台的限制，演员和观众的界限是随剧情而自由转换的，使人并不以为这是戏剧演出。"当凌子风扮演的聂荣臻司令员骑马走着，正巧碰见冀中军分区的吕正操司令员骑马过来。吕正操真以为聂司令员来了，赶紧下马行礼"①，其亦幻亦真的戏剧性可见一斑。

　　通过不断创作秧歌剧、活报剧，根据地音乐工作者处理戏剧主题和戏剧结构、人物角色关系的能力越来越强，戏剧的规模越来越大，最终促进了中型、大型歌剧的创作，例如二幕歌剧《栓不住》（韩塞、牧虹编剧，陈地、王莘作曲，1940年）、歌剧《弄巧成拙》（崔品之编剧，徐曙曲）、二幕歌剧《钢铁与泥土》（丁里编剧，陈地等曲，1941年）和"西战团"的歌剧《不死的老人》（邵子南编剧，周巍峙、陈地、李劫夫等曲，1942年）等。《钢铁与泥土》和《不死的老人》使河北根据地的民族新歌剧创作初具雏形。此后，《团结就是力量》（牧虹编剧，1943年）、王莘的《纺棉花》（王血波词）《宝山参军》（王血波词）又不断延续了新的尝试，不断走向大型化，而1945年5月"火线剧社"傅铎创作的十三场大型歌剧《王秀鸾》，更成为1949年前民族新歌剧大型化的典型②，它几乎与陕甘宁边区的《白毛女》（脚本是河北的）"前后脚"推动形成了中国歌剧的第一次高潮，其成就不容忽视。

　　河北根据地歌剧的创作在"在延安文艺座谈会上的讲话"（以下简称"讲话"）前后有鲜明的轨迹和较突出的特点。一是紧密配合"讲话"精神和对敌"政治攻势"，起到教育、团结人民，瓦解、打击敌伪的政治舆论宣传作用。著名民主人士李公朴先生曾经说过："戏剧在晋察冀发挥了充分的效能。凭借着这一支有力的宣传武器，教育了晋察冀一千二百万民众，提高了民众的文化政治水平，发扬了民族精神，揭破了敌伪阴谋。"③ 二是具有鲜明的地方特色，民族化、大众化。河北根据地音乐戏剧"偏重在普及。因为环境是战斗的……为了宣传动员起见，文艺活动必须能够直接影响群众"④。而要使歌剧在艺术审美上越来越接近普通群众，必然要在音乐语言、风格上强调民族化、大众化，以突出地方特色。

---

① 谢美生，马明杰. 论晋察冀抗战戏剧[J]. 天津成人高等学校联合学报，2005（06）：102.
② 石一冰. 晋察冀抗日根据地歌剧民族化的探索：两幕歌剧《钢铁与泥土》浅析[J]. 歌唱世界，2015（11）：41.
③ 李公朴. 华北敌后：晋察冀[M]. 北京：生活·读书·新知三联书店，1979：151.
④ 刘增杰，赵明. 抗日战争时期延安及各抗日民主根据地文学运动资料：中[M]. 太原：山西人民出版社，1983：114.

三、音乐教育的初步发展

全面抗战伊始，中共中央洛川会议通过了著名的《抗日救国十大纲领》，提出了改变教育的旧制度、旧课程，实行以抗日救国为目标的新制度、新课程。① 据此，各根据地学校的教育景象为之一变。

根据地的音乐教育有自身的特点和网络，小学音乐教育和各机构、社团的短训班是主体。大学音乐教育只有华北联合大学音乐系一家，由音乐家吕骥、卢肃、王莘等担任教师（前两者曾先后担任音乐系主任），课程设置包括乐理、作曲、和声、指挥、合唱等。但其从1941年8月起因局势紧张而中断办学，在短短一年多的时间里华北联合大学音乐系只招收了两届学员班，其音乐教育功能主要靠短训班实现，培养出了不少根据地音乐骨干和文艺干部（晨耕、曹火星、仲伟等）。文艺社团的短训班培养基层社团和乡村音乐骨干，其中的优秀分子又可投考华北联合大学音乐系或参加高一级的文艺社团。可以说，根据地的音乐教育构成了一个上下相通、高低衔接、互为补充的网络。

1. 小学音乐教育

根据晋察冀、晋冀鲁豫根据地经济基础差、文化落后的现实，根据地将学校教育的中心放在小学教育方面，中学②次之，大学再次之，其中小学阶段为免费的普及义务教育。

根据地小学教育的课程设置充分贯彻了"抗日的教育政策"。例如根据《1938年晋察冀边区小学教学科目及教学时间表》，边区小学的体育和音乐课程合一并被称为唱游（必修科目），一至四年级每周学时240分钟，五年级至六年级为300分钟。时间支配以30分钟一节为原则，视科目的性质可以延长到45分钟或60分钟。③ 这已经符合小学音乐课程占总学时比重5%的课程设置要求。

根据地小学音乐课把激发儿童的爱国情绪、培养儿童的民族意识放在首要位置。有关政策还规定"唱歌应注意多授救亡歌曲，以激发儿童的爱国情绪，培养儿童的民族意识"④。因此，根据地小学的音乐教材主要是抗战歌曲。教材的来源是既有根据地编纂⑤印发的，也有用其他教材的，更多的还是使用"活教材"。这样的规定既是抗战建国的要求使然，也受限于根据地经济薄弱、实际教材严重不足的实际情况。在实际教学中，"活教材"由具体授课教师选择，根据地的报纸和其他出版物里的抗战歌曲是首选。一般来说，为了便于儿童传唱记忆，这种歌曲无论是曲调还是歌词都较为简单，且充满动员色彩。例如，田涯的儿童歌曲《小小叶儿哗啦啦》教育边区儿童"读书识字懂道理，

---

① 转引自何理. 中国人民抗日战争史［M］. 上海：上海人民出版社，2015：111-112.
② 抗日民主根据地的中等教育属于干部教育范畴，它侧重培养包括教师在内的地方干部。
③ 方安琪. 抗日战争时期我国三大政区音乐教育状况比较研究［D］. 曲阜：曲阜师范大学，2017.
④ 转引自孙继南. 中国近现代音乐教育史纪年：1840—2000［M］. 上海：上海音乐学院出版社，2011：111.
⑤ 华北联合大学曾设有小学教材编辑室。

骑马扛枪保国家"；抗战初期晋察冀较为流行的《儿童节歌》，歌词是："哈哈哈，谁说我们年纪小，我们有枪也有刀，站岗放哨汉奸一个也逃不了！哈哈哈，谁说我们年纪小，边识字条边放哨，救国责任我们小肩膀也要挑！"①。此类歌曲在边区有不少，吕骥的《边区儿童团歌》、王莘的《边区儿童团》、李劫夫的《歌唱二小放牛郎》等都在"活教材"之列。

2. 各机构、剧社、剧团的短训班

文艺社团是根据地开展文艺宣传的中间环节。当时的各级剧社之间有密切的业务联系，各级剧社之间调配人员、互通剧目、相互学习、联演是常态。具体到教育方面，就是上级剧社（业务水平高的）对下级剧社和乡村文艺爱好者进行扶植、培训，于是便有了各种形式的"培训班""短训班"，它们是推动边区戏剧运动、音乐教育的重要途径。事实上军地双方的剧团、剧社都将短训班作为自己主要的任务之一。经过短训班培训的乡村艺术人才在实际工作中大显身手，根据地抗战歌咏运动、戏剧运动的兴盛与此直接相关。

军队方面主要是八路军120师战斗剧社、129师先锋剧团的培训。例如，120师战斗剧社不断引进各类人才，组成了教员班。②1940年，战斗剧社还派遣了20多名业务骨干为冀中军区组建"战烽剧社"。129师先锋剧团采用实习教学的方式，为冀南军区各县培训了文艺团体干部，最终以歌、舞、剧三个晚会为结业。同年秋，先锋剧团还在南宫县开办了一期文艺干部培训班。从1937年至1939年，先锋剧团向各部队培养和输送了180多名干部③。"抗敌剧社"也在1941年开办两次连队文艺训练班（含区以下单位），抗战胜利前夕的1945年还开展了历时4个月的农村剧团辅导工作。

地方团体的短训班数量更多、覆盖面更广，主要有华北联合大学的乡村文艺骨干培训班和"西战团"的乡村艺术干部培训班（以下简称"乡艺班"）。华北联合大学在唐县举办了3期乡村文艺骨干培训班，培训当地文艺人才，帮助和提高乡村文艺的演出水平，还编写了具有乡土特色的戏剧、话剧、歌剧、秧歌剧等文艺作品④。1940年"西战团"团部决定实施"以宣传为手段，以组训为目的"的新的工作方针，并成立了组训股，"将训练乡村艺术人才和边区文化建设事业结合起来，与建设模范根据地的总任务结合起来"⑤，于1940年至1943年间在多地开办了多期"乡艺班"。

"乡艺班"是综合艺术培训班，开设有戏剧、音乐、美术、文学4门课程。"西战团"为此专门组织业务骨干编写教程、研究教学方案，并使之与边区文化建设、抗日战

---

① 转引自李军全. 节日与教育：中共儿童节纪念述论：1937—1949 [J]. 福建论坛（人文社会科学版），2016（01）：72.
② 李双江. 中国人民解放军音乐史 [M]. 北京：解放军文艺出版社，2004：99-103.
③ 李双江. 中国人民解放军音乐史 [M]. 北京：解放军文艺出版社，2004：105.
④ 郭宝仓. 华北联合大学在唐县 [N]. 保定日报，2011-7-24（A02）.
⑤ 新文化史料编辑部. 新文化史料：纪念西北战地服务团70周年史料专辑（内部资料）. 2008（1）：145.

争紧密结合。其培训对象为16岁至25岁之间,忠于抗战,具有高小及以上文化程度的艺术爱好者。"乡艺班"的音乐课程主要包括音乐概论、识谱、指挥、作曲基础知识、组织合唱队、分析歌曲;在音乐教学方面,由"西战团"的周巍峙、李劫夫、何慧、王昆、胡斌、赵尚武、张海、张建、张敦、戎征等人执教。

"乡艺班"的教学原则具有很强的针对性、现实性。例如,"理论联系实际,讲课时原则化、具体化、通俗化,使学生能懂会用,并重在学习,以培养学生组织上、技术上、工作中的能力"[1],并汲取以往的经验,"教授学员充分利用当地群众喜闻乐见的小调、秧歌舞等民间音乐形式,将'旧瓶'装入'新酒',使之变成宣传工作的有力武器"[2],突出了"学以致用"的原则。

"乡艺班"的学员们注重歌咏的训练[3]和实习活动,学员们经过培训后感觉发声好了许多,并且能够演唱合唱作品[4],还有的学员经过短期音乐基本知识的学习和实践后开始尝试音乐创作[5]。短训班虽短(平均2、3个月一期),但训练的效果很好。1940年7月,第一期学员在"西战团"驻地唐县举行了盛大的结业典礼,来自唐县、完县两个分校的全体学员、"西战团"少年演剧队及"乡艺班"部分音乐教员,成功地演唱了难度较大的《黄河大合唱》。这种培训的效率可以说是非常高的,日后"乡艺班"负责人之一的周巍峙曾回忆道:"那晚我站在村头河滩边上听了这次演唱也感到十分震奋,想不到能唱这么好的水平。"[6]

"乡艺班"培训了大批乡村文艺运动骨干和县区文化干部。学员中有很多人被吸收到专业文艺团体中,并成为专业文艺工作者(例如顾品祥、甄崇德、马秉铎、田流等)。[7] 在经过"西战团""乡艺班"的辅导培养后,"边区不脱离生产的村剧团、秧歌队、宣传队迅速发展起来,甚至在敌人'蚕食'掉的地区也有地下村剧团。每次集会,乡民娱乐文艺活动丰富多彩,热闹非凡"[8]。

结语

河北抗战音乐是全国抗战音乐运动的重要组成部分,它在战火中成长、在硝烟中前进,在严酷的环境中绽放出绚烂的花朵,结出了丰硕的成果。由于河北省在抗战结束划

---

[1] 王剑青,冯健男. 晋察冀文艺史 [M]. 北京:中国文联出版公司,1989:77.
[2] 马瑶. 西北战地服务团的音乐活动研究 [D]. 北京:中央音乐学院,2013.
[3] 袁文伟. 抗战中的陕西民众 [M]. 西安:太白文艺出版社,2018:27-30.
[4] 新文化史料编辑部. 新文化史料:纪念西北战地服务团70周年史料专辑(内部资料). 2008(1):152.
[5] 新文化史料编辑部. 新文化史料:纪念西北战地服务团70周年史料专辑(内部资料). 2008(1):152.
[6] 新文化史料编辑部. 新文化史料:纪念西北战地服务团70周年史料专辑(内部资料). 2008(1):150.
[7] 张向东. 抗日文艺宣传与民众娱乐生活研究:以西北战地服务团为中心 [D]. 太原:山西大学,2014:30.
[8] 张向东. 抗日文艺宣传与民众娱乐生活研究:以西北战地服务团为中心 [D]. 太原:山西大学,2014:38.

归华北军区乃至后来的原北京军区,从河北抗日根据地"进城"的音乐家广泛地分布于京津及全国各地的文艺机构、团体(例如原北京军区战友文工团的前身就是"抗敌剧社",音乐界所谓的"战友派"的底子就来源与此),其抗战时期磨砺出来的音乐创作、音乐表演、音乐理论研究和音乐管理等经验成为新中国成立后相关领域的参照之一,其影响意义深远。

(本文原载《黄河之声》2018年第22期,略有改动)

作者简介 石一冰,男,1973年生,河北省石家庄市人。中国艺术研究院音乐研究所副研究员、硕士生导师。1991—1995年就读于河北师范学院音乐系(今河北师范大学音乐学院)。

河北十番乐的宫调研究

河北师范大学音乐学院　崔晓娜

摘　要　宫调一词，在十二律体系中只包含调高和调式两个意义。在研究中国传统音乐乐种的宫调时，除调式、调高关系外，乐器在演奏时与调名、调高相应的指法或弦法是绝对不可忽视的一个重要环节。本文通过对河北十番乐93首宫调曲谱的考察与研究，认为在研究中国传统音乐乐种的宫调特征时，不同指法的宫调类归在研究该乐种演变过程中具有重要地位和历史价值。

关键词　河北十番乐；宫调曲谱；宫调体系；指法类归

宫调是中国传统音乐乐学中重要的理论体系。宫调一词在《中国音乐词典》中的解释是这样的："调高和调式的综合关系。原义包括'宫'和'调'两个方面……宫作为调高解释，又称为均……调作为调式解释，也称为'声'……但宫调一词，始终在十二律体系中包含着调高和调式两个意义。"[1] 关于乐种的宫调问题，早在20世纪50年代，杨荫浏先生已有相关的理论探索。袁静芳先生在其理论的基础上，对中国传统乐种的宫调理论又有更进一步的深化与发展。袁静芳先生认为宫调一词，在十二律体系中只包含调高和调式两个意义，但在研究中国传统音乐乐种的宫调内涵时，除调式、调高关系外，乐器在演奏时与调名、调高相应的指法或弦法，在研究其宫调的意义时，是绝对不可忽视的一个重要环节。[2] 也就是说，中国传统音乐乐种的宫调实质上包含有调式、调高与指法（或弦法）的双重意义。其中，指法的意义是绝对的，调高的意义是相对的，调名在历史过程中往往是变易的或重叠的。[3] 本文以河北十番乐为例，通过对该乐种93首宫调曲谱的考察与研究，探索在研究中国传统音乐乐种的宫调特征时，不同指法的宫调类归在研究该乐种演变过程中的重要地位和历史价值。

河北十番乐是清代帝都音乐文化遗存在河北承德地区和保定地区的古老乐种。在"十番乐"称呼前冠以"河北"，除了以"河北"现代行政区域划分标准以外，还包括与十番音乐历史环境关系密切的"清代承德府"的重要地域，即现在内蒙古的赤峰地

---

[1]　中国艺术研究院音乐研究所《中国音乐词典》编辑部. 中国音乐词典 [M]. 北京：人民音乐出版社，1985：121.
[2]　袁静芳. 乐种学 [M]. 北京：华乐出版社，1999：16.
[3]　袁静芳. 乐种学 [M]. 北京：华乐出版社，1999：17.

区。该地域主要的代表乐种有保定易县的东韩村十番会和后部村十番会及承德清音会和赤峰雅乐。依据袁静芳先生在《乐种学》中对乐种划分的原则,河北十番乐主要的音乐品种是以笛子为主奏乐器的丝竹乐合奏形式,简称文十番;在同一乐种中,以海笛与打击乐器并重的吹打乐乐队组合形式,简称武十番。从广义上来界定,河北十番乐包含文十番、武十番两个乐种;但从更准确的狭义来界定,河北十番乐应为文十番,即以笛子为主奏的丝竹乐乐种。

一、河北十番乐现存曲目宫调

(一) 河北十番乐的乐谱与曲目

目前收集到河北十番乐的乐谱共计 14 部,其主要乐谱如下。

(1)《东韩村十番圣会文曲本》(工尺谱,文曲单本,曲牌 25 首)

(2)《易县后部村十番会乐谱》(工尺谱,文曲单本,曲牌 25 首)

(3)《十番翕纯皦绎谱》(工尺谱,文曲单本,曲牌 24 首)

(4)《改复校正音乐谱》(工尺谱,文曲单本,曲牌 26 首)

(5)《承德清音会奉奏乐谱》(工尺谱,文曲单本,曲牌 16 首)

(6)《避暑山庄宫廷音乐后宫细乐》(工尺谱,文曲单本,曲牌 16 首)

(7)《热河避暑山庄清朝宫廷音乐清音会乐谱》(工尺谱,文曲单本,曲牌 16 首)

(8)《滦平县十番音乐乐谱》(工尺谱,文、武曲合本,曲牌 40 首)

(9)《清东陵古乐谱》(工尺谱,文、武曲合本,曲牌 45 首)

(10)《定兴县北罡上村十番会打击乐谱》(工尺谱,文、武曲合本,曲牌 46 首)

(11)《赤峰雅乐》(工尺谱,文曲单本,曲牌 24 首)

(12)《涞水县曹家庄十番乐曲集》(简谱,文、武曲合本,曲牌 72 首)

(13)《易县清西陵十番乐谱》(工尺谱,文、武曲合本,曲牌 83 首)

(14)《东韩村拾璠圣会武曲本》(工尺谱,武曲单本,曲牌 14 首)

上述乐谱中,谱本类型可分为单本、合本。其中,单本 9 本(文十番 8 本、武十番 1 本)、合本 2 本、汇集本 3 本。乐谱单本、合本上的文、武曲是相对稳定的曲目,笔者对合本的曲目进行文、武曲的辨析与类归后,统计出河北十番乐的曲目总数为 455 首,除去重复曲目,只曲总数共计 186 首,其中文曲曲目 77 首、武曲曲目 109 首。从文、武十番乐谱分布来看,文十番乐谱与河北十番乐的地域分布基本一致;武十番乐谱则主要集中在保定地区。

在乐谱与曲目上,特别是文十番音乐,它是特定历史时期内清代帝都音乐文化在京畿之地的孑遗。各地的文十番音乐虽然流传的地域不同,但在历史传承过程中,它们在主奏乐器与乐队组合、乐谱与宫调、代表性曲目的曲式结构、技巧风格等方面,都具有血缘关系和音乐形态方面的诸多共性,也更多地遗存了历史赋予河北十番乐的传承基因,成为河北十番乐最重要、最稳定的支架。因此,文十番所传承下来的77首曲目是河北十番乐最具典型性的乐曲,也是本文进行宫调研究时的主要考察对象,以下简称"河北十番乐"。

(二)河北十番乐现存曲目宫调

河北十番乐宫调考察的乐谱与曲目为77首(除去重复曲目)。由于工尺乐谱谱字在历史传承中具有历时性、地方性、简略性和多义性的特征①,所以乐谱在不同地域、不同乐社及乐师的演奏中,基本保留谱字记录旋律中的骨干音的基础,并在音乐的处理上具有较大的灵活性与创造性。在目前所收集到的有关河北十番乐音乐传承的曲谱中,曲谱宫调共93首。这93首曲目宫调不仅为考察各乐种宫调的逆向考察提供了物质依据,还可以从中探寻十番乐乐谱在宫调体系中的传承与衍变。

河北十番乐现存曲谱宫调考察一览表。(表1)

表1 河北十番乐现存曲谱宫调考察一览表

乐种	易县东韩村十番会				易县后部村十番会				承德清音会				赤峰雅乐			
乐谱	《东韩村十番会文曲本》 2007年译谱				《后部村十番会乐谱》 2000年译谱				《承德清音会奉奏乐谱》 1984年记谱				《赤峰雅乐》 1980年记谱			
序号	曲目	调名	调高	指法	曲目	调名	调高	指法	曲目	调名	调高	指法	曲目	调名	调高	指法
1	山桃红	反调	上=宫=♭A	6孔作do	水龙吟	正调	合=宫=♭E	3孔作do	引子	—	1=♭A	6孔作do	庆寿	正宫调	1=D	—
2	万年欢	反调	上=宫=♭A	6孔作do	龙治水	正调	合=宫=♭E	3孔作do	水龙吟	—	1=♭E	3孔作do	小妹子	小宫调	1=D	—
3	青天歌	反调	上=宫=♭A	6孔作do	二龙戏珠	正调	合=宫=♭E	3孔作do	七星落	—	1=♭E	3孔作do	北正宫	小宫调	1=D	—
4	月明叙	反调	上=宫=♭A	6孔作do	大舞队	正调	合=宫=♭E	3孔作do	梅花三弄	—	1=♭A	6孔作do	中风韵	小宫调	1=D	—
5	荷花开放	反调	上=宫=♭A	6孔作do	闹花灯	正调	合=宫=♭E	3孔作do	浪淘沙	—	1=♭A	6孔作do	尾繁绫	小宫调	1=D	—
6	对舞歌	反调	上=宫=♭A	6孔作do	灯月交辉	正调	合=宫=♭E	3孔作do	乌江渡	—	1=♭A	6孔作do	鹧鸪天	正宫调	1=A	—
7	留情娘	反调	上=宫=♭A	6孔作do	莲出水	正调	合=宫=♭E	3孔作do	惜黄花	—	1=♭A	6孔作do	鹧鸪地	正宫调	—	—
8	八板	反调	上=宫=♭A	6孔作do	荷花放	正调	合=宫=♭E	3孔作do	小凉州	—	1=♭A	6孔作do	龙头	正宫调	1=A	—
9	春来	反调	上=宫=♭A	6孔作do	莲生子	正调	合=宫=♭E	3孔作do	月下海棠	—	1=♭A	6孔作do	龙身	正宫调	—	—
10	夏来	反调	上=宫=♭A	6孔作do	采莲歌	正调	合=宫=♭E	3孔作do	姑嫂月	—	1=♭E	3孔作do	龙尾	正宫调	—	—
11	秋来	反调	上=宫=♭A	6孔作do	思郊	正调	合=宫=♭E	3孔作do	春来	—	1=♭A	6孔作do	飞蝴蝶	正宫调	1=A	—
12	冬来	反调	上=宫=♭A	6孔作do	游春	正调	合=宫=♭E	3孔作do	夏来	—	1=♭A	6孔作do	五僧佛	正宫调	1=A	—
13	鹧鸪帽	尺=宫=♭B		6孔作do	采猎	正调	合=宫=♭E	3孔作do	秋来	—	1=♭A	6孔作do	水龙吟	正宫调	—	—
14	鹧鸪令	尺=宫=♭B		6孔作do	回围	正调	合=宫=♭E	3孔作do	冬来	—	1=♭A	6孔作do	春来	正宫调	—	—
15	鹧鸪身	尺=宫=♭B		6孔作do	上孤坟	正调	合=宫=♭E	3孔作do	玉芙蓉	—	1=♭A	6孔作do	夏来	正宫调	—	—
16	鹧鸪扎	尺=宫=♭B		6孔作do	朝天子	正调	合=宫=♭E	3孔作do	—				秋来	正宫调	—	—
17	大水龙吟	反调	上=宫=♭A	6孔作do	万年欢	正调	合=宫=♭E	3孔作do					冬来	正宫调	—	—

---

① 袁静芳. 乐种学[M]. 北京:华乐出版社,1999:26-28.

(续表)

乐种	易县东韩村十番会				易县后部村十番会				承德清音会				赤峰雅乐			
乐谱	《东韩村十番会文曲本》2007年译谱				《后部村十番会乐谱》2000年译谱				《承德清音会奉奏乐谱》1984年记谱				《赤峰雅乐》1980年记谱			
序号	曲目	调名	调高	指法	曲目	调名	调高	指法	曲目	调名	调高	指法	曲目	调名	调高	指法
18	小水龙吟	反调	上=宫=♭A	6孔作do	清天歌	正调	合=宫=♭E	3孔作do	—				冬来尾	正宫调	1=D	—
19	大朝天子	反调	上=宫=♭A	6孔作do	柳叶锦（一）	正调	合=宫=♭E	3孔作do					雁头	尺字调	1=D	
20	小朝天子	反调	上=宫=♭A	6孔作do	柳叶锦（二）	正调	合=宫=♭E	3孔作do					雁阵	尺字调	1=D	
21	雁落		尺=宫=♭B	6孔作do	柳叶锦（三）	正调	合=宫=♭E	3孔作do					雁旋	尺字调	1=D	
22	得胜令		尺=宫=♭B	6孔作do	柳叶锦（四）	正调	合=宫=♭E	3孔作do					雁身	尺字调	1=D	
23	沽美酒		尺=宫=♭B	6孔作do	四来帽	正调	合=宫=♭E	3孔作do					雁落	尺字调	1=D	
24	太平令		尺=宫=♭B	6孔作do	和风至	正调	合=宫=♭E	3孔作do					雁尾	尺字调	1=D	
25	抱妆台		上=宫=♭A	6孔作do	锦云亭	正调	合=宫=♭E	3孔作do								
26					桂花香	正调	合=宫=♭E	3孔作do								
27			—		雪梅花	正调	合=宫=♭E	3孔作do								

二、河北十番乐的宫调体系

（一）定律乐器与宫调体系

1. 主奏乐器与宫调体系

确定乐种宫调体系的乐器即定律乐器。宋代以后不少乐种宫调的定律乐器也是该乐种的主奏乐器。[①]

河北十番乐的主奏乐器是笛，早期其形制为"匀孔笛"，民间亦称"大膜笛"。20世纪80年代后，乐社多改用乐器厂生产的曲笛。河北十番乐所用的笛的基本音位指法继承了民间笛子演奏的传统，笛的第3孔为"合"字，音高为♭E。（图1）20世纪80年代后，除易县十番乐仍沿用♭E调曲笛外，承德十番乐、赤峰十番乐多用D调曲笛。

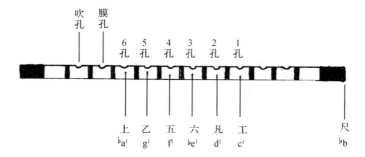

图1　笛音孔及与之对应的谱字、音高

---

① 袁静芳. 乐种学［M］. 北京：华乐出版社，1999：16.

河北十番乐的传统乐曲主要有 ♭E、♭A、♭B 和 F 四调，民间仅有正调和反调两个调名的口头称谓。在冀中地区，管乐翻为各调的调名是专指指法而言，调名来自管乐孔序音名。①（表2）为方便研究，本文对于河北十番乐的调名以指法对应谱字的方式来命名，如第 3 孔对应谱字为"合"，调名为合字调。

表2　河北十番乐调名、调高与笛孔谱字、指法的对应关系

调名	调高	指法
正调（合字调）	合＝宫＝♭E	第 3 孔作 do
反调（上字调）	上＝宫＝♭A	第 6 孔作 do
（尺字调）	尺＝宫＝♭B	筒音作 do
（四字调）	四＝宫＝F	第 4 孔作 do

2. 河北十番乐 17 簧笙的音位排列与宫调体系

河北十番乐传统使用的笙为圆笙，一种单簧多管抱吹气鸣乐器。笙管为 17 管，传统使用的笙簧有易县东韩村十番会使用的 17 管 13 簧笙和易县后部村十番会使用 17 管 14 簧笙两种。调高为♭E。考察中，承德清音会和赤峰雅乐现已使用 D 调 17 管 17 簧笙，但其管序及音位仍保持 17 管 14 簧笙的音位排列。除了第 6 管"勾"字音位不同、第 10 管音高相同而谱字不同外，河北十番乐 17 管 13 簧笙、14 簧笙，基本遵循着宋代"和笙"的音位排列，承袭了宋代"和笙"的律制。宋承唐制，河北十番乐所使用的笙应可以看作是唐、宋时期"满簧全笙"的遗制与变体。

按照河北十番乐 17 管 13 簧笙、14 簧笙的音位排列，除去高低八度音原为九音，由于"勾"的音位丢失，现共为八音。（表3）

表3　河北十番乐笙的音位、谱字与调名、音高的对应关系

律名	黄钟	大吕	太簇	夹钟	姑洗	仲吕	蕤宾	林钟	夷则	南吕	无射	应钟
谱字	合		四		一	上	（勾）	尺		工	下凡	凡
音位	♭e		f		g	♭a		♭b		c	♭d	d
正调（合字调）	宫		商		角	和		徵		羽		变
	宫		商		角	和		徵		羽	闰	
反调（上字调）	徵		羽		变	宫		商		角		中
	徵		羽		变	宫		商		角	和	
四字调	闰		宫		商		角	和		徵		羽
尺字调	和		徵		羽	闰		宫		商		角

根据表 3 河北十番乐笙的音位、谱字与调名、音高的对应关系，可知各宫能够演奏的音阶：

---

① 袁静芳. 乐种学［M］. 北京：华乐出版社，1999：93.

正调（合字调），合＝宫＝♭E，演奏新音阶、清商音阶。
反调（上字调），上＝宫＝♭A，演奏古音阶、新音阶。
（尺字调），尺＝宫＝♭B，演奏清商音阶。
（四字调），四＝宫＝F，演奏清商音阶。

3. 正调与宫调体系

在乐种的宫调体系中，正调是乐种宫调体系的核心。在河北十番乐中，所谓正调，是以主奏乐器笛子第3孔作do的演奏指法，其音高为宫＝♭E。正调宫音以"合"字为调首，乐谱采用的是固定音位唱名法。现将河北十番乐宫调体系中所用音位与律名、谱字对应关系列表如下（表4）：

表4　河北十番乐宫调体系中所用音位与律名、谱字对应关系

律名	黄钟	大吕	太簇	夹钟	姑洗	仲吕	蕤宾	林钟	夷则	南吕	无射	应钟
谱字	合		四		一	上	（勾）	尺		工	（下凡）	凡
音位	♭e	f		g	♭a	a	♭b		c	♭d	d	

河北十番乐的宫调体系以正调为核心，即以黄钟＝合＝♭E为基础，向上、下五度相生，构成河北十番乐宫调体系。（图2）

反调（上字调）←正调（合字调）→（尺字调）→（四字调）
　　♭A　　　　　　♭E　　　　　　♭B　　　　　　F

河北十番乐正调调首"合"字配黄钟，与宋代文献记载"今燕乐只以合字配黄钟"宫调体系正合。（表5）北宋沈括《梦溪笔谈·燕乐十五声》："今燕乐只以合字配黄钟，下四字配大吕，高四字配太簇，下一字配夹钟，高一字配姑洗，上字配中吕，勾字配蕤宾，尺字配林钟，下工字配夷则，高工字配南吕，下凡字配无射，高凡字配应钟，六字配黄钟清，下五字配大吕清，高五字配太簇清，紧五字配夹钟清。"①

图2　河北十番乐宫调体系图

表5　河北十番乐工尺谱谱字、律名与音阶形态一览表

调名	黄钟	大吕	太簇	夹钟	姑洗	仲吕	蕤宾	林钟	夷则	南吕	无射	应钟	音阶形态
	合		四		一	上	勾	尺		工	下凡	凡	
合字调（合＝宫＝♭E）	宫		商		角	和		徵		羽		变	新音阶
	宫		商		角	和		徵		羽	闰		清商音阶
上字调（上＝宫＝♭A）	徵		羽		变宫	宫		商		角		中	古音阶
	徵		羽		变宫	宫		商		角	和		清商音阶

---

① 中央民族学院艺术系文艺理论组.《梦溪笔谈》音乐部分注释［M］.北京：人民音乐出版社，1979：64.

（续表）

调名	黄钟	大吕	太簇	夹钟	姑洗	仲吕	蕤宾	林钟	夷则	南吕	无射	应钟	音阶形态
	合		四		一	上	勾	尺		工	下凡	凡	
四字调（四=宫=F）	闰		宫		商		角	和		徵		羽	清商音阶
尺字调（尺=宫=♭B）	和		徵		羽	闰		宫		商		角	清商音阶

表6 《梦溪笔谈·燕乐十五声》与河北十番乐谱字与律名

	律名	黄钟	大吕	太簇	夹钟	姑洗	仲吕	蕤宾	林钟	夷则	南吕	无射	应钟	黄钟清	大吕清	太簇清	夹钟清
燕乐十五声	谱字	合	下四	高四	下一	高一	上	勾	尺	下工	高工	下凡	高凡	六	五	高五	紧五
河北十番乐	谱字	合		四		一	上	勾	尺		工		下凡	六		五	

表6中谱字与律名对照，在沈括《梦溪笔谈》"燕乐十五声"条中，工尺谱字有合、下四、高四、下一、高一、上、勾、尺、下工、高工、下凡、高凡、六、五、高五、紧五谱字，旋律中可能运用的各律均有谱字表示。但在实际演奏中，谱字各律"取律寸、律数、用字纪声之略"而一字多义。南宋蔡元定《燕乐原辩》载："黄钟用'合'字，大吕、太簇用'四'字，夹钟、姑洗用'一'字，夷则、南吕用'工'字，无射、应钟用'凡'字，各以上下分为清浊。其中吕、蕤宾、林钟不可以上、下分，中吕用'上'字蕤宾用'勾'字，林钟用'尺'字，其黄钟清用'六'字，大吕、太簇、夹钟清各用'五'字而以下、上、紧别之。紧'五'者，夹钟清声，俗乐以为宫。此其取律寸、律数，用字纪声之略也。"[①]

通过以上对河北十番乐与宋代燕乐谱字与律名对应关系的分析和研究，我们可以看出河北十番乐是以正调，即黄钟=合为核心的宫调体系，属于燕乐宫调体系，宋承唐制，应是唐、宋宫廷燕乐宫调体系的遗制。

4. 黄钟律高

河北十番乐宫调体系中的律高标准：黄钟=合=♭E。

中国历代律制中黄钟律标准为e^1+，在杨荫浏所著《中国音乐史纲》一书中有详细记述：

汉蔡邕铜龠律中黄钟律频率为332.403V.D.（e^1+）；

北周前律中黄钟律频率为332.403V.D.（e^1+）；

---

① 脱脱. 宋史：卷一〇九—卷一六九 [M]. 长春：吉林人民出版社，1995：2094.

隋开皇十年万宝常水尺律中黄钟律频率为326.749V. D. （e^1+）；

唐俗乐新音阶主调音即唐教坊乐中黄钟律频率为328.1619 V. D. （e^1+）；

宋元祐中教坊新音阶主调音的黄钟律频率为328.1619 V. D. （e^1+）；

明代由比利时音响学家马荣氏（Vicyor Mahillon）测试朱载堉黄钟正律频率为315.032V. D. （$^\#d^1$），即$^\flat e^1$。①

从目前黄钟律高 = e^1 + 来看，西安鼓乐（正调笙）、晋北笙管乐（和笙）、河北音乐会（正调笙）、鲁西南鼓吹乐（正把笙），河南笙管乐（平调笙）的音高，其律高基本上遵循着黄钟 = E 或$^\flat$E 的传统。黄钟 = 合 = $^\flat$E 或 E，关于其小二度的音高差别，有学者认为，第一，与民间乐器制作过程中无严格规范的历史环境中较为普遍的现象有关；② 第二，合 = $^\flat$E 本身就是一种黄钟律高的体现。③

根据目前已知文献来看，河北十番乐采用以"合"字为调首的宫调体系，黄钟 = 合 = $^\flat$E，其历史最早可以追溯到汉代。

（二）指法类归与宫调体系

一首器乐作品的演奏，其宫调程式依次为：调名、指法（或弦法）、调高。对于传承深厚、演奏规范的古老乐种，其调名、调高与指法的相互关系始终是同步的、稳定的。但在漫长的历史演变中，传统宫调体系由于受到历史、文化、社会等方面的影响，这三者的关系在乐种的民间传承中也会发生种种的游移与变化。④ 而关于这三者组成乐种宫调的总体关系，袁静芳先生认为，从某种意义上来讲，传统乐种中宫调的传承，其乐器的指法（或弦法）占有主导的地位，与之相应的调名、调高，在历史上除了与之同步的稳定性外，还存在着调高的游移性与调名的变易性、重叠性。⑤ 也就是说，在中国传统乐种的宫调特征中，指法（或弦法）的意义是绝对的；调高的意义是相对的；调名在历史过程中往往是变易的或重叠的。⑥

在河北十番乐各乐社保存工尺谱的抄本中，除《十番翕纯皦绎谱》（6 首）、《改复校正音乐谱》（22 首）、《赤峰雅乐》（24 首）被专业工作者赋予"正宫调"或"小工调"调名系统命名外，其他乐谱都是依靠口述的传承。保定地区多依靠口述的传承，调名有正调和反调两个称谓。正调的指法即以第 3 孔作 do，合 = 宫 = $^\flat$E；反调指法即第 6 孔作 do，上 = 宫 = $^\flat$A。在调高上，河北十番乐传统的主奏乐器为$^\flat$E 调笛。自 20 世纪 80 年代后，除易县东韩村十番乐外，易县后部村十番乐、承德清音会和赤峰雅乐，其正调的宫音音高改为 D。虽然同调名、同指法的调高不同，但是主奏乐器正调演奏指法严格

---

① 中国艺术研究院音乐研究所. 杨荫浏全集：第 1 卷 [M]. 南京：江苏文艺出版社，2009：123 – 150.
② 张振涛. 鼓吹乐种的黄钟律高 [J]. 南京艺术学院学报（音乐及表演版），1997（04）：20.
③ 潘国强. 河南笙管乐研究 [M]. 北京：中央音乐学院出版社，2008：147.
④ 袁静芳. 乐种学 [M]. 北京：华乐出版社，1999：16.
⑤ 袁静芳. 乐种学 [M]. 北京：华乐出版社，1999：17.
⑥ 袁静芳. 乐种学 [M]. 北京：华乐出版社，1999：17.

遵守以笛第三孔作 do 的演奏规范与要求。在中国传统音乐的民间乐种中，其宫调的调名是以演奏指法对应的管序音位谱字命名，包含着调名、调高及指法的综合信息。如民间鼓吹乐的调名，往往是专指指法而言，而指法的名称，是来自管乐孔序音名。对于调性来讲，只有相对的音高意义。[①] 因此，对乐种宫调现状的考察，除了重视乐曲具体调高的表象外，还需要特别重视与之相应的乐器指法（或弦法）的相互关系。[②] 在乐种宫调体系中，指法不变，调名与调高的变易与重叠，是我们分析传统乐种宫调历史变迁发展与其他音乐文化相互影响与融合时不可忽视的重要参考资料。

三、河北十番乐曲目宫调的考察与类归

（一）乐种曲目宫调考察

1. 易县东韩村十番乐宫调考察

易县东韩村十番乐宫调曲谱 25 首。从乐谱宫调上看，传统宫调体系有四宫，即合字调（正调）、上字调（反调）、四字调、尺字调。现将各宫调与其对应曲谱数目、律名及音阶形态列表如下（表7）：

表7 易县东韩村十番乐宫调体系各宫调与其对应曲谱数目、律名及音阶形态一览表

调名	曲谱数量	指法	调高	黄钟 合	大吕 四	太簇 一	夹钟 上	姑洗 (勾)	仲吕 尺	蕤宾	林钟 工	夷则	南吕 凡	无射	应钟	音阶形态
合字调	5首	第3孔作do	合=宫=♭E	宫		商		角	和		徵		羽		变	新音阶
上字调	12首	第6孔作do	上=宫=♭A	徵		羽		变宫			商		角		中	古音阶
四字调	4首	第4孔作do	四=宫=F	闰		宫		商			角	和		徵	羽	清商音阶
尺字调	4首	筒音作do	尺=宫=♭B	和		徵		羽	闰		宫		商		角	清商音阶

其中，合字调是易县东韩村十番乐的正调。易县东韩村十番乐是以笛为主奏的宫调体系，其主要特征是以合=宫=♭E 为均主的宫调。

从曲谱传承的宫调上看，民间有正调和反调两个称谓（表1）。其中，反调（上字调）的乐曲17首，指法以第6孔作do；以尺=宫（尺字调）的乐曲8首，指法也是以第6孔作do。也就是说，易县东韩村十番乐的25首乐曲，其演奏指法仅为一种，即第6孔作do。

2. 易县后部村十番乐宫调考察

易县后部村十番乐宫调曲谱 28 首。从乐谱宫调上看，传统宫调体系有二宫，即合字调（正调）、上字调（反调）。现将各宫调与其对应曲谱数目、律名及音阶形态列表如下（表8）：

---

① 袁静芳. 乐种学 [M]. 北京：华乐出版社，1999：93.
② 袁静芳. 乐种学 [M]. 北京：华乐出版社，1999：17.

表8　易县后部村十番乐宫调体系各宫调与其对应曲谱数目、律名及音阶形态一览表

调名	曲谱数量	指法	调高	黄钟	大吕	太簇	夹钟	姑洗	仲吕	蕤宾	林钟	夷则	南吕	无射	应钟	音阶形态
				合	四	一	上	(勾)	尺		工		下凡		凡	
合字调	15首	第3孔作do	合＝宫＝♭E	宫		商		角	和		徵		羽		变	新音阶
				宫		商		角	和		徵		羽		闰	清商音阶
上字调	13首	第6孔作do	上＝宫＝♭A	徵		羽		变宫			商		角		中	古音阶
				徵		羽		变宫			商		角	和		新音阶

其中，合字调是易县后部村十番乐的正调。易县后部村十番乐是以笛为主奏的宫调体系，其主要特征是以合＝宫＝♭E为均主的宫调。

从曲谱传承的宫调上看，民间有正调和反调两个称谓（表1）。译谱宫调28首，皆为正调（合＝宫＝♭E），其演奏指法仅为一种，即指法以第3孔作do。

3. 承德清音会宫调考察

承德清音会宫调16首。从乐谱宫调上看，传统宫调体系有二宫，即合字调（正调）、上字调（反调）。现将各宫调与其对应曲谱数目、律名及音阶形态列表如下（表9）：

表9　承德清音会宫调体系各宫调与其对应曲谱数目、律名及音阶形态一览表

调名	曲谱数量	指法	调高	黄钟	大吕	太簇	夹钟	姑洗	仲吕	蕤宾	林钟	夷则	南吕	无射	应钟	音阶形态
				合	四	一	上	(勾)	尺		工		下凡		凡	
合字调	4首	第3孔作do	合＝宫＝♭E	宫		商		角	和		徵		羽		变	新音阶
				宫		商		角	和		徵		羽		闰	清商音阶
上字调	12首	第6孔作do	上＝宫＝♭A	徵		羽		变宫			商		角		中	古音阶
				徵		羽		变宫			商		角	和		新音阶

其中，合字调是承德清音会的正调。承德清音会是以笛为主奏的宫调体系，其主要特征是以合＝宫＝♭E为均主的宫调。

从曲谱传承的宫调上看，未见有调名称谓（表1）。其中，1＝♭E，实为合＝宫＝♭E，曲谱中有4首，指法以第3孔作do；1＝♭A，实为上＝宫＝♭A，曲谱中有12首，指法以第6孔作do。曲谱宫调传承与乐谱宫调基本相同。

4. 赤峰雅乐宫调考察

赤峰雅乐宫调曲谱24首。从乐谱宫调上看，传统宫调体系有四宫，即合字调（正调）、上字调（反调）、四字调、尺字调。现将各宫调与其对应曲谱数目、律名及音阶形态列表如下（表10）：

表 10　赤峰雅乐宫调体系各宫调与其对应曲谱数目、律名及音阶形态一览表

调名	曲谱数量	指法	调高	黄钟	大吕	太簇	夹钟	姑洗	仲吕	蕤宾	林钟	夷则	南吕	无射	应钟	音阶形态
				合	四		一	上	(勾)	尺		工	下凡		凡	
合字调	5首	第3孔作do	合=宫=♭E	宫	商		角	和		徵		羽			变	新音阶
				宫	商		角	和		徵		羽			闰	清商音阶
上字调	10首	第6孔作do	上=宫=♭A	徵	羽		变	宫		商		角			中	古音阶
				徵	羽		变	宫		商		角			和	新音阶
四字调	3首	第4孔作do	四=宫=F	闰	宫		商	角		和		徵			羽	清商音阶
尺字调	6首	筒音作do	尺=宫=♭B	和	徵		羽	闰		宫		商			角	清商音阶

其中，合字调是赤峰雅乐的正调。赤峰雅乐是以笛为主奏的宫调体系，其主要特征是以合=宫=♭E 为均主的宫调。

从曲谱传承的宫调上看，赤峰雅乐的宫调标记比较模糊（表1）。调名有三种，即正宫调、小宫调和尺字调；调高标记 1 = D 或 1 = A；指法无。由于演奏指法的不明确，造成调名与调高的混乱。① 正宫调的调高有两个，即 1 = D 和 1 = A；② 正宫调、小宫调和尺字调的调高皆为 1 = D。

通过对乐谱谱字与演奏乐谱的对照，按照河北十番乐传统宫调体系，即调名、调高及相应的指法对应关系，逆向溯源推断赤峰雅乐在演奏乐谱上的宫调，即调名、调高与指法三者之间的关系。即：

正宫调标记为 1 = D，实为乐谱宫调"合字调"，合=宫=D，第3孔作do；

正宫调标记为 1 = A，实为乐谱宫调"尺字调"，尺=宫=A，筒音作do；

小宫调标记为 1 = D，实为乐谱宫调"上字调"，上=宫=G，第6孔作do；

尺字调标记为 1 = D，实为乐谱宫调"四字调"，四=宫=E，第4孔作do。

由此可以看出，赤峰雅乐曲谱传承的宫调体系是以笛子合=宫=D 为均主的宫调特征。从指法调名归类上看，赤峰雅乐的宫调应用，除各宫的调高不同外，其宫调四宫中即调名、调高与指法的关系，基本与乐谱宫调体系相吻合。其中，合字调的乐曲10首，上字调的乐曲4首，尺字调的乐曲4首，四字调的乐曲6首。赤峰雅乐曲目调名、调高与指法关系类归一览表如下。（表11）

表 11　赤峰雅乐曲目调名、调高与指法关系类归一览表

调名	调高	指法
合字调	合=宫=D（10首）	第3孔作do
上字调	上=宫=G（4首）	第6孔作do
尺字调	尺=宫=A（4首）	筒音作do
四字调	五=宫=D（6首）	第4孔作do

从赤峰雅乐宫调实录分析可以看出，在中国传统音乐乐种研究中，其宫调内涵，除了调高、调名外，指法的类归在传统乐种宫调体系中也是重要的环节。

（二）曲目宫调类归

中国传统音乐乐种的宫调特征，即在调名、调高与指法三者的相互关系中，指法的意义是绝对的，调高的意义是相对的，调名的称谓是易变的、多名的这些特征。本文在以上各乐种宫调考察的基础上，通过不同指法的类归对93首曲谱在宫调"四宫"中的宫调类归与实录进行逆向考察，进而分析河北十番乐宫调体系的历史演变与变迁。

1."合字调"曲目宫调类归（表12）

表12 "合字调"曲目宫调类归

曲名	乐谱	乐谱宫调			曲谱宫调传承		
		调名	调高	指法	调名	调高	指法
青天歌	东韩村十番会文曲本	合字调	合=宫=♭E	3孔作do	反调	上=宫=♭A	6孔作do
大水龙吟	东韩村十番会文曲本	合字调	合=宫=♭E	3孔作do	反调	上=宫=♭A	6孔作do
小水龙吟	东韩村十番会文曲本	合字调	合=宫=♭E	3孔作do	反调	上=宫=♭A	6孔作do
大朝天子	东韩村十番会文曲本	合字调	合=宫=♭E	3孔作do	反调	上=宫=♭A	6孔作do
小朝天子	东韩村十番会文曲本	合字调	合=宫=♭E	3孔作do	反调	上=宫=♭A	6孔作do
水龙吟	后部村十番会乐谱	合字调	合=宫=♭E	3孔作do	正调	合=宫=♭E	3孔作do
龙治水	后部村十番会乐谱	合字调	合=宫=♭E	3孔作do	正调	合=宫=♭E	3孔作do
二龙戏珠	后部村十番会乐谱	合字调	合=宫=♭E	3孔作do	正调	合=宫=♭E	3孔作do
思郊	后部村十番会乐谱	合字调	合=宫=♭E	3孔作do	正调	合=宫=♭E	3孔作do
游春	后部村十番会乐谱	合字调	合=宫=♭E	3孔作do	正调	合=宫=♭E	3孔作do
采猎	后部村十番会乐谱	合字调	合=宫=♭E	3孔作do	正调	合=宫=♭E	3孔作do
回围	后部村十番会乐谱	合字调	合=宫=♭E	3孔作do	正调	合=宫=♭E	3孔作do
上孤坟	后部村十番会乐谱	合字调	合=宫=♭E	3孔作do	正调	合=宫=♭E	3孔作do
一江风	后部村十番会乐谱	合字调	合=宫=♭E	3孔作do	正调	合=宫=♭E	3孔作do
朝天子	后部村十番会乐谱	合字调	合=宫=♭E	3孔作do	正调	合=宫=♭E	3孔作do
清天歌	后部村十番会乐谱	合字调	合=宫=♭E	3孔作do	正调	合=宫=♭E	3孔作do
柳叶锦（一）	后部村十番会乐谱	合字调	合=宫=♭E	3孔作do	正调	合=宫=♭E	3孔作do
柳叶锦（二）	后部村十番会乐谱	合字调	合=宫=♭E	3孔作do	正调	合=宫=♭E	3孔作do
柳叶锦（三）	后部村十番会乐谱	合字调	合=宫=♭E	3孔作do	正调	合=宫=♭E	3孔作do
柳叶锦（四）	后部村十番会乐谱	合字调	合=宫=♭E	3孔作do	正调	合=宫=♭E	3孔作do
水龙吟	承德清音会奉奏乐谱	合字调	合=宫=♭E	3孔作do	—	合=宫=♭E	3孔作do
七星落	承德清音会奉奏乐谱	合字调	合=宫=♭E	3孔作do	—	合=宫=♭E	3孔作do
乌江渡	承德清音会奉奏乐谱	合字调	合=宫=♭E	3孔作do	—	合=宫=♭E	3孔作do

（续表）

曲名	乐谱	乐谱宫调			曲谱宫调传承		
		调名	调高	指法	调名	调高	指法
姑嫂月	承德清音会奉奏乐谱	合字调	合=宫=♭E	3孔作do	—	合=宫=♭E	3孔作do
庆寿	赤峰雅乐	合字调	合=宫=♭E	3孔作do	正宫调	合=宫=D	3孔作do
鹧鸪地	赤峰雅乐	合字调	合=宫=♭E	3孔作do	正宫调	合=宫=D	3孔作do
龙身	赤峰雅乐	合字调	合=宫=♭E	3孔作do	正宫调	合=宫=D	3孔作do
龙尾	赤峰雅乐	合字调	合=宫=♭E	3孔作do	正宫调	合=宫=D	3孔作do
水龙吟	赤峰雅乐	合字调	合=宫=♭E	3孔作do	正宫调	合=宫=D	3孔作do

河北十番乐"合字调"存见乐谱有《东韩村十番会文曲本》《后部村十番会乐谱》《承德清音会奉奏乐谱》和《赤峰雅乐》4本。"合字调"曲目29首，乐谱宫调的调名为合字调，调高合=宫=♭E，指法以第3孔作do。

在曲谱宫调传承中，易县东韩村十番乐曲目5首，调名为"反调"，调高为上=宫=♭A，指法以第6孔作do，曲目分别为《青天歌》《大水龙吟》《小水龙吟》《大朝天子》和《小朝天子》；易县后部村十番乐曲目15首，调名为"正调"，调高、指法保持不变，曲目有《水龙吟》《龙治水》《二龙戏珠》《思郊》《游春》《采猎》《回围》《上孤坟》《一江风》《朝天子》《清天歌》《柳叶锦》（一、二、三、四）；承德清音会曲目4首，调名不详，调高、指法保持不变，曲目有《水龙吟》《七星落》《乌江渡》《姑嫂月》；赤峰雅乐曲目有5首，调名为正宫调，调高为合=宫=D，指法为第3孔作do，曲目有《庆寿》《鹧鸪地》《龙身》《龙尾》《水龙吟》。

2."上字调"曲目宫调类归（表13）

表13　"上字调"曲目宫调类归

曲名	乐谱	乐谱宫调			曲谱宫调传承		
		调名	调高	指法	调名	调高	指法
山桃红	东韩村十番会文曲本	上字调	上=宫=♭A	6孔作do	反调	上=宫=♭A	6孔作do
万年欢	东韩村十番会文曲本	上字调	上=宫=♭A	6孔作do	反调	上=宫=♭A	6孔作do
月明叙	东韩村十番会文曲本	上字调	上=宫=♭A	6孔作do	反调	上=宫=♭A	6孔作do
荷花开放	东韩村十番会文曲本	上字调	上=宫=♭A	6孔作do	反调	上=宫=♭A	6孔作do
对舞歌	东韩村十番会文曲本	上字调	上=宫=♭A	6孔作do	反调	上=宫=♭A	6孔作do
留情娘	东韩村十番会文曲本	上字调	上=宫=♭A	6孔作do	反调	上=宫=♭A	6孔作do
八板	东韩村十番会文曲本	上字调	上=宫=♭A	6孔作do	反调	上=宫=♭A	6孔作do
春来	东韩村十番会文曲本	上字调	上=宫=♭A	6孔作do	反调	上=宫=♭A	6孔作do
夏来	东韩村十番会文曲本	上字调	上=宫=♭A	6孔作do	反调	上=宫=♭A	6孔作do
秋来	东韩村十番会文曲本	上字调	上=宫=♭A	6孔作do	反调	上=宫=♭A	6孔作do

(续表)

曲名	乐谱	乐谱宫调			曲谱宫调传承		
		调名	调高	指法	调名	调高	指法
冬来	东韩村十番会文曲本	上字调	上=宫=♭A	6孔作do	反调	上=宫=♭A	6孔作do
抱妆台	东韩村十番会文曲本	上字调	上=宫=♭A	6孔作do	反调	上=宫=♭A	6孔作do
大舞队	后部村十番会乐谱	上字调	上=宫=♭A	6孔作do	正调	合=宫=♭E	3孔作do
闹花灯	后部村十番会乐谱	上字调	上=宫=♭A	6孔作do	正调	合=宫=♭E	3孔作do
灯月交辉	后部村十番会乐谱	上字调	上=宫=♭A	6孔作do	正调	合=宫=♭E	3孔作do
莲出水	后部村十番会乐谱	上字调	上=宫=♭A	6孔作do	正调	合=宫=♭E	3孔作do
荷花放	后部村十番会乐谱	上字调	上=宫=♭A	6孔作do	正调	合=宫=♭E	3孔作do
莲生子	后部村十番会乐谱	上字调	上=宫=♭A	6孔作do	正调	合=宫=♭E	3孔作do
采莲歌	后部村十番会乐谱	上字调	上=宫=♭A	6孔作do	正调	合=宫=♭E	3孔作do
万年欢	后部村十番会乐谱	上字调	上=宫=♭A	6孔作do	正调	合=宫=♭E	3孔作do
四来帽	后部村十番会乐谱	上字调	上=宫=♭A	6孔作do	正调	合=宫=♭E	3孔作do
和风至	后部村十番会乐谱	上字调	上=宫=♭A	6孔作do	正调	合=宫=♭E	3孔作do
锦云亭	后部村十番会乐谱	上字调	上=宫=♭A	6孔作do	正调	合=宫=♭E	3孔作do
桂花香	后部村十番会乐谱	上字调	上=宫=♭A	6孔作do	正调	合=宫=♭E	3孔作do
雪梅花	后部村十番会乐谱	上字调	上=宫=♭A	6孔作do	正调	合=宫=♭E	3孔作do
引子	承德清音会奉奏乐谱	上字调	上=宫=♭A	6孔作do	—	上=宫=♭A	6孔作do
梅花三弄	承德清音会奉奏乐谱	上字调	上=宫=♭A	6孔作do	—	上=宫=♭A	6孔作do
浪淘沙	承德清音会奉奏乐谱	上字调	上=宫=♭A	6孔作do	—	上=宫=♭A	6孔作do
惜黄花	承德清音会奉奏乐谱	上字调	上=宫=♭A	6孔作do	—	上=宫=♭A	6孔作do
小凉州	承德清音会奉奏乐谱	上字调	上=宫=♭A	6孔作do	—	上=宫=♭A	6孔作do
月下海棠	承德清音会奉奏乐谱	上字调	上=宫=♭A	6孔作do	—	上=宫=♭A	6孔作do
春来	承德清音会奉奏乐谱	上字调	上=宫=♭A	6孔作do	—	上=宫=♭A	6孔作do
夏来	承德清音会奉奏乐谱	上字调	上=宫=♭A	6孔作do	—	上=宫=♭A	6孔作do
秋来	承德清音会奉奏乐谱	上字调	上=宫=♭A	6孔作do	—	上=宫=♭A	6孔作do
冬来	承德清音会奉奏乐谱	上字调	上=宫=♭A	6孔作do	—	上=宫=♭A	6孔作do
玉芙蓉	承德清音会奉奏乐谱	上字调	上=宫=♭A	6孔作do	—	上=宫=♭A	6孔作do
尾子	承德清音会奉奏乐谱	上字调	上=宫=♭A	6孔作do	—	上=宫=♭A	6孔作do
小妹子	赤峰雅乐	上字调	上=宫=♭A	6孔作do	小宫调	上=宫=G	6孔作do
北正宫	赤峰雅乐	上字调	上=宫=♭A	6孔作do	小宫调	上=宫=G	6孔作do
中风韵	赤峰雅乐	上字调	上=宫=♭A	6孔作do	小宫调	上=宫=G	6孔作do
尾繁续	赤峰雅乐	上字调	上=宫=♭A	6孔作do	小宫调	上=宫=G	6孔作do
春来	赤峰雅乐	上字调	上=宫=♭A	6孔作do	正宫调	合=宫=D	3孔作do

(续表)

曲名	乐谱	乐谱宫调			曲谱宫调传承		
		调名	调高	指法	调名	调高	指法
夏来	赤峰雅乐	上字调	上=宫=♭A	6孔作do	正宫调	合=宫=D	3孔作do
秋来	赤峰雅乐	上字调	上=宫=♭A	6孔作do	正宫调	合=宫=D	3孔作do
冬来	赤峰雅乐	上字调	上=宫=♭A	6孔作do	正宫调	合=宫=D	3孔作do
冬来尾	赤峰雅乐	上字调	上=宫=♭A	6孔作do	正宫调	合=宫=D	3孔作do

河北十番乐"上字调"存见乐谱有《东韩村十番会文曲本》《后部村十番会乐谱》《承德清音会奉奏乐谱》和《赤峰雅乐》4本。"上字调"曲目46首，乐谱宫调的调名为上字调，调高上=宫=♭A，指法以第6孔作do。

在曲谱宫调传承中，东韩村十番乐曲目12首，调名为"反调"，调高、指法保持不变，曲目有《山桃红》《万年欢》《月明序》《荷花开放》《对舞歌》《留情娘》《八板》《春来》《夏来》《秋来》《冬来》《抱妆台》；后部村十番乐曲目13首，调名为"正调"，调高为合=宫=♭E，指法以第3孔作do，曲目有《大舞队》《闹花灯》《灯月交辉》《莲出水》《荷花放》《莲生子》《采莲歌》《万年欢》《四来帽》《和风至》《锦云亭》《桂花香》和《雪梅花》；承德清音会曲目12首，调名不详，调高、指法保持不变，曲目有《引子》《梅花三弄》《浪淘沙》《惜黄花》《小凉州》《月下海棠》《春来》《夏来》《秋来》《冬来》《玉芙蓉》和《尾子》；赤峰雅乐"上字调"曲目11首，调名有两个，即"小宫调"和"正宫调"。其中，"小宫调"调高为上=宫=G，指法不变以第6孔作do，曲目4首，即《小妹子》《北正宫》《中风韵》和《尾繁续》。"正宫调"调高以合=宫=D，指法为第3孔作do，曲目5首，即《春来》《夏来》《秋来》《冬来》和《冬来尾》。

3. "尺字调"曲目宫调类归（表14）

表14 "尺字调"曲目宫调类归

曲名	乐谱	乐谱宫调			曲谱宫调传承		
		调名	调高	指法	调名	调高	指法
鹧鸪帽	东韩村十番会文曲本	尺字调	尺=宫=♭B	筒音作do	—	尺=宫=♭B	6孔作do
鹧鸪令	东韩村十番会文曲本	尺字调	尺=宫=♭B	筒音作do	—	尺=宫=♭B	6孔作do
鹧鸪身	东韩村十番会文曲本	尺字调	尺=宫=♭B	筒音作do	—	尺=宫=♭B	6孔作do
鹧鸪扎	东韩村十番会文曲本	尺字调	尺=宫=♭B	筒音作do	—	尺=宫=♭B	6孔作do
鹧鸪天	赤峰雅乐	尺字调	尺=宫=♭B	筒音作do	正宫调	尺=宫=A	筒音作do
龙头	赤峰雅乐	尺字调	尺=宫=♭B	筒音作do	正宫调	尺=宫=A	筒音作do
飞蝴蝶	赤峰雅乐	尺字调	尺=宫=♭B	筒音作do	正宫调	尺=宫=A	筒音作do
五僧佛	赤峰雅乐	尺字调	尺=宫=♭B	筒音作do	正宫调	尺=宫=A	筒音作do

河北十番乐"尺字调"存见乐谱有《东韩村十番会文曲本》和《赤峰雅乐》2本。"尺字调"曲目8首,乐谱宫调的调名为尺字调,调高尺=宫=♭B,筒音作do。

曲谱宫调传承中,东韩村十番乐曲目4首,调名不详,调高为尺=宫=♭B,但指法以第6孔作do与乐谱宫调相同,曲目有《鹧鸪帽》《鹧鸪令》《鹧鸪身》和《鹧鸪扎》;赤峰雅乐曲目4首,调名为"正宫调",指法与乐谱宫调相同,皆以筒音作do,但调高是尺=宫=A,曲目有《鹧鸪天》《龙头》《飞蝴蝶》和《五僧佛》。

4."四字调"曲目宫调类归(表15)

表15 "四字调"曲目宫调类归

曲名	乐谱	乐谱宫调			曲谱宫调传承		
		调名	调高	指法	调名	调高	指法
雁落	东韩村十番会文曲本	四字调	四=宫=F	4孔作do	—	尺=宫=♭B	6孔作do
得胜令	东韩村十番会文曲本	四字调	四=宫=F	4孔作do	—	尺=宫=♭B	6孔作do
沽美酒	东韩村十番会文曲本	四字调	四=宫=F	4孔作do	—	尺=宫=♭B	6孔作do
太平令	东韩村十番会文曲本	四字调	四=宫=F	4孔作do	—	尺=宫=♭B	6孔作do
雁头	赤峰雅乐	四字调	四=宫=F	4孔作do	尺字调	四=宫=E	4孔作do
雁阵[雁序]	赤峰雅乐	四字调	四=宫=F	4孔作do	尺字调	四=宫=E	4孔作do
雁旋	赤峰雅乐	四字调	四=宫=F	4孔作do	尺字调	四=宫=E	4孔作do
雁身[雁行]	赤峰雅乐	四字调	四=宫=F	4孔作do	尺字调	四=宫=E	4孔作do
雁落[雁落平沙]	赤峰雅乐	四字调	四=宫=F	4孔作do	尺字调	四=宫=E	4孔作do
雁尾	赤峰雅乐	四字调	四=宫=F	4孔作do	尺字调	四=宫=E	4孔作do

河北十番乐"四字调"存见乐谱有《东韩村十番会文曲本》和《赤峰雅乐》2本。"四字调"曲目10首,乐谱宫调的调名为四字调,调高四=宫=F,指法4孔作do。

曲谱宫调传承中,东韩村十番乐曲目有4首,调名不详,调高、指法与乐谱宫调不同,即调高尺=宫=♭B,指法以6孔作do,曲目有《雁落》《得胜令》《沽美酒》和《太平令》;赤峰雅乐曲目有6首,调名为"尺字调",调高四=宫=E,指法以4孔作do,曲目有《雁头》《雁阵》《雁旋》《雁身》《雁落》和《雁尾》。

四、宫调特征

通过以上对十番乐93首曲目宫调类归与考察,本文认为河北十番乐的宫调特征可以归纳为以下三点。

(一)宫调四宫

河北十番乐是以笛为主奏乐器的宫调体系。曲目93首,乐谱宫调与宫调传承类归如下:

乐谱宫调为四宫,其主要特征是以合=宫=♭E为均主的宫调体系。其中,合字调29首,指法以第3孔作do;上字调46首,指法以第6孔作do;四字调10首,指法以第 4 孔作 do；尺字调 8 首，指法以筒音作 do。

曲谱宫调传承为四宫。考察中，曲谱宫调传承的调名与调高存见变易与重叠的现象，按照定律乐器的不同指法类归原则，其主要特征仍以合＝宫为均主的宫调体系。其中，指法以第 3 孔作 do（合字调）42 首；指法以第 6 孔作 do（上字调）41 首；指法以第 4 孔作 do（四字调）6 首；指法以筒音作 do（尺字调）4 首。

（二）正调变迁

定律乐器所确定的正调，在历史发展的总进程中无论是其纵向传承还是横向传播时，不变是相对的，变异是不可避免的。在分析与研究乐种宫调历时演变时，应关注正调演奏指法及其历史变迁的依据与痕迹等。①

正调指法演奏是乐种的主调，其特征表现在演奏的数量上、曲目上及旋律风格上都占有绝对的优势。通过对河北十番乐曲目宫调 93 首乐谱宫调不同指法的类归，其中，合字调演奏指法为 29 首，占总曲目数量的 27%；上字调演奏指法为 46 首，占总曲目数量的 53%；四字调演奏指法为 10 首，占总曲目数量的 11%；尺字调演奏指法为 8 首，占总曲目数量的 0.9%。由此，可以推断河北十番乐并不是正调指法典型的代表乐种，该乐种的主调时期应为反调演奏指法时期。而以正调指法演奏为主调的历史时期，应在该乐种最早乐谱抄本光绪年间之前。

（三）宫调转换

河北十番乐曲目宫调 93 首在乐谱宫调上为四宫，即合字调、上字调、四字调和尺字调。但各地乐种在实际传承的过程中，乐谱宫调多有转换与失落。通过对各地乐种曲谱宫调传承与乐谱宫调的逆向考察，我们发现其宫调转换主要有以下 3 种。

第一种，以合字调转换为上字调的乐种，多见于东韩村十番乐。曲目 5 首，即《青天歌》《大水龙吟》《小水龙吟》《大朝天子》和《小朝天子》。这 5 首曲目，乐谱宫调为合字调，以合为宫，指法演奏以第 3 孔作 do。曲谱宫调传承中，宫调则为上字调，以上为宫，指法演奏以第 6 孔作 do。考察中，据该乐种传承人刘勤（1934 年—　）回忆，自父辈刘云青（1883—1969 年）传承演奏十番音乐以来，该乐社的 25 首乐曲的指法一直是以第 6 孔作 do 来演奏，即以上为宫的演奏指法。因此，造成东韩村十番会这 5 首乐曲宫调转换的原因与该乐种仅存一种指法演奏所决定的宫调有关。

第二种，以上字调转换为合字调的乐种，多见于后部村十番乐。曲目 13 首，即《大舞对》《闹花灯》《灯月交辉》《莲出水》《荷花放》《莲生子》《采莲歌》《万年欢》《四来帽》《和风至》《锦云亭》《桂花香》《雪梅花》。这 13 首曲目，乐谱宫调为上字调，曲谱宫调传承为合字调。考察后部村十番会乐谱 28 首宫调指法，乐谱宫调应为两种，即合字调和上字调。而在曲谱宫调传承中，28 首曲目仅为一种，即以合为宫，演奏指法是以第 3 孔作 do 的合字调。以上两种宫调的转换，乐谱谱字不变，指法改变进

---

① 袁静芳. 乐种学 [M]. 北京：华乐出版社，1999：18.

而宫音位置转换，是民间在乐谱宫调传承中宫调转换的重要原因。

第三种，以四字调转换为尺字调的乐种，多见于东韩村十番乐。曲目 4 首，即《雁落》《得胜令》《沽美酒》《太平令》。这 4 首曲目，乐谱宫调为四字调，曲谱宫调传承为尺字调，实际演奏以第 6 孔作 do（上字调）。造成宫调转换的原因与该乐种乐谱谱字"勾"字和演奏指法的丢失有关。

"勾"字，在乐谱的谱字中是"以上代勾"。宫调体系与乐器性能息息相关。由于该乐种乐器"勾"音律的丢失（表 7），曲谱宫调传承是以"上"字音律替代"勾"字，曲目宫调由四字调转换为下方五度尺字调。

以东韩村十番会《雁落》（第一段）为例，下面分别将这首乐曲两种宫调在工尺谱、四字调直译（崔晓娜译），尺字调译谱（刘勤念谱、于学深原译谱）进行说明。（谱例 1）

谱例 1　东韩村十番会《雁落》第一段（1—14 小节）

在谱例 1 中，乐谱宫调是以四为宫的四字调，乐谱谱字是"以上代勾"。但由于该乐种丢失了"勾"字音律，所以造成主宰四字调的宫-角大三度音程不成立。曲谱宫调传承为尺字调，乐谱谱字不变，由于谱字"上"实为"上"字音律，主宰宫调中的宫-角关系，由四为宫转换为以尺为宫的尺字调。

考察中，由于东韩村十番乐仅存一种以第 6 孔的演奏指法，乐谱宫调由四字调转换为尺字调，采用上字调以第 6 孔作 do 的演奏指法。这样就形成了宫音不变，乐谱谱字不变，指法改变的隐伏宫调转换。

结　语

河北十番乐的宫调体系为"合、上、尺、四"四宫。其中，正调调首"合"字配黄钟，与宋代文献记载的"今燕乐只以合字配黄钟"宫调体系相符合，属于燕乐宫调体系，宋承唐制，应是唐、宋宫廷燕乐宫调体系的遗制。而以"合"字为调首的宫调体系，黄钟＝合＝♭E，其历史最早可以追溯到汉代。在河北十番乐曲目宫调的传承过程中，宫调的调首与宫调在实际应用中多有转换和失落。本文运用宫调中不同指法的类归，探寻各乐种宫调之间的转换、宫调的结构层次及正调的确立与变迁。通过对河北十番乐宫调体系与93首宫调曲目在实际应用时的分析和归纳，本文认为河北十番乐宫调特征主要是以合字调和上字调为主；其主调时期是以上字调为演奏指法的时期，而传统十番乐以合字调为正调指法演奏的主调历史时期，应在该乐种最早乐谱抄本光绪年间之前。

通过对河北十番乐93首曲目宫调的考察与研究，本文认为，在研究中国传统音乐乐种的宫调特征时，不同指法的宫调类归在研究该乐种演变过程中具有重要的地位和历史价值，即在调名、调高与指法三者的相互关系中，定律乐器的不同指法类归是研究中国传统音乐乐种宫调体系的重要原则，同时，也是我们分析中国传统音乐乐种宫调与其他音乐文化相互影响与融合时不可忽视的重要参考资料。

（本文原载《中国音乐学》2018年第1期，略有改动）

附　本文是笔者在博士论文《河北十番乐音乐研究》"第五章"（中央音乐学院出版社2018年版）基础上修改而成，在此衷心感谢导师袁静芳教授对论文的悉心指导。本文为河北省社会科学基金项目"河北十番乐音乐研究"（HB13YS013）阶段性成果。

作者简介　崔晓娜，女，河北省邯郸市人。河北师范大学音乐学院教授、硕士生导师。

从演出场地变迁看东路二人台的发展轨迹
——兼谈东路二人台的民俗文化功能

河北师范大学音乐学院 李占秀

摘 要 本文从东路二人台演出场地的视角出发,分析演出场地变迁中东路二人台艺术形式的继承和演变,而这种变迁在一定程度上反映出东路二人台发展过程中欣赏群体的需求和认可,正是这样的民俗文化功能,推动着东路二人台未来的发展。

关键词 演出场地;民俗;功能;欣赏群体

二人台作为一种民间戏曲,之所以能够长期流传经久不衰,不仅在于它有着深厚的民间根基,更重要的是其传承方式。俗话说,"十里不同风,百里不同俗",在不同习俗的影响下,各地的艺术形式也表现出不同的民俗文化功能。本文从东路二人台演出场地的视角出发,分析演出场地变迁中东路二人台艺术形式的继承和演变,而这种变迁在一定程度上反映出东路二人台发展过程中欣赏群体的文化需求,正是各个时期人民群众对民族文化的需求,推动着东路二人台的发展。

一、东路二人台演出场地的变迁

演出场地是东路二人台表演的临时或固定的舞台,是集中反映艺术民俗的场所。东路二人台在发展过程中,演出场地也经历了变化,可以说,演出场地的演变是东路二人台艺术发展与成熟的一个最有力的见证。

1. 以"家"为舞台的"打坐腔"阶段

东路二人台是由民间社火的"打坐腔"发展起来的。[①]"打坐腔"的演唱多在冬季,农民们闲着没事就在家里的火炕上围坐而唱,尽欢而散。据河曲老艺人吕桂英说:"二人台早期完全是'打坐腔'形式……几个人围座在一起,唱二人台的人借上老百姓的衣服和扇子,拉上一个能说的,一男一女对上两个句式,就唱起来,完全是自娱自乐。"[②] 据府谷郭候绪介绍:"小时,听老人说,二人台就是坐腔形式,每到正月,就是

---

① 中国曲艺志全国编辑委员会,《中国曲艺志·陕西卷》编辑委员会. 中国曲艺志:陕西卷[M]. 北京:中国ISBN中心,2009:99.

② 杨红. 当代社会变迁中的二人台研究:河曲民间戏班与地域文化之互动关系[M]. 北京:中央音乐学院出版社,2006:50.

看二人台。土炕上就是二人台表演的舞台，看的人都在地上，表演的人都是盘着腿坐在炕上表演，没有扇子，就拿着笤帚，丑角带着辣椒子。"①

"打坐腔"大多以演唱民歌为主，改编民歌的唱词，即兴创作音调，不拘于形式，后来以扬琴、四胡为伴奏乐器，慢慢又形成了先演奏牌子曲，再唱各种民歌的形式。可以说，这一以"家"为舞台的时期是东路二人台的最初阶段。渐渐地，这种小舞台满足不了更多人的娱乐需求，东路二人台逐渐将舞台搬到了外面。

2. 以"地摊"为舞台的"打玩意儿"阶段

由于"打坐腔"的形式不能满足更多人的娱乐需求，艺人们逐渐向其他艺术形式靠拢，从"家"走到了外面的"地摊"上并从事艺术活动，这意味着这一形式日趋成熟。

"打玩意儿"是唱者在"打坐腔"的基础上，加上舞蹈、表情动作、化妆表演而逐渐发展起来的。其演唱内容多近似于民歌唱词的内容，没有完整的故事，多以四季、五更、十二月时序叙事抒情。演员一丑、一旦，用第三人称演唱。

东路二人台称"打玩意儿"的演唱者为"唱小曲儿"的。逢年过节大伙会闹秧歌、唱小曲热闹一番。由于这一地区和坝下相邻，坝下的流浪艺人经常到这一地区走村串巷、卖艺糊口，走到哪儿唱到哪儿，他们一般会找一个背风的地方围成一个圈，这样就形成一个舞台，流浪艺人们载歌载舞。由于北方风大土多，所以演员做动作时经常会形成灰土漫天的景象。这一时期的东路二人台还没有正式命名，老百姓称其为"地皮灰"或"平地楼"，这都是对这一时期二人台艺术表演舞台的侧面描述。

3. 以"戏台"为演出场地的"风搅雪"时期

"风搅雪"是东路二人台早期的一种唱法，"演唱时蒙汉语言兼用，蒙汉民歌皆唱，有时蒙歌汉唱，有时汉歌蒙唱。这种蒙汉交融的演唱方式，当时老百姓谓之'风搅雪'"②。用两种语言在同一个剧目里演唱，这在我国戏曲中十分少见，这也是不同民族的不同审美习惯的融合。后来，"风搅雪"逐渐成为一个广泛的概念，不同艺术形式的同台演出也被称为"风搅雪"。

早在同治年间，山西省忻州市河曲县唐家会村的"五云堂玩意班"与该村的道情戏班合并组成了"风搅雪"班并同台演出，由艺人李有润、鄢圣祥、"天明亮"等人传艺，将《牧牛》《小寡妇上坟》《走西口》等节目加以整理和改编后演出。目前在河曲县五花城乡大念堰村的龙王庙的舞台题记就是最有力的证据③，另一个证据就是杨红在

---

① 杨红. 当代社会变迁中的二人台研究：河曲民间戏班与地域文化之互动关系［M］. 北京：中央音乐学院出版社，2006：51.

② 中国戏曲志编辑委员会，《中国戏曲志·内蒙古卷》编辑委员会. 中国戏曲志：内蒙古卷［M］. 北京：中国ISBN 中心，2000：73.

③ 杨红. 当代社会变迁中的二人台研究：河曲民间戏班与地域文化之互动关系［M］. 北京：中央音乐学院出版社，2006：52.

考察河曲岷沟的护宁寺时，所见的寺内戏楼的石碑上记载的"风搅雪"班子在清朝光绪年间的活动情况。①

4. 以"专门舞台"为演出场地的"二人台"时期

据《中国戏曲志·内蒙古卷》记载，直到"中华人民共和国成立后，人民政府将流散的二人台艺人组织起来，组成剧团，进入剧场演出"②。各地相继成立了文工团或文化馆，不仅演出新歌剧，而且同时还举办了各种二人台民间艺人学习会，从而促进了二人台剧种的发展。据统计，当时的察哈尔省（今北京市张家口、河北省、山西省一带）仅尚义县就有50个玩意班，演职人员达到1100人。之后各县举办各种二人台学习班、民间歌舞团，同时对传统剧目进行改编，并大量创编了很多新剧目。当时的绥远县（今内蒙古自治区中部、南部地区）人民政府非常重视民间艺术，在1950—1952年间连续举办了11期民间艺人学习会，其中有7期是二人台艺人学习会。当时的绥远省政治协商委员会副主席杨植霖对二人台艺术的发展非常关心，于1951年4月亲临学习班，看望艺人们，并发表讲话《二人台翻身》。至此，"打玩意儿"这一名称正式改为"二人台"，并被山西、陕西、河北等地的群众逐渐认可。

二、演出场地变迁过程中东路二人台的发展

1. "打坐腔——烂席片"的渐变

"打坐腔"这种艺术形式在蒙汉人民中间早就盛行开来。一些能拉会唱的百姓利用农闲或喜庆聚会时的机会围坐在一起，尽情欢歌。当走西口的潮流愈演愈烈时，山西、陕西及河北的大量农民开始涌入走口外的大潮中。从张家口一带出口外谋生的人愈来愈多。张家口一带不仅是商人云集的通商口岸，而且同时是一些小商贩及民间艺人流入的地方，这使得坝上地区成为一个蒙汉杂居的地区。他们有的打短工，春去冬归；有的携家小，长期定居。冬闲时人们为了自娱，围坐在一起演唱民歌和民间传说，即所谓的"丝弦坐唱"。

由于没有文字记载，人们演唱的内容都是一些民歌、小曲。据老人讲，更多的时候是演唱者即兴发挥，将身边的事编成歌词进行演唱，这种形式特别受老百姓的喜欢。目前，流传下来的坐唱形式——"烂席片"也叫"戳古董"，就是一种这样的坐唱形式。演唱者可以不化妆。每个演唱者都演奏一件乐器，边拉边唱，或对唱或单唱，可根据内容需要进行调整。

关于"戳古董"这一叫法，起源是这样的。据说1951年，河北省尚义县三道湾乡发生了一起杀人案，当地著名艺人叶露、赵福林根据坝上莲花落的曲调编唱了《包办婚

---

① 杨红. 当代社会变迁中的二人台研究：河曲民间戏班与地域文化之互动关系 [M]. 北京：中央音乐学院出版社，2006：50-57.

② 中国戏曲志编辑委员会，《中国戏曲志·内蒙古卷》编辑委员会. 中国戏曲志：内蒙古卷 [M]. 北京：中国ISBN中心，2000：75.

姻出人命》这一曲目，当时称之为"戳古董"，意为捅了娄子、出了乱子、闯下祸了。之后这种用二人台曲调边说边唱故事的形式就在坝上地区广为传播，"戳古董"的叫法就沿袭了下来。艺人纷纷开始仿效，便唱出各种各样的"戳古董"。随着时代的发展和群众的要求，"民间艺人"开始有意识地进行创作，由原来的逢场作戏、即兴表演，逐渐发展成为长篇的"戳古董"。

2. "打地摊儿——说呱嘴儿"的渐变

"说呱嘴儿"也叫干嗑儿、快板，属于用方言说唱快板的类型，一般以叙述为主、代言为辅，具有一人饰演多个角色的特点。它将叙述故事、塑造人物有机地结合起来，同时穿插评议和抒情，节奏明快、幽默诙谐。在一百多年的发展过程中，"说呱嘴儿"的形式逐渐从"打坐腔"演变到"打地摊"，后来逐渐加入更多的表演，在"打地摊儿"的演出时"说呱嘴儿"成为演出前的开场白。

"说呱嘴儿"最初在开场前用来招揽生意、稳定场子秩序，后来用于开场。滚边的（指丑角）先喊一声"哈拉嗨"，然后就开始说呱嘴儿。常说的呱嘴儿有《懒大嫂》《捉跳蚤》《黑对头》等。滚边的说完呱嘴儿后，道白"看来今天天气很好，不如《走西口》一回"或"《打连成》一回"等，这就相当于报幕，接着二人台演出正式开始。在其他戏曲里没有这种表演形式，有人称其为二人台的"'说'表演部分"。现在这一形式逐渐走向成熟，有时可以单独成为一个节目，极大地丰富了东路二人台表演艺术的内容。

3. 戏台演出和半专业戏班的出现

东路二人台在抗战前并无职业戏班，只是在农闲时有业余艺人为群众进行业余或半业余的（半职业性的）演出，这个时候称之为"打玩意儿"。

随着半职业性二人台戏班的出现，民间艺人对剧目不断进行加工改造，产生了演出内容和表演方法，并创造出一大批具有地方特色的传统剧目。1931年，河北省张北县龙王庙村乡绅程万祯献出一块地皮，由乡绅出资在城隍庙西南处建了一座"民乐戏院"，座位是长条木凳，可容纳约450人，该戏台被称为"口外第一台"，这也是东路二人台和晋剧等其他表演艺术同台演出的场所。当时经常有晋剧演员凤凰旦、点点旦、九岁红、十二红、小金钟等前往演出《六月雪》《三娘教子》《坐楼杀惜》等。[①] 偶尔也有玩意班去演出，演出一些传统剧目，如《下山》《观灯》《走西口》《打后套》等，深受观众的喜爱。与其他表演艺术同台演出的过程中，东路二人台也大量吸收了晋剧等表演艺术的精华，从服装道具到舞台表演等都有所接纳。

4. 舞台演出的歌舞、小戏

由于受社火影响较多，东路二人台的表演可分为歌舞和小戏两种。歌舞的表演源自

---

① 王芳，邢野，《东路二人台艺术集成》编纂委员会. 东路二人台艺术集成[M]. 呼和浩特：内蒙古人民出版社，2006：1113.

社火的地平跷，二人台里虽不踩跷，但沿用其颠颤步，走场时仍用高跷的剪子步、编蒜辫及秧歌的八字步，道具上习惯采用彩扇、手绢、霸王鞭等。传统剧目有《挂红灯》《打金钱》等。小戏是从叙事性的民歌衍化而来，其中的人物都有姓名，表演没有程式规范，动作生活化。从20世纪50年代以后，二人台作为一个地方小剧，正式登上舞台。① 此后，舞台成为东路二人台表演的主要场所，题材多为反映农村家庭、爱情、劳动的故事。特别是近年来，东路二人台小戏围绕着新时代的变化，创作了一大批优秀的作品，比如《抢财神》《父子争权》等。东路二人台的表演形式比较简单，以唱、念、舞为主要表现手段，具有载歌载舞、诙谐风趣、生活气息浓郁的特征。在每一个阶段，东路二人台都在一些方面有所突破和有一定的进展。当然，到现在东路二人台表演艺术也面临着时代的挑战。

三、东路二人台的民俗文化功能

梅利亚姆认为，音乐不能仅仅被界定为一种声音现象，因为它涉及个人和由个人组成的群体行为，而且它的特定构造需要那些音乐和非音乐判定者们的社会认可②。民间音乐在社会和文化中具有自身的功能。任何民俗事项和民间文学作品都不是无谓地传习的，它在其所依存的俗民社会中总是起到这种或那种实际的作用，满足了社会整体的共同需要，也满足了个人的心理需求，这种将人们生活融为一个整体的有效作用，就是功能③。东路二人台从诞生之日起，就在民众的生活中发挥着它的功能。东路二人台从最初简单的娱乐形式到后来发展成专业化的舞台表演，这个过程是一个不断创造、传承，不断适应观众需求的过程。

1. **娱乐功能**

从东路二人台最初萌芽的年代的角度看，广大的劳动人民不仅过的是"面朝黄土背朝天"的日子，而且长期处于被剥削、被压迫的地位。精神上的需求使他们产生了多种抒发情感的方式，因此，东路二人台是为了满足民俗社会的娱乐需求而产生的。以"家"为舞台的"打坐腔"最初便是劳动人民闲暇之余的一种自娱自乐的活动形式。这种娱乐活动能够让劳动人民尽情地抒发内心的情感。可以说"打坐腔"的娱乐形式是二人台艺术形成的基础。

当以"家"为舞台的自娱自乐的形式无法满足更多人的观赏需求，限制演员表演的时候，就出现了由半职业性的民间艺人、班社组织的一种季节性表演，演出舞台也搬到了户外。笔者记得小时候，每到秋季结束时就会有大大小小的班子到各村演出。当时村里没电，晚上的演出就在背风处（坝上地区风大），由观众围成一个圈，演出舞台的

---

① 洛秦. 启示、觉悟与反思：音乐人类学的中国实践与经验三十年：1980—2010：第5卷：著作·述评 [M]. 上海：上海音乐出版社，2010：173.
② 艾伦·帕·梅里亚姆. 音乐人类学 [M]. 穆谦，译. 北京：人民音乐出版社，2010：28.
③ 陶思炎. 应用民俗学 [M]. 南京：江苏教育出版社，2001：45.

两侧由专门的人点两个火球（大棉球沾上柴油）当作照明。虽然当时的气温可能都在零下，但是观众的热情丝毫不减。如果说没有观众对东路二人台产生的娱乐需求，东路二人台的演出场所就不会不断变迁。可以说，东路二人台之所以能够在民间深深扎根、能够在民众的生活中代代流传，是因为它已成为老百姓不可缺少的"精神食粮"，已和它所依存的民俗文化紧密相连。它在满足观众娱乐需求的同时，已具有一定的民俗文化功能（二人台演出的内容涉及诸多民俗、民风）。

2. 社会规范功能

东路二人台短小精悍、灵活多样，是最善于反映现实生活的艺术形式。东路二人台里的主人公都是普通的小人物（农民、牧民、灾民、店主、船工、脚夫、寡妇、尼姑、媒婆、小贩等），通过他们的故事，再利用幽默诙谐的喜剧色彩，揭露现实中的不合理之处，不仅教育人们弃恶从善，而且同时也反映了劳动人民维护正义、崇尚美好的思想内涵。通常，"如果按照音乐的文化标准，听者和表演者都认为该作品成功的话，那么关于音乐的观念就会被强化、再次运用于行为并且转化为音乐出现"①。例如，在东路二人台的传统剧目《秀姑劝夫》中，秀姑费尽心力苦劝好赌成性的丈夫，并最终劝服了丈夫，一家人又其乐融融地过日子。像《秀姑劝夫》这样的剧目，民众在欣赏表演的同时也从中获得了启示。正是生活中这样的事实被音乐化后，极大地引起非表演者情感上的共鸣。欣赏者因为作品符合他们所认可的道德标准或社会规范，从而接受它、喜欢它，这种反馈同时激励着表演者进行再创作。在东路二人台的剧目中，类似的剧目并不少，这也反映了东路二人台的创作来源于民众的生活。它反映的是劳动人民的现实生活，表达的是劳动人民的真实情感，提炼的是老百姓心底的道德精华。民众在欣赏、享受东路二人台的同时，也受到了一定的教育和感化。当然，演出场地的变化对东路二人台的曲目有一定的影响。随着演出场地的正规化，二人台的演出曲目更加规范，一些不健康的剧目随着演出舞台的变迁逐渐被取缔，而一些积极向上、提高民众思想的剧目更加受到观众的认可和肯定。例如，《小叔子夸嫂嫂》等剧目在小舞台演出时常引得一些观众哈哈大笑，但当它需要面对很多观众时，这种剧目就难登大雅之堂了，因此，演出舞台在规范剧目、提高老百姓的思想道德方面起到了积极的作用。

3. 文化传承功能

在东路二人台的传承过程中，专业艺人的传承是其主要的传承方式。因此，专业艺人在东路二人台的传承过程中起着重要的作用。然而，不能忽视的是，除了这些专业的艺人之外，还有相当一部分人成了"随俗角色"，这些人大多是二人台的业余爱好者。对于他们来说，东路二人台已成为生活的一部分，并没有刻意思考"传承"的问题。然而，正是他们生活中的这种无意识活动，在一定程度上推动了东路二人台的传承。现在，东路二人台已是影响较为广泛的一种民间表演艺术，表演者是其主体，但表演时面

---

① 艾伦·帕·梅里亚姆. 音乐人类学［M］. 穆谦，译. 北京：人民音乐出版社，2010：34.

向的是观众，已不像过去仅仅是为了自娱自乐（当然，最初的以"家"为舞台的"打坐腔"表演是劳动大众自娱自乐的活动形式，可以说，他们既是创造者和表演者，也是欣赏者。然而，之后随着表演舞台的转变，一些比较专业的民间艺人出现了，表演者和观众也被区分开来。再到后来"风搅雪"的舞台出现了，民间班社和专业剧团的成员的专业职能就是表演，表演成为他们谋生的手段）。如果没有喜爱东路二人台演出的观众，没有观众对表演和演员的欣赏，东路二人台也许早就成为静止的"戏曲"。当然，在传承过程中，传承人海纳百川的艺术胸怀和不懈的艺术追求也促进了民间音乐文化的长久发展，传承人和民众共同交流、表达情感，用健康的文化娱乐方式加强了社会规范，这些都更有助于东路二人台的良性传承与发展。然而笔者在回乡采风的过程中发现，尽管国家大力宣传并支持非物质文化遗产的保护，但情况并不乐观。眼下，东路二人台欣赏群体的数量正在逐渐减少，而且年龄上出现了断层。"80后"群体更喜欢的是流行音乐或歌舞，东路二人台的民俗功能也逐渐衰退了。假如没有广大民众对东路二人台艺术的欣赏，这种音乐文化就难以传承下去。因此，为了更好地传承东路二人台艺术，当下必须注意培养更广泛的欣赏群体。

（本文原载《中国音乐》2012年第2期，略有改动）

作者简介 李占秀，女，河北师范大学音乐学院教授、硕士生导师。1991年考入河北师范学院音乐系（今河北师范大学音乐学院）就读本科，1995年以优异成绩被学院保送到西南大学（原西南师范大学）音乐学院攻读硕士研究生，1998年回母校工作至今。

民间年节仪式与河北秧歌关系分析

河北师范大学音乐学院　田丽萍

摘　要　本文通过分析民间年节的历史发展脉络,从仪式角度解释秧歌与年节的关系,说明河北秧歌所呈现出的乡土习俗,进而对河北民间秧歌年节的文化本质进行阐释。本文认为,保护和传承发展河北民间秧歌,应注重民间舞蹈的本体意识,并在原生态民间秧歌文化的基础上进行创新。

关键词　河北秧歌；民间年节；仪式

前　言

我国人类学家、历史学者很早就开始思索民间年节——农耕文化乡土气息下的民间年节庆典在中国民间文化中的意蕴。民间传统年节体现出民众的诙谐性、积极性、协和性,以及其对百姓生活的精神慰藉。民间秧歌是一种与民间年节密切相关的民间歌舞形式,经过漫长的历史演化及文化积淀,逐渐形成种类繁多、风格各异、表演形式多元等特点,并广泛流传于全国各地。根据笔者对相关历史资料的分析,民间秧歌具有严肃性、神秘性、娱乐性与诙谐性等表演特性。同时,民间秧歌在民间年节期间的表演中呈现出特有的仪式程序和情景内容。河北秧歌是在民间年节期间流行于河北地区的一种民间歌舞表演形式,其种类繁多、形式多样,具有明显的地域文化特征,拥有清晰的历史传承脉络。许多表演形式可以追溯到古老且流传至今的傩仪、迎春仪式、元宵节仪式等传统年节仪式活动。

一、河北秧歌与传统民间年节仪式的演变

河北秧歌也称"社火""闹红火""走会""花会""耍玩意儿"等,历史悠久,是河北民间传统年节仪式的歌舞表演形式之一,主要分布在村、镇、城乡接合部的大街小巷和广场,以有组织的秧歌队及其队列组成,基本构成包括跷、狮、灯和杂技等。河北秧歌种类繁多,每个种类均有不同的特点,如河北沧州的落子有文落子、武落子,文落子以唱为主；武落子以舞蹈动作为主,上身舞蹈动作的特点是绕、穿、盘头过脑,下身舞蹈动作的特点是蹬、腾、转、扑。女板动作的特点是抗、拖、转、律、推、绕等,而女扇动作的特点则是蹬、跳、转、捻、端等。河北秧歌有妞、扭、生等角色,妞角舞蹈

动作的特点为手持扇的扭、摆、伸等；扛角舞蹈动作的特点为拧、捻、押、伸等，表情多以逗为主；生角舞蹈动作的特点多以跳、踢、蹬、蹲、探为主。民间百姓在表演龙灯、狮子舞、花车、旱船、竹马、帷子、战鼓等时，均表现出自娱欢庆的情绪，并呈现出河北秧歌的文化意蕴。作为民族精神和风俗人情的艺术体现，远古时代的图腾崇拜、殷商时期的祓禊之风、南北朝时期的宗教祭祀……都与河北秧歌的形成相关。在纵向的历史积淀中，河北秧歌彰显出无穷的生命力，其表演形式也体现出群众性、广场性、地域性、即兴性与自娱性等特征。

所谓民间年节仪式就是民间年节期间固定举行的、特有的仪式，即将周期性的自然季节与社会生活相结合的节日庆典。民间年节仪式想要体现的精神是社会民众积极充当仪式的主角。粗俗的民间语言与所效仿的上层统治者的穿戴打扮均在仪式中得以体现，这反映了民间百姓自由诙谐、自娱自乐、消极颠覆和整肃、秩序化的精神慰藉。无论是傩仪、迎春仪式还是元宵节仪式，都是自然节气中，百姓为了自身生存环境的平安或发达而进行的祈福活动，它们在不同程度上反映出民间百姓试图通过世代相传的图腾崇拜、神灵信仰等宗教仪式来抗衡或统治现实生活和大自然，体现了民间百姓对美好生活的期盼。河北秧歌与民间年节仪式的关系是经过漫长的历史发展而形成的，其发生周期与我国农历节气基本相同。根据不同的年节仪式，具有仪式性的广场"舞队"均有相应固定的表演内容，如有的年节仪式上歌舞并举；有的年节仪式上则采用大、小场相结合的表演形式；还有的年节仪式上走村串巷等。在表演上，运用各种人物扮相，如领舞者（伞头、老杆、头跷、妞、小妞、扛）和其他生、旦、丑等行当或角色，再通过各种人物性格和风格动作去表现剧情和人物，最终达到传达仪式内容的效果。

（一）傩仪

傩仪是中国古代流传至今的"驱鬼逐疫"的仪式，始于3 000余年前，在商代已具有固定的程式。在周代，傩仪被纳入宫廷雅乐体系，并在每年春、秋、冬三季举行级别、规模、范围不等的驱傩活动。从东汉到隋唐北魏，"大傩"是规格最高、人数最多、内容最丰富、演出最为壮观的乐舞仪式。北宋以后，宫廷举行的傩仪中不再见"方相氏""十二神"和"侲子"等角色，取而代之的是教坊伶人扮演的"将军""门神""钟馗"等角色。在达到娱神功能的同时，表演的重心愈发向娱人方向倾斜，这正是今天民间秧歌的重要特征。在我国古代每年按节令举行的各类傩仪，虽然伴随历史的进程已演化为民间的"乡人傩"并在各地流传，但所举行的仪式仍以"驱鬼纳吉"、祈求"人世平安"为目的，仪式程序基本上仍遵循古代旧制并在民间得以传承和延续。因此，傩仪与河北秧歌的关系体现在诸多方面。宋代，民间傩仪已经采取沿门、作场作为表演形式，这与河北大场秧歌的表演形式和作阵图形有相似之处。而宋代傩仪除了有原始的驱寒、逐疫之目的，还附带艺术欣赏之目的。当傩仪成为其扮演者谋生的手段时，便有向表演艺术方向发展的趋势，开始摆脱仪式的严肃性，并出现了乔装打扮式的游戏化倾向。这与秧歌向戏曲表演形式逐渐转变的过程相似。据相关资料记载,从秧歌发展、演变成戏曲的剧种,在全国剧种中所占比例之高,是相当惊人的。可以说,民间秧歌为百戏之源。在明清时期的地方志中,关于秧歌表演的记载就有"频具古乡傩遗意"一句,到了清代,民间傩仪不再被称为"打夜胡"而被称为"跳灶王"。

河北秧歌中诸多的表演内容是傩仪的遗存。因此,河北秧歌的形成与傩仪有密切关系,其在诸多民间年节仪式的表演中,以独特的舞蹈风格再现古老傩仪的遗风。

(二)迎春仪式

立春是二十四节气之首。立春的迎春仪式与傩仪在时间上有着既相似又相承接的关系。迎春仪式的实际目的也是驱寒逐疫、迎春纳福,与傩仪的目的相近。

据相关资料考证,东汉时期就有迎春仪式。迎春仪式在当时有两种目的:一是"迎气",二是"迎春"。后来随着历史的发展,主要变为"迎春"。到了唐代,由于鞭春仪式的出现,迎春仪式成为一种以官方为主导、以民众为主体的节日庆典,其仪式的严肃性开始减弱,喜庆的节日气氛开始增强。宋代以后,迎春与鞭春仪式的流程更加规范与完善,规模也更大。迎春仪式成为整个社会迎接立春的主流仪式。立春的文化内涵也发生了变化,喜庆的节日气氛越来越浓烈,迎春仪式已经成为具有广泛百姓基础、官民同庆的节日礼俗活动。这样的仪式文化特征与民间秧歌在年节中所体现的特点基本一致。明清时期,官方组织迎春仪式,主要目的是劝农稼禾穑,试图通过迎春仪式来强化统治者的权力和利益。当时参与迎春仪式过程的是社火表演队伍,其中的角色均由百姓扮演,这正是秧歌的主要表现形式。清代的社火中还会有一名"街道士",其在迎春仪式中会被临时赋予某种权力,动作滑稽。当时,乐户、民间巫婆、孩童和普通百姓都可参与社火节目。由于仪式的游戏化、去神化,百姓对于驱疫者舞蹈与即兴演唱能力的要求越来越高。[①] 后来逐渐发展出诸多种类的秧歌,主要有唱秧歌和说秧歌。在此过程中,由于百姓不断参与到节日庆典的队伍中,迎春仪式的整肃性开始逐渐消退,而娱乐性便相应地开始突出。每到民间年节期间,各种形式的秧歌表演也就随之发展起来。

因此,在迎春仪式的演变过程中,河北秧歌自此开始就介入了仪式表演之中,其表演形式到后来越来越壮大,艺人的才艺也越来越高,唱秧歌和说秧歌并存,河北秧歌中自娱自乐类的表演开始活跃起来。大多数地方的迎春仪式均有河北秧歌参与其中,并以其独特的表演形式展现着迎春仪式的主题。

(三)元宵节仪式

元宵节是中国的传统节日,始于两千多年前的西汉。在汉文帝时,正月十五被定为元宵节。在汉武帝时,"太一神"的祭祀活动定在正月十五。东汉明帝时提倡佛教,因佛教有正月十五观佛舍利、点灯敬佛的做法,皇帝便命令每年这一天的夜晚要在皇宫和

---

① 巫允明. 中国原生态舞蹈文化:1 [M]. 上海:上海音乐出版社,2011:139 – 160.

寺庙里点灯敬佛,令士族、庶民也都要挂灯。该节经历了由宫廷到民间、由中原到全国的发展过程,逐渐成为一个盛大的民间节日。随着历史的发展元宵节的节期与民俗活动的时间也得以延长,汉代为一天,唐代为3天,宋代则达5天,明代则长达10天。

有的学者在考察唐代以前元宵节的风俗时,发现在早期的演变过程中,它吸收了新年前后从大傩到立春的一些求吉、祈福、驱灾、除邪、迎新去旧的习俗。隋唐时期之后除了佛教点灯,还会以百姓歌舞来丰富庆典的内容。到了明清时期,秧歌已成为元宵节仪式庆典的重要内容。

由此可见,秧歌表演是当地元宵节仪式性表演活动中的重要节目,并具有古代傩仪与迎春仪式驱邪祈福的功能。河北秧歌在民间年节仪式中的表演,体现了浓厚的民间乡土文化的特征。

二、河北秧歌与民间年节仪式文化的传承与发展

存在于各种民间年节仪式中的秧歌表演,随着历史的发展也发生着不同程度的变化。在傩仪的历史发展过程中,宫廷大傩自宋代后逐渐消亡,表演活动的群体性特征并没有进一步发展,而民间傩仪又远没有形成群体性的规模,这与秧歌群体表演的特征有差异。[①] 但据有关资料表明,大傩虽然逐渐消失,与之相关的迎春仪式却一直延续至民国年间。由此,秧歌与傩仪之间虽然难见明显的继承与发展脉络,但是这并不意味着傩仪与秧歌之间的关系已经中断。在南朝梁代有记载:"为人嗜酒好乐,腊月于宅中使人作邪呼逐除,遍往人家乞酒食。"[②] 又有南宋文人记载:"或有路歧,不入勾栏,只在耍闹宽阔之处做场者,谓之'打野呵',此又艺之次者。"[③] 其中的"邪呼""打野呵"等仪式都为傩仪,均以秧歌的形式呈现。迎春仪式在历史发展中,部分继承了傩仪的功能,同时出现了以民间秧歌作为仪式的表演形式。清代迎春仪式中"春官"等角色的扮演者与傩仪中的驱疫者逐渐驱向统一,主要由乞丐或乐户扮演。在元宵节仪式中,秧歌和灯已经变为重要的表演艺术形式。参与表演人数的增多、按一定场次进行表演,这些都成为大小场秧歌的重要特征之一。舞队中部分角色的化妆、行头、动作逐渐固定化,并有具体称谓。这些角色的特征在目前民间流传的河北秧歌中仍然被保留,在后来的发展中,逐渐形成以演唱和戏曲装扮为主的民间秧歌表演形式,其最初驱疫逐瘟的思想逐渐消失,并朝着诙谐的方向发展。

民间年节仪式中的河北秧歌表演发展到今天,已经成为百姓年节生活中的重要组成部分,其形式多达百种,其中活动性最强、影响最大的有地秧歌、拉花、软秧歌、地平跷、凤秧歌、东寺大秧歌、榆林秧歌、撵秧歌、武秧歌、灯秧歌、风柳、打溜子、秧歌

---

① 王杰文. 仪式、歌舞与文化展演:陕北·晋西的"伞头秧歌"研究 [M]. 北京:中国传媒大学出版社, 2006:51.
② 孙景琛,茅慧. 中国乐舞史料大典:二十五史编 [M]. 上海:上海音乐出版社,2015:281-282.
③ 周密. 武林旧事 [M]. 杭州:浙江古籍出版社,2011:126.

溜子、地扭子、渔家乐、丑秧歌，小秧歌、安乐秧歌、拉瞎子等。

河北秧歌是民间年节仪式的重要表现形式之一，随着年节仪式的发展和演变，二者相互依存、互为发展。

三、以原生态为基础，发展创新河北秧歌

纵观河北秧歌与民间年节仪式的历史发展，河北秧歌与民间年节仪式之间的关系是随时间、地域、社会、宗教、经济等因素而变化的。河北秧歌是民间年节仪式表演的重要组成部分，也是乡土文化的重要载体，继承了傩仪、迎春仪式、元宵仪式等的驱邪除疫、祈福纳吉、辞旧迎新的思想内容，与祈求土地丰产、族群繁衍息息相关。

河北秧歌表现出的民间年节仪式的内容，透露出农耕文化的内在机制。河北秧歌具有河北当地的地域特点和文化底蕴，包含了民间年节仪式的历史文化内涵。想要保护地域文化生活的底蕴，就离不开保护河北秧歌真实的文化意蕴，这就是保持原生态河北秧歌的指导思想。百姓是社会生活的核心，真正体现的是民间文化的本质即民族精神。发展和创新河北秧歌，应建立在保护河北秧歌本体的基础上。

河北秧歌是民间百姓生活的反映，渗透着民间年节仪式的文化意蕴。河北秧歌作为民族精神和乡土农耕文化的艺术体现，在民间年节仪式中得到了充分的表现。因此，我们需在保持河北秧歌原生态的基础上进行创新，否则就失去了民间秧歌的本源。由此可见，以原生态为基础，发展创新河北秧歌，使河北秧歌显现出无穷的生命力，这很可能会成为一条探索民间年节仪式文化的道路。

结　论

河北秧歌历史悠久，其发展过程与民间年节仪式，如傩仪、迎春仪式、元宵节仪式等传统仪式密切相关。在历史的发展和文化的积淀中，河北秧歌逐渐形成独特的表演风格和多样的形式，成为我国北方重要的秧歌流派。随着时间、地域、社会、宗教、经济等方面的变化，民间年节仪式中河北秧歌的表演形式也在发生变化。在保持秧歌原生态表演形式的同时，还要发展创新河北秧歌，赋予其鲜活的生命力，从而传承民间传统年节仪式中深厚的文化意蕴。

附言　河北师范大学人文社会学科研究项目，编号 S2012Z09。

（本文原载《北京舞蹈学院学报》2013 年第 2 期，略有改动）

作者简介　田丽萍，女，河北师范大学音乐学院教授、硕士生导师。曾任河北师范大学舞蹈系主任。

明清吉礼小祀"三皇、先医"仪式用乐考述

河北师范大学音乐学院　常江涛

摘　要　元代以来,"三皇、先医"信仰一直居于国家祀典的重要位置。明清时期,"三皇、先医"列为吉礼小祀级别,通祀全国,官民共同参与祭祀活动。明中后期,吉礼小祀开始用乐,主要由中央和地方各级官府教坊司承应,主要采用笙、管、笛领衔的鼓吹乐类型,其与嘉、宾礼之宴飨仪式用乐、佛道教斋醮科仪用乐存在相通性。封建制度解体后,在对医药信仰诉求和官方礼乐的认同之下,民间社会将官祀"三皇、先医"神祇及其依附的仪式和用乐接衍,转化为民间礼俗用乐。吉礼小祀用乐在国家礼制仪式用乐转化为民间礼俗用乐的过程中扮演了重要角色,也是形成我国传统音乐"整体一致性下区域丰富性"情状的重要因素。当下,邢台沙河"三皇祭典"仪式用乐与明清吉礼小祀和道教斋醮科仪音乐文化有着密切联系,反映出国家礼制用乐、宗教科仪用乐、民间礼俗用乐之间的互动关系。国家礼乐文化与民间礼俗文化密切融合,是中国传统音乐的重要特征之一。

关键词　国家礼制；吉礼小祀；民间礼俗；仪式用乐；医药信仰；鼓吹乐

中国礼乐文明是礼和乐的有机结合。"礼乐文化并非仅是形而上的概念,而是将礼的仪式、仪轨与乐相须为用。"① 古代中国数千年来形成了一整套礼制,分为吉、嘉、军、宾、凶 5 种类型,每种类型又有不同层级,并且皆配有相应的乐制类型。以"三皇、先医"祭祀对象为代表的吉礼小祀仪式,是以鼓吹乐为主导的用乐类型,其通过国家礼乐制度遍及大江南北,成为民间礼俗音乐中最重要的传统音乐形态。国家礼乐文化与民间礼俗文化密切融合,是中国传统音乐的重要特征之一。

一、历史上的"三皇、先医"祭祀

(一)作为"通祀"性质的明清吉礼小祀

吉礼,乃祭祀、祈福之礼。袁了凡在《当官功过格》中言:"祈祷能谨,斋戒祭祀,如对神明,竭诚有应,免水旱瘟疫之灾,算千功。"② 明清统治阶层非常重视吉礼建构,一方面,其承继了祀神祈福为民的传统；另一方面,其可从精神层面实现安邦治

---

① 项阳. 民间礼俗与中华优秀传统艺术传承[J]. 艺术评论, 2017 (10): 18.
② 陈宏谋. 五种遗规[M]. 北京: 线装书局, 2015: 380.

国之目的。明建国之初，明太祖朱元璋便命中书省令郡县访求应祀神祇。名山大川、圣帝明王、忠臣烈士。凡有功于国家及惠爱在民者，皆载入祀典，并令有司岁时致祭。①"国家祭祀的重要目的之一在于规范等级秩序、强化等级意识，这首先体现在对祭祀对象进行严格的等级划分。"② 明清时期，国家祀典分为大祀、中祀、小祀（群祀）3个等级。《太常续考》"大祀源流事宜"载：

> 祀有三，曰大祀、曰中祀、曰小祀。大祀曰：天地、宗庙、社稷、陵寝；中祀曰：朝日、夕月、太岁、帝王、先师、先农、旗纛；小祀曰：后妃嫔、太子王妃、公主及夫人，曰三皇，曰先医，曰五祀，曰司火，曰都城隍，曰东岳，曰京仓，曰启圣公，曰汉寿亭侯，曰文丞相，曰姚少师，曰北极佑圣真君、曰金阙玉阙真君，曰司牲。③

《大清律例》"礼律·祭祀"亦载：

> 大祀祭天地、太社、太稷也。庙享祭太庙、山陵也。中祀如朝日、夕月、风云、雷雨、岳镇、海渎及历代帝王、先师、先农、旗纛等神。小祀谓凡载在祀典诸神。惟帝王陵寝及孔子庙则传制特遣。④

其中，小祀（群祀）属最低等级，其神灵能力最弱，但神祇数量最多。相较大祀、中祀来看，小祀神祇大多与人类日常生产、生活息息相关，如三皇、先医、司火、都城隍、东岳、司土、窑神等，一般多为自然神灵。不同行业者有祭祀不同神灵的习俗，士子祀先师、文昌；农夫祀龙神；市人祀城隍、财神，各从其类。⑤ 另外，小祀属于全国"通祀"性质，即从京师宫廷到地方各级官府都需依制加以实施祭祀仪式，并且由官民共同参与，如保定府祀典中祭祀宋金名医刘守真祠，"郡城每岁三月十五日庙会，士民致祭"⑥。由于等级性问题，明清地方官府祀典中主要以小祀神祇为主，与京师宫廷层面祀典具有上下相通一致性。表1为京畿地区部分府、州、县官府祀典神祇。

---

① 张廷玉. 简体字本二十六史：明史：卷三九一卷五二 [M]. 长春：吉林人民出版社，2006：846.
② 李媛. 明代国家祭祀制度研究 [M]. 北京：中国社会科学出版社，2011：63.
③ 转引自孙云. 佛教音声为用论 [M]. 上海：上海音乐出版社，2019：280.
④ 上海大学法学院，上海市政法管理干部学院. 大清律例 [M]. 天津：天津古籍出版社，1993：279.
⑤ 丁世良，赵放. 中国地方志民俗资料汇编：华北卷 [M]. 北京：北京图书馆出版社，1989：550-551.
⑥ 上海书店出版社. 中国地方志集成：河北府县志辑：30：光绪保定府志：一 [M]. 上海：上海书店出版社，2006：507.

表1 京畿地区府、州、县官府祀典神祇

官府级别	祀典神祇	出处
保定府	社稷坛、风云雷雨山川坛、先农坛、郡厉坛、文庙、城隍庙、关帝庙、旗纛庙、火神庙、马王庙、土地祠、八蜡庙、文昌祠、青龙神祠、东岳庙、河神庙、龙母庙、刘猛将军祠、怡贤亲王祠、三皇庙、神应王庙、汉邴彤庙、刘河间庙、孟姜女庙等。	《畿辅通志》（雍正年间）
祁州	风云雷雨山川坛、社稷坛、先农坛、厉坛、文庙、城隍庙、八腊庙、刘猛将军庙、火神庙、土神庙、龙王庙、马神庙、旗纛庙、东岳庙、关帝庙、真武庙、汉邴彤王庙、崔府君庙、金龙大王庙、状元祠等。	《祁州志》（乾隆年间）
任邱县	社稷坛、风云雷雨山川坛、先农坛、厉坛、城隍庙、八蜡庙、刘猛将军祠、土地祠、马神庙、五龙潭庙、真武庙、三皇庙、三官庙、关帝庙、东岳庙、天妃庙、文昌庙、火神庙、扁鹊祠、忠义孝悌祠、瘟神庙等。	《任邱县志》（乾隆年间）

（二）明清"三皇、先医"祭祀

1. 中央官廷祭祀层面

"三皇、先医"作为掌管医药疾病的神祇，是元明清时期重要的国家承祀对象。元代，首次将三皇（伏羲、神农、黄帝）作为医药先祖，并与历代名医（扁鹊、华佗、孙思邈等）结合从而构建起国家医药神体系，列为国家中祀级别，通祀全国。

明初，官方依然遵循元制，重视医药三皇祭礼的构建。洪武元年（1368年），朱元璋下令三皇以太牢祀，每岁三月三、九月九通祀全国。洪武二年（1369年），又下令以句芒、祝融、风后、力牧为配祀，俞跗、僦贷季、雷公、岐伯等黄帝时期十大名医从祀。但不久，朱元璋以"天下郡邑通祀三皇为渎"为由，禁止全国各地祭祀医药身份的三皇，原因在于三皇自古乃人文始祖、帝王之祖加以祭拜，然而元成宗却将三皇大圣作为医家行业之神，并由医家来主祭，不合传统礼法。三皇则作为历代帝王先祖，供奉于历代帝王庙中加以祭祀，其医药神身份荡然无存。

靖难之役后，明成祖朱棣重新更定国家祀典。"诹经稽典，正名定祀"，他以"尤以医道关系民生至重"为由，再次在太医院立庙，对医药身份之三皇加以崇祀。《春明梦余录》"三皇庙"云："（按：嘉靖年间）三皇庙，在太医院之北，名景惠殿，永乐中建。前为景咸门，门东为神库，西为神厨，中奉安伏羲、神农、黄帝，皆南向……肆我成祖御宇，诹经稽典，正名定祀，尤以医道关系民生至重，乃即太医院立庙，以崇祀三皇。正统间，重加修葺。"① 自洪武改革后，三皇祭祀就一直存有双重身份，即医家之祖和帝王之祖身份。

明中后期，嘉靖皇帝体弱多病，崇道教重医药，特别重视医药信仰。在他的努力之下，正式恢复了医药身份的三皇祭祀制度。同时，由于受到明初禁祀医药三皇神的影

---

① 孙承泽. 春明梦余录：上册［M］. 北京：北京出版社，2018：315－316.

响,他又新创了具有历代医神意味的"先医"神。《明会典》"先医"载:

> 嘉靖十五年,建圣济殿于文华殿后,以祀先医。岁用羊一、豕一、铏二、簠簋各二、笾豆各八、帛一,遣太医院正官行礼。二十一年,又建景惠殿于太医院,上祀三皇,配以句芒、祝融、风后、力牧,而附历代医师于两庑,凡二十八人。岁遣礼部堂上官一员行礼,太医院堂上官二员分献二殿之祭,并以春冬仲月上甲日。①

在嘉靖皇帝的努力下,三皇医药信仰在官方祀典中又重新恢复了原有地位,并与先医神同列在小祀之中,但将其以中祀规格相待,与文、武两庙并称为京师三大祀;而先医神地位则较低,以小祀规格施之。后世"三皇、先医"祭祀之兴盛,与世宗皇帝朱厚熜的极力恢复不无关系。《万历野获编》载:

> 嘉靖间,世宗修举旷典,无不明备,至诏修太医院、三皇庙,仍釐正祀典,正位以伏羲、神农、黄帝,配位以句芒、祝融、风后、力牧四人,其从祀,僦贷季天师、岐伯、伯高、鬼臾区、俞跗、少俞、少师、桐君、太乙雷公、马师皇十人,盖拟十哲,复增伊尹、神应王扁鹊、仓公淳于意、张机、华佗、王叔和、皇甫谧、抱朴子葛洪、巢元方真人、孙思邈药王、韦慈藏启玄子、王冰、钱乙、朱肱、刘完素、张元素、李杲、朱彦修十八人,从祀两庑,殿曰景惠,门曰咸济,牲用太牢,器用笾豆簠簋,以仲春仲冬上甲日遣大臣行礼,著为令……于是文武两庙并医王凡三大祀鼎立于京师矣。②

明朝嘉靖医药神体系在继承明初所祀十大医神基础上,又增加了18位历代名医,从而达到28位医神,奠定了后世官方医神祭祀体系的基础。明代医药神祇体系与神位为主殿内供奉伏羲、神农、黄帝,东西相向配句芒、祝融、风后、力牧;从祀神28位,依朝代前后顺序分列于东庑和西庑,如扁鹊、华佗、孙思邈等名医。

清代统治者依然重视医药神祇祭祀,继续沿用明末三皇祭礼制度,将其列为群祀(即小祀),不过稍做调整,将三皇神和先医神合祀于先医庙,因此在祀典中只保留了先医之名。据《二十四史》卷八二十"礼一·吉礼一"载:"凡祭三等:圜丘、方泽、祈谷、太庙、社稷为大祀。天神、地祇、太岁、朝日、夕月、历代帝王、先师、先农为中祀。先医等庙,贤良、昭忠等祠为群祀。"③顺治元年(1644年),定祀先医之礼,每岁春二月、冬十一月上甲日致祭先医于太医院署之景惠殿,礼部堂官一员主祭,太医院堂官二员分献,祀用太牢,其规格依然在群祀中较高。④清代医药神祇体系基本继承明末体制,笔者不再赘言。

---

① 申时行等:《明会典》卷九二《群祀二·先医》,文渊阁《四库全书》本。
② 沈德符. 万历野获编:下[M]. 北京:文化艺术出版社,1998:931-932.
③ 天津古籍出版社编辑部. 二十四史:附《清史稿》:第十三卷[M]. 天津:天津古籍出版社,2000:430.
④ 高宗敕:《清朝通典》,商务印书馆,中华民国二十四年九月初版。

2. 地方官府层面

明清时期，地方官府祭祀同样受到重视，中央专门颁布法典予以规定。《明会典》"新官上任须知"曰："祭祀国之大事、所以为民祈福。各府州县每岁春祈秋报二次祭祀，有社稷、山川、风云雷雨、城隍诸祠，及境内旧有功德于民、应在祀典之神，郡厉、邑厉等坛。到任之初、必首先报知祭祀诸神日期、坛场几所、坐落地方。周围坛垣、祭器什物、见在有无完缺。如遇损坏、随即修理。务在常川洁净、依时致祭、以尽事神之诚。"① 新到地方官员首要政务是熟悉当地神庙祭祀的情况，并且及时修缮祠坛、修补祭器，并保持祭祀场所整洁有序，以备开展祭祀活动。

作为通祀神的"三皇、先医"普遍存在于各级官府祀典之中，且备受重视。根据中国方志库统计，在全国地方志书中共计有1400处记载有三皇庙（1316处）、先医庙（77处）、药王庙（7处）的信息。其中，还会见到"药王庙，旧称三皇庙"，"先医庙，今名药王庙"，"先医庙，在西关，居人曰药王庙，又曰三皇庙"等相关记载②，可见历史上三皇庙、先医庙、药王庙具有同一性。三皇庙乃为起始，由于明太祖朱元璋下令禁祀医药身份三皇，而一度取消其祭祀，嘉靖年间又正式恢复，并增修先医庙；清代三皇、历代名医合祀于先医庙，而地方又多称药王庙。

另外，地方官府祀典由国家祀典神祇与地方祀典神祇综合构成。其中，以国家祀典神祇为核心，全国各级地方官府皆需祭祀，地方祀典神祇则次之，各地官府根据当地的风俗信仰自行选择制定，如刘河间庙、扁鹊庙、孟姜女庙、崔府君庙等。三皇庙、药王庙等医药信仰多列在中前部分，显示出官方和民间的重视程度。同时，《畿辅通志》中所列三皇庙、药王庙等后面皆撰有"各州县多有"字样，体现出小祀各级官府中的通祀属性。

明清官方祀典将每年春二月、秋冬十一月的上甲日定为"三皇、先医"神诞日，后来官方、民间普遍将四月二十八日作为诞辰日，届时官员、民众皆前往庙中祀神祈福，彰显出小祀之官民共祭的特性。《光绪保定府志》载："郡城每岁三月二十八日庙会，士民致祭。"③ 此外，官民对医药神崇拜虔诚至极。《天津县续志》载："四月……二十八日，'药王诞辰'。自二十日始，各庙赛会者，二十五日河东，二十六日杨柳青，二十七日城西。有因亲病立愿者，是日以红布裹胫赤足，右手爇香，左手携砖，匍匐翻之，自一步至五步望庙而拜，名曰'拜香'。其香火最盛者，则距城三十余里之峰山。"④ 可见，医药信仰在民众心中具有极高的地位。另外，三皇庙不仅是祭祀之地，

---

① 转引自王健. 利害相关：明清以来江南苏松地区民间信仰研究［M］. 上海：上海人民出版社，2010：164 - 165.
② 转引自韩素杰，胡晓峰. 基于中国方志库的药王庙研究［J］. 中医文献杂志，2015，33（02）：59 - 60.
③ 上海书店出版社. 中国地方志集成：河北府县志辑：30：光绪保定府志：一［M］. 上海：上海书店出版社，2006：506.
④ 丁世良，赵放. 中国地方志民俗资料汇编：华北卷［M］. 北京：北京图书馆出版社，1989：48.

而且是慈善福利机构，收留与医治鳏寡孤独及笃疾者的"养济院"，常建于府州县三皇庙内。① 同时，药王庙会也常常是药材交易之地，具有商业功能，如"（祁州）三月，南关药王庙会，商贾云集，药材交易无远弗至"②。

二、明清"三皇、先医"祭礼仪式用乐

"先王作乐崇德，殷荐之上帝，以享祖考。"③ 乐，作为祭祀奉献敬神的艺术化方式，在祭礼仪式中具有重要的功能性意义。先秦时期，"国之大事"用乐有明确记载，但"国之小事"用乐虽有说明，但无明确的用乐形态记载；唐代宋元，吉礼仪式中有用乐者和不用者，不用乐者基本为小祀对象。历史上，小祀仪式用乐长期缺失，这或许是因为统治者为了凸显等级差异性，而只在大祀、中祀用乐。这种因祭礼等级不同，而用乐不同的情况，在两周时已有之。④《周礼》载："舞师，掌教兵舞，帅而舞山川之祭祀；教帗舞，帅而舞社稷之祭祀；教羽舞，帅而舞四方之祭祀；教皇舞……凡小祭祀，则不兴舞。"⑤ 不过自两周以来，小祀不用乐的情况在明代出现转折。明崇祯年间编撰的《太常续考》有如下记载，三皇庙"祭日子时，赞引导遣官行，教坊司作乐"；先医之神"赞引导遣官行，教坊司作乐"；火神庙"执事乐舞生八人、厨役八名，乐用教坊司"；东岳庙"办祭官一员、执事乐舞生八人、厨役六名，乐用教坊司"等。⑥ 可见，明代小祀已开始出现用乐情况，由教坊司（清代改称和声署）乐官和声郎和乐舞生负责承应⑦，这是吉礼仪式用乐的一次重要变革。

（一）仪式与用乐

礼，是仪式的上一层级；仪式，是礼的外化表现。仪式与礼或礼制联系密切，两者相辅相成、不可分割。仪式最初源于人类的宗教理念和社会实践活动。"仪式既不是物质范畴的事物，也不是存在于人脑中的观念，而是付诸于实践的一种行为，是一种特定的行为方式。"⑧ 宋郑樵言："礼乐相须以为用，礼非乐不行，乐非礼不举。"⑨ "礼乐相

---

① 上海书店出版社. 中国地方志集成：河北府县志辑：30：光绪保定府志：一［M］. 上海：上海书店出版社，2006：506.
② 上海书店出版社. 中国地方志集成：河北府县志辑：30：光绪保定府志：一［M］. 上海：上海书店出版社，2006：428.
③ 孙景琛，茅慧. 中国乐舞史料大典：二十五史编［M］. 上海：上海音乐出版社，2015：78.
④ 两周时期，大祀用乐为"金石乐悬"之器乐组合形态，此为后世雅乐类型之样式。该种乐队组合不仅用于吉礼，还用于嘉、宾等诸礼仪式及日常生活之中，还出现在庙堂、殿堂、厅堂等多种空间场所。大祀仪式用乐主要采用"六代之乐"，还用于对天神、地祇、先祖的祭祀活动。
⑤ 孙景琛，茅慧. 中国乐舞史料大典：二十五史编［M］. 上海：上海音乐出版社，2015：83.
⑥《太常续考》卷一《大祀源流事宜》，文渊阁《四库全书》本.
⑦ 和声郎为教坊散官，主要负责组织管理乐人，以及举麾指挥。明代，教坊司乐工主要由持道士羽流身份的乐舞生担纲；清代，主要由在籍官属乐人担纲.
⑧ 薛艺兵. 对仪式现象的人类学解释：上［J］. 广西民族研究，2003（02）：26.
⑨ 中央音乐学院中国音乐研究所. 中国古代乐论选辑［M］. 北京：中央音乐学院中国音乐研究所，1962：258.

须"，实际是指礼制仪式与乐相须为用。乐本身没有礼俗之分，但一旦进入礼制仪式，其属性便发生了变化，具有礼乐意义。在吉礼仪式中，乐被赋予了"事鬼神""谐万民"的重要功能。

在国家层面，祭礼仪式的实施主要出于政治考量。通过一系列等级分明、程序严格的祭祀仪式，参与者（无论官吏或平民）都会在仪式实施过程中明确自己的等级身份，不能有僭越行为。因此，参与者在仪式过程中，不知不觉强化了自己对国家权力的认同感和敬畏感，从而达到了服从国之礼的效果。"'国之大事，在祀与戎'，'祀'的意义不仅仅反映了信仰，更重要的意义在于它表达了一种秩序，并通过特定的仪式不断强化这种秩序。在中国古代，谁拥有了主祭权，谁就拥有了国家的统治权。"① 因此，明清官方祀典制定了一系列严格的仪式程序和用乐规定。本文仅以"三皇、先医"祭祀为例，借以讨论小祀仪式用乐的相关问题。

整体看，三皇神祭祀仪式可分为两大部分。首先，祭祀前的准备部分。祭祀前期十日，太常寺需要题请遣礼部堂上官和太医院堂上官行礼，太医院堂上官二员分献。前期一日，进行祭器、祭品等陈设和审查工作。参与仪式的执事人员包括办祭官 1 人、执事乐舞生 5 人、厨役 13 人。② 其次，祭祀日的行礼部分。其祭礼仪式程序主要分为迎神、敬神（三献礼）、送神三个核心环节，以及彻馔、望燎（焚祝帛）等非核心环节。仪式前，先由赞礼官引导主机官至盥洗所，伴随教坊司作乐而沐浴更换祭服。人员就位后开始仪式，具体如下：

第一阶段：迎神典仪唱："迎神。"赞："四拜。"

第二阶段：敬神（三献礼）典仪唱："奠帛，行初献礼。"赞引。赞："升坛。"引至中案。赞："跪。"赞："播笏。"赞："上香。"引至左炉右炉俱。赞："跪。"赞："上香。"复引至中案。赞："献帛。"赞："献爵。"赞："出笏。"赞："诣读祝位。"赞："跪。"赞："读祝。"读讫。赞："俯、伏、兴、平身。"赞："复位。"典仪唱："行亚献礼。"赞："升坛。"引至中案。赞："播笏。"赞："献爵。"又赞："出笏。"赞："复位。"典仪唱："行终献礼（仪同亚献）。"

第三阶段：彻馔典仪唱："彻馔。"

第四阶段：送神典仪唱："送神。"赞引。赞："四拜。"

第五阶段：望燎典仪唱："读祝官捧祝，掌祭官捧帛馔，各诣燎位。"捧祝帛馔出。赞："礼毕。"③

主祭官仪式结束后开始分献官祭祀仪式，其环节与前同。祭祀祝文："维皇帝遣致

---

① 刘泽华.中国传统政治哲学与社会整合［M］.北京：中国社会科学出版社，2000：4.
② 《太常续考》卷六《三皇》，文渊阁《四库全书》本.
③ 《太常续考》卷六《三皇》，文渊阁《四库全书》本.

祭于太昊伏羲氏、炎帝神农氏、黄帝轩辕氏。曰：仰惟圣帝，继天立极，开物成务，寿世福民，尤重于医，所以赞帝生德立法配品，惠我天民功其博矣。时维仲冬特修常祀，尚冀默施冥化，大着神功，深资妙剂，保和朕躬。期与一世之生民，咸蠲疾疢，跻于仁寿之域，以永上帝之恩，不亦丕显矣哉。以句芒氏之神、祝融氏之神、风后力牧氏之神配。尚享。"① 先医神祭礼仪注和用乐，与三皇祭礼大体一致，此处不赘。

从"三皇、先医"仪注来看，其敬神初献、亚献、终献"三献礼"环节是整体最核心的部分，乃敬神之心最直接的表达。先秦时期，"三献礼"已出现雏形。《礼记·礼器》载："郊血，大飨腥，三献爓，一献孰。"孔颖达疏："三献，谓祭社稷、五祀也。其礼三献，故因名其祭为三献也。"② 汉郑玄说，"尸止爵者，三献礼成"③。受祭者得"三献礼"，则基本宣告礼仪结束。虽然文献并未给出具体乐器情况，但是我们可从其他小祀神祭仪用乐推导出来。《礼部志稿》"群祀"记载了旗头大将、金鼓角铳炮等军事相关的小祀神祇祭仪与用乐情况：

> 正祭：赞引引献官至盥洗所盥洗，教坊司奏乐，典仪唱执事官各司其事。赞："引赞就位。"典仪唱："迎神。"乐作，乐止。赞："引赞四拜。"典仪唱"奠帛，行初献礼"，奏细乐，执事捧帛爵进，赞引引献官诣神位前，奠献讫。赞"诣读祝位"，赞"跪"，乐止，读祝讫。奏乐，赞"俯伏、兴、平身"。赞"复位"，乐止。典仪唱"行亚献礼"，奏乐，执事官捧爵赞引引献官诣神位前，献讫，乐止。典仪唱"行终献礼"。④

可见，吉礼小祀的各个重要仪式环节，皆伴有教坊司乐工承载的鼓吹细乐类型。古人通过"礼乐相须为用"的方式，达到"礼以道其志，乐以和其声"⑤ 之作用。

（二）乐器组合——教坊鼓吹乐

明清时期，大祀和部分中祀仪式用乐皆用钟磬雅乐类型，而小祀神祇所用之乐并非由太常寺神乐观的"金石乐悬"之雅乐类型，而是教坊乐系下在籍官属乐人承载的"胡汉杂陈"之鼓吹乐类型。⑥ 有关先医药王等诸小祀仪式乐用鼓吹乐的乐器构成情况，在《钦定大清会典事例》"乐制"中有详细记载：

> 凡《庆神欢》乐，祭先医庙、火神（庙），则乐部和声署设于庙内西阶下；祭显佑宫、城隍庙、东岳庙均设于阶上；黑龙潭、玉泉山、昆明湖三龙神祠均设于右

---

① 《太常续考》卷六《三皇》，文渊阁《四库全书》本。
② 郑玄. 礼记正义：中［M］. 上海：上海古籍出版社，2008：994-995.
③ 郑玄. 仪礼注疏：下［M］. 上海：上海古籍出版社，2008：1385.
④ 俞汝楫：《礼部志稿》卷二九《祠祭司职掌·群祀》，文渊阁《四库全书》本。
⑤ 郑玄. 礼记正义：中［M］. 上海：上海古籍出版社，2008：1456.
⑥ 元代，由于三皇祭祀归为中祀级别，其祭礼仪式采用雅乐类型。明清时期，三皇及先医祭祀降为小祀，乐用教坊司，采用教坊鼓吹乐类型。

阶上，器皆用云锣一、笙一、管二、笛二、鼓一、拍板一。关帝庙、文昌庙均设于东西阶上，器皆用云锣二、方响二、排箫二、箫二、笛四、篪二、管二、笙二、埙二、鼓二、拍板二。又兴工祭后土、司工之神，设于祭所之西；迎吻祭窑神、门神，设于各坛前之西。器数均与先医庙同，和声署掌之。①

从文献可见，小祀主要采用笙、管、笛辅以打击乐器的鼓吹细乐形态，并且依不同神祇有两类乐器组合：其一，先医、火神、显佑宫、城隍、东岳、龙神祠、后土等，采用笙、管、笛、鼓、云锣、拍板等乐器，乐工8人，其中管、笛主奏旋律乐器各用2名乐工；其二，关帝、文昌等，采用排箫、箫、笛、篪、管、笙、埙、云锣、方响、鼓、拍板等乐器，乐工共24人，除笛为4名乐工外，其余乐器皆为2名乐工操持。相较前者，后者增加了如箫、排箫、埙等"华夏正声"乐器，并且数量增加一倍。究其原因，一方面，箫、埙乐器音色易于烘托文昌、关帝等具有道教色彩神祇的肃雅气氛；另一方面，关帝、文昌地位相比其他小祀神祇略高，其中关帝曾在清末被列为中祀，与孔圣人地位相当。虽然乐器组合有细微的差异，但是体现出小祀内部相应的等级差异性。地方官祀神祇用乐亦用鼓吹乐。《陵川县志》载："八月，……收货后，各村设油食，鼓吹祀农神，谓之'秋报'。"②

"胡汉杂陈"鼓吹乐进入吉礼小祀，可以说既是吉礼用乐的拓展，也是礼乐观念的一次变革。明初，朱元璋曾言："礼以道敬，乐以宣和，不敬不和，何以为治？元时古乐俱废，惟淫词艳曲更唱迭和，又使胡虏之声与正音相杂，甚者以古先帝王、祀典神祇饰为舞队，谐戏殿廷，殊非所以道中和，崇治体也。"③ 可见，"胡虏之声"鼓吹乐与"正音"雅乐有很大不同，在统治者心中并非正统之乐，这与隋文帝提出的"国乐以雅为称"④ 的理念一脉相承。因此，明中期以前，作为"国之大事"的祭祀仪式之核心环节"金石乐悬"雅乐是主要用乐形态。然而，明中后期，小祀乐用鼓吹，则反映出统治者对鼓吹理念的革新。毕竟，鼓吹乐在当时已经是官方、民间各种礼俗活动中使用最广的器乐组合。正如顾炎武所言："鼓吹，军中之乐也，非统军之官不用，今则文官用之，士庶人用之，僧道用之，金革之器遍于国中……"⑤ 项阳认为明代"明确规定国家小祀所用为教坊乐，这就等于承认了教坊乐系可以名正言顺地参与到国家吉礼用乐中，这是前所未有的新变化"，并且"鼓吹乐被列入吉礼小祀之用，真正奠定了其为全国最

---

① 昆冈等：《钦定大清会典事例》卷五二七《乐部·乐制·陈设》，光绪二十五年重修本，续修文渊阁《四库全书》本。
② 丁世良，赵放. 中国地方志民俗资料汇编：华北卷[M]. 北京：北京图书馆出版社，1989：637.
③ 姚广孝等：《明太祖实录》卷六六《洪武年六月戊申》，第1245—1246页。
④ 《隋书》卷一三："国乐以雅为称。取《诗》序云，言天下之事形四方之风，谓之雅。雅者，正也。止乎十二，则天数也。"
⑤ 顾炎武. 日知录集释[M]. 长沙：岳麓社，1994：168-169.

具影响力用乐形式的地位"。①

(三) 乐曲

清代,国家祀典规定"先医以下均和声署奏《庆神欢》乐"②。清乾隆七年(1742年),定群祀用《庆神欢》乐章辞谱。③《御制律吕正义后编》记载了群祀《庆神欢》乐章歌辞,包括三皇庙、东岳庙、城隍庙、关帝庙、火神庙、黑龙潭等。三皇《庆神欢》乐章歌辞为:"精气缘乎理,调剂观所颐。曰惟古圣,尝草定医。似铁随磁,沴除吉至。化工出自于指,万姓永荷恩施。"④ 乐章词格为:5\5\4\4\4\4\6\6。同时,还记载了群祀乐章歌辞所配的乐谱,以工尺谱字记写,如图1。

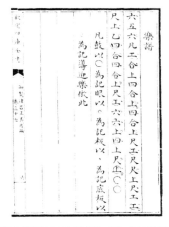

图1 《御制律吕正义后编》载《庆神欢》工尺谱

谱例1 《庆神欢》乐曲五线谱译谱

---

① 项阳. 小祀乐用教坊,明代吉礼用乐新类型:上[J]. 南京艺术学院学报(音乐与表演版),2010(03):33-34.
② 《钦定大清会典》卷五八《乐部》,文渊阁《四库全书》本。
③ 《皇朝文献通考》卷一六九《乐考一五·乐歌一》,文渊阁《四库全书》本。
④ 《皇朝文献通考》卷一六九《乐考一五·乐歌一》,文渊阁《四库全书》本。

原谱中,"○"表示击鼓一次。该曲旋律以级进为主,平稳、舒缓略带欢快,既衬托出敬神歌辞的肃穆性,又显现出小祀用乐不同于大祀、中祀用乐,略带轻松愉快的特点。虽然文献记述了诸群祀神祇祭祀仪式都需要《庆神欢》乐章,除此之外再无其他用乐说明,但是根据大祀、中祀仪式的用乐特点来看,迎神、奠帛、敬神、送神、彻馔等主要仪式环节皆应配有不同乐章乐曲。另外,从吉礼小祀仪式与嘉礼、宾礼之宴飨仪式的相通性来看,其应不止使用这一首乐曲,应当也是在不同仪式程序环节配有不同曲目,而《庆神欢》一般只用于小祀敬神"三献礼"环节之中。乾隆《通志》"群祀奏庆神欢乐"载:

> 谨按每岁祭,先医于景惠殿、火神庙、显佑宫、关帝庙、城隍庙、东岳庙、黑龙潭龙神祠、玉泉龙神祠,兴工祭后土司工之神迎吻祭窑神、门神,皆奏《庆神欢》曲,三献三奏辞谱皆同。乾隆七年定皇帝元旦《庆贺乐》(黄钟为宫),《元平》、《和平》。①

在"三献礼"环节向神灵敬献爵时,教坊乐工用鼓吹乐伴奏《庆神欢》乐歌,每敬献一次,则奏唱一次,即所谓"三献三奏"。由是观之,清代先医祭礼仪式,在敬神之三献礼环节采用《庆神欢》乐章歌曲。那么,其他仪式环节是否用乐?使用何种乐曲?

除前文所述"三献礼"环节所奏《庆神欢》乐章之外,也应有诸如宴礼仪式中各个环节所用的曲牌,如【朝天子】【清江引】【醉太平】【感皇恩】等。另外,我们还可以从当下民间遗存的乐谱中辨析历史上国家吉礼小祀仪式所用乐曲情况。在河南省焦作市,乐户组织供奉"郑王"并将其作为行业保护神,还成立了自己的行会组织"郑

---

① 《通志》卷六三《乐略二·群祀奏庆神欢乐》,文渊阁《四库全书》本。

王会"。有学者认为，郑王乃为明太祖九世孙乐律学家朱载堉。① 从历史角度来看，项阳认为"郑王会"与祭祀郑王的这些乐户群体有直接关系。② 郑王朱载堉后来逐渐演化成为这个地区乐户行会组织的行业保护神，并延续至今。明代规定亲王、郡王死后，由乐户在每年固定日期，如生日或忌日举行祭礼仪式奏乐活动。《明史》云："安惠王楹，太祖第二十二子。洪武二十四年封。永乐六年就藩平凉。十五年薨。无子，封除。府僚及乐户悉罢……正德十二年嗣襄陵王征鈴，请乐户祀安王。"③ 历史上，这些乐户为王府多种礼制仪式用乐服务，同时也参与多种地方官祀神庙的活动。当下，"郑王会"乐户除了每年农历十一月十四日至十五日祭祀"郑王"外，还为当地遗存的原官祀八岳庙等服务。"郑王会"乐户后人除了演奏官方传统曲目，还吸收了地方性乐曲，如《夯拉襟》《海蚌调》《半缸台》《大钉缸》等，展现出音乐班社与时俱进的特性。④ 河南沁阳郑王府，"郑王会"后人传谱有曲牌【朝天子】【醉太平】【青柳娘】【上小楼】【沽美酒】【清江引】【山坡羊】【金字经】【五声佛】等。以上曲牌应为明代王府祭祀郑王朱载堉时所使用的曲目。我们可以看到诸多曲牌与官方嘉礼、宾礼中宴飨仪式用乐存在相通之处，如【朝天子】【清江引】【醉太平】【沽美酒】⑤ 等。另外，这些曲牌当时不仅用于王府祭祀仪式，而且用于多种礼制仪式，以及非礼制仪式之日常世俗场合。当下，这些曲牌仍然被乐户身份的"郑王会"后人用于祭祀、白事、红事、庆典等多种民间礼俗活动之中。

（四）"三皇、先医"地方官祀与中央官祀用乐相通性

明清时期，各府、州、县地方教坊机构体系内的官属乐人（即乐籍群体）承应多种礼仪和非礼仪用乐，其与京师宫廷教坊共同构成了庞大的网络化用乐机构体系，使得在音乐本体层面上下保持相通一致性。⑥ 在吉礼方面，作为全国通祀的"三皇、先医"等小祀神祇，其地方官府乐人所承应的祭祀仪式用乐也深刻体现出中央—地方相通性的特点。

山西长治潞城贾村是历史上有名的"官赛"之地。"根据记载，在历史上的长子、潞城、壶关、长治等县衙旁均设有乐户组织头目的办事处，称为'科头'，以支应赛社、官差和民用等事项。"⑦ 在当地碧霞宫内，供奉有多个原官祀神祇，其中就包括"三皇殿"中的三皇、药王神灵。2011年，笔者赴贾村调查碧霞元君迎神赛会相关活

---

① 任方冰. 焦作乐户行会组织："郑王会"初考［J］. 天津音乐学院学报，2007（01）：62-66.
② 项阳. 关注明代王府的音乐文化［J］. 音乐研究，2008（02）：40-52.
③ 张廷玉. 明史：全六册［M］. 长沙：岳麓书社，1996：1902.
④ 张志庄. 张凤鸣响器班考查实录［J］. 中国音乐学，1996（S1）：15-21.
⑤ 虽然原谱未记载【水龙吟】曲牌，但郑王会后人在实际"上事"时则会经常演奏。参见张志庄《张凤鸣响器班考查实录》一文。
⑥ 有关地方官府用乐机构及其乐人的情况，可参见项阳《地方官府用乐机构和在籍官属乐人承载的意义》、郭威《地方官属音乐机构三题》等研究成果。
⑦ 温江鸿，牛其云. 上党民间礼仪细乐简述［J］. 太原大学学报，2014，15（S1）：101.

动,从中看到在迎神、敬神、送神各个核心仪式环节皆由原在籍官属乐人——乐户后人承应奏乐,乐器组合为笙、管、笛领奏的鼓吹细乐形态,并且采用了【劝金杯】【小开门】【迎仙客】【满堂红】等传统曲牌。据该地区发现的《唐星乐图》卷一《赛上杂用神前本》(甲)开篇记载有清宣统三年(1911年)雇请乐户《筹帖文》:

> 旧例定于宣统三年二月某日下请,至某日接神;细乐八名,前行四文四武,衬队筵终。迎神享赛三朝,迎[送计]六日。承揽定男乐三十,大杂剧二场,衬队戏九个,吹戏三场,出外演乐队戏一场,迎神上马队戏一场……排场:文臣四扮,壮士十扮……前后行二名,戏竹二根,监斋,值宿二扮,报食二扮,细乐八名,俱要额则帻巾,披挂细氅,笙、箫、笛、管、唢呐、号头、锣鼓等项件件俱要鲜明响亮。①

从文献可见,八名乐户操持的乐器大致包括两类器乐组合:其一,以笙、管、笛、箫为主的鼓吹细乐形态,主要演奏核心仪式用乐;其二,由唢呐、号头领衔的大乐形态,主要演奏仪仗导迎乐,其与官方祀典仪式用乐有相通之处。另外,庙会期间除仪式用乐外,还有诸如大杂剧、衬队戏、吹戏等场合用乐,仪式用乐与场合用乐共同架构起祭祀用乐空间。

另外,在《禄劝彝族土司府礼仪乐》②一书中,记载了明清以来云南禄劝地区的土司府礼制仪式用乐情况。禄劝土司府设有音乐机构,其中乐工承载了各种礼仪用乐。清毛奇龄《蛮司合志》记载说明朝时凤阿英升任云南布政司右参政时,"拥众鼓吹迎入布政司堂上任,使司不许,英于仪门上任,即返"③。后世称当地民间艺人为鼓手,所用乐器为唢呐、笛子、大锣、小锣、鼓,以及长号、大筒号、大铓、小铓等当地特色乐器,此为鼓吹大乐形态,主要用于祭礼、宾礼等导迎官员之仪仗行乐中。当地官府在多种礼俗仪式中所用曲牌有,【朝天子】【将军令】【碟落金钱】【雁儿落】【哭皇天】【大开门】【水龙吟】【沽美酒】及当地特色乐曲等,历史上这些曲牌也用于官庙祭祀之中,与中央用乐保持一致。

---

① 转引自杨孟衡. 上党古赛礼乐志[M]//三晋文化论丛编辑部. 三晋文化研究论丛:第三辑. 太原:山西古籍出版社,1997:170.
② 禄劝彝族苗族自治县民委,禄劝彝族苗族自治县文化局. 禄劝彝族土司府礼仪乐[M]. 昆明:云南人民出版社,1993.
③ 冯光钰. 中国少数民族音乐史:第2卷[M]. 北京:京华出版社,2007:708.

谱例 2   禄劝土司府礼仪用乐中【朝天子】

谱例 3   《律吕正义后编》所载导迎乐【朝天子】

从禄劝土司府礼仪所用【朝天子】（谱例 2）中，可以看到其与《律吕正义后编》所载导迎乐【朝天子】（谱例 3）存在诸多相似性，如在第一小节核心主题动机，以及节拍（$\frac{2}{4}$、$\frac{4}{4}$）、节奏型（ⅹⅹⅹⅹ　ⅹ）、调式（徵调式、羽调式）、乐曲风格（两者皆具有威严、肃穆的色彩）等方面，并且与全国各地【朝天子】曲牌亦有相通之处，

143

从而彰显出国家礼乐制度下的整体一致性情状。①

（五）"三皇、先医"祭祀中的非仪式用乐

在明清祭祀神灵时，除了仪式中使用鼓吹乐外，官方还会组织官属乐人进行戏曲、歌舞、高跷等非仪式用乐表演，以报谢神灵，一如当时有人所言："如梨园演戏，凡官民之吉庆宴会、酬愿谢神往往用之。"②《六合县志》亦言："（五月）是月十三日，乃关帝诞辰，官民祭享，演戏建醮。"③ 在上文所引雇请乐户《筹帖文》中，也可看到祀神场合由乐户承应的大杂剧二场、衬队戏九个、吹戏三场等多种形式、多场次的酬神戏。

在医药神祭祀时，戏曲、歌舞、高跷等多种音声技艺表演形式亦不可少。《隰州志》载："六月六日，三皇庙祭神农……神庙中，集乐户歌舞神前，曰赛。"④ 光绪年间，保定府在每年四月二十八日三皇庙会期间都要"演剧拜祀"⑤。民国时期，每年三月二十二日为新绛县三皇节，"必演剧数日，扮演各种故事。如锣鼓、拐子、闹台、台格（阁）之类，形形色色，令观者有应接不暇之势"⑥。当下，民间依然遗存此传统，如山西潞城贾村每年的迎神赛会，都要在庙门正对面搭台演戏，并且在每个仪式环节中间，应事乐户还要表演吹戏（咔戏）以享神灵；在迎送神和进献供品仪式中也穿插秧歌、高跷等表演。总之，仪式用乐和非仪式用乐共同构成了中国祭祀音乐文化丰富的空间。

三、小祀医药神祭礼仪式用乐的民间接衍

（一）官祀医药神信仰的民间下移

当下，民间信仰中主要供奉三种类型神祇：生死（东岳、阎王、城隍等）、疾病（三皇、药王、瘟神、眼光奶奶、疙瘩奶奶等）、生育（送子奶奶、送子爷、送子观音等），反映出民众对生命健康、延续香火的祈愿。其中，生命健康信仰代表着民众对生命健康的美好愿景，这一直是民间社会最为重视的。

纵观历史，我国医药神祭祀经历了从官方祭祀行为向民间祭祀行为转化的过程。作为小祀之一的"三皇、先医"信仰，在明清国家和地方祀典皆需按制严格实施。官民

---

① 有关国家礼乐制度下的【朝天子】曲牌全国一致性传播情况，可参见项阳，张咏春. 从《朝天子》管窥礼乐传统的一致性存在［J］. 中国音乐，2008（01）：33－42.
② 中国第一历史档案馆. 乾隆初年整饬民风民俗史料：下［J］. 历史档案，2001（02）：25－42.
③ 谢延庚等：《六合县志》附录《礼俗》，清光绪十年刻本，江苏古籍出版社，1991，第311页.
④ 隰州志［M］//丁世良，赵放. 中国地方志民俗资料汇编：华北卷. 北京：北京图书馆出版社，1989：665－666.
⑤ 保定府志［M］//丁世良，赵放. 中国地方志民俗资料汇编：华北卷. 北京：北京图书馆出版社，1989：305.
⑥ 新绛县志［M］//丁世良，赵放. 中国地方志民俗资料汇编：华北卷. 北京：北京图书馆出版社，1989：697.

共同参与的特点，使得民众对国家礼制及用乐产生了广泛而深刻的文化认同。封建制度解体后，在对医药健康的诉求和对官方礼乐制度的认同下，各地官祀"三皇、先医"神庙逐渐被民间人士接衍继续加以祭拜，从而使得三皇庙、药王庙香火延续不竭。例如，民国二十七年（1938年）《西丰县志》记载了当地民众向药王庙进香祈福的场景："（四月）二十八日为'药王庙会'。是日，凡作药行生意者，焚香礼拜。有病许愿者，亦于是日了愿。"① 在强大的医药信仰需求之下，各地将许多官祀三皇庙（宫）等接衍祭祀，不过民间有些地方多以药王庙称之。时至今日，三皇庙、药王庙（历代名医神祇为主）不仅在全国各地依然普遍存在，而且拥有大量信众祭祀供养。另外，在接衍原官方医药信仰时，民间社会会对原官祀神庙神灵体系进行选择性地接衍与改造，以适应当地风俗习惯。例如，京畿地区的民众往往选取孙思邈、扁鹊、华佗、邳彤等当地有名的医神为主神，再以历代名医为陪神，共同构成地方色彩浓厚的医药神体系。

当然，民间社会除了接衍与生死相关的医药神外，还包括与生产、生活息息相关的一些官祭小祀神，如东岳、城隍、碧霞元君、龙王、火神等神灵。我们可以从全国各地普遍存在的城隍庙、关帝庙等神庙中得到印证。民众对民间信仰之多种诉求（与生产、生活密切相关），是"这些神祇在各地从国家意义转化为当下民间信仰的根本原因。"②

（二）国家·宗教·民间互动下的沙河"三皇祭典"仪式用乐个案

在"礼乐相须以为用"的观念下，地方民众在继承官祀信仰的同时，也会将相须为用的仪式与乐一并接衍为用。笔者经过多年来对原官祀神庙会的田野考察，发现沙河辛寨三皇祭典、井陉北秀林镇马王庙会、潞城贾村碧霞元君迎神赛会等多有上述反映。在此，笔者仅以邢台沙河辛寨村"三皇祭典"为例予以说明。

作为省级非遗项目邢台沙河"三皇祭典"庙会仪式，不仅存有较为完整的医神体系三皇庙，而且与小祀"三皇、先医"仪式用乐和道教斋醮科仪用乐有着密切的承继关系。明清时期，邢台乃顺德府建制，该府地向来重视祀神祈福。《顺德府志》"坛祠"载："典祀之设，岂徒崇德报功已哉。入庙思敬，将使人心怵然生其畏惧之心。凡所以神道设教，即寓乎其中，夫成民而后致力于神，故即闾阎之春祈秋报。"③ 顺德府辖内州县修建了众多三皇庙、药王庙、东岳庙、关帝庙、城隍庙等官祀神庙。每到民间节令时期，官府及民众"皆祀天地神祇"，特别是在春祈求报之时，"乡人醵钱谷，具牲醴，盛张鼓乐，扮杂剧于神庙前。先日晚，谓暖神。次日，谓正赛"④。可见在祭祀场合下，该地区皆有鼓吹乐、戏曲等多种音声形式，可谓仪式用乐与非仪式用乐俱全。

---

① 西丰县志［M］//丁世良，赵放. 中国地方志民俗资料汇编：东北卷. 北京：北京图书馆出版社，1989：130.
② 项阳. 音乐会社文化内涵［J］. 天津音乐学院学报，2015（01）：7.
③ 上海书店出版社. 中国地方志集成：河北府县志辑：67［M］. 上海：上海书店出版社，2006：77.
④ 上海书店出版社. 中国地方志集成：河北府县志辑：67［M］. 上海：上海书店出版社，2006：93.

当下，沙河一带的道教信仰浓厚，地方民众把祭祀活动称为"打醮"。沙河三皇祭祀，每3年举行一次"小醮"，每5年举行一次"大醮"。现存的沙河三皇庙乃"文革"后重修，所供奉承继官祀神的三皇、东岳大帝和东岳淑明后，涉及医药疾病、生死和生育三个方面。其中，三皇庙整体建制如下：主殿"三皇殿"，供奉三皇及历代名医（东向：葛洪、曹锡珍、华佗、李时珍、孙思邈，西向：弘景、李淑合、陈修园、扁鹊、张仲景）；东配殿"天齐殿"，供奉东岳大帝及四位护法神（东向：黄明、关琼，西向：龙环、周纪）；西配殿"圣母殿"，供奉东岳淑明后及六位陪神（东向：送子爷、疙瘩奶奶、眼光奶奶，西向：送子奶奶、筋骨奶奶、豆疹奶奶）。可以看到，三皇殿所祀医药神体系与明清祀典中的相关规定基本一致。

在传统的春祈秋报观念下，沙河三皇庙会为秋季十月十一至十三日，共3天。其中，十三日为敬神正日子，即正赛之日。在庙会期间，除传统音乐班社外，还有西洋鼓号队、排鼓、扇鼓、小丑戏、现代舞等艺术形式争相上演酬神。三皇祭礼仪式与明清祀典相同，主要包括请神、敬神、送神三个部分。（表2）

表2 2015年沙河三皇祭典"大醮"仪式流程

日期	仪式环节	具体内容
十月十一日	前期准备	会首带领信众进行人员安排、布置神庙、购买及制作贡品等事务
十月十二日	请神	当地称"请圣祖"，当天上午会首先到村中各个小神庙祭拜，将三皇神及其他神祇请至三皇庙内
十月十三日（正日子）	敬神	（1）8点半：三皇神驾及道教乐社、扇鼓队和信众等组成的队伍开始游村踩街。队伍顺序依次为：炮手、旗队、道教乐社、神驾、庙会组织者、扇鼓队、金银元宝、贡车、大批信众。其间，每到村中某处神庙前鸣鞭、上香、祭拜（众人在会首带领下口喊南无阿弥陀佛），扇鼓队庙前稍做打扇鼓动作。道教乐社行乐演奏曲牌【小开门】 （2）9点半：返回庙内，举行敬神三献礼仪式。仪式包括献太牢供、五谷供等四大贡品；三皇庙总理上头柱香，副总理、会计等人上二柱香，其他主要管理者上三柱香；上香完毕，众人跪拜三叩首喊南无阿弥陀佛；总理净手、上香、诵读祭文。道教乐社坐乐演奏【太极韵】等曲牌 （3）仪式结束后，邻村的几支广场舞队、西洋鼓号队、民间小丑戏等三皇殿前献艺敬神
十月十三日	送神	（1）10点半：送神仪式开始，西洋鼓号队在正殿外表演几首军乐曲即结束，其过程较为简单 （2）11点：望燎仪式。在会首的带领下，信众焚烧纸钱元宝、纸质神袍等祭品 （3）12点：祭祀仪式结束

当下，沙河"三皇祭典"仪式用乐主要雇请本村附近的道教乐社或永年、武安等临边县的道教乐社。作为由官祀信仰转化而来的民间信仰——三皇祭祀仪式采用道乐，其实有据可循。

作为本土宗教，道教在发展过程中曾不断吸收官方祀典、民间信仰中的神祇，以完善自身神灵体系。在明代《道藏》"诸神圣诞日玉匣记等集"中，载有许多引入的官方祀典神祇诞日，如正月十三日刘猛将军诞、二月初二日土地正神诞、三月二十八日东岳圣诞、四月二十八日药王圣诞、五月十一日都城隍圣诞、五月十三日关王圣降、六月二十三日火神圣诞等。① 不仅如此，明代国家吉礼用乐曾由道士羽流担纲，而且永乐皇帝还将社会主流乐曲制成《大明玄教乐章》并颁赐于道教斋醮科仪。对此，项阳曾指出：

> 明代统治者出于吉礼仪式的"纯正性"考量，摒弃了乐籍贱民在宫廷吉礼中奏乐，用乐改用齐民，羽士参与吉礼奏乐，这就是成立"神乐观"的道理。永乐皇帝还"御制"了《大明玄教乐章》，在其中的三章十四首乐曲中有《青天歌》《迎仙客》《步步高》《醉仙喜》《天下乐》等曲牌，这很可能是乐工们将这些乐曲用于玄教乐章的创作之中，然后经永乐帝御批而颁行天下宫观，还是披上一道金色外衣的意思。由此上行下效，地方上的道士们在斋醮科仪中干脆就把社会上的主流乐曲拿来所用。②

可以说，道观同样也是承载社会主流乐曲的特殊场所。当下各地道观，如北京白云观、崂山、龙虎山等都保存有【万年欢】【小开门】【清江引】【豆叶黄】【朝天子】等这类样态的曲牌。当然，这些乐曲也用于明清国家多种礼制仪式和日常生活之中，可谓礼俗兼用。

另外，在道教经典《茅山志》中，记录了明代茅山道教承应国家祭典的规定情况。"祭仪：前四拜、诣香案前、上香、三献酒、读祝、四拜、焚香。祭服：龙神朝服、山神常。"③ 在"国醮登坛道众"记载有内外坛唱念、奏乐人员情况，内坛奏乐十五名，云锣一名、笙四名、管二名、笛二名、札二名、板二名、鼓二名；外坛奏乐十五名，云锣二名、笙三名、管二名、札二名、笛二名、板二名、鼓二名。④ 从文献可见，明代道教斋醮科仪核心亦为"三献礼"，其用乐采用笙、管、笛领衔的鼓吹乐形态，与国家吉礼小祀仪式及用乐一致，这应与明代道士羽流直接参与官方祭礼仪式活动有很大关系。由道教人士传承曾为官方礼制的仪式用乐进而转接给民间礼俗，这还是一个再承继的问题。

当下，沙河三皇祭祀用乐依然保持着历史承继性。在 2015 年的三皇祭祀仪式中，会首马常信聘请永年县薛家道乐社为祭祀仪式奏乐，其所用乐器、人员为笛 1 人、笙 1

---

① 上海书店出版社. 道藏［M］. 上海：上海书店出版社，1988：317 – 318.
② 项阳《河北安新圈头药王会祭祀仪式与用乐传统》一文发表于新浪博客"项阳的博客"https：// blog. sina. com. cn/xiangyang2006，同时也是 2008 年 5 月由香港中文大学宗教与社会学系主办的"中国地方社会仪式比较研究国际学术研讨会"的参会论文.
③ 转引自句容市地方志办公室. 句容茅山志［M］. 合肥：黄山书社，1998：98.
④ 刘大彬. 茅山志：上［M］. 上海：上海古籍出版社，2016：37 – 38.

人、二胡2人、铐子1人、云锣2人、铙1人、镲1人，属鼓吹乐形态。在行乐环节，薛家道乐社演奏的【小开门】，则是官方祭礼仪式的常用曲牌之一。【小开门】在京剧中，多用于配合帝王、后妃升殿时的仪仗、导引场景，其也常在民间乐社、班社导引、开路时所用。前文所述焦作地区郑王会乐户乐谱中，亦有同名曲【小开门】。另外，笔者曾调查樟树三皇宫庙会，其祭祀仪式用乐也雇请道教乐社，演奏除道教专创曲牌外，还包括【小开门】【望妆台】【山坡羊】【迎仙客】【浪淘沙】【玉芙蓉】等诸多与官方用乐相通的曲牌。

上述道教乐社所用乐器和曲牌，也是冀中地区"音乐会"所普遍使用的音乐形态。例如，同样为祭祀三皇药王神服务的安新圈头音乐会，采用的也是这种笙、管、笛领衔的乐器组合。另外，从圈头音乐会、樟树道乐社与乐户郑王会传谱曲牌中（表3），也可看出民间音乐会社与道教科仪用乐和官方小祀用乐的相通性情状。

表3 圈头音乐会、樟树道乐社与乐户郑王会传谱曲牌对比

音乐会社	乐谱主要曲牌
圈头音乐会传谱（祭三皇药王）	【醉太平】【山皮羊】【浪淘沙】【金字经】【五圣佛】【喊动山】【劝君杯】等
樟树道乐社传谱（祭三皇药王）	【小开门】【望妆台】【山坡羊】【浪淘沙】【迎仙客】【玉芙蓉】【太极韵】【步虚】等
乐户郑王会传谱（祭郑王）	【醉太平】【山坡羊】【朝天子】【金字经】【五声佛】【汉东山】【青柳娘】【上小楼】【沽美酒】【青歌令】【清江引】【折桂令】等

在中国北方，民间音乐会社是一种普遍存在的非职业性的器乐组织，他们以某种信仰为活动中心，其中以冀中音乐会和西安鼓乐社为典型代表。这些音乐会社所祀神灵有三皇药王、城隍、碧霞元君、火神、五道、后土等，并与明清官祀神祇相接通，可以发现这些承祀对象具有国家祭祀意义。项阳认为，民间音乐会社用乐接衍自官属乐人体系和佛道教用乐体系两个渠道，并形成一套乐队、乐曲等用乐形态对应多种祭祀对象的现象。作为地方官府官属乐人承载国家小祀仪式用乐时，应掌握一套乐曲以应用于多种祭祀仪式场合，这在笔者前文论述中已有所提及。"国家礼乐如此，也为释道和民间宗教所效法，无论音乐之律调谱器乃至乐曲的应用都有这种相通意义。作为国家礼乐乃至俗乐，在官属乐人层面一定显现出相通一致性，如此建构成庞大的官乐体系，这是全国范围内相通的意义所在，所谓官乐民存、官乐佛道存，最终都会在民间汇聚。"① 如果把握住上述情况，便不难理解沙河"三皇祭典"仪式采用的道乐与民间音乐会社用乐、官方吉礼小祀用乐之间存在的一致性现象，这深刻体现出官方、宗教、民间三者之间互动的关系。

---

① 项阳. 音乐会社文化内涵［J］. 天津音乐学院学报，2015（01）：9.

明末王稚登言:"凡神所栖舍,具威仪箫鼓杂戏迎之,曰会。"① 在庙会期间,因沙河靠近河南地界,庙会管理者还聘请濮阳曲剧团搭台演唱了三天的酬神戏;此外,还有本村和邻村民众在庙门前表演扇鼓、秧歌、现代歌舞等多种文艺形式。这些非仪式用乐不仅娱人娱神,而且丰富、活跃了庙会祭祀用乐场域。

结　语

"春祈、秋报,礼也。城乡迎神赛社,鼓吹鸠众,戏优杂沓,按月(期)恒有。"② 春祈秋报与乐舞酬神之祭祀祈福理念,深入中国传统民间社会之中,是我国传统文化的有机组成部分。祭祀,乃古时国家最为重要的事项,祭祀仪式用乐为吉礼用乐。吉礼大、中、小不同层级,皆有相应乐制配合为用。吉礼小祀用乐有三个方面值得我们关注:

第一,明清时期,吉礼小祀乐用教坊司进一步丰富、完善了吉礼用乐制度。与大祀、部分中祀用乐——钟磬雅乐形态相比,小祀用乐——教坊鼓吹乐形态更多展现出娱乐审美之俗乐特征,所谓娱人娱神、人神共享,彰显出吉礼用乐的多功能、多类型和多风格性的特点。

第二,小祀具有全国"通祀"性质,这意味着其用乐形态不仅在中央宫廷得以实施,而且全国各地方官府教坊机构体系及其在籍官属乐人群体皆需承载小祀之鼓吹乐类型。小祀乐用教坊及其音声丰富性,不仅推动了小祀主要用乐形态——笙、管、笛领衔的鼓吹乐成为上下相通、遍布全国的器乐类型,而且使得诸多音声技艺形式在国家网络化的祭礼场合中得以为用,并在其中通过吉礼小祀制度和教坊机构体系、乐籍制度而广泛传播流布,从而形成这样一条清晰的脉络"国家制度——吉礼——明代小祀乐用教坊——鼓吹——多种音声技艺形式"③。

第三,小祀乃官民共同参与之情状,这培养了民众对官方礼乐的文化认同。封建制度解体后,民间社会在接衍国家礼制理念的同时,还将各级地方官府中吉礼小祀仪式用乐转用于民间信仰的祭祀仪式之中。由此,国家礼乐制度由显性规范转化为隐性规范,继续在民众礼俗生活中发挥作用。此外,国家吉礼小祀用乐还对佛道教用乐和民间音乐会社用乐产生影响。

学界关于音乐传播认知,有自然传播和制度传播两种主要观点。其中,制度规定下的组织态传播是形成中国传统音乐文化"整体一致性下区域丰富性"特征的重要因素。在吉礼小祀用乐制度下,国家礼制用乐、宗教科仪用乐、民间礼俗用乐之间的互动性,

---

① 《笔记小说大观四编》,新兴书局有限公司,中华民国十一年—一九二二年刊本,第4041页。
② 高平县志[M]//丁世良,赵放. 中国地方志民俗资料汇编:华北卷. 北京:北京图书馆出版社,1989:618.
③ 项阳. 小祀乐用教坊,明代吉礼用乐新类型:下[J]. 南京艺术学院学报(音乐与表演版),2010(04):60.

可以说彰显出制度传播的重要意义。因此，吉礼小祀用乐值得我们深入辨析与掌握。在考察传统音乐文化时，我们需要看到背后"国家在场"官方意志的存在，再结合国家礼制和民间礼俗两方面进行辨析，方能把握其中的本质与内涵。

附言 本文为河北省文化艺术科学规划项目"国家·宗教·民间互动下的沙河'三皇祭典'仪式用乐研究"（项目编号：HB16-QN019）成果。

（本文原载《中国音乐学》2019年第1期，略有改动）

作者简介 常江涛，男，1983年生，河北省石家庄人。河北师范大学音乐学院副教授、硕士生导师，河北师范大学燕赵音乐文化研究所研究员。

容城西牛村吵子会音乐探析

河北师范大学音乐学院　杨　青

摘　要　本文以河北省容城县南张镇西牛村吵子会为研究对象,以田野考察获得的第一手资料为基础,不仅对西牛村吵子会音乐的本体样态进行了分析,而且对西牛村吵子会的历史与传承进行了梳理,更对当代语境中音乐的重构进行了解读,以期对这一类北方区域性器乐乐种的西牛村吵子会个案进行较为全面的记录与分析。

一、西牛村吵子会的历史与传承

据西牛村老一辈村民回忆,西牛村吵子会有真人可考的年代至少可以追溯至1880年左右的清光绪年间。得知考察组即将进入村中考察,贾国占会长特地与吵子会其他成员一起回忆西牛村吵子会的历史,并撰写了《西牛村吵子会简介》一文,概括性地梳理了吵子会的历史与传承。文中写道:

> 西牛村"吵子"起传于清光绪年一八八零吴府吴更柱老先师,此人82岁终逝。行艺50多年,"吵子"技术纯熟,以唢呐吹奏为首,技艺超人。亲传弟子:肖正尔,吴大雪等。
>
> 老师肖正尔、吴大雪于二零零三年冬月,将"吵子会"艺技传授给贾国占、牛大栓、肖连池、肖玉科、牛启合、肖山掌等人。这些人为传承古代文化而勤奋苦练,技法熟练。目前,正加大力度演奏招集新生。[①]

和冀中地区许多其他的吵子会一样,西牛村亦是于清光绪年间就组建了本村的吵子会。(据雄县、高碑店市音乐类非物质文化遗产调查与研究工作组的学者们考证,隶属于两地的吵子会大多形成于这一时期),吴更柱是历代乐师口述相传的第一代吵子会乐师,另据老乐师讲述,吴更柱乐师不仅唢呐技艺高超,而且精通各种打击乐器。在他的带领下西牛村吵子会逐渐发展壮大,人数最多时近30人,主要活动是参加本村的庙会仪式活动,春节、元宵节的踩街活动及婚丧嫁娶活动等。亦同冀中大多数民间音乐会社

[①]《西牛村吵子会简介》一文根据西牛村吵子会会员集体回忆,由牛启合执笔,完成于2017年12月24日。

一样，西牛村吵子会于"文革"期间停止了一切礼俗活动与排练活动。直至2003年冬，在以贾国占、牛启合等人为代表的一众西牛村村民的集体合力之下，在西牛村政府的大力支持之下，西牛村吵子会正式复会，更名为"新兴吵子会"。重建后的吵子会邀请了"文革"之前参与过吵子会活动的唢呐乐师肖玉科来担当文场吵子的唢呐演奏，同时请西牛村的老乐师、吴更柱老师的亲传弟子，打击乐器演奏技艺精湛的吴大雪、肖正尔教授大家吵子会音乐韵唱和打击乐演奏。为了更好、更快地习得吵子会的表演技艺，会员肖连池更是将本是由师傅口传的工尺谱字记录、整理下来，谱写成一本16页的工尺谱供大家学习、背诵。所有会员不畏严寒、热情高涨，经过一个冬季的刻苦练习，吵子会于2004年春节参与了传统的西牛村大年三十踩街活动。时隔30年，西牛村再次钹铙齐鸣、锣鼓喧天，为村民带来喜庆与祥和。

二、西牛村吵子会音乐描述

（一）乐器

西牛村吵子会现有乐器唢呐（F调）一支，大鼓一架，大锣、手锣、云锣各一面，小镲、中镲各一副，大镲七副，铙两副，唢呐为肖玉科乐师所有，其他打击乐器为会里公共财物，每次排练、演出完毕由会社负责保管乐器的会员统一收纳和保管。西牛村吵子会把由唢呐和打击乐器共同表演的形式称为文吵子，单纯由打击乐器表演的形式称为武吵子。

唢呐，西牛村吵子会文吵子乐曲中唯一的吹管乐器是一支F调小唢呐，承担乐曲的旋律表演。

大锣，声音宏大，在踩街行乐表演中排在队伍的最前面，在固定场地表演中只在乐曲开始和结束处出现。它的用途有二：一是提示乐社人员集合；二是在乐曲开始、结束时敲击以引起表演者的注意，提示表演者进入准备表演的状态。

大鼓，西牛村吵子会的指挥乐器，在乐队中起着至关重要的作用，直接决定着打击乐器演奏的起落与长短。

手锣，被乐师称为铛铛，是一面22.3厘米、以木片（长25厘米、宽2.5厘米）敲击的小锣，与冀中一带常见到的，置于木架之上并以小木槌敲击的铛铛不是同一种乐器。

云锣，被乐师称为兜兜，不似冀中音乐会中常常使用的置于木架之上的多面锣，它只有单面（9.7厘米），大小、形制与多面云锣当中的单枚一致。因为锣面较小，不像手锣一样可以让人握住锣边进行敲击。演奏者演奏时以一手食指挑起锣边的系绳，其他手指配合着轻握锣边，将其置于掌心，另一手执木片（长25厘米、宽2.5厘米）以进行敲击演奏。

小镲，14.7厘米，被乐师称为小板。西牛村吵子会的打击乐器大多是2004年复会时大家集资购买的，只有此副小镲是老乐社乐师吴大雪保存下来的老乐器。据吴老乐师所言，它已有近百年的历史。

中镲，19.5厘米，被乐师称为大板。

大镲，最凸显西牛村吵子会音乐气势的乐器。它主要有两种打法，一是亮镲，即将镲举至头顶正上方，击打之后立刻翻镲，将镲面向外亮出；二是转镲，将镲举至头顶斜上方，边转动镲面边击打。

大铙，与一般大铙的打法不同，西牛村吵子会大铙演奏是在正面击打的同时还会轻微地摩擦铙面，以形成与大镲不同的音响色彩。

西牛村吵子会乐器演奏有严格的规范。如大镲、手锣演奏时一定要举起并高过头顶，以凸显出气势如虹。小镲、铙演奏时可置于胸前，云锣演奏时手臂自然举起，与肩平齐。思忖其中原因，我们不难发现不同的乐器演奏时，规定的不同高度与吵子会乐器的音色与力度有着完全的一致性。（图1）

图1　吵子会使用乐器

（二）乐曲

西牛村吵子会乐曲有两种形式，一种是只有打击乐器演奏的武吵子乐曲，另一种是由唢呐与打击乐器相互配合演奏的文吵子乐曲。目前保存下来的曲目共有6首，分别是武吵子《登城》、文吵子《六红烟》《一团绳》《平地流海》《滚球》《过楼》，其中前5首吵子会可以完整地演奏下来，《过楼》则只能韵唱而无法演奏。

《登城》是西牛村吵子会现存的唯一一支武吵子乐曲，亦称《启奏曲》，固定作为吵子会演奏的第一个曲目。全曲由两个乐器组交替演奏，笔者根据其演奏的先后顺序将其分别称为武吵子第一乐器组（由大鼓、大镲、大铙构成，有时加手锣）和武吵子第二乐器组（由大鼓、手锣、小镲构成，有时加云锣）。乐曲由大鼓演奏的一个两小节的固定节奏型（起鼓）引出，固定节奏型一般重复两遍，以引起演奏者的注意。之后进入全曲的七个段落，其中第一、三、五、七段由第一乐器组承担，第二、四、六段由第二乐器组承担。

文吵子乐曲有大曲、小曲之分。论及大曲与小曲的差别，很容易让人误以为是以乐曲结构作为标准的，即乐曲结构长、大为大曲，反之则为小曲。然而，经过我们对音响与曲谱的分析之后，发现情况并非如此。例如小曲《六红烟》共有六段、《一团绳》共有三段，从乐曲的整体结构来看，它们大于只有一段的大曲《平地流海儿》和《滚球》，但从单段来看，《平地流海儿》和《滚球》的乐段结构又要大于小曲《六红烟》和《一团绳》的各个乐段。因此，以笔者拙见，对于大曲与小曲的界定，更准确地来说应以乐段结构的大小作为标准。

文吵子乐曲无论是单段结构还是多段结构，在乐曲开始、结束及各乐段之间均有相同的打击乐段作为起落和间奏，乐师称这个打击乐段为"汤"+"落头"。所谓"汤"，即由大锣单击一下以引起注意；所谓"落头"，即一个由大鼓、大镲、铙、手锣奏出的打击乐段。（谱例1）

谱例1　"落头"

文吵子乐曲各个乐段的旋律均由鼓、云锣、小镲配合唢呐奏出（后文称为旋律乐器组），乐句或乐节之间有由鼓、大镲、大铙、手锣、云锣（后文称为打击乐器组）奏出的打击乐过渡。小曲《六红烟》《一团绳》分别由六个乐段和三个乐段构成，各个乐段包含三至五个乐句，每个乐句之间的打击乐节奏短小、简单。大曲《平地流海儿》和《滚球》则由十多个乐句构成，每个乐句或乐节之间的打击乐节奏富于变化，打击乐器组与旋律乐器组交替变化的形式更加多样，时而单击某种乐器以造成音色对比，时而配合齐奏以表达热烈的情绪。

（三）乐谱

据乐师回忆，他们习艺时曾听师傅说起西牛村吵子会原有工尺谱传谱，但已经失传。吵子会现存的曲谱是2004年吵子会复会时，乐师们为了便于记忆，根据师傅的韵唱与指导重新记录、整理的。在曲谱当中所用到的工尺谱字有上、车、工、反、六、五、一、司、的、哎、啊、地、外、呀等，其中的、哎、啊、地、外、呀等为阿口，其他为大字。从中可以看到，大字基本上是常用工尺谱的谐音，音高也保持着一致性，但对应的音高低八度,则有混用现象。音高与谱字的对应情况详见表1。

表1 音高与谱字的对应情况表

常用工尺谱字	上	尺	工	凡	六	五	乙	四
西牛吵子谱字	上	车	工	反	六	五	一	司
唱名	do	re	mi	fa	sol	la	si	la

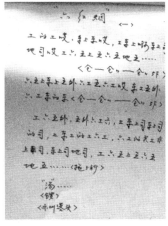

图2 《六红烟》手抄乐谱

下面以《六红烟》第一段为例,分析实际演奏、韵唱及曲谱之间的对应关系。(谱例2、图2)

谱例2 《六红烟》第一段

演奏
韵唱
谱字   工的工哎 车上车哎 工车上啊车上 司地司哎 工六五上

五六五地五 呛呛呛 呛呛 六五上车 上 五外六五 五六工哎

车 工 五外　六 工 车 的 车　呛 呛 呛

呛呛　工 六 五 外 五 外 六 工 六　工 车 上 司 车 上　司 的 司　上 车 工 的 工

六　　工　六 工 的 工 车 上 司 车 上　司 地 司　　工 六 五 六 五　六 五 地 五

通过对谱例2的分析，我们不难发现，韵唱与曲谱之间保持着一致的对应关系，实际演奏虽然和曲谱有一定的差异，但是乐句首尾的一致性表明这种差异仅仅是由音乐表演的某种即兴性所导致的，而非对于曲谱的不同解读。

三、对西牛村吵子会音乐若干现象的解读

（一）音乐表现过程中鼓的功能解读

4 000多年前的鼍鼓、"伊耆氏之乐"中的土鼓，这些都印证了鼓在中国的悠久历史。在我国漫长的历史发展过程中，不同时段、不同类型的传统音乐中鼓的印迹频频出现，它或者被披上神秘的外衣，在宗教和礼俗中使用；或者因其独有的气势而在战争杀伐中以"鼓"舞士气；抑或者因其丰富多变的音响色彩而作为独立的艺术审美存在，这些都彰显出中国人对鼓的特殊偏爱。

就像中国的水墨画，虽然只有水、墨这些简单的材料，但是却能形成"焦、浓、重、淡、轻"的五色魅力。鼓亦然，看似是一个简单的打击乐器，但其声音的表现力绝不简单。先不说多种形制的鼓及其组合，单就一面鼓而言，击打鼓面或鼓身的不同部位，使用不同的力度和击打方式，再配合多样的节奏变化，其产生的音乐感染力绝不可小觑。

西牛村吵子会虽然只有一面鼓，但是它在音乐表现过程中的作用非常重要。究其主要功能，有如下两个方面：其一，在乐曲的起始处，以及过程中的即兴部分承担着引

领、指挥的作用。在乐曲开始之时，由鼓奏出固定的节奏型以引领乐曲的开始，同时也规定了乐曲的速度。在乐曲进行的过程中，为了配合相应的用乐场合、仪式过程及突发状况，打击乐节奏时值往往具有不固定性，而这个节奏时值就由鼓来控制，乐师们根据不同的鼓点节奏心照不宣地共同进退。其二，在音乐的表现过程中承担着丰富音响色彩的作用。在武吵子乐曲的表演过程中，相较于其他的打击乐器，鼓有着更加灵活多变的鼓点节奏与力度表现，时而气势磅礴、时而激烈紧张、时而得意洒脱，音响色彩变化多样，极具艺术感染力。在文吵子乐曲的表演过程中，音乐的旋律与节奏由不同的乐器组交替奏出，鼓是唯一全程参与两个乐器组的乐器。在唢呐主奏的旋律出现时，鼓以简单固定的节奏型及相对较弱的力度，起到丰富旋律的作用，在与镲、铙等乐器一起演奏间奏时，则以多变的节奏和较强的力度起到烘托气氛的作用。

（二）西牛村吵子会音乐复原的解读

西牛村吵子会音乐自"文革"时期至2003年，沉寂了30多年。是什么样的动因让昔日的吵子音乐再次响彻西牛村，这值得我们思考。笔者在田野考察的过程中就这个问题采访了多个乐师和西牛村村民。大家的答案都提到，没有吵子的锣鼓喧天，过年、过节、红白喜事都没了气氛、不热闹，大家都盼望着能再听到吵子的锣鼓声。前文曾提及，大年三十和元宵十五的踩街是西牛村吵子会最重要的表演活动。家家户户打开屋门，迎接吵子会从自家门前经过，给乐师们倒上一杯热气腾腾的茶水，还不忘往他们的口袋里塞一些糖果，送上的是一份温暖，留下的是一份吉祥。如此喜乐祥和的节日礼俗已经深深地扎根在每一个西牛村人的心里，大家都期盼着这样的场景能恢复如初。因此，当有热心人顺应民意地提议复会之时，大家集体响应，这才使复会工作顺利进行。可见，当地人共同的文化认同和精神诉求是促使吵子音乐再现的主要动因之一。正如项阳先生所言，"礼俗的最重要特征就是一定要有当地民众心理上的文化认同，如果没有这种文化认同，礼俗也就不在，这个文化平台不在，与其相辅相成的一切也就会荡然无存。"[1]

如果民众的文化认同与精神诉求是西牛村吵子会音乐复原的"有心"保障，那么吵子乐师的执着追求与坚守则是其"有力"保障。寒冬腊月，乐师们在户外一遍一遍地练习，他们心中的那团火焐热了手里冰凉的乐器；贾国占会长、肖山掌副会长统筹安排集资购买乐器、组织学习排练；肖正尔、吴大雪两位老师严格教习，从旋律韵唱、打击乐节奏，到演奏技法及演奏姿势，从未有丝毫懈怠；牛启合乐师多方走访村中长者，了解吵子会的历史，并与肖连池等乐师一起在肖正尔、吴大雪两位老师的指导下完成工尺谱的撰写工作。在吵子会乐师的共同努力之下，西牛村吵子会的音乐终于在2004年春节再次响起，并不断发展、完善。直至今天，他们依然坚守，从未放弃。考察结束之

---

[1] 项阳. 民间礼俗：传统音声技艺形式的文化生存空间[J]. 中国音乐，2008（03）：7.

时，乐师们诚意邀请考察组再次前往西牛村采录他们今后复原的乐曲。

除了"有心"与"有力"的主观因素之外，客观因素也值得我们关注。非遗普查工作的开展、非遗保护观念的深入人心，都使音乐的传承者与民众了解到，一脉相承的传统音乐不仅仅是简单的文化消费品，而且更是祖先留给我们的丰厚文化遗产，具有极高的文化价值。

总之，经历沧桑巨变，西牛村吵子会在西牛村民众共同的精神诉求与西牛村吵子会两代艺人的共同努力之下得以复原，为我们留下了一笔宝贵的音乐遗产。在今后进一步复原与重构的过程中，我们祝愿西牛村吵子会音乐会能在新的文化土壤中继续传承、发展，一路走好。

（本文原载《艺术品鉴》2020年第36期，略有改动）

【参考文献】

［1］项阳. 中国人情感的仪式性诉求与礼乐表达［J］. 中国音乐，2016（01）：35－49，61.

［2］赵书峰. 冀北丰宁"吵子会"音乐历史与发展语境研究［J］. 民族艺术研究，2017，30（04）：54－62.

［3］张月. 民间礼俗用乐文化内涵探析：以高碑店吵子会为例［J］. 音乐探索，2016（04）：67－71.

作者简介　杨青，女，河北师范大学音乐学院副教授、硕士生导师。

乐亭影戏的地域性特征与保护传承路径

河北师范大学音乐学院 苏 娜

摘 要 乐亭影戏是流传于冀东地区,在全国有着重要影响的影戏剧种之一。古代燕赵地域文化的熏染和影响,使得乐亭影戏具有慷慨悲壮的艺术风格。为了加强对乐亭影戏的保护与传承,本文认为应当改善乐亭影戏相关组织的演出条件,提高从业者待遇,保护好传承人,建立皮影生态村,努力发挥学校教育在乐亭影戏保护与传承中的作用。

关键词 乐亭影戏;地域性;燕赵文化

影戏又称皮影戏、灯影戏、纸影戏、影子、照条儿等,是以灯光映照并将由演员操纵的皮制或纸制的人、兽及器物、布景,投影于幕布并进行形体动作的表演,同时由演员在幕后配以唱腔并伴奏的一种独特的戏曲艺术形式。[1] 有学者指出,在亚洲的戏剧传统当中,影戏或许是其中最著名的,发展水平最高的一种。[2] 影戏作为一种综合性的民间艺术,集民间音乐、民间美术、民间戏剧为一体,蕴藏着丰富的民间文化信息。同时,影戏与民俗活动有着密不可分的联系,是民俗活动的重要载体。因此,影戏文化是一种重要的非物质文化遗产。探索民间影戏的艺术规律和艺术特征,了解民间影戏的历史发展和生存现状,对于非物质文化遗产的保护和研究具有深远意义。

乐亭影戏是流传于冀东地区,在全国有着重要影响的影戏剧种之一,影偶造型独特,唱腔优美。[3] 周贻白曾经指出:"现在表演影戏最有名的地方,为河北滦县一带,俗称'滦州影',因为熟在人口的关系,几乎成为一般影戏的代称。"[4]

一、燕赵文化与乐亭影戏的地域性特征

春秋战国时期,今河北地区大部分属燕赵两国,因而在地域文化层面上,一般将其

---

[1] 中国艺术研究院音乐研究所,《中国音乐词典》编辑部. 中国音乐词典[M]. 北京:人民音乐出版社,1985:294.
[2] Miller T E, Chonpairot J. Shadow Puppet Theatre in Northeast Thailand[J]. Theatre Journal, 1979, Vol. 31 (3):293–311.
[3] 齐江. 冀东地区影戏剧种的发展与断代[J]. 乐府新声(沈阳音乐学院学报), 2010, 28(02):221–227.
[4] 周贻白. 中国戏剧史长编[M]. 上海:上海书店出版社, 2007:101.

文化归为燕赵文化。现今冀东地区大部分属于燕国。在地域文化的影响和制约之下，中国传统音乐也逐渐形成了不同的音乐文化区。乔建中指出："民间音乐作为古已有之的文化现象，在特定时空条件影响下，也形成了一个个具有'类似音乐特质'的区域。对此，有人称为'音乐方言区'，有人称为'音乐文化区'，有人称为'近似色彩区'。其目的都在于把某一区域内民间音乐的诸形态特征同地理、历史、民族、语言、风俗等视为一体，以便为从更广阔的角度进行'文化区'的研究提供依据。"① 乐亭影戏所流传的冀东属于燕赵文化区，从音乐的角度来看，乐亭影戏音乐属于燕赵音乐文化区。②

地理、地貌、气候、物产等自然因素是地域文化的自然基础，也是地域文化现象赖以生发的前提条件。燕赵地区古代的生态环境特征是"山高水深，遍地丛棘，猛兽出没，时来急雨"③，这是包括音乐文化在内的燕赵文化赖以形成的自然条件。乔建中曾经指出，如果行政区域与地理因素相关，那就可能吻合；如果相反，则不应受其限制。④ 燕赵音乐文化的行政区划与地理因素能够相互吻合。

燕赵音乐文化的形成除了与自然条件有关，还与古代的行政区划有着密切的联系。此外，我们应该注意到，燕赵文化与北方游牧民族的文化也有着密切的联系。长期以来，这一地区一直是草原游牧民族与汉族的交战之地。因此，燕赵文化不同程度地融合了少数民族文化的成分。

燕国文化起初曾在殷商文化中占据着举足轻重的地位。有些学者根据由商族子姓之子为燕卵，燕山和玄水也得名于家燕等历史事件，认为商族的起源地应在古代燕山和玄水一带；同时认为商代燕国也得名于家燕，说明它在商代各宗族与支族中应该就是宗族所在的一个方国，也是商人最早建立的一个方国。⑤ 从商民族的起源传说及商民族的文化信仰中也可以找到一些依据。可以说，燕文化在商代占据着重要的地位。

在周代，由于政治中心的转移及燕国自身没有主动与周朝建立良好的关系，燕国开始逐渐衰落。战国时期，燕国在七雄当中最弱。燕文侯对苏秦说，"然吾国小，西迫强赵，南近齐"。⑥ 燕昭王对郭隗说："寡人地狭民寡，齐人取蓟八城，匈奴驱驰楼烦之下。"⑦ 西周至春秋时期，燕文化是一种地理环境制约下的苦寒文化。

战国时期，燕赵文化出现转型的迹象。这一转型较为集中地体现在荆轲刺秦王这一典型的历史事件之中。公元前 227 年，受燕太子丹之托，荆轲前往秦国刺杀秦王，太子丹送荆轲至易水河边，荆轲高唱："风萧萧兮易水寒，壮士一去兮不复还。"慷慨悲壮，

---

① 乔建中. 土地与歌：传统音乐文化及其地理历史背景研究［M］. 济南：山东文艺出版社，2009：270.
② 乔建中. 土地与歌：传统音乐文化及其地理历史背景研究［M］. 济南：山东文艺出版社，2009：271 – 273.
③ 张京华. 燕赵文化［M］. 沈阳：辽宁教育出版社，1995：9.
④ 乔建中. 土地与歌：传统音乐文化及其地理历史背景研究［M］. 济南：山东文艺出版社，2009：271.
⑤ 张京华. 燕赵文化［M］. 沈阳：辽宁教育出版社，1995：199.
⑥ 司马迁. 史记［M］. 长沙：岳麓书社，1988：528.
⑦ 司马迁. 史记英选［M］. 北京：商务印书馆，2018：146.

以至听者瞋目，发尽上指冠。[1]

这一千古传诵的历史事件使得燕文化发生了历史性的激变，由此逐渐形成了燕地音乐文化"慷慨悲歌"的独特风格。

燕赵两地由于地缘关系常常被视为一体。《史记·刺客列传》称其为"羽声慷慨"，《货殖列传》又说邯郸、中山、沙丘"丈夫悲歌慷慨"。这是历史上对燕赵诗风、文风"慷慨悲歌"特点的最早概括。钟嵘在《诗品》中说："曹公古直，甚有悲凉之句。"燕赵艺术风格再次被概括为"慷慨悲歌"。唐代后期，韩愈作《送董召南序》曰："燕赵古称多慷慨悲歌之士。"这是燕赵艺术风格第三次被概括为"慷慨悲歌"。[2]

正如有些学者总结道："没有北方生活环境的艰辛苦寒，也就没有北方人的勇武任侠；没有北方人的勇武任侠，也就没有北方文化的慷慨悲歌。慷慨悲歌是燕赵之地自燕太子丹、荆轲、高渐离和曹氏父子以来所独有的。"[3] 作为燕赵地区戏剧文化中的一朵奇葩，乐亭影戏同样也具有"慷慨悲歌"的总体风格。有些学者从情感类型的角度出发，将乐亭影戏的唱腔分为平调、花调、凄凉调、悲调、游阴调五大腔调，其中三类属于表现悲伤情感的唱腔，这势必从总体上影响乐亭影戏唱腔的总体风格。凄凉调是乐亭影戏中女性角色的专用腔调，擅于表现"有泪无声"的悲苦之情，其板式多为大板和二性板，在调式上属于宫、徵交替调式，在旋律中多为大跳音程，偶尔会出现变徵音，从而增加旋律的悲壮之感。此外，乐亭影戏中有一种叫路途悲的唱腔，其和凄凉调的旋律骨架基本一致，但板式不同，路途悲是一种二性板的唱腔，适合行走于路途上的伤心之人演唱。

悲调是表现剧中人物十分悲伤的时候所唱的唱腔，有些艺人甚至称之为"大哭大嚎"，其常用大板和二性板两种板式，最常用的是大板，速度较为缓慢，节拍常常散整结合，曲调婉转起伏、感人至深。悲调擅于表现"声泪俱下、撕心裂肺"之情。乐亭影戏中的悲调又分为不同种类，女腔悲调有大悲调、小悲调之分；男腔悲调有悲调、哭么二三之分。

二、关于乐亭影戏的保护与传承

（一）乐亭影戏发展中所面临的问题

保护乐亭影戏艺术，让其更好地传承和发展下去，是当代文艺工作者的神圣使命。目前，乐亭影戏在发展的过程中面临的问题可以归纳为以下三个方面：首先，乐亭影戏的传承后继乏人，能够从事乐亭影戏这一行业的人越来越少，而且年龄大多在五十岁以上。其次，演出市场日益萎缩，在乐亭、昌黎等以往演出较多的区、县，现在基本上没

---

[1] 田可文. 中国音乐史与名作赏析 [M]. 北京：人民音乐出版社，2007：17.
[2] 张京华. 燕赵文化 [M]. 沈阳：辽宁教育出版社，1998：271.
[3] 张京华. 燕赵文化 [M]. 沈阳：辽宁教育出版社，1998：276.

有太多的演出。喜欢影戏的观众不仅越来越少，而且绝大部分是中老年人。最后，在产业化的过程中，商业化演出对乐亭影戏艺术进行了过度的商业化包装和改造，对其原本的民间艺术形态造成了损害。

（二）加强保护与传承乐亭影戏的措施

第一，改善乐亭影戏相关演出组织的演出条件，提高从业者的待遇。

走向市场是乐亭影戏的必然发展之路。然而，当地政府和相关部门不能将从业者抛向市场之后完全放任自流。目前，乐亭影戏的演出人员大部分由非职业的农民构成，他们农忙时务农，农闲时参与乐亭影戏的演出活动，演出待遇很低。能够坚持参与演出的大部分是热爱乐亭影戏艺术的农民。有一部分优秀的半职业艺人迫于生计，不得不忍痛放弃演出，在农闲时从事其他行业。本就松散的演出组织没有相对固定的演出人员作为保障，乐亭影戏艺术面临生存危机，何谈传承与发展？因此，改善乐亭影戏演出组织的演出条件、改善从事乐亭影戏演出者的待遇，成为当务之急。笔者呼吁当地政府和相关部门适当给予民间演出组织及其从业者一定的经济补贴，改善民间演出组织的演出条件和演出人员的待遇，让他们把更多的精力投入影戏的传承和发展方面。

第二，保护好传承人。

非物质文化遗产的活态性使得非物质文化遗产传承人在传承过程中发挥着举足轻重的作用。因此，做好、做实乐亭影戏的传承工作，须以传承人作为根本。有关部门可以在民间物色一些优秀的影戏艺人，授予他们不同等级的传承人称号，并给予其足够的经济补贴，从而让他们专心致志地进行乐亭影戏技艺的传习。

第三，建立皮影生态村。

划定文化生态保护得比较完整的区域为文化生态保护区。将民间文化遗产原生态地保护在其所属区域的文化生态环境中，使之成为"活文化"，这是一种保护非物质文化遗产的有效方式。因此，有关部门可以在那些文化生态保持得较完整，皮影戏传承得较好、观众较多的村落，建立乐亭影戏艺术文化生态试点村。目前，河北省秦皇岛市青龙满族自治县的影戏演出活动比较频繁，那里的群众民间文艺活动比较多，在一些仪式活动中，经常伴有乐亭影戏的演出。有关部门可在该县建立一些类似的乐亭影戏艺术文化生态试点村，同时建立完善的管理制度，明确乐亭影戏文化生态保护村的管理方法和模式及保护村内居民的法定权利与义务，凡破坏乐亭影戏文化生态者均应承担相关法律责任。

第四，充分发挥学校教育在乐亭影戏保护与传承中的作用。

在乐亭影戏保护与传承的工作中，应根据河北省实际情况，充分发挥学校教育在乐亭影戏保护与传承中的作用，充分利用中小学校、高等院校、职业学校及各类民办教育培训部门在人力、智力等方面的优势，努力创建具有较强辐射力和影响力的乐亭影戏文化保护与传承体系。在基础教育层面，主要让学生熟悉乐亭影戏艺术、热爱乐亭影戏艺术，探求乐亭影戏进校园、进课堂的有效形式，让学生从小感受乐亭影戏、了解乐亭影戏、熟悉乐亭影戏、热爱乐亭影戏。在高等教育层面，主要发挥其在学术和人才方面的优势，让其担负科研任务，探索乐亭影戏艺术保护与传承的规律和措施，建立和乐亭影戏艺术有关的非物质文化遗产教育、研究基地。

附言 本文为2013年河北省社会科学基金项目，批号：HB13YS027。

（本文原载《河北学刊》2014年第2期，略有改动）

作者简介 苏娜，女，河北师范大学音乐学院副教授、硕士生导师。

薪火相承燕赵情

传统的延续与音景重构
——冀东鼓吹乐传承人的音乐叙事

河北师范大学音乐学院　韦建斌
邢台学院音乐舞蹈学院　王志辉

摘　要　鼓吹乐流传至今，历经千年传承，在不同地区、文化、族群景观等因素影响下，通过"裂变"形式，在中华大地上以不同的音乐形态进行着。具有"小传统"特质的冀东鼓吹乐则是在中国鼓吹乐这一"大传统"的裂变中与冀东本土传统音乐文化在"濡化"作用下发展而来的，在长期艺术实践中，形成一套具有本土底色的演奏观念、演奏技法和旋律形态。近年来，随着非遗工作的深入开展，一些保留着传统特殊技艺的民间乐师，在国家、社会、学者等层面的认同中，成为"传承人"，徐阁则是其中一位。本文将围绕冀东鼓吹乐这一区域乐种，从乐本体、乐人、乐事入手，借鉴洛秦先生的"音乐文化诗学"理论、后现代反本质思维，对其进行初步探析。

关键词　徐阁；民间乐师；冀东鼓吹乐；传承所为

一、冀东鼓吹乐的历史语境与活态传承

（一）冀东鼓吹乐的历史语境

鼓吹乐之史，千年有余。从史料来看，秦末汉初已有了鼓吹乐的身影。如东汉班固之《汉书·叙传》所云，"始皇之末，班壹避坠于楼烦，致马、牛、羊数千群。值汉初定，与民无禁，当孝惠、高后时，以财雄边，出入弋猎，旌旗鼓吹"[①]。此时，鼓吹乐已在西北地区出现。宋郭茂倩《乐府诗集》云："鼓吹未知其始也。汉班壹雄朔野而有之矣。鸣笳以和箫声，非八音也"。[②] 由此，印证了汉时已存在鼓吹乐。《中国音乐词典》中称，鼓吹乐是汉以来我国传统音乐中的一类以打击乐器与吹奏乐器为主的演奏形式和乐种。[③] 而《辞海》更具体叙述了其用鼓、钲、箫、笳等乐器合奏的"古乐"特征。

从古今文献来看，鼓吹乐历史厚重，演奏形式主要以打击乐器和吹奏乐器为主。由

---

① 班固. 汉书 [M]. 北京：团结出版社，1996：1082.
② 杨荫浏. 中国古代音乐史稿：上 [M]. 北京：人民音乐出版社，2004：110.
③ 中国艺术研究院音乐研究所，《中国音乐词典》编辑部. 中国音乐词典 [M]. 北京：人民音乐出版社，1985：125.

于历史语境的不同，其称谓、演奏形式、演奏场景和乐种功能有所不同。汉时的黄门鼓吹、短箫铙歌，隋唐的鼓吹署，宋元的"鼓吹十二案"，明清以来的"八音会""音乐会"等均属鼓吹乐一脉。明中期以来，随着"乐崩"现象不断凸显，尤其是清雍正时期延存千年的乐籍制度被废，鼓吹乐在民间礼俗中得到空前传播。历经千载传承，鼓吹乐虽然"裂变"成不同层次的艺术形式，但其核心层的精神内涵依然延续。

"冀东"是包括唐山、秦皇岛两市14个县的一个区域性概念。冀东鼓吹乐则是随着国家鼓吹乐的下移，传播到冀东之后与当地人文环境融合而形成的具有浓郁地域性色彩的乐种。鼓吹乐在冀东农村俗称"鼓乐"，以唢呐为主要乐器，民间把唢呐叫作"喇叭"，称鼓乐艺人为"喇叭匠"或"吹鼓手"，它遍及冀东广大农村，以抚宁、唐山最为集中、最为著名，是该地区的代表。鼓吹乐是冀东地区影响最大的主要乐种。① 明万历二十七年（1599）编纂的《永平府志·卷三·政事志·雇银》载："抚宁县，吹鼓手捌名，每名参两陆钱（银）。"② 这是目前对冀东鼓吹乐的明确记录。

（二）冀东鼓吹乐的活态传承

冀东鼓吹乐从历史传承中而来，进入当今新发展阶段，又以原本的姿态融入新的社会文化环境中，丰富着当地民众的精神生活。有学者曾说："传统是一条河流。"③ 笔者认为，"河流"的重要含义，是其"活态"的传承性。冀东鼓吹乐源自传统，流经当下，奔向未来。在其"变"（音乐形式）与"不变"（音乐内核）之间，已然成为当地民众艺术生活观念中的重要文化母题。在历史的河流中接通传统与当下，于冀东，特别是其乡村的庙会节庆、婚丧嫁娶等民俗中都能看到鼓吹乐的身影。其传承，除了少数随缘教授之外，主要以家族式进行。据笔者的田野考察，由于历史语境、地理区域、演奏特点、代表人物等方面的差异，目前学界把冀东鼓吹乐划分为三个流派：卢龙县、抚宁区、昌黎县为抚宁派，遵化市、丰润区、玉田区、迁安市、古冶区等为迁安派，唐海镇、滦南县、乐亭县为乐亭派。三个流派虽属同宗，但又有所不同，在发展中各有各的传承体系，也有着你来我往、交流融合的同宗底色。

徐阁先生作为当下冀东鼓吹乐乐亭派的市级传承人，对冀东鼓吹乐在本土的发展有着重要影响。他不仅把冀东鼓吹乐带到了中央音乐学院、上海剧场的演艺舞台，近年来为了更好地践行传承人使命，还乘着"非遗进校园"之劲风，将冀东鼓吹乐带进了地方高师院校，传授给一些年轻音乐教师，使其能够在当今全球化、流行化、科技化大行其道的语境中，留有一定延续空间。

---

① 《中国民族民间器乐曲集成》全国编辑委员会，《中国民族民间器乐曲集成·河北卷》编辑委员会. 中国民族民间器乐曲集成：河北卷：上册［M］. 北京：中国ISBN中心，1997：54.
② 中国人民政治协商会议抚宁县委员会文史资料征集委员会. 抚宁文史资料：第一辑［M］. 中国人民政治协商会议抚宁县委员会文史资料征集委员会，1991：66.
③ 郑祖襄. 中国古代音乐史学概论［M］. 北京：人民音乐出版社，1998：156.

二、徐阁的冀东鼓吹乐与冀东鼓吹乐中的徐阁

音乐学家郭乃安先生认为:"音乐,作为一种人文现象,创造它的是人,享有它的也是人。音乐的意义、价值皆取决于人。"① 徐阁作为冀东鼓吹乐的传承人,我们对其进行研究,不仅要关注其演奏风格与形态等音乐本体层,而且要借鉴"文化整体"的思维,对其音乐背后的文化隐喻现象、乐人与乐事之间的深层互动关系进行结构性研究,从而准确把握乐本体、乐人、乐事内部间的深层逻辑关系。诚如张君仁研究"花儿"传承人朱仲禄时所说,"音乐是人所创造的一种文化现象,对这一特殊领域进行认识的终极目的也是对人类自身的认识,因此,音乐文化人类学研究的认识论基础也必然是以'人'为本"②。

徐阁,1949年出生在乐亭的吹歌世家,从小受家族吹歌氛围的影响,在父辈教导下勤奋学习唢呐、小鼓等乐器,奠定了坚实的演奏基础。韶年之时学吹唢呐,12岁在当地小有名气的他进入乐亭文艺宣传队进行演奏,16岁入选河北省军区宣传队任唢呐演奏员。他经历数年的部队基层宣传队的演奏历练后,1976年调入战友文工团,担任唢呐演奏工作。其间,他曾受邀到国家最高舞台进行表演,也曾随团到欧洲等地进行艺术交流展演,其间不仅徐阁的唢呐演奏才能得到了充分的展示和认可,而且同时在丰富多彩的演出交流中,他的艺术眼界也得到了开阔。经过长期在不同层次、不同平台上的演出实践,他演奏的音乐更加成熟、细腻。他根据现场不同的气氛变化着所演奏的音乐,时而欢快热烈、振奋人心,时而婉转细腻、声入人心,深受观众的喜爱。他在一次次与现场观众的互动中传承着传统艺术,也会根据现场观众的反馈,对自己的演奏不断进行完善,从而使他的演奏风格逐渐呈现出多元化的特点。他在得到各方认同的同时,也进一步加深了对自我的认同,更使其对所传承的冀东鼓吹乐有了更深入的理解和认知,这些都为他1995年退休回到家乡,义务传承冀东鼓吹乐,打下坚定的基础。

纵观徐阁的鼓吹艺术人生,与其他艺人的艺术人生相比,既有相似的地方,也有其独特之处。相似的是历史时代背景,不同的是其艺术人生发展轨迹及其产生的影响。徐阁独特的艺术人生对冀东鼓吹乐的传承与发展有何影响?为何会有其独特的艺术人生?其独特的艺术人生又如何映射他的演奏观念和行为?回应这些问题,我们可以借鉴洛秦先生的"音乐文化诗学"理论,从"宏观层"—历史场域、"中观层"—音乐社会和"微观层"—特定机制整体视角对问题进行分析,则会有不一样的回答。

"从社会的角度来看,一个民间艺人成长的过程也是其社会化的过程。"③ 徐阁成长的历史场域与同时代的大多数民间艺人较为相似,20世纪50年代生在冀东,长在党的

---

① 郭乃安. 音乐学,请把目光投向人 [J]. 中国音乐学, 2017 (01): 5.
② 张君仁. 花儿王朱仲禄:人类学情境中的民间歌手 [M]. 兰州:敦煌文艺出版社, 2004: 227.
③ 杨曦帆. 音乐的文化身份:以"藏彝走廊"为例的民族音乐学探索 [M]. 上海:上海音乐学院出版社, 2015: 91.

红旗下，受到传统音乐文化的滋养，与新中国共同成长，为新中国建设所鼓舞，经历了动荡的"文化大革命"，艺术的发展印上了较深的印记，伴着历史的春风迎来了"改革开放"，积极投身音乐传承的事业。改革开放后期，随着国家实力的增强，民族音乐研究也不断深入，民间音乐得到了相应的重视，在全球化趋势加剧、地方性知识异军突起的 21 世纪，他享受着新时代"非遗"活动带来的"文化传承人"的机遇，同时在提倡"文化自信"与"文化自觉"的当下，在政府提供的平台上践行着文化传承人的社会使命。

从"中观层"—音乐社会、"微观层"—特定机制视角来看，徐阁成长起来的社会首先是冀东传统文化的乡土社会。何为乡土社会？乡土社会对传承人徐阁艺术人生又有何影响？费孝通先生在《乡土中国》中提出"乡土社会是礼治的社会"，项阳认为，"这种礼治内涵的外化显现就是民间礼俗"。① 礼与俗之间存在着差异性又有其共生性的特质，在素有"礼仪之邦"的中国，礼俗相伴共同影响着社会的文明和人们的观念。"俗"字内涵丰富，其含义之一，可指乡间社会中婚丧嫁娶、庙会、仪式庆典、家族祭祀、上梁开业等多种礼俗。冀东地区的民间礼俗较多，在红白仪式、秧歌庙会、开业庆典中都能看见冀东鼓吹乐的身影。在浓郁的鼓吹乐家庭氛围中成长起来的徐阁，牙牙学语之时就受到了冀东鼓吹乐文化的影响，少年时期便随着家里长辈初识乡间社会，参加民俗仪式演奏，这些经历提升了他的认知、锤炼了他的技术、开阔了他的眼界，为其青年时期脱颖而出、进入部队文工团，奠定了基础。新环境对徐阁的艺术观产生了影响，他把学习到的专业音乐理论知识创造性地融入冀东鼓吹乐的演奏风格中，不仅使他的个人艺术生命更加多彩，而且可以在更广阔的社会里传承着冀东鼓吹乐，为其在新时代到来之际，进入专业音乐学府及高师院校进行交流、教学和传承做好了铺垫。他得到了更广泛的社会认同，并对传承冀东鼓吹乐的历史责任和个人艺术人生有了深刻认知。

三、徐阁演奏的音乐形态阐述

本文运用"音乐文化诗学"理论，从"宏观层"—历史场域、"中观层"—音乐社会和"微观层"—特定机制视角出发，对徐阁的艺术人生进行历时与共时、深描与浅描相结合的分析，可知其个人演奏形态与风格的形成，不是一元因素而是多元因素互动而产生的结果。作为冀东鼓吹乐的传承人，徐阁演奏风格的形成离不开多元语境的共同作用与影响。若结合"远—近"两级变量关系进一步对前者进行分析，影响其演奏风格的，较近的是其对家族冀东鼓吹乐技艺的传承，他的乐器选用、演奏方式、演奏曲目、演奏技法等都有着冀东鼓吹乐的艺术痕迹。

相较于其他地区，冀东鼓吹乐的特点之一是乐队编制精练，一般有 3—6 人，演奏形式变化多样，人少变化多，且风格突出。唢呐是主要乐器，因形制不同，可分为海笛

---

① 项阳. 关于"吹歌"的思考［J］. 艺术评论，2012（03）：82.

子、三机子、二唢呐（也称二机子、二喇叭）和大唢呐（也称大杆、老憨）。这四种唢呐的调高、尺寸、音域、形制等都有差异。（表1）

表1　徐阁改良后唢呐尺寸、音域表

分类	名称	别名	尺寸（毫米）	音域
高音唢呐	高音唢呐	海笛子、海扎子	260	$b—{}^\#c^4$
次高音唢呐	次高音唢呐	三机子	330	$a^1—b^3$
中音唢呐	中音唢呐	二喇叭、二杆	505	$e^1—f^5$
低音唢呐	低音唢呐	大杆	680	${}^\flat B—{}^\#c^2$

由于演奏环境、乐器数量及演奏形式的不同，冀东鼓吹乐分为平吹、花吹和套吹三种演奏方式。平吹的变化较少，由两支二唢呐和一鼓一钹构成，"一支走尖，一支走塌"；花吹突出唢呐即兴表演的特点，对演奏者的演奏水平要求较高；套吹运用的乐器较多，包括四支唢呐和部分打击乐器。徐阁对上述三种演奏方式的掌握较为全面，可谓轻车熟路，尤其是花吹，他可以根据现场氛围的状况，迅速调整演奏张力，从而使欣赏者被其精湛、灵活的演奏吸引。（表2）

表2　不同演奏形式乐器使用情况表

队俗名	应用场合	高音唢呐	次高音唢呐	双音唢呐	中音唢呐	二节音唢呐	四节音唢呐	鼻吹唢呐	低音唢呐	中鼓	堂鼓	中鼓	小鼓	明
平吹	婚事		2								1		1	
	丧事				2						1		1	
	走街秧歌				2				1		1		1	
	小场秧歌舞台演出				2						1		1	
	喜庆				1						1		1	
	喜庆			1	1		1				1		1	
花吹	喜庆舞台演出				1						1		1	独奏形式
						1					1		1	奏奏形式
					1						1		1	独奏形式
					2						1			
					4						1			
套吹	丧事	1	1		1				1		1		1	

创新基于传统，而传统基于传承得以延续。我们想要对徐阁当下的音乐演奏形态进行阐释的话，离不开对其传承过程进行全景式分析。某一乐种的形成离不开特定时代、文化、地域、审美等因素的影响，冀东鼓吹乐这一区域乐种，在其百年的传承发展中，积累了大量乐谱、乐器、演奏技法、代表曲目等遗产。作为传承人的徐阁，其传承体现

在以下三方面：其一，乐器、乐谱方面，一百多年前的唢呐至今仍然保管完好，一些工尺谱也得到了较好的保存，虽然在"文革"、唐山大地震中一些珍贵的乐谱等资料遭到了破坏，但在其努力下部分残缺的乐谱如《大玉福祭》《白金歌》《将军令》等得到了修复，在其传承中依然发挥着历史使命。其二，传统演奏技巧方面，传统冀东鼓吹乐大唢呐中的典型演奏技巧如"麻尖音""军号音""喉音咔奏""三弦音"等技巧依然在徐阁的演奏中经常出现，在一些作品的演奏中，这些技巧依旧会依据传统理性进行演奏，不做过多感性的演绎。其三，传承教学方面，在其传承教学中，徐阁依然使用传统的口传心授的方式，用本人的话来说，即音有数而韵味是无穷的，通过口传心授的方式能把冀东鼓吹乐的传统声音魅力原汁原味地传授给学生，使处于核心层的冀东鼓吹乐得以延续。

传统在创新中得以传承，创新在时代中得以发展。由于徐阁所处时代、个人艺术经历的不同，其演奏风格在传统的基础上又有着时代和个人的印记。唢呐作为冀东鼓吹乐的物质载体，其性能对音乐的表达起着至关重要的作用。徐阁在多年的演奏实践中，对唢呐的哨片、木杆、碗的尺寸、内径等都进行了改良，使其音乐的完整表达与当下音乐审美相契合。（表3）

表3　不同唢呐调名对应表

乐器	调名						
高音唢呐	背调	乙字调	大闷工调	侉调	本调	六眼调	小闷工调
次高音唢呐	乙字调	大闷工调	侉调	本调	六眼调	小闷工调	背调
中音唢呐	本调	六眼调	小闷工调	背调	乙字调	大闷工调	侉调
低音唢呐	背调	乙字调	大闷工调	侉调	本调	六眼调	小闷工调
国际调名	1 = ♭E	1 = E	1 = G	1 = A	1 = B	1 = C	1 = D

为了进一步挖掘冀东鼓吹乐中唢呐的艺术表现力，突破其传统演奏的方法，更准确、形象地表达其所演奏的音乐，徐阁在多年的艺术实践中，在传统唢呐演奏的基础上改良并创新了一些独特的唢呐演奏技巧。如模仿军号的军号音技巧，在传统的基础上，徐阁的气息、嘴劲、指法都有了变化，演奏出的军号音不仅逼真而且更响、更轻、更松弛，笔者认为这与其多年的军旅生涯有关。"鸟叫音"技巧有其独特性，可模仿几种不同种类的鸟的鸣叫声，他用冀东大唢呐演奏有着独特的音响效果。"麻尖音"技巧经过他的改良在进行唢呐演奏时，音量更大、共鸣性更好、穿透力更强、味道更浓郁。带手技巧是徐阁演奏创新中的又一例证，他在"凡字孔"（第三孔）音上运用此技巧较多。他在打开第三孔中指的同时，在带的首音上运用较密集的花舌技巧，并配上灵活多变的气息，从而使演奏出的音响更加形象、富有感染力。

徐阁在实践中以秧歌曲、牌子曲演奏为主，喜用循环换气、上滑音花舌、麻尖音、扣指音等技巧，并结合借字变调手法。由于转调次数、作品特点等因素，借字转调可分

单借、双借、三借、四借。徐阁演奏的《普庵咒》中较鲜明地体现了这些手法。（谱例1—谱例7）

谱例 1 上三借 （♭B宫G羽调式，变工为凡，变乙为上，变尺为上）
(b—c、e—f、a—♭b)

谱例 2 上双借 （F宫G商调式，变工为凡，变五为乙）
(b—c、e—f)

谱例 3 上单借 （C宫G徵调式，变工为凡）
(b—c)

谱例 4 原调 （G宫调式）

谱例 5 下单借 （D宫 #f角调式，变上为乙）
(g—#f)

谱例 6 下双借 （A宫 #f羽调式，变上为乙，变六为凡）
(g—#f、d—#c)

谱例 7 下三借 （E宫 #f商调式，变上为乙，变六为凡，变尺为上）
(g—#f、d—#c、a—#g)

徐阁认为，唢呐在冀东鼓吹乐中的指孔与自然音阶的基本音列没有固定的对应关系。由于演奏音乐的不同，灵活运用不同指孔间的组合、指孔开闭程度，并把握好口含哨片的距离及气息等，通过"借字变调"的方式，从而使奏出的音溢出音孔数的音列。不难看出，传统音乐的乐学理论就蕴含在艺人们的指法里，并体现为一种"品音观念"、"指法思维"和指法记忆。

四、"传承人"身份的文化隐喻

关于传承人身份的界定问题,在操作层面,官方划定出了一些具有普遍指导性的量化标准。随着大量非物质文化遗产的涌现,这种具有普遍指导性的量化标准能否达到初衷,需由实践来检验。在当下语境中,徐阁这一冀东鼓吹乐传承人的身份,不仅包括了官方认同,而且包括了社会和自我的认同。在这些多层级的认同中,其身份隐喻应从多层面去解读。受儒家文化影响的乡土社会对民间礼俗文化有着根深蒂固的认知。在民间礼俗丰富的冀东地区,民俗作为载体,传承着形式多样的民间音乐艺术,如传统小曲、渔歌、号子、大鼓、吹打乐、皮影调等,尤其在广大乡村一些婚丧嫁娶、庙会展演、秧歌伴奏等活动中,我们都能看到徐阁操弄鼓吹的身影。在这般民间礼俗中,他的身份有着多层隐喻。如杨曦帆所说,"音乐与身份认同的关系是双向的,既有从旁观者/研究者角度的观察所得,也有表演者自己所希望的效果。表演者希望通过他们的音乐和身份认同结合起来,从而强化地方音乐的自我属性及其在文化上的权威性"[①]。

传承人身份的隐性权利,在一定的空间语境下会外化为显性话语。显性话语,对冀东鼓吹乐或与该乐种关系甚密的局内人抑或关系较远的局外人来说,都有影响力。在社会背景、民众审美及传承人行为方式的差异背景下,传承人对其所传承的乐种会根据这些差异,进行着持续性地再造。在每次的"去语境化"和"在语境化"的表演中,表演者在进行自我认同之时,亦会对所传承的乐种进行自我演奏风格的塑造。这种塑造对于传承冀东鼓吹乐而言,一定程度上改变了其原有的音乐形态;对于中介性的传承人而言,是其自我音乐认同的固化;对于被传承者而言,则是传统在下一代中的延续。延续的不仅是冀东鼓吹乐,而且更是传承人的文化观念。通过实践改变后的传统,则在传承人那里,进行着代际传承与传播。永恒是相对的,不断变化的是真理。

结 语

郭乃安认为,人是音乐的出发点和归宿。以冀东鼓吹乐传承人徐阁为研究主体,运用洛秦"音乐文化诗学"理论,从历史构成、社会维系、特定机制等层面对徐阁的音乐性进行整体分析,其音乐风格不仅受到特定的社会、文化、地域、观念等方面的影响,而且在官方认同、社会认同中提高了他对传承人身份的认同和对责任的担当。在不断的自我认同中,徐阁对他所传承的冀东鼓吹乐有了更深入的认知和传承的动力。在这些推动下,他延续着传统、进行着创造,在创造中重构着冀东鼓吹乐的"音景"生态。同时,"当下,具有后现代思维的历史民族音乐学研究的主体就是基于民间艺人微观音乐文化生活的历史叙事作为切入点,关注民间草根阶层、音乐世界中的'小人物'的

---

① 杨曦帆. 隐喻的权威:白族洞经音乐的文化认同研究[J]. 中央音乐学院学报,2017(02):18.

音乐生活史的研究来折射宏观音乐世界中的大的历史问题。"① 因此，从社会、文化身份的整体视角出发，对乐本体、乐人、乐事之间的互动关系进行学术阐释，不仅有助于传统的延续，而且对传承人的培养、非遗保护工作的推进、乡土文化的推广也会有重要影响。

（本文原载《南京艺术学院学报（音乐与表演版）》2022 年第 1 期，略有改动）

作者简介 韦建斌，男，1980 年生，河北省遵化市人。河北师范大学音乐学院副院长、硕士生导师。

王志辉，男，1990 年生，河北省遵化市人。邢台学院音乐舞蹈学院讲师。2017 年毕业于河北师范大学音乐学院。

---

① 赵书峰. 民族音乐学为何要研究人［J］. 南京艺术学院学报（音乐与表演版），2020（04）：11.

第二届燕赵音乐文化学术研讨会述评

河北师范大学音乐学院　张　磊

摘　要　2016年11月19日至20日，由河北师范大学和中国艺术研究院音乐研究所主办，沧州师范学院、河北师范大学燕赵音乐文化研究所承办的第二届燕赵音乐文化研讨会在沧州师范学院会议中心隆重召开。京津冀三地学者齐聚"历史现场"河间府地沧州，分享学术成果，共同探讨燕赵音乐文化的内涵与外延。"反思"与"探索"是本次会议的重要特点。与会学者从区域音乐研究理念、研究方法，以及学术观点等方面，对既有研究成果进行了反思，并做出了新的探索式研究，力图更加全面系统、客观深入地研究京畿区域下燕赵大地上生发的种种音乐事项。其中，运用中国音乐文化史研究理念研究燕赵音乐文化是本次会议的重要亮点，对深层次认知、把握燕赵区域音乐文化研究具有重要的指导意义。

关键词　燕赵音乐文化；京畿音乐文化；区域音乐；中国音乐文化史；学术理念；国家制度

2016年11月19日至20日，由河北师范大学和中国艺术研究院音乐研究所主办，沧州师范学院、河北师范大学燕赵音乐文化研究所承办的第二届燕赵音乐文化研讨会在沧州师范学院会议中心隆重召开。来自中国艺术研究院音乐研究所、中央音乐学院、天津音乐学院、中国人民大学艺术学院、北方昆曲剧院，以及河北大学、河北传媒学院、河北北方学院、张家口学院、廊坊师范学院和正定文化馆等京津冀三地多所艺术院校、文化机构及西南大学音乐学院的60余位专家学者及师生参加会议。另外，《云南艺术学院学报》等媒体也专门到场参会。

燕赵大地作为京畿重地，深受京都国家用乐制度影响，其传统音乐文化资源丰富，兼具较高的历史价值与艺术价值。自2014年成功举办第一届燕赵音乐文化研讨会后，作为新兴区域文化研究之一的燕赵音乐文化已初步形成京津冀三地学术共同体，并在学界产生了一定的影响。为继续整合京津冀三地学术力量，保持燕赵音乐文化研究动力，深入挖掘燕赵音乐文化深层内涵，发挥河北师范大学燕赵音乐文化研究所的学术平台机制作用，第二届燕赵音乐文化研讨会如期而至。本次会议历时一日半，其中包括会议研讨一日，以及沧州博物馆、古运河地方文化考察半日。另外，会议主办方还安排了一场富有特色的沧州民间音乐演出，整个会议日程丰富而有序。

本次会议为小型高层论坛，突出学术性。会务组共收到论文30篇，会议宣读20

篇。本次会议的重要特点可概括为四个字："反思""探索"。众多学者在基于多年深入的燕赵音乐文化研究基础上，对既往区域音乐研究理念和方法提出了不少具有反思性的观点；同时，在此基础上又提出了新的研究理念，试图更加全面系统、客观深入地研究京畿区域下燕赵大地上生发的种种音乐事项。对此，新兴的中国音乐文化史理念在燕赵区域音乐研究之中的运用是本次会议最大亮点。此外，不少学者还从应用民族音乐学、传统音乐音体系研究法、"塞外支脉"提法，以及非遗保护下的影像民族音乐学、非遗项目与学校教育关系等较新研究理念、方法和观点出发，对燕赵音乐文化的内涵与外延进行了探讨。

一、区域音乐研究理念的反思与探索

研究理念是学术研究的核心环节。理念之缺失，或到位与否，直接关系到研究成果的客观性与正确性。在本次会议上，不少学者在总结既往学界区域音乐研究成果之得失基础上，将新的研究理念运用于燕赵音乐文化研究的种种事项之中，力图将燕赵音乐文化研究引向深入。

（一）国家与地方、礼制与礼俗、官方与民间：中国音乐文化史研究理念

2015年8月于北京召开的"理念·视角·方法：中国音乐文化史学术研讨会"，基于新时期下重新审视和认知中国传统音乐文化的呼吁，提出了具有"整体史"意义的中国音乐文化史的研究理念，并在学界得到广泛认同。中国音乐文化史的研究理念，不同于既往侧重审美、欣赏之艺术史研究路径，其强调运用多学科、多方法、多视角的方式，以"从社会整体把握的视角以乐本体及其多功能性用乐为主线"①，重视历史上国家用乐制度（礼乐制度、乐籍制度、各级官府音乐机构体系等）对礼乐、俗乐两条主导脉络下的中国传统音乐发展的作用与影响。中国音乐文化史的研究理念是借鉴、融合历史民族音乐学、发生学、功能主义等多种理念与方法，并依据中国传统音乐文化发展的特点与规律所提出来的新学术研究理念，对区域音乐文化、专题音乐文化、通史音乐文化研究都有着积极意义。

本次第二届燕赵音乐文化研讨会主办方制定的核心议题是"将明清时期的河间府作为历史文化现场，重点研讨明清以来该地的政治、军事、经济、交通、风俗等人文生态下的俗乐勃兴与特质"；"研讨明清以来顺天、保定、真定、宣化、永平（冀东）等燕赵府县地方俗乐的流变样态"；等等。将国家整体制度下的地方官府纳入燕赵区域音乐研究的视域，具有较鲜明的中国音乐文化史研究理念指向。

中国艺术研究院项阳在以《河北乐籍文化积淀的深厚内涵》为题的发言中，指出研究元明以来河北乐籍文化应该把握京师乐籍的引领意义，把握乐籍所承载的礼乐与俗

---

① 项阳. 由音乐历史分期引发的相关思考 [J]. 音乐研究，2009（04）：16.

乐两条主导脉络，从而进一步探究官方礼乐制度、乐籍制度对中国传统音乐文化研究的深层意义。项阳先生认为，河北乐籍文化研究是一个大课题，需要音乐、曲艺、戏曲、舞蹈乃至经学、礼学、民俗学、社会学等多领域学者通力合作，借用多学科研究方法整体把握音声技艺形态，方可更清晰地认知河北乐籍文化的深厚积淀。在燕赵区域音乐研究中，建立乐籍文化的学术意识尤为重要，在乐籍体系下把握、认知多种音声技艺形式之音乐形态的动态发展，以及诸种音声技艺形式的功能性意义，将制度、乐人与音乐本体相结合，有助于燕赵音乐文化的深入研究。

天津音乐学院郭树群在以《试谈当代燕赵音乐文化研究的学术走向》为题的发言中，以学界"冀中音乐会"研究为例，强调"历史与田野：中国礼俗仪式音乐学术研讨会"所提出的"由'历史'伸向'田野'，从'田野'探向'历史'"口号的重要意义。他进一步认为，"由'历史'伸向'田野'"就是要求必须用最勤劳的功夫去搜求多重证据，而"从'田野'探向'历史'"则要求我们用最精细、最严谨的办法去检阅材料，以求得多重证据之有机的联系，从而达到所谓"立体释古"的研究境界，并且呼吁当代学者建立起与国家历史大传统相接通的"历史的民族音乐学"之"史识"意识。

河北师范大学在以胡小满《河间府俗乐文化略说》为题的发言中，从历史政治（官方）主导下的移民文化、运河文化、盐业文化、礼俗文化等角度出发，辨析"京南第一府"河间府域下遗存的鼓钹乐、劳动号子、时调小曲、大鼓书、落子舞、梆子腔等俗乐品种的艺术成因。胡小满先生从历史角度出发，指出河间俗乐特色的质构诱因源自歌诗为代表的厚重文风、屯拥重兵的武风、五味杂陈的土风（商风）三个方面。在发言中，他提出了民间音乐是什么，民间音乐与俗乐有怎样的主属关系或本真的异同，探讨俗乐与国家礼乐又有怎样的历史关联与形态分异，等众多具有中国音乐文化史意识的问题，并指出年轻学者应回到历史的"田野"中去，这有益于"近距离"地观察被究者的细微处。

河北师范大学常江涛《官民互动　礼俗兼具——高碑店义店村"冰雹会"祭礼仪式用乐的历史民族音乐学考察》，采用历史民族音乐学研究方法，结合国家礼乐制度、乐籍制度，以高碑店义店村"冰雹会"祭礼仪式用乐为例，探讨国家吉礼小祀仪式用乐与当下民间祭祀礼俗仪式用乐之间的关系与相互影响。他认为，国家吉礼小祀用乐制度为国家礼制仪式用乐接衍转化为民间礼俗用乐提供了一条重要渠道。在转化过程中，全国各级地方官府用乐机构中的在籍官属乐人，以及佛道教人士扮演了中介的角色，从而使原来显性化存在的国家礼制仪式用乐制度，逐渐隐形化地积淀在当下民间礼俗仪式用乐活动之中。

上述学者的研究，关注到国家用乐制度（礼乐制度、乐籍制度、音乐机构体系等）、音乐功能、礼俗关系、官民互动等多方面内容，彰显出"整体史"书写下的中国音乐文化史研究理念。这是众多学者经过长期深入的实地考察与研究，以及对既往学术成果反思之后的结果。历史上生成、积淀在当下的诸种音乐本体形态，离不开国家制度等影响下的音乐文化层面之作用。对此，项阳先生曾言："文化的概念并非是贴在音乐本体上的膏药，以上所辨析的诸种功能性、仪式与非仪式用乐、制度规范、为神奏乐对乐曲的固化作用、官乐民存使得官府体系内的用乐积淀在民间、音乐机构的属性等诸多看似与音乐本体没有直接关系，然而正是这些对音乐形态或有支撑或有促进，并左右着音乐形态自身的发展。"① 同样，郭树群先生对历史与田野之关系问题的认知，以及强调具备"历史的民族音乐学"之"史识"意识的呼吁，既是对"整体史"要求下的中国音乐文化史研究理念的呼应，又对燕赵音乐文化研究理念提出了新的要求与指向。

（二）从观望到参与：应用民族音乐学研究理念

中央音乐学院杨民康在以《有关北方秧歌生存现状的几点思考》为题的发言中，以北方秧歌踩街、走会等实地调查看到的生存现状为例，重点探讨20世纪50—80年代，由于受到极端政治思潮的影响，民俗活动曾经出现的明显的断层现象。近30年来，在以城镇化和旅游文化为代表的经济现代化潮流影响下，秧歌经历了种种艺术化、世俗化和通俗化的发展和变异过程，从而展示出风格各异、五味杂陈的生存现状，从中隐现了因社会重组、族群离异而导致的传统流失、人才断档等发展危机。他指出，有必要启动应用民族音乐学研究的途径，由立足于观望的"行为"考察转向积极的"互动"参与，最终实现"我"与"他者"之间的参与性文化"互动"。②

应用民族音乐学（Applied Ethnomusicology）理念源于西方，其名称正式确立于约2001年，其重点强调民族音乐学对社会的"应用性"，研究热点包括音乐与疾病的研究、田野回馈与濒危音乐的可持续性发展、音乐与环境问题研究等多个层面。③ 近些年来，应用民族音乐学理论传入中国后，得到了学界广泛认可。杨民康先生结合北方秧歌文化生存现状的考察，从田野回馈和濒危音乐可持续性角度出发，提出了加强培养人才、将精品节目引入校园等富有应用性意义的观点，从而实现"我"与"他者"之间的参与性文化"互动"，具有应用民族音乐学的学术品格。民族音乐学研究不应局限于理论层面，还应将视角扩展到非遗保护与传承、医疗、贫困等多个方面，以解决当下现实存在的问题，实现从"纯学术研究性"的经典民族音乐学，向具有较强"实用性、实践性"的应用民族音乐学的学理转换。

二、区域音乐研究方法的反思与探索

研究方法是在研究观念引导下提出新观点、新理论或发现新现象、新事物，揭示研

---

① 项阳. 回归历史语境"讲清楚"：以新的治史理念把握中国音乐文化的特色内涵［J］. 中国音乐学，2016（01）：13.

② 杨民康. 从北方秧歌的生存现状看当代传统乐舞文化变迁的几个特征［J］. 天津音乐学院学报，2016（02）：13.

③ 郝苗苗，梁辉. 西方应用民族音乐学的演进与发展动态研究［J］. 中央音乐学院学报，2015（02）：89-97.

究对象内在规律的工具和手段。研究方法是否得当、正确，直接影响研究成果质量的优劣。由于研究对象的复杂性、研究者认识问题的角度等问题，研究方法会处于一个在不断调适的动态发展过程中。部分参会学者以燕赵音乐事项为例提出了相关体系化的研究方法。

西南大学胡晓东《扎根本体　建构模式——论袁静芳先生之"模式分析法"及其在佛乐研究中的应用》一文，总结了袁静芳先生提出的"模式分析法"的理论构成与价值影响。胡晓东从"模式分析法"的释义、佛教京音乐研究应用，以及理论与实践意义几个角度出发，对该研究方法进行了详细阐述。他认为袁静芳乐种研究中的"模式分析法"较早具备了历史民族音乐学视野的研究模式，取跨学科研究视角，结合史学、民族学、文化人类学与社会学等研究方法，以宏观动态视野来审视中国传统音乐文化。该研究方法为我国传统音乐形态学学科奠定了坚实基础，为接通传统音乐本体与文化内涵做出了有益的探索，为认清传统乐种乐目家族之传承与流变的内在规律指明了路径。

中国艺术研究院李宏锋在以《传统音乐音体系研究法论纲——兼谈四首南皮民歌的形态结构与传播特征》为题的发言中，在对前人相关乐律学研究成果做细致、深入的文献综述基础上，提出传统音乐音体系内涵应包含三方面内容：① 构成传统音乐音体系"生成理论"的乐器音位、生律方法、用音集合、律制规范等；② 构成传统音乐音体系"结构理论"的音列约定、音阶构造、结构内核、聚散单元等；③ 构成传统音乐音体系"控制理论"的组织原则和变化手法等。李宏锋认为，上述"生成理论""结构理论""控制理论"三足鼎立、合而为一，形成传统音乐结构的基础，共同决定音乐形态的风格。

以上两位学者从音乐本体角度入手，既有经典研究方法的总结，又有新研究方法的提出。无论是经典的"模式分析法"还是创新的音体系研究法，都是研究者根据自身多年在京津冀地区的田野调查经验总结、提炼而成，是具有较强可操作性的研究方法，将对揭示燕赵音乐文化乃至全国传统音乐文化发展规律起到积极的作用。

三、区域音乐研究观点的反思与探索

研究观点是在学者研究理念、研究方法的作用下，其研究成果具体化的集中体现。在本次会议上，许多学者根据自己多年研究成果的积淀，提出了富有个人独到见解的新学术观点，引人深思。

北方昆曲剧院周来达先生长年致力昆曲研究，他的论题《昆曲曲牌唱调由何而来》，通过对学界共识既往昆曲曲牌唱调（"昆唱"）均由依字行腔法创作而来的反思，指出依字行腔的唯一功能是创作字腔，而昆唱是由过腔创作法、接字法、点板法、宫调法等多种方法创作而来的，指出"昆唱"纯由依字行腔而来的说法不符实际，应避免此说法带来的负面影响。

河北北方学院张永江以《中国民族音乐中"塞外支脉"提法的学术依据》为题，

参照王耀华先生的中国民族音乐"支脉"的学术观念,提出了"塞外支脉"的新学术观点。张永江先生认为,"塞外支脉"流行于晋蒙陕冀宁五省区的长城沿线地区,是原察哈尔省和原绥远省的文化遗存,是一种介于西北音乐、晋陕音乐、晋冀鲁豫音乐和北方草原音乐中间状态的蒙汉交融的独特民族音乐品种;是西北音乐支脉和晋陕支脉及京津冀鲁支脉、中州支脉、江淮支脉音乐向北方草原音乐支脉回流过程中不断交融的产物。

天津音乐学院王建欣《近年古琴打谱检视》一文,主要从1949年以来的打谱历史回顾、打谱工作存在的问题、打谱队伍建设和打谱成果去向四个部分进行了论述。王建欣指出,前人为我们留下浩如烟海的宝藏——3000首琴曲,而今在音乐舞台上留存的"活态"作品不过30余首,这说明打谱工作责任重大。在梳理古琴打谱工作的基础上,王建欣还认为燕赵音乐文化研究不应忽视文人音乐。

四、区域音乐非遗保护的反思与探索

关于区域音乐,既要研究传统音乐文化生存的背景,揭示其发展规律,也要基于当下、未来,去探讨历史上生成的传统音乐品种持续发展的问题。对此,参会学者献言献策,从不同角度对燕赵区域音乐非遗保护与传承提出了自己的看法。

河北大学齐易《担当"非遗"保护责任 守护民族文化根脉——对高碑店、雄县两地音乐类非遗考察、摄录、研究工作的总结与思考》一文,以齐易、张振涛、荣英涛等人组成的团队对高碑店、雄县两地音乐类非遗考察、摄录、研究工作为例,借鉴影像文化人类学用视听语言书写人类文化、民族音乐学实地考察获得资料的思路,对一个地域的传统文化进行了全面考察、摄录和研究,这是后"集成"时代对传统音乐文化保护及研究、教学工作方法的新探索。

廊坊师范学院周旭光《从固安屈家营音乐会看中国传统音乐的保护与开发利用》一文,以国家非遗项目固安屈家营音乐会为例,结合西安鼓乐、福建南音、北京智化寺京音乐等著名非物质文化遗产,探讨如何把中国传统音乐作为音乐教育课程资源,探索将音乐非遗保护与学校教育相结合的新渠道。

正定文化馆张刚路《传统是根基——谈正定"非遗"保护》一文,介绍了正定县基层非遗保护工作情况,包括非遗普查工作、组织文化站长、项目申报者进行业务培训、组织非遗项目展演,等等。其中重点提出将常山战鼓、跑竹马、高跷等非遗项目引进中小学校园,列为校本课程,并与河北师范大学音乐学院合作,将其引入研究生、本科生实习基地的情况。

自2011年《中华人民共和国非物质文化遗产法》颁布以来,我国非遗保护事业成果显著,但仍存在诸多不尽如人意之处。齐易先生借鉴影像人类学的研究方法,对濒临失传的传统音乐进行"博物馆式"的记录,并通过特殊技术手段将其应用于科研、教学之中。周旭光、张刚路先生采取主动式的保护理念,即与中小学音乐教育相结合,融

入校本教育中，既能提高中小学生对传统文化的认同感，又可解决传承人不足的问题。上述学者的非遗保护与开发思路具有一定应用民族音乐学的意义。

另外，还有部分学者从区域个案调查与音乐本体研究等方面来探讨燕赵音乐文化事象。通过田野调查方法进行个案调查与研究，既是传统音乐研究的基础方法，也是进入深入研究的必要过程。例如，衡水学院苏华《河北景县吹歌的现状与传承研究》、河北师范大学杨青《沧州小曲的艺术特点及文化内涵探究》、河北师范大学张磊《多元文化背景下河北当代歌曲创作导向研究：冀东"洪山口"村音乐现状考察引发的思考》，从器乐乐种、地方民歌和音乐文化生态等角度进行了个案式调查与研究；齐柏平（中国人民大学）《论中国南北小曲的区别——从〈孟姜女〉调谈开去》、沧州师范学院张国琴《典型民歌〈茉莉花〉南北演唱风格之差异》、河北传媒学院于宙《求"偶"尚"双"的音声律动——冀中鼓乐"句句双"节奏研究》则从唱腔风格及节奏、词格、旋律等音乐本体形态的角度出发，采取比较研究法，探析了燕赵音乐文化的特征。此外，张家口学院尤志国《华北联合大学对晋察冀边区的文艺贡献》，以中国人民大学前身——华北联合大学的文艺活动为研究对象，探讨近现代历史时期晋察冀边区的文艺事业发展情况。近现代历史时期是连接古代与当下的一个重要历史阶段，需要更多学者关注、研究。

结　语

我国区域音乐研究约始于20世纪90年代初期。2010年后，随着非物质文化遗产保护工作的深入开展，区域音乐研究因此而变得繁盛，并逐渐成为学界的热点。近年来，受到"重写音乐史""新时期学科转型"等思潮的影响，众多学者不断从研究理念、研究方法等角度出发，对如何更加深入、客观、有效地研究区域音乐文化这一问题进行了探索。

乔建中先生认为，20世纪中叶以来我国区域音乐研究先后经历了"区域音乐研究的文献资料搜集整理和民歌区域划分的规划时期""区域音乐研究的文化地理学建设时期"，以及区域音乐认同感渐强、非遗保护下区域音乐生态略有改善、多学科交流日益广泛时期的三个时期。[①] 在第三个时期阶段，受历史人类学、发生学等众多学科理念的影响，区域音乐研究的理念与方法日益成熟，呈现出由局部、微观研究逐渐向整体、宏观研究发展，由共时性研究向历时性与共时性相结合研究发展的特点。学界有关"系统论"[②]"整合观"[③]等研究理念的呼声日渐高涨，特别是强调与国家制度相接通之"整体史"意义下的中国音乐文化史研究理念，近年来已出现在区域音乐研究中，并获得了

[①] 乔建中. 中国传统音乐研究30年：区域音乐研究 [J]. 音乐研究，2011（03）：5.
[②] 田耀农. 区域音乐研究的方法论基础：系统论 [J]. 人民音乐，2011（07）：57－59.
[③] 郭德华. 区域音乐研究的区划方法比较与整合 [J]. 黄钟（中国. 武汉音乐学院学报），2006（04）：74－79.

诸多富有成效的研究成果。

区域是整体内的一个区域，整体是由各个区域组成的整体。因此，对区域音乐的研究需要建立在整体性音乐史的基础之上，而此"整体"意义的形成，与国家制度密切相关。"国家存在的体现首先是制度，所谓规矩与方圆之论。国家要靠各级地方官府以保证制度的实施，制度反映在社会生活的方方面面，音乐文化当然不会置之度外，无论礼乐和俗乐生产与为用都会受到国家制度的影响与制约。"[①] 本次研讨会上，不少学者的研究个案彰显出中国音乐文化史的学术理念，为区域音乐文化研究提供了较好的先例。

正如项阳先生在闭幕式上说道，此次会议检阅了燕赵音乐文化的研究梯队，不少学者已经建立了宏观把握与微观研究的关系。同时，他还指出需要进一步建立起国家制度下的都城文化——北平布政司管辖区域（河北、北京、天津）的理念，明确更多主题，形成京津冀学术共同体，从而将燕赵音乐文化的研究引向深入。燕赵音乐文化研究，方兴未艾，任重道远，需要借助京津冀三地学者的学术力量，再通过河北师范大学燕赵音乐文化研究所搭建的平台，共同探析燕赵音乐文化的本真面目。

（本文原载《中国音乐学》2017年第1期，略有改动）

作者简介 张磊，女，河北师范大学音乐学院副教授、硕士生导师。2000年毕业于河北师范大学音乐学院。

---

① 项阳. 从整体意义上认知区域音乐文化 [J]. 人民音乐，2013（02）：44.

千年运河谣唱 今朝燕赵乐情
——第三届燕赵音乐文化研讨会述评

浙江传媒学院音乐学院 单建鑫

摘 要 2018年6月2日至3日,第三届燕赵音乐文化研讨会在廊坊师范学院召开。本次会议涉及运河文化与燕赵音乐文化的关系、燕赵音乐的历史传统与现实意义、燕赵音乐文化与民间礼俗关系、燕赵音乐文化研究、京津冀燕赵音乐文化共同体、京津冀音乐教育研究等议题。相关专家、学者围绕本次会议主题分享自己的研究成果,体味音乐形态的"国家"与"民间"意义,从区域音乐文化研究入手,认知中国传统音乐的整体一致性和区域丰富性。

关键词 运河文化;燕赵音乐文化;区域音乐文化

2018年6月2日至3日,由河北师范大学、首都师范大学、中国艺术研究院音乐研究所和河北省音乐家协会联合主办,廊坊师范学院音乐学院与河北师范大学燕赵音乐文化研究所共同承办的第三届燕赵音乐文化研讨会在廊坊师范学院召开。本次会议涉及六个议题:运河文化与燕赵音乐文化的关系、燕赵音乐的历史传统与现实意义、燕赵音乐文化与民间礼俗关系、燕赵音乐文化研究、京津冀燕赵音乐文化共同体、京津冀音乐教育研究。为了贯彻习近平总书记关于"建设运河文化带"的重要批示精神,此次会议以"运河文化与燕赵音乐文化之关系"为中心主题,来自北京、天津,河北石家庄、保定、承德、张家口、秦皇岛、廊坊、衡水、邢台、邯郸等地的四十余名代表参加了会议,会议共收到33篇论文,各位专家、学者针对这一主题进行了多方面的研究与考察,以运河文化视角探讨燕赵音乐文化区域中丰富的音乐样貌。

2014年10月、2016年11月分别举办了两届燕赵音乐文化研讨会,"旨在将燕赵音乐文化作为一个中国区域音乐文化中一个颇具特色的种类加以专题性研究,为致力于燕赵音乐文化研究与学术交流而搭建一个平台。如果说,首届燕赵音乐文化研讨会是燕赵音乐学者在新方法、新视阈引入区域音乐研究大背景下进行的,对燕赵区域音乐文化研究在学术理念、学界认知、学术团队、成果梳理、技术手段等方面做了系统的'教化';此次第二届燕赵音乐文化研讨会在'京津冀一体化'发展战略的大背景下举行,更具有了新的学术探索与收获"①。本次第三届燕赵音乐文化研讨会是在习近平总书记2017 年考察北京市通州区北京城市副中心建设时强调"要古为今用，深入挖掘以大运河为核心的历史文化资源"②的背景下进行的。在本次研讨会中，学者们对运河文化视角下的研究成果进行多方面、多层次的梳理，并通过田野工作、学术理论等方式对燕赵区域音乐样貌进行深入研究，使燕赵区域音乐样貌能以活态方式呈现在大众眼前，并能够进行音乐样貌的活态推广与传承。

一、从历史到田野：运河文化与燕赵音乐文化的关系

随着燕赵音乐文化研究热潮的兴起，我们可以看到学界研究的共同特征是从传统音乐文化的当下存在进行实地考察意义上的回溯，运用历史文献学、文化人类学等多种学科研究方法进行深研，不断揭示出这些区域乐种、歌种、曲种、剧种音乐形态和文化的深层内涵。由此，中国艺术研究院伍国栋提出"传统音乐研究的问题意识"，在第二届燕赵音乐文化研讨会上提出对燕赵音乐文化的研究是由"历史"伸向"田野"，从"田野"探向"历史"。20 世纪 50 年代，杨荫浏先生的田野工作是传统的采风模式。这项田野工作的成果清楚地显示出杨荫浏先生受到科学实证思维方式的影响，它要求调查者格外注重从细节上把握研究对象。从民间实地考察所看到和得到的这些传统音乐形态就是传统音乐的精华所在。

永济渠是一条古老的河，属于中国大运河文化带。永济渠沟通了海河、黄河、淮河、长江、钱塘江五大水系，使河北与西安、江南一带的联系更便捷，尤其疏通了河北与洛阳、西安及"丝路"的通道，方便了燕赵地区与国家政治中心和西域的交往。这些年来，在永济渠北段，不时有隋唐时期的音乐文物出土，涉及乐器及相关伎乐。如何认识这些流布于永济渠北段的乐舞文物，事关燕赵音乐文化的研究能否深入推进。事实上，在交通不发达的古代，水上运输是最快的交通方式之一，其中廊坊隆福寺灯楼伎乐石刻是印证大运河历史的最好阐释。据《大唐幽州安次县隆福寺长明灯楼之颂》刻文，隆福寺建于唐武则天垂拱四年（688 年）。其柱中下部刻乐伎 8 尊，每面 1 尊，有排箫伎、巾舞伎、竽篥伎、跪拜伎、坐舞伎、琵琶伎、击钹伎诸像。③ 无独有偶，河北省文安县文安镇麻各庄村南的一座唐墓中出土陶俑 2 尊，其一是排箫俑，另有骆驼模型。据称，该墓形制有别于中原唐墓，不具有北方特征。在河北省沧州市献县东樊屯村一唐墓中出土 5 件套乐舞俑，可辨的乐器有箜篌、琵琶，另有陶制武士俑、文吏俑、天王俑、

---

① 杨青，胡小满．品古乐之质美　论学理之认知：第二届燕赵音乐文化研讨会综述［J］．人民音乐，2017（04）：49．

② 习近平在北京考察：抓好城市规划建设　筹办好冬奥会［EB/OL］．（2017 - 02 - 24）［2022 - 08 - 10］．http://politics.people.com.cn/n1/2017/0224/c1001 - 29106814.html．

③ 《中国音乐文物大系》总编辑部．中国音乐文物 Ⅱ：河北卷［M］．郑州：大象出版社，2008：204．

胡俑、侏儒俑等。① 以上在大运河文化带中出现的诸多现象都印证了隋唐时期中原和西域的音乐文化交流，中原与西域乃至世界思维的音乐文化叙事，得益于大运河的畅达。因此，研究燕赵音乐文化的古往今来，需关注隋唐大运河文化。

中国艺术研究院项阳认为，从官乐文化和俗乐文化两方面来说，应把握"官乐民存"形态的源流脉络，不论从当下认知的音乐来看，还是回归到历史语境来看，运河文化中的传统音乐都需要从一种新方法、新视角来把握。从运河文化的传承中可以看出，传统音乐文化不仅是通过官方渠道传承的，而且还有运河沿线城市、周边城市及乡村区域这一传承纽带。

二、从国家到区域：燕赵音乐的历史传统与现实意义

项阳在为本次研讨会所做的主旨发言中，阐述了运河文化视角下传统音乐的"国家"与"区域"之关系，提出了要从运河文化视角来分析明清时期至现在的音乐现象与音乐问题，并要回归历史语境，把握文化传播的方式，以及各自存在和互融互通，体味音乐形态的"国家"与"民间"意义。他针对运河文化视角下燕赵音乐文化的多样性提出了许多亟待解决的问题，并提供了研究思路与研究建议。如"从曲种、剧种、乐种意义上来说，为何多以历史上高级别官府所在地命名？为何这些高级别官府成为时调的生发之地，然后又能够将其广泛传播？这些区域所成的戏曲为何以曲牌为母体？曲牌与词牌究竟是怎样的关系？这些区域的说唱何以与曲牌的板腔并置？为何在高级别官府所在地当下都有历史上的时调、说唱乃至戏曲的音乐形态？这些音乐形态间有怎样的内在关联性？同样为高级别官府的此地与彼地的诸音乐形态间有怎样的关系？在对存在于城市中传统音乐形态进行把握的前提下，对于这些城市音乐文化我们还应关注些什么？我们是否应该把握这些形态的源流脉络，以及当下的存在方式？当下乡间礼俗仪式用乐与历史上国家礼制仪式用乐有怎样的关联？戏曲的声腔与剧种间究竟有怎样的关系？为何在历史上相当长的时间里戏曲都是曲牌体，而这些在历史上具有引领性意义的声腔基本都是在运河沿岸生发，这其中有怎样的意义？"等等。最后提出在辨析区域音乐文化当下存在的同时，应努力把握其中所蕴含的国家与整体意义，以认知中国传统音乐的整体一致性和区域丰富性，从而把与运河文化相关的传统音乐文化内涵"讲清楚"。

针对传统音乐文化研究从区域和整体两个视角来审视的问题，伍国栋提出，重点在于史论相通，史论形相结合就是史学的研究、理论的研究还有形态学的研究都应该有明确的体现，他称之为三接通。这也强调对于传统音乐文化的研究视角应该从区域性扩展至整体性，每个个案研究都会形成一个学术的操作。伍国栋还提出，大量的个案研究形成了一个学术的操作，我们学理的重要环节就是田野考察，因为没有个案就没有整体，研究个案就必须进入田野，真正的田野有一套方法，对个案的阐释需要做大量的田野考

---

① 王敏之，高良谟，张长虹. 河北献县唐墓清理简报［J］. 文物，1990（05）：28-33，53，101.

察,从田野成果可以反映出整体的成果。

项阳从"国家"与"区域"提出整体研究视角——运河文化。这为燕赵音乐文化研究提供了一个立足点,对研究燕赵音乐更具有针对性。"问题意识"一直是研究者进行音乐研究的前提,也是打开音乐研究思路的敲门砖。伍国栋强调的"问题意识"不是空想,而是有依据的、有理论支撑的提问题,是在掌握一定理论基础与实践经验的基础上,在对局部与整体关系思考后,提出有针对性的、有意义的问题。

三、从运河到礼乐:燕赵音乐文化与民间礼俗关系

近年来,习近平总书记关于"大运河文化"的重要指示精神,启发我们重新认识大运河文化所拥有的音乐文化史的价值。隋唐时期的河北由于大运河与"丝路"文化有了更具体、便捷的通融,站在了"丝路"文化书写的古代中国发展史的第一方阵。基于大运河文化的涵养,再审视京南、保北、津西"三角地"的历史"地气"及其周边音乐文物,可看出隋唐之际河北历史文化结构多与大运河文化有密切联系。

项阳提出"运河沿岸的传统音乐研究"的观点,得到了与会学者的认同与呼应。河北师范大学胡小满认为,往昔关注中国大运河文化多聚焦于明清以来的京杭大运河"北通涿郡之渔商,南运江都之转输"① 所带来的文化传播,却很少关注隋唐大运河,特别是永济渠对于河北的历史涵化所做的探索研究。

中国艺术研究院陈瑜在《河北十番的历史与变迁——雄县小庄村十番会引发的思考》一文中解释了在运河的流通中,河北十番的溯源与变迁从由国家礼制用乐到官府用乐,再到国家礼制用乐,再流向民间的历史脉络,这与运河的开放与包容紧密结合,同时体现了音乐的大众性、平等性的特征。天津音乐学院夏侯玲玲在《解析前南里村锣鼓谱合头与合尾》一文中,揭示了吵子会中手抄锣鼓谱的规律,使常人看不懂的锣鼓谱在她不断的田野实践中逐渐被揭开面纱,这让大家对吵子会与锣鼓谱的理解与研究更深入。胡小满在《永济渠及其沿途乐舞文物的认知》一文中描述了隋唐时期永济渠的盛况,讲解了随着"丝路"的开发,胡人的音乐传入中原,对燕赵区域的音乐有很大的影响,乐器、歌舞、乐声等艺术形式融入了中原与燕赵,音乐内容更加丰富多彩。他呼吁研究者要重视运河文化对燕赵音乐研究的重要意义与价值。

河北师范大学常江涛在国家吉礼与"鼓吹细乐"考论中提出"礼俗兼具"的文化视角,描绘了运河文化交流中的传播途径,认为对当下传统音乐的研究要全面考虑到国家制度和民间礼俗两方面以辨析区域特色。天津音乐学院贾怡指出,天津皇会的仪式音乐也分为两类:固有仪式用乐和非固有仪式用乐,从中能够看出天津皇会的世俗性转化及传统音乐的重构。河北传媒学院于宙对正定隆兴寺摩尼殿壁画乐伎图像的研究,梳理了明代乐器的组合状况,为研究当时的佛教及音乐、乐器提供了有益的图像资料,展现

---

① 于德源. 北京隋唐五代历史资料汇编[M]. 北京:北京燕山出版社,2016:124.

了栩栩如生的演奏场面及古代乐器丰富的面貌，印证了在大运河文化下中原音乐与西域文化的传播与交流。

四、从问题到视角：燕赵音乐文化研究的方法论

在本次研讨会上，项阳与伍国栋在发言中针对燕赵音乐文化研究多次提及"问题意识"一词。其中项阳围绕运河文化视角对燕赵音乐文化研究提出了一系列新问题。随后伍国栋针对传统音乐研究与论文写作，提出要关注"问题意识"。接着多位学者对燕赵音乐文化研究方向与方法问题发表了意见。

伍国栋在《浅谈传统音乐研究中的问题意识》中指出，在运河文化视角下对燕赵区域的音乐形态进行分析与梳理时，要牢牢把握整体的研究视角，基于历史学、人类学或音乐学等方法论，对研究对象不断地提出问题，对研究方法不断地进行回顾与反思，在实践中提出问题、分析问题、解决问题。伍国栋提出，学者在研究音乐原理或音乐基本面貌时，要具有"问题意识"，在讲述普通音乐原理或描述某种音乐基本面貌、撰写相关文章时，应注意"客观、准确，清晰、通畅"[①]的基本功，除了要有"问题意识"，还要有解答相关问题的方法和能力。"问题意识"是开启创新研究的源发点，是学术价值判断的一种标识，它需要涉事者长期、深度地自觉关注和发现音乐对象中存在的问题，经常深入音乐生活，细密审读文献资料，坚持实事求是的态度，从中发现和积累有关不惑之问，增强感知和捕捉"问题意识"的敏感性和准确性。如项阳关于"山西乐户历史生存状态的疑问设定与解惑"、黄翔鹏关于"编钟双音的疑问设定与解惑"等。疑问的前提，是对音乐生活及文献资料的积累，不是闭门造车或奇思幻想。解惑最需要的是文献解读、田野考察和逻辑思辨。

天津音乐学院郭树群在《关于冀中音乐会学案研究的若干思考》中指出，冀中音乐会学案是由张振涛先生提出的，其基本内容就是发现新材料、冒出新问题，又恰好遇到了新理论、新观念，可以借此解读新材料、新问题；归纳了学案研究中具有方法论意义的若干学术观念，包括传统民族音乐学方法的更新、历史民族音乐学的引进、中国民族音乐学基本概念的产生、社会学理论的介入。在此基础上思考冀中音乐会学案研究理论话语的构建；表达传统中国音乐史学研究对于冀中音乐会学案研究的理论诉求和期盼。[②] 河北师范大学张磊在《顺天府音乐文化研究的现实意义》中，对顺天府的音乐文化及音乐融合做出阐述。顺天府音乐文化是燕赵音乐文化研究的地域细化分支，是未来燕赵音乐文化研究的方向之一。

五、从历史到当下：京津冀燕赵音乐文化共同体

中国艺术研究院李宏锋以《九宫大成南北词宫谱》所录三首元杂剧【村里迓鼓】

---

① 伍国栋. 疑惑与解疑：音乐学教学与科研中的"问题意识"[J]. 中国音乐，2019（01）：40.
② 郭树群. 冀中音乐会学案研究述论[J]. 中国音乐，2019（04）：161-171.

曲牌为对象，探讨该曲牌的旋律原型与衍化规律，涉及"音长构成"的句数、句幅、句读和"音高组织"的煞声、音群、腔型等方面，借此探讨更为高效的曲牌分析方法，丰富和充实了传统音乐形态风格研究。他分析了3首元杂剧【村里迓鼓】的曲牌，以及同名曲牌下的平仄安排、句法结构、旋律形态等方面的异同。①

北方昆曲剧院周来达在《探秘昆曲单音字腔》中对昆曲的单音字腔进行系统论述。按理，由依字行腔创作而来的昆曲字腔本不该有单音字腔，但事实上却大量存在。周来达论道，依字行腔是个总原则，支撑该总原则的具体创作手法包括完全依字行腔法、借音造势依字行腔法（下称"借音法"）和局部依字行腔法。昆曲的单音字腔即由借音法创作而来。借音技术的发明、创造弥补了完全依字行腔的不足，为昆曲的唱调创作开辟了广阔的前景，丰富与完善了昆曲唱调的板式样式，提高和拓展了昆曲创作能力和表现能力，促进了昆曲快曲的产生，对昆曲曲牌板式唱调系统之形成与发展做出了非常大的贡献。

河北大学齐易在雄安新区音乐类非遗保护工作中，通过田野考察摄录工作对该区传统音乐文化在当代的生态现状进行音像图文存照。河北师范大学杨青在调查与研究中，对正定城隍庙会音乐的发展现状、音乐存在的空间场及音乐的来源和音乐类型进行了初步探析。河北师范大学张磊对石家庄休门吹歌的自我调适、参与者的身份认同，以及民族音乐学研究视角下休门吹歌在城市现代化浪潮中的传统流失、人才断档等生存危机问题做出了分析研究。

中国艺术研究院陈瑜在会议中提出，学界对河北十番为清宫廷礼乐遗存的认识是一致的，对其来源却有不同看法。文中解释了十番会是演奏十番的会社组织，所演奏的十番是一种以丝竹或吹管乐器与打击乐器组成的器乐合奏形式。作为中国传统器乐合奏形式，十番在明以后相当长的历史时期内广泛流传于宫廷、民间。他还通过对河北小庄村十番会社历史与变迁的考察，结合口述史与历史文献，试图勾勒出十番从宫廷到民间传承的"地方性"历史变迁脉络。

中国艺术研究院李欣在《冀中音乐会的学术价值与当代传承——以米黄庄音乐会为个案》一文中指出，冀中音乐会又名"北乐会"，以管子为主奏乐器，是河北境内保留最完整的古老乐种之一。它沿袭传统的传承方式，即由师父口传心授韵唱曲谱，然后再根据韵唱旋律演奏乐器。乐谱、韵唱与演奏三者之间既各自独立又相互制约，韵唱依谱本，演奏依韵唱，韵唱时的"阿口"使旋律更加丰富，演奏时的调整使乐曲更加流畅，传承具有灵活性；三者又有各自传承的规定性，如谱本传抄的严密性要求、韵唱时的"不准走样，唱出韵味"及演奏时"不准改变演奏方式"等，保证了自身传承的稳定性，但这种传承又具保守性。这种双重性质的传承方式使冀中音乐会得到更好的保存，

---

① 李宏锋. 明清戏曲传承中工尺谱的作用及首调唱名法的确立［J］. 星海音乐学院学报, 2014（01）：53 – 65.

使其在中国音乐史学及传统音乐领域更具学术价值。

六、从传承到未来：京津冀音乐教育研究

传统民族文化教育与音乐教育也是燕赵音乐文化研究的重要议题。北京艺术研究所陈树林在《传统民族文化教育与音乐教育中的弱项》中分析了声乐作品演唱时的"倒（dǎo）字"问题。这个问题多存在于20世纪80年代以后的歌曲创作中，这种现象虽然与词、曲作者和演唱者有直接关系，但是也反映出我国现行音乐教育中存在着某些不足。推行普通话，首先要四声准确；其次，作曲、演唱也要注意旋律走向与普通话的平仄声相合。声律不合，字音必倒。古诗词中一些字的读音、歌词创作中的辙韵等问题都影响着当今的音乐创作与音乐教育。陈树林对传统演唱中的"倒字"问题进行了分析，并认为"倒字"问题是不符合普通话中的平仄声与声律的，歌唱中出现"倒字"问题会让听众误听、误解。这样的"倒字"问题在当下的音乐创作中比较常见，这种不符合声韵的读法是否正确？这种读法在音乐教育中是否需要改善？这些问题值得我们进一步思考与研究。

沧州师范学院郭玉华在《沧州音乐表演艺术类非物质文化遗产的教育传承》中指出，对于非物质文化遗产仍面临着本真性保护与经济开发冲突、生存土壤匮乏、传承人自我保护又后继乏人等困境。讨论传统音乐文化与音乐教育的关系归根结底是探讨传统音乐文化在音乐教育中的传承方式与途径。我们不妨将研究视角转向学校音乐教育，更确切地说是高校音乐教育，充分利用高校教育教学的条件及优势，这同时也是南京航空航天大学板俊荣提出"文化众筹"的价值所在。

结　语

运河文化在燕赵历史文化建构与音乐文化发展中有极其重要的价值，我们应从运河文化的整体视角出发，俯瞰燕赵音乐在大运河传播路径中与国家的政治、经济、文化发展变迁的关系，思考在时代发展脉络中它们呈现出怎样的关联，回归历史语境，逐步梳理国家与区域音乐文化之间交融的关系。

【参考文献】

[1] 项阳. 回归历史语境"讲清楚"：以新的治史理念把握中国音乐文化的特色内涵［J］. 中国音乐学，2016（01）：5 – 14.

[2] 李宏锋. 明清戏曲传承中工尺谱的作用及首调唱名法的确立［J］. 星海音乐学院学报，2014（01）：53 – 65.

[3] 周来达. 试论昆曲字腔［J］. 中国音乐学，2018（02）：46 – 64.

[4] 项阳. 接通的意义：传统·田野·历史［J］. 音乐艺术（上海音乐学院学报），2011（01）：9 –

20，4.

[5] 项阳. 从整体意义上认知区域音乐文化［J］. 人民音乐，2013（02）：42－45，95.

[6] 杨青，胡小满. 品古乐之质美　论学理之认知：第二届燕赵音乐文化研讨会综述［J］. 人民音乐，2017（04）：49－51.

[7] 杨青，张磊. 燕赵音乐文化研讨会综述［J］. 人民音乐，2015（03）：48－49.

（本文原载《中国音乐学》2018年第4期，略有改动）

作者简介　单建鑫，男，1971年生，河北省保定市人。浙江传媒学院音乐学院院长、硕士生导师。2006—2018年在河北师范大学音乐学院工作。

河北师范大学音乐学院建院九十周年纪念文集（下）

薪火相承燕赵情

韩启超 / 主编

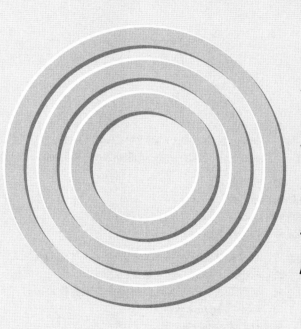

苏州大学出版社
Soochow University Press

图书在版编目(CIP)数据

薪火相承燕赵情：河北师范大学音乐学院建院九十周年纪念文集. 下／韩启超主编. —苏州：苏州大学出版社，2022.12
ISBN 978-7-5672-3977-7

Ⅰ.①薪… Ⅱ.①韩… Ⅲ.①河北师范大学－纪念文集 Ⅳ.①G649.282.21-53

中国版本图书馆 CIP 数据核字(2022)第 218151 号

书　　名：	薪火相承燕赵情——河北师范大学音乐学院建院九十周年纪念文集(下) XINHUO-XIANGCHENG YANZHAO QING——HEBEI SHIFAN DAXUE YINYUE XUEYUAN JIANYUAN JIUSHI ZHOUNIAN JINIAN WENJI(XIA)
主　　编：	韩启超
责任编辑：	孙腊梅
助理编辑：	陈昕言
装帧设计：	吴　钰
出版发行：	苏州大学出版社(Soochow University Press)
社　　址：	苏州市十梓街1号　邮编：215006
印　　装：	苏州工业园区美柯乐制版印务有限责任公司
网　　址：	www.sudapress.com
邮　　箱：	sdcbs@suda.edu.cn
邮购热线：	0512-67480030
销售热线：	0512-67481020
开　　本：	889 mm×1 194 mm　1/16　印张：26(共2册)　字数：570千
版　　次：	2022年12月第1版
印　　次：	2022年12月第1次印刷
书　　号：	ISBN 978-7-5672-3977-7
定　　价：	108.00元

凡购本社图书发现印装错误，请与本社联系调换。服务热线：0512-67481020

目 录

多学科视域研究

论早期托卡塔的复调特性 …………………………………… 王庆利（191）
美国音乐研究的学术视点 …………………………………… 何　平（200）
晚清海关洋员与国际博览会上的中国音乐
　　——以1884年伦敦国际卫生博览会为例 ……………… 宫宏宇（210）
新时代中国民族管弦乐创作述略 …………………………… 张　萌（231）
中国工尺谱的文化内涵 ……………………………………… 吴晓萍（248）
昆曲曲牌曲腔关系研究
　　——以昆曲南曲商调曲牌为例 ………………………… 蒯卫华（259）
闪耀在王光祈著述中的唯物辩证法思想 …………………… 周旭光（274）
中国传统文化的主体间性研究
　　——以中国传统音乐为例 ……………………………… 李　林（279）
声学视域下的京剧颤音研究 ………………………………… 韩启超（285）
中德高师音乐教育的现状及其比较 ………………………… 裴建伟（300）
城市化进程中音乐教育对农村留守儿童心理健康影响研究 …… 徐　琨、张小军（309）
《弦索备考》的传承分析
　　——兼及对古谱复原与中国传统音乐传承的思考 …… 田　畅（316）
高校艺术类学生专业成绩评价机制改革的探索与研究 …… 方　强（322）

音乐表演艺术研究

雅俗共赏　天地和鸣
　　——评唐建平民族音乐诗剧《牛郎织女》……………………尹铁良（331）

通俗音乐与现代音乐教师的知识结构………………………………吴乐为（341）

论歌剧《茶花女》中薇奥莱塔的形象塑造…………………………徐　升（344）

"音乐作品"视野下的器乐演奏
　　——以卓菲娅·丽莎"音乐作品观"对钢琴演奏的启示为例………谢　红（349）

歌唱表演中情感表现的美学原则…………………………王丽娜、李占秀（359）

艺海相伴　伉俪情深
　　——解读王秉锐、赵碧璇教授的教学之路………………………臧海萍（365）

学通古今　艺贯中西
　　——经典艺术歌曲钢琴伴奏民族化创作思维之解读………………魏　欣（372）

从音乐传教到乐器制造
　　——钢琴作为广州城市音乐新标识的文化解读……………………金　辉（379）

多学科视域研究

论早期托卡塔的复调特性

河北经贸大学艺术学院　王庆利

提起托卡塔（Toccata），人们总不免想到这样的解释，"一种节奏紧凑、快速触键的键盘器乐曲。"[①] 键盘或拨弦乐器曲中一段表现技巧的即兴创作……主要元素有类似即兴演奏的离散和声、大跳音程、分解和弦及急奏[②]，以及托卡塔是一种快速的同音重复、具有敲击性效果的钢琴曲，等等。因为这样的解释颇具影响力，导致许多人以为"一段""敲击""同音反复""炫技"似乎才是托卡塔最主要的特性。

作为一个英文单词，托卡塔（Toccata）的原始词义是这样的：

Toccata（名词）意为触一下、摸一下和音乐中的"托卡塔曲"。它的动词原形Toccare有许多意思：触、摸、碰；达到；击中（指击剑）；接触；等等。

Toccata一词源于"触摸'一件乐器'"，16世纪末意为为键盘乐器（羽管键琴、管风琴和后来的钢琴）而作的作品。

当我们将托卡塔作为一种器乐曲体裁进行理解并加以解释时，我们就不能仅仅停留在该词的表面词义及原始含义层面了。任何一种音乐体裁都有其内在的结构原则、丰富的表现形式及独特的音乐内涵，托卡塔也不例外。我们不能将托卡塔作为一个词的原始词义与作为一种音乐体裁的含义相提并论。只有从托卡塔的诞生初期所保留下来的实际作品入手，并对其进行深入细致的分析和研究，才能够较为深刻地理解和更为全面地认识托卡塔。

作为一种器乐曲体裁的托卡塔，诞生于复调音乐蓬勃发展的16世纪中叶。因此，其复调特性应当是最主要的特性，这是与生俱来的，也是无法回避的。四百多年来，托卡塔经历了一个又一个不同流派、不同风格的音乐发展阶段。16世纪中叶至18世纪初，托卡搭与复调音乐的其他体裁形式逐步得到了完善，托卡塔的表现力也得以丰富。18世纪上半叶，当复调音乐的发展进入鼎盛时期时，托卡塔的体裁结构、规模形式及音乐内涵等也得到了空前的发展。20世纪复调音乐回归时，托卡塔又焕发出新的活力。

---

① 中国大百科全书总编辑委员会. 中国大百科全书：音乐、舞蹈[M]. 北京：中国大百科全书出版社，2002：653.

② 杜鸣心. 育才学校和《托卡塔》[J]. 钢琴艺术，2000（01）：封三.

本文将通过对 16 世纪中叶至 17 世纪中叶具有代表性的四首托卡塔的分析，来阐述早期托卡塔的复调特性。

一、赋格段的运用

赋格段是复调乐曲的典型特征之一，如果乐曲中包含了赋格段，那就充分说明乐曲中具有了鲜明的复调特征。

这里要分析的乐曲是 16 世纪意大利作曲家克劳迪奥·梅鲁洛（Claudio Merulo，1533—1604 年）的《托卡塔》，这是一首含有赋格段的四声部复调乐曲。该曲的调性为 F 大调，乐曲由三部分组成。

乐曲结构如表 1。

表 1 梅鲁洛《托卡塔》乐曲结构

	第一部分	第二部分	第三部分
主题	两个主题及模仿	三个主题的赋格段	动力性再现
节拍	$\frac{4}{4}$ 拍	$\frac{4}{4}$ 拍	$\frac{4}{4}$ 拍
调性	F、C、F	F、C、F	F、g、F、♭B、F
小节	1—46	46—90	90—125

其中，乐曲从第 46 小节开始的第二部分，是由三个主题材料构成的典型的赋格型段落。第一主题从次中声部开始，紧接在高声部上八度加以模仿。第 51 小节高声部上三度移位第三次进入，第 53 小节中声部在下五度加以模仿，第 55 小节高声部下二度移位第四次进入，中声部在第 56 小节进入，构成下四度的紧接模仿。第 57 小节在次中声部出现了第二主题，第 58 小节低声部下五度模仿，第 59 小节高声部上四度模仿，第 60 小节次中声部加以模仿。新的第二主题构成了主题—答题关系。第 61 小节第一主题在次中声部再次出现，然后分别在中声部（上五度模仿）、低声部（下五度模仿）和高声部（上九度模仿）进行模仿，构成了一个四声部的紧接段（第 61—67 小节）。第三主题从第 69 小节开始，之后该主题分别从第 70 小节（次中声部下十度模仿）、72 小节（低声部）与 73 小节（中声部）进入，至此，三个主题均以赋格呈示部的原则陈述出来。（谱例 1）

谱例 1

这首托卡塔所表现出的复调特性是显而易见的：第一部分是以严格模仿为主的复调段落；第二部分是由三个主题发展而成的赋格型段落，它是这首托卡塔中所不可缺少的重要组成部分；第三部分则是从自由模仿开始，逐步过渡到动力性再现的总结性的段落。在这首托卡塔中，每一部分不仅都具有一定的独立性，而且三个部分之间还保持着极为密切的联系。第二部分赋格型段落的三个主题与第一部分两个主题，在节奏、音型、音程关系等方面相近，第三部分自由卡农中所使用的音型与前两部分相呼应。在调性方面，三个部分也统一于占主导地位的调性——F大调之中。需要说明的是，这里的分析是用现代的思维来进行的。因为在这首乐曲诞生的年代，赋格的概念还没有出现。但赋格的结构形式、基本原则在这时已基本形成并在托卡塔中得以运用了。因此，本文对产生于巴赫之前的托卡塔进行研究时都直接运用了"赋格"这一概念。

二、二重赋格段的运用

二重赋格段的运用，标志着早期托卡塔复调特性的不断发展。接下来分析的荷兰作曲家扬·皮泰尔索恩·斯韦林克（Jan Pieterszoon Sweelinck，1562—1621年）创作的《前奏曲——托卡塔》，是一首含有二重赋格段的复调乐曲。关于这首乐曲的分析，主要集中在二重赋格段部分。

这首a小调的托卡塔，首先是通过由模仿构成的引段来明确调性，五小节之后，第一呈示部的主题（主Ⅰ）于第6小节高声部进入，答题在中声部以倒影方式进入；一小节后主Ⅰ从次中声部再次进入，答题仍然以倒影方式从低音声部进入；当补充的主答在两个高声部进入之时，也完成了向平行调——C大调的转调，并引出主题在三个声部的紧接段（第8—10小节）。第10—12小节是两小节由模仿构成的第一间插段，通过a小调的属和弦，完成了向第二呈示部的过渡（第12小节）。

第二呈示部采用了卡农的形式陈述主题。第二主题（主Ⅱ）首先从高声部进入，中声部的答题构成下五度卡农；两小节之后，两个低声部低八度再次构成下五度卡农式的主答（第12—15小节）。第一紧接段由自上而下进入的主题构成，并引出a小调属到主的终止式（第16—18小节）。经过一小节的过渡转入平行调（C大调）进入了中部（第19小节），这恰好符合了赋格曲调性布局的基本原则——"不论中部的调性布局如何灵活多样，而中部首次在平行调进入主题的布局原则，基本被确定下来。因此，赋格主题进入的调性布局，其基本定型部位是：呈示部主调、属调（主调、下属调）——中部平行调——。"[①]

中部开始于第二主题（主Ⅱ）在高声部与次中声部构成的平行十度结合，两拍之后，中声部的进入与前者形成了新的紧接段。于第21小节将调性转到了平行调的属调——G大调。在这里将展开部的这个紧接段向下移低四度，声部也作了交替，即原来

---

① 于苏贤. 复调音乐教程［M］. 上海：上海音乐出版社，2001：345.

的高、中、次中声部所使用的材料现在分别交给了中、次中和低三个声部。高声部以延伸的材料与下方的三个声部又构成了第四个对比的声部。到第 23 小节,调性又转回 a 小调,就在这里,用完满的终止结束了二重赋格型段落。(谱例 2)

谱例 2

上述分析表明,二重赋格原则的产生使复调音乐的表现力得以拓展,这是复调音乐不断发展的产物,虽然这时的"赋格""二重赋格"等原则与巴赫的赋格原则相比还仅仅是"萌芽"时期,但在托卡塔中运用二重赋格段,进一步说明了托卡塔是随复调音乐的发展而发展的,因为托卡塔最突出的特性是复调特性。

三、复调变奏原则的运用

复调音乐中的变奏原则是复调音乐长期发展所形成的特性之一,这一原则也同样被运用于早期托卡塔之中。意大利作曲家吉罗拉莫·弗雷斯科巴尔迪(Girolamo Frescobaldi,1583—1643 年)的《托卡塔Ⅸ》,就是一首极富个性的且将复节奏思维用于结构控制的复调变奏曲。

该乐曲分为七部分。第一部分(第 1—11 小节),F 大调,$\frac{4}{4}$ 拍。乐曲的主题开始于高声部,相距两拍在下五度加以模仿,构成下五度卡农。之后是较为自由的模仿与对比,至第 11 小节转入下属调 ♭B 大调并结束。

第二部分(第 12—22 小节),乐曲回到主调 F 大调,以对比三声部的方式开始,低声部的音型材料来自主题中的部分音型,高声部的材料来自对题,中声部的材料是由主题与对题综合而成。上两声部保持原拍子$\left(\frac{4}{4}\right)$不变,采用相同的拍子、不同的节奏,而低声部却变为$\frac{12}{8}$拍。到第 14 小节,高、低音谱表的拍子进行了转位。第 18 小节,拍子统一在同一种节拍$\left(\frac{4}{4}\right)$中,直到第 22 小节第二部分的结束。(谱例 3)这一部分作曲家采用复节拍①的手法，生动地体现了各声部所陈述的个性化的音乐形象，在严谨的对位中清晰地展示出每一个旋律线条，从而使各声部形象各异，相互之间的对比也更为鲜明。这在当时来说，无疑是作曲家在运用节拍、节奏方面对于复调音乐创作技术进行了突破与创新。当然，这种突破与创新并非从天而降，而是对其前辈技术的丰富和提高，是对构成音乐的各种古老材料的扩展和补充，也是对其后几百年，尤其是对 20 世纪在节奏、节拍方面发展作曲技术打下了一个良好的基础。正如于苏贤教授所说："创新不是反传统，而恰好是推动传统的发展……从我们对节奏创新的研究中，已经论证了这个事实，这就是，任何创新成果，哪怕表面上离开传统已经十分遥远，然而，其内涵与外延却与传统保持着一定的联系，有时甚至是直接来源于传统。"②

谱例 3

第三部分（第 23—34 小节），乐曲继续以模仿与对比的方式发展，其中第 26—29 小节构成了节奏卡农。第 31—34 小节（谱例 4），乐曲以庄严的圣咏式音乐语言结束。这四小节圣咏式音乐的插入，极大地丰富了这首托卡塔的艺术表现力。这种圣咏式音乐语言的融入，对托卡塔的体裁结构来说是扩展和创新，也为后来巴赫在托卡塔中插入圣咏段找到了依据。

谱例 4

---

① 复节拍是指多声部结合时，在节拍划分上出现的复式形态，即各个声部层所用的拍号不一致。在复调织体的纵向结合中，两个层次或多层次，采用不同拍号以形成双节拍与多节拍的矛盾效果，从而增加了节奏对比的新的因素，丰富了节奏的表现力。（于苏贤. 20 世纪复调音乐 [M]. 北京：人民音乐出版社，2001：190.）

② 于苏贤. 20 世纪复调音乐 [M]. 北京：人民音乐出版社，2001：151.

第四部分（第35—42小节）仍然运用复节拍。在这一部分中，前三小节既有模仿又有对比及声部间的转位。第38—39小节，低音的平行三度进行增加了与高声部的对比。第39—42小节，构成了节奏卡农并结束在主调F大调上。

第五部分只有五小节（第43—47小节），是节奏卡农与对比的旋律主题的结合，起到了连接前后两段的桥梁与纽带作用。

第六部分乐曲从F大调开始（第48小节），节拍统一为$\frac{3}{4}$拍。经过6小节的对比与模仿之后，乐曲改用$\frac{4}{4}$拍（第54小节）。在之后的11小节中，节奏进行了两次变化，其中第58小节开始又出现了复节拍，调性也转向下属方向d小调、g小调，直至转入属调C大调。

第七部分是乐曲的最后一部分，也是对前六部分的总结。调性回到F大调，复节拍（第65小节）。5小节之后统一使用$\frac{4}{4}$拍，以再现第一部分的材料。到第74小节，再次使用复节拍，动力再现第二部分的材料，结合平行声部以F大调的完满终止式结束全曲。

以上分析的依据主要有两点：① 结构的划分是通过原谱中起提示作用的双纵线进行的。② 七部分中后六部分的主题材料均与第一部分有着密切的联系，但每一部分都具有一定的变化。因此该曲确定为复调变奏曲。

这首托卡塔与本文中所分析的其他几首相比较当属另类，不同之处在于它并未将赋格段用于其内，取而代之的是复调变奏的原则。这说明在体现复调特性这一基本原则的基础之上，托卡塔的体裁结构原则是十分灵活的，它并不拘泥于一种固定的模式。

四、三重赋格原则的运用

三重赋格与二重赋格一样，也是复调音乐发展到一定阶段的产物，使用三重赋格原则突出体现复调特性的托卡塔也是存在的。德国作曲家约翰·雅各布·弗罗贝格尔（Johann Jakob Froberger，1616—1667年）创作的第二首《托卡塔》，是一首短小精悍、结构严谨、内涵丰富，以三重赋格原则构成的复调乐曲（d小调，记谱没有使用调号）。

该乐曲分为三部分。

第一部分，乐曲首先以d小调的柱式主三和弦作为先导，起到了明确调性的作用。之后是由自由模仿构成的引导句（第2—3小节）。到第3小节，第一主题的呈示从中声部进入。然后又分别于第5、6、7、9、11、14小节在不同声部陈述六次，其中每次陈述都有一点细微的变化，这一部分结束于d小调的属和弦上（第16小节）。

第二部分，d小调。第二主题（主Ⅱ）的呈示从高声部进入，两拍后次中声部下四度模仿（第17小节）。当主Ⅱ在低声部从属音上开始第三次进入时，半音化的第三主题

（主Ⅲ）在高声部从属音开始第一次呈示，形成了主Ⅱ、主Ⅲ两个对比主题的结合陈述形式（第 18 小节）。一小节后两个对比主题进行了二十二度转位。第 22 小节，两个对比主题回到主调再次进入。之后进行了展开，其中第 24 小节主Ⅲ以倒影方式在属调（a小调）陈述，第 26 小节，主Ⅲ在中声部用扩大、高声部用原型构成紧接。第 28 小节，主Ⅲ倒影与主Ⅱ首部动机结合。第 30—31 小节，主Ⅲ的扩大与原型构成紧接。第 32 小节，主Ⅲ倒影与主Ⅱ首部动机结合。第 34 小节主Ⅱ回到原调，第 36 小节主Ⅲ倒影进入。第 38 小节，主Ⅱ、主Ⅲ在 d 小调结合进入，之后停在了 D 大三和弦上（第 41 小节，谱例略）。

第三部分，是从第 41 小节开始的一个动力性的综合再现部分。第二与第三主题节奏型也进行了变化，律动放宽，增加了抒情性，调性回到 d 小调。倒数第 4 小节第一主题再现。最后三小节，是由主Ⅱ与主Ⅲ动机构成的结束句，实际上这首乐曲的最后四小节，真正体现了三重赋格由三个主题相结合形成再现的基本原则。（谱例 5）

谱例 5

结　语

通过对上述 4 首托卡塔的分析与研究，我们可以得出这样一个结论：无论托卡塔的结构形式是怎样多变，音乐语言是多么丰富，其规模是大还是小，有一点是共同的，即它们都是纯粹的复调性乐曲。在这些乐曲中，有包含赋格型段落的乐曲，有三个主题构成的三重赋格式的乐曲，也有以复调变奏原则构成的乐曲，等等。可以说，早期托卡塔最主要的特性就是——复调特性。

作为复调乐曲，早期托卡塔还具有以下几个方面的特征。

第一，在结构方面，每一个作品都是一个有机的、密不可分的整体，结构中的每一个段落之间紧密相连。

第二，在主题方面，每个主题都是由动机式的几个音构成。

第三，在和声方面，就调性的变化、终止式的运用等方面来说，早期托卡塔已初步显现出大小调体系功能和声的特征。

那么，究竟该如何认识和理解托卡塔呢？笔者以为可从以下三个方面来谈。

（1）托卡塔与任何一个音乐体裁一样，是一种具有独立意义的体裁形式。每一个作品都是一个有机的、密不可分的整体，乐曲中的每一个段落又是整体结构中的一个重要组成部分，各段落之间是一种紧密相连、相互依存的关系。因此，不能将托卡塔这一结构完整的音乐体裁形式曲解为"一段"乐曲。

（2）托卡塔是一种器乐化的体裁形式。既是器乐化的乐曲，必然有"触""摸"的现象，这与托卡塔的原始词义是一致的；既是为器乐（当然包括键盘乐器）而创作的乐曲，给演奏者以展示技巧的机会，因此出现"炫技"现象也是十分自然的。但这并不等于只要出现"节奏紧凑""快速触键"等"炫技"现象的键盘乐曲，甚至出现这样一个片段就可以解释为"托卡塔"。真正的托卡塔乐曲不一定总要出现"炫技"现象，相反，有时还会融入圣咏式的、庄严的、舒缓的音乐语言，如吉罗拉莫·弗雷斯科巴尔迪《托卡塔Ⅸ》中的第31—34小节。

（3）托卡塔是运用复调音乐技术原则创作而成的，由三个及其以上部分组成的结构较为灵活的体裁形式。在早期托卡塔中，复调特性是最为突出的特性。随着历史的发展，托卡塔也有可能不断地演进，但其复调特性却始终形影不离地伴随着它，任何时候对于托卡塔的解释都不应忽视这一点。

按照本文开头所列举的一些对于托卡塔的解释，容易造成人们对托卡塔整体认识上的偏差，而且在作曲理论教学及指导音乐创作方面也会产生一定的消极作用。正因为这些现象的存在，本课题对托卡塔的研究就具有了一定的现实意义，它可以恢复人们对托卡塔这一古老音乐体裁的客观认识。本文尝试重新开掘具有宏大结构形式，多样而复杂的复调技巧，深刻、广博、丰富内涵的托卡塔，以使这种音乐体裁为21世纪的音乐创作与研究发挥其应有的作用。

本文只是按历史时期对托卡塔这一课题进行系统研究中的一部分，所论述的内容也仅限于"早期"这一历史阶段。至于对托卡塔自身复调特性的发展与历史性演进问题的进一步研究，诸如对发展到完善阶段的巴赫时代的托卡塔，以及其后几个历史时期托卡塔的研究，笔者目前也已基本完成，其结果将陆续呈献给读者。

（本文原载《音乐研究》2003年第2期，略有改动）

作者简介　王庆利，男，河北经贸大学艺术学院教授、硕士生导师。河北师范大学特聘教授。本科期间就读于河北师范大学音乐系。

美国音乐研究的学术视点

珠海科技学院音乐舞蹈学院　何　平

题记　美国音乐研究是 1982 年以来我国音乐理论界兴起的最有代表性的理论研究之一，至今已 30 多年。美国音乐研究的学术视点，主要通过近十年来作者所教授学生的 22 篇学位论文对 20 位美国作曲家的教育背景、创作技法、多元影响的研究成果呈现出来。本文完成于 2013 年 10 月。

本文的研究以国内西方音乐史学界研究视域不断发展为背景；而本文对美国音乐研究学术视点的总结，主要来源于近十年来本人所教授学生的学位论文。这些学位论文折射出的美国音乐研究的学术视点，涉及美国作曲家 20 人，作品近 30 部，时间跨度近 200 年。这种有目的和有系统的研究，可以使我们看到美国音乐发展的脉络，对我国交响音乐的创作和发展，以及西方音乐史理论和作曲技术的研究，可提供有意义的参考。

这 22 篇学位论文中，涉及 20 位美国作曲家（含 1 位与音乐家密切相关的舞蹈家）。按照作曲家的生辰年代顺序，他们是：斯蒂芬·柯林斯·福斯特（Stephen Collins Foster，1826—1864 年）、爱德华·麦克道威尔（Edward MacDowell，1860—1908 年）、查尔斯·爱德华·艾夫斯（Charles Edward Ives，1874—1954 年）、埃德加·瓦列兹（Edgard Varèse，1883—1965 年）、菲尔德·格罗菲（Ferde Grofe，1892—1972 年）、玛莎·格莱姆（Martha Graham，舞蹈家，1894—1991 年）、威廉·格兰特·斯蒂尔（William Grant Still，1895—1978 年）、霍华德·汉森（Howard Hanson，1896—1981 年）、罗杰·塞欣斯（Roger Sessions，1896—1985 年）、维吉尔·汤姆森（Virgil Thomson，1896—1989 年）、亨利·考埃尔（Henry Cowell，1897—1965 年）、乔治·格什文（George Gershwin，1898—1937 年）、马克·布利茨坦（Marcus Blitzstein，1905—1964 年）、勒鲁瓦·安德森（Leroy Anderson，1908—1975 年）、埃利奥特·卡特（Elliott Carter，1908—2012 年）、塞缪尔·巴伯（Samuel Barber，1910—1981 年）、贾恩·卡罗·梅诺蒂（Gian Carlo Menotti，1911—2007 年）、雷纳德·伯恩斯坦（Leonard Bernstein，1918—1990 年）、约翰·威廉姆斯（John Williams，1932 年—　）、菲利普·格拉斯

（Philip Glass，1937年—　）。①

一、作曲家的教育背景研究

对作曲家进行作品研究，很显然，教育背景是一个十分重要的考察因素，这不仅对作曲家的作品风格有影响，更显见的是对当时的社会状况、时代特征会有鲜活的说明。

这些作曲家的教育背景反映出美国作曲家一般有着良好的生活环境和学习背景，他们从孩童时便显现出对音乐的兴趣，这或许告诉我们，他们的成功绝非偶然，也似乎印证着环境、学习、努力、个人天赋等成才条件的影响。值得注意的是，在这些美国作曲家中，有部分来自移民家庭，这种移民文化对美国音乐的多元化提供了必要的营养。

爱德华·麦克道威尔（1860—1908年）出生于移民家庭，曾祖父是苏格兰人，曾祖母是爱尔兰人，19世纪初，生于爱尔兰的祖父移民至美国纽约，父亲在少年时代便显露出绘画才能。麦克道威尔的音乐学习得到良好的家庭支持，其幼年时期在性格与才能方面受到了母亲的很多影响，8岁时便显露出良好的音乐天资和音乐兴趣，有着一种典型的美国式多民族混合血统。他曾进入巴黎音乐学院、德国斯图加特音乐学院、德国法兰克福音乐学院等院校学习作曲。

查尔斯·爱德华·艾夫斯（1874—1954年），他的父亲是当地军乐队的队长，对新奇音响结合有着异常的兴趣，他经常用多调性训练艾夫斯。受父亲的强烈影响，童年时，艾夫斯不仅通晓巴赫等作曲家的古典音乐，也十分熟悉美国城镇各类型音乐。12岁时，他便参加父亲的乐队。他曾进入美国耶鲁大学学习作曲。

菲尔德·格罗菲（1892—1972年），家境贫寒，但他自幼随父亲学习中提琴，随母亲学习钢琴，17岁时便加入洛杉矶交响乐团任中提琴手，28岁以后到惠特曼的爵士乐团演奏钢琴，担任编曲、指挥。

威廉·格兰特·斯蒂尔（1895—1978年），生于密西西比州伍德维尔的一个庄园，有着爱尔兰人、西班牙人、北美印第安彻罗基人血统。他从小经常听祖母唱黑人灵歌，母亲是高中英语学校教师，继父经常带斯蒂尔看小歌剧并买古典音乐的唱片听。斯蒂尔

---

① 按照作曲家的生辰年代，学位论文题名如下：陈昀《福斯特歌曲在美国大众音乐发展中的地位》（2014）；张悦《麦克道威尔及其早期音乐创作》（2008）；石磊《论艾夫斯〈第二钢琴奏鸣曲（康科德）〉》（2004）；胡舜方《音乐科学家的探索之作：埃德加·瓦列兹〈电子音诗〉研究》（2014）；邹宇蜜《论格罗菲的交响音画"大峡谷"中的音乐画面》（2011）；路珊《格莱姆作品中透视出的舞乐艺术》（2013）；刘小青《斯蒂尔舞剧音乐〈萨基〉研究》（2015）；尹婷婷《新浪漫主义守望者的宣言之作：霍华德·汉森的〈浪漫〉交响曲》（2013）；王欣《罗杰·塞欣斯管弦乐组曲"黑假面人"音乐学分析》（2008）；田蕾《汤姆森〈第一弦乐四重奏〉研究》（2011）；张琳《论考埃尔实验探索时期的创作》（2005）；江琳《格什文〈蓝色狂想曲〉的音乐学分析》（2010）；朱娜《格什文〈波吉与贝丝〉研究》（2012）；古赟《布利茨坦和他的左翼音乐》（2014）；狄佳《安德森创作盛期的微型管弦乐作品研究》（2014）；狄佳《安德森三部管弦乐作品的音乐学分析》（2010）；潘谊《埃利奥特·卡特〈第四弦乐四重奏〉研究》（2011）；连凯凯《塞缪尔·巴伯早期作品研究》（2009）；张璐《梅诺蒂和他的歌剧〈电话〉》（2009）；龚露《音乐剧〈锦城春色〉：音乐表现分析》（2012）；梁文珊《论约翰·威廉姆斯电影主题音乐的创作》（2012）；梁丹妮《格拉斯的简约主义在电影音乐〈时时刻刻〉中的投射》（2012）。

15岁学习小提琴,并自学了其他多种乐器。在威尔伯福斯大学攻读医学专业时,他仍不忘学习音乐,最终获奖学金,先后入奥柏林音乐学院、波士顿新英格兰音乐学院学习音乐。

霍华德·汉森(1896—1981年),是从瑞典来美国的第三代移民。汉森是独子,母亲学过声乐和钢琴,汉森幼时随母亲学习钢琴,7岁开始随瓦胡市洛德大学的教授学习,毕业于洛德大学音乐系,15岁又入林肯大学音乐学院、西北大学等院校学习。19岁受邀任加利福尼亚太平洋大学理论和作曲教授。

罗杰·塞欣斯(1896—1985年),生于美国血统的富裕家庭,家庭有很浓的音乐气氛,母亲曾学习钢琴,父亲在合唱队演唱。塞欣斯4岁随母亲学习钢琴,12岁作曲,14岁进入哈佛大学学习,18岁获学士学位,后又入耶鲁大学学习作曲。

维吉尔·汤姆森(1896—1989年),生于富裕的中产家庭,家庭充满艺术氛围,从小表现出惊人的音乐天赋。他5岁学习钢琴,12岁开始专业音乐学习,13岁学习管风琴。1919年入哈佛大学学习作曲和指挥。

亨利·考埃尔(1897—1965年),生于上层社会的爱尔兰移民家庭,父母都是作家,从小在音乐上表现出天赋。他5岁学习小提琴和钢琴,11岁开始作曲,17岁进入加州大学学习音乐,老师是哲学家、建筑家和音乐学家西格。

乔治·格什文(1898—1937年),生于纽约布鲁克林的中产阶级家庭,父母是俄国犹太移民。格什文的家庭气氛宽松,他小学时期成绩并不好,但表现出聪颖的音乐天赋,经常欣赏朋友演奏小提琴,12岁开始随哥哥学习钢琴。他曾在哥伦比亚大学读暑期班并学习作曲。

马克·布利茨坦(1905—1964年),生于费城的一个富裕家庭,孩童时便显露出音乐天赋。他3岁学习钢琴,5岁演奏莫扎特作品,7岁开始在钢琴上作曲,16岁入宾夕法尼亚大学学习时兼习钢琴和作曲,19岁入费城的柯蒂斯音乐学院学习作曲和钢琴。

勒鲁瓦·安德森(1908—1975年),父母是瑞士移民,母亲是一位风琴演奏者。1926年安德森入哈佛大学学习音乐。

埃利奥特·卡特(1908—2012年),生于纽约的一个富裕家庭,父母鼓励他有音乐爱好,并为他学习钢琴提供条件。14岁进入一所学校进行专业音乐学习。1926年入哈佛大学学习英语文学、希腊文学和哲学,同时学习音乐,后入巴黎高等师范音乐学院学习。

塞缪尔·巴伯(1910—1981年),家庭中唯一的儿子,母亲是一位具有较高艺术天赋的人,钢琴技术非常好,父亲是物理学家和医生。巴伯幼年显现了音乐天赋。他6岁学习钢琴,7岁已尝试作曲,9岁便决心当作曲家。14岁入费城的柯蒂斯音乐学院学习作曲、钢琴和声乐。同时主修三门专业是巴伯与众不同的一点。

贾恩·卡罗·梅诺蒂(1911—2007年),生于意大利,后移民美国。他生于一个多子女的家庭,是家中10个孩子中的第6个。父亲是富足的商人,母亲是业余音乐爱好者。梅诺蒂似乎有作曲天赋，在 13 岁入米兰音乐学院学习前，已创作了 2 部歌剧。1928 年入费城的柯蒂斯音乐学院学习，1933 年毕业。

雷纳德·伯恩斯坦（1918—1990 年），生于俄国移民家庭，这是一个中产家庭。他的父亲开始是反对他学习音乐的。直到 10 岁他才开始学习钢琴，14 岁时母亲为他找了当时最好的钢琴老师。17 岁入哈佛大学学习作曲，后又入柯蒂斯音乐学院学习。

约翰·威廉姆斯（1932 年— ），生于纽约一个充满音乐氛围的家庭，父亲是长岛交响乐团打击乐手。威廉姆斯 7 岁开始学习钢琴和一些管乐器，16 岁创作了第一首管弦乐小品。同时入加州大学洛杉矶分校学习作曲，以后又入茱莉亚音乐学院学习钢琴。

菲利普·格拉斯（1937 年— ），立陶宛犹太人后裔，父亲有一家音像店，里面有大量音乐收藏，这对格拉斯有重要影响。格拉斯对音乐有浓厚的兴趣，早年入皮博迪音乐学院学习长笛，15 岁入芝加哥大学学习数学和哲学，后入茱莉亚音乐学院学习作曲和钢琴，以后还在巴黎随布朗热学习作曲。

通过对以上作曲家的生活环境和教育背景的梳理，可看出当代美国专业音乐作曲家们在此方面成功基因的共同特征。

（1）他们的生活环境都较为优越，在音乐方面受到家庭的重要影响，并在年幼时就表现出了对音乐的强烈爱好。

（2）他们都进入过专业的名牌大学学习音乐并随著名人物学习过。

（3）绝大多数人进入美国本土专业音乐院校学习，显示出美国在培养专业音乐人才方面的教育实力。这也是美国成为当今世界音乐文化中心的重要条件之一。

（4）移民文化背景对作曲家的成功有着不可小觑的作用。

这些经历使我们看到，作为世界上有影响的作曲家，他们早年的生活和学习经历为他们后来在音乐上取得成功奠定了基础。同时，童年生活也对他们后来在创作上形成自己独特的风格，有着不可低估的影响力。

二、作曲家的创作手法研究

以我们所研究的 20 位美国作曲家的 30 部作品为例，他们的创作手法大都表现出了作曲家试图在传统作曲技法基础上，进行超越性的（或为大跨度的）技术创新。张扬个性，打破传统并融入现代意识，几乎成为每位作曲家的努力方向。

1. 传统的古典主义作曲技术的延伸

欧洲古典主义音乐传统在美国作曲家的作品中都或多或少有所体现，这一方面是由于 20 世纪美国许多作曲家有在欧洲学习的背景，或有随欧洲作曲家学习的经历；另一方面显示出古典主义音乐传统在作曲技术方面的基础性作用和奠基性影响。

（1）多声音乐方面。

麦克道威尔的半音化和声采用色彩性的三度转调，调式交替，显现出美国交响音乐创作初期的浓厚的模仿欧洲的痕迹；格罗菲作品中终止处的变格终止；汉森作品的明确的调性特征，和声中的半音化和五声性；巴伯早期作品中明确的调式调性；威廉姆斯作品中的更加浓烈的古典传统功能框架内的半音序进；安德森作品中严格的 T—S—D 的和声进行。所有这些正是欧洲古典主义音乐所具备的。

与此同时在这些作曲家的作品中，还大量出现了浪漫主义后期出现的高叠和弦，复合和弦，四、五度叠置和弦。甚至在塞欣斯的作品中，我们也能找到复合和弦，四、五度叠置和弦这样的经典例子，尽管它们存在于连续的不协和和弦进行中。

（2）旋律形态方面。

麦克道威尔饶有特点的复附点节奏的律动，常用音阶、琶音的直线旋律线，以及强力度的戏剧性变化的旋律与其他声部形成的节奏交错，是美国作曲家在交响音乐创作初期，在形成自己的风格之前，从欧洲继承来的一种风格，由此也形成了麦克道威尔抒情性、戏谑性的风格品性；格罗菲《大峡谷》中的宽广旋律，有着鲜明的形象特点；汤姆森那些连续宽距离的大跳，是他富于歌唱性的抒情旋律的一部分，与此相对的就是他基于断片特点的半音化旋律；汉森的旋律体现着他对动机的发展和组合变形有着巧妙的构思；梅诺蒂的室内歌剧，将音乐动机与人物性格有机结合起来，他的咏叹调和宣叙调并没有截然的分界，一切唱段围绕"音乐－戏剧"的发展；在巴伯早期的声乐作品中，朗诵风格也具有一种声乐化的抒情；在威廉姆斯的作品中，旋律性的主题和节奏性的主题赋予电影音乐多彩的旋律性格。

（3）节奏运用方面。

在麦克道威尔的作品中，可以看到较早运用于美国作曲家创作中的交错节奏；在汉森那里可以找到繁复的节奏对位；在塞欣斯、汤姆森作品中也可看到交替节拍和交错节奏；而在伯恩斯坦、威廉姆斯的作品中，流行音乐元素、爵士节奏、切分音的大量使用则显现出了美国风格的影响。

20世纪初，节奏开始从音乐的装饰部分逐渐变为音乐的主导成分时，一些美国作曲家恰当谨慎地在旋律、和声、节奏三元素之间取得了一个平衡。

在巴伯作品中，节奏的作用等同于旋律与和声，音乐的抒情风格，音色的单薄与厚密，力度的弱与强，传统曲式的运用，都将这三者不偏不倚地表现出来；梅诺蒂削弱咏叹调与宣叙调个性的法宝就是节奏；汉森作品中使用的繁复的节奏对位，正说明了节奏的地位在作品中不断上升。

（4）音乐结构方面。

在音乐结构方面，可以明显感受到古典主义音乐的影响。

格罗菲作品采用传统奏鸣曲式，在配器色彩上，5个乐章形成呼应，并使用了一些色彩性乐器；在汉森和格拉斯不同风格的作品中，我们同样看到了单主题与多主题的变奏。而针对这种变奏性，伯恩斯坦采用装饰变奏和自由变奏，威廉姆斯则采用典型与自由的交汇形成变奏曲式。他们有着同样的手法；在汤姆森、巴伯的作品中，三部性原则主要体现在对应性的再现结构。

曲式结构是人们在逻辑思维上的一种反映，表现了人们追逐新形式的诉求。

2. 20世纪现代音乐的作曲技法

采用20世纪现代音乐的作曲技法，对建立与"美国主义"相联系的新的音乐流派风格，起到了支撑性的作用。

（1）在20世纪和声语言中，音程的意义已经不容小觑。同时，五声音阶、教会调式、非三度结构和弦、高叠和弦、复合和弦已然成为和声的主体。和声的逻辑也从主音性开始转向多调性、无调性、泛调性。这些变化在美国作曲家作品中多有体现。

艾夫斯被认为是最典型的人物，他的作品"调中心"被变化音彻底模糊，他的"非序列"形态的无调性，以总谱双调号为形态的多调性，那些平行和弦及音簇的运用，都显现出他的和声语言的超前性；而考埃尔的实验音乐也以总谱双调号为标志，他们如出一辙，考埃尔的音簇是以在钢琴上用拳头演奏来完美表现的，这实在是一个创举；在塞欣斯、巴伯、梅诺蒂的作品中都可看到四、五度叠置和弦，复合和弦，附加音和弦的踪影；卡特则以音程化的和声语言、特征音程与三音和弦、十二音和弦等核心和弦的关系来塑造音响结构的空间感；伯恩斯坦爵士和声的多调性特征使他的作品增加了流行时尚的风格；汤姆森在他的作品中则采用了较为温和的同主音调、同中音调、重同名调来造成调性的游移。

这些形成了万花筒般的绚丽和声，反映出美国作曲家多彩的多声音乐想象空间。

（2）在旋律方面，艾夫斯和考埃尔都以"借用素材"作为构成旋律的一种方法，前者将"借用素材"做变形处理，采用主导动机的方式，后者则运用民间旋律；塞欣斯的旋律虽然也有大距离的跳跃，但也有似乎已经静止了的、围绕核心音波动的"静态"旋律线条，这两种旋律形态交融在一起；伯恩斯坦利用特征音程来塑造他的旋律风格；格拉斯在他的作品中吸收了印度音乐中的"附加结构"，以动机单位的添加和减少来形成旋律音的递增或递减，以此作为旋律变化和发展的基础，而他的块状式旋律、分解和弦式旋律又显现出作曲家所吸收的多元文化的影响。

（3）音乐节奏的实验风格是人们对美国当代作曲家印象深刻的原因之一。在考埃尔的作品中，音乐的实验风格使节奏似乎成了自由消遣的移动——随处可见多节拍、"以三套四"复合节奏这些20世纪作曲家常用的手法；而卡特的节奏语汇体现出的是音响结构的时间感，其细腻的节奏设计和讲究的节拍安排显示出他对音乐时间的深入研究。他的节奏在纵向上形成交错律动、节奏对位，在横向上形成基于音响、感知的速率变化，而这些正是他作品的个性所在。没有哪一位美国作曲家能像他那样，赋予节奏如此重要的地位。

（4）在音乐结构方面，仍保留了古典主义的传统，特别是三部性原则。在塞欣斯的作品中，三部曲式、单二部曲式、不对称的三部性特征，全都表现出来，同时配合以特殊演奏方法，如极端音区的"变形"音色，长时间的乐队八度齐奏，等等；艾夫斯的作品采用了不同于传统奏鸣曲的各乐章曲式，且缺少明显的逻辑性的发展段落、钢琴织体乐队化；在格什文的作品中，音乐结构的拼贴特征成为它最突出的特征；无独有偶，在考埃尔的作品中也采用了这种方法，音乐的一些段落可以由演奏者自行决定其先后顺序并颠来倒去。

流行音乐风格多表现在作曲家们使用了特殊乐器和演奏法。格什文的滑音、弱音器的使用；安德森对萨克斯管的使用；梅诺蒂则在他的《电话》中用乐音音响来表现自然音响——钢琴琶音手法模仿所处年代的电话转盘声音，用自然音响表现剧中人物情绪——真实的电话铃声和在咏叹调中用严格的音高、节奏表现的笑声；卡特的作品则用立体式的织体形态表现了他的音乐思想。

三、作曲家的多元影响研究

美国当代作曲家一方面对欧洲古典主义、浪漫主义、现代音乐有所继承；另一方面对当今美国音乐的发展、世界音乐的发展有着不可低估的影响。

他们大致形成了三种影响层面。

1. 对后来美国作曲家作曲风格的影响

作曲家之间的作曲风格影响，在我们所研究的美国作曲家中，其时间或传承性的影响是显见的，尽管我们很难一一判断他们之间是否真实存在师徒传承关系。

麦克道威尔音乐中的抒情性、戏谑性、英雄性，我们在格罗菲的作品中会看到，但它已经转换为"标题音乐中的美国特色"了；艾夫斯作品中保持的与浪漫主义联系的现代主义美学特征，转化为塞欣斯作品的向新古典主义的进军；而在霍华德·汉森作品中则具体成为创造精神上的年轻、气质上的抒情浪漫、表情上的简单直接的新浪漫主义风格；考埃尔的音乐实验风格不可能不波及卡特，也正像有人评价道，卡特的音乐风格是艾夫斯音乐风格预言性的实现；同时，考埃尔的实验音乐对约翰·凯奇偶然音乐的影响，也为大家所共知；巴伯保守的新浪漫主义风格或许与梅诺蒂的新浪漫主义风格进行了互补；而格拉斯的简约主义可以说是上述所有音乐风格的"物极必反"。

2. 对当代相关艺术门类的影响

美国作曲家的音乐创作与当代相关的艺术门类有着重要影响和关联，如舞剧、电影、音乐剧、歌剧、科技电子等。

美国著名现代舞蹈家玛莎·格莱姆与作曲家科普兰的合作很成功，突出表现在舞剧《阿巴拉契亚之春》中。对格莱姆而言，这部作品是她舞蹈创作中具有重要意义和代表性的作品；对科普兰而言，这部作品使他获得了普利策奖，并成为美国代表性作曲家的一员。两人共同从美国震教派这个乌托邦式的宗教教派那里获得了创作源泉。科普兰在作品中运用了震教派的赞美诗《简单的礼物》，格莱姆在作品中以其独特的类似腹部痉挛般的"收缩－舒展"的舞蹈动作特点和舞蹈风格，展现着她作为震教派信徒的舞蹈创作理念。他们两人之间的相互影响和默契配合，使得《阿巴拉契亚之春》大获成功。科普兰这样说过："《阿巴拉契亚之春》没有格莱姆特别的个性是绝不会存在的，音乐明确是为她而创作的，我希望作品反映人类所具有的独特品质，如一幅美国的风景画，一个感觉的方法。"① 这部舞剧的布景设计者诺古奇这样评价格莱姆："《阿巴拉契亚之春》是在一个震教派内容的感觉中产生的，但是它也是玛莎对美国主题和清教徒的美国传统的兴趣的顶点。"②

威廉姆斯和格拉斯的创作对电影音乐的发展，同样显示出重要意义。威廉姆斯著名的电影音乐《星球大战》《辛德勒的名单》《屋顶上的小提琴手》《超人》《哈利·波特》，让人们通过音乐记住了那些经典画面。那些旋律与电影主题相融的音乐成为这些影片成功的标志之一。威廉姆斯对美国电影音乐的影响最引人瞩目的当属《辛德勒的名单》，该片1994年获奥斯卡最佳原创音乐奖，作曲家的创作采用"情"的抒发，区别于美国影片中多存在的"景"的描写，这种独树一帜的创作手法对美国电影音乐创作风格产生了影响。格拉斯这位简约主义作曲家对改编自美国当代作家迈克尔·坎宁安同名小说的电影《时时刻刻》的配乐，彰显了简约主义这种一度被称为"知识分子的流行音乐"的音乐风格，在其难以分辨出音乐结构和逻辑的形式中，其反形式性和反内容性的美学理念对电影结构产生了作用。特别是音画同步性方面的精确对应，使简约主义音乐成为美国电影音乐中十分引人注意的风格流派。其创作手法，从时间维度和人物心理"内省"角度观察，都与意识流电影的特征相符，由此体现电影思想的内核。

格什文、伯恩斯坦音乐的流行风格对美国歌剧的发展有着重要影响。格什文1935年的《波吉与贝丝》作为美国第一部抒情歌剧，标志着美国民族歌剧的出现，并为在美国诞生的新的戏剧音乐体裁——音乐剧，起到了推波助澜的作用。伯恩斯坦则以他的流行音乐风格，通过他的音乐剧《锦城春色》《坎迪德》《西区故事》等，加速了音乐剧这种体现多元文化的新兴戏剧成为最能体现"美国精神"的戏剧品种。

瓦列兹的电子音乐与自然科学概念有明显联系，其作品中不仅有各种少见的打击乐器，还有非乐器的器件如报警器、铁钻，等等。尤其是《电子音诗》，体现了作曲家将科学性与艺术性融合的创作理念。音乐这种时间艺术与建筑这种空间艺术的结合，使这部作品更加引人注目。它直接回答了电子音乐产生所出现的新问题：音乐的基本材料是什么？音乐的结构方式靠什么？音乐的演奏者还存在吗？什么是音乐的记谱方式？自然科学撼动了音乐的传统意义，音乐也为自然科学注入了新的释义。

3. 对音乐文化发展的影响

很多学者将美国作曲家作了风格类型的划分。但不管怎样分类，美国作曲家实际上都在为展示美国人的创造而做着努力。

---

① Levin G, Tick J. Aaron Copland's America：A Cultural Perspective［M］. New York：Watson-Guptill, 2000：104.
② Levin G, Tick J. Aaron Copland's America：A Cultural Perspective［M］. New York：Watson-Guptill, 2000：104.

麦克道威尔的浪漫主义风格，虽有着模仿欧洲的痕迹，但他是第一位为美国交响音乐创作带来世界性声誉的美国作曲家，对美国专业音乐创作有着强大的影响。

艾夫斯受"超验主义"影响，他的音乐创作充满"实验性"风格。他将音乐看作是自然界精神语言的一部分。他认为，音乐超越了任何与文字语言相关的东西，随着时间的推移它会发展出现在无法想象的可能性：一种语言如此的卓越，以至于它的高度和深度对于全人类来说都是共同的。他作品的现代主义美学特征始终保持同浪漫主义的联系，使艾夫斯的创作成为引领世界潮流的排头，他那崭新的、象征性的、深奥的音乐语言在这一潮流中始终成为标志性的旗帜。

汉森的新浪漫主义风格虽然显现不出强烈的"美国精神"，但他强调的对上帝的笃定信仰，力图发挥音乐的教化功能的美学思想，使其成为对"美国精神"的另一种解读。相对于此，塞欣斯的创作则以其细微的方式展现着"美国主义"的风格，他的创作绝不会去刻意追求民族因素在作品中的反映，而是以其广博的文化底蕴和传统的英格兰式的教养任其自然发展，从而完美体现美国人的思想、个性和天赋。

考埃尔是在试图开创"美国风格"的道路上做得最早的美国作曲家之一，他的创作是一种体现"美国风格"的现代音乐，被评论界认为是"美国人的象征"。他的音乐对后来现代音乐的发展有着不可低估的影响。他在探索道路上不断尝试创新和打破传统，其美学思想直接启发和影响了他的学生约翰·凯奇。考埃尔的音乐将欧洲传统抛弃，而去发掘世界上更多的声音。凯奇曾评价他老师的音乐是记录了那个时代东方与西方人的音乐。考埃尔的影响已经超越了国家的界限，在欧洲现代主义作曲家的作品中，我们可以看到考埃尔创作中"不确定因素"的深层印迹。

梅诺蒂创作的众多歌剧作品推动了现代歌剧的发展。尤其是他的室内歌剧形式，越来越得到人们的喜爱。梅诺蒂的歌剧理想——让歌剧脱离大剧院，回到人民之中——直接启发了巴伯等美国作曲家。而1955年歌剧《电话》的欧洲巡演更引起了国际轰动，此后，该剧被译成十几种语言在各国上演。梅诺蒂的室内歌剧以愉快诙谐、时尚轻松的风格而不同于神话、宫廷、严肃的传统大歌剧。这种美国式的喜剧性室内歌剧形式通过梅诺蒂完成了它的华丽转身，影响遍及世界。

我们观察美国音乐研究的学术视点，上述三方面具有重要的研究意义，从整体上俯视美国作曲家的教育背景、创作手法、多元影响，构成了我们全面了解美国音乐的三个重要层面。本文所择取的学位论文的研究成果，为我们从历史维度纵观美国音乐的发展提供了有较高可信度的研究本源。

美国音乐研究是1982年以来我国音乐理论界兴起的最有代表性的理论研究之一，至今已30多年。笔者的硕士论文《科普兰五部管弦乐作品的技法研究》（1989年，导师许勇三）、博士论文《论阿伦·科普兰的音乐创作》（1997年，导师钱仁康），是我国较早对美国音乐进行的专题理论研究，至今也已超过20年。这期间在我国的硕士和博士论文中，有关美国音乐的研究论题已日益增多，并引起社会学界的很多关注。研究论题、研究人员的不断增加，为我们深入了解美国音乐奠定了基础。本文依据22篇学位论文勾勒出的美国音乐研究的学术视点，相信会为我们对未来的研究远景提供梳理的空间。

（本文原载《星海音乐学院学报》2014年第3期；《钱仁康教授百年诞辰纪念文集》上海音乐学院出版社，2015年；《音乐的历史邂逅——何平音乐文集（续编）》华南理工大学出版社，2021年，略有改动）

作者简介 何平，男，河北省保定市人。音乐学博士，音乐理论家，二级教授，博士生导师。现为珠海科技学院音乐舞蹈学院院长、华南理工大学艺术学院荣誉院长。1977—1982年就读于河北师范学院音乐系（今河北师范大学音乐学院）。

晚清海关洋员与国际博览会上的中国音乐
——以1884年伦敦国际卫生博览会为例

华中师范大学 宫宏宇

摘 要 1884年伦敦国际卫生博览会期间,中国展厅内展有四十多种中国乐器。赴会的六名中国乐人除了每天定时在展区内的中国茶室和餐厅奏乐外,还应邀为英国皇亲国戚的社交活动助兴。是谁决定将中国音乐作为博览会的主题之一?是谁将中国民间乐人推向了国际舞台?这些乐人演奏了什么乐曲?伦敦报界又是如何报道中国乐人的表演的呢?本文拟通过对中国旧海关出版物中晚清参加博览会之展品目录、晚清海关洋员间的相关函电及伦敦当时的新闻报道的解读,来回答这些问题,旨在通过中西原始文献之比较来补充前人研究所未见,并试图厘清目前研究中的相关疑点。

关键词 博览会;八角鼓乐人;赫德;金登干;阿理嗣;《华祝歌》

引 言

1884年7月9日是伦敦国际卫生博览会(也译成"伦敦养生会"或"伦敦国际健康博览会")(The International Health Exhibition, London)中国展区开幕的日子。是日,在长150英尺、宽50英尺(长约45.72米、宽约15.24米)的中国馆内[①],琳琅满目地陈设着来自中国各地的古玩、字画及与"衣食住行、生老病死"相关的各种生活用品。引人注目的是,在展厅靠近接待室的显要位置,除了从清驻英使臣曾纪泽处借来的中国典籍、画轴、笔记小说、京师同文馆和江南制造局出版的译作、中国民间工艺品外,还有第40、第41展区中展出的40多种中国古今乐器。[②] 在同年8月专为展览会编辑出版的《1884年伦敦国际卫生博览会中国展品图示目录》中,还有近40页的关于以上每种乐器的制材、形制及功用的简介,中国音乐体系的概说,16首翻译成五线谱的中国歌曲、乐曲谱例和8幅精心绘制的乐器图示。[③]

---

① 金登干(James Duncan Campbell)1884年4月1日致赫德(Robert Hart)函。见中国第二历史档案馆,中国社会科学院近代史研究所. 中国海关密档:赫德、金登干函电汇编:1874—1907:第3卷:1882—1884 [M]. 北京:中华书局,1992:513.
② "The Chinese Court at the Healtheries", *The Pall Mall Gazette*, July 8, 1884, p. 6.
③ China Imperial Maritime Customs. Illustrated Catalogue of the Chinese Collection of Exhibits for the International Health Exhibition, London, 1884 [M]. London: Forgotten Books, 2018:143 – 180.

更有意思的是，来参观的人群并非只静静地观赏这些中国展品或细读展品下面的解说词，他们还可以聆听到其中一些乐器所发出的实际音响。因为在中国展厅内还有一只来自北京的由六个乐人组成的小乐队在现场演奏。在之后的几个月里，这六位中国乐师每天早上七点半到九点和下午四点到六点都分别在中国展览馆内的由曾纪泽亲笔题字的"幔亭"茶室和"紫气轩"餐厅配乐，有时他们还会在展室外的中式凉亭内和花园水池上的小桥上为参观者表演乐曲。此桥是由两名"技艺精湛"的中国工匠特地为1883年在伦敦举办的国际渔业博览会所搭建的。"中国乐队在桥上演奏，受到热烈的喝彩。"①除在中国展馆内外的固定演出外，这些中国乐师还被英国皇室成员邀请为其社交活动增色，如7月25日他们就应维多利亚女王的长子威尔士亲王（Prince of Wales）之邀，"在马尔巴勒宫举办的游园会上演奏"。②他们在"建在展馆区外的剧院"的表演，也"演出得非常好"。③

是谁决定将中国音乐作为此次中国参加伦敦国际卫生博览会的主题之一？是谁将中国民间乐人推向了国际博览会的舞台？这些中国乐人来自何方？他们演奏的是什么曲目？中国参展成功的背后又有哪些出力者？他们在此次博览会上献艺的过程中经历过哪些波折呢？伦敦报界又是如何报道中国乐人的表演的呢？本文通过三种途径来回答这些问题：① 检索中国旧海关出版物中晚清参加博览会之展品目录；② 解读晚清筹办博览会海关洋员间之相关函电；③ 参阅伦敦报界对中国乐人之相关报道。本文宗旨有二：① 通过中西原始文献之比较来补充前人研究所未见；② 厘清目前研究中的相关疑点。

一、赫德、伦敦国际卫生博览会、中国音乐

谈到中国与国际博览会不可以不谈到晚清中国海关，谈到晚清中国海关就必须谈到在中国服务半个多世纪的清朝海关总税务司英籍爱尔兰人罗伯特·赫德（Robert Hart, 1835—1911年）。（图1）从1867年总理衙门委托赫德接手中国参加巴黎国际博览会承办事宜，到1905年比利时列日国际博览会后相关事务转交商部专办为止，由海关承办的中国参加的各类国际博览会至少有近30次。④虽然从1851年中国人首次在伦敦万国

---

① 中国第二历史档案馆，中国社会科学院近代史研究所. 中国海关密档：赫德、金登干函电汇编：1874—1907：第3卷：1882—1884 [M]. 北京：中华书局，1992：578.
② 中国第二历史档案馆，中国社会科学院近代史研究所. 中国海关密档：赫德、金登干函电汇编：1874—1907：第3卷：1882—1884 [M]. 北京：中华书局，1992：583.
③ 中国第二历史档案馆，中国社会科学院近代史研究所. 中国海关密档：赫德、金登干函电汇编：1874—1907：第3卷：1882—1884 [M]. 北京：中华书局，1992：583.
④ 关于晚清海关洋员代表清政府参加世博会的次数，中外学界有不同的说法。曾任海关税务司多年的英籍人斯坦利·魏尔特（Stanley Fowler Wright，1873—1951年）在其《赫德与中国海关：上册》（Hart and the Chinese Customs）一书中（陈敉才，陆琢成等译，厦门大学出版社，1993年，第10页）称共参加28次；吴松弟在其《走向世界：中国参加早期世界博览会的历史研究：以中国旧海关出版物为中心》一文中（史林，2009年，第2期，第42－51页，第188页）则称只有11次。

博览会上露面开始,就有音乐表演助兴①,但从展示中国音乐的角度来看,中国参加1884年7月到10月在伦敦举办的国际卫生博览会无疑是其中最成功的一次。与以往几次一样,中国参加此次博览会的大小事宜,从始至终都是由赫德亲自操办的。② 中国乐人在博览会上的表演也是他一手策划的。

图 1　罗伯特·赫德图像

图示来源:*Catalogue of the Collection of Chinese Exhibits at the Liège Universal and International Exhibitions*(Shanghai:Statistical Department of the Inspector General of Customs,1905)

国内外学界以往有关赫德的研究,多注重赫德在"西乐东渐"上所做的工作。特别是赫德组建的由北京理发匠、鞋匠、裁缝和车夫组成的管弦乐队,以及该乐队夏日每周三在其宅邸举办的花园派对。如美籍华裔学者韩国鐄先生早在20世纪80—90年代,就对赫德在北京成立的管弦乐队及赫氏与《中国音乐》一书的作者阿理嗣的关系有过深入的探讨。③ 韩国鐄虽然在《赫德乐队研究》和《阿理嗣小传》两文中分别提到过赫德派阿理嗣参加伦敦国际卫生博览会担任音乐介绍主讲人和派中国演戏人员献艺之事,但他根据的是1975年出版的《总税务司在北京》一书中所刊载的赫德有关伦敦国际卫

---

① 罗仕龙. 十九世纪下半叶法国戏剧舞台上的中国艺人[J]. 戏剧研究,2012(10):1-33.
② 中国第二历史档案馆,中国社会科学院近代史研究所. 中国海关密档:赫德、金登干函电汇编:1874—1907:第3卷:1882—1884[M]. 北京:中华书局,1992:448-449. 关于赫德领导的清海关总税务司署与中国参加世界博览会的关系,可参见吴松弟. 走向世界:中国参加早期世界博览会的研究:以中国旧海关出版物为中心[J]. 史林,2009(02):42-51,188;詹庆华. 跨文化传播的桥梁:中国近代海关洋员与中西文化交流[J]. 海交史研究,2006(01):114-130。
③ 韩国鐄《赫德乐队研究》《阿理嗣小传》收入韩国鐄. 韩国鐄音乐文集:第一册[M]. 台北:台湾省乐韵出版社,1990:5-26,155-160.

生博览会的信件①，并且对具体经办人金登干的回信没有涉及。关于伦敦国际卫生博览会举办时出现的，包括中国乐器、中国乐谱及中国音乐简介的《1884年伦敦国际卫生博览会中国展品图示目录》也没有利用到。后来的学者虽然也提及赫德与伦敦国际卫生博览会的关系，但引用的都是韩国鐄的研究，都没有接触过包括《1884年伦敦国际卫生博览会中国展品图示目录》在内的其他相关原始资料。②

1884年的伦敦国际卫生博览会虽然是以健康（health）为主题，以展示各国食品供应水平为目的，但对音乐情有独钟的赫德从一开始就有不同的理解。他认为中国宗教和日常生活中的乐器和音乐活动与医学、教育同等重要，应作为此次博览会一个重要的展览项目。除实物展示乐器外，他还希望通过学术讲座和现场表演的形式让西方人了解包括音乐活动在内的中国人的日常生活。早在主管外交事务的总理衙门还在犹豫接受组委会的邀请时，赫德就在1884年元月14日寄给其在伦敦的代理人金登干一封关于筹备博览会事宜的长信中，提到他的打算和有关音乐活动的初步安排：

> 也许我们还要给你送去一篇论中国教育的好文章或演讲稿（由贺璧理提供），另一篇是论中国音乐的（由阿理嗣提供）。你须宣读论教育的那篇，阿理嗣可能作为秘书之一前去宣读他的那篇文章。尤其是假如我能动员一个中国的丝竹乐队前去就更好了（在餐馆演奏音乐，用中国日常生活中的乐事来折磨伦敦人的听觉）。③

虽然到1月末总理衙门还没有给他明确的指示，但赫德代表中国参加伦敦国际卫生博览会参展的决心已定。在1月27日给金登干的私信中他甚至写道："如不是以官方的名义参加，则以我私人展出者的名义来搞，因为我将为这些东西付钱。"④ 2月初，当清政府终于决定参加伦敦国际卫生博览会，并像以往一样授权他做具体的安排时，⑤赫德不仅已将赴会的中国乐队人选确定下来，还对他们的行程做了安排。在3月8日的信中，他告诉金登干，前去参加伦敦国际卫生博览会的将有中国人"约30人"，其中包括

---

① Robert Hart. The I. G. in Peking: Letters of Robert Hart, Chinese Maritime Customs, 1868—1907 [M]. Cambridge, Mass.: Belknap Press of Harvard University Press, 1976.

② 如陶亚兵在《中西音乐交流史稿》（大百科全书出版社，1994年，第253—257页）的相关叙述。李云在其《赫德与中西音乐文化交流史实初探》（海交史研究，2007年，第1期）一文中称，其中虽有"赫德与国际希尔兹博览会上的中国音乐"一节（第95—99页），但基于的史实都是在韩国鐄文章中出现过的。该节涉及阿理嗣部分也只是沿袭前人的成果，重述了阿理嗣同年所刊行的专著《中国音乐》，并没有证据显示她接触过此次博览会的原始资料，特别是《1884年伦敦国际卫生博览会中国展品图示目录》的"中国音乐"专章。

③ 中国第二历史档案馆，中国社会科学院近代史研究所. 中国海关密档：赫德、金登干函电汇编：1874—1907：第3卷：1882—1884 [M]. 北京：中华书局，1992：452.

④ 中国第二历史档案馆，中国社会科学院近代史研究所. 中国海关密档：赫德、金登干函电汇编：1874—1907：第3卷：1882—1884 [M]. 北京：中华书局，1992：461.

⑤ International Health Exhibition, London, 1884: Official Catalogue [M]. London: W. Clowes and Sons, 1884: 158.

来自北京的6名"乐师",他们将于6月4日抵达伦敦。①

在赫德的安排下,最终赴伦敦的中国参展团由商人、乐师、厨师、账房、剃头匠、侍者、木匠、油漆工等一行共31人组成,② 分别于1884年3月29日和4月10日坐二等舱从中国乘轮船经孟买赴伦敦。这些团员往返的旅费、工资和其他开支等全部由海关承担。关于如何安排他们的吃住这一问题,赫德对金登干做了具体的指示。③

赫德明示金登干按照劳工的身份对待赴会的中国人,规格不要太高。这更多出自实际的考虑,并且提倡节俭办事一向是赫德参加博览会的作风。因为海关代表中国政府参与博览会只有部分经费由总理衙门拨付,大部分经费都来自海关的预算。因此在5月17日给金登干的信中,赫德一再提醒他要节省,并抱怨说:"我只担心你的费用(切记总理衙门并没有答应给我提供一笔现款,衙门只是叫我去做,如我不做,就要挨罚;如我做了而花钱太多,那可能要叫我自己掏腰包!)"④ 对海关洋员的住宿开支,他也是能省就省。⑤

然而,赫德对中国乐人和其他参展人员也有他慷慨的一面,如他虽然明知往返的船费昂贵到"要花一万两",但仍安排他们"全都坐二等舱"。⑥ 为了让这批中国参展人员对伦敦民众的文化娱乐活动有好的体验,他还要金登干为这些中国人在伦敦期间安排一些娱乐活动,如观光、听音乐会,等等。他特别嘱咐金登干说:"请你给那几个参加卫生博览会的中国人安排一下游览名胜、听听音乐等活动,我很愿意这批北京人对我们伦敦的公众娱乐带回好的看法,并有很多材料可讲给别人听。"⑦ 他付给这些中国参展人员的报酬(10个月的工资,共150两,其中100两已于出发前在北京预付)也算得上公平。⑧

关于怎样遴选、调遣和使用这些中国乐人,赫德也早有具体的想法。在1884年2月17日的信中,他明确告诉金登干:"我将和餐馆人员一起派出我们北京的六名伶人,

---

① 中国第二历史档案馆,中国社会科学院近代史研究所. 中国海关密档:赫德、金登干函电汇编:1874—1907:第3卷:1882—1884[M]. 北京:中华书局,1992:485-486.

② China Imperial Maritime Customs. Illustrated Catalogue of the Chinese Collection of Exhibits for the International Health Exhibition, London, 1884 [M]. London: Forgotten Books, 2018: 142.

③ 中国第二历史档案馆,中国社会科学院近代史研究所. 中国海关密档:赫德、金登干函电汇编:1874—1907:第3卷:1882—1884[M]. 北京:中华书局,1992:486.

④ 中国第二历史档案馆,中国社会科学院近代史研究所. 中国海关密档:赫德、金登干函电汇编:1874—1907:第3卷:1882—1884[M]. 北京:中华书局,1992:545.

⑤ 詹庆华. 晚清海关洋员与世界博览会:以海关洋员眼里的世博会为例[J]. 上海海关学院学报,2010(03):78-87.

⑥ 中国第二历史档案馆,中国社会科学院近代史研究所. 中国海关密档:赫德、金登干函电汇编:1874—1907:第3卷:1882—1884[M]. 北京:中华书局,1992:505.

⑦ 中国第二历史档案馆,中国社会科学院近代史研究所. 中国海关密档:赫德、金登干函电汇编:1874—1907:第3卷:1882—1884[M]. 北京:中华书局,1992:523.

⑧ 中国第二历史档案馆,中国社会科学院近代史研究所. 中国海关密档:赫德、金登干函电汇编:1874—1907:第3卷:1882—1884[M]. 北京:中华书局,1992:609.

他们会表演、能弹善唱,我将在以后的信里告诉你希望怎样使用他们。他们应受严格控制,未经你的允许不得为任何人做任何事。"① 在 4 月 27 日的信中,赫德再一次提到"关于厨师、乐师的事我明天将正式写封信给你"②。

赫德在信中虽然提到这些中国乐人来自北京,能"表演"也善吹拉弹唱,但是他没有提到这些中国乐人演奏的是什么样的音乐。幸运的是,博览会期间伦敦媒体的报道(图 2),以及时任驻英公使曾纪泽当时的日记,都让我们对这 6 位中国民间乐人的音乐背景及其所擅长的曲目有大致的了解。可以肯定,他们是来自北京的八角鼓艺人。八角鼓是源自满族地区的一种说唱曲艺形式,原为满族人散居时期的歌曲,到清乾隆年间才发展为坐唱形式,并有专业艺人演唱。在北方各地,特别是在北京、天津和东北各地曾广为流行。八角鼓最初的演出形式是由一人手持八角鼓自弹自唱,后来发展为单唱、拆唱、群唱等表演形式。八角鼓的唱腔也多种多样,由四句板、数板、若干曲牌和煞尾构成。③ 从图 3 可以看出,此次被赫德派去参加博览会的北京八角鼓艺人所持的乐器有三弦、拍板、大鼓、板鼓等,演出的形式显然是以说唱为主。

这些八角鼓艺人不仅在会场上定时演出,而且在自己住的地方为好奇的游人单独展示。④在北京居住过的曾纪泽也似乎非常喜欢听这些艺人演奏。他们在伦敦的几个月里,屡次赴曾府献艺,曾纪泽在其日记中至少有七次提到过听"中国八角鼓班乐工奏乐",有时还"复听良久"。

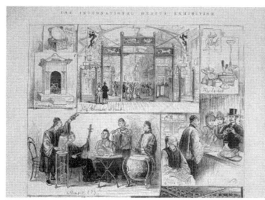

图 2 伦敦国际卫生博览会八角鼓演出场景(一)
图示来源:*Illustrated London News*(August 2,1884)

图 3 伦敦国际卫生博览会八角鼓演出场景(二)
图示来源:*The Pall Mall Gazette*(July 10,1884),p. 6

---

① 中国第二历史档案馆,中国社会科学院近代史研究所. 中国海关密档:赫德、金登干函电汇编:1874—1907:第 3 卷:1882—1884[M]. 北京:中华书局,1992:472.
② 中国第二历史档案馆,中国社会科学院近代史研究所. 中国海关密档:赫德、金登干函电汇编:1874—1907:第 3 卷:1882—1884[M]. 北京:中华书局,1992:530.
③ 中国艺术研究院音乐研究所,《中国音乐词典》编辑部. 中国音乐词典[M]. 北京:人民音乐出版社,1985:6 - 7.
④ "Chinese Music at the Exhibition",*The Pall Mall Gazette*,July 10,1884,p. 6.

曾纪泽虽然对八角鼓艺人的演艺有浓厚的兴趣，但是他对赫德选派这样社会地位低微的曲艺乐人代表中国参会却颇有微词，对他们在博览会上表演的曲目也并不认同。在10月3日写给赫德的信中，金登干汇报说："曾侯说这些人选得不好，其中只有两个人够得上称乐师。他说中国有一种一个音阶为十二个音符的古典音乐，但是这些乐师演奏的曲调不是纯汉族的，而是从蒙古和别处传入的。"①

关于中国乐师在博览会上演奏什么乐曲，赫德也有具体的指示，并为此与金登干有过不同的意见。他所要展现的是能体现中国人日常生活特色的音乐作品。当得知中国乐师在博览会上演奏的曲目中包括英国国歌和英国流行歌曲时，他颇为不满，当即给金登干发电报明令指示："中国乐师仅限演奏中国乐曲。"② 对此，一向对赫德俯首帖耳的金登干颇有些不解，他解释一开始他正是这样做的，但是他觉得中国乐师"应能演奏'上帝保佑我女王'、'上帝祝福威尔士亲王'、'统治吧英国'和几首我们英国的歌曲"，并认为"这是不可少的"。他还据自己的亲眼所见和其他的例子力争道：

事实上，如果成功是根据群众的喝彩来判断的话，他们主要的成就应归功于他们演奏了这些曲子。来到博览会或来英国的外国乐队都力图用演奏这些我国的歌曲来获得人们的同情，在这方面中国乐师们的确获得莫大的荣誉。③

尽管金登干做了解释并据理力争，但赫德仍不为所动，他坚持己见并解释说：

我不同意你让这些乐师演奏英国曲子，我怕他们只会被人嘲笑！他们演奏自己的音乐，可让中国人听着很顺耳，虽然英国人可能觉得里面没什么内容，但我们希望他们演出的正是那个没什么内容。④

1873年海关总税务司首次代表清政府参加维也纳国际博览会时，赫德曾让中国参展团在博览会将近结束时在维也纳歌剧院举办盛大的答谢音乐招待会，款待包括皇室成员及当地名流贵胄在内的一千四百多位来宾。"维也纳歌剧院的所有明星都登台献艺，当地报界称这是当年最精彩的一场演出。"⑤ 此次参加在自己国家举办的伦敦国际卫生博览会上，赫德打算再组织一次这样的招待会。但这次的招待会在时间和演出内容上要有所变化，招待会要在开幕时而不是在闭幕时举办，在节目的选择上也力求多样，不仅

---

① 中国第二历史档案馆，中国社会科学院近代史研究所. 中国海关密档：赫德、金登干函电汇编：1874—1907：第3卷：1882—1884［M］. 北京：中华书局，1992：627.

② 中国第二历史档案馆，中国社会科学院近代史研究所. 中国海关密档：赫德、金登干函电汇编：1874—1907：第8卷：1875—1895［M］. 北京：中华书局，1992：335.

③ 中国第二历史档案馆，中国社会科学院近代史研究所. 中国海关密档：赫德、金登干函电汇编：1874—1907：第3卷：1882—1884［M］. 北京：中华书局，1992：586-587.

④ 中国第二历史档案馆，中国社会科学院近代史研究所. 中国海关密档：赫德、金登干函电汇编：1874—1907：第3卷：1882—1884［M］. 北京：中华书局，1992：610-611.

⑤ 魏尔特. 赫德与中国海关：上册［M］. 陈敖才，陆琢成，等译. 厦门：厦门大学出版社，1993：537.

只是演唱、演奏西方音乐,而且是兼容中西音乐的"联合演出"。在 1884 年 2 月 17 日的信中,他提示金登干说:

> 你还记得那次盛大的音乐招待会以结束我们在维也纳的展出吗?好吧,我希望你以多少类似的方式来开始我们今年在伦敦的展出。在 6 月初或月中以前我们的东西不能运到,我们的展区也没有准备好。你能找到一个地方——一座大厅或歌剧院之一——在 10 号和 25 号之间用一个晚上吗?你能安排一场联合演出吗?——有第一流的军乐队和第一流的弦乐队演奏乐曲、几位最有名的歌星的唱歌、某个名演员的朗诵、我们的中国乐队演奏一首中国曲子、几支歌和一些乐曲(这将是他们公开的首场演出)。我想举行这样一个盛大招待会,我们可以打响第一炮,并且以这样一个榜样来协助把这季节搞得很出色。要向经严格挑选出来的那些人中的最精选的人士发出邀请——王族、政界、名流、文学艺术界等人士。你对这个主意仔细想想,并和内子商量一下。但在你决定是否这么做以及做什么之前,不要向别人讲。在决定之后,千万小心要把管理、安排和发请柬的事掌握在你自己的手中,不许任何外人(如嘉理治和奥地利外交部)插手并"指挥"你。我想花 1 000 镑可把这么个招待会办得不错,不等到闭幕而一开幕就立即出名。①

在 3 月 8 日的信中,他又一次问金登干:"你在 6 月可以举行那场招待会吗?"虽然他对举办招待会的想法仍有信心,但此次他也开始考虑费用的问题:"除非你确有把握搞成功,否则不要试着去办。当然我得'支付'花在这上面的 1 000 镑,因此,除非是值得做,并且可以做得很好,我还不如省下这笔钱。不过这些博览会使我从腰包里拿出那么多钱,以致今年我得豁出去了"。② 可惜的是,意外出现的情况(中法冲突、皇室成员的丧事)使得赫德举办音乐招待会的计划最终无法实施。③

二、金登干夫妇、中国乐人、英国乐曲

赫德虽是中国参加 1884 年伦敦国际卫生博览会并在展会上展示中国音乐的决策人和展项的主要策划者,但此次赫德本人并没有赴英,具体实施的是他的亲信、自 1874 年即被选为中国海关驻伦敦办事处主任的英籍苏格兰人金登干(James Duncan

---

① 中国第二历史档案馆,中国社会科学院近代史研究所. 中国海关密档:赫德、金登干函电汇编:1874—1907:第 3 卷:1882—1884 [M]. 北京:中华书局,1992:472-473.
② 中国第二历史档案馆,中国社会科学院近代史研究所. 中国海关密档:赫德、金登干函电汇编:1874—1907:第 3 卷:1882—1884 [M]. 北京:中华书局,1992:489.
③ 中国第二历史档案馆,中国社会科学院近代史研究所. 中国海关密档:赫德、金登干函电汇编:1874—1907:第 3 卷:1882—1884 [M]. 北京:中华书局,1992:541,534.

Campbell，1833—1907年）。① 金登干除了与伦敦国际卫生博览会主办方和清驻英使臣曾纪泽协调、为中国展品构建场所、随时向赫德汇报外，还负责管理赴会的31名中国工作人员在伦敦的衣食住行②，有时甚至还得"教练乐师"。③ 金登干对赫德派中国乐队一事从一开始就很赞成，并预言："在不止一个意义上丝竹乐队将成为轰动一时的事。"④

  按照赫德的指令，金登干在中国团员刚到伦敦不久就安排他们去伦敦最著名的音乐厅去听音乐会。在6月6日给赫德汇报工作的信中，他提道："店主和乐师今晚和明晚有艾伯特纪念堂听朱利叶斯·本尼迪克特爵士的音乐会的票。"他还计划"安排他们到伦敦一些名胜和游乐场去观光。"⑤ 这里提到的"艾伯特纪念堂"（Royal Albert Hall）是伦敦著名的音乐厅，可容纳5200多名听众，是世界著名音乐家在伦敦演出的首选场地。金登干信中提到的"朱利叶斯·本尼迪克特爵士"（Sir Julius Benedict，1804—1885年）是出生于德国斯图加特的英国浪漫主义作曲家和歌剧指挥家。他曾先后师从韦伯和约翰·尼波默克·胡梅尔（Johann Nepomuk Hummel，1778—1837年）学习作曲。他19岁离开德国后，曾在维也纳、那不勒斯和巴黎等地的大歌剧院就职。1835年定居英国伦敦后，他先后在著名的剧院和交响乐队，如莱森剧院、德鲁里街剧院、女王陛下剧院和利物浦爱乐乐团任指挥。除担任歌剧指挥外，本尼迪克特还以作曲闻名于世。⑥ 值得一提的是，本尼迪克特和曾纪泽也曾有过交往，在音乐上也曾合作过。1887年，经由清驻英、法、比、意四国大臣刘瑞芬（1827—1892年）之手交给英国外交部"以备兵丁谱奏之用"并可合奏西洋乐器的曾纪泽的《普天乐》谱，就是由本尼迪克特配

---

  ① 以往学界论及金登干时，或是讨论他在为清廷购买船舰中扮演的角色，或是评论其在中国内政外交（特别是在中法战争、澳门主权问题）上的功过，但对其在代表中国参加博览会方面所做的工作较少瞩目。韩国镄先生提到他多次为赫德采买乐器、乐谱一事。关于金登干之生平、在海关的履历及与赫德的关系，其子Robert Ronald Campbell为其父所写的传记（James Duncan Campbell: A Memoir by His Son [M]. Cambridge, Mass.: Harvard East Asia Monographs, 1970）中有详细的叙述。中文研究成果可见张寄谦. 金登干（J. D. Campbell）与中国海关 [J]. 近代史研究, 1989（06）: 46—56；夏良才. 海关与中国近代化的关系：论中国海关驻伦敦办事处 [J]. 历史研究, 1991（02）: 28—40。关于金登干与世博会，可参见沈惠芬. 晚清海关与国际博览会 [D]. 福州：福建师范大学, 2002；程秀玲. 金登干与中国海关驻伦敦办事处 [D]. 福州：福建师范大学, 2010。
  ② 中国第二历史档案馆，中国社会科学院近代史研究所. 中国海关密档：赫德、金登干函电汇编：1874—1907：第3卷：1882—1884 [M]. 北京：中华书局, 1992: 557-558.
  ③ 中国第二历史档案馆，中国社会科学院近代史研究所. 中国海关密档：赫德、金登干函电汇编：1874—1907：第3卷：1882—1884 [M]. 北京：中华书局, 1992: 583.
  ④ 中国第二历史档案馆，中国社会科学院近代史研究所. 中国海关密档：赫德、金登干函电汇编：1874—1907：第3卷：1882—1884 [M]. 北京：中华书局, 1992: 495.
  ⑤ 中国第二历史档案馆，中国社会科学院近代史研究所. 中国海关密档：赫德、金登干函电汇编：1874—1907：第3卷：1882—1884 [M]. 北京：中华书局, 1992: 558.
  ⑥ 参见迈克尔·肯尼迪，乔伊斯·布尔恩. 牛津简明音乐词典：第4版 [M]. 唐其竞, 等译. 北京：人民音乐出版社, 2002: 100；另参见廖辅叔. 与音乐有缘的外交官：曾纪泽 [C] // 廖崇向. 乐苑谈往：廖辅叔文集. 北京：华乐出版社, 1996: 275-278。

曲的。①

为了中国乐人在展览会上有成功的表现,金登干在对中国乐人演奏曲目的安排上也下了一番功夫。他特意安排他们学习演奏英国歌曲,以使他们的表演能引起当地英国观众的共鸣。他先是建议阿理嗣教他们学着演奏《上帝保佑我女王》(God Save the Queen)、《上帝祝福威尔士亲王》(God Bless the Prince of Wales)、《统治吧英国》(Rule Britannia)和几首英国人耳熟能详的歌曲。当阿理嗣认为"这件事如不是不可能,也是非常困难"时,他也没有放弃,而是告诉阿理嗣,"在说那是不可能之前,他须尽量努力去教他们"②。后来考虑到阿理嗣与中国乐人的恶劣关系(详见下文),金登干把乐师们带到自己家里,让每个人单独演奏《上帝保佑我女王》数次,由他的夫人在钢琴上弹曲调亲自教授。③值得一提的是,金登干的夫人是个相当不错的钢琴演奏家,据金登干自己讲,她曾经"由于钢琴演奏得到了伦敦音乐学院的银质奖章。在80名比赛者中,她名列第二。"④

除金夫人外,金登干还请他认识的伦敦音乐家给这些中国乐人上音乐课,辅导他们排练并选择适合西方听众的乐曲。在6月27日写给赫德的信中,金登干提道:

> 明天我将开始让他们跟怀尔德博士的一名天才门生学一门音乐课,这人将教他们几首我国的歌曲,听他们演奏他们自己的乐曲,选出那些最适合西方人听的曲子,确定每支曲子的时间,并对演奏的节目提出一般性的建议。⑤

金登干在此之前向赫德汇报工作的信中也提道:

> 当他们演奏时,我们的提琴教师进来了,他帮了他们不少的忙,不过还是钢琴真正达到了预期的目的。内人说她可以使他们学会任何曲子,阿理嗣感到很惊奇。他们还试奏了"上帝祝福威尔士亲王"、"快乐的家庭"和"再见吧老友"。几天之内我们将举行一次非正式的排练,我希望如怀尔德博士的身体状况见好,那时他能出席予以最后的润饰。对他们的这种关怀和鼓励,在他们的身上产生极好的效果。今晨阿理嗣告诉我,他们对多数曲子已熟悉了。⑥

---

① 关于本尼迪克特为《普天乐》配曲及该曲在海外的出版和流传,笔者已有专述,见宫宏宇. 圣天子,奄有神州,声威震五洲:曾纪泽《华祝歌》《普天乐》考辨[J]. 中国音乐学,2013(01):97-104。
② 中国第二历史档案馆,中国社会科学院近代史研究所. 中国海关密档:赫德、金登干函电汇编:1874—1907:第3卷:1882—1884[M]. 北京:中华书局,1992:568.
③ 中国第二历史档案馆,中国社会科学院近代史研究所. 中国海关密档:赫德、金登干函电汇编:1874—1907:第3卷:1882—1884[M]. 北京:中华书局,1992:568.
④ 中国第二历史档案馆,中国社会科学院近代史研究所. 中国海关密档:赫德、金登干函电汇编:1874—1907:第3卷:1882—1884[M]. 北京:中华书局,1992:97.
⑤ 中国第二历史档案馆,中国社会科学院近代史研究所. 中国海关密档:赫德、金登干函电汇编:1874—1907:第3卷:1882—1884[M]. 北京:中华书局,1992:574.
⑥ 中国第二历史档案馆,中国社会科学院近代史研究所. 中国海关密档:赫德、金登干函电汇编:1874—1907:第3卷:1882—1884[M]. 北京:中华书局,1992:568.

最后，为了让中国乐人能在无人辅导的情况下练习英国歌曲，金登干还想出了一个办法，这就是给他们买了一只演奏所有这些歌曲的廉价的美国百音盒。① 令他非常欣慰的是，7月9日博览会中国展馆开幕时，"中国乐队在桥上演奏，受到热烈的喝彩"。②在给赫德的信中，金登干是这样描述他们的表演的：

> 他们的演出以一首中国歌曲开始，以"上帝保佑我女王"结束。奏完"上帝保佑我女王"后要是有"再来一个"的喝彩，他们就演奏"上帝祝福威尔士亲王"。为了答谢进一步的欢呼鼓掌，他们演奏"统治吧英国"，最后以"上帝保佑我女王"结束演出。他们还能演奏"再见吧老友"，获得相当好的效果。③

北京八角鼓乐师们在中国展馆内外的餐厅、茶室、小桥、剧院的演出，也赢得了相当的赞誉。特别是他们演奏的英国旋律，更是让英国观众感动，威尔士亲王在参观完中国馆后，还亲自对"乐师们演奏英国歌曲表示感谢"④。金登干甚至把展区内中国茶馆的生意兴隆也归功于这些乐师，"因为他们一开始演奏，屋里立刻挤满了人"⑤。他甚至想在下一次的伦敦发明博览会上再次用音乐，"中国展区将还保持原状，只需添几件用来说明音乐和发明的东西就可以了"⑥。

虽然中国乐人在伦敦国际卫生博览会上的表现颇令金登干满意，他们的"异国风味"带来的极高的"可看性"也一时成了吸引观众的一大景观，但是他们所演奏的乐曲除了英国国歌《上帝保佑我女王》能让伦敦人听出点眉目外，其他曲目并不被当地所有的媒体认可。⑦以伦敦的《倍尔美街报》（The Pall Mall Gazette）为例，该报刊登的几篇文章提到中国音乐和中国乐人的表演时都嘲讽有加。⑧伦敦当地杂志对中国音乐的冷嘲热讽甚至被传到了国内和世界的其他角落。上海英文报纸《北华捷报》就转述过伦敦人对中国演戏的印象。⑨连位于地球"底端"新西兰的报纸也转载了中国人在伦敦

---

① 中国第二历史档案馆，中国社会科学院近代史研究所. 中国海关密档：赫德、金登干函电汇编：1874—1907：第3卷：1882—1884［M］. 北京：中华书局，1992：568.
② 中国第二历史档案馆，中国社会科学院近代史研究所. 中国海关密档：赫德、金登干函电汇编：1874—1907：第3卷：1882—1884［M］. 北京：中华书局，1992：578.
③ 中国第二历史档案馆，中国社会科学院近代史研究所. 中国海关密档：赫德、金登干函电汇编：1874—1907：第3卷：1882—1884［M］. 北京：中华书局，1992：587.
④ 中国第二历史档案馆，中国社会科学院近代史研究所. 中国海关密档：赫德、金登干函电汇编：1874—1907：第3卷：1882—1884［M］. 北京：中华书局，1992：580.
⑤ 中国第二历史档案馆，中国社会科学院近代史研究所. 中国海关密档：赫德、金登干函电汇编：1874—1907：第3卷：1882—1884［M］. 北京：中华书局，1992：627.
⑥ 中国第二历史档案馆，中国社会科学院近代史研究所. 中国海关密档：赫德、金登干函电汇编：1874—1907：第3卷：1882—1884［M］. 北京：中华书局，1992：622.
⑦ "Lunch with the Celestials", *The Pall Mall Gazette*, July 5, 1884, p. 4.
⑧ "Chinese Music at the Exhibition", *The Pall Mall Gazette*, July 10, 1884, p. 6.
⑨ *North China Herald*, August 22, 1884, p. 209.

国际卫生博览会上奏乐的消息。①

中国乐人演奏英国乐曲虽然取得了在金登干看来非常好的效果,但是却被赫德泼了一头冷水。1884 年 8 月 12 日他在发给金登干的电报中明确指示:"中国乐师仅限演奏中国乐曲。"②

关于赫德提出的招待会,金登干也有自己的想法。他认为应因地制宜:

> 我看最好是在向公众开放前的头天晚上安排一次对中国展区和收集品的"预展",向所有知名人士发出请柬……它可以是一次私人学术讨论会,尊夫人在那里可以举行一次"在家会客"活动,在晚间欢迎到会的客人并和他们一起聚会,她在别处是不能做得这么好的。茶馆供应茶水,餐馆供应点心和饮料,可以搭起个台来给中国戏班演出。人们将前来享受这新的感受,各国的天才们可听听它的效果。③

金登干对伦敦国际卫生博览会中国馆成功的贡献还表现在他与中国乐人的和睦关系,以及他对阿理嗣对中国乐人大打出手事件的公平处理上。当听到阿理嗣与中国乐工发生冲突后(详见下文),金登干"极为不安、气愤和恼怒",立刻派人将阿理嗣叫来,严厉地训斥了他。第二天早晨,当听完中国侍者向金登干抱怨阿理嗣对中国人动手之事时,他批评阿理嗣说:"他的行动,如在任何情况下公诸于众,将给整个海关丢脸。"他要求阿理嗣"尽量用好话和鼓励来引导中国人练习他们的乐曲",如发现什么缺点,须向他请示,"决不可为任何原因而碰一个中国人一下"。他甚至警告阿理嗣,"如果他第二次再这么做,我们将免他的职"。金登干知道阿理嗣和赫德的私交,但事情发生后,他还是立刻给赫德发去电报,告诉他阿理嗣因虐待中国人,可能需调动。为了避免造成任何负面影响,金登干"指示聂务满先生暗中见了那警察,了解发生了什么事,特别是他可曾把发生的事向任何人报告过"。④ 最后,金登干决定自己管理乐师。中国乐人在金登干的管理下不但没有任何麻烦,而且"在每一方面的举止都很规矩"。⑤ 正是由于有了金登干的调和和公正处事,中国乐人才得以忘却与阿理嗣的不快,在伦敦度过了一段很愉快的时光。据伦敦报纸报道,"他们喜欢英国"。⑥ 伦敦国际卫生博览会结束时,

---

① *Marlborough Express*, November 22, 1884, p. 2.
② 中国第二历史档案馆,中国社会科学院近代史研究所. 中国海关密档:赫德、金登干函电汇编:1874—1907:第 8 卷:1875—1895 [M]. 北京:中华书局,1992:335.
③ 中国第二历史档案馆,中国社会科学院近代史研究所. 中国海关密档:赫德、金登干函电汇编:1874—1907:第 3 卷:1882—1884 [M]. 北京:中华书局,1992:526 - 527.
④ 中国第二历史档案馆,中国社会科学院近代史研究所. 中国海关密档:赫德、金登干函电汇编:1874—1907:第 3 卷:1882—1884 [M]. 北京:中华书局,1992:565 - 567.
⑤ 中国第二历史档案馆,中国社会科学院近代史研究所. 中国海关密档:赫德、金登干函电汇编:1874—1907:第 3 卷:1882—1884 [M]. 北京:中华书局,1992:574.
⑥ "Lunch with the Celestials", *The Pall Mall Gazette*, July 5, 1884, p. 4.

有些乐工甚至想留下来继续演出。① 为表示他们的感激之情,他们在 10 月份离开伦敦前夕送给金登干一份由曾纪泽撰写的谢辞和一本装着他们的相片的纪念册。②

三、阿理嗣、殴打中国乐人事件、《1884 年伦敦国际卫生博览会中国展品图示目录》中的"中国音乐"词条

与金登干和中国赴会人员的和睦相处形成鲜明的对照,伦敦国际卫生博览会期间,被赫德专程派赴伦敦讲解中国音乐的比利时籍海关洋员阿理嗣却与赴会的中国乐人屡次发生冲突,甚至大打出手,并惊动了英国警察。

图 4 阿理嗣图像

图示来源:*Catalogue of the Collection of Chinese Exhibits at the Liège Universal and International Exhibitions*(Shanghai:Statistical Department of the Inspect. General of Customs,1905).

阿理嗣(J. A. van Aalst,1858—1914 年)1858 年生于比利时中南部的那慕尔(Namur)城。1881 年 3 月考入中国海关,先是在广州任三等铃子手,后于 1883 年 4 月调内班,在北京总税务司署任邮政供事。由于阿理嗣在音乐上的专长(音乐学院科班出身,主修长笛,会演奏钢琴和双簧管等乐器),他在 1883 年 4 月 1 日正式就任之前就已

---

① 中国第二历史档案馆,中国社会科学院近代史研究所. 中国海关密档:赫德、金登干函电汇编:1874—1907:第 3 卷:1882—1884 [M]. 北京:中华书局,1992:609.

② 中国第二历史档案馆,中国社会科学院近代史研究所. 中国海关密档:赫德、金登干函电汇编:1874—1907:第 3 卷:1882—1884 [M]. 北京:中华书局,1992:632.

经和酷爱音乐的赫德一起奏乐了。① 伦敦国际卫生博览会期间他作为比利时人之所以得以成行，完全是因为赫德对他音乐才能的器重。他却因为性情暴躁、专横跋扈最终辜负了赫德对他的期望，不仅没有完成他的本职工作，而且差点将赫德"在餐馆演奏音乐，用中国日常生活中的乐事来折磨伦敦人的听觉"的计划搞砸。②

事实上，阿理嗣与中国赴会人员之间的不和在中国赴伦敦的旅途中就已见端倪。中国人起初只是对阿理嗣不满，抱怨他没有尽到职责，"在航程中他不关心他们的舒适，他们受到的待遇并不像其他二等舱的乘客那样，并且还吃不饱"。在中国团员抵达伦敦不久，阿理嗣就与他们发生了肢体冲突。他借口他们不服从他，"当着一个警察的面踢了一名乐师和一名厨师"。挨了踢的中国人当然也不示弱，"抓起一个深平底锅就要向阿理嗣冲去，要是警察没拉住他的话，就冲过去了。那些中国人都非常激动。"③ 虽然事后阿理嗣意识到了自己的错误，对自己的行为"感到很抱歉"，并"力图与中国人和好"。④ 但他旧习难改，事情过了没有几天，6月23日他就又与中国乐人大打出手。根据阿理嗣自己的陈述，这次是由于"一个中国人粗野地侮辱了他"。但据在场的中国侍者说，那个中国乐人实际上并没有骂他，但的确对阿理嗣"是不恭敬的"，于是阿理嗣就打了他一个嘴巴。不过，中国乐人也不是好欺负的，抄起长笛就还手，还把阿理嗣右眼下面打出一个很深的口子。别的中国乐人也一起揍他，即使是当阿理嗣到中国侍者的房间清洗出血的伤口时，几个中国乐人仍在后面追着抓他。"根据警察的叙述他们会打死他，不过，根据侍者的说法，他们只想把他带到曾侯那里。"事已至此，金登干只好遵循赫德"阿理嗣因虐待中国人可能应予撤换"的电报指示，正式给阿理嗣写了封信，禁止他"与中国人有任何往来，或在博览会做什么工作"。鉴于中国乐人与阿理嗣的关系已到了水火不容的地步，金登干和赫德的弟弟赫政（James H. Hart）都认为不应交给他任何可能与中国人接触的工作。金登干最后决定将阿理嗣从伦敦国际卫生博览会中国展团秘书一职调离，改派在办公室做不与中国人发生任何关系的展品编目工作。⑤

阿理嗣与中国乐人两次大打出手的事，使金登干和赫德颇为恼火，特别是6月23日那次打人事件，甚至惊动了次日正好来中国展区巡视的曾纪泽。作为中国使节，曾纪泽对洋员阿理嗣不好说什么，只能对中国乐人多加管教，他"训斥了乐师们，告诉他们

---

① 韩国鐄. 阿理嗣小传[C]//韩国鐄. 韩国鐄音乐文集：第一册. 台北：台湾省乐韵出版社，1990：156. 关于阿理嗣在海关的履历，参见中国第二历史档案馆，中国社会科学院近代史研究所. 中国海关密档：赫德、金登干函电汇编：1874—1907：第3卷：1882—1884[M]. 北京：中华书局，1992：193。

② 中国第二历史档案馆，中国社会科学院近代史研究所. 中国海关密档：赫德、金登干函电汇编：1874—1907：第3卷：1882—1884[M]. 北京：中华书局，1992：452.

③ 中国第二历史档案馆，中国社会科学院近代史研究所. 中国海关密档：赫德、金登干函电汇编：1874—1907：第3卷：1882—1884[M]. 北京：中华书局，1992：565-567.

④ 中国第二历史档案馆，中国社会科学院近代史研究所. 中国海关密档：赫德、金登干函电汇编：1874—1907：第3卷：1882—1884[M]. 北京：中华书局，1992：565-567.

⑤ 中国第二历史档案馆，中国社会科学院近代史研究所. 中国海关密档：赫德、金登干函电汇编：1874—1907：第3卷：1882—1884[M]. 北京：中华书局，1992：567，573-574，609.

受我（指金登干）的指挥，不管我给他们什么指示，他们都得服从。他还告诉他们彼此间一定不能口角等等"。①

以上提到，把阿理嗣派到伦敦国际卫生博览会管理中国乐师、搞有关中国音乐的讲座，本是赫德的主意。阿理嗣屡次犯错使得赫德很没面子。其实，对阿理嗣的个性及火爆脾气，赫德已有所耳闻。早在阿理嗣赴伦敦之前，赫德就在写给金登干的信中提醒说：

> 阿理嗣很有才气，我挺喜欢他，但据说他与别人相处时乖僻而脾气不好。不要把任何一般管理中国人的事交给他，否则他将用他的规章逼得他们发狂。当你通过他向中国人发布命令时，最好是把他们召集起来，让他当着你的面传达并布置工作。他容易发怒，然后用错误的方式来辩解，并且用这样一种方式把他的愤怒老挂在嘴边，以致夸大原来感情上的创伤。②

即使如此，当金登干6月14日电告他"阿理嗣因虐待中国人可能应予撤换"的消息后，赫德仍颇感不安。在6月19日的信中，他指示金登干"采取必要的措施"。③ 第二天，他又在电报中指示金登干：如果有必要，把阿理嗣的行为报来，避免流言蜚语。④ 在6月21日给金登干的信中，他又详细写道：

> 你那份关于阿理嗣虐待中国人的电报使我不安。我希望他现在举止得当，他有时情绪抑郁、急躁，控制不住自己的感情，但他是一个精明人，我对他很感兴趣。像所有白手起家的人那样，他当然不具备实际上是遗传下来的那种品德基础：经过三四代人的地位责任感以及高雅生活养成的彬彬有礼，使瞳昽意识的人具有"他家族的第一个人"必须具备的风度和头脑冷静。经验告诉我，尽管这类人确实值得同情和帮助，但把他们扶得太高了是个错误，他们忘其所以，忘却了他们的朋友，为自己拼命获取好处，成为在与他们有关的事情中的捣乱分子。我给了阿理嗣十分尖锐的书面指示，并警告他你具有最广泛的权限。⑤

在6月29日发给金登干的电报中，赫德的确专门致电阿理嗣，告诉他已授予金登

---

① 中国第二历史档案馆，中国社会科学院近代史研究所. 中国海关密档：赫德、金登干函电汇编：1874—1907：第3卷：1882—1884［M］. 北京：中华书局，1992：574.

② 中国第二历史档案馆，中国社会科学院近代史研究所. 中国海关密档：赫德、金登干函电汇编：1874—1907：第3卷：1882—1884［M］. 北京：中华书局，1992：498-499.

③ 中国第二历史档案馆，中国社会科学院近代史研究所. 中国海关密档：赫德、金登干函电汇编：1874—1907：第3卷：1882—1884［M］. 北京：中华书局，1992：566.

④ 中国第二历史档案馆，中国社会科学院近代史研究所. 中国海关密档：赫德、金登干函电汇编：1874—1907：第8卷：1875—1895［M］. 北京：中华书局，1992：330.

⑤ 中国第二历史档案馆，中国社会科学院近代史研究所. 中国海关密档：赫德、金登干函电汇编：1874—1907：第3卷：1882—1884［M］. 北京：中华书局，1992：570.

干"解雇不能令人满意的雇员"的权力。① 不过，对于阿理嗣由于坏脾气而造成的尴尬，赫德和金登干也都感到遗憾。赫德在 6 月 19 日的信中甚至以经济损失心情受影响为由，为他开脱说："这可怜的人失去了他在丽如银行的小笔存款，可能增加了他的忧郁情绪。他受过很好的教育，人也很聪明，但有些急躁，控制不住自己，并且极不愿任何人'教训'他。"② 两个月后，在 8 月 26 日的信中，赫德又提道："他的急躁竟然使他陷入如此困难的处境，我觉得很遗憾。他的脾气都露在脸上，但他聪明并且心地好。"③ 伦敦国际卫生博览会结束后，赫德在给金登干的信中甚至不无责怪地写道：

> 你使阿理嗣这么长时间精神上负担过重，我觉得很遗憾。一个星期无疑是罪有应得，但三个月对这青年人来说是难以忍受的。他十分敏感，并且在受到和蔼体贴对待时，他是够驯顺和充满深情的，至少这是我对他的体会。虽然我经常担心把他捧得太高或升得太快而使他会像那些已经爬上来的人那样，太早就不服驾驭，忘记了帮他们向上爬的梯子。可是我希望你对待他的办法并没有伤害他，而是像"马特洛克的一个疗程"那样有效！④

事实上，阿理嗣虐待中国乐人一事并没有影响赫德对他的青睐。伦敦国际卫生博览会结束后不到一年，赫德不但没有处罚他，还将他提升为四等帮办前班。1896 年 2 月又将其升为北京副税务司兼临时稽查司，并于 1897 年 3 月将其调任临时署邮务司。1899 年 1 月阿理嗣被调到邮政局并正式任邮政司一直到 1901 年 1 月，然后再调回税务局。在此任内，他被派驻过厦门、梧州等地，直到 1914 年 2 月阿理嗣自己辞职。值得注意的是，虽然阿理嗣在 1884 年伦敦国际卫生博览会上的表现欠佳，但之后赫德仍委派他参加过数次博览会。其中最重要的一次是他担任副监督的 1905 年比利时列日博览会（The Liège Universal and International Exhibitions）。为此，阿理嗣还荣获了清政府的三品衔、双龙二等第三宝星及比利时和荷兰的勋章。⑤ 阿理嗣虽因此次博览会受到官方的嘉奖，但他与中国赴会人员的关系仍没有根本的改变，如在比利时列日博览会期间，他屡与参会的中国人发生矛盾。赴会的两名华商抱怨他"欺凌商人，遇事阻梗"，甚至以罢展相胁。清驻比利时公使杨兆鋆（1854—1916 年）也控告其"傲愎寡俦"，请求将其撤职。清商部接到投诉后也敦请外务部札令税务司"迅电阿理嗣离开会市以顺商

---

① 中国第二历史档案馆，中国社会科学院近代史研究所. 中国海关密档：赫德、金登干函电汇编：1874—1907：第 8 卷：1875—1895 [M]. 北京：中华书局，1992：331.
② 中国第二历史档案馆，中国社会科学院近代史研究所. 中国海关密档：赫德、金登干函电汇编：1874—1907：第 3 卷：1882—1884 [M]. 北京：中华书局，1992：566.
③ 中国第二历史档案馆，中国社会科学院近代史研究所. 中国海关密档：赫德、金登干函电汇编：1874—1907：第 3 卷：1882—1884 [M]. 北京：中华书局，1992：595.
④ 中国第二历史档案馆，中国社会科学院近代史研究所. 中国海关密档：赫德、金登干函电汇编：1874—1907：第 3 卷：1882—1884 [M]. 北京：中华书局，1992：674.
⑤ China Maritime Customs. Documents Illustrative of the Origin, Development, and Activities of the Chinese Customs Service：Volnme 2 [M]. Shanghai：Statistical Department of the Inspectorate General of Customs，1938：174.

情"。最后，阿理嗣以请假为由离开会场。① 赫德1905年7月9日在给金登干的信中也提道："中国驻比利时公使已再次抱怨阿理嗣的傲慢，不服从和凶狠。"但他非但没有责备阿理嗣，还私下替他打抱不平。

以上提到，赫德派阿理嗣到伦敦的主要目的之一，是让他在伦敦国际卫生博览会上宣读他的有关中国音乐的讲稿。但由于种种原因，阿理嗣的讲座迟迟没有做成。在1884年9月7日写给金登干的信中，赫德再一次提到"我希望阿理嗣将做音乐方面的讲演"。② 1884年9月28日，他又在给金登干的电报中提到请"阿理嗣做论音乐的报告"一事。③ 但遗憾的是，尽管金登干做了努力，因为"音乐主要属于明年的博览会而不在卫生博览会的方案中"，这个讲座最终还是没有搞成。只是"在中文目录中有阿理嗣写的论中国音乐的短文"。④

阿理嗣虽然在伦敦博览会期间没有完成赫德交给他的讲解中国音乐的任务，但就展示中国音乐来讲，他也不虚此行。因为他"在编目工作上干得不错"⑤，这里所说的"编目"就包括中国音乐。中外学界谈起阿理嗣时，一般只提到他1884年由中国海关总税务司署在上海出版的《中国音乐》一书。⑥ 正如韩国鐄先生所述，阿理嗣之所以成为"1950年前几乎是有关中国音乐主题被引用最多的一位著者"，就是因为他写了这本在英语读者中流传极广的英文中国乐书。⑦但对于阿理嗣撰写的《1884年伦敦国际卫生博览会中国展品图示目录》（以下简称"《目录》"）中的"中国音乐"词条，却很少有学者提到。⑧

《目录》中长达近40页的"中国音乐"词条是全书的最后一章（第26章），由三个部分组成，分别为"乐器"（图5、图6、图7）"中国音乐简述""中国音乐曲目"。与以往博览会上只是将中国乐器与其他中国日常生活用具当成"炫奇"物件在展柜中展出的做法不同，阿理嗣在"乐器"部分不但按照中国的八音分类法较系统地介绍了

---

① 参见沈惠芬. 晚清海关与国际博览会 [D]. 福州：福建师范大学，2002：77；赵祐志. 跃上国际舞台：清季中国参加万国博览会之研究：1866—1911 [J]. 台湾师范大学历史学报，1997（25）：287 - 344.
② 中国第二历史档案馆，中国社会科学院近代史研究所. 中国海关密档：赫德、金登干函电汇编：1874—1907：第3卷：1882—1884 [M]. 北京：中华书局，1992：607.
③ 中国第二历史档案馆，中国社会科学院近代史研究所. 中国海关密档：赫德、金登干函电汇编：1874—1907：第8卷：1875—1895 [M]. 北京：中华书局，1992：346.
④ 中国第二历史档案馆，中国社会科学院近代史研究所. 中国海关密档：赫德、金登干函电汇编：1874—1907：第3卷：1882—1884 [M]. 北京：中华书局，1992：625.
⑤ 中国第二历史档案馆，中国社会科学院近代史研究所. 中国海关密档：赫德、金登干函电汇编：1874—1907：第3卷：1882—1884 [M]. 北京：中华书局，1992：609.
⑥ 林青华. 清末比利时人阿理嗣的《中国音乐》[J]. 中央音乐学院学报，2003（01）：76 - 79.
⑦ 阿理嗣《中国音乐》在20世纪就至少被再版过6次，分别为1933年、1939年、1955年、1964年、1965年、2012年. Han Kuo-Huang, J. A. van Aalst and His Chinese Music [J]. Asian Music，11.2（1988）：127.
⑧ 严晓星在《高罗佩以前古琴西徂史料概述》一文（南京艺术学院学报（音乐与表演版），2008年，第1期，第29页）中将《1884年伦敦国际卫生博览会中国展品图示目录》中的"中国音乐"词条与阿理嗣同年出版的单行本《中国音乐》混为一谈，有误。

中国雅乐和俗乐中所常用的三大类乐器,即打击、吹奏、弦类乐器,而且对每种乐器的形制、产地和功用等也大多有简略的提示。他依次解释的革鼓类敲击乐器有民间乐队中用的堂鼓、民间戏班中用的梆鼓、文庙等宗教仪式上用的搏拊鼓、民间艺人用的八角鼓、歌舞用的鼓和街头小贩用的鞉鼓;木类打击乐器有郊庙礼乐中用来表示音乐起始的柷、敔,民间乐队中用来击节的板子,和尚念经时用的木鱼;石类乐器有帝王礼乐用的特磬;金属类乐器有锣、钟、铎、云锣、钹、钲。竹木类吹奏乐器有箫、笛子、龙笛、管子、笙;石类吹奏乐器有石箫、石笛子、海螺;金属类吹奏乐器有葬仪上用的号筒、喇嘛用的喇叭、刚筒;木制和金属类吹奏乐器有唢呐、鸽哨。弹拨类弦乐器有琴、瑟、筝、琵琶、双琴、三弦、月琴、扬琴;弓弦乐器有胡琴、二弦等。

 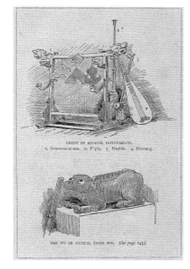 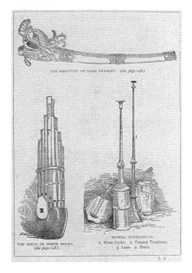

图5 阿理嗣撰写《目录》中的中国乐器介绍(一)　　图6 阿理嗣撰写《目录》中的中国乐器介绍(二)　　图7 阿理嗣撰写《目录》中的中国乐器介绍(三)

图示来源:*Illustrated Catalogue of a Chinese Collection of Exhibits for the International Health Exhibition, London*, 1884 (London: William Clowes, 1884).

在《目录》的"中国音乐简述"(Short Account of Chinese Music)部分,阿理嗣首先用了四页的篇幅简述中国人关于音乐起源的传说(伏羲制乐)、律吕(黄帝制律),秦始皇焚书使古乐失传,唐玄宗与康熙的兴乐之举,中国古代所用的五声音阶和七声音阶,元代蒙古人引进的五声音阶、工尺记谱法,工尺谱在时值、节拍、节奏上的缺陷及该记谱法后来的流变。在之后的"仪式音乐"(Ritual Music)一节中,他介绍了中国的宫廷雅乐,文庙礼乐,皇帝祭祀天地、日月、先祖、先农仪式上用的乐舞,包括"儒教"在内的宗教音乐、赞颂歌曲及其所用乐器。在"通俗音乐"(Popular Music)一节,他以戏曲、说唱、民谣、婚庆丧葬鼓班和街头音乐为例简单介绍了日常生活中的音乐。

《目录》"中国音乐"词条的第三部分题为"中国音乐曲目"(Programme of Chinese Music),"节目单"(Programme)一词表明,此部分应是中国乐人在此次伦敦国际卫生博览会上表演的节目说明书。这部分由三节组成，分别列举了"器乐曲"（Instrumental Pieces）、"声乐曲"（Vocal Pieces）和"戏曲"（Operatic Pieces）唱段。其中前十首器乐曲和前六首声乐曲附有五线谱谱例。在十首器乐曲中，最值得注意的是第一首被标明为"中国国歌"（Chinese National Anthem）的创作歌曲《华祝歌》（Hoa Tchou Ko）。

《华祝歌》是曾纪泽使欧期间创作的两首国歌之一。该曲为曾纪泽1883年10月20日首创，11月27日命名为"华祝歌"，1884年1月31日"注宫商节奏"，同年6月23日交由赴伦敦国际卫生博览会中国八角鼓乐工学奏。①《目录》中刊印的《华祝歌》只有曾纪泽的好友、英国诗人傅澧兰（Humphrey William Freeland，1814—1892年）的英译歌词②，没有附中文原词。但幸运的是，傅澧兰自费刊印的九种语言的《华祝歌》（没有歌谱）单行本里有曾纪泽的中文原词。③以下是《华祝歌》的曲谱及中英文歌词（图8）：

图8　《华祝歌》曲谱及中英文歌词

除《华祝歌》外，《目录》中"中国音乐"词条的"器乐曲"部分还附有《大八板》《开手吧》《打花鼓》（图9）、《大鼓》《柳青娘》《姑娘表》《妈妈好明白》《出殡曲》《婚庆曲》。"声乐曲"部分附有谱例比阿理嗣《中国音乐》一书中的还多，有

---

① 曾纪泽《出使英法俄国日记》一书中零星提到了《华祝歌》的创作历程，见第669、679、695、729页。
② 傅澧兰与曾纪泽的前任郭嵩焘也有过不浅的交往，郭嵩焘1879年离开伦敦时，傅氏也曾以诗相赠。郭廷以. 郭嵩焘先生年谱［M］. 台北：台湾省研究院近代史研究所，1971：836－837.
③ Humphrey William Freeland, Hoa Tchou Ko, Chinese National Air, freely paraphrased in English and other languages（Hertford：Stephen Austin and Sons, 188？）日本东洋文库存该译本。东京大学新堀欢乃博士为笔者复印此资料。关于傅澧兰与曾纪泽的交往及《华祝歌》的西文译本，见宫宏宇. 圣天子，奋有神州，声威震五洲：曾纪泽《华祝歌》《普天乐》考辨［J］. 中国音乐学，2013（01）：99－101.

《进兰房》《王大娘》《烟花柳巷》《大新春》《画扇面》（图10）、《摔镜子》。其余的歌曲和戏曲选曲则只有歌词大意或歌词简介。

　　图9　器乐曲《打花鼓》曲谱　　　　　图10　声乐曲《画扇面》歌谱

图示来源：China Imperial Maritime Customs, *Illustrated Catalogue of a Chinese Collection of Exhibits for the International Health Exhibition*, London, 1884年（London：William Clowes and Sons, 1884），pp. 161, 169.

　　如果将《目录》中"中国音乐"词条与阿理嗣的成书《中国音乐》对比一下，不难看出两者之间的渊源关系。后者除了在著书目的（"尝试指出中西音乐之异同、用最不使人疲倦的语言阐述深奥难解的理论问题、增添迄今出版的未曾见过的细节、提供简短而扼要的有关中国音乐的论述"①）、篇幅（从正文和图示近40页增加到84页）、体例（从展品编目到专书、正文中提供了汉字，加了脚注、中西文书目，增添了旋宫转调图、律吕表、乐舞图例等）上有所改动外，在整体构架和理论思维上并没有根本的变化。《目录》中的"中国音乐"词条虽然没有同年首版的《中国音乐》单行本影响深远，但也曾被海外汉学家当成研究中国音乐的参考资料。如法国音乐学家路易·拉卢瓦（Louis Laloy，1874—1944年）在其1909年在巴黎出版的《中国音乐》一书"研究资料"一节中，就列有该文。②德国声学家和物理学家赫尔曼·冯·赫尔姆霍茨（Hermann von Helmholtz，1821—1894年）在其经典著作《音调的感觉》中分析的中国音乐谱例也来自对伦敦国际卫生博览会上中国乐人的"四次私下采访"。③

余　论

　　有学者注意到，"近代博览会的兴起固然主要是源于商品经济与科技传播的需要，但大众娱乐文化又始终与各类博览会形影相随，成为其不可或缺的构成要素"④。从以

---

　　① J. A. van Aalst. Chinese Music［M］. Shanghai, Yokohama, Hong Kong：Kelly and Walsh, 1884.
　　② Louis Laloy. La Musique Chinoise［M］. Paris：Henri Laurens, 1909：7.
　　③ Hermann von Helmholtz. On the Sensations of Tone as a Physiological Basis for the Theory of Music［M］. London：Longmans Green and Co., 1895：522.
　　④ 马敏. 寓乐于会：近代博览会与大众娱乐［J］. 史学月刊，2010（01）：91.

上的叙述可以看出，音乐表演在伦敦国际卫生博览会上的确充当了一个很重要的角色。其实，中国艺人在国际博览会上进行音乐表演，1884年的伦敦国际卫生博览会既不是第一次，也不是最后一次。早在1851年就有一个"中国家庭"在伦敦万国博览会上有过声乐和器乐表演。① 1867年巴黎博览会举办期间，又有"粤人携优伶一班至，旗帜新鲜，冠服华丽，登台演剧"。② 1894年，法国里昂举办"国际与殖民地博览会"时，有来自越南西贡富商带领的一团华人演员的表演。③ 1904年美国圣路易斯万国博览会上也有中国戏剧表演。④ 在国际博览会上展示中国传统乐器，伦敦国际卫生博览会也不是首例。1873年在维也纳举办的奥匈帝国世界博览会上，中国的展品中有弦子、唢呐、笛、九云锣、双清琴、皮鼓、二弦、竹二胡、竹四胡、木鱼、清磬、帝钟、小镲、七弦琴、月琴、八角琴、琵琶、筝、箫、八音琴等各类乐器。⑤

然而，中国在1884年伦敦国际卫生博览会上的表现却是独特且前所鲜见的。首先，在此次国际博览会上表演的中国乐人是由掌管中国海关的洋员赫德选派的，是由海关驻伦敦代表金登干管理的，而不是民间戏班主挑头组织的；他们代表的是国家的文化，而不是以个人利益为宗旨。但是，由于选派者文化背景的不同，对其所选展示的音乐的理解也不同。在赫德的眼里，来自北京的八角鼓艺人能展现真实的中国文化，而在曾纪泽看来，"纯汉族"的"十二个音符的古典音乐"，而非"从蒙古和别处传入的"音乐才应是博览会的上选⑥。其次，与以往展示性地唱唱小曲、弹弹琵琶和表演些杂耍的武戏不同，1884年伦敦国际卫生博览会上中国乐人带给西方观众的是中国北方民间曲艺——八角鼓艺术，这为伦敦人领略纯正的中国民间说唱艺术提供了机会。最后，中国艺人在此次博览会上的表演除了中国民间八角鼓曲牌和民间小曲外，还演奏了当代创作曲目《华祝歌》。此外，中国乐人演奏的英国曲目也开启了用中国乐器演奏西方乐曲的先河。

（本文原载《中央音乐学院学报》2015年第2期，略有改动）

作者简介 宫宏宇，男，1963年生，新西兰华裔学者，新西兰尤尼坦理工学院研究员，华中师范大学音乐学院高端外国专家项目首席研究员。

---

① "The Chinese Exhibition", *Times*, May 2, 1851; "The Chinese Family", *Illustrated London News*, May 24, 1851.
② 王韬. 漫游随录[M]. 长沙：岳麓书社，1985：93.
③ 罗仕龙. 十九世纪下半叶法国戏剧舞台上的中国艺人[J]. 戏剧研究，2012（10）：18.
④ 王正华. 呈现"中国"：晚清参与1904年美国圣路易斯万国博览会之研究[M]//黄克武. 画中有话：近代中国的视觉表述与文化构图. 台北：台湾省研究院近代史研究所，2003：443.
⑤ Port Catalogues of the Chinese Customs' Collection of the Austro-Hungarian Universal Exhibition, Vienna, 1873 [M]. Shanghai: Statistical Department of the Inspectorate General of Customs, 1873: 36, 260-262, 286, 348, 396, 474.
⑥ 中国第二历史档案馆，中国社会科学院近代史研究所. 中国海关密档：赫德、金登干函电汇编：1874—1907：第3卷：1882—1884[M]. 北京：中华书局，1992：627.

新时代中国民族管弦乐创作述略

《人民音乐》杂志社 张 萌

摘 要 中国民族管弦乐的产生与发展，始终被赋予文化使命，代表着国人追求科学、新知的人文诉求。在百年历史发展中，中国民族管弦乐经历了两次"从学习模仿到融合创新"的历程。进入新时代以来，中国民族管弦乐创作空间活跃，并呈现出"主题性"创作繁荣，多元跨界，青年一代作曲家迅猛崛起，观念、技法不断突破创新等新的创作特征，展现出前现代、现代、后现代多元并存的文化景观。这正是从"高原"到"高峰"的历史起点。

关键词 民族管弦乐；新时代；创作特征；多元并存

在20世纪初以来的中国音乐文化中，民族管弦乐堪称最具时代象征意义的一个文化存在。它一开始就被赋予一种前所未有的文化使命，代表着中国社会建立现代国家后追求科学和新知的人文诉求。但意味深长的是，这一继承中华优秀正统"国乐"传统、力图以中华之声立于世界文化之林的理想，却始终是通过学习和模仿西方"先进"文化实现的。从它追求的和谐统一的声部音响原则、基于"四部模式"编制的交响性音乐思维构建，到或历史或现实的文化表达和宏大叙事，都显露出对传统中国音乐物质形态和精神内涵的扬弃和革新，折射出中国文化现代化转型的时代印记。

从1920年郑觐文（1872—1935年）在上海创立"大同乐会"算起，中国民族管弦乐的发展已有百年历史，并大致经历了两次"从学习模仿到融合创新"的历程。第一次始于20世纪初，以"大同乐会"模仿西乐重建中国传统雅正大乐的艺术实践为发端，① 经过不断探索与融合，于20世纪50—60年代迎来民族管弦乐发展的第一次高潮。其成就在于，以西方交响乐队的样式为参照，借鉴欧洲古典主义、浪漫主义音乐创作技法，结合中国民族民间音乐语汇和审美趣味，确立了现代民族管弦乐的基本范式，并创作了一批兼具民族特色和时代风貌且广受大众欢迎的音乐作品。这些成就影响到世界范围内的华人文化圈，以至在新加坡、马来西亚等国家及我国台湾、香港等地区，都相继建立了民族管弦乐团。第二次进程则始于改革开放，中国再次开启追赶世界潮流的脚

---

① 王同. 对"大同乐会"在现代国乐演进中的认识［J］. 南京艺术学院学报（音乐及表演版），1999（02）：34－37.

步。伴随着西方当代各种文化思潮的涌入和对现代多元创作观念及技法的借鉴,经历沉淀和封闭的民族管弦乐得到了又一次升华与蜕变。首先是在观念层面,在后现代理论及其文化相对主义价值取向的引导下,人们逐渐摆脱单线进化论的拘囿,开始重新审视中国音乐传统的独特文化及美学价值。随着中国音乐家创作观念上的日益成熟,民族管弦乐作为国家认同的功能得以部分消解,以多样性语言传达当代中国人美学旨趣且力图与世界多元文化进行交流对话的价值取向日益凸显。其次是在技术层面,借助当代音乐多元创作手段,从不同层次和维度对传统进行解构,进而构建起一种包涵当代性、民族性、独创性的"新民乐传统"。由此,当代中国民族管弦乐逐渐呈现出一种多中心并存、个性化音响交汇的景观。百年来,民族管弦乐虽然在呈现方式、音乐语汇及社会文化生活中所处的地位和起到的作用都发生了深刻变化,但其所代表的中国人不断追求精神之丰富多元的内在诉求、不断参与世界文化发展进程的"现代性"品格却从未改变。这也构成了我们今天审视和理解新时代民族管弦乐创作的历史背景和现实着眼点。

新时代以来,文化发展的意义被提升到国家发展战略层面,习近平总书记郑重强调,一个国家、一个民族的强盛,总是以文化兴盛为支撑的,中华民族伟大复兴需要以中华文化发展繁荣为条件。对历史文化特别是先人传承下来的道德规范,要坚持古为今用、推陈出新,有鉴别地加以对待,有扬弃地予以继承。[①] 中国民族管弦乐的发展也由此进入了新一轮融合与沉淀的阶段。当下,"讲述中国故事,弘扬中国精神,向世界展示中华文化的魅力"已成为文艺创作共同的时代主题;在国家文化发展战略引领下,包括民族管弦乐在内的中国音乐发展已展露出新的走向,致力民族管弦乐发展的音乐家们正以高昂的创作热情不断推出记录时代的声音文本。

一、新时代民族管弦乐创作概览

据笔者统计,进入中国特色社会主义新时代以来,民族管弦乐新作品竟有300多部(首)[②]。尽管这个数字不会是全部,但也足以令人惊叹。需要说明的是,这个数字仅为近年为大型民族管弦乐队创作的新作品(包括协奏曲),尚不包括为民族乐器与交响乐队创作的协奏曲。这个数字不仅是当代民乐创作之繁荣的见证,中国民族文化复兴也可由此窥见一斑。进入新时代,中国民族管弦乐走向成熟的一个重要标志,就是形成了一支更为稳定的由民乐作曲家、指挥家、演奏家共同组成的创作队伍。还不难发现,这个创作队伍正逐渐壮大,几乎所有作曲家都以不同方式将民族乐器(而不仅是民族音乐元素)置于乐队编制表中,尝试为民乐创作的外国作曲家也越来越多。这种创作主体的多元化堪称当下民族管弦乐创作的一大特色。

---

① 北京市中国特色社会主义理论体系研究中心. 中华民族伟大复兴需要中华文化发展繁荣:学习习近平同志在山东考察时的重要讲话精神[J]. 求是,2013(24):48-49.

② 这个数字根据笔者撰写本文过程中从不同渠道(如国家艺术基金资助项目名录等)获悉的信息统计,部分是由作曲家本人提供的。

（一）北京、上海作曲家的民族管弦乐创作

我们先来看老作曲家顾冠仁。自1959年首次与马圣龙共同创作《东海渔歌》以来，顾冠仁的民族管弦乐创作至今已整整探索了60年。他的作品以清新隽永的江南风格、简洁明晰的布局用色、纯熟的民族交响语汇而著称。2012年顾冠仁受上海民族乐团委约创作的民族管弦乐序曲《蓝色畅想》，以蓝天、白云、碧海、波涛这些充满朝气和激情的"意象"为表现对象，刻画了青年一代满怀豪情、奋发向上的精神风貌。2017、2018年，他又先后完成了民族管弦乐《火树银花》（澳门中乐团委约）、《启航》（江苏女子民族乐团委约）等作品。特别是2018年他受香港中乐团委约创作的中乐与昆曲"跨界交响"《牡丹亭》，将传统昆剧腔韵与大型民族乐团的交响性有机融合，完成了自己耄耋之年的又一次突破。乐曲中，作曲家选用汤显祖《牡丹亭》中的7个经典唱段，从柳梦梅的视角，以拾画、叫画为主轴，借助昆剧小生唱腔与民族管弦乐队的丰富表现力，给听者以独特的艺术享受。透过老一辈作曲家的创作，我们感受到的是朝气蓬勃、与时俱进的艺术激情及在题材体裁和音乐技术上不断开拓、勇于创新的可贵精神。

2019年12月，上海音乐学院第六届民族管乐周上演的"腾飞——朱晓谷民族管乐作品音乐会"则浓缩了这位作曲家20余年来创作的代表性作品。其中，双唢呐与乐队演绎的《树魂》（2015年）以贵州西南苗族山寨视树为"神"的传统为题材，以歌、舞、祭为结构，展现了苗族民众在节日、祭祀中围绕神树载歌载舞的文化景观；在排笛协奏曲《腾飞》（2018年）中，作曲家以充满艺术想象的笔触刻画了"东南形胜，三吴都会"的钱塘两岸的秀丽风光和欣欣向荣、蒸蒸日上等当代风貌；古意盎然的《水鼓子》（2018年）则是他根据音乐理论家陈应时解译的敦煌古谱编创的大型民族管弦乐合奏。这位在民族器乐和舞剧音乐领域深耕多年的作曲家，至今已经完成了近600部（首）作品。在持续的艺术探索与实践中，他为自己总结摸索出了民乐创作的"第三条道路"，"既扎根传统音乐，重视民间传统，又吸收西方现代作曲技法，写老百姓听得懂，又具有时代气息的民乐作品，并能形成一定的独特风格"[①]。在其2015年创作的民族管弦乐《治水令》中，全曲"灾""难""治""凯"四个部分一气呵成，以凝练的笔法讲述了延续数千年中华治水的传承，赞颂了大禹为民治水的博大情怀。透过这些作品可感受到，朱晓谷在题材的选择上不仅展现出当代视野和人文纵深，在结构布局、调式和声变化、配器色彩上，也展现出努力使现代技法和民族风格有机地融为一体的审美取向。

从刘锡津的民族管弦乐创作中，我们亦能观察到这种时代特征。其创作领域一度十分广泛，涉及民族器乐、舞剧音乐、影视音乐、歌曲等多个领域。进入新时代，特别是在担任中国民族管弦乐学会会长以来，他的创作开始更多集中在民族管弦乐方面，且展

---

① 王安潮.八音华章 民乐人生：朱晓谷的民族管弦乐艺术探索[J].人民音乐，2012（03）：32-34.

示出旺盛的创作力。其近作不再限于擅长的东北风格，而是将艺术视野拓展到更广阔的文化场域。民乐合奏《春晖》（2012 年）是以唐代诗人孟郊的经典诗作为题，谱写的一曲赞美人间最真切淳朴的母爱的颂歌。竹笛与乐队《雪意断桥》（2013 年）以江浙民间音乐为素材，发挥弦管之多彩，尽展竹笛之神韵，歌吟雪后西湖静谧之美，称颂了人间凄美的爱情；古筝与乐队《广陵曲》（2015 年）中，打击乐、吹管乐、弹拨乐与拉弦乐交替展现，生动诠释了走过历史沧桑的扬州人迎接美好未来、开始新征程的豪情与向往；二胡与乐队《诗咏国魂》（2017 年）中，作曲家设定了一个开放的历史时空和事件，试图以概念性的手法省思中国近代以来的沧桑巨变，从而使作品展现出一种至善至纯的大爱、悲悯苍生的情怀。讲述了广州三元里人民抗英故事的高胡与乐队《三元里》（2018 年）恢宏大气、感人肺腑，充分表达了故事的历史背景和中国人民英勇不屈、抗击外虏的英雄气概。新时代刘锡津的作品还有箜篌与乐队《丝海流音》（2015 年）、民乐合奏《莲花序曲》（2017 年）、《姑苏印象》等。

杨青的创作则表现出对中国传统文人艺术旨趣和精神品格的偏爱。如他近年来推出的一系列以"竹"为题的民族室内乐及管弦乐作品，都运用竹子这一在中国传统文化中具有独特精神象征意味和美学意韵的符号，并寄情于其中，将自己对生活的感悟和对人生思索与竹之情态、意象相联通，展现出当代艺术家对自身道德塑造和心性修养的追求。进入新时代以来，他又相继创作了为笛子与民族管弦乐队而作的《竹语》（2014 年），民族管弦乐队与合唱版《声声慢》（2014 年，另有扬琴协奏曲版本），为民族管弦乐队而作《春风辞》（2015 年）、《童谣三阕》（2016 年），筝与笛群《浪淘沙》（2017 年）等，使这一具有"文人气质"的创作得到进一步的延伸和拓展。杨青还对中国民族风格的表达有着自己独特的思考。他敏锐地捕捉到了"线条"在传统艺术中的独特价值，并通过不断的创作实践，逐渐形成了一种在保持民族特色旋律、调式独特个性的前提下通过配置纵向和声语汇，特别是将横向音高叠加成为纵向和声（"纵合化和声"）的创作特色，使中西两种音乐思维有机融合、相得益彰。在音高组织上，杨青则以五度音响为核心，同时加入色彩性素材特别是具有地域风格的素材，并结合现代手法进行"陌生化"处理，使作品的深层基因与所要表达的中国文化的精神内涵达到高度统一。

王建民的创作以个性鲜明、品质精良著称。虽作品数量不多，但每推出一部作品都能获得广泛好评。其开创性的"二胡狂想曲"系列更被称为"现象级"音乐作品。近年来，他还创作了笛子与乐队《中国随想》（2012 年），民族管弦乐《踏歌》（2012 年）、《大歌》（2019 年）等作品。在这些作品中，作曲家以自己钟爱的浓郁的民族风格旋律素材作为核心材料，用色彩斑斓的乐队编配及现代作曲技法加以"加工与化合"，为听众带来独特的听觉享受。2019 年，他推出《第五二胡狂想曲"赞歌"》，其时与"四狂"（2009 年）时隔整十年。这部作品在当年中国音乐"金钟奖"二胡比赛中作为指定曲目惊艳亮相，立刻引起广泛关注。为了庆祝中华人民共和国成立 70 周年，作曲家首次在二胡狂想曲中加入了副标题"赞歌",既契合了蒙古族长调风格歌曲《赞歌》的风格,又表达了对祖国的赞美之情。"新而不怪"是这位有着深切人文关怀的作曲家所恪守的艺术准则,加之对民间艺术的宝藏有着深深的眷恋和热爱,他对"如何既保持浓郁的民间韵味又能充分彰显作曲家的原创性和文化"这一课题进行了深入思考,并通过他的"二胡狂想曲"系列的创作将所思所得化成了感人至深的音符。无论是以贵州苗族《飞歌》为素材的"一狂",以湖南民间音乐为素材的"二狂",以新疆音乐为素材的"三狂",以西北音乐为素材的"四狂",还是以蒙古族音乐为素材的"五狂",王建民从音高材料、旋律写作及主题设计到和声语汇及曲式结构布局,都用心构建了一种具有强烈现代气质的"新传统"。他精准提取民族音乐素材的"基因",并以自创的人工音阶对其进行发展加工,以摆脱原民歌的"原味"而呈现出一种"似而非似"的风格与韵味。这些做法都为当代的民族器乐创作开创出了新的道路。

刘长远作为一名学院派作曲家,在追求与众不同、脱俗的前提下,更注重音乐的可听性。其音乐总能将专业技术含蓄地融合在音乐形象的塑造中,力求做到雅俗共赏。他近些年创作的民族管弦乐《忆》(2012 年),为童声、男高音、女高音和大型民族管弦乐队而作的《妈港》(2013 年),民族管弦乐《狂欢之舞》(2014 年),笙篌协奏曲《空谷幽兰》(2014 年),柳琴协奏曲《月下舞影》(2015 年),民族管弦乐《月下独酌》(2016 年),《丝竹的交响》(2018 年) 等作品,均为中国各大民乐团的委约作品,并保持着较高的上演率。尤其在中国广播艺术团委约创作的四幕歌剧《莫高窟》(2018 年) 中,刘长远还尝试用民族管弦乐队(仅加入少量铜管乐器)为歌剧伴奏,以此扩宽民族管弦乐队的艺术表现力。

以上顾冠仁、朱晓谷、刘锡津、杨青、王建民、刘长远 6 位作曲家,也只能说是北京、上海民族管弦乐创作的代表。

(二) 其他各地作曲家的民族管弦乐创作

除京沪两大文化中心之外,全国多个地区都活跃着专注民乐创作的作曲家,如黑龙江的隋利军、辽宁的郑冰、西安的周煜国、广东的房晓敏等,他们长期浸润在地域文化的滋养中,鲜明的地域风格在他们的创作中形成了独特的文化标识和审美格调。随着人生阅历、艺术积淀的逐步加深与成熟,他们又在作品题材、体裁、内容上不断突破,显示出鲜明的个人风格和独特的文化思考。

2013 年,隋利军推出"满族风情——大型民族管弦乐协奏曲作品音乐会",集中呈现了三十六簧笙协奏曲《萨满天神之舞》、女民声与乐队《悠悠梦之舞》、中阮协奏曲《篝火假面之舞》、扬琴协奏曲《鹧鸪吉祥鸟之舞》、唢呐协奏曲《鞑子秧歌之舞》、竹笛协奏曲《海东青鹰神之舞》、二胡协奏曲《雩祭之舞》、琵琶协奏曲《臻蓬蓬喜歌之舞》、满族鼓吹乐与乐队《巴图鲁战神之舞》等 9 部民族特色鲜明的音乐作品。2016 年,他又推出民族管弦乐音乐会《情醉关东》(国家艺术基金资助项目)。这部作品实为由八部作品集锦而成的主题音乐会，以恢宏大气的民族管弦交响为底色，分别以唢呐、古筝、二胡、琵琶、板胡、坠琴、三弦、书鼓为独奏乐器，讲述了黑土地上"带有深刻关东烙印的移民史、艰苦卓绝的抗日史和气壮山河的创业史"，呈现出"民族魂""家国情""复兴路"的宏大叙事。①

郑冰的创作在题材上显露出更为多元的特点，其中不乏具有厚重历史感的作品。例如，题献给东北抗联英烈的民族管弦乐交响诗《英魂祭》（2015年），以东北民歌和民间乐曲为素材，采用交响性写法，弘扬了英烈们的丰功伟绩，祭奠了他们的不朽英灵；打击乐协奏曲《英雄》（2015年）是献给为中华民族解放而流血牺牲的英雄的赞歌，乐曲分为"英雄出征""英雄泪""英雄血""英雄凯旋"等四个部分，其中群鼓、群锣、群钹交相辉映的振奋段落，令听者印象深刻；展现辽宁朝阳红山文化的中阮协奏曲《红山羽灵》（2015年），创作灵感源于被誉为世界上第一根羽毛的鸟类羽毛化石，作曲家以红山出土的三孔骨笛发出的三音列为动机，展现出从第一根羽毛的幻化图腾到无数鸟类展翅翱翔的场景。此外还有根据舞剧《周旋》中的音乐改编的民乐交响诗《寻梦上海》（2013年）；根据舞剧《成吉思汗》改编的民乐交响诗《草原节日》（2016年）及受中央民族乐团委约创作的民族管弦乐合奏《胡旋舞曲》（2014年）；配合作曲家讲述的童话故事创作的民族管弦乐组曲《郑冰童话故事》（2014年）则向人们展示了作曲家多才多艺和童心未泯的一面。

周煜国创作的古筝与交响乐《云裳诉》、筝与群筝《忆长安》等作品的核心素材均取自于他谙熟于心的陕西民歌和戏曲，西北风格浓郁，充分展现了陕西秦筝的独特艺术表现力。在扬琴协奏曲《咏竹》（2015年）中，则表达了他对江南音乐文化的崇尚和致敬。近年，他更致力民族文化的推广和发展，特别关注对青年一代的关怀与教育。为了践行自己倡导的"寓教于乐（yuè）"之乐教理念，作曲家试图以"四季"为主题，为青少年创作系列民族管弦乐组曲，目前已有《春晓》《夏日骄阳》两部问世。《春晓》的意境取自诗人孟浩然的传世名作，乐曲以典雅风格的语汇，描绘了诗文中的细腻情感和清新意境。而《夏日骄阳》则借太阳这一热情活力的象征，"来比拟青春少年的勃勃生机与纯真浪漫，表现出乐观向上的精神面貌，寄予了对青少年未来发展和光辉明天的期许"。② 饶有趣味的是，这部作品的中段主题将京剧西皮摇板、苏州弹词开篇、广东音乐《雨打芭蕉》、陕西碗碗腔音乐和中原豫风等多地民间音乐（乐种）素材进行了大胆的拼贴、混合，并进一步以对比、模仿、扩大等复调手段加以处理，让我们看到了新时代作曲家们拓展民间音乐元素的既定文化内涵，进而努力使其获得现代文化意义上的创新。

---

① 方智诺. 情醉关东 国乐芬芳：《情醉关东》民族管弦乐音乐会听后［J］. 人民音乐，2017（01）：42 - 45.
② 杨清，沈建军. 大乐必易 大礼必简：周煜国民族管弦乐《夏日骄阳》析评［J］. 人民音乐，2014（11）：28 - 31.

房晓敏虽生长于东北黑土地，但有多年在广州生活工作的经历，故将岭南文化作为创作情感和灵感的源泉。从其近年的创作中不难发现，广东连州的瑶族音乐素材、珠江三角洲的"咸水歌"、富有岭南地方风味的民歌，特别是粤乐的旋法、节奏、调式，都在他音乐中散发出迷人的光泽。透过带领听众徜徉于广州特色园林的竹笛协奏音诗《云台花影》（2013年）、柳琴协奏音诗《神秘的乐园》（2015年）、表现外来打工妹坎坷曲折情感历程的二胡协奏音诗《菜村女》（2015年），展示瑶民们逢中秋时节"跳禾楼舞"以庆祝丰收、祈求风调雨顺的祭祀场面的民族管弦乐《禾楼随想》（2012年）、将广东化州"橘红飘香天下静"作为意象的《橘红飘香》（2015年）、展现青少年天真活力和对未来充满憧憬的《金色年华》（2015年）、以"海上丝绸之路"为题的《新梦》（2015年）等作品，我们能够感受到作曲家对美好、纯真的追求和积极乐观的心态。这些作品也承袭了传统广东音乐擅于描摹生活场景、关注世俗生活情趣的器乐传统，呈现出凸显流畅优美的旋律、活泼欢快的节奏、清脆明亮的音色、欢乐美好的情感、浓郁鲜明的地域色彩的传统审美情趣。

（三）民乐演奏家的民族管弦乐创作

在民族管弦乐创作队伍中，作为"局内人"的演奏家、指挥家也一直是不可小视的力量。尤其是在事业发展初期，民族管弦乐创作较少得到专业作曲家的关注，故从郑觐文以降，彭修文、秦鹏章、刘明源、刘德海等大批演奏家、指挥家都不遗余力参与创作改编，并推出了一大批脍炙人口的经典作品。当今的民乐创作虽然越来越呈现出专业化趋势，但这种创作传统在今天依然得以保留和发扬。由于他们对民族音乐文化素材有了深厚的积淀，并有多年丰富的舞台演出经验，还有对各种乐器性能和演奏技术的稔熟，故他们的作品往往因充分展现出了各自不同的艺术旨趣和个性而更能与听众的审美需求相通，并在拓展乐器的艺术表现力和演奏技法方面有所建树。这里仅提三位笛子演奏家和一位琵琶演奏家。

作为竹笛大师赵松龄先生的高足，蒋国基得到了赵先生演奏技术、乐器制作、音乐创作上的"真传"，进而多管齐下地拓展自己的艺术场域。当年，赵松龄先生研制了"U"型弯管笛，作为解决低音竹笛的笛管过长这一难题的创造性尝试。经过多年的摸索，蒋国基在乐器的制作工艺上进一步优化，还创造了"以缓治慢"的演奏技术来缓解因管体粗长、用气量较大导致的发音滞后问题。为了进一步推广弯管笛，让更多听众领略到这件乐器的魅力，蒋国基还主导创作了《雷峰塔遐想》（2013年，谢鹏配器）、《剑影醉月》（2015年，翁持更配器）、《醉苍穹》（2016年，翁持更配器）等一系列弯管笛与民族管弦乐队作品。其中，《雷峰塔遐想》是为弯管笛创作的首部大型作品，蒋国基经过长时间的构思，最终选择以代表江南文化的文化符号"雷峰塔"为切入点，来展现传颂千年的蛇仙与凡人的爱情传说。"雷峰塔"古远沧桑的形象与弯笛低沉浑厚的音色堪称相得益彰、高度契合。蒋国基把多年积累的曲笛演奏技术迁移到弯管笛上，人笛浑然一体,在深厚的气息支撑下,笛声时而如泣如诉、绵绵不断,时而如悲如怨、起伏辗转,时而铿锵激烈、荡气回肠,时而细如游丝、悠然平静;特别是华彩乐段,演奏家采用连续十六分音符节奏的'击孔'奏法,把法海与白娘子斗法的紧张激烈的场面和众僧恐慌忙乱神情及许仙内心冲突都表现得淋漓尽致,给人以无尽的想象。①

笛子演奏家王次恒的近期创作,则偏爱从中国传统诗词的意境中获得灵感,进而展现出中国传统文化中隽永、飘逸的气质。他2014年创作的笛子与民族管弦乐队作品《燕归来》(胡廷江配器),乐思便源于自北宋晏殊《浣溪沙》中"一曲新词酒一杯,去年天气旧亭台,夕阳西下几时回?"的词句。乐曲清新灵动、秀润醇厚、含蓄内敛,充满了对美好事物的憧憬和希望。2014年,他到福建采风并游览清源山数次,从而创作了《梦家园》。王先生正是有感于当地灵秀恬静的自然景观和文人墨客的诗作雕刻,进而触景生情而作成词曲。这部作品不仅撷取了广东音乐、福建南音的音乐语汇,还加入了现代音乐元素,衍生出对民族音乐文化的传承,以及借乡音传递出作者饱含浓厚情愫的中国梦。

同是竹笛演奏家,张维良的创作则展露出更为大胆、先锋的特点。在近年推出的一系列主题音乐会中,他通过自己创作和委约国内外作曲家的作品等方式,来探讨自然、水、大地等具有世界意义的文化主题。在具体表现手法上,他更是尝试了现代音乐、"新世纪"(New age)、"世界音乐"(World Music)元素及多媒体跨界等形式。虽然他的艺术创作因多集中于室内乐和融合跨界领域而不在本文叙述之列,但透过三位当今具有代表性的竹笛演奏家的艺术实践,足以让我们看到当代民乐多元丰富的样貌。

在青年一代演奏家中,赵聪的创作也颇具代表性。她于2014年创作的琵琶协奏曲《丝路飞天》(尹天虎编配)以敦煌飞天华丽炫目的舞蹈场面为题材,将中国传统音乐元素与世界音乐语汇相融合,以充满异域风情的优美旋律及高难度的演奏技巧,展现出艺术家对曾经辉煌的大唐盛世的艺术想象。作品曾多次由国内外多家乐团合作演出,广受好评。2018年,在受吉林省委宣传部委约创作的琵琶协奏曲《福吉天长》(尹天虎编配)中,她则将东北萨满祈福仪式的庄重神秘、朝鲜族民间音乐的抒情律动和幽默风趣的东北民歌风并置在"祈福祭""天池情""笑长天"三个乐章之中,使作品在散发出浓郁地域气息的同时又具有鲜明的现代感和时尚感。在这部作品中,作为演奏家的作曲家充分发挥了琵琶的丰富表现力,使它时而如打击乐器,以复杂多变的节拍和富于动感的爆发力展现出萨满仪式的动感;时而以特色的技巧模仿伽倻琴,以展现琵琶音色表现上的多重可能;时而又以说唱风格和幽默的音响突出琵琶多样的形式承载力。这部作品是赵聪又一次成功的对琵琶国际化发展的探索与实践。

---

① 田耀农. 笛乐声声慢 西湖未央情:笛子与乐队《雷峰塔遐想》述评[J]. 人民音乐, 2016 (06): 24–27.

二、新时代民族管弦乐的创作特色

(一) 主题性创作的繁荣

2014年10月15日,习近平总书记在文艺工作座谈会上指出,中华优秀传统文化是中华民族的精神命脉,是涵养社会主义核心价值观的重要源泉,也是我们在世界文化激荡中站稳脚跟的坚实根基。我们要结合新的时代条件传承和弘扬中华优秀传统文化,传承和弘扬中华美学精神。① 这次会议作为指导中国特色社会主义新时代文艺工作的纲领性文件,深刻影响着包括民族管弦乐在内的各艺术领域的创作和发展。进入新时代以来,中国音乐创作的最显著特征就是主题性创作方兴未艾。2014年,为了创新艺术创作生产引导方式,激发全社会文化创造力,国务院批准设立了国家艺术基金,成为艺术创作的最大孵化器,资助了大量主题性文艺作品的创作。基金创立之初,便在申报指南强调,将"资助反映实现中华民族伟大复兴中国梦,培育和践行社会主义核心价值观,弘扬中华优秀传统文化的舞台艺术作品创作"。② 后又在2017年提出,艺术基金将重点资助戏曲、民族歌剧等民族艺术形式和现实题材创作。将民族歌剧纳入年度资助重点,进一步体现了国家艺术基金资助民族艺术创作的导向。2019年,艺术基金又提出,将围绕庆祝中华人民共和国成立70周年、全面建成小康社会和庆祝中国共产党成立100周年等重要时间节点开展文艺创作,并将讴歌党、讴歌祖国、讴歌人民、讴歌英雄的现实题材创作列为年度资助重点,以激发爱国之情,强化爱国之志,弘扬伟大民族精神。这些与国家整体发展战略紧密配合的时代号召,旨在将包括当代音乐创作在内的所有文艺创作引领到"传播当代中国价值观念、体现中华文化精神、反映中国人审美追求,思想性、艺术性、观赏性有机统一"③ 的轨道上来。

国家艺术基金创立以来,共资助了33部民族管弦乐作品。其中,2014年2部:《辽南畅想》(大连大学音乐学院)、《丝路长安》(陕西省广播电视民族乐团);2015年8部:《意象净土》(中国音乐学院)、《巾帼三部曲》(中央音乐学院)、《大音华章》(上海民族乐团)、《孔子》(山东歌舞剧院)、《丝绸之路》(新疆艺术剧院民族乐团)、《山西印象》(山西省歌舞剧院有限公司)、《情醉关东》(黑龙江省歌舞剧院有限公司)、《富春山居图随想》(浙江歌舞剧院有限公司);2016年6部:《孙中山》(中央民族乐团)、《追梦京华》(北京民族乐团有限责任公司)、《在路上》(中国歌剧舞剧院)、《丝路草原》(内蒙古民族艺术剧院)、《黔韵华章》(贵州省黔剧院)、《甲午追梦》(前卫文工团);2017年7部:《敦煌》(上海交响乐团)、《桃花扇》(南京民族乐团有限公

---

① 习近平. 习近平在文艺工作座谈会上的讲话:2014年10月15日 [M]. 北京:人民出版社,2015.
② 本刊编辑部. 国家艺术基金(一般项目)2015年度舞台艺术创作资助项目申报指南 [J]. 艺术评论,2015 (03):53.
③ 中共中央宣传部. 习近平新时代中国特色社会主义思想学习纲要:2019版 [M]. 北京:学习出版社:人民出版社,2019:150.

司)、《高粱红了》(吉林省交响乐团)、《东方水墨》(中央音乐学院)、《孙子兵法回响》(河南歌舞演艺集团有限责任公司)、《丝绸之路的回响》(中央音乐学院)、《山水重庆》(重庆演艺集团有限责任公司);2018年7部:《大河之北》(河北省歌舞剧院演艺有限公司)、《意象丝路·龟兹盛歌》(中国音乐学院)、《钱塘江音画》(浙江音乐学院)、《潇湘水云》(湖南省歌舞剧院有限责任公司)、《八桂音画》(广西歌舞剧院有限责任公司)、《大爱长白》(吉林艺术学院)、《黄河从草原走过》(包头市漫瀚艺术剧院);2019年3部:《古乐·新声》(上海音乐学院)、《宋词意境》(中国戏曲学院)、《丝路随想》(辽源市中显文化产业有限公司)。从申报主题的广泛性和作品题材的多样性看,这些作品都充分体现出了国家艺术基金在创作导向上的引领作用及当代音乐家对"以人民为中心的创作导向"的积极回应,呈现出"中国梦""抒情新时代""一带一路"等多个思想主题。但也不难发现,这种主题性创作也带来一个值得关注的现象,那就是"集体性创作"的大量涌现。众所周知,20世纪60—70年代,"集体性创作"曾经兴盛一时,也确实产生了很多传世的艺术作品。但与过去那种过分强调集体主义而忽略创作者个人创造性贡献的做法所不同的是,当代的"集体性创作"在围绕共同主题创作的同时,艺术家们也往往拥有相对独立和自由的创作空间。所以在上述很多项目中,其实包含着由不同作曲家创作的主题统一却可分可合、相对独立的作品,这也从数量上大大扩充了当前民族管弦乐的创作。但如何在充分彰显每位创作者艺术个性的同时兼顾到作品整体艺术呈现上的叙事完整和强弱色彩的对比,仍是"集体性创作"中需要思考和解决的问题。

(二) 多元跨界的探索

对于民乐创作呈现出的多元发展态势,笔者曾归纳了"三条道路":其一是选择向外扩张,通过与其他姊妹艺术表现空间叠加,为民乐发展开拓出新的场域;其二是选择扬长避短,另辟蹊径,充分张扬民族乐器在艺术和文化表现力上的个性;其三就是选择立足原地,继续深挖,在现有表现范式中探求更多的可能性。[①] 在这"三条道路"中,第一、第三条与民族管弦乐创作的关系最为紧密,尤其是多元跨界的探索,网络时代中当代艺术展现出的可能性给人们带来巨大的想象空间。

在多元跨界方面,最具代表性的当属中央民族乐团系列"民族器乐剧"的创演实践。2013年,经过几年的策划筹备,由席强策划、王潮歌导演、姜莹作曲的"世界首部民族器乐剧"《印象国乐》在北京上演。这部"民族管弦乐历史上'跨界'最大的一部新作"[②],在音乐上打破了传统音乐会所惯用的"段落式"创作模式,代之以"戏剧串联"的写法,以两个音乐主题贯穿始终,串联全剧;在表现形式上,一改中国民族音

---

① 张萌. 民族管弦乐《大河之北》的人文气质 [N]. 人民日报, 2019-01-03 (20).
② 乔建中. "印象"新探索 国乐"新语体": 大型民族乐剧《印象·国乐》散议 [J]. 人民音乐, 2014 (04): 10-14.

乐"重曲不重人"的传统，将演奏家推到最前台，通过他们对自己人生和音乐的讲述，为观众营造一种全新的听赏氛围，也赋予民族音乐一种当代人文色彩；在舞美设计方面，这部作品充分借鉴了中国传统水墨画的美学意境，并通过多媒体技术进行放大和重构，这种全新的视听享受使该剧一经推出便受到观众的欢迎。继《印象国乐》之后，该团又相继推出了《又见国乐》（2015年）和易立明总导演、梁仲祺作曲、王爱飞编剧的《寻找杜甫》（2017年，与成都民族乐团合作），对"民族器乐剧"的形式进行了进一步探索。2017年7月，在北京天桥艺术中心首演的《玄奘西行》，将"民族器乐剧"的探索又向前推进了一步。《玄奘西行》中，主创者以中西文化交流使者玄奘在西行取经之丝绸之路上的历史故事为题材，通过演奏家"音乐"和"语言"的双重表演来完成人物形象塑造，在展示各自演奏技术的同时，还要根据各自的角色扮演完成吟诵、台词对白、形体动作等表演；借助剧情的设计，丝绸之路沿线不同时期、不同地域的代表性乐器都在舞台上得以展现，充分体现出中国音乐在历史积淀中兼容并包、吐故纳新的文化特质。经过前几次的尝试，现代化多媒体技术在舞台呈现上的作用更突出，不仅充分拓展了艺术表现空间，而且也更好地推动了剧情发展，展现了音乐的精神内涵。

　　与顾冠仁的中乐与昆曲跨界交响《牡丹亭》有着异曲同工之妙的是由郭文景作曲、苏时进导演的民族管弦乐《桃花扇》，因为它同样是清代剧作家孔尚任传世名作的当代再创造，不同的是它在跨界创新的道路上走得更远，如借用当前流行的音乐剧场呈现方式，以民族管弦乐演奏为主体再加入传统戏曲，辅以多媒体灯光，展现出各种艺术形式之间的叠加和互动。这部作品在叙事上也有创新，采用了"戏中戏"结构，将原作中的40多个段落凝练为13个乐章，并用乐器独奏来替代原剧中的人物角色，如以笛子代表侯方域，以琵琶代表李香君。这种"音乐中铺陈戏剧，在戏剧中展现音乐"的手法，挖掘了民族管弦乐更多的可能性。集合了许舒亚（作曲）、代晓蓉（多媒体制作）、唐俊乔（主演）等多位音乐家共同打造的民族器乐剧《笛韵天籁》（2018年），龚旭东编剧、谢晓泳总导演、刘青作曲的多媒体民乐剧《九歌》（2018年），也都是在国家艺术基金资助下涌现的，以多维度的创新音乐及舞台表演形式，深度融合高科技含量的多媒体技术，展现了源远流长、博大精深的中华文化精髓。前者以中华民族最古老的"笛乐"为题，分逐肉、做律、竹韵、天籁四个篇章，通过从9000年前的骨笛到21世纪当下竹笛艺术的历史演变过程的梳理，生动记录了中华文明的发展历程。后者则"以独出机杼的题材形式、独辟蹊径的立意结构、独具匠心的民乐创作、独擅其美的表演创意，立体多维诗化再现了屈原求索、问道、寻道、殉道心路历程，展现了肃穆庄重的仪式，呈现了远古意味的民间，表现了氤氲浪漫的情怀，营造了闳容悲壮的意境，显现了永恒镜照的民族精神"①。

---

①　程兴旺. 乐满楚湘韵　剧擎中华魂：评跨界融合多媒体民乐剧《九歌》创作特色［J］. 人民音乐, 2019（01）：26-29.

纵观这一时期的跨界创作，艺术家们在不断借鉴最新的艺术表现手段，通过融合重构创造出全新视听欣赏维度的同时，还特别注重从传统文化深处挖掘创作素材，使作品呈现出厚重的文化意味。这种一面朝向当代一面回望历史、一面追求创新一面不忘继承的创作观念形成的艺术张力场，无疑带给艺术家无限广阔的表达空间。但我们也应该看到，在获得良好的社会口碑和经济效益的同时，跨界创作带来的新命题也引发了业界对于民族管弦乐发展多种可能性的深入思考和讨论。如何在充分保障民族器乐应有品格的前提下，本着互相尊重的原则，缩短"界"距，使不同形式充分融合成新的艺术整体，而非简单的叠加、拼贴，是此类创作特别需要探讨和解决的问题。

（三）青年一代的崛起

2014 年第四届"新绎杯"华乐论坛暨青年民族管弦乐人才评比中，王丹红、姜莹、谢鹏、杜薇、朱琳、史付红、刘青、温展力等一众青年作曲家榜上有名。尽管此前"第五代作曲家"在改革开放大潮中逐渐成长并取得令世界瞩目的成绩进而充分展现出青年一代独有的才华，但当新时代的这些青年民乐创作人才以群体形象呈现在世人面前时，人们仍有耳目一新之感，并能再一次感受到青年作曲家的力量。

在这个群体中，女性作曲家的身影显得十分抢眼。最具代表性的人物当属中央民族乐团驻团作曲家王丹红。进入新时代以来，王丹红创作多部民族管弦乐作品，有展现澳门地区多元色彩共融文化的《澳门随想曲》（2015 年）、描写苏州园林风貌的《四季留园》（2018 年）及古筝协奏曲《如是》（2012 年）、二胡协奏曲《弦意岭南》（2012 年）、琵琶协奏曲《云想花想》（2013 年）、箜篌协奏曲《伎乐天》（2013 年）、二胡协奏曲《阿曼尼莎》（2015 年）、板胡协奏曲《红高粱》（2015 年）、打击乐协奏曲《津津有味》（2016 年）、唢呐协奏曲《朝天歌》（2018 年），等等。这些作品不仅涉猎体裁、题材之广令人感叹，而且深受演奏家和观众的欢迎。不仅如此，其创作才能还在民族管弦乐组曲这一体裁中得到进一步的呈现，如展示巴山蜀水深邃情感内涵和磅礴气势的《太阳颂》（2013 年，4 个乐章），描绘山西壮美山河和风土人情的《山西印象》（2016 年，9 个乐章），为重庆大轰炸殉难同胞而作的《大地悲歌》（2016 年，10 个乐章），刻画黄土高原鲜明地域特色和厚重历史文化的《永远的山丹丹》（2017 年，8 个乐章），以四季更迭为脉络描摹出黑土地儿女生生不息的生命精神的《高粱红了》（2018 年，8 个乐章），以长白山脚下的民间爱情传说为蓝本表现人们对美好爱情的追求和倾心向往的《大爱长白》（2018 年，10 个乐章），每部作品都能看出作曲家对宏大厚重的音乐叙事、鲜明多彩的地域风格及情景交融的人文关怀的追求。敏锐的文化感受力和出色的写作能力，使得她能精准地捕捉到不同地域文化中特殊的文化标识和音响符号，进而对其进行创造性的艺术加工。透过她的众多作品我们不难发现，无论在宏观谋篇布局方面，还是细部写作技术方面，王丹红已形成了一套行之有效的创作模式和方法。难怪有老一辈理论家甚至提出"王丹红现象"这一理论范畴。①

女作曲家朱琳,作品大方、简洁又包含着丰富的肌理,兼具可听性和学院派作曲家特有的技术内涵。除写作大量民族室内乐作品之外,她近年还接受新加坡华乐团委约创作了民族管弦乐《田间五段景》(2016年)、《侗乡》(2017年),在民族管弦乐领域做出了诸多探索和尝试。例如,在《田间五段景》的音响配置上,作曲家采用弦乐四重奏、管乐和打击乐组合及民族管弦乐队的搭配,几个部分可分可合,创造出灵动多变的音响表现空间;在音高材料的使用上,则杂糅了不同地域少数民族音调,还将具有色彩性三度、四度叠置和音与全音列及由此"综合"而成的音块等具有现代感的音响熔于一炉,表现出鲜明的"双语特征"。周娟的板胡协奏曲《胡笳吟》(2016年)、琵琶与乐队《半缘君》(2014年)、笙协奏曲《自由花》(2016年),即"巾帼三部曲",也可圈可点。这三部作品分别以汉代蔡文姬、唐代蜀地的薛涛、辛亥革命时期江浙的秋瑾为题材,意在借古代及古代才女之事迹,抒发今人对生活的理解和感悟。三部作品虽然创作于不同时期,在整体布局上却独具巧思,具有内在的联系:在思想内容上,三部曲共同完成了对女性一生三个阶段的概括——《胡笳吟》以乐为魂、为伴,是女性成长之初最本真的憧憬和梦想;后经历《半缘君》载有情人为情所困之思,即女性青年时期的情感历练和成熟;再到《自由花》的超越,是成年女性浴火重生、破茧而出的自由绽放。② 在音色的选择上,作曲家以拉弦、弹拨、吹管为主奏乐器,分别表现了"乐魂""诗情""义气"三个核心命题;在音乐风格上,绵长悠远的抒情气质与细腻多彩的音响质感兼备,悠长的气息起伏跌宕,用切分节奏打破规律性的节拍律动,也是三部作品共同的风格。

在这个青年作曲家群体中,一些男性作曲家也十分出色。例如,浙江音乐学院的青年教师王云飞,据不完全统计,他近几年创作的民族管弦乐作品达40多部,大多为全国各大民族乐团委约创作,其中不乏民族管弦乐《春华秋实》(2016年)、《大潮》(2018年)、二胡协奏曲《无极》(2017年)、竹笛与民族管弦乐队《敕勒歌》(2017年)、《云水境》(2018年)等上演率较高的音乐作品。在中央音乐学院获得硕士学位的"90后"作曲家李博禅也堪称民乐创作领域的新星,近年来创作了民族管弦乐《欢庆序曲》(2016年),《一带一路随想》(2018年),《青青思念》(2019年),民族交响史诗《英雄》(2018年),竹笛、琵琶双协奏曲《听香》(2016年),胡琴协奏曲《楚颂》(2014年),二胡协奏曲《弦歌吟》(2016年),琵琶协奏曲《楚颂》(2017年)等作品,显示出青年人对民乐音响的独特理解。特别是几部协奏曲,因兼具流行色彩又不失民族韵味的旋律风格及华丽炫目的技巧展示,赢得了广大听众的喜爱和演奏家们的

---

① 刘再生. 遨游音乐 才气逼人:观摩"王丹红协奏曲音乐会"印象[J]. 人民音乐,2016(11):4–10.
② 安鲁新. 丝竹管弦 新韵悠扬:评青年作曲家周娟的民族管弦乐创作[J]. 人民音乐,2017(02):28–30.

青睐。

这些青年作曲家是有着"双重文化母语"的一代。在他们的学习成长经历中,从美学观念到创作技术,首先都接受了西方音乐的系统训练,但随着阅历的增长,或是出于对时代文化潮流的适应,或是出于个性化艺术表达的需要,隐藏在他们身上的传统文化基因逐渐被激活。透过西方文化的"镜子",他们开始从文化认同和审美表达层面重新审视本土文化传统的独特意义。很显然,他们师长那一代的作曲家,刚刚有机会走出国门、拥抱西方各种文化思潮洗礼和碰撞,就要承担更多的文化担当——一方面以急迫、虔诚的心态去学习各种"先进"的作曲技术,另一方面又要在东西文化的碰撞和交融中确定自己的文化身份。相比之下,这一代的作曲家显得更轻松。作为没有"宣言"[①] 的一代作曲家,他们能以一种更放松、更自由的心态投入创作,虽没有长期赴海外留学的经历,但却能顺畅地接收到各种最新的观念和技术;既接受艺术标准的评判,又热情地接受市场的洗礼——这已成为时代赋予这一代青年作曲家的标识。

(四) 观念拓展与技术创新

相比之下,近年来民族器乐创作的探索和创新,在民族室内乐领域体现得更为突出。这是因为小型化、多样化、个性化的呈现方式不仅符合当代音乐创作的潮流,更为以个性鲜明著称的民族乐器提供了广阔、自由的表现空间。这在学院派作曲家富于先锋性、实验性的创作中表现得尤为明显。较有代表性的如秦文琛、贾国平,前者通过"宽线条"等技法对于传统音高组织方法的消解与重构,后者基于传统音响元素与序控结构设计的作曲探索,都显示出后现代文化影响下的音乐语言和表述风格的变化。总之,在民族室内乐创作领域,探索和创新似乎更显得得心应手。不过,对于以群组乐器为基本单位构成的民族管弦乐队而言,其探索和创新就显得更为艰难,似乎有更多的课题需要攻克。当然,艺术创作向来是"戴着镣铐跳舞"。旨在开拓创新、展现个性的当代作曲家从未停止探索的脚步,1985年4月北京举办的"谭盾民族器乐作品音乐会"[②] 为其开端。民族管弦乐的探索,首先体现在文化观念的层面。在植根于中国传统文化的同时也追求当代表现形式,既要继承传统文化的基因语汇和美学趣味,又要摆脱民间文化原有的风俗性、地域化的文化属性,使其成为"一种具有现代意涵的世界性话语"[③],这依然是当代民乐创作者们不断思考和探讨的中心。其中,在追求创新的同时做到雅俗共赏,似乎又成为民族管弦乐创作追求的艺术准则。从前文所列举的众多作品中,我们都能够看到这种尝试。这里再举几例予以说明。

赵季平2019年年初推出的民族管弦乐《风雅颂之交响》,是中国文联、中国音协委

---

① 李诗原. 中国现代音乐:一种新的存在方式:井冈山"中国当代音乐创作研讨会"的启示 [J]. 音乐研究, 2019 (06): 115 – 128.

② 本刊记者. 一石激起千层浪:"谭盾民族器乐作品音乐会"座谈会简述 [J]. 中国音乐学, 1985 (01): 134 – 136.

③ 张萌. 民族管弦乐《大河之北》的人文气质 [N]. 人民日报, 2019 – 01 – 03 (20).

约创作的,首演于"致敬新时代——大型原创交响音乐会"。这部融合了赵季平经典艺术歌曲和新谱写的交响性乐章的大型作品,以《诗经》和唐诗中的传世篇章为蓝本,借传统文学经典或古朴典雅、或恢宏绚烂的意境,表达了作曲家对延绵几千年中华文化的遐思及对新时代的美好祝愿。从作品的标题所蕴含的文化意境中,我们能够鲜明地感悟到作曲家在艺术创作上的自我突破——从着力于表现影视作品中特定人物角色、特定场景风物的"小我"刻画,到书写时代风貌、民族精神的"大爱情怀"。这种精神境界的表达不仅是作曲家个人在创作上的蜕变与升华,更表达出了时代精神。[①] 首次涉足大型民族管弦乐作品的张千一,同样在其"雅俗共赏、与时俱进"的创作道路上做出了一个新的示范。在其民族管弦乐组曲《大河之北》(2018年)中,作曲家以一种"富于历史纵深感、开放包容的文化观"对燕赵文化这个地域界限明确而博大的文化主题进行了解读。除了具有鲜明河北地域风格的音乐元素外,他还创造性地引入了藏族音乐、蒙古族音乐及东北民歌等多种音乐素材,不仅在音乐语汇上丰富了作品的色彩,而且使这些"异质"音乐素材具有文化符号的意味,彰显出燕赵文化作为多地域文化交流融合的文化属性,从而使全曲散发出一种当代艺术特有的人文气质。

今天,在很多作曲家的笔下,民族管弦乐不再是西方交响乐队的模仿和再造,而成为其跳脱出传统创作思维与表演方式,达成兼具现代感和中国文化神韵的"独一无二"的艺术创新的重要载体。

刘湲为广东民族乐团创作的《粤海风》(2015年)便是这样一部具有探索性的作品。作为一部具有鲜明岭南文化印记的叙事宏大的七乐章规模的作品,从其"淳朴勤劳""改革开放""初心如磐""砥砺前行"等标题中能够鲜明感觉到它与新时代众多创作一样所具有的主旋律色彩。为了凸显作品的广东音色,作曲家大量使用了二弦、椰胡及各色潮州锣鼓、深波、小打等岭南特色乐器,使二弦、椰胡以独奏、领奏、合奏、竞奏等形式贯穿全曲,而非色彩性的点缀。这不仅渲染并强化了乐曲的地域风格,而且还拓展了民族管弦乐在拉弦声部原有的音域范围和音响层次。与此同时,刘湲利用现代创作技术对于音色、曲调、节奏等取自岭南传统文化的诸多元素进行了大刀阔斧的解构与重组,如提取"重三六"和"活五"调式音阶中的小二度与增四度等不协和音程作为推动音乐发展的动力内核;通过打击乐与乐队音响的并置与对话交织、对比鲜明的速度和力度布局等复杂和陌生化配器手法来拓展民族管弦乐的表现空间。正如作曲家本人所言:"在原有乐器和传统演奏方法中发出新音响,这才算有本事。"[②] 从作品首演后各方"一半满意、一半不解"[③] 的反应来看,这位热衷在创作中不断挑战自己的作曲家,

---

[①] 张萌. 雅俗共赏 与时俱进:赵季平音乐创作的启示 [N]. 人民日报,2019-03-26 (20).
[②] 程兴旺. "粤海风"雷动 岭南史诗斐:刘湲大型民族交响诗《粤海风》听后感思 [J]. 人民音乐,2019 (03):32-35.
[③] 兰维薇. 理想的距离:刘湲民族交响诗《粤海风》首演启示 [EB/OL]. (2019-04-03)[2019-12-20]. https://www.sohu.com/a/305807777_708458

再一次对演奏者和欣赏者的审美经验和情趣进行了新的挑战。

像刘湲的《粤海风》一样，贾达群的协奏套曲《梨园》（2019年）也以富于哲理性的庞大结构和复杂多样的现代技术性，对现有民族管弦乐的表现力和承载力进行了考验。首先，作曲家融合协奏曲与传统曲式中奏鸣曲套曲的创作原则，创造性地使用了"协奏套曲"的形式，来容纳自己对于中国戏曲之博大精深的敬仰和个性化的人文关怀。全曲由《序曲·梨园鼓韵》（打击乐协奏曲）、《随想曲·梨园竹调》（二胡协奏曲）、《即兴曲·梨园弦诗》（竹笛协奏曲）和《狂想曲·梨园腔魂》（唢呐协奏曲）四部分组成，分别通过对川剧、昆曲、京剧和秦腔素材的运用，共同构成作曲家对于"梨园世界"的艺术想象和戏曲舞台上的角色对话。在写作技术上，贾达群在《梨园》中通过民族管弦乐的形式再次全面贯彻了其倡导的"结构对位"理念，通过多重性、多维性的处理，实现了作曲家对全曲在不同时空维度的整体把控。如《序曲·梨园鼓韵》中用川剧锣鼓经作为节奏素材，以黄金分割比例为作品的结构逻辑，将独奏打击乐、川剧锣鼓，以及民族乐队中的吹拉弹三组进行了音响色彩上的理性安排和分布，由此形成了奏鸣、回旋、变奏等多重结构的对位。①《即兴曲·梨园弦诗》的结构则是两种天然结构态，镜像结构（非完全对称的音响安排）和三分性结构（长度不完全对等的曲体）的结合。② 其次，作曲家还对结构做了复杂的多维控制，即音高材料结构化、节奏材料结构化、主题材料结构化、织体材料结构化、音色材料结构化、音响形态结构化等，通过对不同维度材料自身结构力和相互之间的时空布局，制造出结构上跨维度的复杂关系，实现对音乐的多元结构力控制。

结　语

前文笔者对新时代民族管弦乐创作及其特征的概括，因视野、笔力所限，必然会有一些重要作曲家及其作品未能纳入其中。作曲家们的创作所呈现出的多元纷繁、"乱花渐欲迷人眼"的景观及诸多值得深入探讨的话题，也远非这样一篇小文能够容纳。但在新的历史节点上，我们应如何审视民族管弦乐的发展，笔者在此提出一些不成熟的想法。第一，以文化发展的全局观念定位民族管弦乐的时代内涵。新时代中国民族管弦乐从内涵到外延都发生了深刻的变化，与之同步拓展的是"中国音乐文化"这个更为宏阔的概念。随着全球化的不断推进，当代中国文化呈现出"巴赫、山歌与后现代并存"的景观，即前现代（原生性传统文化）、现代文化和后现代文化多元共生的状态。虽然现代性、后现代性等表述，都是基于西方文化发展逻辑的概念，但借助这个西方话语，我们或许对自身文化发展的复杂性、多元性有着更为清晰的认识，对保持自身文化个性

---

① 贾达群. 序曲·梨园鼓韵：为中国独奏打击乐、川剧锣鼓与大型民族管弦乐团：总谱：2018 [M]. 上海：上海音乐出版社，2019：1.

② 贾达群. 即兴曲·梨园弦诗：为独奏二胡、京剧三大件与大型民族管弦乐团：总谱：2019 [M]. 上海：上海音乐出版社，2019：1.

有着更明确的方向。这就要求我们以一种"全局的视野"去审视民族管弦乐的发展。尤其要看到在当今中国音乐文化的整体语境中，民族管弦乐只是包括歌剧、交响乐、室内乐、歌曲及网络时代各种层出不穷的跨界作品等多元文化形式中的一种。无论是交响乐还是民族管弦乐，已不能简单地将其归纳为"西方""东方"的艺术形式，因为经过百余年的学习和融合，它早已成为中国人表达思想感情的艺术语言。故如何在多元并存、自由交融的新时代文化生态中确立自己独特的艺术品格，便是我们思考和评价中国民族管弦乐的文化基点。这也是民族管弦乐创作从"高原"到"高峰"的逻辑起点和历史起点。第二，在回望与前瞻中构建"新传统"。"回望传统也是一种创新"的观念正在为越来越多的人所认同。传统也是在漫长的历史流变中不断演化生长的，对于传统不应采用一种僵化、一成不变的态度，而今天的创造也是"传统"的一部分。保护什么？发展什么？这值得我们思考，这种观念的突破使我们摆脱了"单线进化论"的束缚，文化发展问题的解决策略从时间维度上已有了更多的可能性。就具体创作观念而言，所谓的"现代性"正在从技术的层面拓展为具有现实意义的"时空存在"。如更多的作曲家关注现实题材，在听觉上寻求一种可听性、大众性的回归。第三，以"缺点"做"特点"，探寻独特的声音美学。在 2016 年 2 月，香港中乐团主办的"中乐无疆界——国际作曲家峰会"上，与会作曲家不约而同指出民乐中诸如缺乏低音等问题，但这不是"缺点"，而是"特点"。[①] 这种观念的提出并不是理论家前瞻性的设想，而是实践者们在创作中逐渐获得的，尽管这种观念不能获得所有人的认同，但它却表明当代文化心态日益成熟、自信的艺术家们开始摆脱西方的美学标准和音响原则，不再受西方交响乐队思维惯性的束缚，也不再一味地通过改造乐器、扩大音域等来克服"缺点"，而是从民族器乐自身的文化逻辑中去挖掘更多、更新的可能性。这对于民族音乐创作而言，是一种形式上的松绑和思想上的解放。当然，对于民族管弦乐所存在的诸多问题和局限，我们亦应该有清醒的认识，并不断探索使之更加完善的路径。正如在这次会议上，提交了一份名为"Please don't——香港中乐团团员心声"的主题发言，具有多年演奏新作品经验的团员们，将自己长期累积的有关各种乐器在演奏处理上并不理想、效果存有问题，或难以演奏等各种意见汇总成册，以期为从事一度创作的作曲家们提供有益的参考。

（本文原载《音乐艺术》2020 年第 1 期，略有改动）

作者简介　张萌，男，博士，《人民音乐》常务副主编，编审。

---

① 周凡夫. 对话激荡火花　刺激带来突破：为大型中乐发展写下历史印记［J］. 人民音乐，2016（05）：11－17.

中国工尺谱的文化内涵

中央音乐学院 吴晓萍

摘 要 中国工尺谱在中国传统音乐的传承与发展中起着重要的媒介作用。本文从中国工尺谱文字谱的本质特征、与传承方式相联系的框架性特征、谱字的多义性及与传统乐律学的关系等四个方面探讨中国工尺谱的文化内涵,认为中国工尺谱并不只是一种简单的记谱法,它蕴藏着中国传统音乐深刻的文化内涵。

关键词 中国工尺谱;文化内涵;传承方式;中国传统乐律学

作为记录、承载、传播中国传统音乐的重要媒介,中国工尺谱在中国传统音乐的发展过程中起着积极的推动作用,在中国古谱史上占有不容忽视的地位。工尺谱兴盛于明清时期,直到今天,仍有大量存活着的民间乐种和音乐形式以中国工尺谱作为记谱方式,生生不息地传承着中国传统音乐文化,如晋北笙管乐、辽宁鼓吹乐、河北音乐会、西安鼓乐、智化寺京音乐、福建南音、广东音乐等。因此,从某种程度上说,中国工尺谱对于音乐的传承作用并没有因为时代的改变而消逝。

在漫长的历史进程中,中国工尺谱产生了诸多的分支和不同的形态,其概念也有了广义和狭义之分。狭义的中国工尺谱专指明清以来流行的用上、尺、工等正体字记写的乐谱;而广义的中国工尺谱则包括了历史上以及现存乐种中使用的工尺谱系的乐谱,如西安鼓乐使用的俗字谱、智化寺京音乐使用的工尺与俗字的混合谱式,以及福建南音使用的特殊的工尺谱等。

事实上,千百年来,中国工尺谱始终以它特有的方式,表达和映射着中国传统音乐深厚的文化内涵,不仅在形式上,而且在内容上。

一、中国工尺谱的本质特征:与中国传统文化紧密相连的、以文字符号记录音乐的乐谱谱式

从世界音乐的范畴来看,人类所创造的用来记录、传承音乐的乐谱可谓五花八门。单单中国音乐自古至今就出现了各种各样的乐谱谱式,如宫廷雅乐所用的律吕字谱、宫商字谱、古琴的文字谱、减字谱,唐燕乐半字谱,宋俗字谱,工尺谱,锣鼓经谱,三弦谱,唐传日本筝篌谱、笛谱、笙谱、尺八谱,曲线谱系中的声明谱,西藏"央移

谱"，苗族结带谱，维族三线谱①，等等。在这些众多的乐谱谱式中，工尺谱是除古琴文字谱之外的又一种重要的且采用汉文字记谱的乐谱谱系。

从根本上说，工尺谱是一种文字谱。因此，它用来记录音乐的符号（实际上就是文字）被称为"谱字"。这一点是不同于西方音乐记谱法的一个显著特征，也是中国传统音乐在记谱方式上的一个主要特征。纵观中国传统音乐的发展和演变，其中的变化可谓繁复，但在记谱法上却始终坚持以文字记谱的方式，从律吕字谱到宫商字谱，再到风靡南北的工尺谱，无一不是透过文字来展现音乐的丰富内涵。这不能不说是一个值得注意的现象。

中国音乐以文字形式来记录音乐是有其深厚的历史文化背景的。中国是一个有着悠久历史和文明的国家，特别是语言文字，在世界文明史中享有盛誉。如活字印刷术的发明，为人类文明的发展做出了重大贡献。在这种大的文化背景中，中国的音乐自然也与文字结下了不解之缘。

中国古代乐谱在记录音乐旋律方面，仍主要采用文字谱的形式。古琴文字谱是一个典型的例子，这种完全依靠文字说明来记录音乐的方法开创了中国传统音乐以文字记谱的先河，其后的减字谱虽然采用减字的形式，但依然没有脱离文字的思维方式。

中国工尺谱的发展和演变也始终没有脱离文字的圭臬。本文通过研究，认为工尺谱约产生于唐末②，其最初形态是汉字的正体字。宋代的俗字谱是在工尺谱基础上产生的一种变体形态，主要是为了书写的方便和快捷，它实际上是文字谱的一种简写形式。

试比较工尺谱和俗字谱的谱字③：

工尺谱：　合　四　一　上　勾　尺　工　凡　六　五　乙　仩　伬　伩　仜
俗字谱：　厶　マ　丶　乃　勹　亻　丨　丷　彡　ケ　㇏　㇉　㇉　㇉　㇉

让我们从符号学的角度再进行进一步的分析。符号学是研究符号特别是语言符号的理论。对"符号"的理解有狭义和广义的两种④，狭义的符号是指人们在日常生活中使用的（书面的或口头的）语言符号，包括自然语言符号和人工语言符号；广义的符号是指能给认识主体传达信息的一些媒介物，除了语言符号外，还包括许多自然符号。符号学认为，符号的一个重要特征是具有相对稳定性，一个符号的不同变体表示同一个符号，而文字作为记录语言的符号，自然也具有这一特征。因此，从这个角度看，工尺谱、俗字谱无疑都是作为一种具有一定意义内容的符号而存在的，而俗字谱作为工尺谱的简写形态，其与工尺谱的关系正是变体与正体的关系，根据"一个符号的不同变体表示同一个符号"的理论，各种形态的俗字谱字与工尺谱字之间可以完全对应起来，如果

---

① 何昌林. 古谱与古谱学［J］. 中国音乐，1983（03）：9 – 12.
② 吴晓萍. 中国工尺谱研究［M］. 上海：上海音乐学院出版社，2005.
③ 以西安鼓乐俗字谱为例。
④ 陈波. 符号学及其方法论意义［J］. 中国人民大学学报，1988（01）：51 – 58.

这种认识正确的话,则工尺在先、俗字在后可以确信无疑。尽管俗字谱字有各种不同的形态,但它们均是由工尺谱字变化而来,取正体字的半字及草写形态。因此,从根本上说,俗字谱也仍然是一种文字谱体系。

中国工尺谱以文字来记录音乐的记谱方式,最大程度地实现了其与传统文化的结合,为人们认识和了解中国传统音乐文化的基本特征提供了一个独特视角。

二、中国工尺谱的基本特征之一:与中国传统音乐传承方式相联系的框架性特征

任何一种记谱法的产生都是与其特定的历史文化背景相联系、相适应的,换句话说,任何一种记谱法都有其适用的时代、范围和音乐体裁形式,也即时代性特征。中国工尺谱也是这样,它的产生、应用和发展也是在一定的历史文化背景中进行的,特别是音乐的传承方式直接制约着记谱方式,二者之间是一种相互作用、相互配合的关系。

"口传心授""心领神会"是中国传统音乐主要的传承方式,与这种传承方式相适应的,必然是一种具有极大灵活性和即兴性并且提供给表演者自由发挥余地的记谱方式。在这种情况下,工尺谱应运而生。工尺谱的最大特征是只记音乐旋律的骨干音和框架,对于那些细微的变化和润饰则略而不记,如《纳书楹曲谱》对于小眼省略不记、琵琶工尺谱只记板而不记眼等。因此在很多人眼里,特别是在与西方五线谱等精确记谱的比较中,工尺谱被认为是不精确的和"落后"的,但问题并非如此简单。

关于人类的音乐在何种程度上是可比的,以及比较和评价的标准问题,美国音乐学家朱迪斯·拜克在其《西方艺术音乐是最高级的吗?》一文中曾说:

> 人们可以说哪种音乐更具表达性,或哪种音乐涉及更广阔的人类知识的范围。但每一种都应在它自己的话语系统中被研究和理解,而不能把某一种用作评价另一种的标准。评价在一个文化之中是可行的,特别是在一种风格之中。……比较和评价的困难出现在试图把一个熟知的音乐风格去和一个全然不知的音乐风格作比较的时候。音乐系统从根本上与文化的其他领域有着语境的和互相纠缠的关系,是需要作特殊分析的。①

由于西方音乐与中国音乐是在不同的人文环境中产生和存在并且有着诸多差异,因此,它们各自的音乐系统也与其各自的文化语境相联系。但因它们都是人类创造的音乐文化,人类对于音乐,在感知、感觉及认知方面必然存在着某种共性。如对音乐音高、强弱、快慢的感觉,以及对音乐所表达的情绪的联想等方面,人类的感受是相同或相近的。这也正是为什么东西方音乐同样注重音乐的表现和情感的抒发。从这个角度看,东西方音乐之间是存在可比性的。

---

① 《中国音乐》编辑部. 中国音乐:95 增刊续集 [M]. 北京:《中国音乐》编辑部,1995:102.

多学科视域研究

在东西方音乐的相互比较中,我们既要看到它们所处文化背景的不同,也要看到它们在人类文化特征上的共性;既要了解它们的相同和相似之处,也要对它们各自的特殊之处有充分的认识。对于东西方音乐记谱法的问题,也是如此。

西方音乐在记谱法上也经历了一个从不完善到完善的发展过程。中世纪时期最早的乐谱——纽姆谱,最初只是教会用来提示歌唱者早已熟悉的音乐的一种不精确的记谱形式,其作用与工尺谱类似。到11世纪,记谱法发展为在纽姆符号中间贯串一条或四条彩色横线,以表示不同的音高,这是西方音乐记谱走向精确的重要一步。13世纪中叶,科隆的弗朗科设计了一种适用于新的经文歌的记谱法,奠定了有量记谱法体系的基础,他的《有量歌唱艺术》一书(约1260年)亦成为后来节奏记写法发展的基础。14世纪中叶,记谱法的发展仍然以节奏的记写为中心,并且达到十分复杂的程度。15世纪到17世纪,音符、小节线、拍号、连线、速度标记相继产生,到18世纪,五线谱作为西方音乐的核心记谱法被确定了下来。

由此可见,西方音乐在最初的记谱法上也具有简约性和"备忘"的特点,但在后来的音乐发展中,为了摆脱对口授言传方式的绝对依靠,音乐的记录越来越需要日趋精确的记谱法,五线谱的产生和应用使这种要求得到了最大限度的满足。五线谱的特点是可以准确地记下音高,对灵活多变的节奏也可以通过不同的手段加以限定,从而使它成为在全世界通行的记谱方式。

中国传统音乐的记谱法之所以没有发展为精确记谱法,是因为"口传心授"的传承方式使中国传统音乐不可能成为一种完全依靠乐谱就可以完成的传承过程。这是因为,首先,中国音乐的发展始终处在一种相对封闭的历史、地理及人文环境中,由于经济的落后、交通的不发达,音乐的流传被限制在相对狭小的范围内,没有条件跨越地理及时空的限制,这也是为什么中国会产生如此众多的传统音乐体裁与形式。它们均有各自的活动区域和范围,在交通条件不发达和经济条件不允许的情况下,很难做到大范围的交流和沟通。因此,从客观角度来看,并不需要只靠乐谱来达到传承的目的,乐谱的作用在于"提示"和"备忘",而"口传心授"的传承方式是在这种条件下最为合理的选择。其次,与"口传心授"的传承方式相适应的必然是一种不精确的定性记谱法,乐谱只是音乐在传承过程中的一个辅助工具,真正具有核心意义的是传授者的口授言传,音乐的精华全部蕴含在其中。

从目前仍存活的几种工尺谱的乐种来看,无论是福建南音工尺谱还是昆曲工尺谱,抑或是西安鼓乐俗字谱,几乎全部都具有"谱简声繁"的特点,而这些乐种的传承几乎全部依照"口传心授"的方式进行。这种现象表明,一种乐谱的产生和应用确实是某种特定传承方式的物化显示,是特定文化氛围中的音乐在特定历史时期的音乐实践的自觉选择。因此,有人会认为工尺谱在今天已经过时了。不错,这是由时代的变迁和人类文明发展的自然规律所导致的,但在工尺谱盛行的时代里,它的地位和作用却也是不容抹杀的。从今天可以见到因大量使用工尺谱记谱而流传下来的中国传统音乐的精品,我们怎能不感谢前人为我们留下的这笔宝贵的精神财富？我们怎能忽视这一为我国传统音乐的传承和发展做出重大贡献的乐谱谱式？

中国工尺谱这一与传统音乐的传承方式密切结合的框架性特征，从根本上决定了乐谱的不精确性和简约性，这正是中国传统音乐特有的传承方式作用下的结果，中国传统音乐文化的某些特殊魅力因此得以展示和体现。

三、中国工尺谱的基本特征之二：谱字的多义性

中国工尺谱与西方的五线谱比较起来，或者说与中国传统音乐的其他乐谱如宫商谱、律吕谱、二四谱比较而言，还有一个显著的特点，就是谱字的多义性。这种多义性从本质上反映了中国传统音乐传承的特征，正是其"口传心授"的传承方式决定了乐谱的这一特质。中国工尺谱谱字的多义性表现在个别谱字的音高不是唯一的。最突出的谱字是乙、凡二字，它们分别有所谓"上下"两个音高，即在以"上"字为调首的乐谱中，乙字的音高可能是 si，也可能是 $^\flat$si；凡字的音高可能是 fa，也可能是 $^\sharp$fa。这是工尺谱中最常见的发生多义的谱字，此外，四、工字的音高也有可能产生游移。工尺谱这一特征的存在，根本原因是由于七字配十二律所造成的。在工尺谱字出现的最早文献——宋沈括《梦溪笔谈·补笔谈》（约 1090 年）中，工尺谱谱字有十六字，恰与十二律加四清声相配：

黄钟	大吕	太簇	夹钟	姑洗	仲吕	蕤宾	林钟	夷则	南吕	无射	应钟	黄清	大清	太清	夹清
合	下四	高四	下一	高一	上	勾	尺	下工	高工	下凡	高凡	六	下五	高五	紧五

从这里可以看到，工尺谱的十个谱字与十二律加四清声相配合，十字配十六声，显然数目不相符，必然有一字配两律的情况产生，四、一、工、凡、五等谱字因此有了高下之分，这是工尺谱谱字产生多义性的根源。因为，在实际的乐谱中，四、一、工、凡、五等谱字的音高不是明确标识出来的，具体到每一首乐谱的实际音高，是由乐曲的宫调及该曲演奏时所用的乐器决定的。乐曲的宫调、所用乐器的演奏指法决定了多义性谱字的实际音高。工尺谱的这一特征是其不同于其他记谱法的独特之处，反映了中国传统音乐固有的不确定性因素，同时也带来了研究上的复杂性。

四、中国工尺谱与中国传统乐律学的密切关系

表面上，工尺谱的谱式、谱字、音高、节拍等谱面上的问题，看起来并不是特别复杂，掌握起来也不是十分困难。但是，为什么长时间以来有那么多的问题争论不休：工尺谱究竟产生于何时？它与燕乐半字谱和俗字谱的关系如何？燕乐半字谱、俗字谱、工尺谱之间是否有一种继承关系？是先有俗字谱还是先有工尺谱？燕乐半字谱是一种什么性质的乐谱？它是如何产生的？它与工尺谱的关系又是怎样的？等等。很明显，这些问题已不再是简单的谱字与音高的对应这样一些表面化的问题，而是更深层地对工尺谱乐

谱体系的形成和发展等问题的探讨。

现在，学界对于中国工尺谱的基本认识已有共识：工尺谱不只是一种简单的记谱法，它与中国传统乐学有着密切的关系。明代的朱载堉在《乐律全书》之《律学新说》和《乐学新说》中，分别研究了传统乐律学的全部内容，其中乐学的大体内容包括：

甲、宫调理论
1. 宫调的基础理论
a. 声（正、变阶名）。
b. 宫、均、旦、调。
c. 五声、七音、八音之乐等各种音阶（包含古音阶、新音阶、清商音阶等五声位置不同的结构）。
2. 历代典籍中的传统宫调体系。
3. 历代各种俗乐的宫调体系。
4. 宫调体系的应用：旋宫转调，左旋、右旋……等。
乙、记谱法、读谱法。
丙、乐器法及其应用场合的传统规定。①

从这里可以看出，记谱法和读谱法在乐学体系中占有十分重要的地位，而整个乐学体系的内容可归纳为调、谱、器三大类。此外，工尺谱谱字与黄钟律高的对应关系，使中国传统乐学与律学达到了最终的结合。客观地说，中国工尺谱集中反映了中国传统音乐中的律、调、谱、器之间的连带关系。因此，中国工尺谱与中国传统乐律学的密切关系不容忽视。对于中国工尺谱的研究，必然会涉及中国传统乐律学诸多方面的问题。

1. 调首问题

关于"调首"的含义，较早的出处来自清代学者陈澧的《声律通考》：

所谓"调首"者，每宫所用之第一声也。

黄翔鹏先生对此问题也有自己的研究和看法：

具体乐种的调首，就是综和调、器、律、谱四者关系的、该乐种的宫调系统的起点，因此，它也就是"正调"（或称本调）的起点。②

从这里可以看到，"调首"实质上是一个乐种在宫调、乐器、乐律、乐谱四方面关系的综合，是一个乐种在宫调体系上的特征的直接体现，不同调首的工尺谱由于使用不

---

① 中国艺术研究院音乐研究所，《中国音乐词典》编辑部. 中国音乐词典 [M]. 北京：人民音乐出版社，1985：483.
② 黄翔鹏. 传统是一条河流：音乐论集 [M]. 北京：人民音乐出版社，1990：70.

同的谱字，从而造成音乐在宫调上的不同特点。据黄翔鹏先生的研究，工尺谱调首的位置一般不出"合、上、尺三个字"①，这是由中国传统乐学的规律和特点所决定的。如西安鼓乐俗字谱和北京智化寺京音乐工尺谱以"合"字为调首，传统琵琶工尺谱及昆曲工尺谱等以"上"字为调首，福建南音工尺谱和晋北笙管乐等以"尺"字为调首。

因此，通过对乐种调首及其律高的分析，我们可借此探明具体乐种形成的历史时期及其与其他乐种之间的关系，为认识其在历史上的地位和价值提供有力的证据。

2."字律相配"与"字声相配"

工尺谱与乐律学的关系，直接体现在"字律相配"及"字声相配"上。所谓"字律相配"即指谱字与十二律的对应关系；"字声相配"则指谱字与五声或七声的对应关系。

"字律相配"法，始于宋代沈括的《梦溪笔谈》（约1090年），其后的陈旸《乐书》（1101年）、朱熹《琴律说》（1190年）、姜夔《白石道人歌曲》（1195年）、张炎《词源》（1280年）、陈元靓《事林广记》（1340年）及《宋史·乐志》中记载的蔡元定《燕乐新书》（1345年）、熊朋来《瑟谱》（1277年）等文献中均有记载，虽然有的文献使用的是俗字谱，但是谱字与律吕的对应关系均是黄钟配合字。"字律相配"，以工尺十谱字与十二律加四清声相配，存在数目不符的问题，因此必有两声配一字的现象。对此，蔡元定《燕乐新书》中有详细的说明：

> 黄钟用合字，大吕、太簇用四字，夹钟、姑洗用乙字，夷则、南吕用工字，无射、应钟用凡字，各以上下分为清浊。其中吕蕤宾林钟，不可以上下分，中吕用上字，蕤宾用勾字，林钟用尺字。黄钟清声用六字，大吕、太簇、夹钟清声，各用五字，而以上，下，紧别之。紧五者，夹钟清声也，俗乐以为宫。此其取律寸律数，用字纪声之略也。②

而"字声相配"则不会出现类似的问题。这正如清徐养原《管色考》所载：

> 以字配声，则循环七调，如锦绣之有文章；以字配律，则律多字寡，不免捉襟见肘矣。于是合、六、上、勾、尺，皆一字一声，一、凡、工则各以上下分为清浊，至四为五之清声，而四字又分上下，五字分而为三。③

唐宋两代由于调法的不同，它们的谱字配律也不同。唐人以合字配倍林钟，作为黄钟，且作宫声；宋人则以合字配黄钟，作宫声，二者相差五律。依照唐王朴律，列表1

---

① 黄翔鹏. 传统是一条河流：音乐论集［M］. 北京：人民音乐出版社，1990：70.
② 吴南薰. 律学会通［M］. 北京，科学出版社，1964：265.
③ 中央音乐学院中国音乐研究所. 中国古代乐论选辑［M］. 北京：中央音乐学院中国音乐研究所，1961：448.

比较唐宋谱字配律之不同①：

表1　唐宋谱字配律对照表

王朴律高	$^\#c^1$					$^\#f^1$						$^\#c^2$					$^\#f^2$			
	倍林	倍夷	倍南	倍无	倍应	黄钟	大吕	太簇	夹钟	姑洗	仲吕	蕤宾	林钟	夷则	南吕	无射	应钟	黄清	大清	太清	夹清
唐谱字配律法	合		四		一	上	勾	尺		工		凡	六		五						
宋谱字配律法						合		四		一	上	勾	尺		工		凡	六		五	

唐代谱字的配律法正是《隋书·音乐志》中郑译所说的"黄钟乃以林钟为调首"，其形成直接源于北周，《北周书·卷二十六·长孙绍远传》载：

> 绍远所奏乐，以八为数。故梁黄门侍郎裴正上书，以为昔者大舜欲闻七始，下洎周武，爰创七音，持林钟作黄钟，以为正调之音……高祖读史书，见武王克殷而作七始，又欲废八而悬七，并除黄钟之正宫，用林钟为调首……后高祖竟行七音。②

宋代所用的以黄钟配"合"字的方法，也是史书中多次提及的，如沈括《梦溪笔谈》、蔡元定《燕乐原辨》、张炎《词源》、姜夔《白石道人歌曲》等。

3. 黄钟律高问题

黄翔鹏先生在讨论分析乐种调首的意义问题时说过：

> 调首音的律高分析可以帮助我们对具体乐种进行历史的考证。某一乐种在它形成的历史年代中采用了某一黄钟律音高标准来调制乐器，是有迹可寻的。③

而在以工尺谱为记谱方式传承的乐种中，黄钟律高是通过谱字反映出来的。那么，上述三种不同调首的工尺谱之间究竟是怎样的一种关系呢？

表2是6个不同乐种的谱字与律吕的对应关系、调首谱字及黄钟律高对照表：

表2　不同乐种谱字与律吕对应关系、调首谱字及黄钟律高对照表

乐谱类型	谱字与律吕的对应关系	调首谱字	黄钟律高
西安鼓乐俗字谱	黄钟＝合	"合"作宫	c^1
智化寺京音乐工尺谱	黄钟＝合	"合"作宫	f^1

---

① 丘琼荪，隗芾. 燕乐探微［M］. 上海：上海古籍出版社，1989：360.
② 吉联抗. 魏晋南北朝音乐史料［M］. 上海：上海文艺出版社，1982：32.
③ 黄翔鹏. 传统是一条河流：音乐论集［M］. 北京：人民音乐出版社，1990：77-78.

(续表)

乐谱类型	谱字与律吕的对应关系	调首谱字	黄钟律高
福建南音工尺谱	黄钟＝工	"ㄨ（尺）"作宫	d^1
晋北笙管乐	黄钟＝合	"尺"作徵	e^1
昆曲工尺谱	黄钟＝合	"上"作宫	a^1
琵琶工尺谱	黄钟＝合	"上"作宫	a^1

以黄钟配"合"字并作为调首的乐谱，在历史上曾占有"正统"地位，郑译等人所提倡的正是这种形式的音乐，西安鼓乐俗字谱和智化寺京音乐工尺谱均属此类。它们谱字本身的古老性及其与宋代文献记载的相合性，使我们可以确定其历史的源远流长。

以"尺"字为调首的乐种，除了福建南音以外，今天存活于山西一带的晋北笙管乐也存在以林钟"尺"字为调首的情况，但其黄钟在"合"字，律高为 e^1，与唐宴乐黄钟律高标准相同，因此有学者推断该乐种为唐宴乐之遗声。①

福建南音的情况比较特殊，由于南音谱字与一般工尺谱的谱字在形态及数目上存在着一些差异，因此，其在宫调体系及乐律学上也表现出独特之处。据黄翔鹏先生的研究，南音的谱字及黄钟律高在历史上曾经历过一次变迁，由原来的"ㄨ"字移到"工"字，黄钟律高由 c^1 变为 d^1。② 这一变化据推测与历史上宋代大晟律的颁布有关，南音乐器的律高也因此受到影响，但调首音并没有改变，依然是"ㄨ"字。以"尺"字为调首的工尺谱，其理论根据来自隋唐时期以林钟为调首的下徵调。因此，其渊源不可谓不古老。

以"上"字为调首，最早并不是出现于清代，而是在北宋以前。杨荫浏先生在《中国音乐史上新旧音阶的相互影响》一文中说：

> 原以"合"音为重要调首的工尺字谱，也有将此重要调首，转移到"上"音上去的倾向……这种转移的情形，开始至少是在北宋以前，经过元明清三代，还在照样进行。③

---

① 黄翔鹏. 传统是一条河流：音乐论集 [M]. 北京：人民音乐出版社，1990：78.
② 黄翔鹏. "弦管"题外谈 [J]. 中国音乐，1984（02）：13－16.
③ 杨荫浏. 杨荫浏音乐论文选集 [M]. 上海：上海文艺出版社，1985：88.

明宋濂《太古遗音》跋（1413年）、朱载堉《律吕精义·旋宫琴谱》（1596年），清胡彦升《乐律表微》（1755年）、王坦《琴旨》（1746年）、凌廷堪《燕乐考原》（1804年）等文献，都有以"上"字配仲吕为宫音的记载。① 据《燕乐考原》，此法应为唐宋之遗法。

明清以来流行的以"上"字为调首的工尺谱，如昆曲工尺谱和琵琶工尺谱，继承了唐宋调法的衣钵，演变发展成为一种广泛流传于民间的具有普遍意义的乐谱形式。它不同于其他两种调首的工尺谱，主要特征表现为首调唱名体系的建立，即谱字只有相对音高意义，而其绝对音高的确定须借助对调高的标识。

实践证明，上述三种不同调首的工尺谱，反映了中国传统音乐中律、调、器、谱之间水乳交融的关系，它们是交织在一起的一个整体，很难截然分开。虽然它们以不同的形态出现于不同时代的不同乐种或音乐体裁形式之中，但它们的产生和运用却并不像乐种本身那样受历史时期的限制。确切地说，自中国传统乐律学的基本规律如律、宫、调、声、谱等一系列现象产生之后，乐谱与乐器、乐律之间的关系也就继而产生和确定了。因此，这种音乐所共有的规律是没有时间性的，所不同的只是产生于不同历史时期的不同乐种不约而同地遵守和符合了这一规律而已。

作为一种重要的传承手段，中国工尺谱发挥了它自身最大的潜能，与中国传统乐律学中的声、律、调、器相结合，共同构筑了中国传统音乐的理论框架，并成为其中不可或缺的重要一环。中国工尺谱不仅仅只是作为一种简单的记谱法而存在，它承载着中国传统音乐文化的内核。通过对它的研究，我们可以更为清晰地透视中国传统音乐中的诸多问题：传统音乐特有的文字记谱方式；音乐文化的传承方式对于乐谱谱式的制约作用；乐谱与乐律、乐器、宫调之间你中有我、我中有你的水乳交融的关系；乐谱中所蕴含的巨大信息量，等等。

---

① 宋濂《太古遗音》跋云："士大夫以琴鸣者，恒法宋杨守斋（缵），以合晋嵇康氏之故也，而其中不可无疑者。古者协管以定正宫，以正宫为声律之元也。今缵以仲吕为宫，则似用旋宫之法。"

朱载堉《律吕精义·旋宫琴谱》："古所谓正调一弦倍徵吹合字，二弦倍羽吹四字，三弦正宫吹上字，四弦正商吹尺字，五弦正角吹工字，六弦正徵吹合字，七弦正羽吹四字；俗谓正调一弦散声为宫，非也。"

胡彦升《乐律表微》"例言"云："宋人亦以箫孔定律名，但以体中翕声为黄钟，是以姑洗为黄钟也。以俗乐之合字属黄钟，是以下徵为正宫也，皆不合古法。惟第一孔为黄钟而上字为宫声，斯撰之古法无不合，而推之俗乐亦无不通矣。"又卷四"附论俗乐"云："今按沈存中《笔谈》云，据唐人《琵琶录》，以为挑琴之法须先以管色合字定宫弦，自《笔谈》述此说而北宋至明代皆以合字为宫，此大误也。夫俗乐工、六二字之间隔凡字，五、上之间隔一字，上、尺、工三字相连，六五二字相连。雅乐角徵之间变徵，宫羽之间变宫，宫商角三音相连，徵羽二音相连。故上即宫也，尺即商也，工即角也，六即徵也，五即羽也，一即变宫也，凡即变徵也。"

王坦《琴旨》"旋宫转调"云："唐人之纪琴，以管色合字定一弦，则四字定二弦，上字定三弦，尺字定四弦，工字定五弦，六字定六弦，五字定七弦。"

凌廷堪《燕乐考原》："唐、宋人皆以上字配仲吕，守斋以仲吕为宫，正唐人以上字为宫之遗法，与沈存中、姜尧章、赵子昂之说悉合。"又说："字谱上字即宫声，古今皆同，可一言以蔽之。郑世子所云古正调一弦倍徵，一弦为黄钟，犹言黄钟为下徵也。燕乐以黄钟配合字，岂非合字即下徵乎？三弦正宫，三弦为仲吕，犹言仲吕为正宫也。燕乐以仲吕配上字，岂非上字即正宫乎？"

中国工尺谱的文化内涵亦由此得以充分展现。

（本文原载《中国音乐学》2004年第1期，略有改动）

作者简介 吴晓萍，女，1970年生，河北省石家庄市人。中央音乐学院音乐学系教授、博士生导师。1988—1992年就读于河北师范学院音乐系。

昆曲曲牌曲腔关系研究

——以昆曲南曲商调曲牌为例

北京师范大学艺术与传媒学院　蒯卫华

摘　要　关于昆曲曲牌曲腔关系的认识主要有两种：一种是以王季烈为代表的"主腔"说；另一种是洛地提出的昆曲以"韵、板、腔、调"为主线的"以文化乐"说。随着认识的深入，部分学者开始质疑"主腔"说。本文在分析南曲商调曲牌（引子、孤牌自套、联套）19个曲牌104个唱段的基础上，认为"一个骨干音型和两个特性旋律音型"是昆曲曲牌曲腔关系所在。这一命题彰显出昆曲音韵声腔艺术的本质。

关键词　昆曲；南曲；商调系统；曲腔关系

自魏良辅《曲律》始，昆曲音乐研究层出不穷，但专门研究曲腔规律的则在1949年后。有影响者为王守泰《昆曲曲牌及套数范例集》，对王季烈提出的"主腔"说做了大量功课，予以论证。武俊达《昆曲唱腔研究》沿用传统研究方法对曲牌进行梳理辨析，是曲牌"整体观照"的代表。洛地《词乐曲唱》抓住"主腔"派的某些漏洞，提出宫调与音乐无关，乃韵，昆曲"曲唱"无曲调框格，依文辞格律以字声行腔的观点。三位学者都是对昆曲谙熟的学者，各主一端。

王季烈最先提出"主腔"概念。20世纪80年代，王守泰组织曲界名家就"主腔"问题进行探讨，并把每个曲牌的"主腔"列入《昆曲曲牌及套数范例集》中。这部著作在当时乃至现在都居于重要地位，对昆曲界产生了深远影响。随着认识的深入，很多学者包括当年从事《昆曲曲牌及套数范例集》编写组的成员，开始对"主腔"理论质疑。南京曲家朱继云提出，一个曲牌怎么可能有这么多"主腔"，其泛化造成了"主腔不主"现象。朱继云在不同宫调曲牌中找到相同韵脚处润腔的旋律。如果说这个润腔是这个曲牌的主腔，怎么又在其他曲牌中出现了呢？《昆曲曲牌及套数范例集》在一个曲牌中提炼出的"主腔"，原则上应该具有"唯一性"且具备"排他性"，这样才能够体现"主腔"的曲牌标志特征。朱继云与台湾昆曲研究者洪惟助的疑虑一致，都认为如果曲牌有"主腔"存在，就应该具备"唯一性"。

2007年4月，笔者在扬州采访曲家谢谷鸣。他的祖父和王季烈是同时代人，其父谢真茀是《昆曲曲牌及套数范例集》编者之一，其祖辈在家传昆曲谱中，记录了对"主腔"说的看法。家传昆曲谱中的观点认为，昆曲应该有"主腔"，而且南曲主腔明显，北曲不太确定。根据笔者对王季烈父子关于"主腔说"的研习，以及采访谢谷鸣关于"主腔说"的记录，他们说法间的差异主要如下。

王季烈在《螾庐曲谈》中，把"主腔"描绘成为一条连续上下波动的线，《昆曲曲牌及套数范例集》称其为"线型论"。

王守泰认为，"主腔"是鹿角、蛇身、凤尾。它并非僵死音型，而是具体的旋律线。旋律线的大致走向一致，变化在小腔的上、下波动。《昆曲曲牌及套数范例集》把《螾庐曲谈》定义的"主腔"具体化、框架化，列举出曲牌可能运用音型的所有框架。

谢真莆认为，昆曲应由例腔（大致音型走向的一致）和核心腔（固定位置的固定音型）组成。他认为，例腔具有弹性，核心腔不可变化，也不具有弹性。①

昆曲曲牌的曲腔关系究竟是什么？为什么"变化"发生在一定范围内能够被曲友认可，逾越其范围便不被曲友接受；为解决以上问题，笔者对昆曲南曲商调曲牌常用的19个曲牌、上百个唱段进行分析，以期阐发商调曲牌曲腔关系中的共性因素和差异因素。

一、昆曲商调曲牌的共性因素

笔者从昆曲商调引子、孤牌自套、联套曲牌三部分对昆曲商调系统曲牌结构进行分析和阐释。通过对各个曲牌在不同剧目中的具体使用情况，归纳并总结昆曲商调曲牌所具备的共性因素。

（一）昆曲商调曲牌文词的共性因素

1. 文词的句数、正字数不变

一般情况下，每个曲牌唱句的句数和每句唱句中正字数是固定不变的。同一曲牌在不同剧目中，必须根据剧情的实际需要来扩充或紧缩唱腔。处理原则是增加衬字。衬字可加在句头、句中，极少加在句尾。句尾是韵脚归韵处，通常是正字。加入衬字后不会改变字句的结构。"衬字"分两部分，一部分是实意衬字，另一部分是"语气词"衬字。无论何种衬字都不会影响乐句的基本结构。

衬字不可无休止增加，字数不能多于正字字数而喧宾夺主，还要受板数的限制。衬字添加的位置多处于唱句的眼位置，或者闪板、闪眼位置，居于弱化地位。

2. 每个唱句中字逗的划分基本相同

同一个商调曲牌文词格式的分逗是有规律的，并且基本相同。分逗处有时加入润腔，有时直接接入下一个唱句。"加花润腔"多出现在七字句。三字句和四字句的句读处较少使用润腔。

3. 平仄规律相同，句群韵脚归属同一类韵部

昆曲商调曲牌中，不同曲牌自身词式规律在不同剧目中所反映出来的平仄规律是相

---

① 2007年4月笔者走访扬州进行采访时，著名曲家谢真莆的后人谢谷鸣谈话记录。

同的。押韵韵部不一定是一韵到底，但具有一韵到底的倾向性。尤其句群的押韵通常比较讲究，基本属于同一个韵部。实践中，一些句尾处的不同韵部经常被使用于同一个唱段。如家麻韵、歌罗韵被使用于同一个唱段；真文韵和庚亭韵被使用于同一个唱段；皆来韵和屑辙韵被使用于同一个唱段；庚亭、真文、侵寻韵同时被使用于一个唱段，等等。

在中国古代通用的韵书中，官韵与曲韵不同。昆曲南曲中在同一个唱段使用的各个韵部，不一定符合官韵的特点。从昆曲南曲商调曲牌的各唱段句尾处押韵的情况看，韵部使用更具灵活性。

整个唱词中，最为考究的是韵脚处的韵字。句群末尾处的韵字，一般情况下是不允许脱离韵部的。如《琵琶记·廊会》（第一支）【啭林莺】曲牌唱词安排就是如此。有些谱词、度曲的文人在思如泉涌时，为了更贴切地表现剧情，句尾处的韵脚暂时脱离主韵的处理也是可以接受的，不会影响到整体唱段韵部的韵律美。

（二）昆曲商调曲牌曲腔关系的共性因素

通过对昆曲商调曲牌上百首谱例的分析，我们不难发现昆曲商调曲牌曲腔关系的共性因素。

1. 昆曲商调曲牌中的"曲"

王骥德《曲律》开篇说，"曲，乐之支也"。① 究竟什么是昆曲的框架呢？通过对昆曲商调系统各曲牌基本音型的分析，我们可以看出旋律进行都是在两个基本旋律音型 A（do，re，mi）和 B（re，do，la 低音）的基础上结构而成的。

基本旋律音型 A 在整个商调曲牌中出现了一个骨干框架下的两种变体音型，sol，la，mi，do 和 do（高音），la，sol，mi。骨干音框架是 do（高音），la，sol，mi，sol，la，mi，do。整合后的骨干音框架暂定为"骨干音框架 A"。

基本旋律音型 B 在整个商调曲牌中也出现了一个骨干框架下的两种变体音型：re，do，la（低音）sol（低音）la（低音）和 mi，re，do，re，la（低音）。这个骨干音框架我们可以归纳为 mi，re，do，la（低音）sol（低音）la（低音）。整合后的骨干音框架暂定为"骨干音框架 B"。

"骨干音框架 A"和"骨干音框架 B"在使用时，有以下几种连接方式。

（1）A 骨干音框架若低一个八度，就成为 B 骨干音框架中的一部分。这样的例子很多，如【黄莺儿】曲牌中，《荆钗记·议亲》（第一支）第 3 句。（谱例 1）

---

① 王骥德. 曲律［M］//中国戏曲研究院. 中国古典戏曲论著集成：四. 北京：中国戏剧出版社，1959：55.

谱例 1

（2）在较长唱句的行腔时，两个骨干音型的衔接可以通过特性音型——do，re，mi 来完成。如【黄莺儿】曲牌中，《荆钗记·议亲》（第一支）第 6 句。（谱例 2）

谱例 2

昆曲商调系统曲牌曲腔关系中的"曲"可以细分为 A、B 两个骨干音框架，即"骨干音框架 A"do（高音），la，sol，mi，sol，la，mi，do 和"骨干音框架 B"mi，re，do，la（低音）sol（低音）la（低音）。这两个骨干音框架可以合并为 do（高音），la，sol，mi，sol，la，mi，do，re，do，la（低音），sol（低音），la（低音）。合并后的骨干音框架，是昆曲曲腔关系中的"框格"。提炼出来的这个"框格"，在昆曲曲牌中是不变因素。

2. 曲式结构

昆曲商调曲牌多是不对称的变化重复并列结构。在两个基本旋律音型 A 和 B 的基础上，每个乐句的结构方式变化重复出现。两个基本旋律音型的搭配形式有以下几种。

（1）独体式：由基本旋律音型"A"或者基本旋律音型"B"独立构成乐句。这种方式在商调引子【绕池游】曲牌中运用得较广泛。如《牡丹亭·游园》中的 6 个唱句，都是以独体式结构方式呈现。

（2）联合式：由基本旋律音型"A"和基本旋律音型"B"联合组成乐句。如商调引子【绕池游】曲牌中，每个剧目唱句除了"独体式"，就都是"联合式"。"联合式"形式又分为"顺连式"和"颠倒式"。"顺连式"乐句结构形式的图示为 A + B。"颠倒式"乐句结构形式的图示为 B + A。

（3）扩展式：对具体一个基本旋律音型做进一步的扩充、放大。如 B 扩充的方式具体体现在两个方面：

一方面，扩充以 B 基本旋律音型为轴，填充旋律在轴心基础上，在其上、下不远的范围内移动。如《琵琶记·吃糠》（第二支）第 4 句和第 5 句，行腔基础就是骨干音 mi，re，do，re，la（低音）。

另一方面，扩充以对基本旋律音型尾部的扩充为主。如《渔家乐·藏舟》（第一支）第 4 句和第 7 句，在尾部 re，do，la（低音）基础上扩充了一个单元 sol（低音），mi（低音），la（低音）。还有《雷峰塔·断桥》（第一支）第 1 句句尾韵脚处的润腔，《琵琶记·吃糠》（第一支）第 4 句的句尾润腔等。

（4）渐进式：主要在 B 和 A 的基本旋律音型中，找一个中介旋律，如 do，re，mi 特性音型，进行 B 到 A 的自然过渡。如《玉簪记·问病》第 8 句的结构为 B3 + A3 + B3，B 到 A 过渡，又回到 B，自然而不留痕迹。

（5）包拢式：结构为 B 头 + A + B 尾，即在 B 的基本旋律中，加入 A 的旋律因素。如【山坡羊】唱段中，每个唱段的第九句几乎都用到了包拢式。其中还包括（B 头 + A + B 头），如《琵琶记·吃糠》（第二支）第 3 句就是如此。

（6）紧缩式：在基本旋律音型 A 和 B 的基础上，各自紧缩、提炼出个别音（通常是骨干音）进行组合而成的结构。如《渔家乐·藏舟》（第一支）第 5 句。

（7）循环式：结构为 A + B + A + B，基本旋律音型 A 和基本旋律音型 B 循环往复。A 和 B 可以在原基本旋律音型基础上有所变化。如《琵琶记·议婚》（第一支）第 9 句和第 10 句就是循环式结构：A1 + B2 + A + B。水磨腔的婉转、细腻之美，也就体现在此。这种循环往复的进行犹如水的波浪，既有上下起伏的波澜，又永远不脱离其唱腔的旋律骨干。旋律细腻、无棱角。

（8）混合式：以上文总结出的任意 2 个或者 3 个乐句的组织方式相综合完成的新乐句。即唱句的组织结构可以为紧缩式与扩展式的结合，也可以是包拢式与扩展式的结合，颠倒式与紧缩式的结合，等等。如《钗钏记·谒师》（第一支）【高阳台序】第 3 句，就是包拢式与扩展式的结合。图示为"B + A1 + B 扩展"。

3. 调式及落音

昆曲商调曲牌的落音以起唱中眼落于板为主。每个曲牌都有一个到几个起唱于中眼或者起唱于板的固定位置，很多落于中眼处的落音都是从板位置的落音拖腔而来。通常而言，昆曲曲牌唱段结束处句尾落音都是落于板位置。部分谱例中的记谱把唱段结束音标在头眼，其实应该在板位置，此时记谱中板位置记录的音符应该是装饰音。北京昆曲研习社的曲家杨忞给曲友拍曲时曾说，昆曲南曲唱段结束处句尾几乎无一例外地落于"板"。

昆曲商调曲牌唱段有较强的动力性。动力性来源有两个方面：① 唱句起于中眼，落于板，或者落于板后再拖腔到眼。这种起唱给唱段带来极强的动力性。② 起唱于板的弱位置，落音在板的强位置。这里还有一种情况是正板起唱时，衬字安排在前一小节末眼处，这也可以带来极强的动力性。如《渔家乐·藏舟》（第二支）就是如此。

昆曲商调曲牌唱句的韵脚落音，都在"羽—宫—角"范围内，可以看出这个三度链关系。各个唱段句群尾处韵脚所在韵部的一致性,体现在音乐上就是"煞声"处的统一。此外,昆曲句尾处的韵腔也由两个特性音型及其衍生音型组成。这两个特性音型就是笔者对每个曲牌分析时,提到的"re—do—la(低音)"旋律音型"mi—re—do"旋律音型。"re—do—la(低音)"旋律音型的衍生音型包括"re,sol(低音),la(低音)""la(低音),sol(低音),la(低音)"等。"mi—re—do"旋律音型的衍生音型包括"do—re—do""mi—sol—mi"等。

通过以上例子,我们可以看出,昆曲商调曲牌最重要的润腔就是句尾押韵处的润腔,这个润腔有特色且具稳定性。无疑,我们总结出的这两个特性音型就是我们分析的昆曲商调曲牌句尾润腔处的两个骨干音型。这两个特性音型也属于昆曲商调曲牌所具有的共性因素。

4. 调式、调性

昆曲商调曲牌以五声宫调式和羽调式为主。演唱时六字调和凡字调使用较多,小工调使用最少。演唱行当以生、旦行当为主。昆曲曲牌用调如清徐大椿《乐府传声》所说:

> 凡曲七调,自有定格,如某牌名系某宫,则应用某调,方为合度。若不按成谱,任意妄拟,则高低自不叶调。即如商调之【山坡羊】,自应归凡调……若高一调吹之,不但唱者吃力,徒然揭断嗓子,且不中听,曲情节奏,全然没有;低一调吹之……寂静之音,愈觉幽晦,识者掩口失笑矣。①

昆曲商调曲牌中各个行当使用六字调、凡字调、小工调的具体比例见表1:

表1 昆曲商调曲牌各个行当用调比例对比表

	六字调48.8%	小工调11.9%	凡字调39.3%
老旦	7.3%	20%	9%
五旦	24.4%	50%	33.3%
六旦	4.9%		
老生	4.9%		
小生	39%	30%	33.3%
净	4.9%		
副	7.3%		3%
末	2.4%		6%
外	4.9%		12.1%
丑			3%

---

① 徐大椿. 乐府传声[M]//中国戏曲研究院. 中国古典戏曲论著集成:七. 北京:中国戏剧出版社,1959:185.

从整个昆曲商调曲牌三个调的使用情况看，六字调的使用量占到昆曲商调曲牌中各调门总使用量的 48.8%，凡字调占到总使用量的 39.3%，小工调占到总使用量的 11.9%。商调所选用的六字调、凡字调和小工调的整个音域范围，正好属于这个风格所表现的合适音区。

二、昆曲商调引子、孤牌自套、联套曲牌曲腔关系的个性因素

（一）各个类别曲牌的运用受其自身功能性的制约

昆曲南曲商调曲牌有三个类别，引子曲牌、孤牌自套曲牌和联套曲牌。这三类曲牌所处位置的不同，各自功能也不一样。

1. 引子的功能性

昆曲的引子主要用于唱腔的起始部位，但不算在唱段套式里。昆曲商调引子通过曲词对折子戏的故事情节起到提纲挈领的作用；或者用于交代故事情节产生的时间和环境、剧中人的思想感情等。它总是在人物第一次出场时演唱，虽然昆曲商调引子曲牌多数用作折子的第一支曲牌，但按情节需要，角色在折子中间初次出场时，也可唱引子。

在演唱引子的过程中，演员可不加伴奏，亦可跟随笛子唱引子。如果剧中几个角色同时上场，可轮流演唱或合唱一支到两支引子。如【绕池游】曲牌中的《牡丹亭·游园》选段就是如此，五旦（杜丽娘）与六旦（春香）同时上场，两人相继演唱同一个引子，杜丽娘唱前一段，春香唱后一段。此外，还有些唱段可以不用引子直接演唱。

2. 孤牌自套的功能性

孤牌自套的特性在《昆曲曲牌及套数范例集》中已有阐释，不能和其他曲牌联套就是孤牌的特征。[①] 孤牌自套的功能性就是在昆曲曲牌系统中独立构成唱段，不能与其他联套曲牌相混使用。孤牌自套中的一支曲牌在一个唱段中，可以反复连用多次组合成套。这时第一支被称为"首曲"，后面连用的曲牌在南曲中被称为"前腔"。有些孤牌自套曲牌自身连用多次组合成套时，"前腔"唱段中词式结构会有变化，第 1 句或者前 3 句的唱词结构与第一支的前 3 句唱词结构不同，在此变化后又回到原唱词的句式结构。"前腔"唱段中唱词带来的变化必然会引起音乐上的变化。

孤牌自套的曲牌自身反复使用组合成套时，可在套前加入引子，套后加入尾声；也可套前没有引子，套后没有尾声。还有一种情况是，两支孤牌自套的曲牌各自连续演唱四支，这两支孤牌自套前后组合成为复套。

然而从整个曲牌运用实践的角度来看，孤牌自套曲牌不能和联套曲牌完全隔离成两个不相联系的部分。在某种程度上，孤牌自套曲牌和联套曲牌是互相渗透、互相转化的。部分南戏继承下来的联套曲牌就脱离了本套，而模仿着孤牌自套的使用方式独立运

[①] 昆曲曲牌及套数范例集（南套）编写组. 昆曲曲牌及套数范例集：南套：上册 [M]. 上海：上海文艺出版社，1994：239.

用于唱段。

3. 联套曲牌的功能性

联套曲牌的功能是以若干支曲牌相互按照一定次序连接成套。在联套曲牌中，按照曲牌所处位置的不同，分为首牌、次牌和附牌。相比较而言，首牌和次牌在整个唱段中所处的位置，一般比较固定地居于第一支和第二支位置。附牌中各曲牌之间先后连接次序感较弱，这是附牌的普遍特点。但也有例外，如徐渭在《南词叙录》中说："……【黄莺儿】则继之以【簇御林】，【画眉序】则继之以【滴溜子】……"① 在笔者实际分析中，也看到两个曲牌的紧密不离。商调【二郎神】套附牌中【黄莺儿】和【簇御林】的曲牌继连关系确实紧密。

（二）各个曲牌类别唱腔音乐的特性

1. "散板"是昆曲引子的标志性因素

昆曲商调引子曲牌唱腔音乐的节奏与唱词节奏一致。有关底板的唱法，清徐大椿在《乐府传声》中已有如下记录：

> 南曲惟引子用底板，余皆有定板……北曲之板以节句，不以节字……节字则板必繁，节句则一句一板足矣。惟著议论描写，及转折顿挫之曲，亦用实板节字，然亦不若南曲之密。凡唱底板之曲，必音节悠长，声调宏放，气缓辞舒，方称合度。又必于转接出落之间，自生顿挫，无节之中，处处皆节，无板之处，胜于有板，如鹤鸣九翱，千云直上，又如天际风筝，宫商自协，方为能品。此可意会，非可言罄也。②

以上文字，已为我们阐释了昆曲商调引子部分底板的功用和散板的唱法。

2. 昆曲商调曲牌孤牌自套和联套中的板式

昆曲商调曲牌中，所有上板曲子的板眼多为一板三眼，一板一眼，或者带赠板的一板三眼。每个唱段中，除了有固定起于中眼和板的唱句外，其他各唱句都有变化伸缩。其产生原因，一方面是衬字的加入使唱段得到扩充，另一方面是受剧中故事情节及人物情绪的影响，在唱句中增加入赠板或抽板抽眼。如果需要扩充唱腔，通常在正板基础上，增加赠板来完成。如果需要紧缩唱腔，通常在赠板形式基础上留下正板。如《连环计·赐环》【二郎神】最后一个唱句就是如此。

3. 定格字、定格句和定格腔通常出现于孤牌自套曲牌

商调孤牌自套曲牌中不同的曲牌有定格字、定格句或者定格腔。如【高阳台序】

---

① 徐渭. 南词叙录［M］//中国戏曲研究院. 中国古典戏曲论著集成：三. 北京：中国戏剧出版社，1959：241.
② 徐大椿. 乐府传声［M］//中国戏曲研究院. 中国古典戏曲论著集成：七. 北京：中国戏剧出版社，1959：182.

曲牌第七句末尾有个定格字"也",这个定格字对应的唱腔总是"do,re,mi"的拖腔。即使有时不用这个定格字,这个位置也必然是这句旋律唱腔。

定格句总是出现在全曲牌的固定位置,所配唱腔不变。如【水红花】曲牌第 10 句"也啰"为定格句。为唱段编配【水红花】曲牌时,第 10 句定格句永远保持不变,其唱腔也始终是"sol(低音),la(低音),sol(低音),do"的旋律进行。

有些曲牌在固定位置总有一个定格腔,并且定格腔相应唱词的字数、结构也保持一致。如【山坡羊】第八句到第九句的"la(低音),do,re,mi,do,re,do,la(低音)",就是一个典型的定格腔。无论定格字、定格句还是定格腔,都是一个曲牌之所以为此曲牌,而非他曲牌的显著标志。

4. "la(低音),sol(低音),mi(低音)"旋律音型贯穿于商调【二郎神】套各曲牌的特定句尾

商调【二郎神】套曲牌联套中,所有曲牌都有一个共同的旋律腔型贯穿始终,即"la(低音),sol(低音),mi(低音)"旋律音型。这个音型是【二郎神】套各曲牌衔接自然的重要标志。

那么,在联套中如何体现下属曲牌各自的特性呢?填词要领中,我们常听到这样一句话"篇有定句,韵有定位,字有定声,联有定对",度曲也讲求"调有定句,句有定字,字有定声"。这些都反映出,曲牌的个性标志就在其独特的定句、定字、定声上。商调【二郎神】套每个曲牌的特定几个唱句几乎各自有一个稳定的旋律音型。在不同剧目中,只要使用这个曲牌,特定唱句的旋律都是在此稳定旋律音型的基础上变化衍生出来的。

三、昆曲商调曲牌的曲腔关系特征

(一) 音韵声腔艺术

在戏曲理论界,已有关于戏曲音韵声腔艺术的探讨,如游汝杰主编的《地方戏曲音韵研究》。笔者在对昆曲曲牌曲腔关系的研究过程中,认为其"音韵声腔艺术"的特点突显,并在以下几个方面得以集中呈现。

1. 句群韵脚处韵字押韵的一致性与句群韵脚处落音的一致性

唱段句群韵脚处所押韵的韵部直接决定了整个曲牌唱段韵部的归属。曲牌唱段句群韵脚处押韵的一致性,以及阴阳四声的规定性,使得唱词的吐字发音朗朗上口。曲牌唱腔音乐在句群韵脚处的落音也表现得非常严格和规范。各个句群韵脚处落音的一致性,直接给整个唱段带来稳定感,促进昆曲曲牌总体风格的和谐统一。

昆曲曲牌各唱段唱词韵脚处韵字的阴阳四声通常有严格的要求。音乐在此处的润腔也表现出稳定性,韵脚处润腔的稳定与韵字阴阳四声的严格要求相协调。昆曲商调曲牌韵脚处落音润腔多是在特性音型"re,do,la(低音)"和特性音型"mi,re,do"基础上的润腔，有时句尾处润腔是在两个特性音型的衍生音型基础上的润腔。不管乐句前端和乐句中部如何变化，乐句韵脚处的润腔都相对稳定。明朱载堉《乐律全书》对"腔韵"一词阐释道：

> 观诸家所著乐书，凡数十万言，其辞非不富也，然于乐之本旨犹昧。其论歌谱，舍腔韵之抑扬而取五行之生克；其论舞谱，舍功德之形容而取日躔之方位：附会穿凿，不亦甚乎！①

王耀华在《福建南音腔韵》中特别谈到"腔韵"，认为"腔韵"之"韵"就是曲调主音，并非歌词之"韵"。宋人注重主音，强调以主音结束全曲。沈括《梦溪笔谈》之"杀声"、蔡元定《律吕新书》之"毕曲"、张炎《词源》之"结声"，指的都是主音。因为它们在乐曲中所处的位置，实已兼有诗词中"韵"的作用，所以丁仙现直呼之为"韵"。②

2. 定格字、定格句、定格腔为此曲牌的独特标志

定格字、定格句或者定格腔在孤牌自套曲牌中固定位置的出现，既为此曲牌打上了明确的印迹，又让人听了悦耳熟悉。

"定格字和定格句"的出现，无疑是昆曲曲牌唱腔以唱词为核心组织唱腔的典型标志。定格腔看似以音乐为主导在同一曲牌固定位置安排固定行腔，其实正是文词在固定位置有这样的固定句式，才要求编配者编配时具备同一性。以《牡丹亭·惊梦》【山坡羊】曲牌第 9 句到第 12 句的结构为例，我们可以看出，定格腔是以文词为主导。

（9）迁延， 两字
（10）（这）衷怀/哪处言！ 五字
（11）淹煎， 两字
（12）（泼）残生/除问天！ 五字

---

① 朱载堉. 律吕精义 [M]. 北京：人民音乐出版社，1998：924.
② 王耀华. 乐韵寻踪：王耀华音乐文集 [M]. 上海：上海音乐学院出版社，2007：226.

谱例 3

【山坡羊】曲牌在这里的句式结构非常规范,为两字/五字和两字/五字对仗关系,字数统一。此外,五字句的分逗也一致。从所列 3 个唱段的【山坡羊】的谱例来看(谱例3),定格腔的旋律走向基本一致,定格腔与定格句的结构相吻合。定格腔的位置选取颇为讲究,从整个【山坡羊】唱段的句数上来说,第 9 句正好处于黄金分割点的位置,体现了昆曲声腔艺术的传统审美心理。定格字、定格句、定格腔的出现,彰显出昆曲声腔艺术以文词为核心的命题。

3. 唱段句群划分与唱腔乐段划分的一致性

通过对上百首昆曲商调曲牌的音乐形态分析,笔者发现昆曲唱段句群划分与唱腔乐段划分基本保持一致。各乐段间多是不对称的并列结构。在此方面昆曲沿袭了宋词中"词"与"曲"结构一致性原则。在顾淡如《宋词的结构》一文中,通过对姜白石歌曲的分析可以看出词曲结构的一致性原则:

> 从以上结构分析结果看,词与曲的关系无论在句逗(读)起迄(讫),节奏停顿,段落划分,音乐素材的运用等方面,结合都是紧密一致的,即词的段落划分亦即曲的段落划分,词的结构相同者音乐亦相同,(或基本相同)词的结构相异者音乐亦相异。①

---

① 顾淡如. 宋词的结构[C]//中央音乐学院《民族音乐结构研究论文集》编辑组. 民族音乐结构研究论文集. 北京:中央音乐学院学报社,1986:136.

词有上、下阕，昆曲商调引子的唱段有并列结构的复乐段。宋词体有"令、引、近、慢"，以"令"为最小，"慢"为最大，【莺啼序】属于"慢"。昆曲商调【莺啼序】曲牌由 8 句组成，唱词篇幅上无法与宋词【莺啼序】相对应，但名字的流传是否与宋词中的【莺啼序】有渊源关系，有待进一步考究。从段落划分来看，词有单调（一段体）、双调（二段体）、三叠（三段）、四叠（四段）等结构形式。① 昆曲乐段的划分，也有并列结构的二段体和三段体等。

4. 唱句音乐旋律的编配以"不倒字"为准则

昆曲商调曲牌的唱句结构形式严谨。唱句结构以基本旋律音型 A 和基本旋律音型 B 为基础的唱句结构变化。笔者在前文分析曲牌唱词时，着重列出唱词的阴阳四声关系。这个阴阳四声关系有些位置可以变动，有些位置固定不变。

5. 昆曲制曲之法

在田野调查中，笔者曾向学习过昆曲并有实践经验的南京曲家朱继云和杨立祥请教制曲之法。在此基础上笔者结合前文中的音乐形态分析，大致总结出如下制曲步骤：

（1）根据剧情选择合适的曲牌。每个曲牌都有其善于表达的情绪，根据自己所要编配剧目或者唱段的整体情绪，选择合适的曲牌是至关重要的第一步。

（2）根据所选择曲牌的词式结构，厘定编配乐段的词式结构。前文对昆曲商调系统三个曲牌类别下属的诸多曲牌进行词式结构及韵字平仄四声的总结，发现各唱段句尾处用韵一般都颇为考究。唱段用韵也是度曲的基础工作。

（3）为唱段编配唱腔之前，优先考虑编配的曲牌类别。如果是孤牌自套曲牌，则要考虑该曲牌的定格字、定格句或者定格腔的位置。如果是联套曲牌，要考虑该联套曲牌的共性旋律音型及内部各曲牌固定句位的固定旋律音型。制曲前先把位置标记出来，提醒自己注意。因为这一曲牌类别唱腔旋律风格的体现，往往就在这几处的关键位置。

（4）结合唱词的"四声阴阳"对唱段制曲，不能"倒字"。句尾韵脚处要体现出两个特性旋律音型。每个唱句乐句的组合方式可以借鉴笔者归纳出来的诸多方式。

通过以上分析，我们可以从两个角度透析昆曲曲腔关系。纵向看：通过相同曲牌不同剧目各唱句旋律音型及结构的梳理，可以归纳出每个唱句的旋律基本音很少变化。这说明曲牌确实有个主脊梁（大骨干音）在其中。横向看：通过每个剧目的句式结构分析，我们不难发现，昆曲每个曲牌都有一到两个特性旋律音型。昆曲曲牌的"主腔"如果存在，那么应该只有一个，其他腔体是在此基础上变化发展来的。

（二）一个骨干音型和两个特性音型

笔者经过对一百多首昆曲曲牌唱段分析，总结出昆曲唱腔旋律的构成是"一个骨干音型和两个特性旋律音型"。

---

① 顾淡如. 宋词的结构［C］//中央音乐学院《民族音乐结构研究论文集》编辑组. 民族音乐结构研究论文集. 北京：中央音乐学院学报社，1986：137.

1. 昆曲曲牌曲腔关系中的"曲"和"腔"

"曲"是"框格",属于不变的因素。"腔"属于润饰的成分,具有可变性和灵活性。前文总结出的昆曲商调曲牌系统一个骨干音型"do(高音),la,sol,mi,sol,la,mi,do,re,do,la(低音),sol(低音),la(低音)"和两个特性旋律音型就是"曲"的部分。这一个骨干音型是从构成乐句的基本旋律音型 A 和基本旋律音型 B 的基础上提炼出来的。笔者提炼出来的这个"曲",是昆曲商调曲牌中的共性因素。

两个特性音型是"re,do,la(低音)"旋律音型和"do,re,mi"旋律音型。这两个旋律音型都有各自的衍生音型。两个特性音型及其各自的衍生音型多出现在唱句韵脚处,并为韵脚处的统一润腔。这两个韵脚处所特有的"腔韵"不能看作是任何曲牌的标志性因素,而是整个昆曲商调曲牌韵脚处的统一标志。这两个特性音型是曲腔关系中的"腔韵",它们总是出现在各曲牌句尾的韵脚处,也属于共性因素。昆曲曲牌"腔"的变化是在"曲"的基础上,结合人们长期唱曲实践积累下的审美习惯及"口传心授"的传承。

2. 昆曲商调曲牌"曲"与"腔"的关系

本文总结的一个骨干音型和两个特性旋律音型是昆曲曲牌旋律构成的共性因素。旋律骨干音型和句尾韵脚处的两个特性旋律音型,使得唱段无论怎样千变万化,都不会脱离昆曲曲牌的本质属性。

"旋律骨干音型"是基本框架,实际编配中唱腔必须遵循"四声阴阳",唱句唱词的"四声阴阳"有稳定的位置和可变的位置。因此,编配唱腔时可在旋律骨干音上灵活变化。两个特性旋律音型在实际使用过程中,也有多种"衍生腔"的形式。"衍生腔"的出现,为句尾带来新鲜色彩的同时,不会改变音结构的本质。"一个骨干音型和两个特性旋律音型"不会是一种禁锢。

(三)再谈"主腔"

通过以上分析,我们可以一斑窥全貌,重新认识《昆曲曲牌及套数范例集》中的"主腔"含义。通过对昆曲商调系统不同曲牌上百个唱段的音乐形态分析,我们可以总结出《昆曲曲牌及套数范例集》中各个"主腔"主要散布在以下几个领域:

(1)"主腔"处于唱段第 1 句。有些曲牌可以认为有"主腔",但"主腔"只有一个,即全曲牌的第 1 句。以下各句为它的变体。如《幽闺记·抱羔离鸾》【金梧桐】就是如此。

(2)"主腔"主要体现在两个基本旋律音型 A 和 B 中。剧目中使用基本旋律音型时,其变化是灵活多样的。制曲家可在两个基本旋律音型基础上有时密集,有时稀松,甚至在稀松处再加入另一基本旋律音型。这就是为何我们在听一个同名曲牌的不同唱段时,感觉似曾相识,又觉得各具个性的原因。

(3)有时"主腔"其实就是韵脚处的"腔韵"。笔者采访南京曲家朱继云时,她在昆曲不同宫调曲牌的韵脚处找到了同一个腔调，这造成了"主腔不主"，以及"主腔"不具备唯一性的现象。此外，如果一个曲牌的"主腔"同时出现在几个曲牌中，就会造成"重主腔"。

（4）有时"主腔"其实是整个商调式系统在非韵脚处使用的特性旋律音型。特性旋律音型"do，re，mi"和"re，do，la（低音）"有时并非只出现在唱句的韵脚处，还会出现在唱段中，并且有一定的时值。这两个特性旋律音型在整个商调式系统中居于重要位置。如果单一地说这个腔调在某个曲牌中是主腔，必然会造成曲牌系统的混乱。只有当我们提炼出所有唱段结构的共性特征之后，才能够简化"主腔"。

王季烈在《螾庐曲谈》中认为，"主腔"是一条连续而上下波动的线。笔者总结出来的昆曲商调系统的骨干框架音就是"这条线"。在实际唱段中，各润腔或旋律的变化都是以"骨干框架音"为中心的上下波浪式前进。王季烈感觉到了"这条线"，但似乎忽略了昆曲唱腔句尾韵腔处特性旋律音型的框架作用。

王守泰在《昆曲曲牌及套数范例集》中，对"主腔"追求其神似，即通过若干具体"主腔"的描述，力争把其明确在一个个具体的"框架"内。此做法固有其可贵之处，但是未免有些烦琐且不能归纳出昆曲曲腔关系的核心本质。

结　语

昆曲南曲商调系统曲牌曲腔关系的特点集中表现为一个骨干音型"do（高音），la，sol，mi，sol，la，mi，do，re，do，la（低音），sol（低音），la（低音）"和两个特性旋律音型"re，do，la（低音）"和"do，re，mi"，这属于曲腔关系中"曲"的部分。这个骨干音型是从构成乐句的基本旋律音型 A 和基本旋律音型 B 的基础上提炼出来的。两个基本旋律音型构成乐句的组合方式有独体式、联合式、扩展式等 8 种。"腔"为"色泽"的因素，具有可变性和灵活性。昆曲曲牌曲腔关系集中彰显出其音韵声腔艺术的特征。

附言　本文是从笔者博士学位论文《昆曲商调曲牌曲腔关系研究》有关章节中整理而成。导师王耀华教授给予悉心指导，在此表示诚挚谢意。

（本文原载《中国音乐学》2009 年第 1 期，略有改动）

作者简介　蒯卫华，女，博士，北京师范大学艺术与传媒学院副教授、硕士生导师。1996—2000 年就读于河北师范大学音乐系（今河北师范大学音乐学院）；2004—2005 年任河北师范大学音乐学院教师。

闪耀在王光祈著述中的唯物辩证法思想

廊坊师范学院音乐学院　周旭光

王光祈，字润玙，笔名若愚，是我国近代伟大的音乐学家、东方比较音乐学的开拓者，对我国近现代音乐学的发展做出了杰出的贡献。空想社会主义思想一度左右着他的实践活动。由于空想社会主义与马克思主义之间具有的关系，所以他在论著中便流露出一些唯物主义和辩证法思想。当然，空想社会主义的唯心主义本质使王光祈的世界观未能超越资产阶级民主主义的范畴，因此，他也就不可能全部自觉地运用辩证唯物主义著书立说，这也是今人不能苛求于他的。

一、以"反映论"建立对于音乐的基本认识

"反映论"作为唯物主义的认识论认为，"观念的东西不过是移植在人的头脑中的并在人的头脑中改造过了的物质的东西"。[①] 王光祈曾提出，"音乐是人类生活的表现"[②]（《欧洲音乐进化论》），是"社会生活的反映"[③]（《中国音乐史》）。不言而喻，他对于音乐这一观念形态的基本认识是合乎唯物主义认识论的。

王光祈这种唯物主义认识论的闪现，可以从以下小例中得到印证。他在《中国律制发微》这篇著作中详考了《吕氏春秋》中关于"黄帝令伶伦造律"的典籍记载，不仅从生律方法上考释，而且对"大夏""阮㺩""凤凰之鸣"做了如下解释。

关于"大夏"，王光祈初步认为或解为"西方之山""西戎之国"，当指巴比伦或巴比伦文化势力所覆盖区域。对于这则材料的分析，他认为当时中国随处皆可找着竹子，何以黄帝必须差遣伶伦爬山越岭，前往西方一个特定处所（嶰嵠之谷）找竹子？是否当时他已知道西方的一个民族对于乐制颇有发明，因而特命伶伦前去研究？于是王光祈认为当时的伶伦实已逾越中国国境，成为中国最早的留学生。在这种思想引导下，王光祈认为《吕氏春秋》所云："（伶伦）次制十二筒，以之阮㺩之下，听凤凰之鸣，以别

---

① 列宁，中共中央马克思恩格斯列宁斯大林著作编译局. 列宁论马克思恩格斯与马克思主义 [M]. 上海：解放社，1949：7.
② 王光祈. 王光祈音乐论文选 [M]. 成都：王光祈研究学术讨论会筹备处，1984：50.
③ 转引自谭勇，胥必海，孙晓丽. 新文化运动时期"音乐闯将"王光祈与西南地区民族音乐 [M]. 北京：民族出版社，2010：222.

十二律……"①，其实所谓"阮瑜（阮瑀）之下"也许是伶伦先生听讲的讲堂，所谓"凤凰（凤皇）"也许是他的男女教习。

从今人对这段文字的校释看，王光祈的解释未见得完全合理，但是其解释的合理内核在于他根据社会生活的实际情况进行分析和推断，摒弃了神话色彩，从社会音乐生活的实际出发，提出自己的见解。在王光祈生活的时代，西方关于音乐本源之说已有多种，如康德曾认为音乐是"纯感情"的表现；黑格尔认为音乐的任务在于传达内在的自我；汉斯立克也曾说过，"音乐的内容就是乐音的运动形式"②。王光祈生活的时代处于西方世界五花八门的哲学思潮之中，他能够从"反映论"的角度出发，提出"音乐是社会生活的反映"的认识论基本观点，应当说是难能可贵的。

二、历史唯物论和王光祈的音乐史学方法

王光祈作为以科学方法治论音乐史的一代音乐史家，不仅完成了若干种中外音乐史学著作，而且注意到了史学方法论研究的有益之处，这在中国近代音乐史中当属首创。在《治音乐史之方法》一文中，他以"英雄主义和时势主义""偏重理论与偏重实用""注重部分与顾及全体""只讲形式与专讲内容"等命题提出了接近辩证唯物主义的方法论主张。

他提出的"英雄主义和时势主义"体现了在历史创造者问题上所持的历史唯物主义观念。他指出持"英雄主义"历史观的人主张"一代音乐之盛衰全以有无'伟大作家'为转移……所谓'英雄造时势'是也"；持"时势主义"历史观的人则主张"一位'伟大作家'之产生，皆系由于当时环境使然；为此环境所支配所造成之人材，原不止几个'有名作家'，实有许多'无名英雄'，奋斗其间。换言之，'伟大作家'实受了当世潮流与同时人物之影响，所以有此成绩，殆所谓'时势造英雄'者是也"。③这里提出的"英雄造时势""时势造英雄"的观点，实质上是唯心主义历史观和唯物主义历史观的区分所在。接着，他指出，"主张'英雄主义'的人，编纂音乐历史之时，最喜于每代之中抬出几个'伟大作家'，以作代表……而且对于当时环境背景多不甚注意"；仿佛"一切庄严灿烂世界，皆由此二三天才凭空创造出来的"。④显然，这是对历史唯心主义"英雄史观"的批判。反之，他对以"时势主义"治论音乐史的人则流露出赞扬的语气。他指出："主张'时势主义'的人，对于'伟大作家'虽亦与以相当重要地位，但同时对于环境背景以及无名英雄，却极加以注意，不让'伟大作家'独出

---

① 韩琦. 安阳集编年笺注：下 [M]. 成都：巴蜀书社，2000：1133.
② 爱杜阿德·汉斯立克. 论音乐的美：音乐美学的修改新议 [M]. 杨业治，译. 北京：人民音乐出版社，1978：39.
③ 王光祈. 王光祈音乐论著选集：上册 [M]. 北京：人民音乐出版社，1993：230.
④ 王光祈. 王光祈音乐论著选集：上册 [M]. 北京：人民音乐出版社，1993：230.

风头……"① 可见，他的思想倾向于"时势造英雄"的唯物史观。但是，他又把认识论上的两种截然不同的治史方法简单化为时势主义更"科学式"一点，而英雄主义则更"小说式"一点，这无疑冲淡了他在方法论问题上做更深入的哲学思考，进而他表示"兼采两种主义"。将一种哲学意义上的方法论，演化为写作方法上的深入与通俗，这正是他没有具备马克思主义历史唯物论的立场、观点、方法所致。但他在这一思考过程中闪现出的唯物主义史观的光芒也十分明显，应予以肯定。

他提供的"偏重理论与偏重实用"的治史方法，实质上论证了科学实证方法的重要性。他指出了中国古代音乐史上不注重谱、器的收录，"常将天文时令政治风俗，混在一起，讲得'不亦乐乎'"，②结果导致中国古代音乐文献资料流失过多。他注意到西洋近代音乐史家皆由"偏重理论"趋向于"偏重实用"。近百年来"翻印古代作品，不可胜计，收藏古代乐器，动辄数千"③，这就为科学实证的方法论提出了基础。因此，王光祈所谓"偏重理论"与"偏重实用"实则是"理性思辨"和"科学实证"两种不同思维方式指导下的史学方法。"科学实证"的思维方式，使他能够运用近代物理学、音乐学的科学成果整理我国古代乐律文化遗产，同时取得了"音响学""声音心理学"等方面的研究成果。事实上，"科学实证"已成为王光祈音乐史学方法的重要支柱。

王光祈提出的"注重部分与顾及全体"的治史方法，注意到了广博与精深的关系。他在"专讲形式与专讲内容"的治史方法中，主张二者均当同时顾及，这是一种朴素的辩证法思想。

以上王光祈提到的几点治史方法，已可见历史唯物主义认识论、方法论的思想萌芽，在他的史学研究中已有所接触。虽然有些尚属思想萌芽，但也对他的音乐史学论著的科学性提供了一定的理论支持。

三、音乐进化论中的辩证发展观

王光祈的音乐进化论观点，来源于达尔文的"生物进化论"。他在比较了历史进化论中的"下降说""上升说""循环说""弧形说"之后，认为"以上四种进化论的思想，对于民族的兴衰实有很大影响"④。他相信"弧形说"，"虽遭世风颓下，亦复毫不灰心"，因此他以"弧形说"来解释音乐的进化。所谓"弧形说"即以为"人类的进化，是永远向上的，但不是痛痛快快一根直线往前进行的，而是时升时隆，有如弧形，最后结果，终是前进。即或有时偶然似乎退回原处，但其内容已与前此不同……"。⑤

马克思曾说过："……发展似乎是重复以往的阶段，但那是另一种重复，是在更高

---

① 王光祈. 王光祈音乐论著选集：上册［M］. 北京：人民音乐出版社，1993：230.
② 王光祈. 王光祈音乐论著选集：上册［M］. 北京：人民音乐出版社，1993：231.
③ 王光祈. 王光祈音乐论著选集：上册［M］. 北京：人民音乐出版社，1993：231.
④ 王光祈. 王光祈文集：音乐卷［M］. 成都：巴蜀书社，1992：6.
⑤ 毕兴，苑树青. 黄钟流韵集：纪念王光祈先生［M］. 成都：成都出版社，1993：364-365.

基础上的重复（'否定之否定'），发展是按螺旋形而不是按直线式进行的……"①

可见，王光祈认定的"弧形说"与马克思主义的辩证发展观有一致的地方。马克思主义的辩证发展观还认为，只有从这种辩证发展的理论出发，才能把认识理解为一个过程，才能明白人类的认识是如何历史性地、合乎逻辑地发展着，才能揭示概念的性质。

按照王光祈的进化论思想，音乐的起源来自早期人类的"呼喊"，这使他摈弃了音乐起源于神话传说人物"伏羲、女娲"的说法，从而使他从社会生活的实际出发来处理这些文献材料。关于人类对音响规律的认识，他曾主张由五律增为六律、七律增至十二律，这也是符合先民对音响世界的客观认识过程的。

按照"弧形说"的观点，他注意到了艺术发展与社会发展不一定同步的历史现象。例如，自1849年至1866年，中国近代社会动乱频繁，但不妨碍人民对昆曲艺术文雅细致风格的扬弃，追求慷慨激昂的戏曲风格茂生，从而促进了皮黄和梆子腔的兴盛。

应当指出，王光祈的音乐进化论多少受到了"机械论"的影响。他曾将历史上政治、宗教的进化历程，归纳为由多到少以至于无，并且以此类比音乐的发展，认为音乐的调性发展亦是由多到少以至于无，遂产生"无主乐"，这也使王光祈的认识走到了唯物论的反面。

四、宏观思维视野中的辩证法因素

唯物辩证法的第一个特征是普遍联系的观点。唯物辩证法认为，在考察物质世界时"首先呈现在我们眼前的，是一幅由种种联系和相互作用无穷无尽地交织起来的画面"②，所以"要真正地认识事物，就必须把握、研究它的一切方面、一切联系和'中介'"。③ 王光祈音乐学研究的宏观视野是与此相吻合的。他的论著中多次强调，研究音乐的人，必须同时注重其他各种历史。④ 他主张"从政治、宗教、哲学、美术各种所铸成之'整个人生'以观察音乐作品"。⑤ 这种宏观的思维视野已经具有系统思想的某些特征。在《音乐与时代精神》这篇著述中，他从如上提到的各方面论及对于音乐的影响。虽然其中有些观点尚有不足，但从各种学术普遍联系中看待音乐艺术的自身规律变化，还是给我们进行音乐学研究的宏观思维以启迪。

例如，他注意到以美术为主的文艺复兴运动促进了复调音乐向主调音乐的转变，同时还将艺术中心由宗教的变为非宗教的；将建筑艺术以教堂为主转向以宫殿为主；将以

---

① 毕兴，苑树青. 黄钟流韵集：纪念王光祈先生［M］. 成都：成都出版社，1993：365.
② 中共中央马克思恩格斯列宁斯大林著作编译局. 马克思恩格斯选集：第三卷：上［M］. 北京：人民出版社，1972：60.
③ 中共中央马克思恩格斯列宁斯大林著作编译局. 列宁选集：第四卷［M］. 北京：人民出版社，1960：453.
④ 王光祈. 王光祈音乐论著选集：上册［M］. 北京：人民音乐出版社，1993：213.
⑤ 王光祈. 王光祈音乐论著选集：上册［M］. 北京：人民音乐出版社，1993：213.

圣歌为主的中世纪音乐转向以歌剧为主。一种文艺思潮触动了整个艺术领域，各种艺术的变化同时受到这种文艺思潮的影响。

从美学意义上看，王光祈注意到巴洛克时期以争妍斗丽、活跃如飞的"动态"美代替了文艺复兴时期形式整齐、意态娴雅的"静态"美。这种美学思潮对于当时的音乐产生了影响，从而出现了"形态参差""变化莫测"的赋格音乐。其句法极不整齐，篇法又如重楼叠阁，使人莫测究竟，直到篇末始将各句集中，显其"伟大宏壮"。

以后的洛可可艺术、古典主义、浪漫派、印象派、现代派的艺术风尚都对音乐艺术产生着不同程度的影响，造成了音乐艺术风格的嬗变。王光祈从普遍联系的角度出发，勾勒出音乐艺术风格代变与各种姊妹艺术风格代变的关系，以及音乐与整个时代文化背景演变的关系。虽则尚未深入，但已属我国音乐学领域的首创。20世纪30年代初，这种论述不仅有益于开拓当时音乐学家的理论境界，而且这种以普遍联系相互作用的辩证思维方式亦启迪着音乐学家的思维灵感。王光祈提倡的不做"史匠"而做"史学家"的意愿在此也得以显示。

如上各点，仅仅是对散见于王光祈著述中较为明显的唯物辩证法思想因素的归纳。这种属于马克思主义认识论、方法论的思维武器在王光祈的整个思想体系中究竟占有多少分量，其产生、发展又有何特征和规律，本文碍于资料和笔者学识水平的限制，未能做深入探讨。笔者以为以历史唯物主义的态度对王光祈思想体系做具体、深入的阐发，目前仍是王光祈研究中一个重要的课题。

（本文曾于1990年10月获得国家级奖励；原载《人民音乐》1992年第4期，并于当年被《人大报刊复印资料》全文检索）

作者简介　周旭光，男，音乐教育家、男中音歌唱家、作曲家，廊坊师范学院音乐学院原院长、教授，河北师范大学特聘硕士生导师。1991年毕业于河北师范大学音乐系（今河北师范大学音乐学院）。

中国传统文化的主体间性研究
——以中国传统音乐为例

石家庄学院音乐学院　李　林

摘　要　本文首先阐明了研究中国传统文化主体间性的重要意义，其次重点介绍了主体间性的概念和特征，最后从构成中国传统文化的铁三角——儒、释、道三个侧面进行分析，并分别以音乐为例进行说明。儒家在音乐艺术上主张"美善相乐"和"美善合一"；儒家文化主张遵守"伦理纲常"从而实现社会的和谐。佛教音乐讲究板眼分明、轻重得当，从而达到协调、和谐，这与佛教的"众生平等"原则相吻合。道家强调万事万物都是"道"化生的结果，单独的个体不存在优先权和特殊性；道教音乐充分尊重每一个参与演奏乐器的独特风格。本文着眼于理论并联系实际，对中国传统音乐文化教育提出了一些意见和建议：音乐教师要接受和传授主体间性的思想观念，营造和谐民主的教学氛围，使用激发学生主体性的教学方法，合理利用教学文本，引导学生热爱中国传统音乐和中国传统文化。本文认为，中国传统文化主体间性特征可以促进现代社会摆脱二元论的束缚，并以此为指导，构建出教学相长的教学环境和多元、和谐、生态式的新世界。

关键词　中国传统文化；中国传统音乐；主体间性

一、研究的意义

国家的强盛和民族的复兴离不开传统文化的传承和发扬。中华民族创造了光辉灿烂的传统文化。在中国传统文化中，"和"是最重要的特征。在当代，社会个体和团体之间的关系变得日益复杂。复杂系统如果想要正常有序地运行，就必须尊重和接纳不同个体之间的差异性。对于这种现状，关于主体间性思想理论体系有深入研究的必要。

中国传统文化的许多侧面都体现出鲜明的主体间性。做好中国传统文化的主体间性研究，对于中华文明的传承，对于世界范围内的多民族、多文化的社会生态系统的构建都有重要意义。本文以中国传统音乐为例，通过促进中国传统音乐文化的传承和发扬，帮助儿童和大学生树立民族自尊心与自信心，这样，当他们接触西方音乐时才不会感到自卑，这一点对于学生们的身心健康非常重要。尊重不同国家、不同民族、不同宗教、不同文化之间的差异，对彼此的信仰、文化体系及价值观也要做到互相尊重、互相交流、互相借鉴、互相包容、和谐共处。

二、主体间性的意义和特征

主体间性（Intersubjectivity）这一概念是西方哲学体系的产物，其最底层的含义是"主体和主体之间的统一性"。不同于之前的"主—客体"理论，主体间性的提出使得人们在认识世界的时候从关注主体性和"主—客体"关系转向为关注"主体—主体"之间的关系，也就是群体性。因此，从广义上来看，主体间性强调的是集体成员之间的内在相关性和统一性，这就从根本上否定了主体性理论中的主客对立的关系，而替代为主体与主体之间的交往与理解的关系。① 主体间性强调多元主体之间的对话、理解和交往，形成你中有我、我中有你，共同生发的集体。

主体间性的理论植根于所有生命体的最底层需要——生存。任何一种生存都是一种群体性的生存，孤立的个体无法在宇宙中存活。群体性的生存就必然需要各个成员之间的交流与协作。这就要求人们在认识世界的时候用更加宽阔的视野，正确面对"主体—主体"之间的关系。这种"集体的统一性"思想和"对于个体特性的尊重"一直是中国传统文化反复提及的。因此，中国传统文化具有很强的主体间性。

三、儒、释、道文化的主体间性

如前文所述，为了保证一个集体的和谐，必须充分认识和尊重集体成员之间的内在相关性和统一性。关于这一点，在中国传统文化中有很明确的体现。中国传统文化的重要组成部分——儒、释、道文化都从不同的侧面进行过诠释。

（一）儒家文化和儒家音乐的主体间性

儒家文化以仁为核，以和为贵，非常注重处理个体与群体的关系问题。除了要加强自身的修为之外，还要用社会规范来协调人与人之间的行为，从而让人们遵守"伦理纲常"，实现人与人的和谐。例如，孔子说："君子周而不比，小人比而不周。"② 君子是孔子人生理想的载体和目标，这里面的"周"是圆满的圆圈，是可以触及所有地方的"面面俱到"。"比"从字形、字义上来看就是指两者完全一样。如果强行要求别人和自己一样，就容易形成狭隘的判断标准，这对于整体的和谐极其不利。孔子还说过："君子和而不同，小人同而不和。"③ 君子可以与其他个体和谐共处，不是基于随声附和，强求一致。儒家的另一位代表人物孟子说："君子以仁存心，以礼存心。仁者爱人，有礼者敬人。爱人者，人恒爱之；敬人者，人恒敬之。"④ 这里表达了理想化的人——君子要在内心承认每个人都是平等的，没有高下贵贱之分。仁者必须严格遵循"礼"的

---

① 杨春时. 本体论的主体间性与美学建构[J]. 厦门大学学报（哲学社会科学版），2006（02）：5-10.
② 孔丘. 论语[M]. 北京：北京出版社，2008：9.
③ 孔丘. 论语[M]. 北京：北京出版社，2008：91.
④ 孟子. 孟子译注[M]. 北京：北京联合出版公司，2015：227.

规范,去理解、尊重和爱其他的人。这样的话,其他的人才能够去理解、尊重和爱"仁者"。当群体之中的主体都能够践行这样的主张时,必然会达到社会的和谐。孔子和孟子的这些思想都深刻地表达了人类社会的主体间性。

儒家在音乐艺术上主张"美善相乐"和"美善合一",追求"尽善尽美"的审美理想。荀子说:"故乐行而志清,礼修而行成,耳目聪明,血气和平,移风易俗,天下皆宁,美善相乐。"① 这表明了他心目中好的音乐作品应该能够达到音乐与志向、艺术与道德的融合统一,可以促进人的身心健康与社会和谐。另外,还可以根据不同乐器的特性赋予它们风格迥异的自然主体的品格,如:"鼓,其乐之君邪?故鼓似天,钟似地,磬似水,竽笙箫和筦籥似星辰日月"。② 从不同乐器的主体间性出发,创作者应该尊重每件乐器本身的特性,从而赋予它和人本身一样的品格特征。这是一种你中有我、我中有你的共生关系,而不是所谓的主体对客体的同质化替代。

(二) 佛家文化和佛家音乐的主体间性

中国的佛教文化认为"一切众生悉皆平等"。在这个基础理念之上,又认为"众生皆有佛性"。既然众生皆有佛性,那么众生之间的交流也应理所当然地遵循"众生平等"的基本原则,这样的平等观是主体间性的基础。《金刚经》中"是法平等,无有高下",也表达了类似的主张。这是在告诫世人要去除差别心,要看到差别化的表象之内存在着的统一性。这种统一性是表象不同的各个主体之间交流与合作的基础。

佛家追求的"众生平等"观念表现在音乐上就是"适度"与"和谐"。"适度"要求主体影响力要限定在一定的范围之内,不能越界,不能侵略其他主体的"合理范围"。这种"适度"恰恰也是"和谐"的基础,既表现在人耳的听觉上,也表现在演奏者的表演尺度上。例如,智化寺音乐要求表演者在敲击时要板眼分明,轻重得当,从而达到协调、和谐。演奏者既相互照应又各自发挥所长,避免单调齐奏。智化寺音乐至今依然保持着佛教音乐特有的远、虚、淡、静的意境。③ 从历史悠久、源远流长的智化寺音乐中,我们可以听出中国传统音乐的味道,这里面蕴含着非常鲜明的主体间性。

(三) 道家文化和道家音乐的主体间性

道家从终极宽广的宇宙视角及原初意义上的有无,来探讨人与自然、天地及人之间的关系。老子说:"道生一,一生二,二生三,三生万物。"④ 这就从发生学的角度指出了万物的平等性。老子又说:"人法地,地法天,天法道,道法自然。"⑤ 即人和世界上的万事万物都是"道"化生的结果,都来源于自然,也必将复归于自然。天、地、人

---

① 吉联抗. 孔子孟子荀子乐论 [M]. 北京:人民音乐出版社,1959:28.
② 刘承华. 中国音乐美学的主体间性:中国传统音乐中人与对象的关系 [J]. 中国音乐,2007 (02):56 - 63.
③ 袁邈桐. 北京的古代寺庙与佛教传统音乐文化一探 [J]. 商业文化,2015 (11):74 - 77.
④ 老子. 道德经新解全译本 [M]. 北京:民主与建设出版社,2016:140.
⑤ 王育颐,赵桂藩,王嘉翔,等. 中国古代文学词典:第四卷 [M]. 南宁:广西教育出版社,1989:546.

都要遵从自然之道，没有不遵守的优先权和特殊性。这是主体间性的重要特征。

庄子说，人在潮湿的地方睡觉就会患病，泥鳅却并不会如此；人在高树上居住会心惊胆战，猿猴却不会如此。那么他们三者究竟谁是唯一正确的呢？这里其实没有唯一正确的客观标准，都是根据自身的特性来选择。庄子还从食物和择偶（食色，性也）这两个最基础的层面进一步说明了这个问题。他指出，不同的物种都有自己认为的"美味佳肴"，不同的物种都有自己的审美标准。庄子所列举的这些故事都说明了每个个体都有自己的特性，把一个个体的选择看成是所有个体的"唯一标准"的思想是站不住脚的。

道教音乐无论是唱还是奏都非常注重音色的处理，甚至从声音的发振初期就讲究音乐色彩的把握，参与演奏的乐器也都具有自己独特的音色风格。锣、鼓等打击乐器在演奏法上产生的丰富音色，从微观到宏观都进行了有序的多样化组织。这充分体现了道家音乐强调多元主体的对话，共生性、平等性和交流关系的特征。从这个意义上来看，道家文化和道家音乐具有强烈的主体间性。

四、主体间性理论指导下中国传统音乐文化教育的探索

（一）音乐教师要接受和传授主体间性的思想观念

要想顺利实施主体间性理论指导下的中国传统音乐文化教育，关键的是音乐教师自身应先接受主体间性理论，这是因为教师在教学活动中起到的是主导作用，他们的世界观、人生观和价值观会直接或间接地传递给学生。音乐教师本身的主体特征是千差万别的，因此教师与教学文本的主体间性作用中必然会出现理解的差异，这种差异性解读恰恰是主体间性理论所推崇的。这种多义性理解增加了单一文本的内涵和外延，扩展了教学文本的价值空间。尊重每个音乐教师的差异性是实现师生之间主体间性的基础条件。音乐教师还要把主体间性的思想传递给学生，让他们知道主体间互动的重要性和彼此尊重的重要性。

（二）音乐教师要合理利用教学文本，引导学生热爱传统音乐

自鸦片战争到"五四运动"，也就是"西学东渐"的第二阶段以后，中国的音乐教学基本上是"全盘照搬"西方。经过了一百多年的影响，我们的审美趣味似乎也在逐步"西化"。现在绝大多数人学习音乐知识都是从简谱、五线谱、十二平均律等西方乐理知识入手，从工尺谱、减字谱等中国传统音乐理论知识入手学习音乐的人可谓是凤毛麟角，这就导致学生甚至是部分音乐教师在欣赏我们自己的传统音乐时反而觉得"不好听"，增大了中国传统音乐文化传承和传播的难度。教师应该将中国传统音乐文化转换成学生易被接受的表现形式，从而使学生发挥其主体间性，实现中国传统音乐文化的传承和生发。

音乐教师在教学文本的选择、加工上要充分发挥主观能动性，不落窠臼、推陈出

新,可以尝试把课本以外的素材纳入"教学文本"中,激发学生的学习兴趣。例如,黄霑为中国武侠电影创作的主题曲《沧海一声笑》就是具备浓厚中国传统音乐文化特色的好作品。这首曲子所用的"宫、商、角、徵、羽",翻译成简谱应该是1、2、3、5、6。这首曲子看似简单,其实体现出了中国五声音阶的精华,达到了"大道至简"的境界,这恰恰是中国传统文化的重要特征。这首曲子创作的灵感来源于古书《乐志》。当黄霑看到《乐志》中记载的"大乐必易"四个字的时候,感到豁然开朗。他想最"易"的莫过于中国五声音阶,于是反用五声音阶,将其改成"羽、徵、角、商、宫",于是这首颇具中国古曲风韵的《沧海一声笑》就诞生了。这首曲子既有中国传统音乐文化的特色,又有时代性特征,还和电影《笑傲江湖》紧密联系,同时拥有引人入胜的创作故事,这样很容易开展文学、音乐、影视相结合的多媒体教学活动。如果音乐教师用这样的教学文本来激发学生的学习兴趣,后面的教学工作开展起来就变得容易了许多。

（三）多使用激发学生主体性的教学方法

在主体间性理论的指导下,音乐教师在教学中要多使用讨论法,一味地传授和灌输是忽视学生主体性的一种表现。音乐教师在教学活动中应该充当提问者的角色,负责提出问题并进行引导,让学生为解决这个问题而主动探索。在探索欲的驱使下,学生学习会变得更加积极主动。音乐教师的职责是确保讨论的问题照顾到学生的好奇心、兴趣、爱好和求知欲,然后用启发式教学法调动学生学习的主动性,从而让他们克服困难、解决问题。

（四）营造民主和谐的教学氛围,促进各个教学主体间的良性互动

主体间性理论指导下的教学活动应该是一个教学相长的互动过程,师生之间的关系应该是平等、和谐而民主的。创造民主和谐的教学气氛,鼓励学生发表不同意见,允许学生向教师提问,甚至是质疑。在这样的教学氛围下,学生才能自由思考,敢于质疑和探索。营造民主和谐的教学氛围一定要注意尊重学生的主体差异性,尊重学生独特的情感体验和对文本的个性化解读。另外,学生之间的主体间性交往也应该得到大力的提倡。因为和谐平等的关系不仅仅体现在师生之间,还体现在学生与学生之间。教学活动本身就是一项集体活动,如果教学交往只局限于教师和学生之间的话,教学活动便成了彼此孤立的一条条单线。只有把学生与学生之间的主体间性关系充分调动起来,才能够形成复杂密集的动态教学网,最大化地实现教学目标。音乐本质上是实践的艺术,多让学生参与需要集体合作才能完成的音乐实践活动,如合唱、合奏、集体舞蹈等,可以为建立良好的学生与学生之间的主体间性关系创造良好的契机。

五、结　语

中国传统文化是用中国式的语言表达的,而主体间性是西方哲学体系的产物。它们

之间既有文化差异性，又有普遍意义上的文化共同性。充分认识中国传统文化的主体间性有助于人们重新审视音乐教学的现状、思考新出路，这不仅有利于改善师生关系，而且有利于营造平等、和谐的教学环境。充分认识中国传统文化的主体间性，能够促进人与人、人与自然、人与社会的和谐共存。中国传统文化的主体间性特征可以促进现代社会摆脱二元论、个人主义、机械主义和人类中心论的束缚，创造出一个和谐的、多元的、生态式的新世界。

【参考文献】

[1] 雷德鹏. 自我、交互主体性与科学：胡塞尔的科学构造现象学研究［M］. 北京：人民出版社，2015.

[2] 刘连杰. 梅洛-庞蒂身体主体间性美学思想研究［M］. 北京：人民出版社，2013.

[3] 张海涛. 澄明与遮蔽：海德格尔主体间性美学思想研究［M］. 北京：人民出版社，2013.

[4] 杨恩寰，梅宝树. 艺术学［M］. 北京：人民出版社，2001.

[5] 杨恩寰. 美学引论［M］. 沈阳：辽宁大学出版社，2002.

（本文原载《音乐创作》2018 年第 4 期）

作者简介 李林，男，石家庄学院音乐学院院长、教授，中国音乐家协会会员，石家庄市音乐家协会声乐艺术委员会会长。1993—1997 年就读于河北师范大学音乐系（今河北师范大学音乐学院）。

声学视域下的京剧颤音研究

河北师范大学音乐学院　韩启超

摘　要　颤音是戏曲唱腔中普遍存在而又具有鲜明民族特性的嗓音现象,是构成传统戏曲润腔特色和审美特征的重要因素之一。从声学角度来看,戏曲颤音的各个声学参量复杂而丰富,行当嗓音特征鲜明。由此,本文立足于传统理论,从当代声学视角关注京剧的颤音,通过实验手段来归纳京剧颤音的声学表现属性,分析其声学表象与传统审美认知特征的关系,并探究其原因,以期揭示京剧颤音的本质属性。

关键词　京剧;颤音;声学分析;呼吸信号;相关性

前　言

颤音是西方学者长久关注的研究对象,它涉及乐器颤音与人声颤音,其研究成果对于音乐审美特征的形成,人们对音乐的接受程度,以及人声和器声的发声机制有着重要的作用。因此,自 1938 年 C. E. Seashore 教授率先从声学角度分析歌唱和乐器的颤音开始[①],迄今为止,西方学者已经发表了近千篇有关歌唱和乐器颤音的学术论文,积累了丰硕的学术成果,构建了科学的研究方法和实验手段,开发了专业的研究设备(硬件和软件)。

近年来,由于中国传统戏曲嗓音造型特征显著,不同类型的角色拥有截然不同的嗓音特征,并明显区别于西方音乐文化,部分欧美嗓音声学和艺术科学研究者开始关注中国戏曲艺术,尤其是被誉为国粹的京剧,如王世元、Sundberg J、顾立德等,纷纷撰文从声学角度探究京剧行当嗓音的发声类型(Phonation Type)、歌唱共振峰(Singer Formant)、长时平均谱(Long Term Average Spectrum)、谱斜率(Spectrum Slope)等。而对于具有典型特征和独特魅力的京剧颤音艺术,国内外学者则很少涉及,仅瑞典著名声学家 Sundberg J 教授在一篇有关京剧声学的论文中提到了京剧颤音的速度和频谱分音特性[②]。由于样本的缺乏论文并未展开论述。对此,笔者曾先后在美国艺术嗓音科学领

---

① C. E. Seashore. Psychology of Music [M]. New York: McGraw-Hill Book Company, Inc., 1938.
② Sundberg J, Gu L, Huang Q, Huang P. Acoustical Study of Classical Peking Opera Singing [J]. Journal of Voice, 2012, 26 (2): 137–143.

域的权威期刊 Journal of Voice（SCI）中发表两篇论文，探讨京剧和昆曲的声学问题，一定程度上弥补了这一领域的缺失，引起了国际同行的广泛关注。

显然，在当前数字化信息技术大力普及，以及国际嗓音声学和乐声学高速发展的大环境下，从声学和认知的角度去探究中国传统戏曲艺术，揭示其本质特征则是一种必然趋势，尽快将新视域下的传统有声艺术研究范式与国际乐声学研究接轨就显得尤为紧迫。因此，本文试图借鉴运用先进的数字化技术、声学仪器与实验方法，再次关注京剧的颤音问题，从声学、生理的角度去解读京剧不同行当的颤音润腔本质特征，并将其与传统戏曲音乐理论对应起来进行比较研究，以期探究京剧颤音的声学属性及其背后的审美特征、原因。

一、传统戏曲理论对京剧颤音的阐释

颤音在声学上被界定为基频长时间的有规则的波动，是歌唱中最具表现力的美学特征之一。中国历代戏曲文献众多，但有关戏曲演唱理论总结的文献相对较少，论及戏曲颤音的几乎没有。即便是以谈论戏曲表演技术为主的代表论著《梨园原》（清黄旛绰），书中论述了"艺病十种""曲白六要""身段八要""《宝山集》八则"等表演规律；描述大量梨园人物演唱特点的论著《清代燕都梨园史料》（正续编），也都没有论及唱腔之润腔或颤音。唯有清王德晖、徐沅澄合著的《顾误录》在"做腔"条中说："出字之后，再有工尺则做腔。阔口曲腔须简净，字要留顿，转弯处要有棱角，收放处要有安排，自然入听，最忌粗率村野。"① 他们由此提出"擞声"概念，即"曲之擞处，最易讨好。须起得有势，做得圆转，收得飘逸，自然入听。最忌不合尺寸，并含混不清，似有似无，令人莫辨。即善于用擞者，亦不可太多，多则数见不鲜矣。"② 显然，所谓"擞声"即抖擞震颤之意，已经涉及颤音的范畴。当然，如果追溯《顾误录》所论演唱之源头，在元燕南芝菴《唱论》中已经有所体现，所谓"歌之格调：抑扬顿挫，顶叠垛换，萦纡牵结"，"凡歌一声，声有四节：起末，过度，揾簪，擞落"。③

继之而来的是俞振飞先生在《振飞曲谱》中明确提出的"擞腔"概念，并将其作为昆曲的润腔方式之一，强调这是一种腔格，不是旋律结构。按照俞振飞先生的解释，"擞腔"是指为了使一个腔唱起来婉转动听，有时在一个工尺下面另加三个工尺来摇曳这个音，并强调这就是古人所谓的"迟其声以媚之"④。但从俞振飞先生所举谱例来看，这是一种固定的腔格，与我们今天所讲的颤音概念还是有一定出入（包括生理性自然颤音和人为性非自然颤音）。

近代学者关注戏曲中的颤音现象是从润腔概念开始的。按照学界的说法，最早是由

---

① 文化部文学艺术研究院音乐研究所. 中国古代乐论选辑 [M]. 北京：人民音乐出版社，1981：459.
② 文化部文学艺术研究院音乐研究所. 中国古代乐论选辑 [M]. 北京：人民音乐出版社，1981：460.
③ 燕南芝菴. 唱论 [M]//中国古典戏曲论著集成：一. 北京：中国戏剧出版社，1959：159.
④ 俞振飞. 振飞曲谱 [M]. 上海：上海文艺出版社，1982：20.

于会泳先生提出润腔的概念，然后经董维松先生加以界定和阐释，明确指出润腔是中国传统音乐的重要特征，是构成中国民族音乐风格和特色的标志之一。董维松先生又将润腔的方式概括为五大类，即音高式润腔、阻音式润腔、节奏性润腔、力度性润腔、音色性润腔。① 而在这之前沈洽先生已经提出"音腔"概念，即"所谓腔，指的是音的过程中有意运用的，与特定的音乐表现意图相联系的音成分（音高、力度、音色）的某种变化"②。随后，王耀华先生又将"润腔"概念与"腔音"等同，进一步阐释，认为"腔音"是中国传统音乐结构层次中最基础的特征。在这一概念的讨论下，学者们认为颤音是润腔的一种方式，并将其归为音高式润腔或音腔的一种，强调它是最自然的润腔，兼具生理性与心理性，不仅起到装饰唱腔旋律的作用，而且还有正字、表情的作用。

具体到京剧颤音，汪人元先生在《京剧润腔研究》一文中进行了分析，将其界定为京剧旋律性润腔的主要方式之一——"此类最小"，是单音的润腔，体现着单音的动势。有颤与不颤（波与直）之别，小颤与大颤（波动幅度大小）之分，快颤与慢颤（波动频率大小）之异，而且还有由不颤到颤或由颤至不颤的种种波动方式。因此，京剧润腔具有独特的价值与意义，有"达意""表情""美听""风格""韵味"五种功能，尤能体现中国民族音乐的精神和意趣。③ 也有学者从个案分析的角度论及京剧的颤音，如仲立斌在其博士论文中多次结合具体唱段谈到梅兰芳唱腔中的颤音特征，认为这是梅兰芳唱腔中广泛存在的腔音形式，梅兰芳在较长音的演唱常常使用颤音，避免了唱腔的僵直和呆板。仲立斌还认为："梅兰芳唱腔的颤音是嗓音的自然颤音，与荀慧生唱腔中的颤音不同。荀慧生唱腔的颤音是在相距二度音程的两音之间做快速交替。"④ 而从声学角度来说，颤音多属于自然性的，超过两度以上的抖动很难称其为自然颤音。因此，京剧界的艺术家们在回顾和总结自己的演唱经验时往往把颤音当作一种演唱技巧，尤其是在某些典型行当的演唱中，对某些字句进行颤音处理从而达到韵味醇厚、迂回曲折之感，代表性的如老旦唱"叫张义我的儿啊"⑤ 之句。

综上，颤音虽然是一个具有普遍意义的声学现象和歌唱嗓音发声的生理现象，但对于中国民族音乐来说具有特殊的意义。它是中国传统音乐尤其是戏曲润腔的主要内容之一，对中国传统音乐风格、音乐的民族性、戏曲的独特性的形成具有重要意义，甚至成为中国传统音乐审美的一个基本特征，但是历史文献对此基本保持失语状态，近人论述更多的是从旋律谱面的角度展开，而实际上戏曲演员唱腔中的颤音并没有用音符表示出来，而是通过演员的嗓音发声展示出来，即戏曲唱腔的颤音是一种固定审美约束下的自

---

① 董维松. 论润腔 [J]. 中国音乐，2004（04）：62-74.
② 沈洽. 音腔论 [J]. 中央音乐学院学报，1982（04）：13-21.
③ 汪人元. 京剧润腔研究 [J]. 戏曲艺术，2011，32（03）：1-11，22.
④ 仲立斌. 京剧梅派唱腔艺术研究 [D]. 福州：福建师范大学，2009：64.
⑤ 范闪闪. 浅谈老旦唱功 [J]. 大众文艺，2013（06）：187.

然嗓音特征。这一奇特现象令人深思，相比西方学者在近百年中能从不同的维度对西方音乐中的人声和器声颤音进行解读，我们只能将其归结于学术视野、方法和学术惯性的局限性所致。

二、声学视域下京剧颤音的物理表征

作为京剧润腔特征之一的颤音在曲谱上是无法进行准确描述和记录的，这也就是俞振飞先生在讲述"擞腔"时虽然通过谱例来进行解释，但又要强调说它不是旋律特征的原因。因此，它更多的是一种生理性的特征，人的听觉也只能是感知到它的存在。如何揭示它的基本特征？声学和生理的实验分析是一种重要途径。

众所周知，京剧有着固定的角色行当，行当嗓音成为戏曲造型的重要手段，因此，本文选择当前国内知名的京剧演员，分别采集了京剧四个基本行当——生、旦、净、丑中的六个代表性角色——青衣、小生、老生、老旦、净、丑进行唱腔嗓音声学分析，从而揭示出京剧颤音的声学特征。每个演员演唱3到5段最具代表性的、能表现不同情绪的唱段。实验方法是在专业的录音棚内通过电声门仪器和录音设备采集演员的声门信号和语音信号，通过呼吸感应仪采集呼吸信号，运用 Soundswell Signal Workstation 4.0（Saven Hitech，Sweden）和 SPSS（Statistical Product and Service Solutions V 17.0）软件对每个颤音段进行分析和大数据处理。

为了保证研究结果的科学性，笔者借鉴了国际嗓音声学的通用研究范式，所有京剧行当颤音样本必须符合四个标准：① 时值长于 1.5 秒，或超过 3 个完整的颤音循环周期；② 音高没有发生明显变化；③ 元音没有发生变化；④ 没有乐器伴奏噪声的干扰。具体研究对象基本情况和颤音样本数见表1。

表1 四个基本行当京剧演员的年龄、性别、唱段和颤音样本数目情况

角色	小生	老生	青衣1	青衣2	老旦	花脸	丑
性别	男	男	女	女	女	女	男
年龄	49	49	46	20	20	19	21
唱段	5	3	4	3	4	3	3
颤音样本	27	25	49	38	17	14	0

通过声学分析，笔者发现京剧行当颤音的表现特征如下。

（一）京剧颤音的速度特征

颤音的速度也称颤音抖动频率，即每秒颤音波动的次数，单位为 Hz。通过分析七个京剧演员的嗓音数据，笔者发现不同行当演员的颤音速度不同，而且变化的幅度较大，总体在 2.36 Hz 到 6.25 Hz 之间。（表2）

表2 六个京剧演员的颤音平均速度、标准误差、最大值和最小值(单位:Hz)

角色	小生	老生	青衣1	青衣2	老旦	花脸
最小速度	2.36	2.42	2.60	2.86	2.73	3.81
最大速度	5.36	3.70	4.44	4.84	6.25	5.75
平均速度	3.58	2.78	3.34	3.71	3.80	4.95
标准误差	0.72	0.30	0.43	0.42	1.12	0.58

从行当类别来看,颤音平均速度最慢的是老生,2.78 Hz,标准误差为 0.30 Hz[①];最快的是花脸,4.95 Hz,标准误差为 0.58 Hz;最不稳定的是老旦,颤音变化幅度从 2.73 Hz 到 6.25 Hz,标准误差高达 1.12 Hz。两个青衣演员虽然年龄相差 26 岁,但颤音平均速度基本相近,青衣1 为 3.34 Hz,青衣2 为 3.71 Hz。令人意外的是,在丑行演员的歌唱样本中没有发现任何符合要求的颤音段,其原因更令人深思。

综合来看,六个京剧演员的平均颤音速度是 3.69 Hz(标准误差为 0.72 Hz),这一实验结果也与国际著名嗓音声学家 Sundberg J 等人在 2012 年对一批京剧演员的嗓音分析结论(颤音的速度是 3.5 Hz)基本一致[②]。显然,目前样本所表现出的颤音平均速度特征令人吃惊,它显著地慢,因为西方音乐中的颤音(人声)平均速度在 5 Hz 到 7 Hz 之间。

(二) 京剧颤音的振幅特征

颤音的振幅是指颤音的基频围绕颤音音高平均值的波动范围,即一个完整颤音循环中波峰与波谷距颤音平均值的距离,单位为 ± Semitones(半音)[③]。因此,它是反映京剧行当嗓音的一个重要声学特征。研究发现:平均振幅最大的是青衣,其中青衣2 的平均振幅为 ±0.81 半音,青衣1 的平均振幅为 ±0.76 半音,区间范围是 ±1.36 半音—±0.42 半音;花脸的平均振幅最低,而且比较稳定(标准误差为 0.07 半音)。(表3)

表3 六个京剧演员颤音的平均振幅、标准误差、平均偏差(Mean deviation)、最大值、最小值,平均偏差(单位:半音/秒,semitones/second)

角色	小生	老生	青衣1	青衣2	老旦	花脸
最小振幅	±0.33	±0.18	±0.42	±0.48	±0.36	±0.29
最大振幅	±0.95	±1.27	±1.23	±1.36	±0.73	±0.56
平均振幅	±0.50	±0.70	±0.76	±0.81	±0.54	±0.38
标准误差	0.13	0.18	0.19	0.10	0.10	0.07
平均偏差	0.38	0.34	0.38	0.36	0.30	0.37

从生、旦、净三个基本行当来看,旦行(青衣和老旦)的振幅最大,平均振幅是

---

① 声学专业术语,Standard deviation,简称 SD,其值是判定该组测量数据可靠性的重要依据。
② Sundberg J, Gu L, Huang Q, Huang P. Acoustical Study of Classical Peking Opera Singing [J]. Journal of Voice, 2012, 26 (2): 137 – 143.
③ 国际上很多学者有时候会用波幅这一参数来分析,即颤音的波幅是在一个颤音样本中,从基频波动的最低峰值到最高峰值的距离,也即一个颤音的最大波动范围。从本质上来说,二者相似,本文采用的是振幅参数。

±0.70半音；其次是生行（小生和老生），平均振幅是±0.60半音；最小的是净行（花脸），平均振幅是±0.38半音。在同一行当类别内部也有着一定的差异，老生的平均振幅比小生高±0.20半音，青衣比老旦高±0.25半音。

综上可知，不同的京剧行当呈现出不同的振幅特征，总体上京剧颤音的振幅在±0.18到±1.36半音之间波动，平均振幅是±0.62半音，符合人耳的正常听感范畴。

（三）京剧颤音的规则性

规则性（Regularity）是指一个完整颤音循环的频率波动与相邻的另一个完整颤音循环频率波动之间的相似性，它以相关系数来表示，相关系数值越高，两个相邻的波形越相似，即颤音的规则性越高；反之亦然。因此，它是歌唱者歌唱技能或用嗓技能熟练的标志，越是成熟的歌唱者，他（她）的颤音波动越具有规则性。① 在实验中，笔者分析每个京剧颤音样本中任意相邻的两个完整颤音循环的频率波动之间的相关性，然后把相关系数根据行当类别平均化，所获得的每个角色颤音波形的平均相关系数就代表着颤音的规则性，具体结果见表4。

表4　六个京剧演员颤音波形的平均相关系数和标准误差

角色	小生	老生	青衣1	青衣2	老旦	花脸
平均相关系数（R^2）	0.94	0.96	0.98	0.98	0.92	0.96
标准误差	0.05	0.02	0.02	0.03	0.09	0.03

从分析结果来看，两个青衣演员的颤音波形平均相关系数值相同，而且最高，表明她们的颤音波形具有高度的规则性。相反，老旦的颤音平均相关系数最低，而且标准误差最大，表明她的颤音波形规则性比其他角色低。

显然，京剧颤音在规则性上虽然存在着一定的行当差异，但这种差异并不显著。相反，它在整体上具有显著的规则性，因为在每一个颤音过程中，相邻颤音循环周期的频率波动之间具有高度的相似性，平均相关系数均高于0.92。

（四）京剧颤音的波形特征

颤音波形也是颤音声学特征的重要内容，它主要是指一个颤音的基频波动形状是否接近正弦波。专业的歌唱者通常拥有一个完美的颤音波形，近似于正弦波，尤其是西方的歌剧演员。研究发现，老旦和老生的颤音波形显示出了惊人的相似性。（图1、图2）即在每一个颤音循环周期中，从波谷到波峰的时值（简称P）总是长于从波峰到波谷的时值（简称V）。其中老生颤音中P的平均时长是0.2秒，标准误差是0.03秒；V的平均时长是0.15秒，标准误差是0.01秒。老旦颤音中P的时长和标准误差与老生完全相

---

① Damsté H, Reinders A, Tempelaars S. Why should voices quiver? [M]//Hurme P. Vox Humana: Studies presented to Aatto Sonninen on the occasion of his sixtieth birthday, Dec. 24,1982. Institute of Finnish Language and Communication, University of Jyväskylä, 1982.

同，只是 V 的时长略小，是 0.11 秒，标准误差是 0.01 秒。

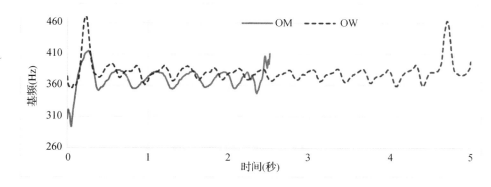

图 1　老生和老旦的颤音波形（OM：老生，OW：老旦）

然而，这种现象在其他角色中没有出现。联系到京剧的演唱规则和行当特征，二者具有一定的共性：二者都对应着年纪较大的人物，通常使用真声，嗓音特征是质朴、浑厚甚至低沉。尽管两个被试年龄相差 29 岁，并存在着性别差异，但这并不影响二者嗓音特征和颤音波形特征的相似性。

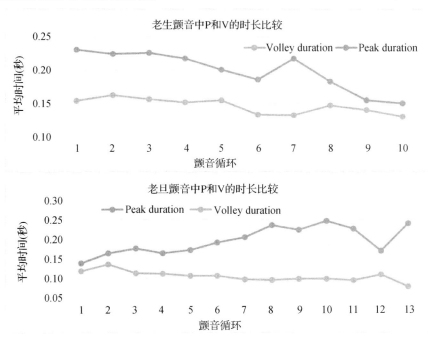

图 2　京剧老生、老旦颤音中 P 和 V 的时长比较

总体来看，六个京剧演员的颤音在波形上表现出一定的独特性，与西方歌唱中的颤音波形特征有着显著差异。因为，不仅每个行当颤音的基频波动形状与正弦波差距甚远，而且多数颤音样本中的完整波形常常随着时间的延展而越来越小。

（五）京剧颤音的频谱特征

在对六个京剧演员的颤音样本的频谱（谱包络）进行分析时，笔者发现他们的频谱图具有一个相似的特征，即颤音中经常显示出一个较强的高频分音，这标志着京剧演员在发出颤音的同时，往往伴随着一个能量极强的、高频的、不间断的和声分音，这个和声分音的高度主要集中在 17 kHz 上下，波动范围在 15 kHz 到 20 kHz 之间。

三、传统理念与科学视域交织下的异同

（一）听感、理论描述与声学表现的对应性

毫无疑问，我们的分析结果显示，京剧嗓音的颤音具有一系列重要的声学特性，这些特性与我们听感中的京剧润腔特征基本吻合。人们审美和听感中京剧"慢颤"特征的根本原因在于它的颤音平均速度仅为 3.69 Hz，比西方音乐中的平均颤音慢 2 Hz 到 3 Hz，但颤音的振幅并没有明显差别。实际上，西方认知心理和声学学者的研究结果证明，从人的正常生理听感来说，人们对人声和器声的颤音接受有着一定的条件，颤音的速度与振幅必须有一个非常窄的变化范围，正常范围在 6 Hz—7 Hz，如果低于 5 Hz 在听感上就会让人难以接受；接近 4 Hz 或者更低，音高就明显发生了波动。[①] 据此，我们有理由认为中国京剧的颤音表现是独特的，是与西方迥异的。这也就不难理解为什么西方人普遍不能接受中国的京剧艺术。但问题是，京剧的颤音特征却被中国人广泛地接受、欣赏、喜爱。这说明中国传统戏曲的独特审美特征和程式性规范已经深入国人的血脉，对颤音速度的接受，并不存在绝对的生理听感接受范畴，它更多具有审美心理、认知心理特征。因此，东西方人声颤音的差异性也说明，颤音作为一种生理性特征，并不具有普遍意义，而是有着一定的相对性，不仅仅受制于人的生理机制，而且与人类的审美习惯有着密切关系。

从传统京剧歌唱理论来看，颤音的声学表现与不同行当的嗓音造型特征也基本对应。如花脸多表现粗犷、豪迈的人物，故常用"大嗓"（真声），嗓音雄壮、响亮、浑厚、顿挫、鲜明，而且常常在舞台表演中演唱超出其正常音域的旋律。因此，他的颤音速度通常高于其他角色，而振幅又小于其他角色；老生以"大嗓"为主，音调非常低沉、舒缓，强调对呼吸的控制和胸腔共鸣，因此对应着最低的颤音速度和较高的波形规则性；青衣主要使用"小嗓"（假声）来表现一种尊贵、典雅的中年或青年女性形象，嗓音通常是甜美而舒缓的，因而对应较低的颤音速度、完美而有规则的波形；小生虽是男性嗓音，但用嗓与青衣接近，以"小嗓"为主，比较尖细，真假声结合时要求清脆而不柔媚、刚健却不粗野，要掌握得恰如其分很不容易，频繁的真假声转换导致一种不稳定的嗓音和不舒适的听感，因此，他的颤音振幅非常窄，颤音速度变化范围大，标准误差大；老旦常表现年龄较大的女性，歌唱时以真声为主，嗓音类似老生，但更低缓、醇厚，所以其颤音表现出较高的速度和较低的振幅，同时又与老生具有相似的波形

---

① Sundberg J. Acoustic and psychoacoustic aspects of vocal vibrato [J]. Vibrato, 1995：35 – 62.

规律。

（二）听感、理论描述与声学表现的差异性

传统文献对演唱经验的总结主要集中在两个层面：其一是美学层面，主要强调京剧及不同行当的审美特征；其二是实践层面，通过个人感性认识来归纳京剧及不同行当的演唱、表演特征及其实际操作方法。由于时代发展和研究工具的局限性，前人并没有从物理、生理的角度去分析戏曲嗓音的另一维度。因此，通过声学分析，笔者发现京剧颤音在诸多声学表现上有着与传统听感和理论描述相迥异的地方，归纳起来主要集中在以下几个方面。

第一，京剧丑行演唱中鲜有典型的颤音（表1），在丑行演员嗓音中没有发现任何符合条件的颤音样本，这与我们的常识认知大相径庭。从正常演唱习惯和审美认知来说，只要歌唱应该都有颤音，尤其是在"无丑不成戏"的京剧中，作为重要的行当之一——丑应该有着丰富的颤音，抑或与其他行当一样，运用颤音作为润腔的主要手段之一。然而，目前的分析并不支持这一常规的认知习惯。仔细分析，这并不令人吃惊，因为丑的行当形象决定了他的嗓音与生、旦、净迥异，常常是韵白多而唱腔少，演唱时演员要有一种反其道而行的、与众不同的嗓音，唱腔强调简单、直接、诙谐。甚至可以说正是丑这一行当的特殊性决定了丑行演员在演唱中尽量避免使用长颤音去装饰旋律唱腔。因此，丑行嗓音样本中体现出来的传统听感与物理属性的差异性，更充分说明了中国京剧行当具有严格的嗓音造型特性和程式性。

第二，青衣的颤音振幅特性与传统理论对其角色唱腔的审美定位存在一定的差异性，即青衣颤音的振幅不仅比其他行当大，而且存在着剧烈的变化。从声学感知理论来说，振幅波动越剧烈，声音越不稳定，听感就越差，但是根据京剧行当歌唱理论和人们的审美心理习惯，青衣的嗓音以圆润、柔美、稳定、舒适著称。[①] 这一矛盾的存在说明在京剧行当的范围内，振幅的剧烈波动并不影响中国人对角色润腔特征的认知和审美解读，也即受众群体在认知和接受过程中，已经突破了声学和生理的单纯数量化的表象意义。某些审美特征并不是建立在单纯的声学基础之上，而有着更为复杂的心理因素和社会因素。

第三，听感中每个行当的颤音都是稳定的波动，但实际的声学表现并非如此。从现有分析来看，京剧行当的颤音在发声过程中，其振幅和速度都是变化的。表3就显示了在颤音过程中，振幅随时间变化的情况，物理学用平均偏差（Mean deviation）[②] 来表示，在六个京剧角色中，颤音振幅在波动过程中的平均变化是0.36半音/秒。这说明颤音的振幅随着时间变化得非常明显，也即它并不是我们常规理解的固定不变。

---

① 徐城北. 中国京剧［M］. 北京：五洲传播出版社，2003：31 – 40.
② 平均偏差（Mean deviation），声学术语，用以表示颤音中的每个循环周期中的振幅随时间变化的情况，其计算公式是：（最大振幅 – 最小振幅）/总时间。

不仅如此，在京剧演唱中，颤音的速度随时间变化也非常明显，并显示出一定的规律性。（图3）一个演员所演唱的每一个颤音样本中的颤音速度并不是稳定的或固定的，因为每个角色的颤音速度都产生了一个明显的标准差。通过分析每个颤音循环周期（峰到峰）的速度（为了计算的准确性，第一个和最后一个颤音循环周期忽略不计），结果表明六个角色中的每一个颤音循环周期的速度都不相同。除了青衣1之外，其他五个角色的颤音速度随着时间越来越快，特别是花脸。这也印证了西方学者Eric Prame等人的研究结论，即颤音的速度倾向于朝着音的结束而成倍地增加（越来越快）。[①] 当然，笔者也发现在京剧中颤音的整体基频并没有随着音调的结束而明显地升高。

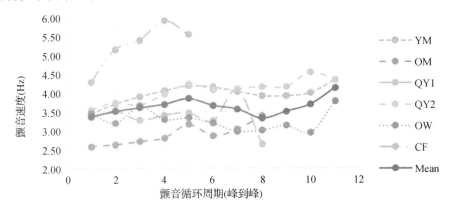

图3　六个京剧演员中，颤音速度随时间变化情况（YM：小生，OM：老生，QY：青衣，OW：老旦，CF：花脸，Mean：速度平均值）

四、影响京剧颤音物理表象与审美特性的因素

上文已述，京剧颤音的声学表现特征与传统理论经验总结有着一定的吻合度，也存在着一定的差异性。问题是什么影响了京剧颤音的声学表现？由于人们在听感上接受的是一个综合的声音形象，并没有严格区分各个声学参量，因此，想要回答这一问题必然得探索京剧颤音各声学参量之间是否具有相关性。

（一）颤音振幅与速度的相关性

从声学表现来看，振幅与速度之间具有一定的相关性。如Fritz Winckel教授研究认为较大的振幅常常伴随着较低的速度，反之亦然，这种现象在西方音乐中普遍存在。[②] 从目前京剧行当颤音的声学特性来看，宏观上也体现了这一规律。如花脸具有最高的颤音速度和最低的颤音振幅；两个青衣演员的颤音速度、振幅、波形规则性高度一致，她们的平均振幅最大，但速度较低；老生的颤音速度最低，但振幅又相对较高（表2、表3、表4）。

[①] 参见 Prame E，1994；Sundberg J，1994；Anands，2012.
[②] Winckel F. Music, Sound and Sensation: A Modern Exposition [M]. Courier Corporation, 2014.

（二）颤音的振幅、速度与歌唱者年龄的相关性

研究发现，不同行当颤音的速度和振幅等声学特征与演员的年龄也有一定的关系。Damste 教授通过实验分析指出颤音的速度倾向于随着年龄的增加而降低。① 表2 的结论支持了 Damste 教授的观点。原因是年轻演员（花脸、老旦和青衣2）的颤音速度均高于年老的演员（两组之间平均年龄相差28岁），即便是在同一行当内部也存在这样的规律。相比西方研究者的结论，京剧中年龄对于颤音的声学特征影响并不具有显著性。

（三）颤音的振幅、速度与音高的相关性

音高也是一个重要因素。陈彦衡在《旧剧丛谈》中曾说："梨园老角论唱工，须三音皆备，方为好手。三音者，高音、平音、低音也。高音嘹亮而不窄小，平音坚实而不偏枯，低音沈（深）厚而不板滞，此之谓三音皆备。三者缺一，不足为重。"②

因此，根据颤音样本的基频平均值，本研究把六个京剧角色的颤音划分为高、中、低三个音区，分析颤音的速度、振幅在三个音高范围内的变化规律，所得结论见图4。

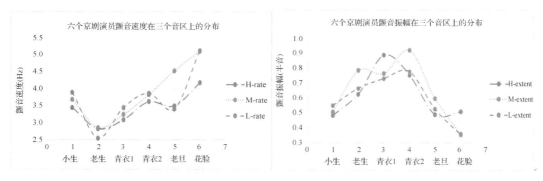

图4 六个京剧演员的颤音速度、振幅在三个音区上的分布（H：高音区，M：中音区，L：低音区）

很明显，京剧唱腔中，音高影响颤音的速度。六个角色在高音区的颤音速度明显低于中音区和低音区，而且大部分角色在低音区的颤音速度明显高于中声区和高声区，这说明颤音的速度并没有随着音高的增加而变快，反而是变慢。

当然，图4 也显出六个京剧角色的颤音振幅在三个音区上并没有形成明显的规律，这说明京剧中颤音的振幅并不受音高变化的影响。

目前的研究并没有证明歌唱者性别因素对颤音的影响，特别是在振幅、波幅和呼吸运动方式方面。尽管如此，四个女性京剧演员中有三个演员的颤音平均速度高于男性演员，这似乎显示了性别与速度之间具有一定的相关性，但目前的数据并不充分，需要进行进一步的研究。

---

① Damsté H, Reinders A, Tempelaars S. Why should voices quiver?［M］//Hurme P. Vox Humana: Studied presented to Aatto Sonninen on the occasion of his sixtieth birthday, Dec. 24, 1982. Institute of Finnish Language and Communication, University of Jyväskylä, 1982.

② 陈彦衡. 旧剧丛谈［M］//张次谿. 清代燕都梨园史料：下册. 上海：上海书店出版社，1934：12.

（四）颤音的基频波动与呼吸信号（呼吸运动方式）的相关性

呼吸信号感应仪采集的呼吸信号（胸呼吸、腹呼吸及隔膜运动）可以反映嗓音发声动力变化状况，这些信号通过相关程序的处理，可以转换为系列数据，与胸骨位移变化（胸呼吸）、肺活量变化、隔膜运动方式一一对应。而胸骨位移、肺活量与声带振动幅度、声带振动频率之间有着密切关系，对此，国外嗓音科学、医学乃至空气动力学学者做过大量的研究。[①] 在京剧颤音中，演员的胸呼吸信号与颤音基频之间有着非常有趣的关系。（表6）

表6　六个京剧演员颤音基频与胸呼吸信号之间的相关系数（%：占总样本的百分比，N：负相关，P：正相关）

角色	小生		老生		青衣1		青衣2		老旦		花脸
显著性（Sig）	$P<0.05$		$P<0.05$		$P<0.05$		$P<0.05$		$P<0.05$		$P<0.05$
总数（%）	12（44%）		14（56%）		21（43%）		22（58%）		8（47%）		11（79%）
正/负相关数（Cor）	N:11	P:1	N:10	P:4	N:20	P:1	N:15	P:7	N:4	P:4	N:11
平均值	-0.34	0.2	-0.36	0.37	-0.38	0.15	-0.36	0.23	-0.41	0.24	-0.5
标准误差	0.1	0	0.16	0.2	0.16	0	0.16	0.11	0.13	0.03	0.17
最大值	-0.14		-0.14	0.61	-0.18		-0.13	0.4	-0.22	0.27	-0.22
最小值	-0.48		-0.55	0.18	-0.75		-0.79	0.11	-0.5	0.2	-0.75

从六个京剧演员所有颤音样本（共170个）的数据来看，胸呼吸信号与颤音基频之间并没有表现出高度的相关性，只有88个（占总样本的51.8%）颤音样本显示出高度的相关性（$P<0.05$）。但是在这88个高相关的样本中，77个颤音（占高相关样本的87.5%）是负相关，只有11个是正相关（占高相关样本的12.5%）。显然，胸呼吸与颤音基频之间的负相关是六个京剧演员颤音的突出声学特性之一。

六个京剧演员的胸呼吸运动在88个高相关颤音样本中表现出显著的规律性。最典型的是花脸，在颤音歌唱中只有一种呼吸运动方式，并且明显区别于其他角色，如图5所示：花脸的胸呼吸运动与颤音随着时间同步进行，平滑波动，但是方向相反，二者是高度负相关，而胸呼吸运动呈稳定的波动状态也意味着胸腔在进行着持续的收缩与扩张，形成了一种与颤音同步、反向的振动状态。

---

① Iwarsson J, Thomasson M, Sundberg J. Lung volume and phonation: A methodological study [J]. Logopedics Phoniatrics Vocology. 1996, 21（1）: 13–20.

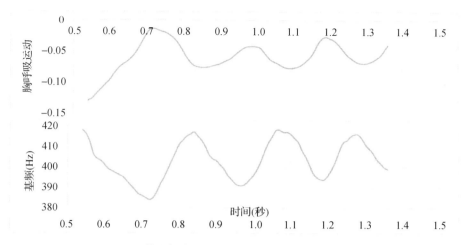

图 5 花脸颤音中的胸呼吸运动方式与基频变化

第二个典型的呼吸运动方式发生在青衣 2 的颤音中。（图 6）青衣 2 的胸呼吸运动随着颤音起伏呈斜线波动上升。斜线上升意味着胸腔运动在持续扩张，青衣 2 中超过 52% 的颤音样本属于此类。多数情况下，呼吸运动的波峰与波谷对应着颤音的波峰与波谷。当然，青衣 2 中还有 23% 的样本类似于花脸。

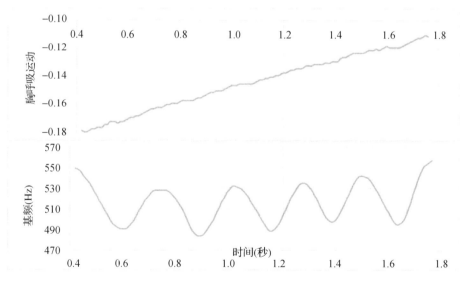

图 6 青衣 2 的胸呼吸运动与基频变化

在小生、老生、青衣和老旦的颤音中共同存在一种呼吸运动方式（83% 的小生颤音，81% 的青衣 1 颤音，64% 的老生颤音，63% 的老旦颤音，17% 的青衣 2 颤音）。（图 7）随着基频的变化，演员的呼吸运动呈斜直线或斜波线下降。同样，大多情况下，呼吸运动的波峰或波谷对应着基频的波峰与波谷。这意味着在此类歌唱颤音中，京剧演员的胸腔在持续地收缩。

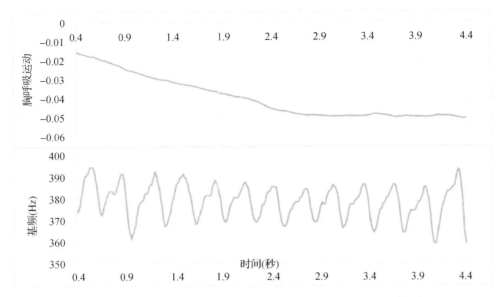

图7　小生、老生、老旦、青衣1共同拥有的一种呼吸运动与基频变化

同理，通过深入分析82个不相关的颤音样本，笔者发现它们也与颤音歌唱中胸呼吸运动的方式有密切关系，即在这些样本中普遍存在一个主要的呼吸运动方式：当颤音随着时间波动时，伴随着呼吸信号值（胸骨位移）越来越低，胸部将持续压缩。（图7）

综上来看，在京剧歌唱产生颤音的过程中，胸呼吸运动方式与颤音的波动特征有着一定的相关性，这说明不同京剧行当颤音的发生机制——生理或动力系统存在一定的规律。

结　语

颤音是京剧表演中的重要润腔方式之一，它不同于一般生理意义上的嗓音抖动，是演员进行嗓音造型的重要手段，也是京剧行当特征、审美特征的重要内容之一，在京剧嗓音中具有独特的表现和内涵。相对于前辈学者经验式的研究，本文则通过实验室手段对其进行声学和生理的分析与解读，强调其声学本质及其与传统文献描述中的差异性，这并非是对传统歌唱理论的颠覆，而是希冀能找到一种将传统文献与当代自然科学技术对接的途径与方法，从而在提炼颤音声学参量、归纳其物理表征的基础上，探索其相对于西方音乐而言形成"慢颤"特征的原因及其背后的民族审美意义。从这个意义上来说，笔者希冀能够在数字化到来的时代，有更多学者从更多维度去解读、继承与发展中国传统优秀口传文化。

【参考文献】

[1] Iwarsson J, Thomasson M, Sundberg J. Effects of lung volume on the glottal voice source[J]. Journal of voice,1998,12(4):424-433.

[2] Bretos J, Sundberg J. Measurements of vibrato parameters in long sustained crescendo notes as sung by ten sopranos[J]. Journal of voice,2003,17(3):343-352.

[3] Wang S. Singer's high formant associated with different larynx position in styles of singing[J]. Journal of the Acoustical Society of Japan(E). 1986,7(6):303-314.

[4] Prame E. Measurements of the vibrato rate of ten singers[J]. The Journal of the Acoustical Society of America,1994,96(4):1979-1984.

[5] Anand S, Wingate J M, Smith B, Shrivastav R. Acoustic Parameters Critical for an appropriate vibrato[J]. Journal of Voice,2012,26(6):820-e19.

[6] 程志.京腔研究[M].天津:天津古籍出版社,2007.

[7] 徐城北.中国京剧[M].北京:五洲传播出版社,2010.

[8] 景孤血.京剧的行当[M].北京:宝文堂书店,1960.

[9] 秋文.古中国的歌:京剧演唱艺术赏析[M].北京:宝文堂书店,1988.

[10] 李丽萍.学京剧:老旦[M].长沙:湖南文艺出版社,2008.

附言 本文是文化部科技创新项目（2013KJCXXM31）的阶段性研究成果。

（本文原载《艺术百家》2017年第3期，略有改动）

作者简介 韩启超，男，1977年生，音乐学博士、北京大学语言学博士后、瑞典皇家理工学院访问学者、河北省文化名家暨"四个一批"人才。现为河北师范大学音乐学院院长、教授、博士生导师。

中德高师音乐教育的现状及其比较

河北师范大学音乐学院　裴建伟

摘　要　德国音乐教育以其专业性、科学性在世界上处于领先地位。中国高等师范音乐教育在近些年借鉴德国音乐教育体制的同时也正在反思如何从本国国情出发,形成"本土化"教育模式,以适应我国音乐教育的特点。

关键词　德国音乐教育；中国高等师范音乐教育；借鉴与继承；"本土化"

德国高师音乐教育的历史可追溯到19世纪初的普鲁士王国,当时由内务部教育厅厅长威廉·冯·洪堡（W. von Humboldt, 1767—1835年）负责教育改革。

洪堡十分重视师范教育和教师培训工作,他主持并兴办了许多教师培训班。为了使教师能适应多方位教学的需要,培训班也将音乐教育放在了重要地位,特别是在培养小学教师的师范学校中,音乐课是最重要的教学内容之一。20世纪20年代,在普鲁士科学、艺术和国民教育部的艺术顾问和负责人雷欧·克斯滕贝格（Leo Kestenberg, 1882—1962年）领导的学校音乐教育改革中,制定了一系列培养音乐教师的制度,其中包括音乐教师的国家考核制度。上述这些改革为现代德国师范音乐教育的发展奠定了基础,这些制度一直延续至今。

一、德国当代高等师范音乐专业教育培养现状

德国高等师范音乐专业教育具有多样化特征,大致分为三个方向,概括起来可以简称为音乐、音乐教育和音乐学。这三个方向的学生毕业之后或从事演奏（唱）、作曲或做教师和职业学者。

德国专业音乐学科课程大致包括如下几个方面（表1）[①]:

---

① 林军. 德国音乐教育指南 [J]. 云南艺术学院学报, 2000 (03)：73 - 77.

表1 德国专业音乐学科课程方向及具体内容

课程方向	具体内容
艺术课程	作曲、音乐理论、指挥、演唱、键盘乐器、管弦乐器、打击乐器等
歌唱、歌剧	清唱剧包括歌剧创作、歌剧合唱、小歌剧、音乐剧等
教堂音乐	宗教合唱、管风琴演奏等
调音师和音响工程师舞蹈	录音、电子作曲等
音乐教学法	学校音乐教师 音乐学校教师和私人音乐教师、节奏学的教师、各种舞蹈流派教师 爵士—摇滚—通俗音乐教师 音乐教育理论
音乐学	各种音乐学理论

从表1所示的专业课程中可以看出，前四项基本属于第一大类演奏（唱）方向，第五项属于第二大类音乐教育方向，最后一项属于音乐学方向。其中，如果今后想从事音乐教育的学生，必须接受师范学院、音乐专科或普通大学音乐系的学习。这些学生要接受的最全面的课程学习，基本包括了以上所列的课程。

德国音乐教育专业设置明晰、层次划分明确，不同就业方向的学生由不同的学校或专业来培养，并且课程设置根据就业方向有明显的差别。

德国高等师范音乐专业教育主要包括音乐教师教育专业和音乐教育学理论研究专业两大类（这两种专业前者类似于我国高等师范院校中的音乐学院或音乐系，后者则类似于专业音乐学院中的音乐教育系）。其中第一大类音乐教师教育专业又可以分为两个方向，即普通学校音乐教师教育、音乐学校教师及私人专门音乐教师教育专业。[1]

第一，从培养目的和培养学校来看，普通学校音乐教师教育主要是培养小学、初中、高中音乐教师，以及特殊学校音乐教师。小学、初中音乐教师主要由大学音乐教育系或学院、教育学院音乐系培养；高中音乐教师由专业音乐学院培养；特殊学校音乐教师一般由有特殊教育专业的教育学院与专业音乐学院共同培养[2]。目前这种分类培养也有交叉和兼容，但大致方向基本不变。音乐学校教师及私人专门音乐教师教育专业，是指培养未来有可能从事教授音乐专业学生的一种培育方式，这种培养主要由音乐学院来完成。第二大类音乐教育学理论研究专业，是指主要培养从事音乐教育学术研究及社会音乐文化、音乐教育工作者的培育形式，这个专业在一般普通大学的音乐学院或音乐系和专业音乐院校都有开设。

第二，从学制和课程设置等方面来看，两大方向课程设置的目标和内容是由现行教

---

[1] 代百生. 德国的音乐教育专业培养模式及其对我国高等音乐教育改革的启示［J］. 中国音乐，2007（01）：198－204.

[2] 代百生. 德国的音乐教育专业培养模式及其对我国高等音乐教育改革的启示［J］. 中国音乐，2007（01）：198－204.

学大纲对音乐科的要求规定的,主要包括艺术实践性课程、音乐学术性课程和教育理论性课程三方面①,但是根据专业特点不同又有所侧重。

普通学校音乐教师专业的学制根据从业方向而设定,小学音乐师资的学制一般为3年,中学音乐师资一般为3—4年,高中音乐师资则为4年。课程的特点主要以全面为主,不要求精深。除了要学习德语、数学和教育学三门基础课程外,还要学习演奏或演唱、作曲技法、音乐学及音乐教育学等知识,其培养目标定位使未来的普及教育的音乐教师不仅具有音乐表演能力,又掌握学术的和教学法的能力,能够胜任各种初级音乐普及教育。另外,加上学生必须完成第二专业的学习,可以说,该专业明确强调了作为普通学校音乐教师全面化发展的能力。

音乐学校教师及私人专门音乐教师专业的学制一般为6个学期,申请硕士学位要8个学期。本专业课程的特点是专一性和深入性,有些学校称之为"器乐和声乐教育学"。本学科更加接近于表演和演奏(唱)专业,所学知识多为演奏(唱)技巧与各类作曲技法等,加之少量的音乐学方面的知识。本专业除了一些提高音乐修养必需的共同课,更强调学生的演奏实践与教学才能,相对于普通学校音乐教师教育而言学习内容大大减少,但强调主科专业水平和艺术表演。

音乐教育理论专业学制是8或9个学期,毕业获得文科硕士文凭,或直接升入博士研究生继续深造,毕业获得哲学博士学位。此专业的特点是理论化和广博化,有些类似于音乐学专业。它不同于上述两种专业,虽然也要求有一项器乐或声乐作为主专业。但是更加侧重音乐教育的学术理论研究,如从哲学、美学、史学、社会学、心理学、人类学等方面研究音乐教育的方法。

第三,从各学科就业去向上看,普通学校音乐教师专业主要从事普及教育工作,可以在中小学从事音乐教育工作。在修完音乐师范教育专业规定的课程后,学生可向大学所在州的考试委员会申请参加"国家教师资格一级考试"。此类考试相当于大学毕业考试,每年有两次。通过一级考试的毕业生必须去相应的学校进行为期两年的教学实习。在实习期间,还须申请进入教师培训中心进行两年专门的培训。通过国家二级考试后,方可获得教师资格,才能申请教师工作。音乐学校教师及私人专门音乐教师专业,因为其特点为专一性,所以这类学生毕业后的职业将是专科的音乐教师,即只教授乐器演奏、声乐或作曲科目的某一项(和声、作品分析、复调、配器、视唱练耳等)等单科科目②。音乐教育理论专业的就业面较广,包括在国民大学(德国的一种成人高等教育形式)、音乐学校、私立中小学校担任音乐教师,在幼儿园或研究所从事早期音乐教育工作或研究,在文化机构、社会教育或音乐治疗机构任咨询顾问,在电台和电视台、报

---

① 艺术实践性课程以乐器和声乐为主,另外还有指挥和乐队课程。音乐学术性课程包括音乐学、教育学、音乐教育理论等。教育理论性课程的内容是从20世纪60年代开始得到重视的,并逐渐引入课堂,主要培养学生创作、再创作、接受、移动或改变和反思的能力。

② 卿菁. 中、美、德高等师范音乐教育比较[J]. 湖南教育学院学报,2001(05):112 – 114.

社、出版社等从事音乐编辑、记者工作，也可到音乐企业工作。

通过三种不同专业的比较，我们可以看出德国音乐教育专业具有规范性、细化性、专业性等特点。

二、中国当代高等师范音乐教育培养现状

我国新式音乐教育开始于20世纪30年代学堂乐歌时期，而高等音乐教育与德国相比则起步较晚，正式起步是从民国初期开始。1919年以后，伴随"五四运动"，蔡元培提出了"美育"教育主张，这时培养大量音乐教师和其他各种音乐人才已经成为紧迫的社会需要。一些音乐家和社会活动家开始创建各种音乐教育机构。如当时有萧友梅、杨仲子创建的北京女子高等师范音乐学校音乐科，蔡元培任所长、萧友梅任主任的北京大学附设音乐传习所。此外还有吴梦飞、刘质平、丰子恺创办的上海师范学校音乐科等。这个时期我国音乐教育的体制多取法于欧美等国，为我国早期音乐事业的发展做出了贡献，并对我国专业音乐教育产生了积极与深远的影响。建国之后至改革开放初期，我国音乐教育由效仿欧美转向了全面效仿苏联。各地对原来的师范院校进行了完善和加强建设，如北京师范大学音乐系、东北师范大学音乐系、华东师范大学艺术学院等。但长期以来，由于在教育观念上比较重视数、理、化"三大科"，忽视音、体、美"三小科"，所以许多音乐教育法规脱离实际，实行起来并不是很顺利。

改革开放初期，国家对高等师范音乐教育培养目标有所调整和改革。教育部在1980年3月5日印发了《高等师范学校四年制本科音乐专业教学计划（试行草案）》。在该计划中，明确规定了音乐教育专业的培养目标是培养学校和校外教育结构的音乐教师。到了1995年，国家教委又印发了《关于发展与改革艺术师范教育的若干意见》，该文件提出"艺术师范教育要进一步明确培养目标"，高等师范教育为"本科层次，主要培养普通高中和各类中等学校的艺术师资"，专科层次"主要培养初级中学的艺术师资"。这一时期与国外音乐教育的学术会议和交流也逐渐增多，"放眼看世界"是这一时期的主要特征。改革开放所带来的活跃的思想文化氛围，让我们借鉴国外音乐教育理念的渠道在经过一段时间的停滞后得以再次打开，并且超越了以往的任何一个阶段。这一阶段，形成了继新文化运动以后向国外学习的第二次高潮。

这一时期，我国高等师范院校音乐专业的学制基本确立。高等师范音乐专业本科学制为4年，专科学制为2—3年。实习教学包含在正常学制内（包括专科）。实习教学主要是毕业前的综合实习，大多安排在大学四年级，历时10—12周，一般在一个学期内完成，时间相对较短。学生在校就读期间，没有教师资格考核。课程考试合格后，本科学生就可获得文学学士学位。选择中学音乐教师职业的毕业生，在任教前，需经过音乐专业课程考试来获取"专业合格证书"。音乐课程考试科目有基本乐理、和声学、声乐、音乐欣赏、视唱练耳、钢琴等。

我国高师音乐教育从创始阶段就以"中学及师范音乐师资"的培养为目标。1987

年 5 月，国家教委在天津召开"高等师范院校本科专业目录审订会"。会议对原有的 22 个基本专业目录进行了修订，修订后的"高师音乐专业"改名为"音乐教育专业"（这一名称一直沿用至今），明确规定其培养目标为"中学音乐教师"。这一方向规定了它从课程设置到日常的政治思想教育工作，都必须确保培养既掌握与时俱进的音乐专业知识、技能技巧，又掌握基本教育理论和音乐学科教学法的毕业生。这是音乐教育专业有别于音乐学院或高等艺术学校人才培养的主要标志。

我国音乐教育专业学科课程分为必修课和选修课两大类：

第一，必修课包括公共必修课和专业必修课。专业必修课主要包括声乐、钢琴、乐理与视唱练耳、曲式与作品分析、中国音乐史与名作赏析、和声基础与钢琴伴奏写作、外国音乐史与名作赏析、音乐教育导论与教学法、计算机音乐与课件制作、合唱与指挥等几个方面的内容共 10 门课程。

第二，选修课含专业限选课和任意选修课。专业限选课主要开设：电子琴演奏、民间舞与编排（二选一）、歌曲写作基础、地方音乐与欣赏（二选一）、小型乐队编配基础、世界民族音乐概论（二选一）。专业任选课主要开设：意大利语音、钢琴艺术、音乐文学作品欣赏、朗诵与板书、复调、乐器、音乐美学、音乐论文写作基础、艺术概论、手风琴伴奏与重奏、现代教育技术等。

这一时期，我国高等师范院校音乐专业的学制基本确立。高等师范音乐专业本科学制为 4 年，专科学制为 2—3 年。实习教学包含在正常学制内（包括专科），实习教学主要是毕业前的综合实习，大多安排在大学四年级，历时 10—12 周。一般在一个学期内完成，时间相对较短。学生在校就读期间，课程考试合格后，本科学生就可获得文学学士学位，同时也可获取教师资格证书。

三、两国高师音乐教育现状比较及思考

通过以上分析，我们大致了解了德国与中国音乐教育的发展历史、师资培养的要求、培养机构、课程建设等特点。通过比较我们可以发现如下几个差别：

其一，从两国音乐教师培养的体制来看，德国培养的各种层次和方向的教师都有很详细的门类差别，而我国目前划分不细。这种培养模式也导致了我国高等师范教育毕业生的就业方向感不强，而德国在入学时期就明确了学生今后发展的情况，使得学生在学习过程中有目的地学习。德国的学校音乐教育重点是中小学基础音乐教育，这与我国音乐教育的重心是一致的，但是我国现行的师资教育机构并不能满足这一重心的转移。我国的音乐教育机构分为中、高师两级。但实际上高等师范学院是不培养专业音乐教育师资的，音乐课程只是一般的基础课或选修课之一。而德国无论是中学还是小学音乐师资都是由高等学校或高等音乐院校来培养，必须通过国家等级考试才能获得教师资格，这

就保证了师资在音乐与教育两方面的质量,从而保证了基础教育的质量①。

其二,从两国学生学习期间实习情况来看,我国音乐师范类学生的实习大多安排在大学毕业前的几个月的时间,而德国音乐师范专业教育将学校课程的学习与教育实习结合起来,实习时间长达 2 年②。实习时间越长,越有利于学生充分地将所学的理论知识和基本技能应用于课堂教学、艺术实践,并且能够积累一定的教学经验,这种方法不仅使音乐师范学生具有教学和教育方面的知识和能力,而且有利于深入学校的学生之中,了解学生的特点。

其三,从两国音乐教育的特点看,主要差异体现在教师课程安排与学生学习方式两方面。课程安排上德国音乐学校的课程设置是开放和多样的。大部分科目没有固定统一的教材,也不限于只有一位教师任教。教师常常是将自己的研究课题在课堂上与学生共同交流,这样能够保证学生能不断接触到新的研究成果和学术观点。教师往往推荐一些参考文献,学生会根据兴趣而进行研究。课程也多以实践为主,个别课、小组课、集体课分别用于不同的专业,尤其是研讨课形式,教师与学生轮流主讲,学生可以自由讨论从而改变了以教师"独揽"课堂的模式。而我国音乐教学往往由于指定教材、某些教师缺乏学术研究精神导致知识陈旧,学生在课堂上没有积极性。

在德国,学生的学习表现为自主性,主要是因为他们的课程实行全学分弹性学制,学生对自己的学习具有充分的自主选择权利,包括学习时间、学习内容都可以根据自己的需要而"量身定做"。这可以更好地因材施教和发挥学生学习的主动性。另外,并不是所有科目都要求考试,这样可大量节省学生为准备考试而花去的时间和精力,不至于因为对考试的畏惧而对某些科目产生反感,从而能够使其钻研感兴趣的课程。而且考试的形式也是多样化的,不仅仅局限于笔试,较多采取面试。由主考教师设置具体的情境或提出若干问题,学生当场作答,可以全面检验学生的综合知识和运用知识分析问题、解决问题的能力。而我国的现行模式基本是固定的四年学制,虽然也实行学分制和选修制,但所有课程按照教学计划固定在某一学期,学生必须按照这一时间表来学习,而且考试形式单一,基本上是笔试或者是当场演奏或演唱,学生可能由于紧张而发挥失常,从而对某一学科产生抵触情绪。

从上述三方面比较中,我们不难发现形成差异的原因是多方面的。它可以溯源到教育的传统与体制,也可以归因于教育现实的条件,包括人力、物力、财力。从教育系统内部看,主要受制于教师的专业化水平和学生的知识体系结构。不同的文化、不同的教育传统对教育有不同的诠释。因此在我国不断深化教育改革实践中要处理好借鉴、继承、创新的关系,处理好"西学"与"中体"的关系,以避免盲目学习带来的不良

---

① 庄钟春晓. 从德国音乐教师的考核看其对音乐师资的培养 [J]. 人民音乐,2005 (12):56 - 58.
② 孙月红. 中德高师音乐教育实习教学比较分析 [J]. 惠州学院学报(社会科学版),2008 (05):108 - 110.

后果。

通过前两部分的分析比较我们可以看出，我国的音乐教育，尤其是高等师范教育的发展存在着一些弊端，与德国等发达国家的教育发展水平有一定的差距。进入21世纪，我国音乐教育正在加快与世界接轨，逐步缩小与世界先进国家音乐教育的差距。我国音乐教育界也逐渐认识到音乐教育要面向世界，就必须把我国音乐教育摆在世界音乐教育的大背景下加以研究。在研究中要防止盲目照搬国外教育模式，不仅要重视"输入"，还要更加重视立足本民族优秀教育传统和经验，进行国际交流。随着全球一体化的趋势日益加强，多元文化价值观念和理念开始逐渐深入中国的整个音乐教育，包括大学公共音乐教育、师范音乐教育，甚至还有专业音乐教育和社会音乐教育等各个领域。多元文化教育理念就要求我们的音乐教育不仅仅只局限在欧美国家的模式，而要立足于我国国情的同时借鉴先进的经验。当我们已经融入国际舞台时，我们的眼光似乎比任何时候都更要关注我们的本土文化建设，我们不愿被世界"隔离"，更不愿被世界"同化"[①]。因此，音乐教育要发展就需要我们在吸收借鉴别国先进经验的同时，把我国音乐教育置于我国音乐文化历史及教育结构的背景下，才能找到适合我国音乐教育发展的方向。如何借鉴国外先进经验，如何继承优秀传统发展我国音乐教育，这是我们在进行音乐教育改革时应优先考虑的问题。

借鉴国外经验主要体现在将德国的"双轨制"[②] 和"三分法培养模式"[③] 与我国教育国情相结合，形成一套完整的、规范的高等师范音乐教育培育模式。我国高等师范音乐教育，长时期以来基本套用音乐学院专业音乐教育模式，并没有形成师范院校的音乐教育特色，也没有明确地将音乐教师分为两大类来区别培养。如果我们能借鉴德国的做法，将音乐教师教育也分为两大类，采取"双轨制"让学生根据自己的能力和兴趣选择，然后在课程设置、毕业要求、就业方向等培养模式上区别对待，就可以使音乐教育目标更加明确。普通学校音乐教师教育强调"全面化"以适应普及音乐教育，在此基础上可以根据爱好发展自己的专长。音乐学校教师与私人音乐教师教育则强调"专业化"，首先必须有过硬的专业课知识，在此基础上才能够获得较为完善与完备的知识结构。

"三分法培养模式"则体现了分工明确、优势互补的特点。由于这三种不同的研究方向由不同的学校和专业培养，综合大学可发挥其综合学科和学术研究的优势，师资配备可以倾向于音乐研究和音乐教育理论方向，以研究促进教学和学科建设。音乐学院则发挥其表演技能学科齐全的优势，向大学输出部分音乐技能性课程，以及协助学生增加

---

① 章云珠，吴卫东. 中德基础教育若干问题的比较研究与思考[J]. 山东教育科研，2002（08）：38-40.
② "双轨制"指的是德国将音乐教师教育分为"普通学校音乐教师教育"与"音乐学校或社会需求的专门音乐教师教育"。
③ "三分法培养模式"指的是"普通学校音乐教师教育""音乐学校或社会需求的专门音乐教师教育"和"音乐教育学理论方向"，音乐教育专业被分为既有联系又有区别的三个方向，分别由不同的高等学校培养。

表演艺术实践的机会。而师范院校则可以利用综合大学与音乐学院的"全面"和"专业"丰富自身的学科建设，加强学术交流，成为上述二者的师资培养基地和实习基地。这样做当然不是将综合大学、专业音乐学院、师范院校截然分成学术、艺术、师资培养不同的阵营，而是集中优势力量发展特色教学。普通学校音乐教师教育、专门音乐教师教育和音乐教育学理论研究，基本涵盖了音乐教育学专业的所有研究与实践领域。将其按照专业方向明确分开，以不同的规格来培养，无疑有利于音乐教育学学科建设与发展，对于我们合理有效地利用高等学校音乐教育资源，理清当前专业音乐学院与师范大学甚至普通大学都在争办音乐教育专业的混乱局面也具有深刻的启示。

在继承我国传统文化发展音乐教育问题上，笔者认为关键是理解怎样"立足于本土"这一概念。关于"本土化"问题的研究，最早源于 20 世纪二三十年代。随着改革开放以来，各国的先进教育思想涌入我国，"本土化"的话题又一次进入了国人的视野，受到世界全球化进程影响的"音乐教育本土化"已经产生了新的含义[①]。笔者认为，"本土化"应该有两种含义：一是指国外音乐教育传入我国，在国内被接受、融合、发展的过程；二是指我国自身音乐教育沿着民族特色发展的过程。而从我国近代新式音乐教育的模式来看，我们的"本土化"多为第一种含义，主要是因为我国在历史上传统音乐教育一直是作为宫廷或者民间的"艺技"教育，而非专业教育或育人教育，所以导致我国近代音乐教育从一开始就打上了借鉴和吸收国外经验的烙印，对本民族教育理念的研究却不深入。所以继承民族优秀文化传统下的音乐教育成了"本土化"理念的突破口。应该从吸收借鉴中，突出本民族音乐教育优秀文化传统的自我发展与完善。

在我国目前最能体现音乐教育本土化问题的就是以"中华文化为母语的音乐教育"的观点。20 世纪 90 年代初王耀华先生就在其《中国近现代学校音乐教育之得失》一文中提出了"当代中国音乐教育发展的思考——建立中国音乐理论体系和中国音乐教育体系"的观点。后来，1995 年 10 月第六届国民音乐教育改革研讨会组委会举办的"中华文化为母语的音乐教育"的研讨会引起了极大的反响，在世纪之交为我国音乐教育的发展提供了一条可供参考的路径。

"中华文化为母语的音乐教育"这一观点的核心在于是否能够真正将中国传统音乐教育放在国际化的、多元化的前提下来审视，建立起一套属于中国自己的音乐教育理论体系。音乐教育的国际化和本土化仍然是发展我国音乐教育的两极，只有将二者平衡发展，才能进一步将我国音乐教育参与到国际教育平台中去谋求进一步的发展。也只有这样才能推动我国音乐教育事业的进一步发展。

---

① 朱莉. 国外音乐教育理念引入过程中的我国音乐教育的国际化与本土化问题研究［D］. 上海：上海音乐学院，2007.

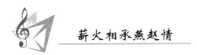

附言 本文系2008年度河北省社会科学基金项目"德国音乐教育专业与中国高师音乐教育培养模式比较研究"的成果之一。项目批准号：HB08BYS003。

（本文原载《河北师范大学学报（教育科学版）》2010年第9期，略有改动）

作者简介 裴建伟，男，河北师范大学音乐学院教授、硕士生导师。

城市化进程中音乐教育对农村留守儿童心理健康影响研究

河北师范大学音乐学院　徐　琨
河北经贸大学艺术学院　张小军

摘　要　农村留守儿童是我国城市化进程中催生出的一个特殊社会群体，他们具有自己独特的心理特征、情感需求与渴望。本文对当前农村留守儿童的心理健康状况进行了深入研究，从提高农村留守儿童心理健康水平的角度出发，通过实验方式，对农村留守儿童进行了为期半年的音乐教育干预性研究，探索音乐教育对农村留守儿童心理健康发展的积极影响，并试图将音乐教育作为提高农村留守儿童心理健康水平的一种途径与手段。

关键词　城市化进程；音乐教育；农村留守儿童；心理健康

"留守儿童"是指父母双方或一方流动到其他地区，孩子留在户籍所在地并因此不能和父母双方共同生活在一起的儿童。① 他们是我国城市化进程中催生出的一个特殊社会群体。留守儿童正处在性格、人生观、价值观形成的关键期，无论是在情感上还是生活上，都对父母有着强烈的依赖感。父母长期不在身边、亲子关系疏远、缺少家庭关爱等势必会给成长中的留守儿童带来负面影响。留守儿童如果长期得不到正确疏导，极易产生各种心理问题，成为当今社会的不稳定因素。近年来，有关留守儿童自杀、溺水、走失、群殴、性侵等恶性事件的出现，引发了社会各界的极大关注。人们逐渐意识到，要改善留守儿童的生存状况，仅仅满足他们的物质需求是不够的，留守儿童更需要精神上、情感上的关怀与帮扶。关爱农村留守儿童的心理健康状况刻不容缓。

目前，随着社会各界对留守儿童问题的关注，有关农村留守儿童心理健康方面的研究已逐渐由个案或小样本研究向大样本研究发展，被试的来源地也趋于多元化，这些都为更加客观地认识我国农村留守儿童的心理问题，更好地指导各地留守儿童的心理健康教育奠定了基础。然而，在已有研究中，针对农村留守儿童心理健康问题的理论分析与一般性经验总结居多，缺乏基于实践且具有可操作性的干预性研究。因此，通过实验方式加强具有可操作性的干预性研究，探索促进农村留守儿童心理健康的有效方法，成为

---

① 段成荣，周福林. 我国留守儿童状况研究 [J]. 人口研究杂志，2005（01）：29 - 36.

当前研究者的努力方向。音乐是美的艺术，它可以陶冶情操、净化心灵，音乐对于调节不良情绪、疏导消极心理、促进身心健康、形成健全人格，有着不可替代的作用。因此，笔者鉴于音乐的特殊功用，通过实验方式对留守儿童的心理健康进行干预性研究，探索音乐教育对农村留守儿童心理健康发展的积极影响，并试图将音乐教育作为提高留守儿童心理健康水平的一种途径与手段。

一、研究对象与研究方法

笔者以随机抽样的方法选取河北省石家庄、秦皇岛、邯郸、邢台、承德、衡水、沧州、保定八市的165名留守儿童为研究对象。其中，男生79人，女生86人，主要选取的是初一、初二的学生，年龄为11—16岁。

本研究以问卷调查和心理测量为主，结合访谈法、观察法等多种研究方法进行。其中，定量问卷主要包括留守儿童年龄、性别、父母外出时间、与父母团聚时间及留守儿童对音乐的喜爱程度、喜爱音乐的类型等基本情况；定性问卷主要包括教师、学校管理者、监护人对留守儿童的看法、管理等问题。心理测量采用我国著名心理学家、中国科学院心理研究所王极盛教授编制的《中学生心理健康量表》（MSSMHS）。该量表共有60个项目，包括强迫症状、偏执、敌对、人际关系敏感、抑郁、焦虑、学习压力、适应不良、情绪不稳定、心理不平衡10项心理症状因子。按照该量表的计分方法，根据项目平均分即可初步判断哪些因子存在心理健康问题的症状：2—2.99分为轻度症状；3—3.99分表示在该因子上存在中等程度症状；4—4.99分表示在该因子上存在较重症状；均分等于5分则表示在该因子上存在严重症状，以此来计算留守儿童心理健康问题检出率。此外，除用10个内容量表各自的项目平均分进行判断外，还可用总量表项目总均分进行评定，总均分的评定标准同上。调查方法采用团体施测，要求被试按照指导语进行回答，问卷在班级内填答，当场收回。

二、实验步骤与分析

研究组首先通过问卷调查，了解留守儿童的年龄、性别、父母外出时间、与父母团聚时间、监护人情况、基本生存状况及被试目前所受音乐教育状况、被试对音乐的喜爱程度、喜爱音乐的类型等基本情况。本次调查共发放学生问卷165份、教师问卷32份，回收有效学生问卷158份、教师问卷30份。调查结果显示，60%以上被试在幼儿期就已离开父母，缺乏与父母正常的情感交流与沟通；53%是由爷爷、奶奶、外公、外婆监护；34%由亲戚、朋友监护；10%与父亲或母亲一方生活在一起；3%是自己照顾自己或兄弟姐妹之间互相照顾，其代管监护人的文化素质普遍较低。调查显示，对于音乐的喜爱程度问题，74%被试表示喜欢音乐，57%表示喜欢上音乐课。唱歌、听音乐是留守儿童日常最喜欢的音乐活动形式，这是通过音乐活动对留守儿童心理健康进行干预性研究的良好前提。

该研究采用王极盛教授编制的《中学生心理健康量表》（MSSMHS），对165名被试的心理健康状况进行评定。测量结果显示，71.5%留守儿童存在不同程度的心理问题。（表1）其中轻度症状者占10.3%，中等症状者占30.9%，较重症状者占23.6%，严重症状者占6.7%。从单个内容量表上看，人际关系敏感、偏执、敌对、抑郁、学习压力五项因子的检出率较高，依次为83%、80%、68.5%、66.1%、57.5%。分析其原因，这可能与留守儿童长期缺乏感情依靠，性格普遍较为内向有关，他们遇到困难或麻烦事时会十分软弱无助，久而久之变得不愿与人交流。调查中发现，农村留守儿童在人际沟通和自信心方面比其他孩子要弱很多。此外，留守儿童正处于身心发育的关键期，长期与父母分离，情绪上得不到正确引导，亲情的缺失极易造成留守儿童的情绪失控和冲动，使他们对于社会的不公平现象产生抵触情绪，对周围人产生戒备和敌对心理。这种敌对心理的一个重要表现就是攻击行为。调查中显示，有些意志薄弱的儿童总会感到别人在欺负他，一点小事就会斤斤计较，对教师、监护人、亲友的管教和批评也易产生较强的逆反心理，严重者往往还有暴力倾向。由于代管监护人的文化水平普遍较低，无力对留守儿童的学习进行辅导，再加上部分留守儿童受身边人"读书无用论"观点的影响，因此留守儿童常常缺乏学习自觉性、主动性，学习纪律性差，成绩不理想，最终产生厌学、逃学、学习动力不足等问题。

表1 留守儿童心理健康问题各因子检出率（实验前）

因子名称	留守儿童（n=165）										
	1—1.99（无）		2—2.99（轻度症状）		3—3.99（中等症状）		4—4.99（较重症状）		5（严重症状）		症状阳性检出总计	
	检出人数(n)	检出率(%)	检出人数(n)	检出率(%)	检出人数(n)	检出率(%)	检出人数(n)	检出率(%)	检出人数(n)	检出率(%)	检出人数(n)	检出率(%)
强迫症状	87	52.7%	23	13.9%	12	7.3%	31	18.8%	12	7.3%	78	47.3%
偏执	33	20%	17	10.3%	30	18.2%	54	32.7%	31	18.8%	132	80%
敌对	52	31.5%	11	6.7%	48	29.1%	32	19.4%	22	13.3%	113	68.5%
人际关系敏感	28	17%	15	9.1%	28	17.6%	60	36.3%	33	20%	137	83%
抑郁	56	33.9%	17	10.3%	47	28.5%	29	17.6%	16	9.7%	109	66.1%
焦虑	85	51.5%	39	23.6%	23	13.9%	10	6%	8	4.8%	80	48.5%
学习压力	70	42.5%	18	10.9%	20	12.1%	38	23%	19	11.5%	95	57.5%
适应不良	90	54.5%	35	21.2%	16	9.7%	15	9.1%	9	5.5%	75	45.5%
情绪不稳定	102	61.8%	28	17%	19	11.5%	11	6.7%	5	3%	63	38.2%
心理不平衡	107	64.9%	21	12.7%	16	9.7%	13	7.9%	8	4.8%	58	35.1%
总体症状	47	28.5%	17	10.3%	51	30.9%	39	23.6%	11	6.7%	118	71.5%

根据心理健康量表的测量结果，分析其产生根源，并结合调查问卷中所呈现的留守儿童对不同音乐类型的喜好，研究组进行了为期半年的音乐教育实验研究，通过音乐教

学实践活动对农村留守儿童的心理健康进行干预，探究音乐教育对留守儿童心理健康发展的促进作用，并试图将音乐教育作为提高农村留守儿童心理健康水平的一种途径与手段。本实验采取单因素试验方法，对被试每周安排音乐课一次、课外音乐活动两次，每次45分钟，时间为一学期。通过征求专家意见，并结合学生的兴趣爱好、实验学校的实际情况、实验教师的特长等，选取合唱、乐团、音乐游戏、课外艺术实践活动为音乐实验教学的主要内容。在对留守儿童进行音乐活动干预时，要注重尊重学生的个体差异，做到因材施教。音乐教育对于留守儿童来说，不在于获得音乐知识与音乐技能本身，而在于对其进行心灵上的净化与情绪上的抚慰，使留守儿童得到精神的寄托与安慰，从而对其不良情绪进行正确的疏导与调节，并通过课内外的音乐集体活动，加强他们人际交往及合作的能力，促进其完善人格的形成。

研究组经过一个完整学期的教学实验，在学期末采用与实验前测试相同的心理健康量表，对165名被试在音乐活动干预后的心理健康状况再次进行评定。结果显示，被试不同程度的心理不良倾向检出率为38.2%，比实验前测试下降了33.3%（表2）。在10项心理症状因子中，除"适应不良"和"心理不平衡"两项因子的检出率无显著变化外，其他各因子检出率均呈明显下降趋势，偏执、敌对、人际关系敏感、抑郁、学习压力5项因子的下降幅度尤为显著，强迫症状、焦虑、情绪不稳定3项因子检出率的下降幅度次之（数据统计参见结论部分），这充分验证了音乐教育对提高留守儿童心理健康水平的积极影响。

表2　留守儿童心理健康问题各因子检出率（实验后）

因子名称	留守儿童（n=165）											
	1—1.99（无）		2—2.99（轻度症状）		3—3.99（中等症状）		4—4.99（较重症状）		5（严重症状）		症状阳性检出总计	
	检出人数(n)	检出率(%)	检出人数(n)	检出率(%)	检出人数(n)	检出率(%)	检出人数(n)	检出率(%)	检出人数(n)	检出率(%)	检出人数(n)	检出率(%)
强迫症状	107	64.8%	28	17%	11	6.7%	17	10.3%	2	1.2%	58	35.2%
偏执	87	52.7%	31	18.8%	23	14%	19	11.5%	5	3%	78	47.3%
敌对	113	68.5%	20	12.1%	18	10.9%	6	3.7%	8	4.8%	52	31.5%
人际关系敏感	79	47.9%	37	22.4%	23	13.9%	18	10.9%	8	4.9%	86	52.1%
抑郁	103	62.4%	29	17.6%	21	12.7%	8	4.9%	4	2.4%	62	37.6%
焦虑	102	61.8%	31	18.8%	19	11.5%	7	4.3%	6	3.6%	63	38.2%
学习压力	112	67.9%	27	16.4%	18	10.9%	6	3.6%	2	1.2%	53	32.1%
适应不良	94	57%	33	20%	20	12.1%	15	9.1%	3	1.8%	71	43%
情绪不稳定	118	71.5%	24	14.5%	13	7.9%	7	4.3%	3	1.8%	47	28.5%
心理不平衡	112	67.9%	20	12.1%	16	9.7%	10	6%	7	4.3%	53	32.1%
总体症状	102	61.8%	39	23.7%	17	10.3%	5	3%	2	1.2%	63	38.2%

三、结论与建议

本实验目的在于探讨音乐教育对农村留守儿童心理健康发展的积极影响。从实验前后的数据对照可以看出，经过半年的实验干预，165 名被试在实验后测试中，除"适应不良"和"心理不平衡"两项因子的检出率无显著变化外，其心理健康问题总均分和各内容量表所代表的各项目检出率均呈现明显降幅（图1）。其中，敌对、偏执、人际关系敏感、抑郁、学习压力 5 项因子检出率的下降幅度最为显著，依次下降了 37%、32.7%、30.9%、28.5%、25.4%；强迫症状、焦虑、情绪不稳定 3 项因子检出率的下降幅度次之，依次下降了 12.1%、10.3%、9.7%。被试在实验后的心理健康水平明显高于实验前，这说明音乐教育对农村留守儿童心理健康水平的提高有着积极的促进作用，尤其在改善敌对、偏执、人际关系敏感、抑郁、学习压力五个方面的心理症状方面效果明显。实验证明，音乐教育活动能够明显改善农村留守儿童的心理健康状况，可作为提高农村留守儿童心理健康水平的一种途径与手段。

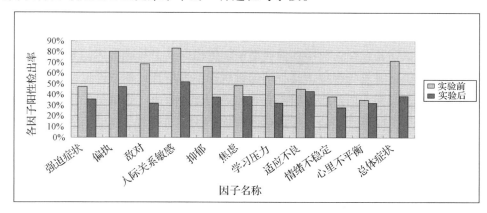

图1 实验前后留守儿童心理健康状况对比

然而，从所得数据也可以看出，音乐教育并非对留守儿童各层面心理问题都能起到明显的改善作用。例如，在本次实验中，"适应不良"和"心理不平衡"两项因子的检出率在实验前后并没有明显变化。这可能与某些心理问题的形成时间较长、影响因素较为复杂有关，在后续研究中还需进行更加深入的探讨。

音乐是美的艺术，是人类的第二语言。它能使人愉悦并抚慰人的心灵。实践证明，音乐教育在疏导和调节农村留守儿童的不良情绪，改善留守儿童的不良心理倾向的方面有着重要作用。为更好地发挥音乐教育对农村留守儿童心理健康的促进作用，在实际应用中，应从以下几个方面予以重视。

（一）要以人为本，注重发挥学生的主体作用

留守儿童由于长期缺失父母的呵护与关爱，大多性格比较内向，对外界有着抵触心理，因此，在开始进行各项音乐活动时，他们一般不愿主动与老师交流。音乐教师可通过合唱、乐队等集体活动巧妙引领，充分发挥学生在音乐教育中的主体作用，带动学生

共同营造一种欢快、和谐的温馨气氛，通过情绪的感染，吸引性格内向的留守儿童主动参与其中。

（二）注重培养学生的音乐兴趣，增强学习自信

对留守儿童进行音乐教育，无论以何种音乐形式开展，关键是让学生体验在班级大集体中相互配合、相互合作的感受，激发学生的学习兴趣，鼓励留守儿童勇敢地表现自己、表达自己。在教学过程中，音乐教师不对学生的表现进行过多的专业评价，而是要以接受和肯定为主，帮助学生获得价值感，树立自信心。

（三）音乐活动要立足乡土文化，寓情感教育于音乐之中

留守儿童大多生活在农村，其家乡蕴涵着深厚的乡土文化。可以说，乡土文化是留守儿童成长的摇篮，其特有的音乐元素无处不在。因此，对留守儿童进行的音乐教育应以丰富多彩的音乐活动为基本载体，并与其乡土文化相融合。比如在学习曲目的选择方面，可与当地传统音乐曲目、乐器相结合，这样既增加了留守儿童对音乐的亲切感，激发学习兴趣，又引导留守儿童去深入了解他们所生活的乡村世界，使他们更加热爱生活、热爱家乡，寓情感教育于音乐教育之中。

总之，农村留守儿童作为我国社会转型中催生出的一个特殊群体，他们具有自己独特的心理特征、情感需求与渴望，其心理健康状况不容忽视。本文通过实验研究，证明了音乐教育对农村留守儿童的心理健康有着积极的促进作用。音乐可以帮助留守儿童疏导和调节不良情绪，树立良好的人生观和价值观，从而不断完善他们的人格，使"留守的花朵"在阳光下绽放。

【参考文献】

［1］汤亚汀. 音乐人类学：历史思潮与方法论［M］. 上海：上海音乐学院出版社，2008.
［2］管建华. 当代社会文化思想转型与音乐教育［J］. 中国音乐，2008（02）：16-22.
［3］杨和平. 改革开放30年的音乐教育学研究：上［J］. 音乐探索，2009（01）：64-69.
［4］杨和平. 改革开放30年的音乐教育学研究：下［J］. 音乐探索，2009（02）：78-81.
［5］夏小玲. 论音乐教育中的公平问题：以鄂南地区部分中小学为例［J］. 黄钟（中国. 武汉音乐学院学报），2010（02）：149-158.
［6］张俊良，马晓磊. 城市化背景下对农村留守儿童教育问题的探讨［J］. 农村经济，2010（03）：102-105.

附言 本文为2014年度河北省社会科学基金项目系列论文之一（项目编号：HB14JY034）。

（本文原载《音乐创作》2015年第10期，略有改动）

作者简介　徐琨，女，音乐教育博士、博士后，河北师范大学音乐学院音乐学专业主任，音乐教育研究所副所长、副教授、硕士生导师。

张小军，男，河北经贸大学艺术学院副教授、硕士生导师，河北经贸大学校长特别奖获得者。

《弦索备考》的传承分析

——兼及对古谱复原与中国传统音乐传承的思考

河北师范大学音乐学院 田 畅

摘 要 在对《弦索备考》谱集的汇编及意义与其当代演奏传承概况进行梳理后,本文总结了这本经典谱集的传承方式,具体包括其人文背景、把玩形式、传谱方式等方面。在此基础上,本文也对古谱复原与中国传统音乐传承的相关问题进行了思考。

关键词 中国传统音乐;《弦索备考》;口传心授;文化传承

中国传统音乐在历史流变的过程中,其"口传心授"的传授方式贯穿始终,这就决定了中国传统音乐是以"人"为脉络进行传承的,其发展也主要以演奏者为核心。这在最大化地保留风格性的同时,也存在着非选择性的淘汰与意外流失的风险。有幸的是在今天,我们从《弦索备考》这样的经典之作中发现其不仅保存了完整的文字谱,而且保存了完整的筝定弦法及指法的系统标注等,为中国传统弦乐器的研究提供了一大宝藏。传承方式曾对音乐的流传与演变产生巨大影响,直至今天仍在我们对音乐的理解、认知及开发与保护工作中扮演着不可替代的角色。本文以《弦索备考》为例,探讨中国传统音乐的传承方式,希望为今后中国传统音乐传承与发展的实践与应用性研究提供一些值得参考的方法和观点。

一、《弦索备考》谱集的汇编与当代演奏传承概况

我们可先对《弦索备考》汇编的背景及其意义,以及该谱集的当代演奏与传承的情况进行了解。

(一)《弦索备考》谱集的汇编及其意义

19世纪初期,清朝的蒙古族文人明谊(号荣斋)[①],有感于古韵常常因没有可以留存的文字或图像从而容易逐渐失传,遂采用工尺字谱的方式将当时已流传的十三套弦索乐套曲汇编成册,并名为《弦索备考》。该曲谱全书分为六卷,共十册,以胡琴、琵

---

① 明谊,字古渔,编写《弦索备考》时用笔名"荣斋"。

琶、弦子、筝四件乐器演奏为主，记录了十三部弦索套曲①的演奏信息。

作者荣斋成长于蒙古贵胄世族，生活优裕，无须苦于生计，又长期受儒家思想熏陶，得经史之论洗礼，因此与祖辈不同，选择弃武从文，并中了嘉庆二十四年（1819年）进士。这些成长经历使荣斋具备了浓厚的文人情怀。1814年荣斋仅22岁，又尚未出仕，为其编纂这本旷世之作提供了时间保证。（图1）

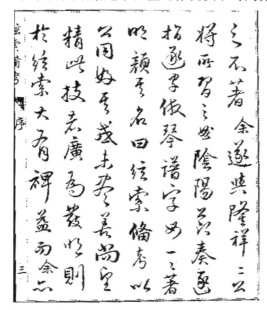

图1　《弦索备考》古谱抄本之序言部分选页

荣斋自幼即有乐府弦索之好，据《弦索备考》序所言"夫弦索十三套乃今之古曲也，琵琶、三弦、胡琴、筝器虽习见，而精之则非易，故玩此者甚稀"②，可推测当时喜好拉弦乐、弹拨乐等器乐的演奏者并不少，但习弦索实非易事，学精则更难，因此玩弦索者甚少。

荣斋在《弦索备考》序中又言，"尚望精此技者广为发明，则于弦索大有裨益"。编者当时因记谱手段的制约，只辑录了《弦索备考》全部演奏谱的骨架音曲谱。正是这样一个不得已而为之的蓝本，为后世继承者留下了其"完美"演绎十三部弦索套曲所蕴含的精髓和精彩。这是我们如今在复原《弦索备考》音响过程中的"指路明灯"——复原的意义并不是刻板地复制曲谱的面貌，而是演奏者须在尊重原谱的基础上进行二度创作。

（二）《弦索备考》演奏的当代传承与研究概况

爱新觉罗·毓峘（继明）为清朝道光皇帝的第五代世孙，出生于1930年，曾于恭

---

① 《弦索备考》十三部弦索乐套曲分别是《合欢令》《将军令》《十六板》《琴音板》《清音串》《平韵串》《月儿高》《琴音月儿高》《普庵咒》《海青》《阳关三叠》《松青夜游》《舞名马》。

② 见荣斋（1814年）手抄本《弦索备考》中的序。

王府生活八年后迁出。他是迄今为止人们寻访到的《弦索备考》的唯一活态传承人。恭王府素有习音律的风气，这为毓峋学习音乐提供了良好的环境。毓峋尤善三弦，但由于当时并不像现在学习音乐有家教，基本靠自修。其早年的学习主要由太监教导，后对毓峋教益最深的是"门先"①张松山②。毓峋所学三弦曲大部分由张松山传授，多为当时在贵族文人阶层流行的弦索乐套曲。1986年，谈龙建③教授千辛万苦地寻访到毓峋先生并随其学习《弦索备考》的三弦套曲，毓峋先生的直观演奏使得弦索套曲得以客观再现。有了如此鲜活的活体传承人的现场演奏及其音响参考，《弦索备考》的研究进程得到极大推动。

基于谈龙建教授自20世纪80年代以来的研究成果，2003年，中国音乐学院林玲④教授力邀中央音乐学院的谈龙建、张强、薛克三位教授合力展开对《弦索备考》的新一轮探索，并在实际演奏的研究部分取得了阶段性的重要成果。

二、《弦索备考》演奏的传承方式

《弦索备考》的传承方式，可从其人文背景、把玩形式、传谱方式等几个方面进行把握。

（一）"王公贵族式"文人音乐背景

在清朝时期的京城，随着经济的发展，市井文化高度繁荣，大批民间艺人涌入城市，他们以绝妙通俗的文字语言和华丽炫彩的表演技术大大丰富了百姓的精神生活，他们的艺术形式都具有很强的大众性与生命力。与这些活跃于茶馆、瓦肆中的民间艺人不同，当时还有这样一个群体——被称为"门先"的由王府供养的音乐人。"门先"常出入于王府宅门之间，但各为其主，并不能随意走街串巷。弦索乐套曲在当时则属音乐中的珍品，"门先"中身价最高的才可以演奏。因此，虽然"门先"的社会地位并不高，但他们中的佼佼者常因谈吐不凡、博学多识且技艺精湛受到主人们的喜爱，有时还会承担一些教授主人们学习琴艺的职责。他们正是因为来源于民间又常出入于宫廷王府，在一定程度上架起了沟通民间音乐与文人音乐的桥梁。

由此，弦索套曲这些源自民间的俗曲，受到文人气质、品性的熏陶，浸染了文人气质，由此成为具有文人音乐意蕴的品类。因此，弦索套曲追寻的是一种雅致、超脱的意境，是一种"典型的王公贵族式的文人音乐"⑤。

然而，"门先"活动的封闭性使得弦索套曲基本只在王公贵族中流传与把玩，封建

---

① 门先：允许进王府与王府子弟献艺、合乐并传授技艺的具有较高水平的民间艺人，多为盲人。
② 张松山是一名技巧娴熟、音乐素养深厚的"门先"，擅长琵琶、弦子。
③ 谈龙建，中央音乐学院三弦教授，也是《弦索备考》及其弦子曲的当代传人、研究学者。
④ 林玲，中国音乐学院古筝教授，也是《弦索备考》及其筝曲的演奏家、研究学者。
⑤ 谈龙建. 弦索音乐在恭王府的承袭[C]//恭王府管理中心. 清代王府及王府文化国际学术研讨会论文集. 北京：文化艺术出版社，2006：267.

社会中社会阶层与社会人群的差异导致弦索乐的流传受到很大局限，也是阻碍其发展与流传的一个重要因素。荣斋当时应是考虑到这一社会现实，加上其所处年代正是清王朝从盛世转向衰败、处于内忧外患之时，这些更促使他将"经典"编纂成册，使《弦索备考》得以传承与传播。

（二）"独乐与众乐"的把玩形式

首先，《弦索备考》中关于套曲《十六板》的内容中有说明："十三套内，此套最难，皆因字音交错句读强让之妙，习者未能玩索研究，以致节奏多有不合。余将此套诸器字谱寻集一幅著明缓急起止强让交错之处，以备同好者易得耳。"据此可推测，因当时常用胡琴、筝、弦子和琵琶四样乐器演奏弦索套曲，所以荣斋将这四件乐器的曲谱整理于一处，以汇集谱的方式记载下来，四样乐器的曲谱都分别成卷，且只有《十六板》出现汇集谱。（图2）因此在演奏中，各件乐器声部都可以独立成曲，并无分奏时各不成调之虞。

其次，据"习者未能玩索研究，以致节奏多有不合"一句推测，弦索套曲也可以由四样乐器合在一起进行演奏，但是荣斋表明这样演奏难度会加大，如果不是熟稔弦索者，不易达到"珠联璧合"之境地。这也印证了这种汇集谱并非有意识的配器、对位谱，而是把玩弦索乐者以其高超的音乐素养即兴演绎出的"支声复调谱"。这样将"独乐"融汇于"众乐"的把玩更有趣味性，即"字音交错句读强让之妙"。四样乐器对主旋律进行加花变化处理从而一同演奏，呈"你出我入、你加我减，参差错落"之态，该曲的音乐表现力变得更为丰富。荣斋所言"以备同好者易得耳"表明，有些演奏者喜爱"独乐"，有些演奏者则喜欢"众乐"，而《弦索备考》的演奏也是可分可合的。

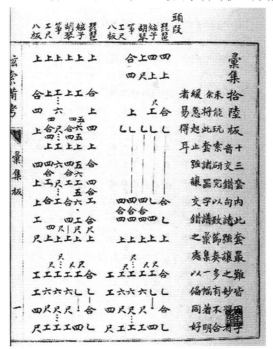

图2　《弦索备考》古谱抄本中关于《十六板》部分的选页

最后，这样的弦索套曲均是在厅堂内玩赏——如每逢年节，王公贵族全家会一起合奏玩乐——从不在公共场合演奏，因而当时被称为"房中乐"。因此，弦索乐所具有的"家庭式""厅堂式"特征也是使人难觅其踪的原因之一。弦索套曲的演奏都是因自娱自乐而发生，尽管其后来时而会在舞台或者宫廷庆祝宴会等大型场合中演奏，但其最初的目的只不过是吉庆之时，家人一起聚会兴起时合奏享乐的一种宣泄和意趣罢了。

（三）"只可意会"的传谱方式

《弦索备考》全谱分为6卷，共10册。荣斋担忧弦索音乐可能会因没有传谱而失传，遂将从多位师父那里习得的弦索音乐以工尺谱的形式，记录了曲谱、定弦和指法。因工尺谱谱式的局限，其旋律仅记有骨干音。这种"备忘式"记谱是指实际演奏的旋律通过演奏者的个人艺术造诣，按照一定的规律"以韵补声"，从而填补和完善原始曲谱的缺失。

中国传统音乐的传承往往注重的并不是乐曲的具体音符，而是音乐本身的韵律及存有"真意"的个人体会，这是对音乐个体实践的尊重。在弦索套曲中，正因为演奏的质量完全依赖于演奏者的文化修养、音乐学养，以及对音乐技巧的掌控和对弦索音乐的熟悉程度，因此每个人的演奏都是不同的版本，每一次的演奏都是唯一的，这也是古曲难寻的另一原因。在当代，西方音乐理论体系及其记谱方式也成为我国传统音乐传承与传播的一种重要记录手段。如何利用这种手段更好、更完整地记录中国传统音乐原有的艺术精髓，是我们必须思考的问题。

三、关于古谱复原与中国传统音乐传承的延伸思考

《弦索备考》的曲谱是按照"基本谱"记载的，曲谱上只能看到一些旋律的骨干音，那么，"怎样处理'记录之原真'与'演绎之创造'的关系"①，也就是如何恢复其原有的演奏谱？或者说是否应该完全恢复当时的演奏谱？这是我们应该思考的问题，也是"复活"《弦索备考》的真正意义所在，也关系着这份古谱未来的发展方向。

中国的记谱法与西方的记谱法完全属于两种模式，中国传统记谱法记的是"框"，西方记谱法记的是"音"——就如同中国水墨画写意，西方油画写实一样，这对如今的古谱复原任务带来了极大的挑战。虽然《弦索备考》还有非常珍贵的爱新觉罗·毓峘老先生的演奏音响，但是当时乐器的实际演奏谱已经无从得知。工尺谱的记录传承方式已经决定了音乐不是静止的，而是具有可塑性的再创造过程。

因此，复原古谱的目的实际上并不应该是探究"它是什么"，而应该是探寻"它可能会是什么"。我们无法完全一板一眼地恢复原有的曲谱，但是我们可以尝试从古人的理念、音乐感的角度出发，甚至可以用仿制的古乐器最大限度地去探究、接近古谱所承

---

① 高贺杰. 弦索备考：是参考书，不是教科书 [N]. 音乐周报，2014-06-18（A03）.

载的音韵、风韵、神韵。当然，我们在探寻古谱的灵动韵律、尊重古谱的原有风貌的同时，难免会融入当代的音乐审美趣味，以当代人的音乐学养和思维去演绎古曲。

音乐传达情感的方式直接又复杂。无论我们用何种方式表达，目的都是从音乐中获得美感。中国传统音乐植根于悠久的传统文化，承载着古人的智慧，结出了数不尽的经典成果。中国传统音乐的审美取向也与自古以来的儒家文化、道家文化、禅宗文化有着不解之缘，比如儒家推崇平和中正，道家崇尚大音希声。追根溯源，中国传统音乐追求的是含蓄之美，中国传统器乐曲遵循的同样也是"中正和平、幽深淡远"的审美准则。中国传统器乐艺术经历了上千年的历史考验，传承着古老的中华民族魂魄，宣示出中华民族的人文精神与审美价值，代表的是由中华民族生生不息的优秀基因淬炼出的涵养、信念与理想。

新时代经济的高速发展使文化领域呈现出百花齐放的局面，在它们充盈人们的思想、更新人们的审美观念的同时，古老而优秀的中国民族音乐体系也受到西方文化的冲击。如果历史传承下来的音乐艺术之花在我们手中渐渐凋零，那将是无法挽回的遗憾。作为演奏者本身，应更加看重本民族传统音乐的内在美及其宁静致远的意境。这不单体现了演奏者的专业素质，更显示出演奏者的中国传统文化修养。中国传统器乐的传承者肩负着中国传统音乐的未来与兴衰，有义务承担起历史的重托，将中华民族优秀的传统音乐在保持其原有基因、品味和意蕴的前提下，代代相传至永远。

回到《弦索备考》，面对这承载着极其深厚的古代民间及文人音乐风貌和内涵的经典，笔者满怀崇敬与感激，通过逐字逐句品读这充满魅力的古老艺术，奉献绵薄之力，揭开其尚未可知的奥美，使其不断地绽放出令人向往的古代音韵的绚丽。

（本文原载《音乐传播》2018年第1期，略有改动）

作者简介　田畅，女，中国音乐学院古筝硕士，现为河北师范大学音乐学院古筝专业教师。

高校艺术类学生专业成绩评价机制改革的探索与研究

邯郸学院音乐学院　方　强

摘　要　如何让学生在实践中自主获取知识，促使其综合素质的全面提高，这不仅是邯郸学院综合改革面临的问题，也是各个高校各专业共同面对的问题。如果能够利用成绩评价机制改革，提高学生参与实践的积极性、主动性，在实践中提高专业素质，将会较好地激发学生的学习热忱，使教学得到进一步的补充和延伸。本文分析了传统学业评价机制存在的问题，对邯郸学院艺术学院艺术类学生学业评价机制改革的一些探索和研究进行了介绍。

关键词　高校；艺术类；成绩评价；改革

在 2014 年 3 月 22 日举办的"2014 年中国发展高层论坛"上，教育部副部长鲁昕在演讲中谈到"部分高校实行职业化转型，这些高校将淡化学科，强化专业，培养技术技能型人才"。作为河北省唯一一个学校整体综合改革试点单位，邯郸学院自 2014 年年初就开始了综合改革，目标紧紧围绕教书育人、创新人才培养模式、打造人才培养特色，努力培养"毕业能就业、就业能上岗、上岗能上手、上手成骨干、骨干留得住"，适应地方经济社会文化事业发展的高级技术应用型人才。培养高级技术应用型人才，要以学生为主体，以实践为主要方式。

如何让学生在实践中自己行动起来，自主获取知识，解决问题，弥补学生书本知识的缺陷，同时发挥各种潜能，充分施展才华，促使其综合素质的全面提高，这不仅是邯郸学院综合改革面临的问题，也是各个高校各专业共同面对的问题。如果能够利用成绩评价机制改革，提高学生参与实践的积极性、主动性，在实践中提高专业素质，将会较好地激发学生的学习热忱，使教学得到进一步的补充和延伸。

一、传统学业评价机制存在的问题

在应用型教育培养目标与就业的实际情况下，学生要拥有理论运用于实践、技能运用于实践的能力，要能够在学习时就拥有实际就业岗位所需的能力，这就需要改变传统的学习模式，相应地，传统的学业评价机制也要改革。

传统的高校学生学业成绩评定模式，往往由两部分组成，一部分是平时成绩，以考勤和课堂表现为主；一部分是期末考试成绩，在很大程度上与平时的专业实践不能相关联，也不能反映学生的实践能力。虽然艺术类专业课程很大程度上具有实践性质，但学业成绩评定模式与其他专业一样，不能体现艺术类专业的特点。艺术类课程课时安排是课外时间与课内时间基本持平，随着年级的上升，课外时间会渐渐多于课内时间，学生的课外时间安排更加多样化。据调查，有部分学生存在着不能很好地利用课外时间去学习，提高自己的专业能力，又不知怎样把所学运用于实践的问题。这不论对以后学生自身的专业发展还是就业方面，都会产生很大的负面影响。真正调动学生学习的积极性，是考量我们教学效果的重要标志之一。如果将学生的课外艺术实践纳入学业成绩评定中，再以成绩评定促进学生的学习主动性，这在一定程度上可以理顺教与学的关系，推动学生艺术实践的主动性，让学生"被动教"变为学生"主动学"，形成"课堂教学—艺术创作—艺术实践—市场检验"的艺术人才培养模式。

二、艺术类学生学业评价机制的改革探究

2012年，邯郸学院接受教育部本科水平评估时，曾提出推精品、讲效益、出成果等专业"经营"理念；瞄准人才培养定位，构筑网状管理体系，阶梯式推进艺术实践活动，充分做到"教学里面有活动，活动里面有教学"，并围绕考试考核改革推行了一系列措施，取得了不少辉煌战绩。

（一）不断创新考试考核改革模式

2010年，根据艺术学院音乐与美术专业的特点，我们制定了"6、3、1"的新考试模式。"6"是学生考试成绩，"3"是艺术实践成绩，"1"是教师对学生平时综合测评的成绩。考评从学生进校的第一天就会开始，整个学期都会进行综合评价。近年来，我校出台系列管理章程及管理办法并逐步走向成熟，各种管理措施得以完善和合理化。

自2013年邯郸学院进行综合改革以来，我们结合实际，在原来所推行的"6、3、1"学业成绩改革模式基础上进行进一步修订，形成并实施"8+2"学业成绩考核模式。学生专业课成绩主要由三部分构成，专业技巧课中期末考试成绩占40%，自主学习成绩占30%，学习笔记成绩占10%，艺术实践成绩占20%；专业理论课中期末考试成绩占50%，自主学习成绩占20%，学习笔记成绩占10%，艺术实践成绩占20%。学生的艺术实践成绩由我院艺术实践中心给予评定，依据学生在本学期内参加艺术实践活动的规模、形式、级别等情况进行打分，满分20分，各专业课程将实践成绩计入期末总成绩，并且规定各项组成成绩均达到及格以上，总成绩才能是合格，否则本门课程为不及格，艺术实践分数不及格则等同于留级，这样更加充分加大了实践的力度。同时，我们打造了30多个学生专业社团，在教师指导下开展活动，并出台了一整套管理办法和制度措施，引导学生完成综合艺术实践。

（二）以考试改革为着力点，渗透实践教学

在进行学业成绩评价机制改革的同时，我院积极推进教学改革，扩展实践教学。

1. 设置实践课程平台

在各专业的培养方案制定中，设置了技术技能平台和素质拓展平台。在这两个平台中，又针对性地设置了实践类课程和项目。如音乐学技术技能平台中设置的实践类课程有声乐表演、器乐演奏、舞蹈表演、合唱训练、器乐合奏训练、舞蹈创编、声乐教学法、舞蹈教学法、器乐教学法、音乐观摩等，拓展平台中设置的实践类课程有乐谱制作、电脑音乐制作、音响调控技术、舞台化妆与造型、奥尔夫音乐等，两项合计共占总学分的31%。

2. 推进项目式教学

在我校领导和教务部门的大力支持下，2014年下半年，我校派出音乐学2011级舞蹈生40人赴杭州进行为期近三个月的实训教学，参加由著名导演张艺谋导演团队联手打造的山水实景"印象·西湖"演出；2015年，我校派出音乐学2012级舞蹈生15人赴丽江进行实训教学，参加"丽江千古情"演出，进行舞台艺术实践，使学生们受益匪浅，为艺术实践拓展平台进行了初步探索。

我校美术学专业与艺术设计专业以人才培养方案为依据，与河北省邯郸市鸡泽县企事业单位相对接，推行项目式实训课程。如开设"天下红产品包装设计""鸡泽五粮酒产品包装设计""湘君府企业形象设计"等课程，对企业的产品包装、整体形象进行设计；开设"室外环境艺术设计"课程；美术学专业学生赴峰峰矿区进行了三次文艺志愿服务暨花鸟画实训教学活动，由教学副校长带队进行实地考察和设计谋划，共为峰峰矿区大潘村等地区创作了70多幅宣传画，从而更为有效地宣传党的政策，营造特色旅游环境，弘扬社会主义公民道德。在同学们的创作过程中，村民围拢上来，止不住地夸赞他们的创意好，色彩漂亮，从而成为一大景观。

3. 毕业设计与实践接轨，推动形成产学研黄金链

我校从2013届开始进行毕业综合训练改革，由原来的毕业论文撰写改为毕业创作，如音乐学专业以本专业创作为主体，配以4 000字的创作说明；美术学、艺术设计专业以创作作品为主体，配以2 000字的创作说明，最后由指导老师、评审专家、答辩小组分别就作品、创作说明进行打分，按比例形成综合分，使成绩更为公平合理。毕业论文的改革，全面提升了学生对大学四年来所学理论知识及技能技巧的综合运用能力，使他们的毕业创作更加贴近社会应用的实际需求。2015届艺术设计专业学生的毕业设计围绕鸡泽县的实际需求进行文化创意设计，展开毕业设计选题119项，内容涵盖鸡泽县城标设计、整体宣传形象设计、系列产品包装设计、文化明信片设计等，并于4月中旬在鸡泽县宣传文化中心展出，得到了社会各界认可。

（三）互为依托，构建网状实践体系

2008年艺术与传媒学院成立，我校就申报设立了艺术实践教学中心，几年来取得了大量优异的成绩，特别是在教育部主办的全国第3届大学生艺术展演活动中，河北省

共推荐音乐类作品6项、美术类作品6项,我院各占1项。除学生获得一个工艺设计二等奖、一个声乐三等奖外,邯郸学院同时获得全国第3届大学生艺术展演活动优秀组织奖。全国第4届大学生艺术展演活动中,获得全国二、三等奖各1项,省一等奖5项,二等奖7项,三等奖4项。2013年,我院女声合唱队在河北省第6届音乐金钟奖比赛中荣获了女子合唱第一名的好成绩。2011级两名同学在首届河北省青少年书画作品展中取得铜奖。学生在各级各类比赛中获奖达300余次。除参加邯郸市各级各类演出活动外,我院还参加了中央电视台"心连心"艺术团演出、"中华长歌行"节目组文艺演出、"星光大道"节目组文艺演出等,得到普遍好评。

艺术实践教学中心组织与带领学生参与了众多比赛、演出,取得了不菲成绩。为了更好地协调、捋顺工作中出现的问题,我校在教学办所管辖的实习实训中心,与学工办所管辖的艺术实践教学中心合力形成一个网状实践体系。实习实训中心从教学方面入手;艺术实践教学中心从学生课余活动入手,以学生社团为主,使学生有任务、有目标、有组织、有计划地进行艺术实践,将学生的自主学习与学生社团融为一体,实现第一课堂向第二、三课堂的有效延伸。

(四)注重加强校企合作,与社会对接,为社会服务

艺术类学生在课外进行艺术实践,是提高艺术类学生自身专业素养的一种有效办法。我校非常注重与社会对接,为社会服务。

(1)参加第12届中国·邯郸国际太极拳运动大会开幕式、中国·邯郸大学生诗歌节、中国·涉县女娲文化节、"中国好人榜"发布仪式暨全国道德模范与身边好人颁奖晚会等诸多演出,取得了经济收益与专业能力的双赢。

(2)与鸡泽县委、县政府合作。由政府牵头,各有关局领导及企业领导共20多位召开对接会,直接对接企业文化、艺术文化,真正做到文化下乡。

我院完成和进行的一些其他项目有:

① 参与第19届河北省直"三下乡"集中服务活动专场文艺演出,在节目策划、编排、演出方面,对鸡泽县相关部门、人员给予了指导并参演,并获得好评。

② 参与鸡泽县的亮化美化工程并进行设计,现已付诸使用。

③ 参与鸡泽县高速入口处景观设计项目,已设计出几套较为成熟的方案。

(3)与河北邯郸丛台酒业股份有限公司合作,为其设计艺术壁画墙和广场文化装饰壁。此项目进行实地考察、设计、交换意见、修改20多次。因此,我校开设"壁画设计课程",针对河北邯郸丛台酒业股份有限公司的壁画设计项目进行实训教学活动。

(五)配合课程改革,推行社团课程化建设

为将学生自主学习落到实处,根据"创新型、实践性、高水平和有特色"的原则,我校成立专业社团30多个。为扎实推进社团课程化建设,我校健全社团管理机构,做到上有专门负责的院班子领导,下有专门对接的老师、学生,并出台一系列严密的管理

办法。每个社团都有专门的指导教师,每个学院对指导教师提出要求——严考勤,出成效,按课时给予教师们相应的资金支持,从而让教师们起到很好的引导与监督作用。自实施社团课程化建设以来,音乐、美术、艺术设计专业每学期举办自主学习作品展演50余场。

为了让学生利用专业技能学习创业,我校开设并定期举办大学生创业实践交易市场,成立专业社团运营部,到目前为止已举办9次。同时,我校也借助网络平台开设大学生创业实践交易市场,将声乐、器乐、舞蹈专业学生的基本情况挂在网上,帮助学生获得课余家教的机会。大学生创业实践交易市场的开设为学生进行专业展示提供了良好的平台,并与经济赢利相结合,使学生专业能力培养与社会实际需求相接轨。

三、关于学业成绩评价机制改革的一些思考

经过这些年的探索,对于艺术类学生学业成绩评价机制的改革这一问题,笔者有着诸多收获的同时也存在一些困惑。

(一) 学业评价机制改革的必要性

1. 传统考试模式的缺陷与考试改革的必然要求

传统考试模式往往形式单一,不能较好地体现学生实际掌握的知识与能力。然而,学生的实践是一个综合性的过程,一项能力的提高不是单方面的学习就能掌握的,要不断地、全面地学习,比如艺术类学生综合能力的提高,是每门技能课的学习加上理论评定的掌握及不断的实践积累。这种综合与动态的过程,如果只凭一项期末作业或者一张试卷进行评定,很难说明问题。只有对传统考试模式进行改革,使成绩知识包含动态的能力与实际技能掌握的程度,才能更科学合理。

2. 实践与教学的纽带作用

改革后的学业成绩评价模式不再是一个片面的结果,而是全方位带动学生进行艺术实践的推手,是实践与教学之间的纽带。一部分教师会认为,课外大量的实践必然会影响教学效果多元化,特别是艺术专业提倡的艺术风格多样化,但是艺术实践的统一管理并不意味着艺术风格的统一化、模式化。我校专业社团有30多个,足以让学生找到自己感兴趣的方向,同时通过老师的指点、同学之间的交流,可以让其更好地实现专业的纵深发展。

(二) 完善艺术类学业成绩评价机制的措施

1. 健全各项管理规章制度

艺术类学业成绩评价机制不再仅由成绩组成,而是要以成绩来带动实践,实现一个动态的引导与管理学生进行艺术实践的过程。因此,在总体的成绩组成方面、在艺术实践成绩的构成方面,都要有一定的规章制度来引导与约束学生的学习,不能让改革流于形式。

2. 提高思想意识，加强理论疏导

艺术实践是由教师带动学生进行的，由于各专业有各自的学习特点，在管理层面不能进行非常详细的约束，更多是在思想层面，所以加强思想指导是非常必要的。比如在改革之初，从学院班子到教师，都存在着一些顾虑，甚至有部分人不理解。在推行学业成绩评价机制改革时，的确遇到一些阻力，但是经过思想层面的大讨论，大家的意识有所提高并达成了共识。在全体师生的努力下，改革慢慢呈现出良好的效果。现在看来，改革之后学生的整体面貌与改革成效是显著的，这打消了老师们的所有顾虑，需要关注的只是怎样更好地解决在改革中出现的问题。

3. 学业成绩评价机制改革是动态的改革

一项改革不是一蹴而就的，在改革过程中必然会不断出现一个个问题。学业成绩评价机制也不能是一成不变的，随着新问题的出现，必然要进行相关规章制度、措施的改变。如艺术实践分数就经历了分数比重、构成上的变化。在新的成绩评定模式推行之初，就存在着实践与教学冲突的矛盾。为了解决这个问题，我校教学办所管辖的实习实训中心与学工办所管辖的艺术实践中心形成一个网状交叉实践体系，让实践与教学相辅相成，教学与艺术实践的关系更加顺畅。

总之，为顺应高校教育向职业化教育转型的趋势，增强专业应用性的呼声日益高涨。为了更好地适应艺术领域的快速变化，对学生学业成绩评价机制进行大力度改革是必然的事情。改革不能是单项的改革，应是一个系统化的改革，要有承接实践者引导实践的相关机构、制度，以及一系列的实际引导措施，从而激发学生实践热忱，带领学生在实践中提高自身素质与能力，这样才能真正地达到高校艺术类学生学业成绩评价机制改革的目的。

作者简介　方强，男，邯郸学院音乐学院名誉院长、教授。毕业于河北师范大学音乐系（今河北师范大学音乐学院）。

音乐表演艺术研究

雅俗共赏　天地和鸣

——评唐建平民族音乐诗剧《牛郎织女》

首都师范大学音乐学院　尹铁良

2012年8月28日晚，由中央民族乐团策划、唐建平作曲、许知俊执棒的民族音乐诗剧《牛郎织女》在国家大剧院歌剧厅上演。在中国的情人节——七夕节期间，给首都观众献上了一台情意绵绵、悲欣交集的节日礼物。

民族音乐诗剧《牛郎织女》的成功推出，是当下中国民族管弦乐发展具有龙头地位的中央民族乐团又一次华丽而完美的倾情展示。中央民族乐团用不断探索、创新的实际行动践行着中国民族音乐"导向性、代表性和示范性作用"的庄严承诺。正像团长席强所说："要不断创新，不能躲在'博物馆'里孤芳自赏，只是抱着'老三篇'的作品来面对市场。"近年来，《金色回响》《江山如此多娇》《天涯共此时》《中国音色》《红妆国乐》等一台接一台具有品牌效应的音乐会的成功推出，凸显了该团的不懈追求——继承、创新、多元。民族音乐诗剧《牛郎织女》正是在这种音乐文化语境中应运而生的。

在中央民族乐团团长席强的策划创意下，民族音乐诗剧《牛郎织女》以"星缘—星恋—星恨—星愿"四重情感支架，构建起由15个部分的音乐讲述跌宕起伏的爱情故事的庞大结构。如此宏大的叙事、宏阔的结构、复杂的情感，即使是唐建平这样的作曲家，也要经受想象力与创造力、人文观照与审美取向乃至哲学思考等多重严峻考验。民族音乐诗剧《牛郎织女》的成功演出之后，人们清楚地认识到，观众被征服了——来自那掌声、鲜花、笑脸，还有那久久不能散去的、留在人们心中的动人旋律。下面，笔者仅从印象最深的音乐品质、主题呈现、文化诉求三个方面谈谈感受。

一、音乐品质——追求"雅俗共赏"的审美取向

聆听民族音乐诗剧《牛郎织女》的音乐，给人最大的感受就是雅俗共赏。其雅中有俗、俗中含雅、雅俗互动的审美趣味，使处于不同欣赏层面的观众都获得了音乐所带来的享受。在当下盲目张扬个性，标新立异的、浮躁的、浅薄的音乐创作环境下，对于一名在国内外都有相当影响力的作曲家来说，能做到这一点是不容易的。因为作曲家的每一部作品都会受到各个层面的人群的关注，写得太过高雅，容易曲高和寡，拒人千

里；而太过世俗，又容易被人贬为粗陋而没有新意，遭人诟病。怎样才能在一部大型音乐作品中，达到雅俗共赏的审美目标呢？在民族音乐诗剧《牛郎织女》的聆听与观赏中，作曲家唐建平给了我们答案。首先体现在音乐主题的构思上。音乐主题是塑造音乐形象的主要因素，是音乐不断向前发展的前提，也是给观众留下深刻印象的重要方面。因此，作曲家要在音乐主题构思中倾注较多的心血。其次对音乐主题的雅俗关系给予观照。如果按照写实主义的方法进行构思，民族音乐诗剧《牛郎织女》的各个主题都应该具有鲜明的中国古典的、民族的、民间的和古风的性格，以揭示故事的背景与时代性，但如果这样进行创作，很容易陷入平庸粗俗而被人贬损。作曲家一定考虑到了这一点，才使得各个音乐主题具有非常生动的性格并适应各个不同欣赏层面人群的审美需求。如第一部分《星缘》是织女的独唱，也是这部音乐诗剧的开篇之声。在这里，人们所期待的音乐应该是一段具有中国古典美的女声独唱，但在人们耳畔响起的却是一曲极具现代美的充满音乐剧风格的华丽而抒情的旋律。（谱例1）

谱例1　《星缘》

这段旋律是以纯八度与大、小六度音程上下行大幅度跳跃为典型的音高材料构成的，非常优美雅致，恰似从天而降的天外之声，尤其是在大革胡、低音大革胡、中阮、大阮的淡淡的音响衬托之下演唱，更加突出了旋律的高雅。毋庸置疑，这一段开篇之声，给所有观众带来了高雅的音乐享受。

这个主题在第三部分《织锦谣》和第四部分《仙女下凡》中都得到了发展。（谱例2、谱例3）

谱例2 《织锦谣》

谱例3 《仙女下凡》

第十三部分《星恨》中，这个主题引申出在混声合唱衬托下的织女与牛郎的男女声二重唱，而在尾声《星愿》的开始，织女又完全再现了第一部分《星缘》的女声独唱，与开篇形成了一个完美的呼应。

如果说以上几个部分的主题给人们带来高雅之感，那么，大量段落的乐思却是更具有民族性、民间性的音调，以表现人间生活的质朴与自然。最引人入胜的是，贯穿于全剧的爱情主题——选自黄梅戏《天仙配》中的著名唱段《夫妻双双把家还》的旋律。这个爱情主题家喻户晓、妇孺皆知，是非常世俗化的旋律，以这样熟悉的音乐贯穿于全剧，如果没有高超的作曲技法，很容易造成俗不可耐的结果。唐建平却以高超的作曲技巧进行处理，不仅没有使人产生庸俗之感，而且这个富有多种变化且代表人间的"民俗化"主题，与代表天宫的织女音乐的"高雅性"主题相互对照，产生出非常好的艺术效果。

处理雅俗关系的另一个方面，体现在乐队的演奏形式上，几种不同的演奏形式给人耳目一新之感。民族音乐诗剧《牛郎织女》的乐队是一个全编制的大型民族管弦乐队与一个混声合唱队。这样的编制是一个人们司空见惯的音乐会编制。那么，如何在这个基础上，给观众带来更加新颖的感受呢？作曲家在这方面做了以下雅俗互动的奇妙结合。

1. **合唱队与大乐队的互动**

合唱队没有按照常规音乐会那样排列，而是在乐队后面，在起起伏伏、层层叠叠的"云海"情景中演唱。这样合唱队既是整体音响不可分割的部分，和乐队形成互动，又填充了舞台前景与背景、低点与高点之间的空间。

2. **女子室内乐队与大乐队的互动**

在第十四部分《七夕痴恋》中，一轮硕大的明月在舞台右上方升起，一组由箫、笙、二胡等乐器组成的女子室内乐队以七仙女的形象在月宫演奏，并与舞台上的大乐队、合唱队、男声独唱（牛郎）及月宫中的女声独唱（织女），形成多视角、多方位的声音互动，营造出天上人间融为一体的壮观景象。

3. **二重奏与大乐队的互动**

在第八部分《婚礼舞》和尾声《天长地久》中，作曲家为乐团的演奏家冯晓泉、曾格格伉俪专门写作的笛子、唢呐二重奏，为民族音乐诗剧《牛郎织女》增添了看点，也把雅俗互动交叉融合的关系推向了高潮。

4. **古筝与大乐队的互动**

在第十部分《天河狂奔》中，作曲家为多声筝创作的独奏与乐队，将乐队的整体音响、音乐情感及观众的情绪推向了极其激荡的高潮。

雅俗关系的处理还常常表现在作曲技巧上，比如和声有很多雅致而精细的构思，九和弦、十一和弦、各种变和弦、半音化和弦等，同时还有一些近乎即兴式的多音和弦及民族性的四、五度和弦；有时也表现在织体、音色的诸多方面。

二、主题呈现——创构"逆向发展"的结构样态

作为一部音乐诗剧,《牛郎织女》与歌剧、乐剧、音乐剧和舞剧等舞台音乐作品一样,由于人物形象、故事情节、场景的复杂性,其音乐主题必然具有多重性。其中主要人物形象、故事情节的主导动机,常常在全剧中得以贯穿。在一部音乐作品中,无论其规模大小,贯穿性主题一般都出现在乐曲的开始,然后在这基础上不断发展,也就是说,先有主题,后有发展。民族音乐诗剧《牛郎织女》的呈现方式却恰恰相反,是一种独特的"逆向性"发展,即把完整而清晰的主题放在后面,前面出现的是从主题中抽取的似是而非的材料。这种"逆向性"主题呈现方法,给人们呈现出意想不到的艺术效果,也是作曲家精心创作的结果。这也是由于贯穿性主题——爱情主题是选自人们非常熟悉的黄梅戏《天仙配》的唱段《夫妻双双把家还》的旋律,如果完整的主题在一开始出现,观众是没有新鲜感的。相反,一开始用一些零散的、片段的主题材料,逐渐呈现清晰的主题旋律,会使人们产生"恍然大悟"的艺术享受。

爱情主题是从第四部分《仙女下凡》的后部开始的。这时的爱情主题也可以说是"人间主题"。首先由高音唢呐、高音笙、钟琴、颤音琴在所有拉弦乐器、弹拨乐器震音和弦的衬托下演奏。这个主题的材料是从爱情主题中抽取的,但听起来"似是而非"(谱例4a)。其次是拉弦乐器组演奏的音乐段落,其材料与爱情主题接近了许多(谱例4b)。

谱例4 《仙女下凡》

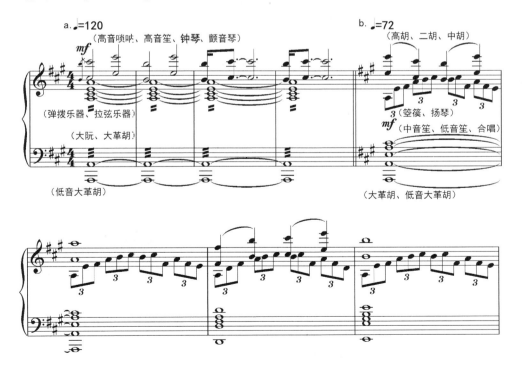

在第五部分《嬉水》中,由梆笛与木琴演奏的欢快旋律,是将主题原型中典型的短句"剪裁"下来并插入旋律中,从而给人一种主题动机时隐时现的感觉。(谱例5)

谱例5 《嬉水》

在第七部分《槐荫作证》中,爱情主题得到了充分的发展,一共有五次,每次以不同变化形式构成。① 音乐开始是由高、中、低音唢呐与钟琴、云锣演奏的乐段。第一乐句和第二乐句都引入了主题材料,但有趣的是,音高材料相同,排列却不同。第一乐句开头用的是《仙女下凡》的主题"角—徵—商—徵—角",第二乐句则用的是主题原型"徵—角—商—徵—角"(谱例6a)。② 音乐到了中段,主题原形凸显得较为清晰,但还是不完整(谱例6b)。③ 音乐到了高潮处,混声合唱是主题的一个新的变形(谱例6c)。④ 结尾前的这一乐段再现了《仙女下凡》的主题形态(谱例6d)。⑤ 结束处完全再现了开始的主题形态。(谱例6)

谱例6 《槐荫作证》

经过《婚礼舞》《天庭震怒》《天河狂奔》《惊天一划》几个部分的主题沉寂后，在第十二部分《隔河之恋》中，用主题的一个变形奏出了一曲悲凉的哭诉。（谱例7）

谱例7 《隔河之恋》

紧接着第十三部分《追天路》的混声合唱再现了第四部分《仙女下凡》的主题形态。第十四部分《七夕痴恋》再现了第七部分《槐荫作证》的牛郎和织女的二重唱。在第八、第九、第十、第十一部分中，规避了主要主题而在对比材料上进行渲染。在第十二、第十三、第十四部分中，却密集地再现了前面段落中重要主题的变形，其目的是为最后出现的清晰完整的爱情主题进行铺垫。

果然，在第十五部分《天长地久》的后部，首先由大部分弹拨乐器拉弦乐器和吹管乐器奏出爱情主题原形的第一乐句。（谱例8）

谱例8 《天长地久》

这也是音乐到此为止第一次完整出现的主题乐句。这个乐句好像是一次提醒：请注意，马上就要出现完整的主题了！当音乐进入《天长地久》的尾声时，冯晓泉、曾格格终于演奏出完整的主题乐段《夫妻双双把家还》。所有观众在这时终于舒了一口气：爱情主题乐段终于出现了！同时，一个新颖独特的音乐组织样态也完成了。（谱例9）

谱例 9　《天长地久》

三、文化诉求——抒写"天地人和"的宏大叙事

在唐建平的许多作品中，无论是民族管弦乐组曲《天人》，还是民族管弦乐《后土》，抑或是大型舞蹈诗剧《精卫》，当然还包括其他各类音乐作品，观众不仅为他娴熟的音乐创作技术、独特的音乐创作思维及所有构成其艺术风格的技能技巧所折服，同时也无法忽略每一部作品中折射出的文化诉求，这也是唐建平音乐创作中非常重要的一部分。

唐建平在音乐创作中的文化诉求，并不是凌驾于音乐本体思维之上的空洞的"形而上"的哲学层面，而是与音乐有直接联系并融合在一起的，精神与物质达到高度统一的深刻文化思考。

"天、地、人"是我国传统哲学思想中一个重要的概念，体现了人与自然界的良性相处从而达到的和谐圆满的终极目标。民族音乐诗剧《牛郎织女》的音乐，是以天（天庭主题）—地（人间主题）—人（爱情主题）的多重音乐主题之间相互渗透的互动关系，从而最终达到相互融合的"和"的理想境界。

1. 爱情主题的选择强化了"天人合一"的人性之美

贯穿于全剧的爱情主题对构建民族音乐诗剧整体的作品结构，起着至关重要的作用。这个主题不仅需要突出"人神相合"的爱情，而且要有利于其在全剧中的发展，更为重要的是，这个主题要与欣赏者的心灵产生强烈的共鸣。作为一名作曲家，唐建平为《牛郎织女》构思一个表现爱情的主题，应该是信手拈来，但作曲家却用黄梅戏的唱段作为贯穿全剧的爱情主题，这是人们预料不到的，可以说这种选择达到了"神来之笔"的艺术效果。这首戏曲唱段不是一般的唱段，而是黄梅戏《天仙配》中七仙女与董永的"人神"爱情二重唱，用以表现织女与牛郎的爱情主题，同样诠释了"天人合一"的寓意，更重要的是这首唱段在我国家喻户晓。因此，以此作为爱情主题，必然与听众产生强烈的情感共鸣，加上作曲家利用独特的主题"逆向发展"手法，使主题从模糊出现到清晰呈现，更加凸显了爱情主题——跨越天庭与人间、穿越神话与现实——的神圣之美。

诚然，爱情主题从表面来看，表现的是牛郎与织女之间"人神合一"的男女情爱之美，但从民族音乐诗剧的整体结构和文化内涵的角度来看，这个贯穿性的爱情主题已经升华为一个放大了的哲学命题——"天人合一"！

2. 天庭主题的"人间性"勾画了"天地合一"的自然之美

如果说民族音乐诗剧《牛郎织女》的爱情主题从主要意义上来说表现的是人性，那么，天庭音乐主题与人间音乐主题之间相互渗透，模糊了天与地之间的分界线，勾画的是"天地合一"的自然美景。天庭音乐主题源于人间音乐主题。人间音乐主题实际上是从爱情主题中引申而来的，只不过由于主题的"逆向发展"，人间音乐主题材料预先呈现——即在第四部分《仙女下凡》中的"角—徵—商—徵—角"和"徵—角—商—徵—宫"。令人欣喜的是，作曲家在创作第二部分《天鼓云锣》的天庭音乐主题时，没有创作全新的对比性乐思，而是引用人间音乐主题的材料并稍加变化，构成了"角—徵—宫—徵—徵"。这个材料虽然以"宫"代替了"商"，落音以"徵"代替了"角"和"宫"，但其音乐形象是非常统一的，尤其是节奏基本一样，即"××××｜×———"。到了第九部分《天庭震怒》，其音乐材料还与人间音乐主题紧密联系，体现了作曲家对"天人合一"的文化诉求。（谱例10）

谱例10　《天鼓云锣》《天庭震怒》

3. 天庭、人间、爱情主题材料的"同源性"抒写了"天地人和"的宏大叙事

通过以上多次对主题的分析，我们知道，天庭、人间和爱情的主题材料都是同源的，这正是作曲家的匠心，也是一般作曲者难以做到的。因为对比多个主题，比在一个主题的基础上进行多种形态演变要容易得多。尤其是这种"同源性"要在几个迥异的音乐形象上进行有机演变，更是难上加难。

不用任何语言，只用一个音乐材料就把"天、地、人"和谐地融为一体，这不是盲目的炫技，也不是自恋的弄巧。只有对天敬畏，对地尊崇，对人热爱和对爱情讴歌，才能够达到这种境界。因此，笔者认为，民族音乐诗剧《牛郎织女》的音乐是作曲家唐建平用他的虔诚之心，抒写的"天地人和"的宏大叙事，从而震撼于天地之间！

在雅俗间游走，在天地间奔腾。唐建平的民族音乐诗剧《牛郎织女》是写给各个欣赏层面的人群的，他做到了，而且做得很好。我们期待作曲家唐建平新作的不断诞生，但我们需要的还是——雅俗共赏！

（本文原载《人民音乐》2013年第6期，略有改动）

作者简介　尹铁良，男，1956年生，河北省武强县人。作曲家、音乐教育家。现为首都师范大学音乐学院教授。1982年毕业于河北师范学院音乐系（今河北师范大学音乐学院），1993年任河北师范学院音乐系（今河北师范大学音乐学院）主任。

通俗音乐与现代音乐教师的知识结构

华北电力大学艺术教育中心　吴乐为

通俗音乐是一种由多元文化构成的现代艺术，是一种重要的音乐文化现象。传道授业的音乐教师如何善待与学习通俗音乐中的精品，关乎音乐教育的全面发展。下文就通俗音乐精品的文化价值与音乐教师的现代知识结构之关系提出自己的见解。

音乐教师是音乐文化的传播与传承者。音乐教师的知识结构是影响一个民族文化健康发展的重要因素。作为特殊的文化传播者的音乐教师，则应以积极的态度善待通俗音乐，并将其纳入自己的现代知识结构。

通俗音乐的技术是其得以"流行"与"风光"的基础。通俗音乐中的精品聚合了欧美古典音乐高度成熟的多声思维和音乐展开手法。欧美民间音乐活泼的旋律风格与叙述方式，美国黑人音乐中自成一派的和声语言、富有弹性的节奏和"随意即成"的表达方式，以及现代科技文明繁衍的一些"乐音"元素，是多种社会文化与音乐艺术共同酿造的结果。如果说，长期以来以巴赫、贝多芬为代表的欧洲专业音乐家们的创作经验、技术、形式与成果堪称音乐"圣经"，对世界音乐艺术的发展影响至深，那么，通俗音乐中的精品则勇于突破这一音乐文化模式思维，在作曲、表演及传播方式上表现出鲜明的艺术个性。如创作上"追求不稳定节奏、不对称曲式、不规则旋律、不规范技法"的艺术效应，演唱常呈"一人主唱"，嗓音以沙声为美，唱法自由，借助歌者靓丽的外形，通过或亲切宽厚的风度、或活力四射的青春风采、或妖艳诱惑的性感姿态的造势，声音、形象、表演三者在"和谐"中力求完美，伴奏强调"电声化"。通俗音乐作品既适用于厅堂通俗音乐广场的实况演出，又借助唱片、广播、电视，甚至计算机网络等现代多媒体途径进行传播。流行音乐聚合了人类现代文化、科技与艺术的诸多成就，是音乐发展的历史必然，为人们提供了丰富的艺术表现体裁。

艺术具有艺术审美、道德教化、文化传承等多种功能。精品通俗音乐用亢奋的音韵与节奏，记述了现代社会中人们物质生活日益富足、形体日益舒适安逸、精神压力日益紧张的种种感受，满足了抒发个人喜怒哀乐的极大需求。当然，精品通俗音乐也在以深沉的感情关注"战争与和平""疾病与贫穷""经济与环境"这样与人类发展密切相关的重大命题。站在历史发展的高度审视通俗音乐，它的问世与成熟，进一步完善了由各国本土民族音乐、其他民族的通俗音乐、欧洲专业音乐、现代流行音乐构成的世界音乐艺术的"四维"结构。透过其"洋洋乎"之纷繁乐象，精品通俗音乐不仅是一种直觉的艺术形象，丰富了现代人们的审美，而且具有深层的文化价值。这标志着具有经典意义且领导世界音乐新潮流的古典音乐，在"严肃"了数百年发展后，其"唯我独尊"的中心地位，受到来自密西西比河流域的另一"中心"的挑战。人类音乐文化由二元的"传统美""古典美"丰富到多元并举的"现代美"，为人类音乐艺术发展注入新的活力，对世界各民族音乐艺术的现代化进程影响深刻，促进了世界音乐多元化格局的形成。

20世纪初的中国，西风东渐，随着西方传教士、思想家、商贾的纷至沓来，他们带来了自由、科学、民主等西方价值观念，也带来了电影、留声机、唱片等人类先进文化的产品，并由此肇启西方音乐于华夏古国之兴。纵观通俗音乐于中国内地的发展历程，一是20世纪20—30年代的"初创期"，依托电影、广播、唱片、娱乐性歌厅等媒介，在以上海为代表的都市中得到"着陆"与初步发展；二是20世纪80—90年代的"繁荣期"，改革开放使通俗音乐重现于大江南北。通俗音乐通过自己不断现代化与"民族化"的音乐语言，向世人展示了其独特的审美理念、创作技法、表现形式和艺术风采。它为广大人民群众提供了一个广阔的选择天地，满足了不同年龄、不同文化层次、不同阶层审美情趣的多元化需求。① 通俗音乐与中国民族民间音乐、欧洲传统音乐三足鼎立，成为我国人民现代音乐生活中不可或缺的一部分。

通过通俗音乐，我们认识了爵士乐、摇滚乐、音乐剧、美国乡村音乐，认识了"猫王"、杰克逊、麦当娜，认识了非洲文化、美洲文化、黑人文化及风靡世界的现代音乐……可以说，通俗音乐是我们洞悉与学习世界音乐的新窗口。

教师是人类灵魂的工程师，是"传道、授业、解惑"的特殊职业，需要做到才思敏捷、博学好问。步入全球化时代后，素质教育是我国人才培养的一项重要内容。其核心是多元文化的共生共荣。"如果由于音乐存在于各种各样的文化中，那么音乐本来就是多文化的。如果音乐本来是多文化的，那么音乐教育从根本上应该是多元化的。"② 作为多元文化环境中的音乐教育的中心材料必须从民族音乐、古典音乐和现代音乐三方面来选择。③ 如此，方能称多元文化与现代文化之教育，故时代要求担承文化传播重任的音乐教师，必须具备现代思维、现代理念与现代知识结构，尤其要善于通过学习具备一些不甚熟悉或完全不熟悉的知识。在一些音乐教师眼里，通俗音乐属于一种不甚熟悉的现代音乐艺术。从现代教育观看，由于音乐教师缺乏通俗音乐知识，所以其素质结构是不完善的，而不完善的素质结构又如何与现代音乐教育相适应？随着时代发展，民众审美情趣日渐丰富，通俗音乐借现代传媒的力量与我们的学生发生着"亲密接触"。

---

① 毛文华. 现代流行音乐创作中的几点思辨［J］. 素质教育论坛，2008（12）.
② 王放桓. 多元文化背景下音乐教育与发展［M］. 长春：吉林人民出版社，2017：14.
③ 丁嫚莉. 卡巴列夫斯基音乐教育思想研究［M］. 上海：上海音乐出版社，2016：85.

音乐教师作为音乐教育活动的实施者，面对日新月异的经济全球化与文化多元化的趋势，必须同由原先的教育灌输的偏见和已有著作的偏见进行较量。[①] 音乐教师要摒弃许多固有的偏见，以全球化背景下的音乐文化视野高屋建瓴地审视通俗音乐，审视自己于其中的作用和应具备的素质，引导学生建立更为开放的文化观，以海纳百川的胸襟与平等博爱的思想认识通俗音乐。事实上，通俗音乐是一种以都市为策源地和主要传播区的现代民间音乐，是我们建设社会主义精神文明的有效艺术载体。我们应学会欣赏通俗音乐这种在现代文明中产生的艺术美。作为崇尚科学精神的音乐教师，要在自己的心灵世界和知识结构中给予通俗音乐一席"安身立命"之地。

通俗音乐的商业属性使得它鱼龙混杂、良莠不齐。具备良好而全面艺术素养的音乐教师，要能够在音乐教育实践中把握正确方向，科学地指导学生去感知、认识流行音乐，帮助他们指认精芜、品评优劣，为他们选择一些通俗音乐优秀之作，从而自觉抵制不良作品的侵蚀。

迄今为止，我们已考虑了两方面的问题：音乐教育的"传统"观点和"以儿童为中心"的观点。还有第三个方面，即更加开放、先进的音乐教育观点。

（本文原载《中国音乐教育》2006年第7期，略有改动）

作者简介 吴乐为，男，华北电力大学艺术教育中心主任、教授。

---

① 管建华. 中西音乐文化比较的心路历程［M］. 西安：陕西师范大学出版社，2006：365.

论歌剧《茶花女》中薇奥莱塔的形象塑造

河北民族师范学院音乐舞蹈学院　徐　升

摘　要　著名歌剧《茶花女》以小仲马的小说及其戏剧剧本为创作基础，意大利作曲家威尔第的音乐创作是其灵魂。本文主要从文学、音乐和演唱三个方面入手，对歌剧《茶花女》中女主人公薇奥莱塔的人物形象塑造进行具体分析。通过剧作家、作曲家的一度创作与演员的二度创作，薇奥莱塔鲜明的人物性格、美好的内心品质及其悲剧性形象得以充分展示和体现。由此可见，歌剧剧本、音乐创作和演员的表演处理等，对歌剧中人物形象的塑造都非常重要。

关键词　歌剧《茶花女》；薇奥莱塔；威尔第

小说《茶花女》主要讲述了法国巴黎上流社会颇负盛名的妓女薇奥莱塔与乡下富农的儿子阿尔弗莱德之间充满坎坷和波折的爱情故事，揭露了当时法国巴黎上流社会腐朽、糜烂的生活，强烈控诉了其道德的虚伪。多年来，该作品被多次改编成话剧和歌剧的形式呈现给观众。那么在歌剧《茶花女》中，从剧作家到作曲家再到表演者，是如何塑造薇奥莱塔这一人物形象的呢？下面，本文就从文学基础、音乐表现和演员演唱处理等方面来具体分析其人物形象的塑造手法。

一、文学上的形象塑造

（一）歌剧中人物形象塑造的文学基础

在歌剧《茶花女》中，薇奥莱塔的形象塑造是在小说和戏剧的基础上进行的。小说中，作者运用了各种艺术手段进行人物描写，包括朴实的细节描写、罗列式的讽刺笔调、书信体小说形式及内心情感的倾诉等。此外，书中的人物对话描写也十分精彩，占据全书的大量篇幅。除人物之间的对话外，对人物内心思想和情感变化的描绘也是作者塑造人物形象的重要方式，大量的细节描写展现了薇奥莱塔丰富的内心世界。从文学作品来说，这无疑是成功的，为其后改编成戏剧和歌剧奠定了文学基础。

相对于小说运用语言艺术来塑造人物形象，戏剧中人物形象的塑造则需要通过不同的戏剧行动来实现。戏剧行动的差异源于不同人物性格之间的冲突。小说中的愤懑和激昂在戏剧中体现在对上层社会进行了更为强烈的抨击，从而使对不平等社会道德观念的批判更为深刻，戏剧冲突也更加强烈。戏剧与小说的人物语言存在很大差异，这也是戏剧与小说的主要差异。以薇奥莱塔的语言为例，在小说中，它是塑造人物形象与展示人物性格的重要手段，需要结合上下文的叙述，并配合人物的动作及表情等；而在戏剧中，人物语言除了要生动形象、富于动作性、包含潜台词外，还要考虑演员的表演水平和观众的接受程度，这也为歌剧的改编提供了参考。

（二）歌剧剧本中的人物形象塑造

《茶花女》是一部富于浪漫主义色彩的作品，其人物形象的塑造体现出对古典主义的反叛。浪漫主义把一切原始、质朴、纯真的事物都视为自然，值得敬畏，而薇奥莱塔这一角色就是这样简单和纯真。歌剧《茶花女》表现了薇奥莱塔与阿尔弗莱德之间的爱情悲剧。薇奥莱塔就像一朵盛开的鲜花，纯洁善良、坚强美丽，虽然爱情从养分变成毒药，但她依然勇敢追求，至死不渝。

意大利作家皮阿威基于对歌剧的了解，对原著内容进行了大胆取舍，保留其骨架和精华，从而为威尔第的创作留下了很大空间。在结构上，他将原著的27个章节改编成三幕四景歌剧。内容方面，第一幕写两人爱情的萌芽，薇奥莱塔深受感动；第二幕的两个场景写两人爱情的迅速发展，薇奥莱塔虽然受到羞辱，但仍假称想回到以前的奢华生活而离开阿尔弗莱德，以此成就阿尔弗莱德的家族荣誉，这表现了薇奥莱塔的善良与高尚；第三幕写薇奥莱塔病入膏肓，万念俱灰。这样的结构安排比较紧凑，直接展现了薇奥莱塔性格中的闪光点，非常吸引观众。

歌剧的表现形式主要是演唱，因此情节大多简单而精练，人物形象的塑造注重音乐性、戏剧性及相关性原则。音乐有利于激发表演者的情绪，展现人物之间的情感冲突，进而引起人们的共鸣，为塑造人物形象提供了更广阔的空间。此外，歌剧剧本还强化了女主角的情感表达，将其形象提升至道德层面，这样虽然减弱了对现实的批判，但在音乐的感染下，也能为观众带来颇具震撼的视听盛宴，进而引发思考。由此可见，歌剧对薇奥莱塔形象的塑造是以小说和戏剧中的形象为基础的，并与音乐完美结合，从而使薇奥莱塔的形象深入人心。

二、音乐上的形象塑造

歌剧是一门综合性的舞台表演艺术，它将音乐、文学、舞蹈、戏剧等各类艺术结合在一起，以音乐为线索来展现、推动故事剧情。[①] 戏剧与歌剧之间是相辅相成的关系，戏剧为之骨架，音乐为之血肉。[②] 人物台词由演员唱出来，曲调的音型和节奏都是人物心境的体现，是塑造人物形象、刻画人物性格的重要手段。

（一）音乐对比中的形象塑造

在歌剧《茶花女》中，序曲主要包括悲剧性和爱情性两个主题，其中，薇奥莱塔

---

① 王金霞. 歌剧《茶花女》序曲主题分析［J］. 电影文学，2008（14）：126.
② 李秀华. 从普契尼歌剧谈咏叹调的戏剧性［J］. 音乐探索（四川音乐学院学报），2003（04）：62-64.

的悲剧性主题是通过静态旋律将其悲惨一生娓娓道来，爱情之路的坎坷、身为妓女的悲哀及最后身心俱疲的精神状态和内心世界，这一切都被展现得淋漓尽致。第二部分的和声与调性变得清晰，旋律也更加宽广，虽然相较第一部分来说音乐优美、流畅了很多，但其基调仍然是凄凉悲惨、暗淡无光的，这也是对薇奥莱塔充满坎坷的爱情之路的表现。通过爱情主题的衬托，薇奥莱塔美丽动人、高贵典雅的形象显得更加饱满，而其悲惨命运也充满了对当时奢靡、腐朽的法国上流社会的强烈指责与控诉。

威尔第创作音乐主题时采用了对比手法，通过旋律的大跳和下行来表现人物内心欢愉与悲苦的变化。前半场的咏叹调唱出了薇奥莱塔与阿尔弗莱德邂逅时内心的悸动，诚挚、纯朴、直率的曲调让人听后也觉得内心欢愉，不由得为二人衷心祝福；后半场的咏叹调唱出了她对爱情的向往和大胆追寻，心中难以压抑的欢喜之情通过大跳的音调表现得淋漓尽致。① 终场二重唱的最后部分中，相比阿尔弗莱德的热情，薇奥莱塔的声部出现了半音滑行音调，好像是在痛苦地呻吟，仿若由花开到花谢。由此，通过音乐的强烈对比来展现人物内心的情感变化，薇奥莱塔的悲剧形象显得十分鲜明。另外，重唱也是作曲家塑造人物形象的一个重要手段。威尔第通过男女声音交相呼应的声部旋律来展现不同人物的内心世界，既大大丰富了歌剧内容，又很好地再现了具体情景。阿尔弗莱德在舞会上通过《饮酒歌》向倾慕已久的薇奥莱塔真情告白，轻快的节奏表现出他对爱情的歌颂与向往。阿尔弗莱德的歌声是对美人的歌颂和对美酒的赞美，而薇奥莱塔却在提醒人们要珍惜眼前，两人在人生观与价值观上的差异由此呈现出来，这也是两人爱情必然走向悲剧的重要原因。

（二）矛盾冲突中的形象塑造

歌剧的结构通常是对矛盾的组织与安排，矛盾冲突推动着歌剧的情节发展，在一个个矛盾冲突中，作品展现人物内心的思想变化，进而塑造出生动、鲜明的人物形象。歌剧《茶花女》以薇奥莱塔为中心，通过对人物、环境、事件等各要素之间矛盾冲突的编排和组织，展现了人物性格的发展过程，揭示了其命运的悲剧性，剧情合理而流畅，结构和谐而统一。具体来看，作品中的矛盾冲突主要有，薇奥莱塔与阿尔弗莱德之间的矛盾冲突、薇奥莱塔与老阿芒之间的矛盾冲突及薇奥莱塔内心的矛盾冲突。

薇奥莱塔与阿尔弗莱德之间有着强烈的矛盾冲突，两人的性格、生活环境和社会地位等都大不相同，但却倾心相爱。在两人相处的过程中，求爱与拒绝的矛盾、责怪与宽恕的矛盾都充分表现了女主人公复杂的内心情感。薇奥莱塔与老阿芒之间的矛盾冲突就如同《像天使一样美丽》一曲所唱的那样，老阿芒为薇奥莱塔深爱着自己的儿子，并且痛恨自己的过去而深受感动，但他为了家族荣誉还是劝说薇奥莱塔做出牺牲。这反映出老阿芒所代表的社会家庭伦理与等级婚姻制度的虚伪和无情，同时也表现了薇奥莱塔善良、高尚的品格，但也是两人爱情悲剧的体现。此外，薇奥莱塔的内心也充满矛盾。

---

① 王金萍. 歌剧《茶花女》中薇奥莱塔形象塑造分析 [D]. 保定：河北大学，2007.

阿尔弗莱德向她表白，但她害怕这是逢场作戏，后来才慢慢被感动。要爱情还是要寻欢作乐，这是薇奥莱塔内心的矛盾。最后，她怀揣着痛苦去寻欢作乐，展现了其内心的激烈斗争，亦刻画出薇奥莱塔单纯、善良的性格。一个又一个的矛盾冲突将男女主人公的爱情从萌芽到发展再到结束的故事串联起来，使得剧情环环紧扣、层层推进，薇奥莱塔丰富而复杂的内心情感由此得到充分展示。

（三）咏叹调中的形象塑造

与宣叙调相比，咏叹调更加富于歌唱性，有利于抒发人物情感。以下通过对《永别了，过去的美梦》这首咏叹调的分析，简要探讨一下作曲家是如何通过咏叹调来塑造薇奥莱塔这一人物形象的。

在节奏和速度方面，《永别了，过去的美梦》这首咏叹调使用较慢的速度营造了一个相对宽松的抒意环境。六度大跳、同音反复和小间距环绕的旋律线条表现了薇奥莱塔内心的悲哀，塑造了其痛苦、悲伤的形象。在调式方面，作曲家交替运用明亮的大调式与黯淡柔和的小调式，以此展现人物情感的变化。在和声运用方面，作品通过不同的和弦音及和弦连接产生的音乐色彩来反映人物感情的变化，从而确立并巩固薇奥莱塔的音乐形象。在伴奏织体方面，作品多采用柱式和弦与短时值的缩进式柱式伴奏织体，以配合 a 小调黯淡柔和的特征。在音区方面，作品多采用中高音区，第一变奏的中音区展现了薇奥莱塔的悲伤和无奈，第二变奏的高音区则将曲调推向高潮，进而塑造出一个荡气回肠的音乐形象。

在这首咏叹调中，作曲家威尔第主要通过主题材料的三次变奏发展来塑造薇奥莱塔的形象。核心主题材料的节奏型为单音前缀顺分型，音型为同音反复、六度大跳与小间距环绕相组合，从而将薇奥莱塔从巴黎红人到失去爱情又疾病缠身的巨大心理反差展现得淋漓尽致，是其向悲惨人生告别的开始。第一变奏曲是对原主题材料的深入，通过音型、节奏型和音区的变化将薇奥莱塔的悲哀放大，对现实的强烈控诉使其形象由单纯的悲哀转变为悲愤。第二变奏曲保持顺分型节奏型不变，但加入了原主题材料每小节最后两拍均分型的节奏特点及大量的六度大跳，突出人物情感的跌宕起伏，休止和小间距环绕音型使薇奥莱塔痛苦、绝望的形象入木三分。

三、演唱上的形象塑造

歌剧演员是歌剧中音乐形象塑造的承担者和表现者，其对于角色的诠释是对作品的二次创作，赋予角色形象新的内容。通过歌剧演员的表演，角色形象得以生动展示在观众面前。因此，演员在演唱上的具体处理对人物形象的塑造非常重要。

（一）气息处理中的形象塑造

气息的运用是声乐表演的基本功，在演唱中，演员的气息处理对于角色情绪的拿捏及其内心情感的表现都非常重要。气息的运用即呼吸的调整，也就是换气，而换气点的选取则是气息运用的关键。这里，同样以《永别了，过去的美梦》为例，具体分析几位歌唱家是如何通过控制气息来塑造薇奥莱塔这一人物形象的。

安吉拉·乔治乌、特蕾萨·斯特拉塔斯、玛丽亚·卡拉斯和幺红都曾经演绎过《永别了，过去的美梦》这首咏叹调。从换气点来说，安吉拉·乔治乌在这首咏叹调中的换气比较有规律，主要是在一句歌词的结尾处或乐句停顿处，优点是能够很好地向观众传达剧作家和作曲家的思路，但却缺少自己的风格。相比之下，斯特拉塔斯的气息运用就自由得多，大多根据曲调走向进行换气。另外，斯特拉塔斯的换气点较乔治乌要少，足见其气息之长。不过，其看似自由的换气点却是经过精心安排的，能在细节处充分展现人物性格。卡拉斯的换气点虽与乔治乌有些相似，但除了强调词句结束外，她还考虑到了曲调的走向问题。此外，考虑到薇奥莱塔是一个肺病患者，因此卡拉斯在演唱时多调整为短促的气息，她在细微处加上自己的情感表达，对薇奥莱塔这一人物形象进行了很好的诠释。歌唱家幺红对气息的处理与卡拉斯比较相似，但更强调长时值强拍的长音。这种力度的加强看似在塑造奄奄一息的薇奥莱塔，实际却着重塑造了她的精神世界。

（二）演唱处理中的形象塑造

与一般音乐不同，歌剧中的音乐要求体现戏剧环境、人物性格和剧情内容等，对塑造人物形象具有关键作用。下面就以卡拉斯的表演及其在美国茱莉亚音乐学院对薇奥莱塔典型咏叹调的讲解为例，分析演员如何在演唱处理中塑造薇奥莱塔的音乐形象。

咏叹调《在欢乐的日子里》前22小节是引子，开头"多么奇怪！多么奇怪！他的话在我心头燃烧！"像是在自言自语，两个"多么奇怪"后的休止表现出薇奥莱塔内心既喜悦又迷茫的心情，后一句歌词则是薇奥莱塔陷入爱情的体现。E自然大调上的同音反复显得死板、焦躁，像是在诉说人物内心的不安，为人物的悲剧命运埋下伏笔。随后由C大调转入F大调，一个下行的音级加上均分密集型的伴奏织体，顿生紧张感，充满强烈的感情宣泄，是对薇奥莱塔心中神圣美好却虚无缥缈的爱情的展现，也更加表现出其善良、纯真的品格。从第23小节开始，A乐段为自然大调，节奏为$\frac{3}{8}$拍，表现出一种轻快的感觉。这里的感情色彩有所不同，声音应更加活泼、生动。第一部分高潮的16小节是薇奥莱塔对之前感慨的概括，歌词展现了其直面爱情的勇敢。下一乐句中的"欢"字是这首咏叹调的一个难点，速度变快，注重展现跳跃感，需要演员具有足够的气息。可见，演出时演员的演唱处理对歌剧中人物的音乐形象塑造至关重要。演员除了有高超的演唱技巧外，还要对人物进行二次创作，这样才能使其形象活灵活现、充满血肉，也才能赋予整部作品以生命力和感染力。

（本文原载《四川戏剧》2016年第8期，略有改动）

作者简介　徐升，男，河北民族师范学院音乐舞蹈学院院长、教授。

"音乐作品"视野下的器乐演奏

——以卓菲娅·丽莎"音乐作品观"对钢琴演奏的启示为例

河北师范大学音乐学院 谢 红

音乐学术研究的进步与研究者的视野、思路、方法的开拓密切相关。近年来,学术领域"跨界""跨学科""接通"等相关概念的兴起,说明传统的学科意识、学科界域与治学方法正在发生变化。[①] 这些概念的兴起,在给音乐理论研究带来新契机、新思路的同时,也给予音乐表演一定的启示。一般而言,器乐演奏者在面对技术能力与理论修养时容易有所偏颇,"重技艺、轻理论"的现象依然存在,但音乐学学科理论往往能够给音乐实践以深刻的启示。音乐学学科的"跨界"问题可以包含两个层次:第一个层次是音乐学学科与其相关的上方学科领域的关系,其中包括诸如哲学、历史学、艺术学、美学、心理学、社会学、民族学、人类学、考古学、音响学,以及与自然科学相关的某些学科等诸多学科领域;第二个层次是音乐学学科内部的子学科之间的关系,其中包括音乐史学、音乐美学、音乐民族学、音乐社会学、音乐心理学、音乐形态学(即音乐技术理论)、音乐分析学、乐律学、音乐考古学、音乐文字学(记谱法)、音乐表演理论等子学科领域。[②]

作为一名钢琴演奏者与教学工作者,笔者深知在掌握良好技艺的同时,不断提升自身理论积淀的重要性,优秀的音乐理论往往能给演奏者以深刻启示。从于润洋《现代西方音乐哲学导论》中可以看出,现代西方音乐哲学不仅对音乐学理论产生了影响,而且有一些已经介入了音乐表演艺术。现如今,音乐表演已不再是单纯乐谱再现的艺术,而是包含了许多创造性,这就要求音乐表演者必须具备历史与现代的双重"视域",深刻体会音乐作品的内涵与意义,使音乐表演更加富有内涵。

"音乐作品及其存在方式"一直是音乐美学领域的重要研究课题,从波兰哲学家、美学家罗曼·茵加尔顿(Roman Ingarden,1893—1970年)的专著《音乐作品及其同一性问题》(*The Work of Music and The problem of its identity*)[③]、卓菲娅·丽莎(Zofia Lissa,

---

① 张伯瑜."跨界"能否成为国际化概念:"跨界"高层论坛之后的思考[J]. 音乐研究,2014(01):5-10,23.
② 于润洋. 对音乐学研究中"跨学科"问题的认识[J]. 音乐研究,2014(02):5-7,32.
③ 罗曼·茵加尔顿《音乐作品及其同一性问题》,见于润洋. 现代西方音乐哲学导论[M]. 长沙:湖南教育出版社,2000:122.

1908—1980年)《论音乐作品的本质》(*The Essence of A Musical Work*)①，再到中国的于润洋《论音乐作品的二重存在方式》②、张前《现代音乐美学研究对音乐表演艺术的启示》③、曾遂今《音乐作品存在方式、音乐表演空间与舞台——音乐传播媒介的广义解读》④、王宁一《音乐作品存在方式之我见——罗曼·英加尔顿〈音乐作品及其本体问题〉一书读后》⑤，众多学者都对此进行了探讨。在实际的器乐演奏中，演奏者会接触到各种类型的音乐作品，然而大部分人对"音乐作品"本质的了解与思考仍有所欠缺。"音乐作品"既是演奏者表现音乐的重要载体，亦是欣赏者欣赏音乐的核心对象，在音乐表演艺术中有着十分重要的地位。因此，对"音乐作品"的探讨就显得尤为重要。本文将以卓菲娅·丽莎"音乐作品观"对钢琴演奏的启示为例，探讨"音乐作品"问题对器乐演奏的影响。

卓菲娅·丽莎是波兰音乐理论家，也是音乐理论领域的优秀女性学者之一。丽莎曾经获得联合国国际音乐奖金，她的音乐理论在波兰甚至世界范围内都有广泛影响。20世纪50至70年代，丽莎的著作如《音乐美学问题》(*Some of the Issues of Musical Aesthetics in the Light of Joseph Stalin's Articles about Marxism in Linguistics*，1954年)、《论音乐的特殊性》(*On the specificity of music*，1953年)、《音乐美学新稿》(*New Essays of Musical Aesthetics*，1975年)等陆续在中国出版，掀起了中国音乐美学界的研究热潮，对中国音乐美学的发展产生一定影响。其中，她关于"音乐作品"本质的理论观点，引发了学术界对"音乐作品"的探讨，至今仍是音乐学界关注的重要论题之一。

罗曼·茵加尔顿曾经在《音乐作品及其同一性问题》中探讨"音乐作品存在方式"，他认为现实中存在两种对象，一种是不以人的意志为转移的客观实在对象；一种是依附于人们意识的主观意向性对象，艺术作品属于后一个范畴，而"处于不确定地位的示意图式的音乐作品，必定是一种意向性的对象，其存在方式乃是他律的，它依赖于意识活动"⑥。作为茵加尔顿的学生，卓菲娅·丽莎对其导师所提出的观点持有异议，她的关注点在于"音乐作品"的本质。丽莎认为，被看作音乐的现象并不一定都是所谓的"音乐作品"，例如非欧洲文明范畴内的音乐、民间音乐、即兴音乐，甚至是现代先锋音乐等。因此，从对一般的音乐现象进行哲学阐释的角度看，茵加尔顿的观点显然不够全面。

---

① 《论音乐作品的本质》中文版后被收入《音乐美学新稿》一书中，于润洋编译，人民音乐出版社1998年版；之后又被编入《卓菲娅·丽莎音乐美学译注新编》一书中，于润洋编译，中央音乐学院出版社2003年版。
② 于润洋. 论音乐作品的二重存在方式 [J]. 文艺研究，1996 (05)：55 – 63.
③ 张前. 现代音乐美学研究对音乐表演艺术的启示 [J]. 中央音乐学院学报，2005 (01)：36 – 41，35.
④ 曾遂今. 音乐作品存在方式、音乐表演空间与舞台：音乐传播媒介的广义解读 [J]. 黄钟 (中国. 武汉音乐学院学报)，2011 (04)：365 – 375，411.
⑤ 王宁一. 音乐作品存在方式之我见：罗曼·英加尔顿《音乐作品及其本体问题》一书读后 [J]. 中国音乐学，1996 (03)：60 – 78.
⑥ 于润洋. 现代西方音乐哲学导论 [M]. 北京：人民音乐出版社，2012：115.

丽莎提出了一个在当时尚未引起音乐理论界关注但却十分重要的问题，即西方音乐理论界在研究音乐问题、考察音乐文化时，已经习惯了用一种思维范畴，以一个稳定的概念——音乐作品，作为出发点。人们对各种音乐问题的判断，似乎都建立在被称之为"音乐作品"的这一对象之上。然而，"音乐作品"的范畴、标准是什么？其特性如何？这些问题始终没有明晰的答案。

而实际在器乐演奏中，许多演奏者也面临着这样的问题：怎样才能更好地研究一部新作品？应该坚持使用或拒绝哪些方法？这些疑问其实都源于对音乐作品模糊的、不固定的、无意识的心理状态。在任何一部艺术作品中，无论是大型作品还是小型作品，其实质都在于理念、形象和思想。丽莎对音乐作品本质的探讨，恰巧启发了音乐演奏者关于音乐作品理念与含义的思考，从而对器乐演奏产生一定启示。

一、典型性中的个性

在器乐演奏的完整环节中，"典型性中的个性"应包含两个层次的含义：一是指演奏者的演奏，在遵循一般性、普遍性的演奏准则基础之上，充分发挥个人特长，展示自身的独特风格及个人对音乐作品的领悟。正如伽达默尔（H. G. Gadamer，1900—2002年）所言，艺术文本是开放性的，其意义永远是不可穷尽的，因此它是超越生成它的那个时代的，这就为不同时代的人们对于它的理解提供了可能性。① 在伽达默尔看来，对艺术作品的理解是无限性的、开放性的、历史性的，作品的意义与演奏者一起处于历史的运动中，不同时代、不同的演奏者对同一作品的理解都会有自身独特之处。在作品"典型性"的共通理解准则基础上，演奏者的个人演奏风格及其对作品"意向性"的把握和理解，显示了演奏中的独特"个性"。

二是指音乐作品本身所具有的特性，《论音乐作品的本质》正是从这一角度出发的。丽莎认为："每一部音乐作品都是一个具有个性的，在结构上不可重复的客体；它同时又是从属于该音乐体裁、历史风格的某个类别的组成部份，同时也是某一作曲家创作的组成部份。"② 此即一部音乐作品一方面具有独特的性质，与同一作曲家创作的其他作品不同，也与其他作曲家创作的作品不同；另一方面，这部作品与其他相同时期或相同体裁的音乐作品又有相似之处。

西蒙·芬洛（Simon Finlow）在关于肖邦练习曲的研究著作《27首练习曲和它们的前辈》中提出，作为键盘音乐的练习曲体裁有三种存在形式：① 练习（exercises），以教学为目的，为某一技术训练手段所用；② 练习曲（etudes），音乐表现与技术相互补充；③ 音乐会练习曲（concert studies），教学元素削弱，基本为附带性质，而主要以特

---

① 汉斯-格奥尔格·伽达默尔. 真理与方法 [M]. 洪汉鼎，译. 北京：商务印书馆，2007：504-509.
② 卓菲娅·丽莎. 卓菲娅·丽莎音乐美学译著新编 [M]. 于润洋，译. 北京：中央音乐学院出版社，2003：141.

殊、炫技的手段将音乐内容表达出来。① 芬洛把肖邦练习曲归入第二类，但实际上其包含了三种练习曲形式的所有特征，而最为鲜明的就是"钢琴技术也变得具有了诗意"②。以肖邦练习曲作品 10 为例，作品 10 之 3、6 等几首慢速的练习曲与作品 10 之 1、4 等快板、急板相比，各自都有独特的性质与结构；作品 10 之 3 的主要风格为抒情性、旋律性，同时对多声部分层次演奏提出一定的要求，而作品 10 之 1 则快速、流畅，以训练和弦琶音为主。这正如丽莎所言，每一部作品都是独特的，与同一作曲家创作的不同作品相异。此外，一部音乐作品与不同作曲家创作的同体裁作品也不同。例如，肖邦练习曲与车尔尼、克拉莫、克列门蒂等人的练习曲有所相同，他突破了以往技术至上的理念，并在训练技术的同时追求音乐性。

此特质也同样适用于另一种重要的钢琴体裁——奏鸣曲。以海顿、莫扎特与贝多芬为例。海顿的音乐风格明朗、乐观、幽默，他的钢琴奏鸣曲中，最富有特点的便是小步舞曲乐章，无论是早、中、晚期的奏鸣曲，都有小步舞曲乐章出现（如第一、四、十一；第十八、二十九及第四十九首的末乐章等）。贝多芬的奏鸣曲常常会有加三声中段的谐谑曲或小快板乐章，这是由海顿常用的小步舞曲乐章演变来的。与海顿的幽默乐天相比，莫扎特的音乐又增添了些许人情味。在钢琴奏鸣曲的曲式上，莫扎特又比海顿更进一步发展，其乐曲的规模、形式的均衡及主题对比等方面都更加纯熟。对于钢琴奏鸣曲这一体裁而言，无论是乐曲的结构、主题对比等，三位作曲家的作品都有相同之处，并且海顿的钢琴奏鸣曲创作确实对莫扎特与贝多芬产生了一定影响。然而，还应看到三位不同作曲家钢琴奏鸣曲各自独特的鲜明特征。与海顿相比，莫扎特更加强调呈示部第二主题的意义；此外，与海顿喜欢用小步舞曲作为第二乐章不同，莫扎特则喜欢用慢乐章来作为第二乐章，更突出旋律性表达（如 K333、K330 等）。而贝多芬则把奏鸣曲刻板的程式变为表达情感的灵活工具③，并将奏鸣曲式广泛应用到自己的交响乐和室内乐等一系列体裁中。

以上的例子均很好地印证了卓菲娅·丽莎关于音乐作品本质之一——"典型性中的个性"的说法。每一部钢琴作品都具有自己独特的个性，与此同时，它又从属于某一体裁，具有该体裁作品的共通性特点。因此，丽莎说道："每一部作品都可以将它作为一部个人的作品来考察，但同时又可以将它作为一种体裁、一种风格、一个时期的代表来考察；同时，我们又可以从它的本质这个角度来考察。"④ 这就需要在钢琴演奏中，从两个层面去把握钢琴作品的内涵：其一是典型性层面。将作品放入某一时期、某一类体裁的范畴中去把握。例如肖邦练习曲，作为练习曲这一体裁，它与克拉莫、克列门蒂、

---

① Jim Samson. The Cambridge Companion to Chopin[M]. Cambridge:Cambridge University Press,1992:56.
② 约瑟夫·马克利斯. 西方音乐欣赏 [M]. 刘可希，译. 北京：人民音乐出版社，1998：39.
③ 周薇. 西方钢琴艺术史 [M]. 上海：上海音乐出版社，2003：96.
④ 卓菲娅·丽莎. 卓菲娅·丽莎音乐美学译著新编 [M]. 于润洋，译. 北京：中央学院出版社，2003：141 – 142.

车尔尼、莫舍莱斯等人的练习曲作品具有共通之处，总是以训练某一手指技能为目的，具有一定的教学元素。这就要求演奏者在学习、演奏肖邦练习曲时明确技术目的，紧扣学习核心，而不是一味追求意境与韵味，以求练习效果达到最优化。其二是个性层面。将作品放入"个人作品"范畴去把握。肖邦虽然延续了前人创作练习曲的足迹与传统，却将足够的音乐性在技术的预先规定中发展形成，使练习曲脱离它的起源，变成一种独特的新形式。因此，在练习一般练习曲如克拉莫、车尔尼、莫舍莱斯等人的练习曲与练习肖邦练习曲时，对作品的把握和分析需从不同角度出发，前者更加看重技巧训练性，而后者则要营造出诗意、梦幻的浪漫派效果，这也同样适用于李斯特、舒曼的音乐会练习曲。此外，个性层面还应包括，了解同一作曲家在不同时期创作风格是否发生变化，创作生涯的早、中、晚期各具哪些特征，这一点也尤为重要。例如，贝多芬早中期的钢琴奏鸣曲充满了自豪感及征服宇宙的力量，而晚期奏鸣曲（作品101、106、109、110及111）则不像早中期那样感情热烈、矛盾冲突，更多的是摆脱了个人痛苦，超越"小我"的精神升华，具有深刻的哲理性。

二、作曲家的个人活动[①]是音乐作品产生的前提

杨易禾在《从音乐作品的存在方式看表演的二度创作基础（下）》中论述"如何判别音乐表演的质量"时说道："演奏古典乐派的作品应该追求理性控制感情的分寸感。哀不可大哭，乐不可狂喜。演奏浪漫派的作品，则要夸张地表达感情状态。演奏印象派的作品需要冷静地处理技术细节，着意于揭示其朦胧的艺术意境，而不是投入强烈的感情。"[②] 演奏不同作曲家的作品也是如此。文如其人，乐也如其人。虽然杨易禾在文中提及，历史资料也有正确与错误运用之分，但了解作曲家的个人活动，有时的确能带给演奏者意想不到的思维火花。

卓菲娅·丽莎认为，作品与作曲家通过创作联系在一起，这个关系给作品以作者表述的性质。一部音乐作品，尽管它也是一般文化过程的构成因素，但它毕竟是某个个人的表白。作曲家是"创造者"，他的作品是社会人的产品，社会通过他的作品确认了他自身的存在。[③] 诚然，音乐作品是作曲家个人创作的结果，每一部作品都源于作曲家的个人活动，这其中蕴含着作曲家的个人意向及对时代创作规范的把握能力。因此，作曲家的个人活动是音乐作品产生的前提，其"个人活动"亦是一种创作。作曲家创作出这个世界上不曾有过的东西，通过作品去丰富现实世界。丽莎在谈论音乐的社会阶级属

---

① 丽莎在注释中指出，在各类音乐作品中，的确存在集体创作的音乐作品，但是当谈到"作品"时，通常把它视为个人的作品。详见《卓菲娅·丽莎音乐美学译著新编》第142页。
② 杨易禾. 从音乐作品的存在方式看表演的二度创作基础：下 [J]. 中央音乐学院学报，2002（03）：54-58.
③ 卓菲娅·丽莎. 卓菲娅·丽莎音乐美学译著新编 [M]. 于润洋，译. 北京：中央音乐学院出版社，2003：142.

性时曾经提及，音乐作品要在作曲家的世界观前提下产生。同处于一个时代的作曲家，也会由于各自的人生阅历、价值观的不同，采取截然不同的创作风格；而同一作曲家的创作也会随着时间推移、世界观的转变而变化。

国内外许多钢琴教育家在提及现今中国的钢琴学生时，一般都会赞叹中国学生的精湛技术，但也会指出他们在音乐表现上似乎总缺少点儿什么。纵观许多名家在论及演奏心得时几乎都会提到，自己会更在意挖掘作品背后的含义，通过了解作曲家的生平经历去发现他们的独特之处，而不是仅仅做好谱面就够了。一个好的钢琴演奏者除乐谱本身，还需关注作曲家的经历、性格，作品创作的社会背景，等等。当然，这并不是说一定要赋予某部作品特定的背景，一定要将一个人生故事与一部作品联系在一起。但这恰恰可以作为一座桥梁，我们通过它可以感受作曲家在生活中与普通人相似的一面，或是特立独行的一面。对于作曲家个人的感受，则来自每位演奏者的内心认知。因此，了解作曲家的个人活动，并不是止步于此，并且将其简单地充当"作品背后的内涵"，而是通过一个个鲜活的人生，使指尖的作品更加灵动、深刻。

三、时间性与整体性

音乐作品的概念内涵中还包含这样一层意义，即是"时间过程的特定的构成物"①。音乐作品填充着每个时间阶段，不同的时间阶段之间有着特定的关系，音乐中的重复、对比都证明了这种关系的存在。这样循序渐进出现的时间阶段及各时间阶段的相互关系，是构成音乐作品"形式"的基本因素。并且每一部作品中时间阶段的构成与安排都并非偶然，而是具有一定的结构准则。

音乐具有时间特性。黑格尔在《美学·第 3 卷（上册）》中谈到音乐的特性时，就曾指出音乐并不具备造型艺术那种可以持久存在的客观外形（如一幅画、一件雕塑等），而对客观外形的否定就意味着："一种确定的感性材料放弃了它的静止的并列状态而转入运动，开始震颤起来，以至本来凝聚在一起的物体中每一部分不仅更换了位置，而且还力求移回到原来的情况。这种回旋震颤的结果就是声音，也就是音乐的材料。"② 在此，声音由空间上的并列转化为时间上的运动或往复回旋，因此，黑格尔确定了时间在音乐中占统治地位的必要性，并且指出："音乐不能让时间处在无定性的状态，而是必须对它加以确定，给它一种尺度，按照这种尺度的规律调整它的流转。"③由此我们可以看到，时间性是音乐作品重要的特性之一。

音乐作品的"整体性"有两方面含义：其一，音乐作品是一个封闭的整体，有自己的开头、中间与结尾。在客观时间上，一部作品的演出在某一瞬间开始，又在另一瞬

---

① 卓菲娅·丽莎. 卓菲娅·丽莎音乐美学译著新编［M］. 于润洋，译. 北京：中央音乐学院出版社，2003：142.
② 黑格尔. 美学：第 3 卷：上册［M］. 朱光潜，译. 北京：商务印书馆，2017：331.
③ 黑格尔. 美学：第 3 卷：上册［M］. 朱光潜，译. 北京：商务印书馆，2017：359.

间结束。因此，音乐作品是一个封闭的整体性过程。其二，音乐作品具有完整性。对这种完整性起决定作用的是各个段落结构的性质。达到完整性的方法在历史中不断演变，不同体裁的作品中完整性方法也不同。例如在练习曲、奏鸣曲等体裁中，完整性有特定的结构准则，还有实现这些准则的个性化构思，这种构思即是一种意向性产物。

卓菲娅·丽莎之所以提出对"音乐作品本质"的质疑，以及提出以上两点，与当时出现的"先锋派音乐"有关。丽莎认为在现代先锋音乐创作中，其过程与以往的音乐创作完全不同。例如依阿尼斯·克谢纳基斯（Iannis Xenakis，1922—2001年）的《蜕变》《ST/10—1，80262，st/48》①等作品，除了基本声音模式是作曲家创作外，其余的声音形成等一切因素都是由数学机器通过概率计算得出，作曲家只是对机器提供的可能性进行选择即可。再如机遇音乐的极端例子——约翰·凯奇（John Cage，1912—1992年）的《4′33″》，该作品由钢琴家大卫·图特（David Tudor，1926—1996年）首演，他将乐谱放在谱架上，按照指示时间在钢琴前静静坐了4分33秒。作品表演过程中的任何声响似乎都可以被引入"静默的几分钟"。

对于以上两部先锋音乐的代表作是否可以纳入音乐作品的范畴，卓菲娅·丽莎显然是持反对、质疑态度。她认为，音乐作品首先要具备时间性，在这种时间关系内按照结构准则发展着、表演着，并且每部音乐作品都应是一个封闭的完整性整体。依阿尼斯·克谢纳基斯的《蜕变》有完整性，但是却不具备时间发展过程中的结构准则；约翰·凯奇的《4′33″》亦有封闭性、完整性，但是在时间过程中，似乎欠缺了丽莎所认为的"音乐作品结构准则"。

若谈及音乐作品的"未完成"，大多数钢琴演奏者会联想到舒伯特，"未完成"是他钢琴奏鸣曲中特别重要且特殊的问题。舒伯特的《C大调钢琴奏鸣曲》（D840）是他所有未完成奏鸣曲中最著名、最重要且篇幅最长的一首，被德国钢琴家威廉·肯普夫（Wilhelm Kempff，1895—1990年）称喻为"所谓的"未完成作品。② 这首奏鸣曲共四乐章，但只有前两个乐章是完整的，但这两个乐章已是这首作品最好的部分，能够完美无缺地进行音乐表现。可以说，这是一首已完成的"未完成奏鸣曲"。

随着社会日新月异的发展，越来越多的音乐作品问世，对钢琴教学者与演奏者而言，有太多的音乐作品可以选择。钢琴以其固有的形式或其他新的面貌继续在音乐领域中扮演着重要的角色。钢琴音乐的曲目也日益多元化：大量的传统曲目与颇具创意的新流派并存发展，宇宙的无限可能性预示了传统形式不断发展和演进的必然③。这就需要演奏者积累一定的艺术品位和甄别音乐作品的犀利眼光，并且用发展的眼光看待问题。

---

① 丽莎在注释中指出，依阿尼斯·克谢纳基斯将"偶然音乐"这一概念引入音乐理论中，它建立在概率计算理论的基础之上。作品名字中的"ST"正是由此而来（希腊文中"STOCHOS"这个词意为猜测、猜想、目的等），意指一些偶然性的现象。详见《卓菲娅·丽莎音乐美学译著新编》第154页。
② 王岚. 舒伯特钢琴奏鸣曲的"未完成问题"[J]. 音乐研究，2001（4）：64-68.
③ F.E. 科尔比. 钢琴音乐简史[M]. 刘小龙，孙静，李霏霏，译. 北京：人民音乐出版社，2010：503.

当然，我们也必须意识到，那些曾经被当时的人们视为异类、前卫的音乐作品，现如今可能已是音乐舞台上被追捧的宠儿，是演奏者手中最寻常的经典了。卓菲娅·丽莎关于"音乐作品"这两点本质的阐释，为演奏者提供了思考的契机，提供了审视音乐作品的全新视角。

四、被固定于乐谱的可能性和必然性

论述音乐作品本质时，卓菲娅·丽莎也将存在方式作为其中一个要素。

关于音乐作品的存在方式，茵加尔顿在《音乐作品及其同一性问题》中承认音乐作品是一种客观的存在，但这还不能揭示音乐作品存在方式问题的本质，他认为音乐作品是以一种"意向性对象"的方式存在着。① 卓菲娅·丽莎批判性地继承其师的观点，在《论音乐作品本质》一文中说道："在'音乐作品'这个概念的内涵里还包含着将音乐作品固定在乐谱中这种可能性和必然性，通过乐谱使作品重新被认知和演奏，使不同时代、不同地域的听众能得以接受。"② 这等于承认了音乐作品的"客观存在方式"。丽莎还指出，不同种类的乐谱与之所产生的演奏活动的相符程度也不同，例如数字低音时期乐谱与演奏之间的关系就比较自由，之后发展到古典、浪漫主义时期，乐谱与演奏之间的关系极为精确，但到了丽莎那一时期及现代，一些先锋派音乐作品的创作又打破了乐谱与演奏间的均衡，甚至有些作品根本不需要客观存在的乐谱了。显然，丽莎对这类音乐作品是持质疑态度的。

但卓菲娅·丽莎同时也指出："一部音乐作品只是一个，但一个音乐作品的演奏却有无数个，音乐作品的持续存在性也正体现在这里。"③ 这就涉及了器乐演奏的"同一性"问题。对于器乐演奏者来说，在学习演奏一部作品时，首先应对客观存在的乐谱做解析与诠释，理解每一处符号和术语，并将之表现出来，同时演奏者也会去寻找、聆听不同演奏家们对该作品的演绎。"任何一位处于中等水平以上的音乐家，都与自己的同行有所区别；而每一位比较著名、天赋独特的音乐家，都具有自己独特的创作风格和演奏风格。"④ 例如格伦·古尔德（Glenn Gould，1932—1982 年）与罗莎琳·图雷克（Rosalyn Tureck，1914—2003 年），斯维亚托斯拉夫·特奥菲洛维奇里赫特（Sviatoslav Teofilovich Richter，1915—1997 年）与埃米尔·格列高里耶维奇·吉列尔斯（Emil Grigolyevich Gilels，1916 年— ）等人的演奏之间有明显区别。尽管如此，这些大师们却有某些共同的特点：统一的信念、艺术观与一致的方法论原则——演奏时必须感到舒

---

① 转引自于润洋. 现代西方音乐哲学导论 [M]. 北京：人民音乐出版社，2012：114.
② 卓菲娅·丽莎. 卓菲娅·丽莎音乐美学译著新编 [M]. 于润洋，译. 北京：中央音乐学院出版社，2003：143.
③ 卓菲娅·丽莎. 卓菲娅·丽莎音乐美学译著新编 [M]. 于润洋，译. 北京：中央音乐学院出版社，2003：143-144.
④ 根·莫·齐平. 音乐演奏艺术：理论与实践 [M]. 焦东健，董茉莉，译. 北京：人民音乐出版社，2005：211.

适、方便，并且放松、自然。我们可以理解为，"无数个"演奏需要建立在"同一个"的基础之上。所谓"同一个"，是指对乐谱中具有共性特点的诠释、对钢琴演奏科学的方法论原则的体现；所谓"无数个"，是指不同的演奏者对同一作品的不同理解、风格把握及不同演绎方式。在演奏中，学习者首先需要做到把握"同一个"，理解作品中的每一个符号与标记，掌握全曲；其次通过反复聆听，结合自身积累的音乐素养、技术能力和音乐表现习惯，对曲目进行个性化演绎。正是这建立在"同一个"基础上的个性化表现，构成了一部音乐作品"无数个"演奏存在的可能。例如巴赫《哥德堡变奏曲》（BWV988），图雷克与古尔德演绎的版本都十分经典，两人均对这部不朽之作做出了精彩阐释，将其庞大的篇幅、精妙的结构、多样化形式进行了很好地表达。不同的是，图雷克在节奏与语气上极具个人特点，她用不同的音色区分每个声部，有着完美的连奏、伸缩自如的节奏。"钢琴怪杰"古尔德除了他那世人皆知的演奏"怪癖"外，其于1955年（发行：Sony Classical，唱片编号：SONY SMK52594）和1981年分别录制的《哥德堡变奏曲》（发行：Sony Classical，唱片编号：SONY SMK52619）就有很大差异。1955年的版本速度较快，线条流畅、利落，富有朝气；1981年的版本则更加严肃、柔情。因此，在钢琴演奏中，"同一个"是前提，至于如何形成属于自己的、"无数个"演奏之一的版本，还需要演奏者自己去研习、体会。与此同时应注意，一些钢琴家们的演奏带有鲜明的个人烙印，一般演奏者不应盲目去模仿，而是从自身出发，选择舒适的、自然的，同时合乎科学演奏原则的方式。被固定于乐谱的可能性和必然性，阐明了音乐作品的一种客观存在方式。丽莎在指出这一本质的同时也提道："作品的思想、作曲家的表象同乐谱固定下来的东西之间不可能完全相符，乐谱并没有将作品的全部特征都固定下来。"[①]

从以上论述中可以看出，卓菲娅·丽莎认为一部音乐作品要有客观存在方式，但这并不是全部，作曲家的思想、接受者的欣赏等意向性因素也应作为一部音乐作品存在的方式。所以说，"音乐作品既是一种客观存在的物态性的实体，同时又是一种精神现象、一种观念性的客体，其中包含着丰富的精神内涵。它是人通过按音乐的特殊规律所进行的创造性劳动实践的产物。这个创造过程体现为：作曲家将自身种种复杂、丰富的内心情感体验这种无形的、精神性的东西，转化为一种特定的可供人们听觉感官进行感知的、感性的声音结构，并以此作为载体展现在自己和别人面前，人们在对其进行的审美观照中体验到人类自身心灵的无限丰富性。"[②]

音乐作品的意向性存在方式又给器乐演奏者提供了另一种思路，虽然这种思路在以往的学习、演奏中有所体现，但与卓菲娅·丽莎所谈到的问题相比仍有所欠缺。很多优

---

① 卓菲娅·丽莎. 卓菲娅·丽莎音乐美学译著新编［M］. 于润洋，译. 北京：中央音乐学院出版社，2003：144.
② 于润洋. 论音乐作品的二重存在方式［J］. 文艺研究，1996（05）：55-63.

秀的器乐演奏者拥有近乎完美的技术，但在音乐表现上似乎总是有所欠缺。这种弊端产生的原因在于演奏者在解读音乐作品时，只在意把谱面的内容一丝不苟地表现出来，而忽视了作品的思想、作曲家的意图及自己对作品的内心把握，而这些恰恰是最微妙的内心体会，是音乐作品中不可言说的内容，需要演奏者探寻乐谱背后更深的内涵。这就对器乐演奏提出了更高一层要求，与演奏者的人生阅历、音乐素养、文化底蕴及对作品更深层的了解等方面息息相关。丽莎所提出的这一点，正是大多数演奏者需要重视的问题，也是使演奏更进一步的启发性观念。

音乐表演是音乐作品与音乐欣赏间的中介，有重要的桥梁作用，对于器乐演奏者来说，关注"音乐作品"本身及"音乐作品"更深层次的本质特性，与关注自身演奏技艺、欣赏者等一样重要。《论音乐作品的本质》一文发表至今已近半个世纪，传入中国也有数十年，但其对音乐作品本质的探讨，时至今日仍具有一定的研究意义，值得借鉴、思考。虽然这是纯理论的探讨，但器乐演奏者依然能够从中得到许多有意义的启发。在演奏一部音乐作品时，需要对"音乐作品"的范畴和本质有一定了解，而"音乐作品"的本质给演奏以全新的、多元化视角，对"音乐作品"本质的思考也使钢琴演奏者对作品的理解更加深入、透彻、全面。

（本文原载《音乐研究》2014 年第 4 期，略有改动）

作者简介　谢红，女，河北师范大学音乐学院钢琴系教授、硕士生导师。1982 年毕业于河北师范学院音乐系（今河北师范大学音乐学院）钢琴专业并留校任教。

歌唱表演中情感表现的美学原则

河北师范大学音乐学院　王丽娜
河北师范大学音乐学院　李占秀

在声乐艺术中，以情感人是歌唱艺术的灵魂。歌唱的情感表达是一项充满创造性的艺术活动。通过恰如其分的情感表现来塑造音乐形象，准确表达音乐作品的思想内涵是所有歌唱者追求的目标。但是要达到感人肺腑、动人心弦的效果，并不是一件很容易的事，需要付出艰苦的努力。笔者以为，要想达到感情真挚、富有魅力的演唱效果，应从以下三方面去把握情感表现的美学原则。

一、情感的认知与歌曲内容的统一

一部声乐作品是词、曲作家情感的寄托，是声乐表演者酝酿感情的依据。声乐表演者在拿到一首新歌时，首先，对音乐和歌词进行认真研读与揣摩，在整体上感知和把握作品其次，了解词、曲作家的个人生平、创作背景、创作意图或其他文字资料。这是因为每一首声乐作品总是表现了词、曲作家对现实生活的感受。词、曲作家可能因特定的时代背景而产生特定的创作思想，表达出特定的思想感情，从而使作品带有明显的时代特征。一般来说，艺术歌曲或民歌和当代与我们生活较接近的歌曲的内容与情感比较容易理解。如果歌唱者不弄清中外古典歌曲词句的意义，只是按字音与旋律的变化漫无主次地去唱，很难表达出词、曲作家的真实思想感情。例如，在演唱我国近代作曲家青主根据北宋词人李之仪《卜算子》词谱写的歌曲《我住长江头》这首歌时，既要弄清词意，还要弄清作词家创作时的具体背景与用意。"我住长江头，君住长江尾，日日思君不见君，共饮长江水。此水几时休？此恨何时已？只愿君心似我心，定不负相思意。"原词抒发了一个女子怀念爱人的深情，音乐的反复咏唱使激情鼎沸，更加突出了真切挚美的思念之情。由于作曲家当时正是大革命的参加者，词作家通过古代的爱情词，寄托对过去战斗岁月和殉难战友的深切思念，渗透了词作家对明天的美好向往。如果演唱时不了解这一点，歌唱者往往会唱得婉转柔美，表达不出那种激昂的力量。

例如，奥地利作曲家舒伯特的《鳟鱼》（德国诗人舒巴特词）这首歌，如果光看词意是比较简单的。它表现了鳟鱼在小溪中悠然自得地游动，以及钓鱼人钓鱼的情景。然而作词家通过鳟鱼的遭遇，揭示了深刻的含义：善良与单纯往往要被虚诈与邪恶伤害，表达了作词家对鳟鱼命运的无限同情与惋惜。如果不理解歌曲的寓意和主题，歌唱者很难出表达真实准确的情感。

由此可以看出，要充分理解歌曲的含义，不能停留在歌词的表面，做一般粗浅的理解和表现，而要深入挖掘歌曲的潜在内容，表现和阐释歌词表面看不到的意义，对内在潜语或潜台词进行分析、感受和表现。内在潜语是内在心理活动的反应，潜藏于歌词内容的里层，作用于歌词的外在，指导并决定着作品的主题思想。有了对歌曲内容的深刻理解和对歌曲思想情感的认知，演唱时才能用准确的情感揭示出歌曲的深层含义，达到情感与歌曲内容的统一。

不同的歌曲表达不同的情感，不同的情感的声音状态亦不相同，不同的情态有不同的声音状态和情感表现。在分析和理解歌曲的内涵、意境，以及节奏、速度、强弱等形式变化的同时，既要对歌曲进行理性认知，又要结合自身的素质、才能、修养及独特的审美感受方式、表现方法，扬长避短地发挥自己的创造力，形成自己的演唱风格。在对歌曲这一客体进行审美感知的基础上，巧妙结合个人的感情体验、想象、领悟，去领略歌曲的丰富内涵，提取精神实质，把握基本情调。

声乐艺术是音乐化了的语言艺术。声乐的思想感情是借助于歌词语言与音乐曲调共同体现的。一个成功的歌唱者，既要尊重词、曲作家的创作意图，又要有自己独特的见解，然后结合自己的个性去表现歌曲，这就是歌唱者与词、曲作家的共同创作。如果歌唱者缺乏对歌词的理解和对音乐的感受，缺乏再创作的热情和对作品的感知，缺乏艺术想象力，唱出的歌会让人感到贫乏、苍白、缺乏深度，不能打动人心。歌唱者的歌声能感人，归根结底是靠情感的强烈、真挚。同一首歌，不同的歌唱者有着不同的演唱效果，有的感人，有的不感人，除了技巧原因外，最根本的原因是情感表现，而情感表现是对歌曲情感基调的准确把握。情感基调准确才能有助于内容的表达与主题的发挥。情感基调是作品情感表现的总趋势，体现出一种情感的整体综合，而这种整体综合正是歌曲的主题发挥所需要的。因此，只有加强对歌词内容的情感体验，准确把握情感基调，情感的认知与歌曲的内容达到完美统一，才能使歌曲主题得到准确的揭示，达到情真意切的感人效果，体现出歌唱情感的审美原则。

二、情感的内心体验与外部表情动作的统一

情感的内心体验与外部表情之间的协调与平衡是声乐艺术表现的重要方面。它与歌唱艺术的舞台表演紧密关联。作为一名优秀的歌唱家，除了具有完善的发声方法、全面的演唱技巧、扎实的声乐基础外，还要善于用舞台形体表演这种无声的语言形式来丰富、充实自己的演唱。

歌唱者的艺术情感体验是表达歌曲情感的最佳途径。如果不进行内在情感的体验，就不能够准确表达歌曲的情感，情感体验越深刻、越丰富，演唱就越真挚，感染力就越强烈。歌唱者要将已经化为自我感情的情感、情绪用歌声表达出来，并辅之以恰如其分的形体动作。优美的声音作用于观众的听觉器官,形体表演作用于观众的视觉器官。歌唱艺术就是同时作用于人的多种感觉器官,从而完成和实现歌唱者与欣赏者之间的情感交流。因此,完美的歌唱必须是作品情感与歌唱者的嗓音、表演形体动作的高度协调、平衡、统一。中间任何一个微小的疏忽都有可能导致平衡的破坏,导致艺术表现的失败或挫折。

歌唱表演中投入的情感是建立在体验表演作品内涵的基础之上。这不仅要求歌唱者善于调动自己平时的情感积累,唤起真实的情感回忆,在更多情况下,演唱者还要有意识地去体验自己从未经历过的,或是体验得很不充分却是艺术表现所需要的情感。如歌唱家姜嘉锵在演唱艺术歌曲《枫桥夜泊》(张继诗、黎英海曲)时,不仅到苏州寒山寺实地体验诗中描绘的意境和感情,而且以各种途径详尽地掌握唐朝诗人张继的身世经历及诗歌的创作背景。通过直接和间接的积累,他加深了对作品感情内涵的体会,在演唱时就能鲜明准确地表现出作品中忧愤、凄楚、悲凉的情感。正如托尔斯泰在《艺术论》一书中所说:"在自己心里唤起曾经一度体验过的感情,在唤起这种感情之后,用动作、线条、色彩、声音,以及言词所表达的形象来传达出这种感情,使别人也能体验到这同样的感情……"[①] 歌曲情感是通过歌唱者的亲身体验和间接体验而获得的,也就是说演唱中投入的情感不仅是歌唱者自己平时的真实情感,而且是远远超出个人生活的、更为广阔深邃的情感体验。这种体验是一种内心感受,是对现实事物敏感的捕捉,而且将视觉、听觉、触觉等感官所获得的感受转换成与之相应的知觉表象,并将这些表象心灵化,成为艺术形象情感发生的基础。这种歌唱的情感体验,最终要通过声音和表情动作来实现,表情动作应包括歌唱者的形体姿势、手势、脸部表情与眼神的综合运用。

声乐表演中的姿态是歌唱者在体验、表现音乐的形体反应,受音乐的情绪变化及音乐律动规律的制约。音乐的变化带动了姿态的变化,通过姿态的变化进一步深化情感。声乐作品情绪的起伏跌宕、抑扬顿挫,使歌唱者内心体验发生变化并流露于姿态;手势在声乐表演中伴随音乐的律动更加细腻地揭示出音乐的内涵。歌词与音乐共塑的艺术形象通过手势诱发欣赏者对艺术形象更生动的认识,尤其在叙事性的声乐表演作品中。姿态引起人们的注意,并通过作品的前后关系和背景,帮助审美者获得到领悟。除此之外,手势在歌曲高潮和形体、眼神的整体结合上,帮助加强情绪、营造气氛。有经验的歌唱家在演唱时,从音乐一开始,他的形、神都已进入音乐。手势已成为歌曲演唱的一部分,化入整个造型活动中。这样的表现风格在我国民族民间的歌曲演唱中比较常见。

此外,在声乐表演中,演唱者的脸部表情与眼神对增强歌曲的表现力、展示作品内在情绪有着极为重要的作用。生动而有表现力的脸部表情和眼神是表现歌唱者对作品体验的结果。眼神的作用使声音的表现更加动人。在传递内心体验的过程中,脸部表情和眼神的细腻表现使欣赏者加深了对音乐作品内涵的感悟。

---

① 列夫·托尔斯泰. 艺术论 [M]. 丰陈宝,译. 北京:人民文学出版社,1958:47.

在舞台综合训练中,姿态、手势、脸部表情与眼神四者之间是一个协调的整体。中国传统戏曲身段训练中所谈到的手、眼、身、发、步,统称为"做功"。在歌唱表演中,它们是不可分割的整体。手功到位,眼神跟上;身段到位,手势相随。优秀艺术家的表演总是神、形、声的最佳结合。

在实际的声乐教学中,一部分教师把绝大部分精力放在调整歌唱使用的"乐器"上,放在发声机能和技巧的训练上,没有花更多时间进行声乐表演各种能力的综合训练。例如,在歌剧声乐作品演唱中,绝大部分学生不会研究剧本、角色、唱段,不知道歌剧或中国戏曲、曲艺中系统的声乐表演创作方法。因此,在舞台上观众常常会看到一些歌唱者自以为情感丰富,已有充分的体验,实则脸部表情和眼神平淡乏味、毫无内容。有的歌唱者尽管内心情感很丰富,但姿态、手势、脸部表情与眼神却表现出与内心体验相反的结果。笔者曾见过这样的表演,台上歌唱者正声泪俱下痛诉自己的遭遇,感情十分投入,台下观众却认为歌唱者很好笑、很滑稽。正如李石天先生说的那样:"表情是全身的,而不仅是脸部,更不仅是在眼珠上,一个人痛苦,几乎全身的每一条皱纹都处在痛苦的心理场流中。如脸部在哭,身子却没有哭,心理节律就是混乱的,就不能使人信服。"①

由此看出,声乐情感表现的一个至关重要的美学原则,就是歌唱者通过演唱所传达的思想感情必须是内心体验与外部表情动作统一的结果。

三、情感的表现与民族风格的统一

一个国家的音乐有自己的特点,一个民族或地区也有自己特有的音乐表达方式。世界的不同区域的音乐风格迥然不同。

中国的民族声乐艺术在数千年的歌唱传统中,形成了自己特有的审美评价标准。中国民族声乐艺术在唱法上注重咬字、吐字的准确、清晰,即"以字行腔""字正腔圆"。在发音上选择明亮、靠前、圆润、甜美的音色;在表现上追求丰富多彩的风格韵味。这与同样有着歌唱文化传统的欧洲美声唱法的审美追求有很大差异。同样,世界其他民族在各自的文化传统和历史条件下形成了各具特色的审美趣味,从而也构成了声乐艺术审美上的民族差异。

歌曲的风格要求声乐歌唱者除了在咬字、吐词中注意其风格的表现外,同时在形体的表现上也应注意与作品的风格相统一。不同国家、民族的形体表现都不一样,如日本与朝鲜、我国的藏族与新疆维吾尔族等。因此在设计姿态、手势、脸部表情和眼神时,可以借鉴其民族的舞蹈身段,来表现特定民族风格的作品。否则唱维吾尔族的歌,形体上的感觉却像藏族;唱日本民歌,形体上的感觉却像朝鲜,这样除了观众觉得声、形不统一外,也必然影响歌唱者演唱风格的表现。一位好的歌唱家,在演唱不同民族风格的

---

① 转引自汪梅娟. 声乐演唱技巧与表演实践的研究[M]. 北京:九州出版社,2018:75.

作品时，会时时注意到区域性风格的特点，感受不同地域的风格形态，从而准确地表现其音乐内核。不但语言特点、行腔韵味要符合该民族的风格特点，而且在情感表现上也应符合该民族的审美要求，达到一种"神形兼备"的艺术境界。

每首作品都有其地域风格的属性，如意大利歌曲、俄罗斯歌曲，德国、法国歌曲等，各有其独特的风格。不同的作品有着不同的韵味，尤其是中国民歌和戏曲说唱，对地域风格有较高的要求。有时在谱面上按照"倚音、颤音，或是下滑音"去演唱，如果没有把握住其特有的韵味，就是拥有再高的演唱技巧，也很难把作品的内容传递准确。有时听起来音准对，节奏也对，可就是"味"不对。比如用中华民族的表达方式和嗓音特点去唱意大利歌曲，会让人啼笑皆非；反之亦然。因此，只有在了解各民族歌曲的语言特征、韵味、表达方式、嗓音特点等技巧的基础上，才能更准确、自如地驾驭作品、表现作品。

音乐表现的情感都渗透了一定的民族精神、风俗习惯及心理审美，再加上民族语言的不同特点，便产生了不同民族的不同表现方式。我国是一个多民族国家，不同的民族由于生活、思想、情感、风俗习惯、地域环境的差异，尤其是民族语言的音调特质，以及表情达意的方式不同，形成了不同的音乐表现风格。即便是同一民族的歌曲或民歌，由于地域的广大、方言的复杂，所表现出的音乐风格也是各具异彩，在情感表现上也必须有所区别。地理环境、风土人情、民风民俗都是歌唱者所必须掌握的，作品的情感表现只有适应民族特点、地域特点，才能被观众理解。生吞活剥、死搬硬套、千篇一律，必然不为人民所欢迎。因此，情感表现只有与民族风格统一起来，才能使歌唱具有更强烈的感染力。

综上所述，歌唱情感表现的美学原则，涉及主客体的方方面面。笔者所述，仅是声乐演唱、教学实践中的一些粗浅认识，挂一漏万，在所难免，尚望前辈与同行们不吝赐教。

【参考文献】

[1] 刘大巍，夏美君. 音乐艺术论［M］. 北京：学苑出版社，2000.

[2] 邹长海. 声乐艺术心理学［M］. 北京：人民音乐出版社，2000.

[3] 余笃刚. 声乐语言艺术［M］. 长沙：湖南大学出版社，1987.

[4] 张锦华. 声乐表演教程：上册［M］. 福州：海峡文艺出版社，1998.

[5] 张锦华. 声乐表演教程：下册［M］. 福州：海峡文艺出版社，1998.

[6] 宋博年. 歌唱与审美［M］. 乌鲁木齐：新疆人民出版社，2000.

附言 本文为河北师范大学科研基金资助项目

（本文原载《中国音乐》2003年第2期，略有改动）

作者简介 王丽娜，女，河北师范大学音乐学院声乐系教授、硕士生导师。

李占秀，女，河北师范大学音乐学院声乐系教授、硕士生导师。1991年考入河北师范学院音乐系（今河北师范大学音乐学院）就读本科，1995年以优异成绩被学院保送到西南大学（原西南师范大学）音乐学院攻读硕士研究生，1998年回母校工作至今。

艺海相伴　伉俪情深

——解读王秉锐、赵碧璇教授的教学之路

河北师范大学音乐学院　臧海萍

2017年9月10日，中国第33个教师节的夜晚，中央音乐学院歌剧音乐厅内早已是人头攒动、座无虚席！"碧乐璇歌"——中央音乐学院著名钢琴艺术指导赵碧璇教授八十华诞暨从教57周年学生音乐会在这里激情点燃！一大批在中国乃至世界声乐领域有着突出成绩的歌唱家闪亮登场——王立民、黄越峰、梁展初、杜吉刚、张莉、马梅、杨曙光、金永哲、梁召今、臧海萍、李林、师乐、王婷、李硕等十几位弟子用歌声向王秉锐、赵碧璇老师致敬！用真情向两位恩师告白！当83岁高龄的王秉锐老师在弟子们的簇拥下登台为赵老师演唱《教我如何不想她》时，那如泣如诉的歌声让现场观众无不潸然泪下！当全体歌唱家合唱《祝你生日快乐》时，观众们也都全体起立参与到合唱中，"祝你生日快乐"的旋律响彻音乐厅，久久回荡！而此时，80岁的赵碧璇教授正静静地躺在病床上。行动不便的她不能到现场和她最牵挂的丈夫、最亲密的学生和最亲爱的观众一起享受这样一场专门为她举行的音乐盛宴。但我相信，她的心，一刻也不曾离开她的爱人、她的学生、她的观众！9月10日的音乐之夜专属于聪慧优雅的赵碧璇教授，更是王秉锐、赵碧璇老师相濡以沫、执子之手、不离不弃的伟大爱情的艺术见证！

王秉锐，著名男高音歌唱家、声乐教育家、硕士生导师，享受国务院政府特殊津贴。曾任中国音乐学院副院长、中国民族声乐学会会长、中国世界民族文化交流促进会常务副会长。

赵碧璇，中央音乐学院教授，著名钢琴艺术指导。曾在第十二届巴西里约热内卢国际声乐大赛中获"最佳钢琴伴奏奖"；曾在第一届"聂耳、冼星海声乐作品演唱比赛"中获优秀钢琴伴奏奖第一名；曾撰写的《论声乐伴奏的作用》在音乐周报上连载；曾录制的一套声乐作品的钢琴伴奏带广为流传，深受好评。

纵观整场音乐会，除了人性的光辉让人感动之外，我们还会惊叹于两位老师令人瞩目的教学成绩！其优秀的弟子都是当今声乐界出色的代表。他们的音域不同、天姿各异，却都在两位老师的教育和引领下成为了卓越的歌唱家和优秀的声乐教育家。两位老师真正做到了门生才俊辈出，桃李满天下。这在中国声乐教学界是独树一帜的！音乐会上王秉锐老师以83岁高龄登台演唱，气息流畅充沛、音色干净漂亮、中声区丰富细腻、

高音区轻松自如,让人不敢相信这样完美的歌唱竟出自一个耄耋老人之口!其学生王立民也已70岁,黄越峰、梁展初都年过花甲,杜吉刚、马梅、张莉、金永哲等人也都年过半百,但是他们都呈现出近乎完美的歌唱状态,没有任何声音衰弱的迹象。这不禁让人感叹,科学的发声方法真的可以让声乐艺术青春永驻!

音乐会的现场盛况空前,来自全国各地的专家、学者和观众济济一堂。所有的学生们更是和老师亲密无间,多年来相互的陪伴和关爱早已让师生关系化作了浓浓的、深深的亲情!

今天,我就带着大家走进王秉锐、赵碧璇老师的艺术世界,去体会他们杰出的艺术教学成就和高尚的人格魅力,从而有所感悟,有所收获!

王秉锐、赵碧璇教授治学严谨,专业知识渊博,极具人格魅力,在音乐界享有极高的声望,被业内同行誉为学风正派的专家。在多年的教学实践中,王秉锐教授致力中国声乐学派的建立和发展,融合了中国民族唱法与西洋唱法。他们培养了众多优秀人才,数十人在国内外声乐大赛中获得优异成绩。他们的这些弟子在国家级赛事中连连夺冠,在国际声乐比赛中也成绩斐然,先后有15位门生17次夺得大奖,这些成绩使他们在国内外享有盛誉。这些学生现在或是中国歌坛举足轻重的歌唱家,或是各大音乐院校的顶梁柱,都在为中国声乐事业的发展贡献自己的力量。那么,这样突出的教学成绩究竟是如何创造出来的呢?要解读这个问题,我们就必须先来了解王秉锐科学的声乐教学理念。

王秉锐老师经常说,如果说一个学生的成功是100%的话,学生自身的努力占70%,而老师的教学方法只占30%。因此,学生的勤奋在艺术水平提高的过程中起着更重要的作用。正所谓"师傅领进门,修行在个人"。但王秉锐老师还强调,老师的这30%也有着不可替代的作用。如果老师的教学方法不正确,把学生的路子带偏了,那学生付出再大的努力也是枉然,即使付出"700%"的努力也不能有真正的进步和收获!那么王秉锐老师科学的教学理念的精髓是什么呢?我们接下来做一个简约的总结。

一、教学理论科学先进、教学语言简单精准

科学的演唱离不开呼吸的运用。王秉锐老师经常说,谁掌握了呼吸,谁就掌握了歌唱。呼吸是歌唱的源泉,好的声音一定是在稳定良好的呼吸控制的基础上获得的。以往大部分的中国声乐教学中,对于气息的解释都很模糊,有人说气吸到丹田上,有人说气吸到小腹中,甚至有人说气要吸到脚后跟。其实这些说法都不准确,更关键的是学生很难理解和做到。如丹田,它只是人体的一个穴位,把气吸到穴位里是不可能的;至于说把气吸到小腹、脚后跟,则只是个人的主观感觉罢了,没有科学依据。王秉锐老师明确地告诉学生:"饭吃到嘴里,气吸到肺里。"吸气时以鼻为主,采用口鼻共用将气吸到肺的底部。气吸入肺后,十二对肋骨便会自动张开,其中的腹肋最为明显。气吸到肺时,横膈膜随之下降,从而使腹部隆起。保持住这种吸气的状态,就具备了唱歌最基础

的条件！王秉锐老师在上课时最常说的一句是："从容吸气，从容保持。"所谓"从容吸气"就像是我们平时躺在床上休息时的呼吸状态。通过老师对呼吸的解释，学生能够很容易体会到正确呼吸的状态。

王秉锐老师对声音产生的机理也有着自己的精准解释：一个是"声阻气"，就是声带闭合，阻挡气息，产生振动，从而发出声音。另一个是"字阻气"，也就是通过正确的咬字阻挡气息，从而产生声音。他用最简单的方法和理论把呼吸这一众说纷纭的问题科学化，让学生能够很快地理解声音的发声原理，从而提高对气息和声音的控制能力。王老师在教学中经常强调"气、声、字"要协调运动，明确地提出"气、声、字"三要素不能割裂开来，它们应该是相互协调，浑然天成的统一体。因此，王秉锐老师在教学中非常注意歌唱的整体性，也就是"气、声、字"的同时训练。如果声带不能很好地闭合，声门漏气，则声音发散，气息也一定是流动不畅的。只有在良好气息支持、声门合理阻气的情况下，才会获得声音的高位置，咬字和表达也会更清晰、更省力。"气、声、字"三要素相辅相成，缺一不可。

在王秉锐老师对"气、声、字"关系简单、精准的解读下，学生每一节课都会很容易地明确自己的练习目标，针对性地提高自己在呼吸用气、科学发声、咬字共鸣这三方面的能力，朝着这个方向不断地勤学苦练，就会发现自己的声音有很大的变化，歌唱能力会越来越强。王秉锐老师科学的教学理论和精简的教学语言产生了事半功倍的教学效果。

二、系统独特的教学方法

（一）独特的哼鸣训练

有了正确的歌唱理念，还需要有一套行之有效的训练方法，从而帮助学生达到最佳的声音状态。王秉锐老师独特的开口闭口相结合的哼鸣练习，就是非常重要的训练手段之一。哼鸣练习可以帮助学生获得集中、明亮、松弛的声音，是获得头腔共鸣的最基本、最快、最有效的训练方法，所以大多数老师在练声时都会给学生做哼鸣练习。王秉锐老师给学生做的哼鸣练习却与众不同。王秉锐老师为了使学生体会到哼鸣与平时歌唱感觉的一致性及减少口腔内部的不协调性，要求学生做开口闭口相结合的哼鸣练习。（谱例1）

谱例1

练习时开口哼上行，到 **1** 时从开口哼变成闭口哼，然后再下行，到 **1** 时再由闭口哼转为开口哼，即做到同一个音的两种状态的哼鸣。虽然口腔状态不一样，但哼鸣的位置

是一样的，这样既要求学生有很好的呼吸状态的支撑，又要求学生保持住一致的哼鸣位置，而不受口型的变化而改变，使学生体会到"气、声、字"的平衡运作。王秉锐老师指出，哼鸣练习要求整体配合，如果某一环节出问题如气息僵滞、喉头发紧，都会妨碍开口闭口哼鸣练习转换时的统一协调。在练习时，不用老师说，学生自己就能够感觉到声音位置的不对。因此，这条练习要求歌唱的相关器官的运动要协调、平衡。通过这条练习，学生明确了歌唱的头腔位置，锻炼了呼吸的从容状态，从而达到气与声的完美结合。

（二）独特的元音训练

a、e、i、o、u是意大利美声歌唱的5个基本元音。在日常声乐教学中，一些教师会按五个元音的一贯顺序进行发声训练。王秉锐老师则把5个元音的训练顺序排为u、o、a、e、i，这样五个母音连起来说时就像英文单词"why"一样，口腔里的变化非常小。练习时，从"u"开始，因为"u"是5个元音字母中喉位最低的且最容易使喉咙打开的母音。"u"的训练有助于喉咙的稳定和共鸣通道的建立，使喉咙打开成为下意识的活动。正确的"u"发声练习可以帮助歌者体会气息、吐字与共鸣的关系。"u"母音一旦唱好，学生会体会到气息通道的流畅感和喉咙打开的适度感，以及字与气的平衡感。在这种平衡感的保持下，学生嘴形很自然地由"u"过渡到"o"，会很轻松地唱出一个圆润的"o"，并且音色与"u"非常统一。王秉锐老师在"u"和"o"的训练中还巧妙地运用了"m"和"n"两个辅音，从而帮助学生很容易地体会到"字阻气"的分寸感。

谱例2

$$\frac{2}{4} \ \underset{\text{mu}}{1\ 3\ 5\ 3} \ | \ \underset{\text{o}}{1\ 3\ 5\ \overset{\frown}{1}} \ | \ 5\ 3\ 1 \ \|$$

谱例2要求学生在"u"与"o"的转换中没有痕迹，气息连贯、音色统一，声音圆润、流畅。

谱例3

$$\frac{2}{4} \ \underset{\text{mo}}{1\ 7\ 1\ 2\ \ 3\ 2\ 3\ 4} \ | \ 5\ 6\ 7\ \dot{1}\ \ \dot{2}\ \dot{1}\ 7\ 6 \ | \ 5\ 4\ 3\ 2\ \ 1 \ \|$$

谱例3要求学生声音流动，气息保持一致，每个音符都要清晰准确。通过"u"与"o"的两条练习，学生喉咙稳定、气息通畅，从中声区转到高音区的音色统一圆润，建立了良好的歌唱状态。在这个基础上，再加入a、e、i3个母音的练习。

谱例4

$$\frac{2}{4} \ \underset{\text{a}\quad\text{e}}{\overset{\vee}{1}\ 3\ \overset{\vee}{5}\ 3} \ | \ \underset{\text{a}}{1\ 3\ 5\ \dot{1}} \ | \ \underset{\text{e}}{\overset{\cdot}{3}\ \dot{1}\ 5\ 3} \ | \ \underset{\text{i}}{1} \ - \ \|$$

在谱例 4 中，同样要求在 u 和 o 的基本状态下演唱，口腔的运作尽量少，声音位置要统一，气息从容保持。

以上几条练习使学生掌握了 5 个元音的基本歌唱状态，让学生建立起一个自然统一的歌唱通道，拓展了学生的音域，增强了学生的歌唱能力，使学生能够自如地过渡到歌曲的演唱中。

王秉锐老师曾说，歌唱其实很简单，只要有了正确的训练方法，并持之以恒地反复揣摩、练习，就一定会有进步。只有掌握了科学的歌唱方法，才能使自己的声音永葆青春。这一点在音乐会上王秉锐老师及众多中老年艺术家的精彩演唱中，得到了充分的印证！

(三) 因材施教、循序渐进

我们在音乐会上发现，王秉锐老师几乎在每一个声部上都有成功的教学案例，并且每一个学生都有自己的音色和特点，有着属于自己的独特魅力，绝不是"千人一面"，这主要归功于王秉锐老师在教学中的因材施教。

王秉锐老师强调，声乐教学要以学生为主体。学生的性格特点、生活背景和接受能力各不相同，作为老师应该用敏锐的观察力去发现学生的特质，采用最适合的方式进行教学活动，而不是生搬硬套同一种方法。王秉锐老师给每一位学生留的曲目都是各不相同的，即便是同一个声部也不尽相同。这都是王秉锐老师根据每个学生的特点为学生精心挑选的，这样每一个学生在演唱时都能得心应手，发挥出自己的特点。比如马梅的性格开朗率真，音色宽广明亮，具有戏剧女高音的特质，王秉锐老师就会为她选择一些像《晴朗的一天》《命运的力量》这样比较有张力的作品，从而更好地突显了马梅的歌唱能力和声音魅力。笔者当年刚拜在王秉锐老师门下时，就向老师申请要像马梅那样唱一些戏剧性的大作品，但王秉锐老师针对我的音色特点，为我选择了莫扎特、贝利尼的作品。在中国作品的演唱上，王秉锐老师还特别为我选择了具有民族特色的作品，如《兰花花》《断桥遗梦》《送瘟神》等，这使我在声乐作品上有了更大的跨度，并渐渐形成自己的演唱风格。

在教学中，王秉锐老师强调学习一定要循序渐进，坚决反对拔苗助长！在王秉锐老师门下，无论入学时程度如何，每一位学生都要从基本的练声曲、艺术歌曲唱起。当学生歌唱能力和音乐素养达到一定程度后，王秉锐老师才会按计划为其选择难度更大、更富有表现力的作品。学生在王秉锐老师这种循序渐进的教学中不断地提高自身歌唱能力，丰富自己的艺术修养。这就好比是盖楼，只有地基打得越深，楼才能盖得越高。对于声乐学习而言，学生的基本功越扎实，才能在今后的深入学习中有足够的后劲。王秉锐老师并不严格要求学生必须马上领会其每堂课的教学意图，他会给那些理解力稍差的学生更多的时间，去消化理解他的每一项要求，甚至有的学生在学习过程中悟不透且有反复时，王秉锐老师依然不急不躁、和蔼可亲地按照自己这一套科学的、稳扎稳打的教学方法,让学生走出误区,获得进步,站上更高的艺术平台。这也是王秉锐老师的弟子众多、风格迥异,但都能独树一帜、各领风骚的原因。

四、画龙点睛的艺术指导

本场音乐会上,无论是王秉锐老师的动情演唱,还是众多学生的真情表演,都体现出学生对赵碧璇老师的深深挂念。主持人王立民更是在一段段情真意切的串联词中反复祝福着赵老师能够早日康复,重回舞台,回到学生和观众身边!这是因为在所有学生成长的道路上,赵碧璇老师洒下了太多的汗水。每一个学生成功的背后,都有赵碧璇老师坚定的支持!其实,早在王秉锐、赵碧璇老师的青年时代,他们各自除了在声乐、钢琴领域各有建树外,更是在声乐教学领域内构建了独特的"王、赵组合"——王秉锐老师负责塑造学生的声音状态,教授学生科学的发声方法,使学生尽快建立起正确的歌唱通道;赵碧璇老师作为出色的艺术指导,负责教授语言拼读、音乐风格的准确表达、音乐艺术形式的处理等诸多方面的内容。这个建立在艺术交流和完美默契基础上的"王、赵组合"让所有学生都终身受益。

赵碧璇老师精通德、意、法三国语言,王秉锐老师给学生布置的每一首外国作品,都会让赵老师给学生拼读并录音。每次上伴奏课的时候,赵碧璇老师除了就作品的创作背景、音乐风格向学生进行阐述外,还会针对每个单词、每一句话进行逐一讲解。她特别强调每个单词的重音及每句话的逻辑重音,让学生反复地练习、拼读,从而找到语言和音乐之间的关系,这样学生演唱起来能够准确把握音乐风格和演唱技巧。赵碧璇老师的教学是非常严谨认真的,从不会放过学生在演唱中的任何失误。她强调语言在演唱中的重要作用,中国作品要做到清楚表达、字字入耳;外国作品要做到发音准确、韵味十足。因此,由"王、赵组合"指导出来的学生,在走向国际舞台时都是充满自信、没有障碍的,这也是他们的众多学生屡获国际大奖的原因之一。有一次,在金永哲获得国际比赛的大奖后,外国记者问他如此优秀,是否毕业于欧美音乐名校时,他骄傲地回答:"我是在中国学习成长的、地地道道的中国歌唱家,我感谢我的老师,他们的名字是王秉锐、赵碧璇。"

王秉锐老师曾说过,在众多学生的学习过程中,赵碧璇老师的作用比他要大得多。这其中也许有王秉锐老师因对赵碧璇老师的敬意、爱意而显示的谦虚之情,但也客观说明了赵碧璇老师作为艺术指导的重要性!如果说一个歌唱家的培养经历就像是一块璞玉的打造过程,那么王秉锐老师就是那个费尽心思打开玉石粗糙的皮壳,让人们发现它真正价值的人;赵碧璇老师就是那个不辞辛苦、精雕细琢,最终把这块玉石打磨成一件传世之宝的点睛巨匠!

五、倾心付出、亲情永远

春去秋来,王秉锐、赵碧璇老师始终把学生的提高进步、健康成长当成生活的全部重心。他们没有给学生落过一节课，没有给自己放过一次假。在教学上，他们严于律己、不辞辛苦；在生活中，他们对学生的关心也是无微不至！马梅是安徽人，爱吃辣，刚入学时因年龄小常常想家。两位老师就常常在马梅表现出色的时候把她叫到家里吃饭，席间拿出辣酱作为奖励，以化解她的思乡之情！许多学生来自天南海北，初到北京时举目无亲，孤单落寞，两位老师就经常请他们吃饭，并且从生活各个方面去关心、帮助他们，直至他们彻底成长起来，翱翔于自己的天地！2005年，笔者去参加世界华人声乐大赛时，正赶上赵碧璇老师癌症初愈，每天她还要喝中药治疗。在这种情况下，赵碧璇老师依然坚持上伴奏课，并且依然会提前半小时到琴房练琴做准备。笔者当时特别心疼赵碧璇老师，就对她说："您好好休息吧，我找别人来伴奏吧。"可赵老师笑着对我说："没关系，我的身体我自己心里有数，你好好唱，好好表现就是给我最大的安慰。"直到今天，每次笔者看到那次比赛获得的奖杯时，当年的情景依旧历历在目，感动的泪水依然会夺眶而出！二位老师这种无私的奉献和博爱的情怀，让我们这些学生在学习上不敢有任何懈怠；在生活中，我们也早已把他们二老如父母般地去尊重、去感恩！

王秉锐、赵碧璇老师用他们几十年如一日的辛勤付出印证着什么是学博为师，德高为范！他们用宽广的胸怀拥抱着亲如一家的众多弟子，以身体力行的方式感染、感动着他们，告诉他们如何唱好歌，如何做好人！他们用举案齐眉、风雨同舟的伟大爱情书写和诠释着最真挚的人生真谛。他们是学生的恩师，是教师的楷模，是值得我们永远学习的榜样！

（本文原载《人民音乐》2018年第2期，略有改动）

作者简介　臧海萍，女，河北师范大学音乐学院声乐系副教授、硕士生导师。

学通古今　艺贯中西

——经典艺术歌曲钢琴伴奏民族化创作思维之解读

河北师范大学音乐学院　魏　欣

摘　要　自"西乐东渐"开始，有效地融合民族音乐元素和西方音乐技法就成为现当代民族音乐创作领域的一项经典议题。对于艺术歌曲这种"舶来"的艺术形式而言，通过融合中西音乐元素来推进自身的民族化、本土化进程显得尤为迫切。鉴于钢琴伴奏是艺术歌曲不可或缺的组成部分，作为一名钢琴教育工作者，笔者在本文拟从"化用民族化的音乐技法元素"和"巧用钢琴技法刻画音乐形象"两方面入手，援引当代艺术歌曲经典案例，来阐明如下核心观点：当代经典艺术歌曲钢琴伴奏部分的创作要领在于表现民族化的音乐思维和审美心理特征，只有这样才能与时俱进地持续推进艺术歌曲及钢琴音乐的民族化、本土化发展。

关键词　艺术歌曲；钢琴伴奏；创作思维；民族化

艺术歌曲原本是配合西方诗作而创作的一种声乐艺术形式。在20世纪初"西乐东渐"的宏大历史进程中，艺术歌曲逐渐从一种"舶来"的艺术品种转化为我国民众喜闻乐见的群众化艺术形式，成为中国民族声乐创作的一种重要表现形式。对于艺术歌曲民族化、本土化创作思维的探究，已成为我国音乐人长期探讨的一项热门话题。钢琴伴奏是艺术歌曲的重要组成部分，因此，艺术歌曲的民族化、本土化也离不开钢琴伴奏创作技法和创作思维的民族化、本土化。有鉴于此，本文将从"化用民族化的音乐技法元素，彰显传统音乐情韵"和"巧用钢琴技法刻画音乐形象，表达民族化的音乐思维特征"两方面入手，来探讨当代经典艺术歌曲钢琴伴奏部分的民族化创作思维和创作技法。

一、化用民族化的音乐技法元素，彰显传统音乐情韵

在当前的文化生活中，我们常常接触到"元素"这个词汇。"元素"是一个借自化学的词汇。在日常生活中，它是指某种事物当中足以彰显自身特征的特定组成部分。因此，各种民族化的音乐创作技法、创作思维及由此产生的音乐艺术现象，都可以称为民族音乐元素。笔者将从板式节奏、和声织体和音效模拟三个角度出发，来展现当代作曲家运用民族化音乐技法和元素来构建艺术歌曲钢琴伴奏织体的创作思维特征。

1. **融入民族化的板式节奏**

众所周知,我国传统的戏曲、曲艺在其长期发展历程中衍生并积累了非常丰富的节拍板式。对于钢琴音乐创作而言,这是一笔丰厚的民族音乐"语汇"遗产。在创作实践中,许多优秀作曲家会将传统音乐的板式节奏融入艺术歌曲钢琴伴奏的写作中,创作出富有民族化节拍特色的伴奏织体。比如王志信的《木兰从军》的钢琴伴奏声部,就引入了"紧打慢唱"和"垛子板"这两种传统戏曲的节拍板式。(谱例1)

谱例1

谱例1出自《木兰从军》这首歌曲主题旋律的首次再现部分。在这里引用了北朝乐府《木兰辞》的原句,表现了木兰代父从军,踏上征途、飞渡关山的飒爽英姿。为了彰显民族音乐特色,这里的演唱声部被设计成类似传统戏曲拖腔的旋律形态。大量的二分音符乃至全音符散布在旋律中,这种松散的旋律不仅为演员演唱的"二度创作"提供了充裕的发挥空间,也对作曲家钢琴伴奏织体的写作能力提出了考验。而王志信则巧妙地化用了传统戏曲中"紧打慢唱"的节拍板式,如"原汤化原食"般匹配了拖腔化的演唱旋律。"紧打慢唱",又称"摇板",是一种常用于传统戏曲散板唱腔部分乐器伴奏的板式节拍,其节奏要比唱腔部分来得更快、速度更显急切,旋律形态或伴奏音型也更为繁密。如此,在一紧一慢、一张一弛之间形成演唱声部与伴奏声部基于节奏对比的音乐审美张力,从而为音乐叙事的发展提供内生的动力。在这里,王志信用快节奏的和音与单音交替音型及琶音伴奏音型,构建钢琴伴奏右手部分繁密而富于流动感的织体形态,化用了"紧打慢唱"的板式创作思维,贴切地表现了木兰"万里赴戎机,关山度若飞"的紧张行军进程,为接下来"挥剑挽强弓""将军百战多,碧血染旌旗"等段落蓄积了强大的张力。

在"摇板"过后,"踏踏马蹄疾,挥剑挽强弓……"乐段的钢琴伴奏部分又迅速地转换成"垛子板"。

"垛子板"是戏曲中一种具有较强朗诵意味的节拍板式。它多用"一板一眼"或"有板无眼"的短促句式谱写,常常造成"一拍对应一字"的情况,既接近日常话语的速度,又传达出鲜明的节奏感,故而易于营造出类似朗诵的铿锵顿挫的音响效果。在这里,作曲家使用一系列柱式和弦或和音来对应唱词中的每一个字,形成钢琴伴奏部分"一拍对应一字"的"一板一眼"板式,化用了传统戏曲中的"垛子板"。钢琴弹奏的柱式和弦能够传达铿锵、坚实的音响效果,钢琴伴奏把它融汇到具有同样铿锵顿挫感的"垛子板"当中,这使得钢琴伴奏部分具备了鲜明的表情效果。这里歌词表现的是木兰奔赴沙场、奋勇杀敌的场景,用柱式和弦化的"垛子板"来编配钢琴伴奏声部,能够凭借其铿锵、坚实的音效来展现木兰坚定的意志和勇猛壮烈的精神,从而完美地刻画出木兰女中豪杰的形象。

2. 构建民族化的复调和声织体

相对于西方音乐大小调式体系常用的"对比复调""模仿复调"而言,我国民族音乐常用的复调形态是"支声性复调"。所谓"支声性复调",就是指同一主题旋律演化出不同的变体,分别运用于多个声部的复调织体形态。因为不同的变体就像是主题旋律这棵"主干"的不同分支一样,所以它被形象地称为"支声性复调"。正因为不同的变体是由同一主题旋律衍生出来的,所以它们与主题旋律之间及它们各自之间在音高、节奏等方面有许多相同之处。这些相同之处又是以"点"的形态存在。在以"江南丝竹"为代表的我国传统器乐合奏曲及以侗族大歌为代表的我国传统民间合唱曲中,都善于构建、运用这种"支声性复调"织体形态。因此,"支声性复调"也就成了我国民族音乐和声织体写作思维的一种典型代表形态。艺术歌曲是一种多声部的声乐—器乐交织的表演形态,因此,它天然具备了融汇"支声性复调"思维的可能性。当代作曲家也常常使用"支声性复调"思维来构建艺术歌曲的钢琴伴奏织体。例如,王志信创作的《昭君出塞》就体现了民族化的"支声性"音乐思维。(谱例2)

谱例 2

谱例 2 出自《昭君出塞》这首歌曲的开始部分。钢琴伴奏右手部分实际上是对演唱声部旋律的"和声化"变奏处理。其中，第一个和声层次是对声乐演唱声部旋律的变奏，是直接从演唱声部旋律衍生出来的一条旋律线。第二个和声层次与第一个和声层次的旋律线共同构建了大量的和音，形成了具有三度或八度和声平行进行特征的和声织体。如果按照西方音乐的视角来看，钢琴伴奏右手部分的和声织体与演唱声部之间构成的是对比关系，而后者是单音织体；如果按照民族音乐的视角来看，钢琴伴奏右手部分与演唱声部之间构成的是支声关系。这样，演唱声部与钢琴伴奏声部之间形成了一种既有对比性又具备"支声性"特点的复调织体音响效果。因此，我们无法将其简单地归结为西方式的"对比复调"或者民族化的"支声性复调"，只能说它是一种融入了民族音乐思维的特色化复调织体。这种特色化复调织体中的"支声性"思维，恰好暗示了昭君心中依恋家园的情感；而"对比复调"思维则暗示了昭君毅然抛别故土的坚定意志。这段融合了东西方音乐创作思维的特色化复调织体具有多层次的表情作用，非常恰切地帮助演唱声部刻画了昭君出塞时的复杂心情。这段谱例堪称运用民族音乐思维构建特色化和声织体，从而更好地服务于刻画特定音乐形象的典范。

3. 模拟民族乐器的音响效果

要表现民族化的音乐情韵，用钢琴来模拟民族乐器的音响效果是一条"捷径"。然而这种技法需要用在关键之处，并且要用得恰到好处，最好能起到"画龙点睛"的效果。

由王祖皆、张卓娅创作的民族歌剧《野火春风斗古城》中的《娘在那片云彩里》"春打六九头，七九河开八九雁来，眼看着春天就要来……"，属于歌剧唱段的起始部分。该唱段是一个充分彰显燕赵民风慷慨悲壮情怀的典型唱段。在钢琴伴奏的右手部分，作曲家设置了一个以三十二分节奏型弹奏的十连音上行琶音。这个琶音是由级进音程构建的，在琶音的尽头则是一个颤音化的柱式和弦。这实际上是在模仿古筝或琵琶等弹拨乐器的音响效果。在传统的曲艺表演中经常会出现这样的场景：演唱句末的拖腔往往由琵琶、古筝、三弦等乐器以"加花""嵌档"等方式来予以填充，依靠这些乐器独特的音响效果，娓娓道来般地为演唱声部补充表达说唱词句的情感内涵。在这里，作曲家恰恰是用钢琴模仿了这些弹拨乐器的音响效果，从而填充了演唱乐句句末"头"字较长的拖腔，并以迅捷的上行琶音补充性地表现了杨母唱腔内在的气势感和凌厉感，颤音化的柱式和弦则表现了杨母内心的悲痛之情。钢琴对于民族器乐的模仿，既符合我们的表演习惯和欣赏习惯，又起到了揭示人物情感、补充词句内涵的作用，堪称当代艺术歌曲钢琴伴奏模拟民族乐器音响效果的经典实例。

二、巧用钢琴技法刻画音乐形象，表达民族化的音乐思维特征

运用民族化音乐技法和元素来构建艺术歌曲钢琴伴奏织体，固然能够表现出浓郁的民族化音乐情韵。然而，钢琴艺术毕竟是一种"舶来"艺术，因此我们不可能在一首艺术歌曲的钢琴伴奏中完全运用民族音乐的技法和元素。如果能妙用传统的西方音乐钢琴技法表达民族化的音乐思维，则更能彰显作曲家的创作功力。

1. 妙用琶音刻画音乐形象

琶音是钢琴最基本的技法，可以称为西方钢琴音乐中的一项传统技法。然而，这种最基本的技法若能运用得当，也能够传神地表现民族化的音乐思维特征。从刘念劬创作的艺术歌曲《登鹳雀楼》中的乐句"黄河入海"乐句及其伴奏中可见端倪。

《登鹳雀楼》是一首根据盛唐诗人王之涣同名五绝创作的艺术歌曲。作曲家在钢琴伴奏部分设计了大量的下行琶音，生动形象地刻画了黄河"如从天上来"一般的怒涛形象。中国的传统音乐是一种"以声传神"的艺术，讲究"遗貌取神"。在这里大量下行琶音的设计，其成功之处并不在于用琶音刻画了黄河的形象，而在于用连绵不绝的下行琶音表现出了黄河从雪域高原奔流而下的那种一泻千里的气势，充分展现了黄河的精神与灵魂。作曲家仅用一连串的琶音就抓住并表现了黄河的精神与气质，并展现了"遗貌取神"的传统哲学思维，这是令人叹服的！

2. 巧用模仿复调暗示人物性格

模仿复调是西方音乐的一种基本复调形态。若能运用得当，它能巧妙地彰显民族化的音乐创作思维特征，展现民族化的音乐风韵。参看下面由孙以强创作的艺术歌曲《宿

王昌龄隐居》。（谱例3）

谱例3

《宿王昌龄隐居》是孙以强根据盛唐诗人常建同名五律而创作的一首艺术歌曲。从谱例3中可见，第五小节右手部分的一串琶音，实际上是对第四小节左手部分琶音的节奏模仿和原型模仿，完全符合"模仿复调"的定义，属于典型的西方音乐模仿复调织体形态。然而它却起到了暗示人物性格、刻画人物形象的作用。

《宿王昌龄隐居》的全诗是："清溪深不测，隐处唯孤云。松际露微月，清光犹为君。茅亭宿花影，药院滋苔纹。余亦谢时去，西山鸾鹤群。"[①] 从表面来看，这首诗是在描绘王昌龄隐居院落的清幽环境，然而个中深意是在表现王昌龄的隐逸情怀，由此抒发对王昌龄的钦佩和敬仰之情。谱例3中截取的这一段，即"清光犹为君"这句唱词，表面上是说清幽的月光为王昌龄而照耀，实则是说明月以王昌龄为友，愿意照亮他的隐居院落。月亮愿以王昌龄为友，说明王昌龄的人格如同月亮般光明磊落。因此这句诗是在以物喻人。我国古典诗词贵在含蓄，传统音乐也深受影响，常用抽象的乐音来刻画某个音乐形象的典型特征，从而引导听众主动展开想象，在头脑中对该音乐形象进行"完型"式的建构与把握。钢琴伴奏部分的模仿复调抓住并暗示性地展现了"王昌龄人格如同月亮般光明磊落"这一显著特征，不仅帮助艺术歌曲揭示了人物的内在品格，而且展现了我国传统音乐"贵在含蓄"的思维特征，同样令人赞叹！

结　语

本文从"化用民族化的音乐技法元素，彰显传统音乐情韵"和"巧用钢琴技法刻画音乐形象，表达民族化的音乐思维特征"两方面入手，援引经典作品案例进行论述。由此可见，无论是化用民族音乐技法和元素，还是巧用西方音乐钢琴技法，当代经典艺术歌曲钢琴伴奏部分的创作要领都在于表现民族化的音乐思维和审美心理特征。只有这样才能有效帮助声乐演唱揭示歌曲的内涵和意蕴，刻画生动、丰满的音乐形象。有鉴于

---

① 蘅塘居士. 唐诗三百首［M］. 南京：江苏凤凰文艺出版社，2020：27.

此，笔者认为，本文中所援引的当代经典艺术歌曲钢琴伴奏部分的创作案例，昭示了"把握民族化的音乐思维和审美心理特征"对于钢琴音乐创作的指导意义。从这个意义上讲，音乐工作者应该以兼收并蓄的态度去涉猎、学习古今中外的优秀音乐作品，提升自身的艺术修养，厚积薄发地领悟、把握民族化的音乐思维和审美心理特征，这样才能够融会贯通中西方音乐技法及元素，创作出富有表现力和生命力的钢琴作品。

【参考文献】

[1] 赵晓生. 钢琴演奏之道：新版［M］. 上海：上海音乐出版社，2007.

[2] 符辉，何畔. 论中国艺术歌曲钢琴伴奏语境［J］. 四川戏剧，2014（06）：150 - 153.

[3] 王文俐. 20世纪上半叶中国艺术歌曲钢琴伴奏中的现代技法因素［J］. 黄钟（中国. 武汉音乐学院学报），2006（02）：48 - 54，69.

[4] 代百生. 中国钢琴音乐的"中国风格"［J］. 黄钟（中国. 武汉音乐学院学报），2013（02）：3 - 13，26.

[5] 王晨. 20世纪上半叶中国艺术歌曲钢琴伴奏研究［J］. 乐府新声（沈阳音乐学院学报），2014（03）：193 - 197.

（本文原载《音乐创作》2017年第2期，略有改动）

作者简介 魏欣，女，河北师范大学音乐学院钢琴系副教授、硕士生导师。

从音乐传教到乐器制造

——钢琴作为广州城市音乐新标识的文化解读

河北师范大学音乐学院　金　辉

摘　要　钢琴作为21世纪的广州城市音乐不可忽略的新标识，其传入广州的历程可以上溯到16世纪。与其他以钢琴而闻名的城市不同，广州的钢琴在经历西方传教士的引入之后，着力发展出独立于教会的专业教育机构和钢琴制造产业。广州钢琴音乐在国内钢琴界的重要地位，很大程度上来自产业发展带来的品牌影响力和号召力。

关键词　钢琴；广州；城市音乐

随着钢琴品牌和庞大的钢琴制造产业的发展，钢琴已成为广州的又一个文化标签。有资料统计，中国家庭使用的钢琴中有四分之一是由广州的钢琴企业生产的[①]。为什么广州的钢琴发展能对中国钢琴行业产生如此大的影响，以至于钢琴成为21世纪的广东城市音乐不可忽略的新标识？下面笔者将试做分析。

一、传教带来的钢琴音乐

广东沿海是中国文化与世界文化最早的交汇区之一，在陆路运输不甚便利的年代，广州通向海外的航路就已抵达印度、斯里兰卡及波斯湾地区等地。15世纪初，它与外界的文化交流更扩大到西方各国。而毗邻广东的香港、澳门也成为西方音乐文化最初进入广州的重要窗口。在海陆交通畅达的背景之下，西方传教士和客商在相邻地域不断往来、居留，建立教堂、教会学校，西方钢琴和钢琴音乐随之逐步传入广东并传播开来。

明嘉靖三十七年至隆庆三年（1558—1569年），嘉靖皇帝准许葡萄牙商人租用澳门堆晒货物，遂有教会在澳门建筑教堂，而西洋乐器随之传入。据《澳门记略》载："三巴寺楼有风琴，藏革椟中，排牙管百余，联以丝绳，外按以囊，嘘吸微风入之，有声呜呜自椟出，八音并宣，以和经呗"[②]。利玛窦（Matteo Ricci）1583年经由澳门到广东并建立教堂传教，1604年，利玛窦将西方曲调配上八首宗教内容的汉文韵律诗，取名

[①] 郭定昌. 岭南钢琴音乐初探[J]. 音乐教育与创作，2012（08）：40-44.
[②] 印光任，张汝霖. 澳门记略[M]. 广州：广东高等教育出版社，1988：75.

《西琴曲意》八章献给朝廷①等,这些尝试也可视为钢琴和钢琴音乐在广东的开始。道光二十年(1840)起,英国管辖香港。欧美各国的天主教和基督教徒相继经由香港涌入广州传教。英国曼彻斯特的商人为满足教会的需要,将一批钢琴运入广州。1846年,传教士们在广州建立了第一座基督教堂——东石角浸信会堂,配备了风琴和钢琴。

随着东山堂、仁济堂、惠爱堂、救主堂的陆续兴建,广州许多地区都拥有了钢琴,民众对钢琴的认识度逐步提高。② 1856年,传教士们依托于教堂,大量创办各类教会学校,扩大宣教规模。为了保证正常的宗教仪式和活动,钢琴这一教堂唱诗班必备的伴奏乐器,也在教堂、教会学校和当地人音乐生活中频繁出现。1919年,基督教堂和由教会建立的各类学校已经遍布广东。据统计,全省的大小教堂达到924所,教会兴建的小学有797所,中学有37所。为满足日常的宗教活动和校园音乐教学的需要,这些学校大多配备了钢琴。③ 钢琴音乐的传入给当时的广东,尤其是广州吹进了一股异域之风。钢琴在一定程度上成为广州的知识阶层心中西方现代音乐的"象征"。

二、各知识阶层的有力推动

20世纪初,广州的知识阶层,尤其是商贸、教育界人士对钢琴产生浓厚兴趣。20世纪30年代之后,许多接受过现代化教育的知识分子推动了广州钢琴音乐的发展。

(一) 钢琴修造业务的起步

广东本地民族乐器作坊在清初就已出现,主要销售古筝、瑟、琵琶、二胡、洞箫等乐器。广州、潮州和佛山等是作坊的聚集之地。顺治年间,佛山、潮州、汕头等地的乐器作坊经营稳定,而广州的乐器作坊发展迅速,新作坊和乐器商店林立。这些民族乐器作坊每间有3至6位从业人员,每年销售价值达到20多万两银子的乐器。④

广州的教会及传教人士对钢琴的普遍使用,自然产生了钢琴修理的专业技术要求。在这个契机之下,广州的钢琴修理和生产厂商凭借技术和资金等条件,以及本地民族乐器作坊相对成熟的资源,迅速启动了钢琴修理业务。

广州的钢琴业务真正形成规模,还要提到彼德琴行。1929年,香港谋得利琴行老板梁彼得在广州市东山署前街37号开设彼德琴行,雇工60多人,开启了当地钢琴的销售、生产的历史。后来,安利琴行、南华风琴厂、傅喜琴行和黄觉民风琴厂在东山、泰康路和惠福路相继开业。⑤ 到1937年,广州市先后开设中西乐器行和厂坊30多家。⑥ 值得注意的是,在这一阶段,大多数乐器行的钢琴业务停留在接受省内的订货、销售、

---

① 金莱. 广东地区钢琴的传入与早期发展 [J]. 南京艺术学院学报(音乐与表演版),2007(04):29-33.
② 金莱. 广东地区钢琴的传入与早期发展 [J]. 南京艺术学院学报(音乐与表演版),2007(04):29-33.
③ 金莱. 概述广东钢琴音乐发展之路:上 [J]. 钢琴艺术,2009(07):35-39.
④ 参见广东工业发展史专题数据库《广东乐器工业发展简史》(内部资料).
⑤ 广州市地方志编纂委员会. 广州市志:卷五:上 [M]. 广州:广州出版社,1998:272.
⑥ 广州市地方志编纂委员会. 广州市志:卷五:上 [M]. 广州:广州出版社,1998:263.

修理工作方面，能掌握钢琴生产专业技术的乐器行实在凤毛麟角。抗日战争爆发后，多数乐器行或回迁香港，或停业倒闭，或毁于战火之中。抗日战争胜利后，广东全省乐器生产作坊有所恢复。1947 年以后，傅喜、南华等乐器行恢复营业，另外有虞炎、上海、同兴、广州、珠江、顺兴、贺声、环球等 10 多家修理和经营钢琴、风琴的乐器作坊出现。① 但一直到新中国成立前，广州钢琴的生产和业务经营方面一直发展平平。

（二）钢琴教学和专门创作

对钢琴的认可，如果只停留在外国传教和小规模的本土修造这一层面，并不足以使钢琴普遍出现在广州的城市生活中，更谈不上成为广州城市音乐的标签。广州的知识阶层致力钢琴专业教育，以广东当地音乐为素材进行钢琴作品的创作和传播。新中国成立之前，广州真正进入了钢琴专业教育的时期。

广州本地的一些新式学堂学习教会学校，将西洋音乐纳入日常教学中。如 1898 年在维新变法的直接促使下，邓家仁（字君寿）、邓家让（字恭叔）两兄弟共同在广州创办了当时广东省的第一所民办新式学堂——时敏学堂，设置音乐课程。1902 年，该校第一届毕业生有 10 人在"堂长"（即校长）邓家仁率领下赴日本留学，萧友梅就是其中之一②。1931 年，19 岁的马思聪学成归国，1932 年 3 月与同在法国留学的校友陈洪共同创办了私立广州音乐学院（院址设在广州惠福东路一所祠堂）并任院长（陈洪任副院长）。广州音乐学院设置专科选科、师范科，并专门安排马思聪夫人王慕理和陈洪的夫人卢碧邻教授钢琴，林声翕就是当时的学生之一。1940 年 8 月，广东省立艺术馆在曲江（现广东韶关）成立，设置了学制 3 至 6 个月的音乐科，黄友棣任音乐科主任；次年 3 月，广东省立艺术馆改名为广东省立艺术专科学校，马思聪任音乐系主任，黄菊英、蔡洁怡教授钢琴与风琴。③

由于社会文化生活条件受限，1949 年之前，广州的钢琴演奏水平还普遍较低，演奏作品也比较有限，发展缓慢，但这并不影响本地知识阶层对钢琴音乐的喜爱。他们通过改编、创作钢琴曲等方式来表现广东音乐生活。长居广东、香港的陈培勋根据广东音乐素材创作了 5 首钢琴作品：结合广东小曲《卖杂货》《梳妆台》而创作的钢琴曲《卖杂货》，结合何柳堂《玉女思春》及广东小调《寄生草》而创作的钢琴独奏曲《思春》，改编自严老烈《旱天雷》的同名钢琴曲，根据广东古曲《双飞蝴蝶》、广东小曲《仙花调》改编的《双飞蝴蝶主题变奏曲》，根据吕文成名曲《平湖秋月》改编的同名钢琴独奏曲。④

当时的许多广州钢琴老师通过在各类新式学校任教及组织学生参加音乐会、钢琴比

---

① 广州市地方志编纂委员会. 广州市志：卷五：上 [M]. 广州：广州出版社, 1998: 272.
② 廖辅叔. 萧友梅传 [M]. 杭州：浙江美术学院出版社, 1993: 6.
③ 金莱. 概述广东钢琴音乐发展之路：上 [J]. 钢琴艺术, 2009 (07): 35 – 39.
④ 吕淑新. 广东音乐改编的五首钢琴作品 [J]. 艺术研究, 2007 (01): 93 – 94.

赛的方式，演奏这些经过改编的广东钢琴音乐作品。这些改编后的钢琴曲保持了本地音乐明朗、乐观、诙谐的特点，显示了钢琴这一西洋乐器的表现力和演绎广东音乐风格作品的适应性。

广州的商贸人士和知识阶层通过技术攻关、专业教学、创作演奏、乐谱传播等方式为大众揭开了钢琴的神秘面纱，影响、吸引和带动了更多想要接触西方钢琴音乐，想要融入现代社会音乐生活的广东民众。民众积极参加各种以钢琴为主题的音乐活动、社会活动，为广州地区钢琴的发展起到了关键的作用，逐步确立了21世纪钢琴在广州城的重要地位。

三、产业化发展与反哺

从广州钢琴的供应上看，由于老乐器作坊还是沿袭"前店后作坊"的生产模式，依靠采购零件、东拼西凑组装成的钢琴在数量和质量上都不够稳定。截至1949年，广东全省的钢琴供应量都很少，拥有钢琴的家庭数量非常有限。想学钢琴的学生基本上只能到有钢琴的教堂或教会学校排队按点付费练习，而且每周只有1小时的练琴时间，难以提高琴技。①

（一）产业化发展

1949年以后，广州乐器从业者们着力发展钢琴业务，钢琴的生产规模开始扩大。1956年，由上海、共和、虞炎、裕泰、新乐和傅喜6家钢琴、键盘行组成了公私合营（后来为地方国营）企业，并创建了专门制造钢琴的广州钢琴厂，该厂后来成为引领广东钢琴行业的龙头企业。初建时，广州钢琴厂共有职工55人，固定资产原值2.82万元，厂房建筑面积490平方米，算是新中国成立初期广东省内最具钢琴生产条件的乐器工厂。但是由于生产刚刚恢复，虽然名为"广州钢琴厂"，该厂在成立之初只能进行钢琴修理，因此一度以生产风琴和小手风琴为主。是年8月，该厂以香港摩利臣钢琴为样板，经过一系列因陋就简的学习、研究、尝试，如以钢缆钢丝作琴弦钢线，用旧柚木家私板材制成钢琴外壳，用花旗松大床板造音板，用西药桶制作装头板，等等，3个月后制成第一台钢琴，品牌定为"珠江"，并成功地在香港的美华琴行售出。此后，初步解决了制造技术问题的广州钢琴厂逐步名正言顺。1958年至1961年，广东省不少乐器企业过渡为全民所有制企业，广州的钢琴制作厂也一度改为生产家具。1966年，广州钢琴生产开始真正实现实质上的进步，成功地与上海、北京、营口并称为中国四大钢琴生产基地，全省年产钢琴达376台，创收利润1.88万元，奠定了广东城市钢琴产业大发展的基础。1966—1976年，广东的钢琴业受到冲击，1968年年产量降至338台，比1967年下降25.3%。主力军广州钢琴厂也在20世纪60年代末70年代初，经历合并、

---

① 金莱. 概述广东钢琴音乐发展之路：上 [J]. 钢琴艺术，2009（07）：35-39.

分离，直到1975年起才又集中力量生产钢琴。20世纪70年代末到80年代，广东地区音乐娱乐场所兴起引起了钢琴需求量激增。1985年，广州市开始加大对钢琴产业的投资力度，先后投资3593.31万元，进行厂房改建和扩建，增添生产设备，有力促进了当地钢琴行业的发展。至此，"珠江"钢琴等本地钢琴品牌迎来了发展的大好时机，同在广东省的中山香山钢琴和顺德金蝶钢琴也崭露头角。中山家具厂通过技术改造立项，进口击弦机，生产香山牌钢琴。顺德县陈村镇建起顺德钢琴厂生产金蝶牌钢琴。从1980年至1987年，广东省的钢琴年产量增长6.06倍。仅广州珠江钢琴集团股份有限公司占国内市场份额就达50%以上，占全国钢琴出口总量的40%。[1]

（二）产业反哺

广州钢琴产业的发展不只是乐器数量的增多和质量上的提高，对本地乃至对中国钢琴音乐的发展水平和广东钢琴城的钢琴文化氛围也起着积极的推动作用。

钢琴需要好的钢琴演奏者。广州钢琴生产链条的延续在于反哺本地钢琴教育，推动音乐演奏水平的提高。从20世纪80年代起，广州的钢琴社团和生产厂商努力通过冠名赞助等方式来支持和参与国内外的高水平钢琴活动和赛事，带动广州钢琴业的发展并推动创造本地的钢琴氛围，使钢琴自然而然地成为城市音乐生活的一部分。

1984年3月，广东省乐器学会与广州音乐学院（现星海音乐学院）联合举办广州少儿课余音乐学校，招生数约1 200名[2]。广州钢琴厂还与中央音乐学院在广州和中山两市合办两间少年儿童钢琴培训中心。[3] 目前，每年都在广州或外省城市举办的广州主要钢琴品牌冠名的夏令营活动已成为代表广州钢琴文化的品牌活动，在本地创造了良好的钢琴学习环境，推动了青少年钢琴水平的提高，营造了钢琴城的文化氛围。由广州钢琴业支持的一系列赛事都着眼于全国，如"珠江·恺撒堡钢琴"全国普通高等学校音乐教育专业本科学生基本功展示大赛、"珠江·恺撒堡"全国青少年钢琴大赛等均为国内重要的常规钢琴赛事。这在一定程度上显示出广州钢琴业的号召力和影响力，其在为国内钢琴学子提供了良好的学习和竞技环境的同时，也提高了广州钢琴品牌在全国乃至海内外的知名度。

随着意识形态越来越多地被物质基础的市场所引导，广州城市钢琴的影响贵在解决了软硬件兼具的问题。通过现代的产业化的钢琴生产，实现城市钢琴氛围的经济基础的保证，解决了发展钢琴音乐的硬件问题；而产业成功的反哺又致力钢琴音乐的软件建设，使城市钢琴音乐能够真正以高水平的姿态出现。从钢琴传入广州到今天成为城市的音乐标签，是一个独特而重要的文化现象。

---

[1] 参见广东工业发展史专题数据库《广东乐器工业发展简史》（内部资料）。
[2] 李自立. 蓬勃发展的广州少儿课余学校[J]. 星海音乐学院学报，1986（04）：50-51.
[3] 广东省二轻厅编志办公室，张钊. 广东省志：二轻（手）工业志[M]. 广州：广东省人民出版社，1995：410.

结　语

　　自从西方传教士在广州建立教堂传教后，钢琴引入广州并在城市生活中受到重视。从 16 世纪到 20 世纪，广州当地的知识分子，尤其是留过洋的知识分子，毫不满足于钢琴在教堂音乐生活中的伴奏地位。他们志同道合、不遗余力地将钢琴创作、钢琴教育引入大众日常生活和青年一代的知识体系中。这种在文化上追随西方、学习西方的心态，对广东这样一个毗邻港澳、商贸频繁、教堂林立的中西文化交汇的沿海省份来说，实属普遍。

　　相比之下，被冠以"琴岛"之名的青岛及厦门鼓浪屿等地，它们的钢琴音乐虽然与广州有着相似的教会传教的历史背景，但在城市钢琴音乐发展方向上却有所不同。广州更早地将钢琴与当地的现代教育相结合，建立独立于教会的专业学校，使钢琴从教堂的伴奏工具这一单一的身份中解放出来。更重要的是，广州拥有了当时国内其他"琴岛"都不具备的相对成熟的乐器制作传统和乐器作坊。这些相对丰富的乐器制造资源，解决了钢琴生产进一步发展所需要的原料、技术、销售渠道等一系列现代工业化的问题，也赋予了这座城市钢琴音乐的气质。广东钢琴音乐的发展没有停留在异国风情的小资情调中，而是实现了钢琴生产的产业化、规模化。也正是这一点，使本地钢琴在国内占据领先地位，具有了和国内其他城市及地区不同的广州城市钢琴的工业化色彩。

　　钢琴音乐曾经是广东这个省份的"洋"文化，在经历两个世纪的发展之后，从钢琴传入到作品创作、制琴推广、赛事组织，目前钢琴音乐已成为广州城的新标识。其主要原因一方面是广州作为一个沿海城市更多地受到外来文化，尤其以钢琴为代表的西方音乐文化的冲击；另一方面是广州自力更生掌握了西方钢琴制造技术，超出了一城一地的局限，拥有包容、吸纳钢琴这一西洋乐器的胸怀。音乐工艺学、乐器学现在越来越多地与行业、产业结合。

（本文原载《中国音乐学》2013 年第 4 期，略有改动）

作者简介　金辉，女，河北师范大学音乐学院钢琴系副教授、硕士生导师。